全国司法鉴定教育培训系列教材（第二版）

司法部公共法律服务管理局　　组织编写
司法鉴定科学研究院

法医物证司法鉴定实务

主　编：李成涛
副主编：孙宏钰　谢建辉
主　审：侯一平

科学出版社
北　京

内 容 简 介

本书是"全国司法鉴定教育培训系列教材(第二版)"之一。本书是一本专门以法医物证鉴定人为视角,以司法部颁布的法医物证鉴定执业分类(0401—0409)为主线的鉴定实务专著。全书共分为十二章。第一章为绪论,介绍了法医物证的特点、法医物证鉴定的任务和技术、法医物证鉴定的基本程序;第二章至第九章分别围绕法医物证鉴定的九个法定鉴定项目进行了介绍,包括个体识别(0401)、亲子鉴定(0402、0403)、亲缘鉴定(0404)、生物检材种属和组织来源鉴定(0405)、生物检材来源生物地理溯源(0406)、生物检材来源个体表型推断(0407)、生物检材来源个体年龄推断(0408)、与非人源生物检材相关的其他法医物证鉴定(0409);第十章至第十二章分别介绍了能力验证、质量控制和标准化。全书总结了近年来法医物证鉴定实践中出现的最新研究现状、鉴定方法、应用实例,同时参考了大量的国内外文献,在不失前沿性的同时着重强调实用性、可操作性。

本书可作为法医物证鉴定人、鉴定助理、科研工作者以及相关教师和学生的参考用书。

图书在版编目(CIP)数据

法医物证司法鉴定实务 / 李成涛主编. -- 北京:科学出版社, 2025.7. -- (全国司法鉴定教育培训系列教材:第二版). -- ISBN 978-7-03-082453-0

Ⅰ. D919.2

中国国家版本馆 CIP 数据核字第 2025D5E001 号

责任编辑:谭宏宇 / 责任校对:周思梦
责任印制:黄晓鸣 / 封面设计:殷 靓

科学出版社 出版
北京东黄城根北街 16 号
邮政编码: 100717
http://www.sciencep.com

南京展望文化发展有限公司排版
上海锦佳印刷有限公司印刷
科学出版社发行 各地新华书店经销

*

2025 年 7 月第 一 版　　开本: 787×1092　1/16
2025 年 7 月第一次印刷　　印张: 25 1/2
字数: 660 000
定价: 165.00 元
(如有印装质量问题,我社负责调换)

全国司法鉴定教育培训系列教材(第二版)编审委员会

主 任

李明征

常务副主任

杨向斌

副主任

陈忆九　吴何坚　舒国华　郑振玉

委 员

王世全　冯登国　朱广友　朱西产
杜志淳　沈　敏　侯一平

秘 书

张效礼　邹冬华

编审委员会办公室

司法鉴定科学研究院培训交流处

法医物证司法鉴定实务

《法医物证司法鉴定实务》
编写委员会

主　编

李成涛

副主编

孙宏钰　谢建辉

主　审

侯一平

编　委

（以姓氏笔画为序）

王　正　四川大学

王中华　河北医科大学

扎拉嘎白乙拉　中南大学

乌日嘎　中山大学

台运春　南方医科大学

吕德坚　中山大学

朱波峰　南方医科大学/山西医科大学

任　峥　贵州医科大学

许传超　广东医科大学

孙宏钰　中山大学

严江伟　山西医科大学

李立娟　苏州大学

李成涛　司法鉴定科学研究院/复旦大学

李海霞　广东警官学院

李淑瑾　河北医科大学

何晓丹　司法鉴定科学研究院

张　霁　四川大学

张素华　复旦大学

孟凡明　中南大学

侯一平　四川大学

姚　军　中国医科大学

袁　丽　中国政法大学

高玉振　苏州大学

黄　江　贵州医科大学

黄代新　华中科技大学

谢建辉　复旦大学

丛 书 序

党的二十届三中全会擘画了以全面深化改革推进中国式现代化强国建设、民族复兴伟业的宏伟蓝图,高度评价了新时代以来全面深化改革的成功实践和伟大成就。在习近平新时代中国特色社会主义思想的科学引领下,法治中国建设迈出了坚实步伐,"努力让人民群众在每一个司法案件中感受到公平正义"向每一位法律工作者提出了时代命题。

司法鉴定制度是司法制度的重要组成部分,是解决诉讼涉及的专门性问题、帮助司法机关查明案件事实的司法保障制度,对于维护社会公平正义、全面推进依法治国具有重要意义。主动适应新时代、新形势发展需求,深化司法鉴定管理体制改革、培育高素质人才队伍,是充分发挥司法鉴定职能作用,不断推进司法鉴定工作高质量发展的重要举措。

教育培训是建设高素质人才队伍的先导性、基础性、战略性工程。教材作为教育培训中重要的知识载体,要解决培养什么人、怎样培养人和为谁培养人这一根本问题。党的十八大以来,党中央对教材建设作出一系列重要指示,明确提出教材建设是国家事权,是国家意志和社会主义核心价值观的集中体现,具有特殊重要的育人作用。在推进中国特色社会主义伟大事业和党的建设新的伟大工程中具有不可替代的重要地位。

为切实贯彻党的教育方针、培育和践行社会主义核心价值观,提高司法鉴定教育培训工作规范化、科学化、专业化水平,司法部公共法律服务管理局会同司法鉴定科学研究院,组织编撰了"全国司法鉴定教育培训系列教材(第二版)"。该系列教材立足我国司法鉴定工作实际,结合国内外司法鉴定发展新趋势,注重新知识、新技能、新方法,内容系统全面、结构科学合理、理论与实践结合紧密,汇聚了行业知名专家与权威学者的智慧和经验,体现了新时代中国司法鉴定最新理论和实践成果。

在当前深化司法鉴定管理体制改革的关键阶段,系列教材的付梓出版将进一步筑牢司法鉴定人才队伍建设的根基,持续提升鉴定人队伍政治素质、职业道德、法律素养和专业能力水平,为推动我国司法鉴定事业高质量发展奠定坚实基础。

衷心感谢所有为本系列教材出版倾注心血、不懈努力的专家、学者和编辑,同时也向为司法鉴定行业蓬勃发展做出杰出贡献的全体司法鉴定人致以崇高的敬意。我们坚信,在党中央的坚强领导下,本系列教材将助力广大读者学以致用、知行合一,积极响应服务法治社会的号召,为推动司法公正、维护社会稳定贡献智慧与力量!

全国司法鉴定教育培训系列教材(第二版)

编审委员会

2025 年 2 月

前 言

本书是《法医物证司法鉴定实务》第二版,第一版于 2013 年 1 月出版,距今已经十年有余了。10 多年来,法医物证鉴定技术得到了迅猛的发展,遗传标记得到进一步扩展,除 STR、SNP 外,插入/缺失(insertion/deletion,InDel)多态性标记、微单倍型标记、DNA 甲基化等表观遗传标记不断被研究、应用;鉴定项目得到进一步拓展,亲缘鉴定、地理溯源、表型推断、年龄推断和非人源 DNA 鉴定首次作为法定鉴定项目被确立;分型技术得到进一步发展,二代测序及三代测序技术在法医物证中的应用日渐增多;鉴定策略得到进一步丰富,基因组学、转录组学、蛋白质组学、微生物组学等多组学方法在法医物证鉴定中被广泛应用;鉴定标准得到进一步完善,亲子鉴定和个体识别国家标准、亲缘鉴定系列行业标准等不断颁布,保障了鉴定意见的科学性、可靠性。10 多年来,法医物证鉴定面临的内外环境也发生了巨大的变化,实验室认可或资质认定已经成为法医物证鉴定机构的必选题,质量控制的意识更加深入人心并融入了鉴定过程的每个环节之中,能力验证已经成为实验室外部质控和监管者的行之有效的技术手段,"以审判为中心"的诉讼制度对法医物证的证据审查提出了更高的要求。面对这 10 多年的变化,《法医物证司法鉴定实务》也需要与时俱进,及时更新、补充最新的鉴定技术,与法医物证鉴定的实践需求同步,与当前法医物证鉴定人的需求同步,与法医物证鉴定发展的国际潮流同步。

本书以 2020 年 5 月司法部颁布的《法医类司法鉴定执业分类规定》中法医物证鉴定的执业分类(0401—0409)为主线,分别介绍了法医物证鉴定各领域的最新研究现状、鉴定方法、应用实例,在不失前沿性的同时着重强调实用性、可操作性。本书共分为十二章。第一章为绪论,介绍了法医物证的特点、法医物证鉴定的任务和技术、法医物证鉴定的基本程序;第二章至第九章分别围绕法医物证鉴定的九个法定鉴定项目进行了介绍,包括个体识别(0401)、亲子鉴定(0402、0403)、亲缘鉴定(0404)、生物检材种属和组织来源鉴定(0405)、生物检材来源生物地理溯源(0406)、生物检材来源个体表型推断(0407)、生物检材来源个体年龄推断(0408)、与非人源生物检材相关的其他法医物证鉴定(0409);第十章至第十二章分别介绍了能力验证、质量控制和标准化。

本书的编写是在"全国司法鉴定继续教育培训系列教材(第二版)"编审委员会指导下完成的。本书的编写委员会委员由具有丰富法医物证鉴定实战经验并在法医物证学科学研究中取得了不俗成绩的专家组成。正是他们对这一事业的热爱,使得本书的科学性、系统性和实用性得到了很大的提升。

本书的出版有望为从事法医物证鉴定的鉴定人、鉴定助理、科研工作者以及相关教师和学生提供有价值的新知识、新技术,这将是对我们的最大安慰。同时,我们将继续以更高的热情投入该学科的研究并跟踪学科进展,为读者提供更多、更新的信息。

限于我们的知识水平和经验,本书难免存在诸多不足之处,欢迎读者批评指正。

本书各章节分工如下:

第一章:侯一平

第二章:严江伟(第一节、第三节、第五节)　扎拉嘎白乙拉(第二节)
　　　　张　霁(第四节)

第三章:谢建辉(第一节、第二节、第三节、第四节)　袁　丽(第五节)

第四章:孙宏钰(第一节、第二节、第七节)　许传超(第三节)
　　　　乌日嘎(第四节)　吕德坚、李海霞(第五节)　任　峥(第六节)
　　　　台运春(第八节)

第五章:高玉振(第一节)　李立娟(第二节、第六节)　黄　江(第三节)
　　　　姚　军(第四节)　王　正(第五节)

第六章:朱波峰

第七章:李淑瑾(第一节、第二节、第三节)　王中华(第四节、第五节)

第八章:黄代新

第九章:张素华(第一节、第二节、第三节、第六节)
　　　　孟凡明(第一节、第四节、第五节、第六节)

第十章:李成涛(第一节、第二节、第五节、第六节)
　　　　张素华(第三节、第四节)

第十一章:李成涛

第十二章:何晓丹

李成涛
2025 年 3 月

目 录

第一章 绪论 001
  第一节 法医物证 001
  第二节 法医物证鉴定的任务与技术 002
  第三节 法医物证的司法鉴定 005

第二章 个体识别 007
  第一节 回顾与展望 007
  第二节 生物检材的发现与收集 010
  第三节 个体识别基本理论 016
  第四节 微量与降解生物检材的个体识别 025
  第五节 典型案例点评 042

第三章 亲子鉴定 051
  第一节 亲子鉴定回顾与展望 051
  第二节 亲子鉴定基本原理 052
  第三节 亲子鉴定标准 059
  第四节 亲子鉴定中特殊情形 067
  第五节 典型案例点评 072

第四章 亲缘鉴定 077
  第一节 现状与展望 077
  第二节 基本理论 078
  第三节 全同胞关系鉴定 084
  第四节 半同胞关系鉴定 089
  第五节 祖孙关系鉴定 096
  第六节 同卵双生子鉴定 103
  第七节 其他亲缘关系鉴定 107
  第八节 典型案例点评 109

第五章 生物检材种属和组织来源鉴定 　　117
　　第一节　回顾与展望　　117
　　第二节　基本理论　　118
　　第三节　血痕检验　　121
　　第四节　精液斑检验　　131
　　第五节　体液斑来源鉴定　　137
　　第六节　典型案例点评　　144

第六章 生物检材来源生物地理溯源 　　151
　　第一节　基本概念与理论　　151
　　第二节　生物检材来源生物地理溯源分子遗传标记　　155
　　第三节　检测分析平台　　157
　　第四节　生物检材来源生物地理溯源数据分析　　161
　　第五节　人工智能算法在生物地理溯源中的应用　　167
　　第六节　生物检材来源生物地理溯源研究实例　　171

第七章 生物检材来源个体表型推断 　　193
　　第一节　回顾与展望　　193
　　第二节　面部特征推断　　197
　　第三节　色素特征推断　　201
　　第四节　身高推断　　202
　　第五节　典型案例点评　　203

第八章 生物检材来源个体年龄推断 　　207
　　第一节　年龄相关生物标记　　207
　　第二节　DNA 甲基化与个体年龄推断　　211

第九章 与非人源生物检材相关的其他法医物证鉴定 　　233
　　第一节　与非人源生物检材相关的法医学研究及应用概述　　233
　　第二节　生物检材的种属鉴定　　234
　　第三节　非人源生物检材的个体识别　　239
　　第四节　昆虫 DNA 物证鉴定　　240
　　第五节　昆虫体内人源 DNA 的分子鉴定　　243
　　第六节　典型案例　　244

第十章 法医物证鉴定能力验证典型错误解析 　　254
　　第一节　三联体亲子鉴定能力验证　　254
　　第二节　二联体亲子鉴定能力验证　　291
　　第三节　个体识别能力验证（血斑和唾液斑）　　315
　　第四节　个体识别能力验证（血斑和精斑）　　323

第五节　亲缘鉴定能力验证(全同胞)　　339
　　第六节　亲缘鉴定能力验证(祖孙)　　356

第十一章　法医物证鉴定质量控制　　369
　　第一节　法医物证实验室管理　　369
　　第二节　法医物证实验室污染防控　　373
　　第三节　法医物证实验室标准品 DNA 使用与管理　　378

第十二章　法医物证鉴定标准化　　380
　　第一节　基本理论　　380
　　第二节　法医物证鉴定标准综述　　381
　　第三节　法医物证鉴定标准管理和使用　　388
　　第四节　法医物证鉴定标准展望　　389

法医物证司法鉴定实务

第一章 绪 论

　　法医物证鉴定是指鉴定人运用法医物证学的科学技术或者专门知识,对各类生物检材进行鉴别和判断并提供鉴定意见的活动。法医物证鉴定包括个体识别、三联体亲子关系鉴定、二联体亲子关系鉴定、亲缘关系鉴定、生物检材种属和组织来源鉴定、生物检材来源生物地理溯源、生物检材来源个体表型推断、生物检材来源个体年龄推断以及与非人源生物检材相关的其他法医物证鉴定等。

　　法医物证鉴定适用范围广泛,不仅可应用在各种刑事、民事、行政诉讼案件中,也可应用在各种非诉讼事件中,如重大灾难事故遇难者遗骸的鉴定。

　　法医物证学是因法律的需要和自然科学的发展而产生的一门交叉学科。随着该学科的不断发展与学科间的相互渗透,法医物证鉴定技术日臻完善,理论知识日趋丰富,解决鉴定问题的能力不断提高。基于毛细管电泳技术平台的STR分析是目前普遍采用的法医物证鉴定手段,但是新一代测序技术以及微单倍型、RNA等新技术新型遗传标记也已经被逐渐认可并开始应用。十多年来,法医物证鉴定的标准体系也得到了良好的发展,国家标准、行业标准逐步覆盖了法医物证鉴定的方方面面。

　　目前,国内外对于法医物证学科的命名尚未得到共识。国外称为法医血清学(Forensic Serology)、法医血型血清学(Forensic Blood Group Serology)、法医血液遗传学(Forensic Hematogenetics)、法医遗传学(Forensic Genetics)及法医生物学(Forensic Biology),而我国法医专业目录则定名为法医物证学。

第一节 法医物证

　　法医物证学研究的对象是与案件有关的生物物证,通常称为法医物证。法医物证以生物成分和其特性来证明案件事实,通常包括血液、精液、阴道分泌液、乳汁、唾液、鼻涕、尿液、羊水及其斑痕,毛发、指甲、骨骼和牙齿等人体各种组织器官及其碎块,以及非人源生物检材等。如上所述,法医物证往往需要借助检验与鉴定来发现上述生物物证与案件事实的联系,因此在检验之前,它们常被称为法医物证检材。

一、法医物证的特点

1. 法医物证的稳定性受环境条件影响

　　案件过程的多样性和犯罪现场的复杂性使法医物证检材不可避免地受到环境的影响。法医物证的检验与鉴定即使对一个非常有经验的鉴定人来说也是一个严峻的挑战。以血液为例,血液一旦从身体流出,便迅速开始变质。死亡意味着生命活动停止,尸体内部的变质即刻开始,尸体中的血液也同时经历不可逆的变化,并且这种变化可由于温暖和潮湿的环境而加速。鉴定人不能预测血痕被收集前所经历的环境条件与时间,也难以控制血痕从收集到送达实验室的整个过程中的保存条件。血痕收集自现场,现场也可能有类似血痕的其他生物性斑痕,在没有进行实验分析之前,鉴定人甚至不知道检材是否是血痕。因此,法医物证检材不同于临床实验室使用的医学样本,它的主要特点在于环境条件的作用使其具有某些不确定性。法医物证学的重点之一,正是针对法医物证检材的特点,设计合理的分析策略,选择正确的实验方法,减少不确定性,实现对生物物证的鉴定。

2. 法医物证属于"科学证据"

法医物证鉴定对科学技术有很强的依赖性。法医物证的发现、提取和检验需要运用科学技术来完成,法医物证鉴定意见与案件事实之间是否具有相关性的信息必须用科学的理论来解读。例如,对于血痕分析,无论是血型鉴定还是DNA分型均必须在法医物证专业实验室进行,有严格的操作管理程序和质量控制体系。对于鉴定意见的解释需要严格的逻辑推理和科学理论。因此,法医物证属于"科学证据"的范畴。

二、法医物证的意义

在案件调查和审判中,法医物证的作用主要表现在以下方面:

1. 法医物证是侦破刑事案件的向导

刑事案件中,特别是在凶杀、抢劫、盗窃、殴斗、强奸等案件中,常会出现人身伤害与死亡。由于个体与个体间,或个体与环境物品间发生接触,常遗留有血液、毛发、皮肤、指甲、牙齿、精液或唾液等,这些法医物证检材通常细小而且分布范围广,罪犯很难彻底将其毁掉。侦破工作往往是从一点一滴的法医物证收集开始,并经分析鉴定,能为侦查提供线索,是侦破刑事案件的向导。

2. 法医物证是查明案件事实的依据

案件是过去发生的事件,办案人员无法直接感知那些与案件有关的事实,只能通过各种证据来查明或"重建"案件事实。在许多案件中,法医物证都是这种"案件重建"的主要依据。它能帮助办案人员查明案件的性质,发案的时间和地点、过程和原因,以及案件中涉及的人和物。以事实为依据的法律原则,包含了与案件有关的物证及其鉴定意见对重建案件事实的重要作用。

3. 法医物证是审查其他证据的手段

法医物证属于"科学证据"。法医物证的证据价值是经过严密的科学检验所确认的,具有高度客观性和可靠性,被誉为"无声的证人"。美国学者赫伯特·麦克唐奈曾经形象地指出:"物证不怕恫吓。物证不会遗忘,物证不会像人那样受外界影响而情绪激动……。在审判过程中,被告人会说谎,证人会说谎,辩护律师和检察官会说谎,甚至法官也会说谎。唯有物证不会说谎"。所以法医物证在司法实践中可以作为审查和鉴别证人证言和当事人陈述等其他证据的有效手段。

第二节 法医物证鉴定的任务与技术

法医物证学的基本任务是解决案件中与人体有关的生物检材鉴定问题,其解决问题的方法是自然科学公认的理论与技术。

一、基本任务

法医物证学主要解决司法实践中的个体识别（personal identification）及亲子鉴定（parentage testing）问题。许多民事或刑事案件需进行法医物证鉴定，诸如下列情况：

1）斗殴、伤害、谋杀及碎尸案件，常在犯罪现场或可疑凶器上遗留有血痕或可疑血痕，需鉴定是否为人血，是被害人还是作案人所遗留。

2）强奸或强奸杀人案，常在现场床上、地上、被害人衣裤或阴道中遗留有作案人的精液或精液与阴道分泌液的混合斑，需鉴定可疑精液斑或混合斑中的精液是否是犯罪嫌疑人所遗留。

3）道路交通事故中，需鉴定嫌疑车辆上的血痕、毛发与组织碎片是否来自死者。

4）灾害事故、空难事件造成的尸体离断，需鉴定是否同属一人；纵火杀人、焚尸灭迹、火灾遇难或集体被屠杀情况下需进行尸源鉴定。

5）可疑父母与子女之间有无血缘关系，诸如私生子、调错婴儿、拐骗儿童、财产继承、移民及强奸致孕等民事与刑事案件中，需进行亲子鉴定。

二、基本技术

法医物证学中采用遗传标记进行个人识别和亲权鉴定。分析人类多态性遗传标记是法医物证学技术的核心，而检材的处理策略和实验结果的科学解释是法医物证技术的两个关键环节，其具体方法涉及多种学科。由于法医物证学应用了许多相关学科的新方法与新技术，近年来发展迅速。

1. DNA 分析方法

1985 年，英国科学家亚历克·杰弗里斯（Alec John Jeffreys）研究人类肌红蛋白基因结构时，在第一内含子中发现一段由 33 bp 串联重复构成的小卫星序列。以 33 bp 为核心序列（core sequence）串联重复的单链 DNA 作为 RFLP 分析的探针，杂交结果表明可在 4~23 kb 范围内检出 20~30 条多态片段，多态性信息量极大，个体的条带模式独一无二，类似经典的指纹，故称 DNA 指纹。DNA 指纹的高度个体特异性克服了传统法医遗传标记鉴别能力低的缺陷，使法医个人识别和亲子鉴定实现了从仅能排除到高概率认定的飞跃，被誉为法医物证分析的里程碑。1993 年，国际法医遗传学会推广了以 STR 为核心的第二代 DNA 指纹或 DNA 纹印技术。不仅实现了法医物证检验高概率的认定，也为法医 DNA 分型技术的标准化铺平了道路。目前为止，世界各国的 DNA 分型技术平台仍然以毛细管电泳（capillary electrophoresis，CE）为主流，但是新一代测序技术的发展和成熟，也在法医物证学的科学研究和鉴定实践中逐渐成为研究热点和重要备选方法。与传统测序技术相比，新一代测序技术无论是测序原理、测序过程、适用范围，还是测序结果都存在本质的不同。新一代测序技术可以对多种遗传标记并行检测，节约检测样本量及检测时间；与 Barcode 技术相结合，可以对多样本并行检测；文库构建时可依赖 PCR 技术，但无须电泳及荧光标记，可将引物设计得尽可能短，提高降解检材的分型成功率；可以对序列内部碱基进行深度读取，提高混合物分析能力；新序列等位基因的发现，可大幅提升遗传标记系统效能。基于这些优势，国内外学者对第二代测序技术在法医学中的应用给予了高度关注，近年来我国也先后颁布了一些新一代测序技术的法医学应用相关国家标准和行业标准，部分生物公司已经针对法医学应用研发了适当通量的二代测序分析平台及商品化检测试剂盒。法医物证学采用 DNA 遗传标记是因为它有足够的多态性，理论上可以通过 DNA 分型，而不必通过测定全基因组序列来进行个人识别。DNA 分型的优点还在于能从任何含有细胞的体液或组织中得到相同的结果,能够对陈旧斑痕和极微量的检材进行 DNA 分型,分析结果能够成为计算机可查询的数据形式。快速分型的能力还可保证无辜的犯罪嫌疑人能尽快被排除,使鉴定工作不至于延误案件调查。

2. RNA 方法

相比于 DNA 遗传标记,长期以来,广泛接受的观点认为 RNA 分子结构不稳定且可被无处不在的核糖核酸酶快速降解。因此,RNA 一直未能得到法医学的关注。近年来,RNA 领域的研究发现在特定的条件下,例如在干燥条件下某些 RNA 分子表现出高度的稳定性,这吸引着法医学者开始关注 RNA 分子。RNA 检测技术的发展,尤其是逆转录 PCR(reverse transcription PCR, RT-PCR)技术的出现则推动了法医学者探索 RNA 分子法医学应用潜力的进程。自 2011 年起,欧洲 DNA 分型工作组(the European DNA Profiling Group, EDNAP)联合多家法医学实验室开展信使核糖核酸(messenger RNA, mRNA)在体液斑中表达的稳定性和体液鉴定应用潜力的探索与研究。一系列研究成果表明 mRNA 在法医体液斑中具有较高的稳定性且筛选出的 mRNA 标记可根据表达水平的差异区分法医学常见体液类型。自此,法医学领域对 RNA 分子的兴趣与日俱增,相关研究及论文数量开始大幅增加。随着对 RNA 分子生物学特征和功能的研究日渐深入,RNA 由于其独特的分子生物学特征和表达特点逐渐成为法医学新的研究热点,也将应用于法医物证鉴定实践中。

3. 遗传学方法

亲子鉴定应用遗传学原理对假设父母与子女的血缘关系进行分析。人类的遗传标记,包括各种血型、红细胞酶型及 DNA 多态性,均按照孟德尔定律遗传。不同遗传标记的表型不同,遗传规律亦不完全相同,因此亲子鉴定必须具备基本的遗传学知识。凡计算各种遗传标记否定父权的概率、父权指数等量化指标均需遗传标记的基因频率,后者可从群体遗传学调查结果获得,理论基础是群体遗传学。

4. 化学方法

在鉴别斑痕的类别时,多采用传统的化学方法,如血痕检验的联苯胺、血色原结晶及氯化血红素结晶试验,精斑检验的碘化碘钾结晶试验,唾液斑检验的碘-淀粉试验等。这些方法尽管不特异,但操作简单有效,有的非常灵敏,故一直沿用至今。

5. 物理学方法

相对其他方法而言,以往采用物理学方法解决法医物证检验问题较少,常用的有作为预试验在紫外光下检测精斑,用分光光度法检测血红蛋白及其衍生物确证血痕等。近年来,应用物理学的技术解决法医物证检验问题逐渐增多,如用磁共振法测定血痕的陈旧度,有些酶型测定及 DNA 分析需在紫外光下阅读酶谱及 DNA 扩增产物片段。

6. 形态学方法

形态学方法是法医物证学的基本方法之一,有的形态学检验结果可作为证据保存。主要形态学检验方法是显微技术及扫描电镜技术,如用显微镜技术区别人类与鸟类红细胞,即区别人血与鸟血;根据血痕中发现不同形态的细胞,推断出血部位,确定该血痕为鼻血或月经血;根据毛发的形态结构区别人毛与兽毛,以及兽毛的种属;根据哈弗斯管的形态及数量,区别人骨与兽骨等。

7. 免疫血清学方法

"法医血清学"曾经是法医物证检验的核心。目前,高灵敏度的免疫胶体金技术仍然被用于血痕鉴定、精斑确证试验等。

第三节　法医物证的司法鉴定

司法鉴定是指在诉讼过程中,司法机关指派或聘请具有专门知识的人就案件中的专门性问题做出判断性结论的科学活动。法医物证鉴定应符合法律程序,包括案件的委托、受理与鉴定。受理案件时,接案人应检查委托书,了解案情,并作好记录,逐一清点检材是否符合检验要求。亲子鉴定案件,接案人员应亲自抽取当事人的生物样本,防止样本调错。法医物证鉴定是一项技术要求高、专业性极强的工作,应由受过专业训练的技术人员担任,保证选用的方法可靠,操作方法标准化,试剂有效,仪器性能良好,结果准确可靠。

一、司法鉴定人

法医物证鉴定人是指具有从事鉴定,接受委托,运用专业知识和技能解决诉讼活动中有关物证方面专门问题的人。

1）鉴定人必须具有解决法医物证问题的专门知识和技能,能够对法医物证问题做出科学的鉴定意见。

2）鉴定人与案件没有利害关系,能够客观公正地进行鉴定。存在法定回避的情况时,例如鉴定人是本案当事人的近亲属或者有其他利害关系,鉴定人应主动回避。

3）鉴定人必须是自然人,单位不能充当鉴定人。鉴定人因个人具有法医物证专门知识和技能,以个人名义参加诉讼活动,鉴定意见应由鉴定人自己负责。鉴定意见除加盖鉴定单位的鉴定专用章外,必须有鉴定人签名,否则不具备法律效力。

二、法医物证司法鉴定书

鉴定人在接受司法机关的指派或聘请后,要对案件中的专门性问题得出结论。这种结论是鉴定人在进行实验分析和研究案件有关材料后,对案件中的特定问题所做出的判断。所以,鉴定意见是鉴定人提供的判断性意见,书面表现形式是鉴定书。

法医物证鉴定书一般包括如下内容:① 委托进行鉴定的单位;② 要求鉴定的目的和要求;③ 提交鉴定的材料;④ 进行鉴定的时间、地点;⑤ 鉴定采用的科学方法;⑥ 实验分析结果;⑦ 鉴定意见;⑧ 鉴定单位及鉴定人签名。

鉴定意见作为一种独立的诉讼证据,除具备证据的基本特征外,还有以下的特点:

1. 科学性

鉴定的原理和方法是被科学界普遍接受的、经得起检验的,这是鉴定得以进行,鉴定意见可用作诉讼证据的必要前提。鉴定意见是一种具有科学根据的判断性意见。

2. 可重复性

采用被科学界普遍接受、掌握的技术原理和方法得出的鉴定结果具有可重复性。不同的实验室、不同的鉴定人对同一物证检材分析的结果应该是相同的。

3. 非法律评价性

鉴定意见的内容是鉴定人就案件中某些专门性问题所作的判断性结论。鉴定人依据案件调查和鉴定结果等资料,向法庭提供的是符合案件客观的科学证据,而不是对相关事实做出的法律评价。被告是否有罪的法律评价属于司法机关的职权范围。

（侯一平）

思考题

1. 法医物证的特点是什么?
2. 法医物证学的基本任务是什么?
3. 法医物证学的基本理论是什么?
4. 何谓法医物证学鉴定?
5. 法医物证鉴定意见的特点有哪些?

参考文献

［1］侯一平,王保捷,郭大玮,等.法医物证学(供法医学类专业用).3 版.北京:人民卫生出版社,2009.

［2］GB/T 27025—2019 检测和校准实验室能力的通用要求.

［3］CNAS－CL08:2018 司法鉴定/法庭科学机构能力认可准则.

［4］ISO 21043－1:2018 Forensic sciences — Part 1: Terms and definitions.

［5］Li C T. Forensic genetics. Forensic Sciences Research, 2018, 3: 2, 103－104.

［6］Yamamoto F, Hakomori S. Sugar-nucleotide donor specificity of histo-blood group A and B transferase is based on amino acid substitutions. Nature, 1990, 265: 19257－19262.

［7］Byard RW, James H, Berketa J, et al. Locard's principle of exchange, dental examination and fragments of skin. J Forensic Sci, 2016, 61: 545－547.

［8］Reich DE, Schaffner SF, Daly MJ, et al. Human genome sequence variation and the influence of gene history, mutation and recombination. Nat Genet, 2002, 32: 135－142.

［9］Kidd KK, Pakstis AJ, Speed WC, et al. Developing a SNP panel for forensic identification of individuals. Forensic Sci Int, 2006, 164: 20－32.

第二章 个体识别

第一节 回顾与展望

一、回顾与现状

法医物证学主要解决司法实践中的个体识别及亲子鉴定问题。个体识别通过鉴定法医物证来揭示个体身份,即以同一认定理论为指导原则,对物证检材的遗传标记进行科学鉴定,依据个体特征来判断前后两次或者多次出现的物证检材是否属于同一个体。同一认定的实质是对各种生物检材相应特征的调查与判断,其检验和比较的依据是人类遗传标记(genetic marker,GM)。

现代法医物证学对生物检材进行个体识别主要经历三个阶段:

1. 抗原多态性

1900年,Karl Landsteiner发现了人类红细胞ABO血型系统,将人类血型分为A、B、O三种类型,这一发现使输血成为可能;其后,他的两位同事发现了第四种类型AB型。研究发现,血型受遗传控制,且四种血型出现在特定人群中的频率不同,这是将血型分型作为人类遗传标记的理论基础,为免疫血清学的应用打开了大门。20世纪60年代,电泳检测血型及酶型的应用为法医物证检验与鉴定提供了更多的技术手段。20世纪70年代,应用等电聚焦技术发现了多种血清型及酶型的亚型,进一步提高了个体识别概率。到20世纪90年代,法医血清学成为法医物证个体识别的主要技术手段。法医血清学区别于传统血清学,还包括了其他类型体液的鉴定,如唾液、精液等。抗原(antigen,Ag)与抗体(antibody,Ab)的结合反应是法医血清学的检测基础。Ag与Ab的结合由一级反应、二级反应和三级反应组成。一级反应是指Ag的一个决定簇与Ab的一个结合位点特异性结合形成Ag-Ab复合物的过程,这个过程反应迅速且可逆。酶联免疫测定法、免疫荧光测定法、放射免疫测定法和染料标记免疫层析法等技术可以用于测定一级反应形成的Ag-Ab复合物的浓度。一级反应后,继而发生二级反应,二级反应速率相比一级反应更慢,更易被检测,其反应形式有三种类型:沉淀、凝集和补体固定。沉淀和凝集是法医血清学分析的基础,而补体固定在法医中并不常用。以沉淀为基础的测定方法通常用于物种鉴定,包括免疫扩散法(单向免疫扩散和双向免疫扩散)和电泳法(免疫电泳法、交叉免疫电泳法、火箭免疫电泳法和对流免疫电泳法),而以凝集为基础的测定方法通常用于血型分型,包括直接凝集试验法、被动凝集试验法和凝集抑制试验法。通过血型分型可以排除嫌疑人,但由于不相关的两人血型匹配的可能性很高,因此并不能对嫌疑人进行认定。三级反应主要用来检测体内的免疫反应,如炎症和巨噬作用,在法医血清学的运用较为少见。

2. 蛋白多态性

由于抗原多态性存在局限性,蛋白多态性被引入到法医物证鉴定中。人体内有20%~

30%的蛋白质具有多态性,利用蛋白质多态性可将人群进行分组,最早的相关报道是几种血清蛋白和红细胞酶的多态性在法医鉴定中的应用。蛋白质多态性的鉴定可以利用基于蛋白质分子量的电泳和电荷变化进行。基于蛋白质分子量的电泳可分为非变性和变性电泳,非变性的情况下无法通过电泳得到较好的分离效果,因此有必要对这些蛋白进行变性。等电聚焦技术(isoelectric focusing,IEF)是20世纪60年代建立起来的一种蛋白质分离分析手段,是当前单向电泳中具有较高分辨率的电泳技术。利用蛋白质分子或其他两性分子等电点的不同,在稳定的、连续的、线性的pH梯度中,进行蛋白质的分离和分析。红细胞酶、血清蛋白和血红蛋白的多态性常被应用于法医鉴定。人体红细胞含有多种同工酶,不同个体之间红细胞同工酶存在差异,根据红细胞同工酶多态性可以对人群进行划分。红细胞磷酸葡萄糖酸酶多态性在20世纪60年代首次被发现,后来成功地应用于血斑检测。成年人血红蛋白由两条α链和两条β链组成,小部分血红蛋白是由两条α链和两条δ链组成。现已发现两百余种血红蛋白变异,可以作为法医学遗传标记,特别是胎儿血红蛋白和镰刀状细胞血红蛋白在法医个体识别中具有重要作用。到20世纪80年代约有100种蛋白多态性被发现。目前已有多种血清蛋白被用于法医鉴定,其中结合珠蛋白(haptoglobin,HP)具有遗传多态性,是重要的血清遗传标志物,法医学中应用最较为广泛。在刑事侦查中,将血型与蛋白质多态性分析有效结合,能够将群体中无关个体之间匹配的概率降低到几百分之一。

3. DNA多态性

基因水平上的多样性来自基因突变,当基因突变以等位基因形式在群体中得以保留,并能够从亲代遗传给子代,可形成个体间的遗传差异。不同个体间的遗传差异形式是不同等位基因组合的结果。等位基因之间的差异可以是点突变引起的序列不同,也可以是因为碱基的插入/缺失引起的片段长度不同,两者都能构成具有个体特征的DNA遗传标记。DNA遗传标记可以出现在编码区,也可以存在于非编码区。在人类基因组中,由不同碱基结构的等位基因所形成的多态性叫做DNA多态性(DNA polymorphism)。按照DNA遗传标记的结构特征,DNA多态性可分为长度多态性(length polymorphism)和序列多态性(sequence polymorphism)两类。DNA长度多态性是指同一基因座上各等位基因之间的DNA片段长度差异构成的多态性。DNA长度多态性靶序列主要是指可变数目串联重复序列(variable number of tandem repeat,VNTR),VNTR既存在于小卫星DNA中,也存在于微卫星DNA中。由于命名习惯和为了便于区分,通常将小卫星DNA中的可变数目串联重复序列称为VNTR,而把微卫星的可变数目串联重复序列称为短串联重复序列(short tandem repeat,STR)。DNA序列多态性是指一个基因座上,因不同个体DNA序列有一个或多个碱基的差异而构成的多态性,可发生在染色体DNA与线粒体DNA(mitochondrial DNA,mtDNA)上。在人类基因组范围内,单碱基突变使特定核苷酸位置上出现两种或两种以上碱基,就形成单核苷酸多态性(single nucleotide polymorphism,SNP),其中最小等位基因频率在群体中不少于1%时,常用于作为个体识别SNP基因座。SNP作为新一代遗传标记,因其广泛存在于人类基因组编码区和非编码区,并具有突变率低、稳定性高、扩增片段短等特点,在法医学领域可用于个体识别、族群地域推断、个体表型特征刻画等。伴随生物信息学与二代测序技术的发展,SNP遗传标记被大量发现并广泛应用。

近年来,SNP、插入/缺失用于个体识别的研究逐渐增多。插入/缺失是人类基因组中广泛分布的一种遗传标记,是由单个或多个碱基的插入或缺失造成的,表现为DNA长度差异,具有扩增片段较短、突变率低的特点。现用的STR毛细管电泳仪,可以与之兼容检测,加强了实验室之间的交流。其他遗传标记还有线粒体DNA和Y染色体STR(Y-chromosome STR,Y-STR)等。mtDNA基因组具有母系遗传、高拷贝数、具有多态性和耐降解等特点,对于解决降解、腐败和无核DNA生物检材的个体识别具有独到之处,是核DNA检验的重要补充。但其在个体识别鉴定中真正的价值在于排除。Y-STR为男性所特有,呈父系遗传,Y-STR分型在法医物证鉴定中的特殊意义在于混合斑迹鉴定。在男性与女性体液形成的混合斑检验中,检测Y-STR分型可不受女性样品的影响。这些遗传标记在法医生物检材的个体识别中发挥重要作用。

在DNA多态性的检测技术方面,从开始的限制性片段长度多态性分析技术得到DNA指纹图谱,到如今的PCR毛细管电泳技术得到STR图谱,以及一代测序、二代测序,甚至三代测序检测序列信息。1985年英国科学家亚历克·杰弗里斯等应用限制性片段长度多态性(restriction fragment length polymorphism,RFLP)分析技术检测小卫星VNTR位点,构建DNA指纹图谱。DNA指纹图谱表现出比抗原和蛋白质多态性标记更高的分辨率,具有高度个体特异性(仅同卵双生子相同),因此这项技术实现了法医个体识别从否定、排除到认定的飞跃,开辟了法医物证个体识别的新纪元。随后,法医DNA技术在短短的几十年中得到迅速的发展和广泛的应用。20世纪80年代中期,Kary Mullis发明了聚合酶链式反应(polymerase chain reaction,PCR)技术,能够在试管中利用体外酶促合成DNA片段,利用该技术可在数小时之内扩增大量目的基因或DNA片段。在法医学案发现场检材中,疑难检材出现率极高,如微量检材、降解检材等,通常只能提取到少量的DNA,PCR技术的应用使得法医DNA分析成为可能,极大地提高了法医DNA检测的灵敏度。进入20世纪90年代后,PCR扩增联合毛细管电泳对STR的检测逐步取代了RFLP分析,成为第二代DNA分型技术。采用PCR技术扩增VNTR或STR基因座等位基因进行DNA长度多态性分析的方法称为扩增片段长度多态性(amplified fragment length polymorphisms,Amp-FLP)分析。90年代初,主要应用Amp-FLP分析技术进行小卫星VNTR基因座的多态性分型。90年代中期后,逐渐过渡到应用PCR技术分析微卫星STR座位的多态性,即STR分型技术。该技术充分发挥了PCR技术的高灵敏度和STR基因座高多态性的优势,使法医DNA分析实现了高效、灵敏和快速的目标。如今,STR分型已成为法医物证鉴定的常规技术。相比于VNTR,STR位点有诸多优点,其片段小,能够用PCR进行扩增;STR位点多态性高,用多个STR位点进行个体识别时,两个无关个体匹配的概率极低;此外,基于STR位点的DNA分析耗时较短,能够在一天内得到结果,而RFLP技术通常需要8周时间。

近年来,第二代测序技术得到快速发展。二代测序技术可以一次性从微量样本中获取大量的信息,包括SNP、STR、信使RNA(mRNA)、微小RNA(microRNA)、线粒体DNA(mtDNA)和InDel多态性等法医学重要信息。二代测序在法医领域的应用也不仅仅局限于此,与案件现场相关的动物、植物、微生物的分类、群落信息和来源分析可用于推断组织来源和死亡时间信息等。目前,二代测序技术在法医学个体识别领域的应用正处于发展阶段,未来有更广阔的应用空间。有学者也将三代纳米孔测序技术应用于法医学方向的检测,比如个体识别、现场检测等,未来可能将更好地应用于法医领域。

二、未来与展望

法医生物检材的个体识别已从常量检测到微量检测,从个体排除到个体认定,从抗原、蛋白质多态性水平到 DNA 水平,个体识别的鉴定能力已得到极大提高。在法医物证工作中,微量降解检材、同卵双胞胎及混合斑拆分的个体识别一直是研究的重点和难点。未来微量降解检材的个体识别,主要的解决方法是将检测的遗传标记扩增片段变短,而 SNP、InDel 及某些 RNA 等遗传标记具有自然优势,因此统一稳定的遗传位点和人群基础数据库的建立较为必要,不同标记之间的兼容问题也不容小觑。此外,由于目前各地已建立起 STR 多态信息数据库,因而当发展下一代主流法医遗传标记时,必须要解决其数据库与已有的 STR 数据库的兼容问题。现已有文献报道,在一定的遗传距离内,STR 与 SNP 常表现为连锁遗传,这为遗传标记的更迭提供理论基础,但仍需要更进一步的探索。在蛋白质组层面,新的研究为微量降解检材的分析带来了新的曙光,尤其对较为陈旧的毛发、骨骼等样本进行分析。在同卵双胞胎的个体识别领域,理论上同卵双胞胎的基因组是相同的,而转录组、表观遗传组、蛋白质组或宏基因组受一定的环境影响,理论上用其甄别是可行的,尚需法医科研者进行大量摸索验证。在涉及混合斑拆分的个体识别领域,首要应消除 STR 影子峰的干扰,可以通过更换遗传标记解决。其他多组学遗传标记的单独或者联合应用需要通过实验进行全方位、多角度评价,而适用于法医分析的统计体系也有待构建。

在法医学实际应用中,利用相应的遗传标记对未知样本或者个体进行复杂亲权鉴定案件、家族系谱重建、祖源地理推断和个体表型推断是法医遗传学的热点研究领域,有利于为侦查提供线索,缩小侦查范围。伴随着生物信息技术、二代测序技术、三代测序技术的发展,具有法医学应用价值的 SNP 遗传标记被大量发现并广泛应用。徐书华教授团队基于全基因组技术对我国汉族进行研究,发现在遗传结构上可分为北方汉族、中部汉族和南方汉族,与地理位置较为对应。开发法医学生物地理祖先推断体系,可以提高东亚人群区分能力,帮助明确案件的侦查方向,缩小犯罪嫌疑人范围,在当今法医物证学、分子人类学研究中具有重要意义。随着 2018 年美国"金州杀手"案等案件的成功侦破,法医系谱推断技术作为一种新型侦查手段受到关注,被 Science 杂志评为年度全球十大科学突破之一,法医系谱学新技术运用全基因组高密度遗传变异进行远距离家系搜索已经成为法医 DNA 智能预测新时代的前沿方向。表型信息 SNP 可精准鉴别外部可见的表型特征,预测为案件的主动侦破提供方向与线索。基于二代测序的发展,SNP 检测难度与成本大大降低,华大基因最新研发的 MGIEasy P_a-SNP 体系有 2 000 多个 SNP。现阶段存在的问题主要是缺乏统一的检测位点、检测方法、结果评价方法,而中国各人群的基础数据也较为缺乏。DNA 数据库的建立能够增强法医 DNA 数据在个体识别中的作用。法医 DNA 数据库是一种存储已知个体的生物样本和从犯罪现场或事故现场发现的生物证据中提取的 DNA 图谱的信息库。将检出的 DNA 与法医 DNA 数据库进行比对,能够迅速地排除或认定犯罪嫌疑人,方便串并案件,从而识别未知和潜在的犯罪。随着 DNA 测序技术的快速发展和广泛应用,各国的数据库都得到了迅速的发展,极大地提高了法医个体识别的效率。因此,未来我们需要开展更加全面、样本数量更多的大规模人群采样,建立覆盖度高且代表性强的多用途参考数据库,为精准个体识别等用途提供数据支持和理论基础。

第二节 生物检材的发现与收集

法医物证检材是指来源于案(事)件现场,并可进行法医物证检验,从而可以为案件的侦破提供线索、为法庭提供证据的生物样本,或者是含有、承载可进行法医物证特征 DNA 检验的生物样品的物品。通过对法医物证检材进行检验分析后,解释检材是否为人体检材,检材来源以及所属等问题,以揭示这些现场的检材与案件的内在联系。

法医物证检验的基本过程是从发现检材到检验、得出鉴定意见的全过程,主要分为两个阶段:第一阶段主要是在案件勘察或案件调查过程中完成的,通过对案件发生现场、犯罪嫌疑人住所、活动场所、衣物、用品等进行勘察,对发现的检材进行观察、记录、拍照、录像并制定恰当的采集、保存方案,通过对现场检材的分布、形态、数量、位置、颜色、大小、相互位置关系、检材与现场物体、环境、受害人或者死者的位置等观察、推测和重建案件的过程,为侦察提供方向和线索;第二阶段为实验室检验鉴定,这一阶段是对现场收集的可疑样本及举证需要的参考样本进行检验,重点解决个体识别,即判断现场采集的生物样本来源的问题。

通过对法医物证检材进行鉴定,有利于为案件侦破提供线索和事实依据,缩小侦查范围,帮助侦破刑事案件。收集、提取、保存的每个步骤对于成功获得检测结果都是至关重要的。犯罪现场 DNA 证据的收集必须认真细致,并建立完善的保障体系,以确保 DNA 分析图谱有效性和作为法庭证据的合法性。

一、检材的种类及特点

法医物证检材包括容易被发现的以独立形式出现的人体的某一组织,也包括直接或间接转移后存在于某一种载体上不容易发现的其他情况。

1. 血液和血痕(斑)

血液约占人体体重的 7%,成人循环血容量约 5 L。血液内 DNA 含量为 20 000 ~ 40 000 ng/mL,血斑(1 cm^2)包含的 DNA 量为 250~500 ng。血液和血痕(斑)检材是最常见的检材,可以进行现有的所有法医遗传学方法的检验。

2. 精液(斑)

精子与附睾、精囊腺、前列腺和尿道球腺的分泌物混合形成精液。正常男子每次射出精液约 3~6 mL,每毫升精液约含二千万到四亿个精子。精液内 DNA 含量为 150 000~300 000 ng/mL。研究显示,提取时间太晚、冲洗、无精症、输精管切除或结扎、未射精、阴道炎症、月经等都可导致精子的细胞学检验为阴性。精液(斑)检材可进行常染色体、Y 染色体 STR 检验,一般不对精液(斑)检材进行线粒体 DNA 检验。

3. 唾液斑

唾液内 DNA 含量为 1 000~10 000 ng/mL,唾液斑附着的载体种类繁多,如水杯、烟嘴、果核、口香糖、毛巾、口罩、水果上咬痕等。也常提取口腔拭子作为比对样本,口腔拭子包含唾液及口腔细胞,DNA 含量为 1 000~1 500 ng。唾液斑检验实质是对其中脱落的口腔上皮细胞的检验,唾液斑也适用现有所有法医遗传学检验的方法。

4. 毛发

毛发是犯罪现场最常见的检材,现场地面往往遗留有很多的毛发(不排除动物毛发)。毛发中的 DNA 保存时间相对较长,毛发的 DNA 主要集中在毛囊部,拔下的毛发 DNA 含量为 1~750 ng/根,自然脱落的毛发 DNA 含量为 1~12 ng/根。带有毛囊的毛发可以进行常染色体、Y、X 染色体 STR 检验,对无毛囊的毛发,现阶段主要进行线粒体 DNA 测序检验。

5. 软、硬组织

(1)软骨和骨(包括牙齿)　软骨由软骨组织及其周围的软骨膜构成。软骨组织由软骨细胞、基质及纤维构成。骨是由骨组织、骨膜及骨髓等构成。骨组织由大量钙化的细胞间质及数种细胞组成。细胞有骨原细胞、成骨细胞、骨细胞及破骨细胞四种。骨细胞最多,位于骨基质内,其余三种细胞均位于骨组织的边缘。DNA 含量为 3~10 ng/mL。此类检材可进行现有所有法医遗传学方法的检验。

（2）指（趾）甲类检材　　指（趾）甲的主要成分为 α-角蛋白,其中还含有人体细胞。在二硫苏糖醇(dithiothreitol, DTT)存在的条件下,蛋白酶 K 可将 α-角蛋白水解,在高温下破坏细胞内的膜结构,释放出细胞内的线粒体 DNA、核 DNA。指（趾）甲类检材可进行常染色体 STR 检验和线粒体 DNA 测序检验。

（3）人体内脏、肌肉、其他组织　　人体内脏、肌肉、其他组织内含有大量人体细胞,因此可以进行现有所有法医遗传学方法的检验。但当上述检材发生腐败、DNA 降解严重时,STR 检验往往不能成功,但是可以提取 DNA 进行 SNP 检验等。

6. 阴道分泌物

强奸案中受害人的阴道拭子、内裤、卫生棉条、外阴部垫有的卫生巾、卫生垫或其他棉纱物品上阴道分泌物,往往为混合斑迹,其中可能掺杂有男性的成分,如精子等。采用不同的提取方法,结合常染色体、Y 染色体 STR 检验,可以对阴道分泌物中的男性、女性成分进行检验。一般不对阴道分泌物进行线粒体 DNA 测序检验。

7. 脱落细胞

现场生物物证来源复杂、遗留在现场的形式多样,有不同载体、材质、状态、类型,特别是直接接触时脱落上皮细胞容易循环交换。唾液飞沫、脱落上皮细胞等容易通过间接接触转移到现场,这类检材容易被忽略。例如案件相关人员使用的剃须刀、褪毛器中、贴身佩戴过的饰物等（如戒指、手镯、手表）可能会附着有使用者的体细胞。

二、检材的发现与提取

法医物证的发现和提取工作主要是由具有专业知识、接受过相关培训且具有现场勘验、检查资格的现场勘查、检查人员完成。提取检材时所使用的试剂应经过去核酸处理,转移所用的载体应经过无菌处理,封装用容器、非一次性器械应保持洁净。提取检材时,应当戴无菌手套,分别提取,独立包装,统一编号。

在案件处理中要充分认识现场,勘验前勘查人员要向当事人询问发案的时间、地点及其他情况,做到充分了解现场。在询问中对现场异常情况及现场物体变动情况要及时掌握。在现场勘查过程中,全面仔细搜寻检材非常重要,发现检材,第一时间进行原位拍照或拍摄录像资料,结合测量、绘图、标注等手段详细记录现场原始状态,并有相应的提取记录,包括：案（事）件名称、提取地点、提取时间、提取方法、检材名称、检材数量、检材外观描述（如颜色、形状等）、保存方法、见证人（签字）和提取人（签字）。在进行详细记录后,方可移动和提取检材。为了不遗漏有价值的检材,在对案发现场进行勘查和对犯罪嫌疑人住所、活动场所、物品进行搜查过程中,应力求做到全面、充分和仔细。在发现检材的过程中,要注意改善照明条件,仔细观察拐角、缝隙等隐蔽部位,尽可能发现线索。

根据不同法医物证检材的特性和附着物的差异,提取检材以不损失、不污染、不破坏检材的可检测性为基本原则。检材附着于小件易携带物品时,应整件提取；附着于大件不易携带物品时,则提取附着检材的部位。根据检材附着载体特性,应用剪切、擦拭、吸敷、浸泡、锯凿、挖取等方法提取。凡是从各种载体上提取检材,均应提取检材附近的材料作空白对照。提取的新鲜体液应取部分尽快检验，其余部分应制成纱布斑痕以留备份。对提取的检材均应逐个做好详细记录和标签。提取检材时使用的剪刀、镊子等器械在使用前后均应经过清洗消毒，用10%的双氧水处理至少3分钟以上，烘干后使用。剪刀、镊子等器械每提取一份检材后必须更换，禁止重复使用。

需要特别注意的是，在提取检材的过程中，可能导致现场物件的损坏。法医现场勘察人员应当熟悉现场勘查，物品扣押，物证提取、保存、移送、返还有关的法律法规内容。严格遵守有关法规，完善相关法律手续。同时，办案人员应做好个人防护，取检材时应穿戴好防护用品。检材提取人员手上的任何伤口都要用防水织物包扎。在提取开始和结束后对手部进行消毒。

1. 血液

犯罪嫌疑人、受害人等案件有关人员的对照血样，采静脉血 1~3 mL，装入 EDTA 抗凝消毒试管，同时取 0.5 mL 血液直接涂于干净纱布或采样卡上，阴凉处晾干。在现场发现新鲜血液时，用吸管或注射器吸取后移入试管。用试管提取血液样本时，需加入 EDTA－2Na（乙二胺四乙酸二钠）或 3%~5% 的枸橼酸钠水溶液抗凝，不能使用肝素抗凝。冰雪中发现的样本必须立即提取，以免进一步稀释。也可用洁净棉纱布浸染吸附后，晾干。尸体血液容易受细菌污染发生腐败，血液不易保存。血样宜采集心脏或大血管内血（不宜用纱布或滤纸在切面或创面蘸取），提取面积约 2 cm×2 cm 以上。

2. 血痕

薄层血痕为褐色斑痕，局部量大的血痕形成暗褐色血痂。血痕常可见于现场地面、墙面、衣服、被褥、凶器、泥土、窗台、门把手、植物叶茎表面、头发、指甲缝等处。作案人处理过的现场，特别注意观察家具脚、缝隙，家具下的地面，家具挡住的墙角等照明不好的地面地方。对交通肇事逃逸的车辆，仔细观察轮胎、车底盘、挡泥板、撞击变形处附近等隐蔽部位。现场勘查过程中应配备便携式照明工具。黑暗现场的血痕，可用鲁米诺（luminol）喷雾寻找，血痕发荧光。

当血痕附着在较小的物品或易于搬动、包装、运输、送检的物品上，应将血痕连同附着物整体提取。当血痕附着于可剪切或易于拆卸的大件物品上时，可将有血痕部位连同周边无血痕部位的一部分剪切下，或将有血痕部位的构件拆下。血痕附着在坚硬、固定、沉重等不易携带搬运的大件物品上，附着物表面光滑，血痕已形成血痂，可用手术刀片仔细将血痂刮取。若血痕稀薄，可将蒸馏水稍浸湿的洁净纱布折角在血痕处反复擦拭，使血痕转移到纱线上，晾干。附着物表面松软的，应提取血痕周围的相同附着物表面基质作为基质对照。泥土中的血痕，可将血痕部位及其周边少量泥土整块采取后放置盒子中，衬以海绵或棉花等松软物品避震。较大的木质类载体上的血痕，可根据载体的情况采取切削薄片状或锯掉端、角处等方法提取有血部位。

3. 精斑

性犯罪案件必须常规提取受害人阴道拭子，现场的精斑可出现在受害人衣裤、被褥、手帕、卫生纸及受害人腹壁、大腿、阴毛等处。精斑的形状不规则，颜色因附着物不同而有所差异，在白色的衣裤或床褥等布类物品和卫生纸上，呈淡黄色不规则形，周边颜色稍深，触之较无斑痕处更硬。浓稠的精斑呈灰白色糨糊状痂块。深色布上的精斑不易发现，在质料松软的深色布料上的精斑触感发硬明显。精斑在紫外线灯光下呈银白色带淡紫晕的荧光，可以应用此方法进行初步判断。

受害人衣裤、现场床单、被套、卫生纸、毛巾等小件物品上的可疑精斑整件提取。提取肛门、会阴、腹壁、大腿内侧可疑斑痕时，用蒸馏水稍稍浸湿的洁净纱布反复擦拭提取。被害人阴道内外的可疑精斑,用纱布块或棉球提取,阴道内由外向内直至后穹隆部位分三段用纱布吸敷。在植物上的精液取整件植物或取精斑遗留处的枝段,遗留在土地上的按提取土地上血痕的方法提取。遗留在较硬载体上的精斑采用擦拭或刮取方法提取。可疑口交或鸡奸案件的活体和尸体均用纱布块擦拭口腔或直肠提取。

对于轮奸案件,取材前先用紫外检查提取的检材,尽可能找出不在裆部的斑迹,此斑迹有可能为单一精斑。对于混合斑的检材,则需提取几个不同的部位分别检验,量不宜大,否则易出现混合斑分型结果。同时也可制备切片标本,用显微切割技术进行细胞的分离,用于混合样本的拆分,从而更好地进行样本的解释。

4. 唾液斑及脱落细胞

唾液斑常见于现场遗留的烟头、口香糖、瓜子壳、吸管、饮料容器、咬痕、牙签等,肉眼观察没有明显特征,不易发现,可将可疑物品送实验室检验。在犯罪现场,对于脱落细胞肉眼无法鉴别,但人体脱落细胞可能存在于罪犯接触的每个物品上。最常见的常附着于牙刷、牙签、口腔拭子、烟头、口杯、口香糖、剃须刀、褪毛器、衣物、帽子、鞋等。对于可疑含有脱落细胞的检材应整件送实验室检验。除唾液外,精液、鼻涕、痰液、阴道分泌物、乳汁等也常常会在现场发现,对于此类斑迹需要仔细勘察现场,尽可能地将可疑物证收集取证。

对于遗留在不同载体上的脱落细胞,采用不同的提取方式。发现可疑、与案件有关的烟蒂均应用镊子提取。对可疑的用于堵嘴的手帕或衣物等均应整件提取,如有湿润部位应用彩色笔标出部位。对尸体或活体皮肤留有咬痕或可疑被舔吻部位,如乳头、口唇等可用浸湿的棉拭子或纱布擦拭,同时擦拭附近部位作为对照。可疑留有犯罪嫌疑人唾液的口杯茶具等均整件提取或用湿润棉拭子擦拭其边缘部位,同样取近处空白对照。遗留在衣物、被褥等各种织物上的可疑尿斑的提取法与遗留在相同载体上血痕的提取法相同,同时提取空白检材。提取阴道分泌物时,用消毒纱布或棉球擦拭阴道,提取内容物;被害人内裤可留有阴道分泌物斑迹,可整件提取内裤;被害人阴道内棉条或外阴部垫有棉纱物品可整件提取。留在卫生纸上或手帕上的鼻涕斑及痰液斑整件提取,留在衣物上的鼻涕斑或痰液斑,可剪下带有空白的斑迹。

5. 毛发

毛发本身可自然脱落,也常在案件发生过程中被外力拔脱。在暴力犯罪案件,毛发常遗留在案发现场地面、床褥、家具、凶器等处,也可见于受害人手中。强奸案件中,毛发多见于现场床褥、沙发,及受害人阴部、内裤、外阴和大腿间。蒙面抢劫案件,用于蒙面的套头用品中常能发现毛发。在寻找毛发时,良好的照明条件更有利于发现毛发。一些案件中,动物毛发可成为破案线索。

现场发现的毛发应分别提取、独立包装,并记录下提取部位。禁止多根毛发混装。提取毛发时,应用镊子小心提取,提取动作轻柔,避免将黏附在载体上的毛发拉断,也防止将毛发上的附着物擦掉。如果毛发在载体上黏附较紧,尽量将载体一同提取。对照毛发最好与检材毛发来自同一部位,对照毛发应拔取带有完整毛囊的毛发5~8根。

6. 皮肤及其他脏器组织碎块

在斗殴、凶杀等暴力犯罪案件中,可在被害人或涉案人员指甲缝中发现对方的皮肤组织,也可在凶器、致伤工具上发现伤者的组织脏器碎块。交通事故中可在交通工具上发现死、伤者的组织脏器碎块。

离体的人体小块内脏、肌肉、皮肤或碎骨等均应整块提取。附有软组织的小骨片可连同软组织一并提取。黏附有灰、土、油迹等物质的小块软组织应同时提取黏附的空白物对照。提取肌肉组织、脑组织、心脏(尽可能不要提取肝脏)等器官 2 g 以上;腐败尸体可提取深层肌肉组织、肋软骨 5 g 以上、-70~-20℃冷冻保存。湿润的皮肤、肌肉、脏器碎块组织在提取后,在每块组织上取 0.5 cm×0.5 cm×0.5 cm 大小的组织块 2~5 个,置 75%乙醇中保存。解剖女尸,发现或疑为早期妊娠,能清楚辨别胎儿和绒毛组织时,提取胎儿和绒毛组织,也可提取整个子宫;引产胎儿可提取脑组织、肌肉组织及确认为胎儿组织的人工流产刮宫组织 2 g 以上。

7. 骨骼、牙齿以及指(趾)甲

在一些案件中,例如空难、交通案件事故现场,碎尸案等会遇到骨骼或者白骨化的尸骨,对于大型的骨骼较为容易发现和收集,而对于细小的碎骨则需要认真搜索,尽可能地收集完整尸体的骨骼。在收集尸骨时,先小后大,先在上肢骨、下肢骨的远端及颅骨附近,搜寻牙齿、手、足部等骨,清点数目,防止遗漏。现场发现的骨骼很有可能不是来自人体,要注意区分,勿错判,勿遗漏。对于牙齿和指(趾)甲也是法医物证很重要的一部分。提取指(趾)甲 2~3 枚晾干后置于透气的纸袋中,室温保存。

对于收集得到的骨骼以及牙齿样本,可以先用纯净的蒸馏水浸泡,取洁净的手术刀片,刮取骨髓腔或牙髓腔附着的腐败组织及外表面附着的腐败组织,将其浸泡于 75%的无水乙醇中,再次清洗。随后晾干,用紫外线灯照射半小时以上,减少外源 DNA 的干扰。制备好的骨骼以及牙齿样本,可以磨成骨粉,进行下游的工作。

三、检材的保存与送检

现场提取的法医物证检材,只要保存恰当,及时送检,一般可获得理想的结果。

1. 检材包装和保存

提取物证检材后,每件检材必须单独包装。避免送检过程中损失和交叉污染。法医物证检材的包装应结实、牢固、洁净、便于标写文字,可用各种规格的纸袋、塑料离心管、广口瓶等。斑痕应置于纸袋中,不能放在塑料袋中保存。血液置试管、塑料离心管中,组织块放置有 75%乙醇的瓶中。保存检材的容器,如冷藏用的箱子和盒子,封装用瓶、盒、试管等容器,剪刀、镊子等器械在使用前后均应要经过清洗消毒,用 10%的双氧水处理至少 3 分钟以上,烘干后使用。使用适当的封装材料和封装标签贴封,按照要求填写封装标签,做好检材提取记录。检材提取记录必须包括:案件名称、提取地点、提取时间、提取方法、检材名称、检材数量、检材外观描述(如颜色、形状等)、保存方法、见证人(签字)和提取人(签字)。检材提取人和见证人应同时在封装材料、封装标签和检材提取记录上签字。

检材保存的基本要求:专人负责,台账清晰,案物关联,环境适合(不变质、不腐烂、不降解、不污染),物证(如性犯罪)必须长期保存要运用适当的保存方法,确保检材不变质、腐烂、降解,同时必须采取严格措施使保存的法医学物证不受污染。干燥能抑制微生物的生长繁殖,大部分检材均可制成干燥斑痕长期保存。将斑痕保存于-20℃冰箱中效果更好。紫外线能较快降解 DNA,应避免检材存放于阳光直射的地方。提取的各种生物检材应独立包装,统一条码编号,试管、表格、信封、数据库条码相同,冷冻保存的检材,应尽量避免反复冻融,以免造成 DNA 的断裂。

现场采取的血液、湿润的血痕、精斑、组织等检材,应及时实验室检验,若不能及时送检,可制成斑痕,晾干后,装入纸袋中放置于阴凉干燥处或冰箱中。液体或湿润检材在采取后,尽快-20℃冷冻保存。福尔马林溶液浸泡过的组织,很难提取 DNA,一般可将组织块浸泡于 75%

乙醇溶液中保存。斑迹检材提取时如有湿润部分应用记号笔标出部位,在干燥后使用透气的纸袋包装或者装入纸盒中。不得放在不透气的聚乙烯塑料袋或容器中。禁止暴晒或加热法烘干。检材应在原办案单位保存到案件审理终结后1~2年。

2. 检材送检

对提取的涉案法医物证检材,应当根据案件调查或举证需要及时送到相应的实验室检验鉴定。检材送检由专人进行。送检人应持工作证,开具鉴定委托书。鉴定委托书内容主要包括:鉴定委托单位、送检人、送检物品清单、简要案情介绍、送检目的要求、发文日期与复函地址、联系人与联系电话等。采取对照样本如犯罪嫌疑人、受害人的血液、唾液、毛发等,连同现场收集的样本送实验室检验鉴定。第二次鉴定或多次重复鉴定,应说明再次鉴定的原因,附送原鉴定报告书复印件。

3. 受理委托时对检材评估

实验室检验鉴定人员受理法医物证检材的检验鉴定后,根据送检委托书内容或送检人员介绍的情况,仔细核对每个检材的包装、种类、数量、多少等情况是否相符。鉴定人根据检材情况,结合自身经验和实验室条件,判断能否满足送检单位的检验鉴定目的。如果检材对于案件调查和举证具有关键作用,而检材量较少,委托鉴定内容项目又欠合理时,鉴定人应及时指出,可提出进一步要求,或建议转送有条件的单位检验鉴定。

法医检材常是唯一的,相当部分是来自现场的微量检材,根据实验室条件,利用尽量少的检材获得尽可能多的信息对案件调查十分重要。检材量少,在检验中必须用完检材的,须明确告知送检人,得到送检人同意后,才能进行检验。对检测条件达不到检验的基本要求,可以不受理鉴定,或告知送检单位,检验鉴定不一定能获得理想结果。

承担检验鉴定的实验室应有完善的鉴定质量控制保障体系,包括人员、条件、设备、试剂的质量保证,严格的操作规范与标准化的实验流程等。

实验室在接受检材后应及时完成检验鉴定工作,获得检验鉴定结果后,及时向委托单位提交鉴定报告书,鉴定报告书一般包括鉴定机构名称,受理编号,送检单位,送检人,送检日期,送检的检材名称、种类与数量,送检目的,检验方法和结果,分析说明,鉴定结论,鉴定人员姓名及其亲笔签名,鉴定单位公章,鉴定报告签发日期。每例鉴定的鉴定报告书须有两名或两名以上鉴定人及其亲笔签名。送检的检材应及时退还送检单位,由送检单位妥善保存。

第三节 个体识别基本理论

一、法医个体识别的基本概念

个体识别以同一认定理论为指导原则,通过对物证检材的遗传标记做出科学鉴定,依据个体特征来判断前后两次或多次出现的物证检材是否同属于一个个体的认识过程。在司法实践中,法医个体识别主要应用场景如下:① 斗殴、伤害、谋杀及碎尸案件中,常在犯罪现场或可疑凶器上遗留有血痕或可疑血痕,需鉴定是否为人血,是谁所遗留。② 强奸或强奸杀人案中,常在现场床上、地上、被害人衣裤或阴道中遗留有作案人的精液或精液与阴道分泌液的混合物,需鉴定可疑精液斑或混合物中的精液是否是犯罪嫌疑人所遗留。③ 道路交通事故中,嫌疑车辆上的血痕、毛发与组织碎片需鉴定是否来自死者。④ 灾害事故、空难事件造成的尸体离断,需鉴定尸体残骸是否同属一人;纵火杀人,焚尸灭迹、火灾遇难或集体被屠杀事件中需进行尸源鉴定。

二、法医个体识别的基本理论

个体识别以同一认定理论为指导原则。第一次出现的个体往往是与案件事实有联系,并且在案发现场留下了该个体的生物检材,如血痕、精斑等。这第一次出现的个体对办案人员来说往往是未知个体,是要查找的对象,所以称为"被寻找个体"。个体第二次出现一般是侦查或调查活动的结果,如通过"摸底排查"发现了杀人案件的嫌疑人,需要认定这个嫌疑人是否是那个在现场留下个体生物检材的人。第二次出现的个体通常是已知身份的个体,是要审查的对象,所以被称为"受审查个体"。同一认定的实质是通过比较案发现场收集到的生物性检材与受审查个体的相应特征,判断前后两次或多次出现的个体是否为同一个个体。显然,鉴定分析无非有两种结果:先后出现的个体可能是同一个个体,也可能不是同一个个体。必须通过检验和比较,作出科学判断。

首先,需要正确理解同一认定的概念,同一认定是一种认识活动,这种认识活动的目的是判断案件中多次出现的法医物证检材是否同一。"同一"与"相同"、"相似"有严格的区别,法医物证学中所说的"同一"是指一个人自身与自身的同一关系,而"相同""相似"是指两个个体之间相同或相似的关系。其次,同一认定所使用的方法是比较的方法,是需要具有专门知识、经验的专业人员对案件中多次出现的物证检材分别进行检验,通过比较分析,从而得出结论。

同一认定是对案件中以不同出现方式、获取途径以及称谓出现的法医物证检材进行比较、检验。通常,将在案件现场发现的可疑痕迹称为"检材",即需要检验的材料,是办案人员在现场勘查时发现并提取的。鉴定人通过对检材进行检验分析,得出鉴定意见,为侦查提供线索,但此时并不能对检材进行同一认定。要进行同一认定,必须具有可供与检材比较的材料,通常将这类材料称为"样本"。样本是办案人员通过多种渠道获取的,如通过查询DNA数据库获得,通过调查、搜查等方式获得等。同一认定是鉴定人对案件中的"检材"与"样本"进行比较检验后而得出检材与样本是否来源于同一个体的过程。在某些情况下,同一认定可能是针对多起案件中的"检材"与"检材"进行的,如果认定两起案件中出现的检材同一,那么就能够说明两起案件存在一定的联系,为串并案提供有力的支持。

同一认定检验和比较的依据是人类遗传标记(genetic marker, GM)。个体的单位遗传性状作为标志用于法医物证分析时,这种遗传性状就称为遗传标记。人类遗传标记众多,同一认定并不需使用人体的全部遗传标记,而是一定数量遗传标记的组合。因此,在研究同一认定问题时,必须具体考察遗传标记组合是否具备了同一认定所要求的条件,包括遗传标记的特定性、稳定性和反映性。

1. 遗传标记的特定性

要对某个体进行个体识别,需要把他与人群中其他所有个体区分开来,理论上是需要所检测的多个遗传标记组合的相同概率极低,以致该遗传标记组合在群体中只能出现在该特定个体上。遗传标记组合的特定性主要由以下因素决定:

(1) 遗传标记的多态性和数量　分析的遗传标记的多态性越好、数量越多,遗传标记组合的特定性就越强,该遗传标记组合在群体中出现重复的概率也就越小。分析的多态性好的遗传标记达到一定数量时,该遗传标记组合在群体中就不可能出现重复,理论上该遗传标记组合就具备了同一认定所要求的个体特定性。显然,遗传标记的多态性和数量与该遗传标记组合的特定性成正比,与该遗传标记组合出现重复的可能性成反比。

(2)群体中个体的数量　　遗传标记组合在群体中出现重复的可能性与群体中个体的数量有关。因此,同一认定要求的特定性与群体中个体的数量有密切关系。群体中个体数量越多,同一认定对个体特定性的要求就越高,要求遗传标记的数量也就越多。

2. 遗传标记的稳定性

同一认定采用的遗传标记要求具有稳定性。所谓稳定性是指个体的遗传标记能够保持不变属性的时间长短,即遗传标记可检测时限的长短。从案件发生、检材提取到实验室检测的时间有长有短,时间越长,检材检测的阳性率越低。例如,从罪犯在现场留下血痕到实验室检测的这一段时间内,现场血痕遗传标记特征保持了基本不变,它就具备了同一认定所要求的稳定性。鉴于遗传标记自身的大分子特征,这种可检测时限具有明显的差异。遗传标记的稳定性还包含另一层意思,即生物检材中遗传标记对外界各种物理、化学和生物性因素的抵抗或耐受的能力。紫外线、高温、潮湿、腐败以及环境中各类化学物质,都具有破坏遗传标记大分子的作用。如果检材中遗传标记的特征因自然原因或人为原因发生了质的变化,那它就不具备进行同一认定的条件。由此可见,无论是在刑事案件还是在民事案件中,办案人员应该尽量保存好法医物证检材,尽量缩短送检时间。

3. 遗传标记的反映性

遗传标记的特定性与稳定性是进行同一认定的基础,但遗传标记分析的前提是遗传标记的特定性能够反映出来,并能被人们所认识。刑事犯罪的发生涉及物质接触和交换,罪犯或者在现场留下痕迹,或者把现场的痕迹带走,这些痕迹中常有大量的法医物证,涉及人体的物证检材多种多样,各具特征,并非总是可以检验鉴定的。理想的案件调查,要求最大限度地从检材中获取同一认定的信息,能够足够反映出个体的特征。

个体遗传标记的反映性与人类的认识能力之间有着密切的关系。一般来说,个体遗传标记的反映性是客观存在的,但是这种反映性能否在同一认定中加以利用则取决于我们的认识能力和技术水平。随着科学技术的发展,对遗传标记的认识能力不断提高,法医物证鉴定的遗传标记从最初的血型发展到现如今多样的 DNA 遗传标记如 STR、SNP、InDel、微单倍型等。在这一发展过程中,个体遗传标记本身并没有发生什么变化,而是随着人类认识能力与科学技术水平的提高,原来无法识别的遗传标记转化成为可以识别的遗传标记。

三、法医个体识别的遗传学基础

1. 遗传标记

遗传学中,遗传标记是指可检测的、由遗传决定的,并能够以一定的规律从亲代传给下一代的形态学、生理学及分子生物学特征。例如,ABO 血型是一种遗传标记,用 ABO 血型可将人类简单地分为 A、B、AB 和 O 4 种类型,任何一个人只是其中一种。分析遗传标记可以为案件的侦查、审判提供科学证据。例如,在一起强奸案件中,从被害人身上取得的精斑,分型结果为 A 型,犯罪嫌疑人血型为 B 型,据此可结合案情推断嫌疑人与此案没有关系。遗传标记具有个体特异性,遗传标记的检测与分析是法医学进行个体识别的重要依据。

遗传标记分析涉及基因、基因型和表型。目前,基因的分子生物学概念是指能够表达出特定功能的产物,并决定生物体特定性状的一段 DNA 序列。基因在染色体上的一个特定位置被称为基因座(locus)。同一个基因座上的基因可以有多个,它们之间存在 DNA 一级结构的差异,这种有差异的基因互称为等位基因(allele)。对群体而言,一个基因座上具有 2 种或 2 种以上的等位基因,称为复等位基因。基因型(genotype)是指个体一个或多个基因座上等位基因的组合,是生物体可见性状的实际基因组成。每个个体的染色体组由来自父方和母方的同源染色体构成,所以每个基因座上的等位基因是成对存在的。对一个基因座而言,基因型是指基因座上成对等位基因的组成,成对的等位基因相同时,称为纯合子(homozygote);不同时,称为杂合子(heterozygote)。表型(phenotype)是指生物体某特定基因所表现的性状。有的性状需通过一定手段才能观察到。表型是由基因型决定的,例如 ABO 血型的表型有 A 型、B 型、O 型和 AB 型四种,它们分别由以下基因型 AA 或 AO,BB 或 BO,OO 和 AB 决定。因此,基因、基因型和表型是不同的概念,必须加以区分。决定群体遗传结构的是基因、基因型及其频率,而表型是个体的遗传标记检测结果。

法医个体识别分析主要采用 DNA 遗传标记和表达产物水平遗传标记。随着 DNA 遗传标记的发现和现代分子生物学技术的应用,使法医个体识别分析在 DNA 及其表达产物水平上都有了迅速的进展。法医个体识别分析目前使用的遗传标记主要为 DNA 遗传标记,如:STR、SNP、InDel、微单倍型等。

2. DNA 多态性的分子基础

DNA 是遗传信息的分子基础。DNA 的基本结构单位是脱氧核苷酸,由碱基、脱氧核糖和磷酸构成。DNA 一级结构是指 DNA 分子中核苷酸的排列顺序,二级结构指两条 DNA 单链形成的双股螺旋结构,三级结构则指双链 DNA 进一步扭曲盘旋形成的超级螺旋结构。DNA 双链结构由链间的配对碱基以氢键维持,遗传信息的传递依赖于原有双链分开并以一条链为模板按碱基配对原则形成新的 DNA 链。DNA 双链打开或重新形成双链的过程谓之变性及复性。伴随这一过程 DNA 分子对 260 nm 波长的紫外线吸收也发生变化,许多检测 DNA 方法正是基于上述特点设计。

人类基因组 DNA 在个体之间有碱基序列和长度的差异,是法医学个体识别的结构基础。DNA 长度多态性(DNA length polymorphism)是指同一基因座上各等位基因之间的 DNA 片段长度差异构成的多态性。目前广泛应用于法医学实践的 DNA 长度多态性为短串联重复序列(short tandem repeat,STR)。多个 STR 联合检测对法医个体识别具有重要意义。STR 序列的结构类型分简单序列、复合序列和复杂序列。STR 的多态性形成机制主要为滑动链错配机制。DNA 序列多态性(DNA sequence polymorphism)是指一个基因座上,因不同个体 DNA 序列有一个或多个碱基的差异而构成的多态性。可以理解为该基因座上所有等位基因 DNA 长度相同,但它们之间的序列存在差异。在基因组 DNA 中,无论是编码区还是非编码区,单碱基变异是最基本的突变形式。序列多态性可以发生在染色体与线粒体 DNA。在人类基因组范围内,任何单碱基突变使特定核苷酸位置上出现两种或两种以上碱基,其中最少的一种在群体中的频率不少于 0.01,就形成单核苷酸多态性(single nucleotide polymorphism,SNP)。SNP 具有良好的法医学应用潜力,大多数为二等位基因遗传标记。联合检测 SNPs 基因座的个体识别能力也可以满足个体识别的需要。SNPs 在基因组 DNA 分布广泛,变异率低,便于短片段 PCR 产物设计等这些优于 STR 系统的特点使 SNPs 在法医个体识别中具有应用前景。此外,在人类基因组,除碱基替代形成 SNPs 外,一个或多个碱基的插入/缺失也是变异的常见类型。插入/缺失碱基数目涉及一个至数十个碱基并形成二等位基因遗传标记,被称为插入/缺失多态性(insertion/deletion polymorphism,InDel)。InDel 基因座在人类核基因组 DNA 分布较广;突变率远低于 STR 系统,类似于 SNPs;但等位基因表现为片段长度变化,用电泳分析技术即可辨别不同的等位基因。由此可见,InDel 基因座也具有法医学个体识别应用潜力。

3. 群体遗传学基础

群体遗传学是研究群体的遗传组成结构及其演变规律的一门学科。群体遗传结构是指孟德尔群体中的基因及基因型的种类和频率,所以群体遗传学研究群体中基因及基因型频率,以及影响这些频率的各种因素,包括基因突变与多态、选择、遗传漂变、人口迁移、近亲婚配等。

群体的概念指包含同一物种所有的个体,如地球上所有的人体,这是一个广义的群体概念。法医物证学应用时通常指狭义的群体,即在一定地域内一群随机婚配,能实现基因世代传递并保持稳定的许多个体的集群,又称为 Hardy-Weinberg 群体。例如一个民族,一个国家,一个城市或一个村落的范围内包含的所有个体。群体中所有的基因数是一定的,个体间能实现基因的自由交换。一个群体内所包含的全部基因的总和就是基因库(gene pool)。群体遗传学是法医个体识别重要的理论基础。

(1) 遗传多态性　　从遗传学的角度分析,遗传多态性(polymorphism)是指控制遗传标记的基因座上存在有 2 个或 2 个以上等位基因,并且等位基因的频率大于 0.01。群体中存在因基因突变而产生的遗传不稳定的新等位基因,由于其频率远未达到 0.01,而不属于遗传多态性。遗传多态性的形成机制是基因突变,但只有在突变基因经过了数代乃至数十代的遗传后,该等位基因不再需要突变来维持,在群体中能够保持稳定的频率时,才能认为具有遗传多态性。评估遗传多态性的主要参数是基因频率、基因型频率以及表型频率。基因频率,确切地应该是等位基因频率(allelic frequency),是指群体中某种等位基因数目占该基因座上所有等位基因总数目的百分比。在一个基因座中。无论有多少等位基因,所有等位基因频率之和应为 1。基因型频率(genotype frequency)是指在一个群体中,某基因座上的基因型在全部基因型中所占的百分比,该基因座上全部基因型频率的总和应为 1。表型频率(phenotype frequency)是指就某一性状而言,某一表型在群体中所占的百分比,所有表型频率之和必等于 1。

(2) Hardy-Weinberg 平衡定律　　Hardy-Weinberg 平衡定律又称遗传平衡定律,是群体遗传学中最重要的基本定律,它阐述了繁殖对群体的基因频率和基因型频率的影响作用。Hardy-Weinberg 平衡定律建立在一个理想的群体模式上,有四个假设前提条件:① 群体无限大;② 随机婚配;③ 没有突变;④ 没有大规模的迁移和没有选择因素的影响。结论是群体中的基因频率和基因型频率在逐代传递中保持不变。

Hardy-Weinberg 平衡定律的意义首先在于可以反映基因频率和基因型频率的关系。按照 Hardy-Weinberg 平衡定律,归纳出的基因频率和基因型频率之间的关系为:① 纯合子基因型频率等于该基因频率的平方;② 杂合子基因型频率等于该两基因频率乘积的两倍。Hardy-Weinberg 平衡定律的另一个意义在于对抽样调查的结果进行检验,评估所调查的对象群体是否符合 Hardy-Weinberg 平衡定律,评估群体调查资料的可靠性。群体的 Hardy-Weinberg 平衡检验方法有吻合度检验法、纯合度检验法、似然比检验法以及确切概率分析法等。

(3) 基因座独立性分析　　在法医学个体识别中,常常要检测多个遗传标记来形成极小概率事件,来支持同一性的结论。一般的方法是经一组遗传标记测定,采用统计学中的乘积定律将各个单独的遗传标记组合成为了一种具有极小概率的表型组合。运用统计学中的乘积定律的先决条件是所检测的各个遗传标记之间具备独立性。一般来说,位于不同染色体的基因座,或者位于同一染色体但相距较远的基因座之间常常是按照随机原则进行组合的,呈不连锁遗传。这种基因座间没有相关性的状态称之为连锁平衡（linkage equilibrium）。各个遗传标记处于连锁平衡状态，表明各遗传标记之间相对独立，在分析系统的累积概率时就可以运用乘积定理。

在遗传过程中，如果不同基因座上的等位基因没有按照孟德尔自由组合定律的随机原则组合时，这些基因座的遗传则处于一种连锁不平衡状态（linkage disequilibrium, LD）。说明系统中各个遗传标记之间具有相关性，不符合运用乘积定律的先决条件，在分析系统的累积概率时就不能运用乘积定理。处于连锁不平衡状态的基因座上的等位基因具有一同遗传的趋向，群体中的组合基因频率会低于应用乘积定律求出的累积频率。在法医遗传标记数据分析处理中，基因座的独立性分析十分重要，否则会导致过高或过低地估计证据的鉴定能力。基因座的独立性可以直接用2×2统计表及χ^2检验来进行分析。一般情况下，不在同一条染色体上的遗传标记是相互独立的，位于同一染色体上物理距离大于10 Mb以上的也相互独立，没有连锁关系。观察发现，位于同一染色体上物理距离小于10 Mb的遗传标记多存在连锁关系。当两个遗传标记处于连锁不平衡状态时，需要用单倍型频率来描述和评估群体的遗传结构，计算相关参数。单倍型是指连锁基因座等位基因的组合，构成单倍型的等位基因呈连锁遗传。确定常染色体上遗传标记的单倍型需要进行家系调查，而母系遗传的mtDNA和父系遗传的Y染色体遗传标记则可以根据个体分型的结果直接确定单倍型。

四、法医个体识别的基本方法

1. 常用前期检验

（1）血痕前期检验　　血痕的前期检验主要包括肉眼检查、预实验、确证实验和种属鉴定。其中肉眼检查主要观察血痕的分布范围、数量、形态、位置、色泽以及血痕同周围其他物品的关系等；预实验是一种筛选试验，目的是要从大量的可疑血痕中筛除不是血痕的检材，主要为联苯胺实验和鲁米诺实验等；确证实验的目的是要确证检材是否为血，主要为血色原结晶实验等；当可疑瘢痕确定为血痕后，应确定其种属来源，明确血痕是人血还是动物血，主要应用抗人血红蛋白胶体金实验。

（2）精液斑前期检验　　精液斑的前期检验主要包括肉眼检查、预实验和确证实验。其中肉眼检查的目的是发现可疑精液斑，确定它所在部位及分布，以便准确取材检验，提高阳性检出率；预实验的目的是筛选可疑精液斑，常用的方法为酸性磷酸酶检验；确证实验的目的是检验精液中的特有成分，阳性结果可以确认精液斑，主要有精子检出法和前列腺特异性抗原胶体金法两类方法。

2. DNA提取

DNA提取是法医物证学最重要的基本技术之一，核酸样品的质量直接关系到实验的成败。DNA存在于细胞中，因此也存在于犯罪现场遗留的生物检材中。生物检材多种多样，常见有血痕、精液斑、唾液斑、毛发、骨骼、指甲、指纹、组织碎片、鼻涕、头皮屑等；检材的基质也多种多样，有衣服、日常用具、烟头、树木草叶、土壤、水泥、塑料、玻璃、皮革等，对DNA分析可能存在不同程度的干扰。生物学检材多从案件现场收集，不可避免会受到复杂的环境因素的影响，检材DNA常出现降解，污染和微量的情况。因此，提取检材DNA应根据现场提取的检材种类、来源和保存条件，有针对性地选择提取方法。

法医DNA提取过程中主要有三个原则：① 裂解细胞，释放DNA分子；② 将DNA分子与其他细胞物质进行分离；③ 将DNA制备成可以进行PCR扩增等应用的形式。无论采取哪种提取方法,所有样本都应该认真严谨地处理,以防止样本间或外源 DNA 的污染。在法医 DNA 分析过程中,提取环节是实验室 DNA 样本最易受到污染的阶段。因此,实验室经常分不同的时间段,甚至在不同的区域处理证据样本与参照样本。对于法医 DNA 分析,应尽量简化操作步骤,缩短操作时间,以减少物理、化学以及生物性因素等各种不利因素对核酸的破坏和污染。

DNA 提取方法的关键是将蛋白质和其他细胞成分与 DNA 分离开来。细胞核 DNA 与蛋白质互相紧密缠绕构成染色质,染色质高度螺旋卷曲形成染色体。只要将染色质中的其他成分去掉,即可提取到 DNA,这可以通过酶、蛋白质变性剂、盐、酚和氯仿等有机溶剂达到。依据所要求的 DNA 质量,有些提取步骤可以省略或者简化,提取粗制 DNA 一般只需很短的时间。目前,法医个体识别常用的 DNA 提取方法包括有机溶剂提取法、盐析法、Chelex－100 提取法和固相提取方法等。

3. DNA 定量

法医物证检材提取的 DNA 量受组织种类、检材量和检材保存条件等因素影响,同时也与提取方法有关。常用的 DNA 定量(DNA quantitation)方法有凝胶电泳法、紫外分光光度计测定、探针杂交法和荧光实时定量 PCR 技术等。

4. 聚合酶链式反应

聚合酶链式反应(polymerase chain reaction,PCR)是由美国学者 Kary Mullis 在 1983 年建立的。这项技术可在试管内经数小时反应就将特定的 DNA 片段扩增数百万倍,这种迅速获取大量单一核酸片段的技术在分子生物学研究中具有举足轻重的意义,极大地推动了生命科学的研究进展,并于 1993 年获得了诺贝尔化学奖。PCR 技术操作简单,具有高灵敏度和高特异性,使法医 DNA 分析技术发生了深刻的变化。PCR 及其衍生出的各项技术已在法医学鉴定中得到了广泛的应用。

PCR 技术的基本原理是在体外模拟体内 DNA 复制的过程,即以拟扩增的 DNA 分子为模板,4 种 dNTP 为底物,用一对正反向寡核苷酸片段为引物,分别与拟扩增靶 DNA 两侧互补结合,在 DNA 聚合酶作用下,按照半保留复制的机制沿模板链延伸,直至完成新的 DNA 合成。重复这一过程,可使靶 DNA 片段得到几何级数扩增。反应时先将模板 DNA 在高温下变性,双链解开为单链状态;然后降低温度,使合成引物在低温与其靶序列配对,形成部分双链,称为退火;再将温度升至合适温度,在 DNA 聚合酶的催化下,以 dNTP 为原料,引物沿 $5'\rightarrow3'$ 方向延伸,形成新的 DNA 片段,该片段又可作为下一轮反应的模板。因此,PCR 循环过程主要由三步完成,即模板变性(高温)、引物退火(低温)和 DNA 链延伸(中温)。

5. 扩增产物的毛细管电泳检测分析

毛细管电泳(capillary electrophoresis, CE)是发展很快的技术。在法医学应用领域主要采用毛细管凝胶电泳(capillary gel electrophoresis, CGE)对 STR 进行 DNA 分型,与传统聚丙烯酰胺凝胶电泳相比,CGE 具有更高的精确性,分辨率可高达 1 bp。应用不同荧光标记可以解决不同 STR 扩增产物长度的重叠,更有利于进行复合扩增产物的检测,极大地提高了效率。CGE 的分离机制是在毛细管中灌注一定浓度的聚合物溶液,聚合物溶液在一定的浓度范围内,分子相互缠结形成一种具有一定孔径的筛网状结构。DNA 片段在此聚合物溶液中泳动时,不同大小的片段受到的阻力不同,小片段的 DNA 比大片段容易通过,变性 DNA 片段在毛细管电泳中的电泳迁移率与片段大小表现了良好的线性关系。使用该方法的前提是用荧光染料标记一条 PCR 引物的 $5'$ 端,这样通过 PCR 的扩增过程使 PCR 产物带上了荧光标记,能够被激光荧光检测系统检测到。在毛细管末端检测窗的激光激发装置连续发射激光,经过检测窗的 DNA 片段上的荧光染料被激光激发,同时荧光检测装置检测到该 DNA 片段的荧光,经光电转换为电信号,并进一步转换为便于计算机识别与存储的数字信号。片段小的分子比片段大的更早到达检测窗,荧光检测器连续在线工作,每个经过的荧光标记扩增产物均被固定在检测窗处的荧光检测器识别并记录。毛细管电泳装置通过计算样品产物片段从电泳分离开始至到达检测窗被荧光检测装置检测到所用的时间来对 DNA 片段大小进行测量。荧光检测装置对荧光的检测是通过特定的滤光片收集特定波长或特定波长范围的荧光,用电耦合设备或光电倍增管放大荧光信号,将其转换成设备能辨别的电信号,在计算机上生成峰图,表示各个等位基因片段。

五、法医个体识别的统计分析方法

法医物证学通过遗传标记的分析为案件侦查提供线索,为审判提供科学证据。如强奸案中,从被害人阴道拭子中获得的 STR 分型与嫌疑人的存在 1 个或以上的基因座分型结果不同,则在某种程度上为嫌疑人没有实施强奸提供了依据;又如谋杀案中,检测出嫌疑凶器上血痕与被害人血液具有一致的遗传标记,则在某种程度上为支持嫌疑凶器是作案工具提供依据。这里的某种程度与群体中该遗传标记的多态性有关,群体中该遗传标记的多态性越高就越支持嫌疑凶器是作案工具的论点。极端情况是该遗传标记在全人类数十亿人中是唯一的,则最大限度地支持嫌疑凶器是作案工具的论点。这种统计学理论是遗传标记分析作为科学证据的基础。法医个体识别时,包括 DNA 在内的任何遗传标记分析都是基于这种统计学理论。

单个遗传标记在群体中含有大量的等位基因。实践中,联合使用多个 DNA 遗传标记可以产生数以千万计的基因型组合,而每一种组合在群体中出现的频率非常低,足以区别群体中的不同个体,也易于实现高概率认定。因此人们常常说,DNA 分析使法医学检验实现了从只能否定嫌疑人到可以肯定嫌疑人的飞跃。这里,"否定"与"肯定"涉及评估法医个体识别的科学证据意义,而这类评估至少需要考虑遗传标记的系统效能和遗传标记对于具体个案的鉴定能力两方面因素。

1. 遗传标记个体识别的系统效能

(1)杂合度　指调查群体中某遗传标记所有基因型中杂合子的占比。杂合度越高,说明该遗传标记的杂合性越大,在法医学个体识别中的应用价值越大。杂合度分为观察杂合度(observed heterozygosity, H_{obs})和期望杂合度(expected heterozygosity, H_{exp})。计算公式分别如下:

$$H_{obs} = \frac{样本中杂合子数目}{样本中个体数目}$$

$$H_{exp} = \frac{N}{N-1}\left(1 - \sum_{i=1}^{n} P_i^2\right)$$

式中,N 为调查群体中所有等位基因或单倍型的总数,n 为等位基因或单倍型种类的数目,P_i 为第 i 个等位基因或单倍型的频率。

(2)个体识别能力　个体识别的系统效能可用个体识别能力(discrimination power, DP)定量评价。个体识别能力指从群体中随机抽取两名个体,其遗传标记表型不相同的概率。一个与案件无关的人被误控在犯罪现场留下了血痕,理论上可以根据遗传标记检测结果否定现场的血痕是他所留。但在遗传标记的鉴别能力较差时,没有关系的个体与现场血痕的遗传标记偶然也会相同。无关个体遗传标记偶然相同的机会高低不同,这与遗传标记的多态性有关,因此有必要知道遗传标记排除无关个体的能力。对某一个遗传标记而言,多态性程度越高,其排除无关个体的能力就越强,这就是通常所说的个体识别能力。计算 DP 值的公式为

$$DP = 1 - \sum_{i=1}^{n} P_i^2 = 1 - Q$$

式中,n 为一个遗传标记的表型数;P_i 为群体中第 i 个表型的频率。$\sum P_i^2$ 为人群中随机抽取的两个样本,纯粹由于机会而一致的概率(Q)。

提高系统的个体识别能力可以通过增加检测的遗传标记数目来实现。若检测 k 个遗传标记,其累积个体识别能力计算公式为

$$TDP = 1 - Q_1 \times Q_2 \times Q_3 \times Q_4 \times \cdots \times Q_k = 1 - \prod_{i=1}^{k} Q_j$$

式中,Q_j 为第 j 个遗传标记的 Q 值。总 Q 值 $\prod Q_j$ 为 k 个遗传标记 Q 值的乘积。检查多个独立遗传的 DNA 遗传标记时,先按公式求出每种遗传标记的 Q 值,然后再求出累积 Q 值,最后再求出累积个体识别能力(TDP)值。显然所用遗传标记数目越多,鉴别能力越强。这对实际鉴定工作中选择遗传标记有意义。

2. 遗传标记对个案的鉴定能力

(1) 匹配概率　　对于具体个案鉴定,个体识别的实质是通过比较案发现场收集到的法医物证检材与嫌疑人的遗传标记的分型,判断前后两次或多次出现的个体是否为同一个体。鉴定无非有两种结果:先后出现的个体可能是同一个体,也可能不是同一个体。若两份检材的遗传标记表型不同,可明确结论两份检材不是来自同一个体。若遗传标记表型相同,则称为两份检材的遗传标记表型匹配(match)。两份检材遗传标记表型匹配有两种可能的原因:① 两份检材来自同一个体;② 两份检材不是来自同一个体。对于一份现场检材而言,留下该检材的人与嫌疑人不是同一个体,理论上来自群体中的一名随机个体,仅仅因为其表型碰巧相同而出现了匹配。我们可以估计当两份检材的遗传标记表型匹配时,如果现场检材不是嫌疑人留下的,一个理论上的随机个体留下的可能性有多大。

在法医物证学范畴内,随机匹配概率指的是在假设条件(H_d)下,获得 DNA 图谱的概率。这是一种条件概率,假设条件假定 DNA 图谱来自群体中一名与嫌疑人没有关系的随机个体。用竖线分开条件与事件,竖线右边为条件,左边为事件,随机匹配概率可写成 $Pr(E \mid H_d)$。

对于仅由 1 名个体留下的斑痕,如血痕,随机匹配概率数值上等于人群中出现这种 DNA 图谱的频率。

$$Pr(E \mid H_d) = 1 \times P(X)$$

式中,$P(X)$ 为人群中这种 DNA 图谱的频率,以频率估计概率,即为发现这种 DNA 图谱的概率。

正确地理解随机匹配概率非常重要,它不是指嫌疑犯以外的人有罪的概率,不是指其他人在犯罪现场留下相关证据的概率,不是指被告无罪的概率,也不是指现实社会中能找到和已知

基因型完全匹配的概率。随机匹配概率是对一个特定的 DNA 图谱可能出现在人群中的估计概率。随机匹配概率也可以理解为从一个人群中随机抽取一个样本,会出现特定 DNA 图谱的理论概率。显然这个概率越小,遇到这种个体的可能性就越小,说明现场检材与嫌疑人样本的表型匹配非常不像是一个随机事件,支持这两个样本来自同一个人的假设,也就是支持现场检材是嫌疑人留下的假设。

个体识别通过比较两个样本的一系列表型,从而判断两个样本是否来自同一个体。检测的基因座数越多,并且每一个基因座的表型都匹配,证据的作用就越大。目前大多数学者认为,如果某种表型组合的稀有程度大大超过了人类个体总数的倒数,从概率上估计在全世界人群中几乎不可能找到具有同样表型组合的另一个人,认定同一性应无疑问。就概率分析而论,有理由认为遗传分析提供的证据是充分的。

(2)似然率　在个体识别的同一性鉴定中,法医统计学更倾向用似然比(likelihood ratio, LR)方法来评估遗传分析提供的证据强度。似然率基于两个假设。例如,现场血痕 DNA 和嫌疑人血液 DNA 表型组合均为 E,可以考虑两种假设:① 现场血痕是嫌疑人所留(原告假设);② 现场血痕是一个与案件无关的随机个体所留(被告假设)。似然率是假设 a 条件下现场血痕与嫌疑人的表型组合都是 E 的概率与假设 b 条件下现场血痕与嫌疑人的表型组合都是 E 的概率之比。

用竖线分开条件与事件,竖线右边为条件,左边为事件。$Pr(E \mid H_p)$ 为原告假设(H_p)条件下获得证据 DNA 图谱的概率,$Pr(E \mid H_d)$ 为被告假设(H_d)条件下获得证据 DNA 图谱的概率。则似然率可写为:

$$LR = \frac{Pr(E \mid H_p)}{Pr(E \mid H_d)}$$

对于仅由 1 名个体留下的斑痕,在原告假设(H_p)条件下获得证据 DNA 图谱的概率为 $1 \times 1 = 1$;而在被告假设(H_d)条件下获得证据 DNA 图谱的概率即随机匹配概率 $1 \times P(X) = P(X)$,以频率来估计概率,数值上为人群中这种 DNA 图谱的频率 $P(X)$。这种情况下,LR 数值上是群体中这种 DNA 图谱表型频率的倒数,$LR = 1/P(X)$。

LR 提供了一种基于术语"支持"的简单约定,以便根据一定数据来支持一种假设,排斥另一种假设。如果似然率在数值上超过 1,证据支持原告假设(H_p);反之,如果小于 1,则支持被告假设(H_d)。实践中,LR 大于全球人口总数,从法医遗传学角度,可以认为遗传分析提供的证据是充分的。

综上所述,对法医个体识别科学证据的评估,至少需要考虑遗传标记的系统效能和具体案件的鉴定结果,给法庭提供量化的科学证据。

第四节　微量与降解生物检材的个体识别

一、术语及定义

1. 微量 DNA

微量 DNA,也被称为低拷贝 DNA(low copy number DNA, LCN - DNA),或者低模板 DNA (low template DNA，LT－DNA 或 LTDNA）。目前没有一个硬性指标将微量 DNA 进行界定,但可以从以下几个特征对其进行定义：① 由 STR－PCR－CE 体系所能稳定检测的 DNA 模板量来界定,如<100 pg 或<200 pg。可以通过定量分析而确定；② 通常需要采用增加 PCR 循环数等实验手段来提高分析灵敏度,如由标准的 28 次循环增加至 32 次循环；③ DNA 图谱上等位基因不平衡现象增加。例如,杂合子峰高比小于 60%。由这些特征不难看出,微量 DNA 检测结果的可信度有待商榷。

2. 降解 DNA

不利环境条件有损 DNA 结构,暴露在恶劣环境下的大片段 DNA 分子会随机断裂成小片段分子,也即降解 DNA。对 DNA 分子来说,自然界中无处不在的水、氧气、紫外线以及核酸酶系在特定的外部环境条件下都是导致生物检材中 DNA 分子发生降解的重要因素。为了使 PCR 扩增顺利进行,DNA 模板必须完整无损,这样两条引物才能顺利与模板结合并完成延伸。如果位于 STR 重复区域附近的 DNA 模板链发生断裂,那么,由引物引导的 DNA 延伸到达此断裂点即停止,PCR 就此失败。DNA 降解程度越高,意味着 DNA 模板链上的断裂点越多,可提供给 PCR 扩增的完整 DNA 分子就越少。

二、微量 DNA 和降解 DNA 的 STR 图谱特征

1. 随机效应

在扩增微量 DNA 模板时,会发生一些随机出现的异常现象,称为随机效应。随机效应主要包括：杂合子不平衡、stutter、等位基因 drop－out 及等位基因 drop－in。

（1）杂合子不平衡　　STR 靶向扩增时,两个等位基因都会被扩增。在电泳图谱中,两个杂合等位基因峰高之间的比例关系被称为杂合子平衡性。杂合子平衡有两种常见的定义：高分子量等位基因峰高除以低分子量等位基因峰高（公式 2－1,反之亦然）。另一种方法（公式 2－2）计算较小的峰高除以较大的峰高（与等位基因的分子量无关）：

$$Hb' = \frac{\varphi_{HMW}}{\varphi_{LMW}} \quad (2-1)$$

$$Hb = \frac{\varphi_{smaller}}{\varphi_{larger}} \quad (2-2)$$

其中,φ 为峰高值,HMW 和 LMW 分别为高分子量等位基因和低分子量等位基因。$\varphi_{smaller}$ 和 φ_{larger} 表示在 RFU 较小和较大的峰高值。由公式可以推论,Hb' 可以为任意值,但 Hb 则始终小于 1。这两个公式都忽略了等位基因之间的重复数差异。

对于质量较好的图谱,杂合子平衡性往往在一定范围内。当 $0.6 \leq Hb' < 1.6$（公式 1）或 $Hb \geq 0.60$（公式 2）,一般认为是杂合子等位基因间的扩增平衡性较好,即杂合子平衡。这一准则对于判断 DNA 图谱的质量十分有效。随着平均峰高的降低,将会出现杂合子不平衡现象,此时会出现 $Hb < 0.6$。峰高与 DNA 模板量有关,因此在微量 DNA 中更容易观察到不平衡。当等位基因峰高接近"随机阈值"时,杂合不平衡会成为图谱的"预期"特征。事实上,这种情况可能非常极端,以至于一个等位基因可能完全无法扩增,这就是所谓的"等位基因 drop－out"。此时,$Hb \approx 0$。

通常,较短的 DNA 片段会被优先扩增,因为 PCR 对短片段的扩增效率更高。其结果是峰

高随着 DNA 片段长度的增加而降低。因此,高分子量等位基因更容易发生 drop-out。

(2) Stutter　　Stutter 是 PCR 反应过程中 DNA 链错配造成的伪峰。这种现象通常用"链滑脱模型"或"滑动链错配/置换模型"解释,如图 2-1 所示,复制滑脱是 DNA 序列进化的一种自然机制。Stutter 通常表现为较小的峰高值,并且更容易发生在比亲本等位基因少一个重复单位的位置,即 $n-1$ 重复单位,也称为向后 stutter;或者可能比亲本等位基因长 1 个重复单位,被称为向前 stutter。有研究发现,向前 stutter 比向后 stutter 少得多,stutter 率也低得多(平均小于 4%)。除此之外,还可以观察到双向后/向前 stutter($n±2$ 次重复),但与常见的 $n-1$ 形式相比,这些 stutter 的发生率要低得多。二核苷酸 STR 特别容易出现多个 stutter,会对图谱解释带来困难,这就是它们未在个案工作中使用的原因。法医常用四核苷酸和五核苷酸 STR,因为它们的 stutter 程度要比二核苷酸 STR 小得多。

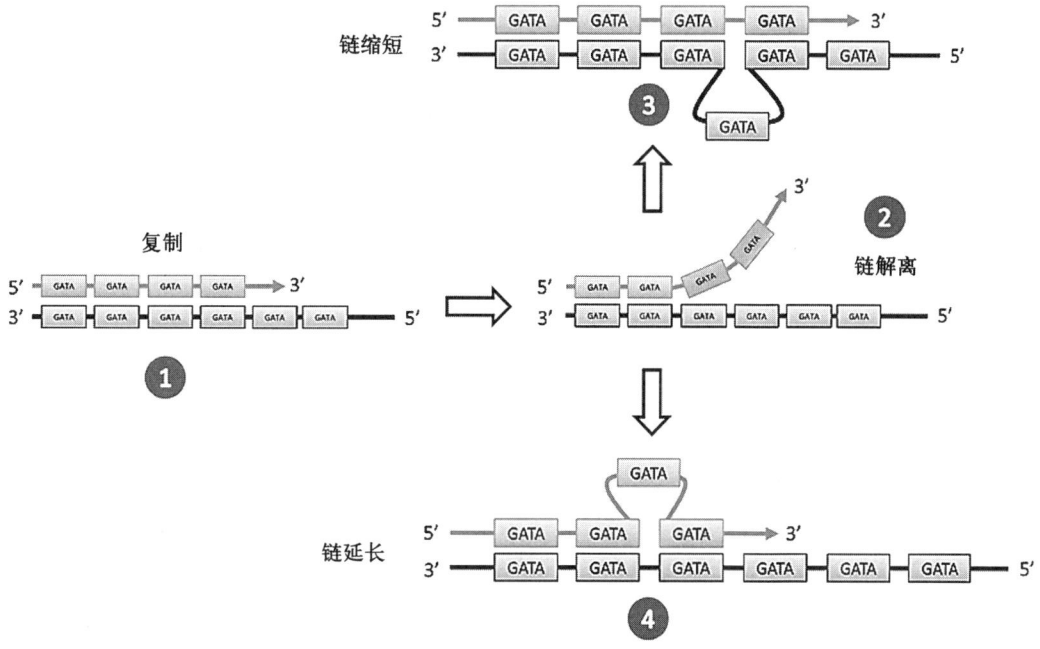

图 2-1　滑动链错配或链滑脱复制示意图

在复制过程中,DNA 序列相互关联,DNA 聚合酶可以识别并结合到引物的 3′端,从而合成一条完全相同的互补拷贝①。有时链会解离,DNA 聚合酶复合体脱落,复制停止②。当两条 DNA 链重新配对时,它们大部分时间都会正确对齐①。有时,由于重复序列(GATA),链可能错配以产生较短的"拷贝"③,或更少的情况下产生较长的拷贝④。这些有缺陷的拷贝通常被称为 stutter,特别是向后 stutter③和向前 stutter④。DNA 链的方向表示为 5′-和 3′-。

随着亲本等位基因重复次数的增加,可以观察到更高的 stutter 峰。然而,存在微变异的等位基因,例如 D1S1656 中的等位基因 15.3、16.3、17.3 和 TH01 中的 9.3、10.3,以及序列变异如在 SE33 中,都会中断相同类型的连续重复次数。图 2-2 显示了 Fusion 6C 试剂盒中两个遗传标记的 stutter 比例。D1S1656 显示出两种平行的趋势,一种是普通变异,另一种是微变异。X.3 等位基因来自 TGA 插入,通常在四个完整的 TAGA 重复后发现。这种插入中断了均匀的重复单位的延伸,观察到的这些微变异等位基因的 stutter 比与重复单位少 4 次的等位基因相当,即等位基因 11 和等位基因 15.3 的 stutter 大致相等。此时,最长不间断重复延伸(LUS)比总重复次数能更好地预测 stutter 的情况。在一项使用人工合成 STR 片段的巧妙且高度受控的研究中，合成片段中碱基对 AT 的含量越高，stutter 比就越高。这是由于 AT 间的键强度比 GC 间的键强度低，因为 AT 碱基对中有两个氢键，而 GC 碱基对中有三个氢键。

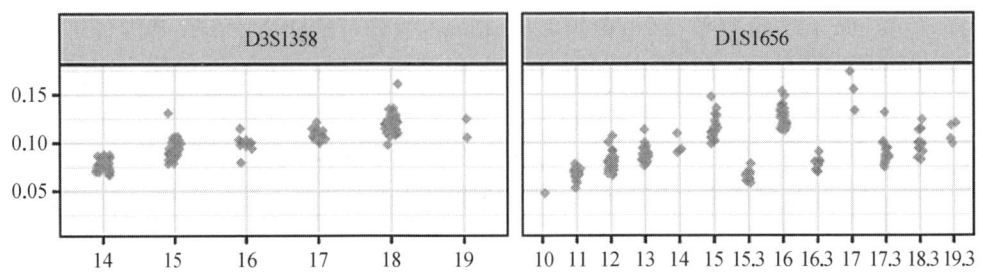

图 2-2　Fusion 6C 试剂盒中的遗传标记 D3S1358 和 D1S1656 的向后 stutter 数据

该示例显示，stutter 比（y 轴）随重复次数（x 轴）的增加而增加。位点 D1S1656 显示出两个平行的趋势，一个是普通变异，一个是微变异。X.3 等位基因来源于 TGA 插入，通常在四个完整的 TAGA 重复之后。这种插入中断了均匀的重复延伸，观察到的微变异等位基因的 stutter 比相当于小 4 个重复的等位基因，即等位基因 15.3 和等位基因 11 的 stutter 比大致相同。

有研究注意到 LUS 模型不能很好地解释 SE33 的 stutter 比。由此，一个更好的模型被设计出来，称为"多序列模型"。其中，所有的重复序列都被认为是导致 stutter 的因素，在减去 x 个重复单元后，x 个重复被定义为"stutter 开始前的重复次数"。这个模型不区分重复之间的差异，而是把它们作为一个整体来考虑。

Stutter 比还受重复单位大小的影响，因此三核苷酸重复位点 D22S1045 的 stutter 比可能高于四核苷酸重复位点。与向后 stutter 相比，向前 stutter 的水平较低，可能是由于 *Taq* 酶内部的结构限制，或发生前向移动所需的能量更高。已有研究在真实样本和数据库样本中发现类似的 stutter 比分布。研究表明，通过降低退火和延伸温度来优化 PCR 条件可以降低 stutter 峰的高度。在微量 DNA 中，随着亲本等位基因峰值高度降低接近分析阈值（AT）时，stutter 比逐渐增加。这可以用背景噪声峰值与 stutter 峰的相加效应来解释。

（3）Drop-out

1）Drop-out 发生的原因　对于正常质量的 DNA，反应管中将包含数千份 DNA 分子。若 DNA 的模板量较低，反应管中可能仅包含很少的 DNA 分子。如果反应管中有 100 μL 提取样本，将其中的 25 μL 用于 PCR 扩增，则将剩下 3/4 的 DNA 分子。在一个更为极端的情况：假设在反应管的 100 μL 样本中仅有 1 份 DNA，当提取 25 μL 用于 PCR 时，这 1 份 DNA 可能被捕获，但有更大的可能性（0.75）这 1 份 DNA 会被留在反应管中，从而没有 DNA 分子被 PCR 扩增，该等位基因就发生了 drop-out。假设提取的 DNA 样本中存在来自同一个基因座上的两个等位基因 a、b 各 1 分子，经过移液、PCR 扩增和电泳后，电泳图谱共有四种可能的结果：a 和 b 都检出；仅检出 a；仅检出 b；a 和 b 均未检出。

通常，总有超过 1 分子或 2 分子的 DNA 可用于分析。更多分子的 DNA 可使特定类型的等位基因在被抽取、进行 PCR 和电泳的概率更大，从而使 drop-out 发生的概率减小。

等位基因的 drop-out 现象是杂合不平衡的一种极端形式，是微量 DNA 图谱的特征之一。具体可定义为：低于分析阈值（analytical threshold, AT）的等位基因信号。此时，等位基因信号和背景噪声将难以进行区分（图 2-3）。

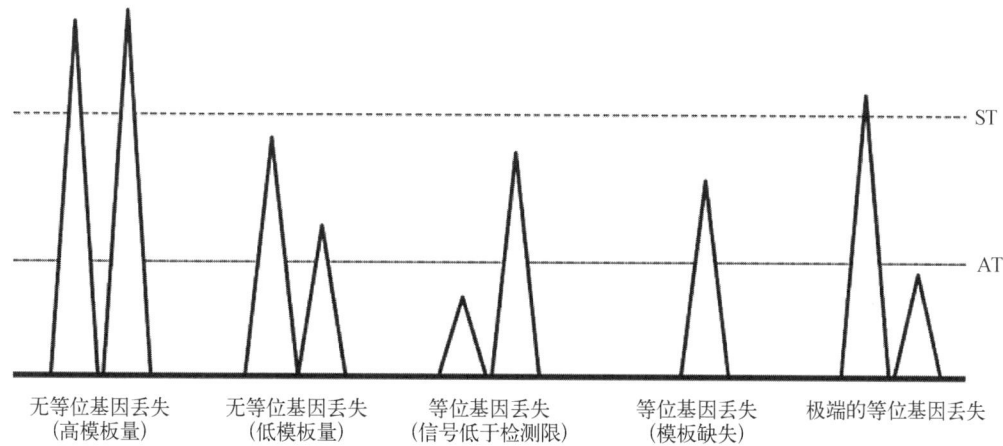

图 2-3　高模板量图谱中,杂合子峰通常平衡性良好,无等位基因丢失发生

低模板量图谱则具有发生 drop-out 的风险,也可能会表现出无 drop-out 发生的完整基因型,但通常杂合平衡度会下降。可能有三种类型的 drop-out：分子数量不足,峰高信号无法超过分析阈值；PCR 反应未能扩增该分子,发生了完全 drop-out；一个等位基因高于随机阈值但另一个等位基因低于分析阈值的极端 drop-out。

在文献中,研究者们使用了许多不同的术语来描述"最小可识别信号"。分析阈值是被采用作为标准的术语。有研究者回顾了可用于确定分析阈值的各种方法,这些方法通常都基于高于噪声基线三个或更高标准差的水平进行制定。也有研究者则提出基于噪声的对数正态分布的方法。

2）随机阈值和 drop-out　以峰高(RFU)衡量的随机阈值(stochastic threshold, ST)被用于确定一个位点是否表现较好。这个值为符合杂合平衡预期、不太可能发生等位基因丢失的峰高值。随机阈值的定义特别适用于纯合子,因为它们只有一个等位基因。但问题在于,单个等位基因峰究竟是确定的 aa 基因型,还是 aF 基因型,其中"F"代表一个可能因 drop-out 而丢失的等位基因。在没有 drop-out 发生时,"F"也可包括等位基因 a,因此其等位基因频率将变为 $p_F=1$。实验室往往使用不同的规则来解释常规的高模板量和低模板量 DNA 样本。因此,如何区分这两种 DNA 是十分重要的。

用于识别基因型为 $p_a p_F$ 的低模板量单等位基因峰还是具有 aa 基因型常规图谱的阈值,即为随机阈值,也被称为纯合子阈值。它取决于所使用的 STR 分型试剂盒、DNA 模板量、PCR 和 CE 条件设置。

图 2-3 展示了低模板量或高模板量("常规的")下等位基因所有可能的杂合子状态。图中设置了两个阈值：分析阈值(AT)和随机阈值(ST),两者分别设置为 50 RFU 和 150 RFU。对于图 2-3 中的情况,总结如下：

a）当等位基因峰高均高于随机阈值时,则样本为高模板量样本,无 drop-out 发生,且等位基因之间平衡性很好。

b）当两个等位基因峰高都位于随机阈值和分析阈值之间时,考虑该样本为低模板量样本,且无 drop-out 发生,因此可预期杂合平衡的变化幅度会超出用于高模板量样本分析时的范围。

c）一个等位基因峰高位于随机阈值和分析阈值之间,另一个等位基因峰高低于分析阈值,考虑后者发生的 drop-out。

d) 仅检出一个等位基因,且峰高位于随机阈值和分析阈值之间,它可能是纯合子,也可能是发生了 drop-out 的杂合子。

图 2-3 最后一个例子为极端情况的 drop-out。图谱中有一个等位基因峰高超过随机阈值,代表该样本为高模板量样本;而另一个等位基因峰高低于分析阈值,它发生了 drop-out。该图谱可能会被错误认为是高模板量样本的纯合子。

3) 随机阈值(ST)的设定 为了确定随机阈值,我们需要特别关注一个事件,即贡献者 $g=(ab)$,现场生物物证 $R=a$,其中 a 为检出的等位基因。在这个定义下,以控方假设(Hp)为条件的概率 $Pr(R=a|g=(ab),Hp)$ 只有在等位基因 b 可能丢失的情况下才能为非零值。相反,在 Hd 假设下,认为该基因座是纯合子(aa),即没有发生 drop-out 的情况下,是完全可行的。此时,可以在考虑包括等位基因丢失的概率 p_D 的条件下,使用规范的统计处理来评估证据的强度。当 p_D 趋向于 1 时,如果图谱中等位基因峰高接近随机阈值,则 LR 趋向于 0。

随机阈值的大概定义如下:在具有 n 个杂合子基因型(单基因座)的群体中,给定杂合子 (ab),且 a 或 b 等位基因发生了 drop-out,随机阈值即为观察到的分程最大的等位基因的峰高值。由于该等位基因未发生 drop-out,因此它看起来是纯合子。因此,随机阈值的主要目的是定义常规高模板量与低模板量 DNA 图谱的过渡点,这一值与当前图谱中检出的等位基因大小有关。根据这一定义,随机阈值 $ST=x$(RFU),若当前图谱中检出的等位基因为 a 型,其峰高值为 γ_a。当 $\gamma_a < ST$ 时,意味着可能发生了 drop-out,该位点真实基因型应该为 (aF);当 $\gamma_a > ST$ 时,则意味着不可能发生 drop-out,该位点的真实基因型应该为 (aa)。在使用随机阈值时,我们必须考虑基于阈值或"截止点"(cut-off)的"全有或者全无方法"(all or nothing approach)是否可行。这一问题如图 2-4 所示,如果我们选择 150 RFU 作为随机阈值,这意味着大于该值的图谱来源于高模板量 DNA,而若等位基因峰高为 149 RFU,它就会被判定来源于低模板量 DNA。这种在 1 RFU 范围内二元分类的突然变化是不合逻辑的,因为这意味着 drop-out 的概率突然从 0 变为 1,这一变化也可被称作"坠落效应"(falling-off-the-cliff-effect)。

图 2-4 "坠落效应"的示意图

"坠落效应"指常规高模板量 DNA 和低模板量 DNA 的判定在 1 RFU 内发生的突然变化。

(4) Drop-in 等位基因插入(allele drop-in)是微量 DNA 样本 PCR 扩增中会产生的一种非特异性产物,通常表现为在图谱上观察到额外的等位基因。Drop-in 事件往往是随机的,可以发生在任何一个位点。

可以根据阴性对照样本各位点的检测情况估计 drop-in 概率 p_C：

$$p_C = \frac{n}{N \times L}$$

式中，p_C 表示 drop-in 的概率；n 表示观察到的 drop-in 数量；N 表示阴性对照样本数量；L 表示位点数量。

曾采用 p_C = 0.005 作为 drop-in 概率默认值。在过去的二十年里，检测系统和实验室处理过程得到很大的改进，因此当前更具有代表性的情况是 p_C = 0.001 水平，即更低的 drop-in 值。

区分污染和 drop-in 非常重要。两者都在阴性对照中检测到，但它们的产生原因和影响是不同的。Drop-in 是不同个体 DNA 片段的单个等位基因随机落入 PCR 体系所导致的结果。这种 DNA 在气溶胶中是可移动的，并存在于室内灰尘中。如果一个 DNA 片段落入一个开放的试管中，它就有可能被扩增；如果两个 DNA 片段落入一个开放的试管中，这两者都会被扩增。但这两个 DNA 片段可能来自两个不同的个体，因而这些等位基因被视为相互独立的随机事件。

污染是一种从实验室来源获得错误 DNA 图谱的事件。因为污染来源的等位基因通常都是同一来源，所以这些等位基因之间是相关的。污染通常是低水平的，而且往往发生在图谱的局部。污染主要有以下来源：① 实验室工作人员或犯罪现场收集证据的调查人员的 DNA 转移；② 实验耗材及试剂污染；③ 实验室样本间发生污染。许多实验室要求工作人员和来访者提供 DNA 样本，并将其与对照样本和案例工作样本进行比较，以确定是否发生了可追踪的污染事件。

在实验过程中，工作人员需要采取严格的预防措施，以降低 drop-in 和污染的水平。但无论实验室组织得如何，drop-in 和污染都是不可避免的。使用阴性对照进行监测可以估计 drop-in 和污染事件发生的水平，这对实验室的质量控制监测十分重要。但阴性对照不能保证特定样本中是否存在 drop-in 或污染。

Drop-in 和污染的峰高往往较低，因此等位基因峰高越大，发生 drop-in 或污染的可能性就越小。

2. 降解 DNA 的图谱特征

在使用商业化 STR 复合检测体系进行降解 DNA 分析时，由于 DNA 模板的降解会导致 STR 靶片段不同程度的碎片化，继而出现 STR 等位基因甚至位点的扩增效能降低甚至扩增失败。

有研究发现，当用大规模平行测序检测 DNA 时，没有发现 DNA 分子中存在受保护区域的证据。我们无法区分目标 DNA 片段上的一个或多个位置是否发生降解，因为，无论 DNA 断裂发生在一个位置或多个位置，片段都无法扩增。因此，长 DNA 片段比短 DNA 片段受降解的影响更大，这将导致毛细管电泳图谱出现经典的"滑雪坡"现象（图 2-5），即相同荧光染料标记的位点上等位基因峰高随扩增片段长度增加而降低的现象。在法医 DNA 样本中通常会出现多个 DNA 拷贝，部分拷贝可以成功扩增，部分拷贝无法成功扩增。降解会加剧扩增不平衡现象，有可能会导致等位基因的 drop-out，其后果是无法获得完整的 STR 分型和预期的个体识别能力。

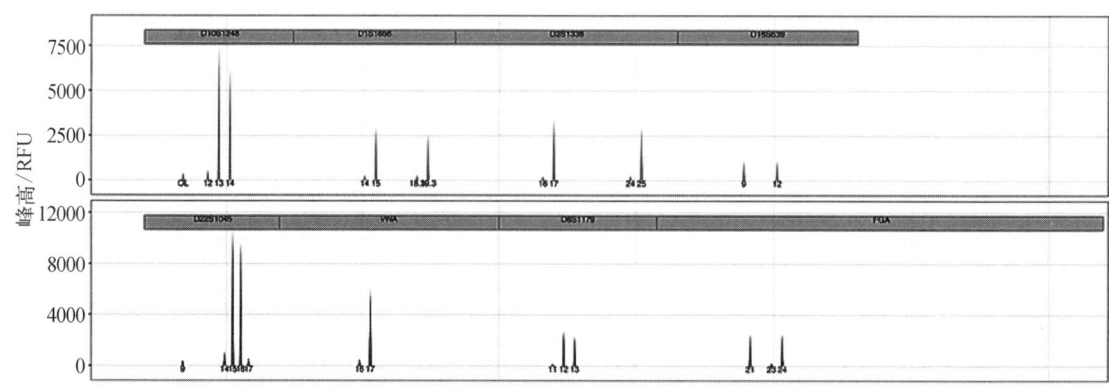

图 2-5 典型的滑雪坡降解模式

三、微量 DNA 和降解 DNA 的检测策略

1. 增加 PCR 反应循环数

20 世纪 90 年代末,英国法庭科学服务部(FSS)首次在微量 DNA 分析中提高 PCR 循环数,以增强检测灵敏度。他们没有采用 STR 试剂盒说明书建议的 28 次循环,而是额外增加了 6 次循环,使总循环数达 34 次,从而将理论产物拷贝数由 $6.7×10^7$ 增加至 $4.3×10^8$,灵敏度提高了 64 倍。而近期一种高灵敏度 DNA 检测方法,则通过三循环信号增强手段,将检测灵敏度提升了 16 倍。

一般来说,通过增加 PCR 循环数,低至 100 pg 的 DNA 样本均能获得 STR 分型结果。不过,在进行微量 DNA 分析时,不容忽视的问题是扩增过程中的随机效应会导致扩增不平衡及 stutter 等随机现象显著增加。有研究显示,微量 DNA 图谱中的杂合子不平衡现象增加,等位基因丢失率约为 10% 的基因座,低分子量等位基因优先扩增趋势更为明显,而 1 ng 模板在标准扩增条件下则没有观察到等位基因丢失。除此之外,图谱中还可能出现等位基因插入(drop-in)。所以,建议样本 DNA 量小于 100 pg 时,使用 34 个循环效果更佳。

不过,也有研究结果表明 34 个循环对微量 DNA 样本并非最佳,因为增加的随机效应会明显提高伪等位基因的发生率。FSS 最初的方案也仅是将 SGM Plus 试剂盒的 PCR 循环数增至 34,事先并未对起始 DNA 做定量分析。因此,一些所谓"LCN"样本实际上可能属于纳克级,甚至更高的量。在这种情况下,分析结果就会落在检测范围之外。荷兰法医研究所(NFI)改良了 28 次循环的实验方案,他们在 28 次循环之后,加入新鲜的 DNA 聚合酶,然后继续循环扩增 6 次,明显减少了各种随机效应。多个研究结果也表明这种 28+6 的方法比单一 34 次循环的结果更好。

增加 PCR 反应循环数的同时也增加了反应的随机效应。因此,通过增加循环数分析 LCN 样本时,对实验环境和操作者的防污染措施要求就更高。实验室中为防止循环数增加带来的污染,应采取极严格的防污染措施。包括 PCR 前、后的工作在隔离的实验室进行,在独立区域中保持单向流动,所有区域定时清洗并使用紫外线照射,检验人员严格防护和规范操作等。只有在严格控制污染的前提下,增加 PCR 反应循环数才能有效提高 LCN 检测灵敏度。

2. 提高毛细管电泳进样量

通过增大注样电压和(或)延长注样时间,提高毛细管电泳的 PCR 产物进样量,也能提升检测灵敏度。让更多的 PCR 产物通过毛细管电泳仪的检测器,会增加信号峰的强度。ABI 3100 或 3130xl 基因分析仪中毛细管电泳的标准注样参数为 3 kV 下进样 10 s 或者 30 kV 下进样 1 s。LGC Forensics DNA SenCE 技术方案除了采取样品除盐处理外,还提高了毛细管电泳进样量(4 kV 下进样 30 s 或者 120 kV 下进样 1 s);Orchid Cellmark EnhanCE 法则注入纯化 PCR 产物,将电泳进样量增加至九倍之多。ESR 采用 5 kV 下 15 s 或 75 kV 下 1 s 的强化进样参数,NFI 的注样参数则为 9 kV 下 15 s 或者 135 kV 下 1 s。

3. 优化 PCR 反应条件

(1) 减少 PCR 反应体积　　减少 PCR 反应体积,能有效地浓缩反应试剂和样本。采用较小的反应体积,能略微提高 PCR 扩增能力。但此方法的局限在于,在较小的 PCR 反应体系里,反应抑制因子也被相应浓缩,这将可能导致扩增失败或降低扩增效率。

(2) 优化除 PCR 循环之外的其他 PCR 参数　　2007 年以来,STR 检测试剂盒的商业化厂商陆续开发出二代试剂盒,使用了优化的缓冲液或增加了 DNA 聚合酶的用量(由于使用者依据说明书操作,实际上并不清楚具体用量)。这些新的缓冲液-聚合酶预混物能更好地消除 PCR 抑制物的影响,从而提升 PCR 反应效率。

另外,有些试剂盒还使用了 miniSTR 扩增引物。此类引物更靠近重复序列,生成长度较短的 PCR 产物,能提高降解 DNA 样本的 PCR 扩增成功率,同时也在一定程度上提升了 PCR 产量。

(3) PCR 产物纯化　　电泳过程中,较短的进样时间内只容许有限数量的 DNA 样本进入毛细管,而 STR 扩增产物与未结合的引物、dNTP、盐等成分相竞争。有效去除这些成分可以增加 PCR 产物进入毛细管的数量,从而使荧光检测信号强度增加。但 KCl、$MgCl_2$ 等盐分子协助 DNA 聚合酶完成 PCR 反应,是反应缓冲液的必要成分。因此,只有当不再需要这些盐分子时,即 PCR 反应完成后,再将其除去。有研究比较标准 28 个循环后进行产物过滤纯化与单纯进行 34 个循环两种方法,结果显示虽然两者获得的 STR 图谱相同,但前者图谱质量尤其是峰高和峰面积有明显改善,在 34 个循环时常出现的伪等位基因插入(drop-in)、stutter 峰高增加等现象明显改善和减少。还有研究表明,不增加循环数而应用过滤、硅胶膜、水解酶等方法纯化 PCR 产物,可使等位基因荧光信号强度增加 3.5~19 倍,可从少于 20 pg 的模板中获得完整的 STR 图谱。

纯化环节虽然增加了额外的步骤和费用,但效果显著。目前已有许多商业化产品可以选择,如 QIAGEN 公司的 MinElute 试剂盒,Millipore 公司的 Montage 试剂盒及 Edge BioSystems 公司的 Performa DTR 凝胶滤柱。PCR 产物也可以用低导电性的甲酰胺稀释,这样有益于注样。通过这些除盐手段,毛细管电泳的信号得以增强。

4. MiniSTR 的使用

缩短扩增子的长度是目前提高降解生物检材 DNA 检出率的主要策略,如 miniSTR,单核苷酸多态性(single nucleotide polymorphism, SNP)、插入/缺失多态性(insertion-deletion polymorphism, InDel)等遗传标记。

MiniSTR 基因座分析技术通过将引物序列设计得尽可能接近重复区域而缩短扩增片段长度。法医检案工作中,很多情况下 DNA 样品已经高度降解。研究表明,如果使 DNA 样品暴露在自然环境或者大火中,无论时间长短,细菌的作用以及生物化学和氧化过程,会导致 DNA 降解的发生。在这些法医检材中,DNA 模板已经降解为很小的片段,长片段的 STR 产物经常无法检出。MiniSTR 技术设计的引物更靠近核心重复序列,因此产生的 STR 等位基因片段长度更短,分型成功率获得很大提高。同时,miniSTR 具有良好的数据库兼容性。目前大多数研究所用的 miniSTR 基因座都和商品化试剂盒的 STR 基因座相同,这就使 miniSTR 具有一个很明显的优势:数据库兼容性。法庭科学已经使用了相当数量的 STR 遗传标记,并建立相关数据库。在法医现场工作中收集的降解 DNA 样品,用 miniSTR 技术进行 DNA 分型,其结果可以直接进入数据库系统,进行检索和比对,从而认定罪犯。同时,miniSTR 使用了高多态性的 STR 基因座,理论上与商品化 STR 试剂盒具有同样的高个人识别力,完全可以达到法庭科学个人识别的标准。MiniSTR 还具有远高于常规 STR 试剂盒的高灵敏度,可以用于微量检材的检测。

MiniSTR 这种缩短扩增片段长度的设计同时也带来了许多问题:

1) 由于引物太靠近重复序列,在 miniSTR 引物结合位置和传统 STR 引物结合位置之间的侧翼序列上,如果发生碱基缺失或者插入,那么用两个引物都可以扩增出完整的 STR 基因座,但是却有可能得到不同的等位基因分型结果。譬如在 D13S317 基因座的核心重复序列(TATC)下游 24 个碱基处有时会出现 4 个碱基(TGTC)的缺失,它的 miniSTR 反向引物位于核心重复序列与潜在碱基缺失位置之间,而常规商品化 STR 试剂盒的 D13S317 反向引物位于潜在碱基缺失位置以外,因此,两者的等位基因分型会出现不一致的情况。核心序列重复 11 次时,如果发生 4 个碱基缺失,STR 等位基因分型结果为 10,而 miniSTR 的结果却为 11,这就使 miniSTR 结果与 STR 数据库进行比对时发生错误。

2) 受限于 STR 核心重复序列的长度,miniSTR 的扩增片段长度不可能无限地减小,这就令不同基因座的 miniSTR 扩增片段分布更为集中(基本在 50~200 bp 之间)。因此,基于 miniSTR 原理设计的荧光标记复合扩增试剂盒不可能同时容纳很多基因座,一次检验所提供的信息量较少,即使利用 5 色荧光,和常规商品化 STR 试剂盒相比较,要想达到同样的个人识别力,必须增加复合扩增的次数,各个基因座的等位基因片段长度范围相互重叠的概率比常规 STR 要高得多。

3) CODIS 系统有的基因座不适合重新设计引物,需要开发更多其他的基因座。

5. SNP、InDel 遗传标记的使用

单核苷酸多态性(SNP)指基因组水平上由特定位置的单个核苷酸变异所产生的 DNA 序列多态性,是可遗传变异中最常见的一种。SNP 具有突变率低、扩增片段短、易于分型的特点。SNP 最大的优势在于分析复杂降解 DNA 问题,如高度降解的骨骼和牙齿,尤其是降解后的片段长度无法得到完整的 STR 甚至 miniSTR 的分型。复合扩增体系中 SNP 的扩增子长度大约在 45~55 bp。扩增片段长度的明显缩短使得从高度降解样本中分析得到的位点数目也得到显著的提升。2003 年推出的 SNPforID 试剂盒中包含 52 个 SNP,该试剂盒中所包含的 SNP 位点的总体识别能力达到 $1-5.0\times10^{-19}$(AmpFISTR Identifiler 试剂盒的总体识别效能为 $1-5.0\times10^{-18}$)。因此该试剂盒即使在面对高度降解的 DNA 样本时,其整体的识别能效能仍能满足个体识别的需求。当 SNPforID 试剂盒中的 SNP 数目减少到 49 个时,复合体系的灵敏度可达 100 pg 且非常稳定。

在面对复杂降解样本时,SNP 的出色表现以及成熟高效的 SNP 分析体系(SNaPshot)的建立,使 SNP 分析已然成为传统 STR 以及 miniSTR 分型的有力补充。但是,由于单个 SNP 位点的二等位基因特性,相比于 STR 遗传标记所包含的信息量较少。因此,为了满足个体识别能力的要求,复合体系中所包含的 SNP 数目需要足够多,需 45~60 个 SNP 才能与常规 STR 试剂盒的识别能力相当。当复合体系中的位点数目较多时,会导致复合体系的扩增效能、准确性以及可重复性受到影响。二代测序平台在法医遗传学领域的应用显著提升了 SNP 的复合检测能力,为 SNP 在法医学领域的应用提供了新思路。目前也已经有相关的试剂盒投入商业化的应用。同时,二代测序平台对模板量的要求较高,因此提升包含大规模 SNP 的二代测序复合体系的灵敏度是目前亟须解决的问题,尤其是面对复杂降解 DNA 的时候,因为此时同样可能面临 DNA 模板量不足的问题。

InDel 指基因组中插入或缺失了不同长度的 DNA 片段。InDel 基因座在不同的人群中分布有差异。InDel 的应用弥补了 STR 和 SNPs 的不足,受到学者们的关注。来自葡萄牙和西班牙的研究者们开发了能够兼容毛细管电泳平台的 38 个二等位基因常染色体插入/缺失遗传标记复合检测系统。为兼容降解 DNA,PCR 扩增子的大小均小于 160 bp。该试剂盒可以获得小于 300 bp 的降解 DNA 模板的完整图谱。该系统中所有的插入-缺失遗传标记在安哥拉、莫桑比克、葡萄牙、中国澳门以及中国台湾的共 306 个个体中具有多态性,随机匹配概率达 10^{-14},相当于 13 个 STR 位点。研究者从降解的股骨 DNA 样本中抽提了 DNA,同时用 PowerPlexs 16 STR 试剂盒和 Indel-plex 检测,电泳图谱显示了每个遗传标记与 STR 图谱之间基因分型成功率的差异,Indel-plex 显示了完整的图谱,STR 图谱只显示了 15 个位点中的 5 个可靠基因型,有四个最长的基因座位点丢失。该分型系统能够提高降解检材的检测成功率。Qiagen 公司在一些国家也提供可在 AB 遗传分析仪平台上分析的由 30 个插入/缺失多态位点构成的 Investigator DIPlex 试剂盒。有研究对 28 例石蜡包埋 1 年的肿瘤组织运用 Invertigator DIPlex 进行检测,InDel 基因座检出率高达 94.88%。而用 PowerPlex 21 和 Identifiler 的 STR 基因座检测率分别为 68.57% 和 23.33%。表明 Invertigator DIPlex 系统在高度降解的检材检测中有明显优势。

四、提升结论可信度的手段

分析微量、降解 DNA 样本时,可以从三个方面尝试提升所获数据的可靠性:① 提升样本收集和提取阶段的 DNA 获得率,从而获得更多的起始材料;② 在分析阶段,重复 PCR 扩增,以期判断正确的分型结果;③ 使用统计模型,估计潜在等位基因 drop-out 及其他随机效应事件的发生率。

1. 提升 DNA 回收率

取样过程中的所有环节都存在提升 DNA 获得量的可能。拭子取样获得的细胞很可能并未完全在 DNA 提取过程中脱落下来。而脱落下来的细胞也可能并未完全裂解放出 DNA。在样本储存过程中,DNA 也可能黏附于试管壁上。另外,DNA 提取过程存在多个洗涤或其他需要转移液体的步骤,而每一步都可能导致 DNA 的损失。对此,可利用直接 PCR 来处理微量生物样本,因为不存在转移步骤,所以具有提升 DNA 分析成功率的可能。

有研究者发现,较于常规棉质拭子,一种尼龙植绒拭子能六倍提升细胞释放效率,而前者会存在精子细胞残留。有研究表明,在 Microcon 滤柱上加入 1ng 的载体 RNA(carrier RNA),能有效浓缩 DNA,增加样本回收效率。尽管在提升 DNA 回收率方面,目前已取得一定进展,但仍存在进一步发展的空间。

2. 将 drop-out 引入概率计算

有研究者提出将 drop-out 概率引入似然率计算以评估证据强度。使用一个现场生物物证 $E(a)$ 和来自嫌疑人的参考样本 $S(ab)$ 的示例进行说明。p_D 为等位基因 drop-out 概率。表 2-1 列出了各种可能性,其中 g 是辩方命题 (H_d) 下可能的基因型。

表 2-1 对现场生物物证图谱 $E=a$ 和 $S=ab$ 的评估

命题	g	$Pr(g)$	$Pr(E\|g)$	Products
1	(aQ)	$2p_a(1-p_a)$	$(1-p_D)p_D$	$2p_a(1-p_a)(1-p_D)p_D$
2	(aa)	p_a^2	$(1-p_D)$	$p_a^2(1-p_D)$
			Sum of products	$Pr(E\|H_d)=$ sum of above

注：为简单起见，未区分纯合子与杂合子的 drop-out 概括。

辩方假设命题：

命题 1-如果发生了 drop-out，g 被认为是 aQ，其中"Q"代表被 drop-out 的等位基因，可以是除 a 以外的任意等位基因（注意：此处考虑的是杂合子中一个等位基因发生 drop-out 的情况）。在 $Pr(E|g)$ 中，考虑了 drop-out 发生的概率。等位基因 a 不发生 drop-out 的概率为 $(1-p_D)$，而发生 drop-out 发生的概率为 p_D。这些概率将相乘，其结果位于"Products"列中。

命题 2-如果没有发生 drop-out，基因型为 (aa)，且 $Pr(g)=p_a^2$。由于没有发生 drop-out，因此 $Pr(E|g)=1-p_D$。这些概率相乘，其结果位于"Products"列中。

最终，依据乘积之和计算出基于 H_d 假设下的证据概率。

控方假设命题：

控方命题为嫌疑人基因型为 (ab)。等位基因 a 未发生 drop-out，而等位基因 b 发生了 drop-out，因此组合概率为 $(1-p_D)p_D$。此时，$Pr(g)=1$，因为我们以嫌疑人的基因型 (aQ) 作为条件提出似然比公式。似然比的公式基于表 2-1 的"sum of products"提出：

$$LR = \frac{Pr(E|H_p)}{Pr(E|H_d)}$$

$$= \frac{(1-p_D)p_D}{2p_a(1-p_a)(1-p_D)p_D + p_a^2(1-p_D)}$$

$$= \frac{p_D}{p_a[2(1-p_a)p_D + p_a]}$$

3. 技术性重复分析

在提升微量 DNA 检测结果可信度的方案中，研究最多的是重复实验。即通过重复 PCR 扩增，观察不同重复之间的一致性，最大限度地避免错误的微量 DNA 检测结果。PCR 扩增微量 DNA 很容易存在随机效应，单次扩增检测的结果可能因为 drop-out 或 drop-in 现象而不可信，不同的单次实验都可能与实际基因型不同。但通过重复扩增法，由重复等位基因信息推出一致性结论，就更有可能获得可信的结果。常规操作方案是对从单个 DNA 样本中提取的两份或三份分装的 DNA 样本进行独立的 PCR 扩增。分型结果中重复出现两次及以上的等位基因被认为是可报告的。因为它们来自独立的 PCR 实验，而随机的 drop-in 等事件所产生的"等位基因"不太可能被重复，因此不会被报告。

是否进行技术性重复分析取决于可用的样本量。若有足够的 DNA，可以进行技术性重复分析。尽管可能会增加实验的成本，但从科学的角度来看，技术性重复分析总是有用的。但如果可用的 DNA 量非常少，在制备技术性重复样本时，过度的样本稀释可能会产生 drop-out 现象从而导致单次分型结果错误，进而使推导得到的一致性结果发生错误。

使用似然率计算可以根据每个技术性重复样本进行分析,也可使用所有技术性重复样本进行联合概率分析,得到联合似然率。

(1) 技术性重复的一致性解释方法　　在低模板量 DNA 分型过程中,随机效应导致检测到的等位基因差异。一致性解释方法是低模板量 DNA 解释方法的早期创新,通过对若干个技术性重复的分型结果和阴性对照的联合观察,排除 drop-out 或 drop-in 现象对分型结果的干扰,推导出"具有一致性"的最终结果。在给出一致性结果之前,依据实验结果,可能需要对数据进行补充解释。如,一些较大片段的位点会有较高的等位基因漏检率,这些位点若只出现了一个重复的单等位基因,可以用一个指代任意可能的指定字母与检出等位基因一同表示结果,以避免漏检的潜在风险(如使用"12,F"替代"12,12")。

研究者比较了基于 2 至 6 份技术性重复结果生成一致性图谱的不同方法。结果表明,如果在标准扩增方案(PCR 循环数为 28)下能检出>25% 的等位基因,则进行三次重复扩增,并以其中两次重复结果为准的策略能获得较好的结果。若在标准方案下仅能检出<25% 的等位基因,则设置 4 个技术性重复有助于结果分析。增加重复次数至 6 次并不能显著提升结果的可信度。综合比较下,"$n/2$"方法将至少在一半技术性重复样本图谱中检出的等位基因认为是可靠等位基因,该方法具有最高的准确性,且在数据库检索中最有效。

(2) 举例:三次技术性重复的证据强度评估　　对一个犯罪斑痕生物样本进行了三次独立的分析,在 D18S511 位点观察到 3 种不同的基因型:$R_1 = 12$;$R_2 = 16$;$R_3 = 12, 16$,嫌疑人 S 的基因型 = 12,16。

使用似然率框架对证据进行评估。

H_p:来自技术性重复 R_1,R_2,R_3 的 DNA 来自嫌疑人 S。

H_d:来自技术性重复 R_1,R_2,R_3 的 DNA 来自一个未知(无关)个体。

为了评估证据强度,如果有可能发生 drop-out 和 drop-in 事件,我们需要纳入两个参数来代表这些事件的发生概率:等位基因 drop-out 概率 p_D 和 drop-in 的概率 p_C。没有 drop-out 和没有 drop-in 的概率是 $(1-p_D)$ 和 $(1-p_C)$,分别缩写为 $p_{\bar{D}}$ 和 $p_{\bar{C}}$。由于纯合子有同一个等位基因的两个拷贝,这种二倍的数量意味着与杂合子等位基因相比,纯合子不太可能发生 drop-out。如果一个纯合子 drop-out,那么其发生概率近似于 p_D^2。

如果 drop-out 发生,事实上就无法得知发生 drop-out 的等位基因,因为该等位基因没有被观察到。因此,它可能是除了那些可见等位基因以外的任何等位基因。为了便于理解和表述,引入了一个名为"Q"的虚拟等位基因。在这个例子中,Q 的概率是 $p_Q = 1 - p_{12} - p_{16}$。使用 Q 的优点是,它简化了计算,这在分析混合物时很重要。

另一种选择是在一个位点上循环使用每一个可能的等位基因:对于每个技术性重复,在 H_d 下有必要对所有可能的成对组合进行概率计算,其中必须包括 R_1 的等位基因 12,以及 R_2 的等位基因 16。对于 R_1 组合 9,12;10,12;11,12;12,13 等均需要进行计算。而使用 Q(暂时忽略 drop-in)可将计算简化为仅考虑三种组合的情况:$Q,12$;$12,12$;$12,16$。考虑到 drop-in 的可能,H_p 需要考虑以下组合:$12,Q$;$16,Q$;Q,Q。如果等位基因 12 和 16 都是 drop-in 事件,则后者是正确的。

进行 LR 计算所需的公式如表 2-2 所示。其中,g 是被考虑的贡献者基因型,$Pr(g)$ 是观察到基因型 g 的概率。R_i 是第 i 个技术性重复样本的基因型,$Pr(R_i | g)$ 是在观察到基因型 g 的条件下技术性重复 R_i 的概率。

具体步骤如下:

步骤1：从技术性重复样本中的信息中推测出合理的随机个体的基因型。在 g 这一列中列出这些数据，并标记列 g_1, g_2, ……

步骤2：计算第二列中的 $Pr(g)$

步骤3：计算列 R_1, R_2, R_3 中的 $Pr(R_i|g)$

步骤4：计算每行的乘积

步骤5：将所有乘积加和

步骤6：根据嫌疑人的基因型，分子是对应于观察到的技术性重复 R_i 概率的乘积。在该示例（表 2-2）中，这作为该项的一部分出现在对应于基因型 12,16 的第二行的右侧，但没有频率项。

表 2-2 *LR* 的计算格式说明

g	$Pr(g)$	R_1	R_2	R_3	计　算
g_1	$Pr(g_1)$	$Pr(R_1|g_1)$	$Pr(R_2|g_1)$	$Pr(R_3|g_1)$	将此行各项相乘
g_2	$Pr(g_2)$	$Pr(R_1|g_2)$	$Pr(R_2|g_2)$	$Pr(R_3|g_2)$	将此行各项相乘
g_3	$Pr(g_3)$	$Pr(R_1|g_3)$	$Pr(R_2|g_3)$	$Pr(R_3|g_3)$	将此行各项相乘
					将此列各项相加

为了简单起见，在下面的例子中，认为纯合子和杂合子基因型具有相等的 drop-out 概率。在等位基因 g 的条件下，将 drop-out 和 drop-in 概率应用到每个技术性重复样本的计算中。例如，在 g = 12,12 的情况下，技术性重复 R_2 = 16 的唯一合理解释是：等位基因 12 发生 drop-out，等位基因 16 发生了 drop-in。为了简化计算，用 p_D 来表示纯合子基因型 12,12 的 drop-out 概率。当发生一个等位基因的 drop-in 时，用该等位基因的群体频率进行计算，得到的 drop-in 概率为 $p_C p_{16}$（假设 drop-in 事件随机发生，因此一个等位基因发生 drop-in 的概率是它在群体中出现的频率）。用公式来表示以上文字描述即：$p_D p_C p_{16}$，该项与表 2-2 中相邻行各项相乘，最后一列是全部项的乘积（这里使用乘法是因为相关事件都以基因型 g 为条件）。对表 2-2 中的所有行重复此操作，即将它们相乘得到最后一列中的式子。将最后一列各项加和，可以得到在 H_d 假设为真的条件下证据的边缘概率。分别对 H_p 和 H_d 假设进行相同的运算，得到 *LR*。在考虑嫌疑人时，由于嫌疑人分型已知，只计算 $p(R_i|g)$ 这一项而无须计算等位基因频率，其中 $g = S = (12, 16)$。

以下是对上述若干步骤的总结：

1）根据控方的 H_p 假设，如果基因型为 (12, 16) 的嫌疑人参与了现场斑痕的贡献，那么 R_1 和 R_2 发生了 drop-out 事件。如果 H_p 为真，那么 R_1 中的等位基因 16 一定发生了 drop-out；R_2 中的等位基因 12 发生 drop-out，并且 R_3 重复中既没有 drop-out 也没有 drop-in。前两个重复中等位基因的缺失一定会降低证据概率。

2）相反，如果 H_d 为真，那么在表 2-3 的第一列中列出了一个未知个体所有不同可能的基因型 g。

3）考虑 $g = (12, 12)$：第一个重复是 $R_1 = 12$；如果该证据样本既没有发生 drop-out（是一个纯合子）也没有发生 drop-in（污染），那么该证据样本可以表示为：$p_{\bar{D}} p_{\bar{C}}$。

4）第二个重复是 $R_2 = 16$；该证据样本可以表示为：$p_{12} p_D$。

5）第三个重复是 $R_3 = 12, 16$；如果该证据样本（是一个纯合子）没有发生等位基因 12 的 drop-out 和等位基因 16 的 drop-in，那么该证据样本可以解释为：$p_{\bar{D}}p_C p_{16}$。

6）对 g 列中的所有基因型进行重复操作。

表 2-3 似然比计算示例

g	$Pr(g)$	$R_1(12)$	$R_2(16)$	$R_3(12, 16)$	乘 积
12, 12	p_{12}^2	$p_{\bar{D}}p_{\bar{C}}$	$p_D p_C p_{16}$	$p_D p_C p_{16}$	$p_{\bar{D}}^2 p_{\bar{C}} p_D p_C^2 p_{12}^2 p_{16}$
12, 16	$2p_{12}p_{16}$	$p_D p_{\bar{D}} p_{\bar{C}}$	$p_D p_{\bar{D}} p_{\bar{C}}$	$p_{\bar{D}}^2 p_{\bar{C}}$	$2p_{\bar{D}}^4 p_{\bar{C}}^3 p_D^2 p_{12} p_{16}$
16, 16	p_{16}^2	$p_D p_C p_{12}$	$p_{\bar{D}} p_{\bar{C}}$	$p_D p_C p_{12}$	$p_{\bar{D}}^2 p_{\bar{C}} p_D p_C^2 p_{12}^2 p_{16}$
12, Q	$2p_{12}p_Q$	$p_{\bar{D}} p_D p_{\bar{C}}$	$p_{\bar{D}}^2 p_C p_{16}$	$p_{\bar{D}}^2 p_D p_C p_{16}$	$2p_{\bar{D}}^5 p_{\bar{C}} p_D^4 p_C^2 p_{12} p_Q p_{16}^2$
16, Q	$2p_{16}p_Q$	$p_{\bar{D}}^2 p_C p_{12}$	$p_{\bar{D}} p_D p_{\bar{C}}$	$p_{\bar{D}}^2 p_D p_C p_{12}$	$2p_{\bar{D}}^5 p_{\bar{C}} p_D^4 p_C^2 p_{12} p_Q p_{16}$
Q, Q	p_Q^2	$p_{\bar{D}}^2 p_C p_{12}$	$p_{\bar{D}}^2 p_C p_{16}$	$p_{\bar{D}}^2 p_C^2 p_{12} p_{16}$	$p_{\bar{D}}^6 p_{\bar{C}}^4 p_Q^2 p_{12}^2 p_{16}^2$
					分母为以上加和

注：其中三个重复出现了错误等位基因和 drop-out。乘积的总和即为 H_d 假设下的证据概率。对于 $g = 12, 16$ 这一基因型来说，H_p 假设下的证据概率以红色字体表示。为简单起见，用 p_D 来表示纯合子和杂合子的 drop-out 概率。

4. 降解 DNA 的 PCR 前定量与特征分析

（1）PCR 前定量　　PCR 扩增反应依赖于加入反应体系中的 DNA 模板量，在应用定量方法进行样本 DNA 定量后，就可以将每个样本所提取的 DNA 调整到一个 PCR 扩增最适反应的水平。商用的 STR 分型试剂盒的推荐 DNA 模板量通常在 0.5~1 ng，以确保可以得到完整且平衡性良好的图谱。降解样本中长片段 DNA 的量小于短片段 DNA 的量，可以通过增加 DNA 模板投入量的方式补偿长片段 DNA 不足所带来的影响。

许多 DNA 定量方法先后在法庭科学领域应用，如紫外吸收法、凝胶法、斑点杂交法、PicoGreen 法、终点定量 PCR 法和实时定量 PCR 法等。

早期的典型 DNA 定量方法是通过测量 260 nm 处的吸光度值，或者用溴化乙锭染色后检测荧光值得以实现的。到了 20 世纪末至 21 世纪初，法医学实验室中最为常用的 DNA 定量方法是斑点杂交法。斑点杂交法是将基因组 DNA 加载在尼龙膜上，然后加入人类特异性 DNA 探针，将所得到的化学发光或比色信号强度与一系列的标准品进行比较，从而实现 DNA 样本的定量分析。20 世纪 90 年代中期英国法庭科学服务部开发了 PicoGreen 检测法。PicoGreen 是一种荧光螯合染料，当与双链 DNA 结合时，它的荧光信号会显著增强，通过与标准曲线作比较就可得到 DNA 样本的定量结果，该方法可在 96 孔微量滴定板上检测至少 250 pg 的双链 DNA。

终点定量 PCR 是一种相对复杂的样本 DNA"可扩增性"的检测方法。在该方法中，单个 STR 基因座或人类基因组的其他区域与已知浓度的 DNA 样本一起扩增，由已知浓度的样本生成标准曲线，与之比较得出未知 DNA 样本的浓度。该方法由于能监测样本中所含的 PCR 抑制物水平，因此是一个功能性检测。

实时定量 PCR 是一种能对用于扩增的 DNA 进行数量和质量方面评定的方法，最早是在 20 世纪 90 年代初由 Higuchi 和其在 Cetus 公司的合作者们所发明的，该法可以分析 PCR 循环中的源于目标序列扩增的荧光信号的改变。实时定量 PCR 使用了循环阈值这一概念（CT）用于计算。CT 值是扩增循环的一个点，此时荧光水平超过某一规定的阈值，该值是由实时 PCR

软件在高于扩增早期阶段的噪声基线而设定的。达到荧光检测水平(超过软件设置的阈值)的循环数越少,加入 PCR 的起始 DNA 越多。

(2) DNA 降解程度的判断　　现在的一些人类 DNA 实时定量试剂盒,如 QuantifilerTrio DNA Quantification Kit 和 PowerQuant System,能够测量每个样本的降解程度。其原理是通过添加第二个较长的目标片段来测量人类 DNA 总量。通常情况下,较长的目标片段会生成一个 200~300 个碱基对的片段(x_2),而较短的目标片段生成一个 70~150 个碱基对的片段(x_1)。

降解程度越大,每个目标片段的定量值的差异就越大。通过计算小片段与大片段 DNA 之间量的差异就可以得到降解指数(Degradation Index, DI),公式如下:

$$DI = \frac{c(x_1)}{c(x_2)}$$

式中,$c(x_1)$ 和 $c(x_2)$ 分别是短目标片段和长目标片段的 DNA 总量。

DI 是一个简单指标,用于衡量现场生物检材中不同长度的 DNA 片段的数量。在对生成的 DNA 图谱进行校准后,操作人员可以使用这些信息来决定如何处理样本。QuantifilerTrio DNA Quantification Kit 和 PowerQuant System 计算所得的 DI 不同,因为它们的目标片段大小不同。

(3) 降解 DNA 的特征分析　　用来描述 DNA 降解的另一个指标是降解概率 $p_r(deg)$,它反映的是 DNA 片段的一个碱基对发生降解的概率。

降解概率 $p_r(deg)$ 的推导过程如下:

如前所述,DNA 分子降解的结果是导致可用于扩增的片段数量减少,并最终发生等位基因的 drop-out。换言之,降解与 drop-out 发生率存在一定的关系,可以利用 drop-out 发生率 p_D 推导降解概率 $p_r(deg)$。

单个 DNA 拷贝的 drop-out 概率可以用公式(2-3)来表示,假设拷贝碱基对之间是独立的,那么一个包含 x 个碱基的 DNA 分子发生断裂的机会是:

$$p_D = 1 - (1 - p_r(deg))^x \tag{2-3}$$

式中,p_D 是 drop-out 概率。

因此,包含 x 个碱基的完整片段不发生降解的概率即为

$$p_{\bar{D}} = 1 - p_D = (1 - p_r(deg))^x \tag{2-4}$$

进而,具有 n 个拷贝的 DNA 发生裂解的概率 ($p_r(D_n)$)。这可以由公式(2-4)中的二项式概率来表示:

$$p_r(D_n) = 1 - (1 - p_D)^n \tag{2-5}$$

假设在浓度 $c(x)$ 时,片段长度 x 和无降解的概率之间存在对数-线性关系。使用自然对数,有以下式子:

$$\log(c(x)) = \log(H) + \log(1 - p_r(deg))^x \tag{2-6}$$

式中,H 是等位基因峰高。可以得到以下公式(2-7)和(2-8):

$$\log(1 - p_r(deg)) = \frac{\log(c(x_2)) - \log(c(x_1))}{x_2 - x_1} \tag{2-7}$$

$$p_r(deg) = 1 - e^{\frac{\log(c(x_1))/\log(c(x_2))}{x_1 - x_2}} \quad (2-8)$$

式中，$x_1 < x_2$ 而且 $c(x_2) \leqslant c(x_1)$，可以将其理解为受影响的碱基在 5′-端发生断裂的概率。

根据降解概率 $p_r(deg)$，可以对 DNA 样本任何长度的完整片段的数量进行估计。图 2-6 显示了在不同的降解参数（0.000 5~0.017 0）下，不同长度的片段保持完整的概率。

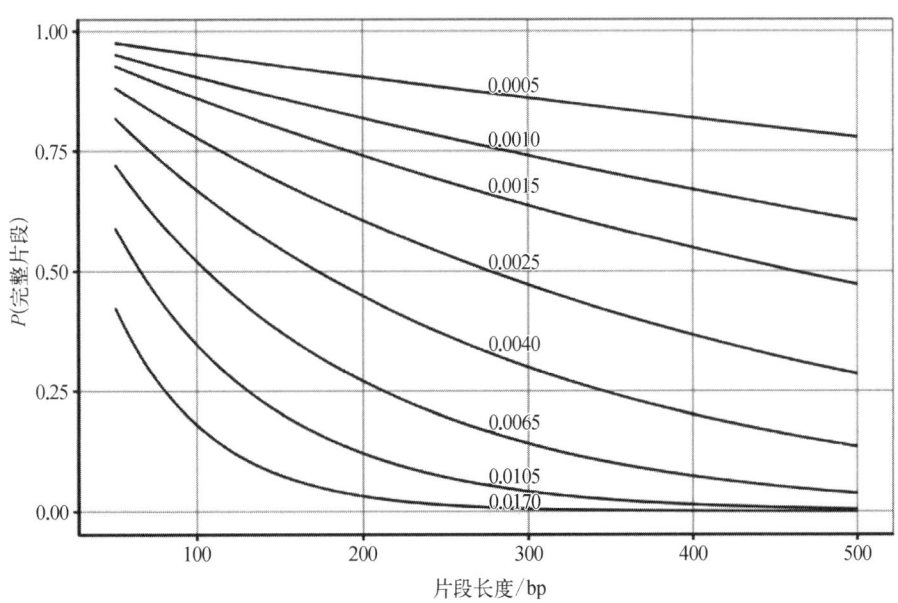

图 2-6 在不同的降解参数（0.000 5~0.017 0）下，可用于扩增的完整片段的概率是片段长度的函数

实际的 PCR 反应过程中，PCR 效率会逐渐下降并最终达到平台期。然而，对于低模板 DNA，STR 的靶向扩增在实际反应体系中从未达到平台期。研究显示，PCR 循环数从 30 个增加到 35 个时，等位基因峰高的增加大约是恒定的，这与理想的扩增相吻合。因此，以恒定的 PCR 效率模拟低模板 DNA 的 PCR 过程是一种符合实际的近似方法，这里使用的 PCR 效率为 $pcr_{ef} = 0.90$。

PCR 后得到的完整 DNA 片段的数量可以通过以下二项式（2-9）计算：

$$N_{intact} = Bin(N_{molecules}, p_{\bar{D}}) \quad (2-9)$$

式中，$N_{molecules}$ 表示 PCR 后每个等位基因片段的模拟数量，N_{intact} 表示完整的片段数量。

使用二项式分布 $Bin(N = 167, p_{\bar{D}} = 0.05)$ 模拟总量为 1 ng，片段长度为 300 个碱基，相当于 167 个单拷贝的单倍体 DNA（即两条同源染色体中的一条）的降解。这 1 ng 中有 1 到 19 个未降解的拷贝。

在分析降解 DNA 时，如果不同时考虑 PCR 循环数的影响，就无法对体系进行优化。对于 28 个循环来说，大约需要 30 个单拷贝单倍体 DNA 分子（约 90 pg）才能产生毛细管电泳平台的信号，当 PCR 增加至 34 个循环，只需要 1 个单拷贝单倍体 DNA 分子（约 3 pg）就可以产生足够的信号。

用一个 100 个碱基的小片段重复模拟，使用相同的降解参数，一个含有 100 个碱基的片段有37%的机会不发生降解。因此,在1 ng二倍体细胞DNA中,每个等位基因将有44到83个完整的片段(约264 pg到498 pg)。

分析降解DNA时,PCR循环数量是需要考虑的关键因素。如果将每个碱基对的降解概率作为一个度量指标而不是降解指标,那么该度量就与试剂盒无关。基于对降解参数的了解,我们可以通过模拟计算得知每个等位基因的完整片段数量的范围,从而判断是否足以产生可识别的荧光信号,并预测DNA图谱的特征。

第五节　典型案例点评

法医物证学通过探究生物样本的特征来证明案件事实。个体识别通过多种研究方法与技术手段,对现场遗留的各种生物检材或个人附属物进行鉴定,从而对活体或尸体进行个人身份的同一认定,为各类案件的解决提供具有指向性的科学证据。广义来说,除通过对遗传标记的检测外,还可通过辨认个体的一般特征,如外貌形态、职业特点、随身物品等,直接对个体作出身份认定;而一般意义上的个体识别则需通过各类遗传标记进行检测与分型,其理论基础是孟德尔遗传定律:亲代向子代的传递是遗传,子代与亲代的差别是变异,遗传保证了个体特征的稳定性,变异奠定了个体之间的差异性;稳定性是个体识别的基础,差异性是个体识别的核心。依据各类案件的特殊性,司法鉴定人可通过对多种遗传标记进行检测来完成或辅助完成个体识别任务。在法医物证鉴定实践中,并不一定总能提取到质量较好的检材,微量、降解检材与混合生物样本等疑难生物检材对个体识别提出了挑战。本节内容将结合实际案例介绍各类遗传标记在个体识别的具体应用,同时为疑难生物检材的处理与鉴定提供思路。

一、各种遗传标记的个体识别应用

在人体组织、体液中存在多种遗传标记可用于法医个体识别:较早使用的遗传标记基于表达产物水平,如红细胞血型、白细胞型、酶型等,通过检测多种血型系统及具有多态性的蛋白进行个体识别;随着DNA相关技术的发展,个体识别的方法学转变到基因水平的遗传标记,即DNA多态性,包括长度多态性与序列多态性。目前使用最广泛的遗传标记是STR,其分型原理基于长度多态性,数十个STR位点即可达到极高的个体识别能力,且实验流程简单,检测速度较快,成本低廉,各地公安机关已建立起相应的DNA数据库。近年来,随着DNA芯片技术与高通量测序技术的发展,InDel与SNP的检测成本逐渐降低,这类遗传标记更关注于DNA的序列多态性。除此之外,尚有多种遗传标记可作为常规个体识别的补充:Y染色体STR基因座呈父系遗传特征,线粒体DNA(mtDNA)呈母系遗传特征,可在特殊案例的个体识别中提供指向性或排除性线索;DNA甲基化位点在年龄推断、组织体液来源推断与同卵双生子鉴定等方面表现出较高的法医学应用价值。

1. 常染色体与Y染色体STR遗传标记

案例 1

从1988年5月至2002年2月间,在甘肃省白银市及内蒙古包头市发生强奸杀人案共11起,其作案手法相似。警方提取到了犯罪嫌疑人的指纹、精液与足迹等线索,但在当地经多次摸排调查,未能逮捕犯罪嫌疑人。2016年,一男子高某因行贿罪被警方控制,警方依法采集了该男子血样,将Y染色体分型结果录入到违法犯罪人员Y-DNA数据库中,发现该男子的Y-STR分型与犯罪嫌疑人遗留在现场样本的分型吻合度较高。警方认为犯罪嫌疑人为高某同一家系内成员,即迅速缩小调查范围,经过对该高姓家系进行巡查摸排,发现高承勇有较大嫌疑;随后警方提取了高承勇的指纹与DNA,与已有证据进行比对,最终将高承勇抓获。高承勇系行贿男子高某之堂侄。

Y染色体为父系遗传特征,所有的Y-STR表现为单倍型连锁遗传,同一父系所有男性个体均应具有相同的Y-STR单倍型(除突变外)。Y-STR的法医学意义主要在于判断混合样本中的最少男性个体数,同时在父系亲缘关系推断与家系溯源中具有重要价值。在上述案例中,警方意外地将犯罪现场遗留的基因信息与行贿罪的高某成功比对,并顺利地在高姓家系中排查出嫌疑人高承勇,Y-STR的检测结果为案件侦破指明了调查方向。但是,Y-STR具有较高的突变率,在涉及家系鉴别的个体识别时,应考虑到向下传递过程中发生突变的可能性;同时,由于Y-STR可提供的遗传信息有限,其分型结果不具有唯一性,Y-STR的法医学应用价值在于排除。在个体识别实践中,司法鉴定人可将Y染色体的DNA信息作为调整调查方向的依据,但不能据此作出确证结论。

在案例1中,警方采集了高承勇的DNA与遗留在现场的DNA进行比对,通过常染色体STR基因座检测,最终确认其犯罪嫌疑人身份。作为法医物证鉴定的常规技术,STR分型具有灵敏度高、鉴别能力强、易于标准化等优点,且操作简单、成本较低,易于在基层法医鉴定工作中推广。在上述案例中,警方通过Y染色体STR定向到目标家系,通过常规STR分型技术才能给出确证结论。

2. 线粒体DNA遗传标记

案例 2

2005年12月,在北京市某河床发现尸块,同时在现场提取到枕巾上附着的毛发,毛发已无毛囊,无法进行STR基因座检验。办案人员对样本进行了mtDNA高变区Ⅰ nt 16 030~16 481和高变区Ⅱ nt 15~484的扩增测序,并与尸块血痕比对。测序结果表明,毛发与尸块血痕样本在上述两个高变区的序列相同,且两种样本在nt 303~309处均存在7C/8C长度多态性,而在nt 290~291处均存在2个A碱基缺失,此种变异在人群中较少见。上述结果为两种样本来源于同一母系提供了有力证据。此外,测序结果显示,尸块血痕在nt 309处以C碱基峰为主,而毛发在此位置C/T碱基峰高几乎均等,这可能与线粒体基因组遗传的异质性和瓶颈效应有关。

线粒体DNA呈母系遗传特征,在同一母系亲缘之间具有同一性,且mtDNA在组织与细胞中拷贝数高远高于核DNA,检测灵敏度高,当样本不适用于进行STR检测分析时,mtDNA的序列分析可能辅助完成个体识别任务。线粒体DNA的D环区域含有两个突变率远大于核DNA的高变区,无修复系统,积累了较多的变异信息,具有较好的多态性,同时由于线粒体DNA遗传具有异质性与瓶颈效应,使线粒体基因组变异更易被检出。对mtDNA遗传多态性的研究主要着眼于高变区的单核苷酸多态性与串联重复序列多态性。线粒体DNA遗传标记适用于母系遗传关系的判定,但是,由于mtDNA可以提供的信息极为有限,序列一致只能说明不排除来源于同一母系的可能,但还不足以单独作为认定同一性的证据。在个体识别鉴定中,mtDNA的意义在于排除同一性。在上述案例中,办案人员对两种样本进行了mtDNA高变区测序,发现序列一致,且共有同一较少见突变,据此结果合理地推断,不排除两种样本来源于同一母系;

同时对于 nt 309 处出现的碱基峰高差异,也作出了合理解释。在使用 mtDNA 遗传标记进行个体识别鉴定时需注意,mtDNA 的多态性结果可作为前序调查结果的确证或否认:即排除同一母系、不能排除同一母系、无法确定是否同一母系。不能仅通过 mtDNA 遗传标记检测作出认定同一性的结论。

3. X 染色体 STR 遗传标记

案例 3

在某强奸案的侦破过程中,提取了被害女性的阴道拭子、乳头拭子、指甲拭子与内裤(剪成前、中、后三段)等物证,同时采集了被害者与四名男性嫌疑人甲、乙、丙、丁的血样,分别进行 21 个常染色体、27 个 Y 染色体和 17 个 X 染色体 STR 基因座的检测,其中乙和丁系堂兄弟关系。对上述物证进行 PSA 检验,结果显示乳头拭子与指甲拭子为阴性,阴道拭子与内裤样本为阳性。采取二步提取法从检材中提取 DNA 后,进行 27 个 Y-STR 基因座复合扩增检测,结果显示,未在阴道拭子中检出男性个体 DNA,在内裤前段至少含有 2 名男性 DNA,在内裤中段与后段至少含有 3 名男性 DNA。由于乙和丁属同一父系遗传关系,为进一步确认乙和丁嫌疑人,增加 Y-STR 检测数量至 36 个,发现乙和丁在 DYS549 的等位基因分别为 13、14,在 DYS527a/b 的等位基因分别为 20/24 和 20/23,上述位点均可在混合样本中检出。经 X-STR 检测发现,乙和丁共有 11 个 X-STR 等位基因存在差异,而在混合样本的 X-STR 检测中,在 GATA172D05 和 DXS10134 两个基因座上检出 4 个基因型,分别与四名嫌疑人的单倍型吻合。根据上述结果,最终确认四名犯罪嫌疑人。

女性的 X 染色体遗传模式与常染色体类似,而男性的 X 染色体以单倍型形式遗传,由于这种特殊的遗传规律,X-STR 分型在一些特殊案例和复杂亲缘关系的鉴定中更具有法医学运用价值。在个体识别鉴定中,增加 X-STR 检测可以提高 DNA 分型的信息量。在上述案例中,由于乙和丁是堂兄弟关系,理论上具有相同的 Y-STR 单倍型,只进行 Y-STR 分型无法准确分析混合样本中的男性组成,而通过加测 X-STR,成功将嫌疑人乙和丁进行了区分。在对这类混合男性生物检材进行实际检测时,可以将 Y-STR 与 X-STR 检测结合起来,有利于更准确地判断混合样本中的男性个体数,并进行性染色体 STR 的单倍型拆分。同 Y-STR 与 mtDNA 遗传标记类似,X-STR 所能提供的多态性信息有限,其法医学意义在于排除,在进行个体识别鉴定时,还需结合常染色体遗传标记。在实际个体识别鉴定实践中,X-STR 的应用相对较少,而在有女性参与的亲权鉴定,尤其是复杂亲缘关系鉴定,如隔代祖孙关系、姑-侄女关系、姨-外甥关系等鉴定中,具有重要应用价值。司法鉴定人需合理选择遗传标记,以提高鉴定结果的可信度。

4. SNP 遗传标记

案例 4

从 1976 年至 1986 年,"金州杀手"涉嫌至少杀害 13 人,强奸 50 起,以及入室盗窃、抢劫、绑架百余起,但由于嫌疑人具有极强的反侦查意识,一直未能将其抓捕归案。2017 年,办案人员关注到 DNA 开源信息网站 GEDmatch,该网站包含约 1 700 万人的 SNP 基因信息,且数据库免费开放。办案人员将这些数据与"金州杀手"遗留在现场的 DNA 信息进行比对,锁定了 9 名"可能嫌疑人",然后通过其中一位"可能嫌疑人"追溯到一名近亲,并根据受害人提供的重要体貌特征,"金州杀手"是"蓝眼珠",锁定重大嫌疑目标约瑟夫·詹姆斯·迪安杰洛。2018 年 4 月,逮捕该嫌疑人后,再次提取其 DNA 样本进行检测,与过往遗留在犯罪现场的一致。

SNP 遗传标记在基因组中分布广泛、突变率低、易于分型,且基因座片段更短,分析降解 DNA 的能力更强。目前已发现,部分 SNP 位点具有个体识别、祖先信息推断、表型刻画预测、系谱信息推断等应用价值,并已有生物科学公司推出了基于高通量测序平台的 SNP 位点检测试剂盒,用于个体识别、祖先推断与表型刻画的实际运用。同时,随着 DNA 微阵列芯片技术的发展,消费级基因检测(DTC)成本的进一步降低,同时被赋予了更多的娱乐与社交属性,导致可获取的人群 SNP 信息量大大增加。在上述案例中,检案人员通过将数据库信息与现场遗留的生物信息进行比对,成功排查到"金州杀手"的近亲,进而定位到嫌疑人。SNP 基因座的庞大数量与低突变率,可有力保证个体识别结果的可信度,SNP 的主、次等位基因在人群中的频率越接近,鉴别能力越强;与 SNP 相似的还有 InDel 遗传标记,兼具长度多态性与序列多态性信息。这类遗传标记的运用也催化了法医系谱学这一新兴学科的产生和发展;但要注意的是,大多数 SNP 多态性表现为二等位基因,单个位点可提供的信息量极为有限,须检测大量的 SNP 位点才能获取与目前 STR 检测等同的证据力;同时,各地仍未建立相应的 SNP 人群数据库,将 SNP 真正运用到个体识别鉴定尚存在部分差距。

二、疑难生物检材的鉴定

在上述案例中,我们介绍了各类遗传标记在法医个体识别中的应用价值,提供了多种解决个体识别问题的方法。但目前运用最广泛、发展最成熟的方法仍是常染色体 STR 的检测。常规的 STR 检测方法基于多重复合扩增与毛细管凝胶电泳:从各类生物检材中提取 DNA,扩增目的片段并加入荧光标记,经毛细管电泳获取 STR 基因座对应分型。然而在部分案件中,办案人员只能提取到极少量、陈旧或质量较差的检材,难以得到较满意的分型结果,我们将这类检材称为疑难生物检材。疑难生物检材主要分为微量检材、降解检材以及不同个体的混合斑迹,而实际提取到的疑难检材,往往是多种情况的组合。因此在对这类检材进行个体识别鉴定时,需注意操作的连贯性与步骤的兼容性,以避免重要生物检材的浪费。

1. 微量检材的鉴定

案 例 5

2016 年 5 月,某地发生一起交通肇事逃逸案,造成一死一伤,现场遗留一不锈钢水杯,疑似为肇事司机使用,当地公安 DNA 实验室经过多次检验,未获得 STR 分型,后将该物证送至某机关单位物证鉴定所。该鉴定所使用纱线采取分段多处擦拭的方法,分别在水杯杯口、杯盖外侧、杯盖内侧的 19 处、8 处、10 处进行脱落细胞提取,并采用磁珠法自动化纯化 DNA,后续使用 10 μL 体系进行复合扩增进行 STR 分析,成功得到 STR 分型。当地公安根据 STR 分型结果进行排查,成功抓获犯罪嫌疑人。

微量检材又称为低模板量 DNA(LT-DNA),其模板量低于 100 pg,相当于 15 个二倍体细胞的 DNA 含量,此类样本鉴定的挑战在于难以获取足量的 DNA 模板。在上述案例中,办案人员通过调整样本采集与处理方法,成功得到 STR 分型:由于水杯上遗留的脱落细胞极少,大范围地进行检材收集无法获得满意的结果,而通过缩小提取面积,减少背景 DNA 的干扰,更有可能提取到单一的 DNA,进一步提高分型成功率;采用磁珠法提取 DNA,这种方法提取的 DNA 纯度更高,能有效去除检材中的扩增抑制剂,适合微量、污染、腐败检材的 DNA 提取;此外,通过缩小 PCR 反应体积,相对提高产物浓度,进而提高毛细管凝胶电泳检测的灵敏度。除上述方法外,对于 LT-DNA 的处理与分型,还可通过优化提取方法以提高初始模板量,增加 PCR 循环数以提高扩增产物量,通过全基因组扩增富集模板等。在涉及 LT-DNA 的个体识别中,鉴定人应评估检材实际情况,制定合理的 DNA 处理策略,以提高遗传标记的检出率。

LT-DNA 样本的物证鉴定存在诸多问题:易污染、难提取、难保存,且扩增不均衡易导致等位基因丢失、新增以及非特异性产物增加。因此在实际应用中,对 LT-DNA 的分析需相当谨慎,不可轻易根据分型结果做出排除结论,若条件允许,还应进行重复性实验。

2. 降解检材的鉴定

案例 6

1998 年 10 月,在某钢材市场大门口发现一无名女性死者,尸检判断系机械性窒息死亡。警方对死者进行尸源鉴定,提取血样,使用常规 STR 试剂盒分析,仅检出 11 个常染色体 STR 基因座,推断可能由于死者血液检材已发生降解,导致部分基因座未被检出。后加测 12 个 X 染色体 miniSTR 基因座(扩增子片段为 68~240 bp)与 30 个 InDel 位点(分布于 19 个常染色体,扩增子片段为 70~205 bp),均全部检出分型。

当细胞死亡后,DNA 分子由于各种内源及外源性因素发生降解呈片段化,在后续的 STR 检测中可能出现等位基因扩增不平衡、位点丢失等情况。常规 STR 检测方法的基因座扩增子较长,在上述案例中,使用常规方法未检出预设的所有 STR 基因座,而选用扩增子更短的基因座可全部获得阳性结果。采用短扩增子遗传标记是提高降解检材分型成功率的主要思路,如 miniSTR、SNP、InDel 等基因座。MiniSTR 通过减少重复基序两端的侧翼序列,缩短扩增子长度,有效提高了降解检材 STR 的位点检出率;SNP 在人类基因组中分布广泛、不易突变、多态性强、扩增子更短,尤其适用于降解检材的分析;InDel 兼具 STR 与 SNP 的优点,即扩增子短、突变率低、分型方法简单,可直接通过毛细管凝胶电泳判断。

在疑难生物检材的鉴定中,微量与降解的情况常同时存在,生物检材的采集与保存是物证鉴定的第一项任务,当检材疑似发生降解时,不恰当的采集方法会进一步加重样本的降解,同时增加 PCR 抑制剂的污染。因此,选择合理的检材采集、保存方法并及时送检,制定合适的提取方法与策略,保证 DNA 的完整性,可有效降低复杂环境对检材的不利影响。

3. 混合斑迹的鉴定

案例 7

2014 年 5 月,在某河道相继发现多块人体骨骼,无法确认尸源。2020 年 7 月查明尸源,同时锁定犯罪嫌疑人。办案人员勘查分尸现场,从现场墙壁上发现可疑斑迹,从物证藏匿场所找到嫌疑人寄存的装修工具、床单、衣物等。经过 DNA 提取与 STR 检测,在各物证多处斑迹上检出死者分型,同时在床单多处斑迹上检出死者与嫌疑人混合 STR 分型。办案人员选取了 21 个体液特异性的甲基化位点,设计荧光引物,选取了 6 处斑迹进行 DNA 提取、亚硫酸氢盐转化与甲基化位点检测,其中在床单选取了 4 处斑迹,均检到精液特异性甲基化位点,1 处检到阴道分泌物特异性甲基化位点,至此,嫌疑人尚承认性侵事实。

混合斑迹是较常见的疑难生物检材类型,由不同个体的同类或不同体液或组织混合而成。对混合斑迹的 STR 分型方法与常规检测方法一致,但由于混合成分的复杂性以及混合比例的差异,对分型结果进行拆分和解释具有一定的难度。在案例 7 中,办案人员除了对混合样本进行常规检测,还进行了体液特异性的甲基化位点检测,进一步明确了犯罪事实。

人类基因组 DNA 具有三种较稳定的甲基化模式：高度甲基化状态、持续低甲基化状态与去甲基化状态，通过全基因组甲基化分析发现，基因组中存在大量的组织特异性差异甲基化区域，可用于对组织、体液来源推断。甲基化作为 DNA 水平修饰，稳定性较高，且与 DNA 分型技术兼容，对样本量要求更低；但是，甲基化检测并非是"有"或"无"的结果，因此在处理混合样本时可能受到限制。同时 DNA 甲基化作为表观遗传标记，受环境因素影响较大，因此，组织特异性位点应谨慎选择，严格遵循组织差异性，排除个体差异。

在现场采样过程中，办案人员需酌情考虑遗留斑迹为混合斑的可能性，当发现可疑斑迹时，应辅以各种组织类型的检出试验。准确判断现场体液斑迹的组织来源，能够为确定案件性质、重建犯罪现场提供有力的证据支持。

• 思考题 •

1. 什么是个体识别？
2. 现代法医物证学对生物检材进行个体识别主要经历了哪三个阶段？
3. 简述遗传标记的特定性、稳定性和反映性。
4. 个体识别常见的生物性检材有哪些？
5. 生物检材的包装和保存需要注意哪些方面？
6. 微量 DNA 和降解 DNA 的 STR 图谱特征有哪些？
7. 简述微量 DNA 和降解 DNA 的检测策略。
8. 简述个体识别能力与匹配概率的概念及它们所代表的意义。

参考文献

[1] 侯一平,王保捷,郭大玮,等.法医物证学(供法医学类专业用).3 版.北京：人民卫生出版社,2009.
[2] 朱波峰,郭瑜鑫,李淑瑾,等."法医系谱学瓜熟蒂落"解读.科学通报,2019,64(22)：2274-2278.
[3] 孙启凡,赵蕾,江丽,等.DNA 来源人特征刻画的法庭科学应用研究.刑事技术,2015(3)：232-235.
[4] 潘高峰.生物证据研究.重庆：西南政法大学,2015.
[5] 刘海东,胡兰,侯常永,等.犯罪现场生物检材的发现、提取策略.中国司法鉴定,2009(4)：46-48.
[6] 王国栋,孙洪亮,韩立爽.生物物证检材的发现和提取技术探索.产业与科技论坛,2018,17(17)：71-72.
[7] 施文娟,李少华.浅谈现场微量生物检材的发现、提取.生物技术世界,2015(11)：275.
[8] 司访.生物物证提取和保存中存在的问题及对策.河北公安警察职业学院学报,2019,19(3)：17-19.
[9] 张振华.白银连环杀人案：追凶二十余年.方圆,2019(18)：50-53.
[10] 严江伟,高林林,荆玉婷,等.利用线粒体 DNA 异质性检验碎尸案 1 例.刑事技术,2006(6)：5.

[11] 张浩,秦海燕,杨敏,等.水杯上微量DNA检验破案1例.中国法医学杂志,2018,33(z1):57-58.

[12] 刘亚举,齐孝蕊.降解检材亲缘关系鉴定1例.法医学杂志,2016,32(1):80.

[13] 夏水秀,田欢,董迎春.DNA甲基化推断现场检材组织来源应用1例.中国法医学杂志,2021,36(2):219-220,224.

[14] 侯一平.法医物证学.北京:人民卫生出版社,2016.

[15] 廖旭晖.同一认定特征体系的构建.法制与社会,2014(18):173-174.

[16] 张翠玲,王勇.物证鉴定科学范式转变背景下的同一认定理论.证据科学,2023,31(3):359-371.

[17] 吕泽华.DNA鉴定技术在刑事司法中的运用与规制.北京:中国人民大学,2010.

[18] 孙建兰.我国法医物证鉴定领域标准化问题及对策研究.法制博览,2018(14):137.

[19] 韩宇川.DNA证据的审查与运用.法制与社会,2020(16):84-85.

[20] 盛翔,包云,张家硕,等.InDel遗传标记在法医学领域的研究进展.法医学杂志,2018,34(4):420-427.

[21] 陈峰.DNA微单倍型的研究现状、挑战与展望.南京医科大学学报(自然科学版),2020,40(8):1081-1084.

[22] 丁佩剑,金秀菊,孙宝信.人类单核苷酸多态性研究进展.临床和实验医学杂志,2016,15(12):1235-1238.

[23] 郝金萍.ABO血型快速检验技术在法医学中的应用研究.北京:公安部物证鉴定中心,2016.

[24] 卢因(B. Lewin).基因.北京:科学出版社,1989.

[25] 孟海英,侯一平,陈国弟,等.短串联重复序列在法医学中的应用.法医学杂志,2000(1):55-58.

[26] 顾万春.统计遗传学.北京:科学出版社,2004.

[27] 吴微微,周安居,郝宏蕾,等.用Y-STR单倍型推断男性个体来源的分析.中国法医学杂志,2012,27(4):283-285.

[28] 李华,谢维,谢正怒.犯罪现场血痕勘验.广州市公安管理干部学院学报,2007(4):17-20.

[29] 皮建华,张德明,郭润勋.组织化学方法检测精液斑的应用.四川警官高等专科学校学报,2003(2):15-17.

[30] 李甫,王颖希,焦章平.DNA快速检验在法庭科学中的研究进展.刑事技术,2018,43(4):318-322.

[31] 董倩,李彩霞,赵蕾,等.法医DNA快速检验研究进展.中国测试,2017,43(7):59-65+71.

[32] 林卉,项迎霞,谭方圆.DNA定量技术在死亡时间推断中的应用//法医临床学专业理论与实践——中国法医学会·全国第十八届法医临床学术研讨会论文集.中国法医学会法医临床专业委员会,中国法医学会,2015:2.

[33] 李成涛,林源,柳燕,等.实时DNA定量技术的应用研究.中国司法鉴定,2007(3):28-30.

[34] 李彩霞,胡兰.法医遗传学研究新进展.中国法医学杂志,2013,28(2):126-129.

[35] 程凤,严江伟.二代测序技术在疑难生物检材法医DNA检验的研究进展.生命科学研究,2018,22(6):511-516.

[36] 严安心,涂政,王冲,等.法医DNA遗传分析仪毛细管间信号串扰的研究.刑事技术,2020,45(5):464-467.

[37] 侯一平.第二讲 法医DNA分析的科学证据意义.中国法医学杂志,2001(2):118-120,126.

[38] 李淑华.贵州土家族和仡佬族人群23个常染色体STR基因座遗传多态性及遗传关系分析.遵义：遵义医科大学,2023.

[39] 雷一鸣,郭平,张智杰.浅析似然率在评价DNA证据证明力中的运用.广东公安科技,2020,28(4)：51-53.

[40] 崔伟.多种策略下SNP遗传标记对汉族群体不同层级亲缘关系鉴识的效能评估与亲缘关系预测研究.广州：南方医科大学,2023.

[41] 潘坤鹏.中国汉族人群122个STR基因座序列多态性研究.昆明：昆明医科大学,2023.

[42] Xu S. Genomic dissection of population substructure of Han Chinese and its implication in association studies. American Journal of Human Genetics, 2009, 85(6)：762-774.

[43] Li C, et al., A panel of 74 AISNPs：Improved ancestry inference within Eastern Asia. Forensic Sci Int Genet, 2016, 23：101-110.

[44] He G, et al., Massively parallel sequencing of 165 ancestry-informative SNPs and forensic biogeographical ancestry inference in three southern Chinese Sinitic/Tai-Kadai populations. Forensic Sci Int Genet, 2021, 52：102475.

[45] Ferreira-Silva, B., et al., Contribution to the Development of Guidelines in the Analysis of Biological Evidence in Sexual Assault Investigations. J Forensic Sci, 2019, 64(2)：534-538.

[46] Hughes, D., et al., The impact of substrate characteristics on the collection and persistence of biological materials, and their implications for forensic casework. Forensic Sci Int, 2024, 356：111951.

[47] Phillips, C. The Golden State Killer investigation and the nascent field of forensic genealogy. Forensic Sci Int Genet, 2018, 36：186-188.

[48] Miamoto P, Uehara CJS. Personal identification and missing persons initiatives in Santa Catarina state, Brazil：forensic perspectives from 2019 to 2021. Forensic Sci Res, 2023, 7(4)：590-598.

[49] Tozzo P, Gabbin A, Politi C, et al. Combined Statistical Analyses of Forensic Evidence in Sexual Assault：A Case Report and Brief Review of the Literature. J Forensic Sci, 2020, 65(5)：1767-1773.

[50] Włodarczyk R. Kryminalistyczne slady biologiczne "portretem" sprawców zabójstw i innych przestepstw［Forensic biological traces as a "portrait" of perpetrators of murder and other offences］. Ann Acad Med Stetin, 2007, 53(2)：159-165.

[51] Grover A, Sharma PC. Development and use of molecular markers：past and present. Crit Rev Biotechnol, 2016, 36(2)：290-302.

[52] Devlin B. Forensic inference from genetic markers. Stat Methods Med Res, 1993, 2(3)：241-262.

[53] Butler JM. The future of forensic DNA analysis. Philos Trans R Soc Lond B Biol Sci, 2015, 370(1674)：20140252.

[54] Casillas S, Barbadilla A. Molecular Population Genetics. Genetics, 2017, 205(3)：1003-1035.

[55] Stark AE. Stable populations and Hardy-Weinberg equilibrium. Hereditas, 2023, 160(1)：19.

[56] Hui TJ, Burt A. Estimating linkage disequilibrium from genotypes under Hardy-Weinberg equilibrium. BMC Genet, 2020, 21(1)：21.

[57] Dichio V, Zeng HL, Aurell E. Statistical genetics in and out of quasi-linkage equilibrium. Rep Prog Phys, 2023, 86(5)：052601-052626.

[58] Syndercombe Court D. Mitochondrial DNA in forensic use. Emerg Top Life Sci, 2021, 5(3): 415-426.
[59] Qin J, Fung Y, Lin B. DNA diagnosis by capillary electrophoresis and microfabricated electrophoretic devices. Expert Rev Mol Diagn, 2003, 3(3): 387.

第三章 亲子鉴定

第一节 亲子鉴定回顾与展望

亲子鉴定也称亲权鉴定(identification in disputed paternity),是指应用医学、生物学和遗传学等自然科学的理论和技术,主要通过人类遗传标记的检测及依据遗传学理论的分析,对有争议的父母与子女之间是否存在生物学亲缘关系进行判定的科学工作。亲子鉴定最常见的一种类型是父子关系确定,要求判断有争议男子,或争议父亲、假设父亲、被控父亲(alleged father, AF)与子女之间是否存在生物学亲缘关系,也称为父权鉴定(paternity testing)。在一些案件中,也需要对是否存在母子关系进行鉴定。同理,需要确定与孩子间有无亲子关系的女子称为有争议母亲,或假设母亲、被控母亲(alleged mother, AM)。在一些特殊亲子鉴定案件中,由于在进行鉴定前可能无法获知被控父亲与被控母亲真实身份,在鉴定过程中需要结合不同的方法进行判定。亲子鉴定作为法医物证学的主要任务之一,不仅为刑事案件的侦查审判、民事诉讼案件的审理提供科学证据,也为行政法规的贯彻实施提供有效保障。

一、亲子鉴定的方法发展

早在我国南宋时期,在宋慈编著的《洗冤集录》中就记述了"滴血入水辨认亲子、兄弟"的方法。我国古代有关判定血缘关系的记载,其检验方法虽然不科学,但具有启蒙意义,是现代血清学和遗传学的思想萌芽和科学先声。随着20世纪初的孟德尔定律的重新发现,遗传的规律逐渐被阐明。在1900年,奥地利科学家Landsteiner发现了ABO血型,ABO血型系统成了第一个在法庭上使用的遗传学证据。遗传标记在亲子鉴定中的应用,开启了亲子鉴定工作的科学证据时代。由于检测技术的限制,早期的亲子鉴定工作主要依赖于血液的血型、血清型及酶型等,可以认为这一时期的亲子鉴定工作是遗传血清学时期。

自DNA被证实为遗传物质和DNA双螺旋结构被发现后,DNA的分析操作技术得到了快速发展,如DNA限制性剪切、DNA连接、DNA扩增、DNA探针杂交等,这些技术的发展为DNA的法医物证学应用提供了先决条件。1985年,英国科学家Jeffreys以小卫星DNA的串联重复序列单链作为探针进行DNA杂交分析,首次获得了个体的DNA分型图谱。由于个体基因组间的序列和长度差异,基于RFLP分析的DNA分型技术获得的个体DNA分型图谱具有高度的个体特异性,类似于人类的指纹,故这种DNA分型图谱也称为DNA指纹。DNA指纹技术及结合遗传学规律的分析随后被应用到亲子鉴定中,处理的第一个亲子鉴定为著名的加纳儿童移民案件。可以说,DNA指纹技术在亲子鉴定中的应用,标志着亲子鉴定工作进入了DNA分析时代。

相比小卫星DNA的可变数量串联重复序列(VNTR),微卫星DNA的短串联重复序列(STR)的重复单元更短,重复次数更少,这使得STR基因座更易于检测分析。随着PCR技术的成熟,STR分型发展成为了第二代法医DNA分型技术。该分型技术不仅实现了法医物证检验的高准确性,也为法医 DNA 分型技术的标准化铺平了道路。这种基于毛细管电泳分析的 PCR-STR 分型技术克服了 DNA 指纹技术对基因组 DNA 的质和量要求高的困难,也具备更高的分辨能力。随着毛细管电泳技术和复合扩增分型技术的发展,单次检测的 STR 遗传标记数量不断增多,使得亲子鉴定工作的精准性和简便性不断增强。

二、亲子鉴定的未来展望

亲子鉴定是基于父代与子代的基因分型,根据遗传学规律、群体遗传学特征、统计学模型等,判定父代与子代间的生物学亲子关系的工作。在大多数存在生物学亲缘关系的亲子鉴定案件中,父代与子代的 STR 基因座分型均能符合遗传学规律。然而,基因组 DNA 的稀有变异常有发生,这可能导致 STR 基因座的分型出现异常,如等位基因丢失、三带型等,这些 STR 分型的异常现象给亲子鉴定中的证据权重评估带来了一定的困难。另一方面,由于稀有变异的发生,通过不同 STR 分型试剂盒获得的分型在个别 STR 基因座中可能存在不一致现象。一些特殊案件,如涉及病理组织的亲子鉴定案件、存在嵌合体现象的亲子鉴定案件等,目前仍缺乏相应的证据权重评估方法。对于这些稀有的遗传变异或涉及特殊检材的案件,发展适合的证据权重评估方法、制定鉴定的规范或标准,将是亲子鉴定工作今后努力的一个方向。

亲子鉴定在一些民事案件、刑事案件和行政事务等工作中具有不可或缺的价值。近年来,涉及疑难生物检材,如微量生物检材、降解生物检材等的亲子鉴定工作也时常出现,给现有的 STR 分型技术带来了挑战。STR 的扩增子一般较长,在涉及陈旧检材、骨骼、牙齿等降解生物检材的亲子鉴定中,长扩增子的 STR 等位基因通常出现扩增失败现象。发展适合疑难生物检材 DNA 分型的新方法、新技术,是目前研究的热点,也是难点。同时,建立相应的技术规范和标准可以使得亲子鉴定工作更规范化、标准化,在我国法治建设过程中发挥更好的作用。

第二节 亲子鉴定基本原理

亲子关系可以依据非遗传特征和遗传特征等两大类的指标进行鉴定。非遗传特征包括妊娠期限、生育能力等;如根据妊娠期限推测受精日期,若能证明受精期内,争议父亲不可能与小孩生母发生性关系,则可排除 AF 的父权。遗传特征是受遗传控制、能够传给子代的遗传性状,包括形态特征、生理特征和代谢特征等。在遗传检测分析中,把具有可遗传性和可识别性属性的染色体、DNA 片段、表达产物、遗传性状等标记称为遗传标记(genetic marker)。如根据争议父亲的血型,在排除突变等情况下 AF 不能通过遗传形成孩子的血型时,则可排除 AF 的父权。

一、遗传原理

父母将自己的遗传物质传递给子代,不同类型遗传标记的遗传方式存在差异。常染色体上独立遗传的遗传标记遵循孟德尔遗传定律。孟德尔定律包括分离定律和自由组合定律,也称为孟德尔第一定律和第二定律。

孟德尔分离定律(law of segregation)是指一个基因座上的两个等位基因在形成配子时彼此分离,并独立地分配到不同的配子中。以 ABO 血型为例,当父亲是 A 型(基因型可以为 AA

型或 AO 型,以 AO 型为例),母亲是 AB 型(基因型是 AB 型)时,父亲的等位基因 A 和 O,母亲的等位基因 A 和 B 分别独立地传递给子代(表 3-1)。

表 3-1 亲代与子代的基因型与表型关系

	父		母	
表型	A		AB	
基因型	AO		AB	
等位基因	A	O	A	B
子代基因型	AA	AB	AO	BO
子代表型	A	AB	A	B

孟德尔自由组合定律(law of independent assortment)是指非同源染色体上的非等位基因在配子形成时自由、随机地组合进入配子中。如决定 ABO 基因座定位于染色体 9q34,决定 MN 血型系统的血型糖蛋白 A 基因定位于染色体 4q31,假如父亲的血型为 AB 型和 MN 血型,则配子有 A-M、A-N、B-M、B-N 共四种组合。

男性性染色体组成为 XY,女性为 XX。Y 染色体为男性所特有,其非重组区以单倍型的方式从父亲传递给儿子,即男性伴性遗传。因此,在一个男性家系中,所有男性个体拥有相同的 Y 染色体非重组区(突变除外),这使得 Y 染色体遗传标记在男性家系排查中具有重要意义。对于 X 染色体来说,男性携带的 X 染色体以单倍型的方式传递给女儿,女性的 X 染色体以与常染色体相同的方式传递给子女。X 染色体这种特殊的遗传方式使得 X 染色体遗传标记在一些特殊的亲缘关系鉴定案件中具有重要价值,如祖母与孙女的鉴定、同父的半同胞姐妹鉴定等。

线粒体 DNA(mitochondrial DNA,mtDNA)是人类唯一的核外基因组 DNA,不存在重组和交换,以单倍型的方式向下遗传。母亲将 mtDNA 遗传给其所有的子女,故同一母系后代的 mtDNA 在排除突变的情况下是相同的,这使得 mtDNA 在同一母系的亲缘关系鉴定中具有重要意义。

二、遗传标记

通常用于亲子鉴定的遗传标记,应该是一种简单的遗传性状,经过家系调查已确定其遗传方式符合孟德尔遗传定律,群体调查证明其具有遗传多态性,具有比较高的排除非亲生父亲的能力。在出生时,该遗传标记已完全表现,并且保持终生不变,不受年龄、疾病及其他环境因素的影响。随着分子生物学技术的发展,STR 遗传标记已广泛用于法医学实践中。此外,Y 染色体 DNA 遗传标记和线粒体 DNA 多态性也常应用于辅助亲子鉴定。

检测遗传标记需用标准化方法,标准化的必备条件为:① 基因座名称、染色体定位以及相关特征已有文献报道;② 已完成种属特异性、灵敏性、稳定性等研究;③ 有可供使用的群体遗传数据,包括相关人群的等位基因频率或单倍型频率;④ 用于亲子鉴定的分型方法与用于获得群体遗传数据的实验方法完全相同。

三、遗传标记亲子鉴定效能的评估

亲子鉴定主要依赖于遗传标记的检测和依据遗传学理论的分析。遗传标记在亲子鉴定中的效能有大小之分,其效能可以通过非父排除概率(probability of exclusion,PE)来评估。非父排除概率指不是小孩生父的男子(以下简称非父)能被遗传标记排除的概率。不是小孩生父的男子被误认为生父时,理论上可以根据遗传标记的 DNA 分型予以否定。但在遗传标记的鉴别能力较差时,无血缘关系的男子与小孩的遗传标记分型可能因为偶然因素符合遗传规律,因而不能否定他与孩子的亲子关系。例如,单独使用一个血型时,有时不能提供排除的信息。假设母亲和孩子都为 B 型,则 A、B、O 和 AB 四种表型的男子都不能被排除,为此需要检查更多的遗传标记。对孩子的生父来说,不论检查多少遗传标记,都不可能找到排除他与孩子有亲子关系的证据;而对于不是孩子生父的男子,随着所检测遗传标记的增加,其被排除的概率会更大。不同遗传标记的多态性程度不同,无关男子因偶然机会不能被排除的概率也有高有低,因此有必要知道对于不是小孩生父而被控为生父的男子,应用某种遗传标记检测有多大的可能性能被排除父权。这就是通常所说的父权排除概率,确切地说是非父排除概率,它是衡量遗传标记系统在亲子鉴定中实用价值大小的指标。

1. 排除概率计算原理

排除概率的大小取决于遗传方式和群体基因频率。现以 MN 血型为例说明排除概率的计算原理。设 M 和 N 基因频率分别为 p 和 q,在 Hardy – Weinberg 平衡状态下,群体中基因频率和基因型频率保持世代不变,下列表达式反映了群体中基因频率和基因型频率的数学关系。

$$(p + q)^2 = p^2 + 2pq + q^2$$

其中,纯合子基因型频率为 p^2 或 q^2,杂合子基因型频率为 $2pq$。对于共显性的 MN 血型,表型 M、N 和 MN 的频率分别也为 p^2、q^2 和 $2pq$。依据母和子表型的各种可能组合频率,算得每种组合中孩子表型的相对比例以及非父被排除的相对概率,可求得 MN 血型系统的排除概率为 $pq(1 - pq)$。具体计算见表 3 – 2。

表 3 – 2 MN 血型系统的排除概率计算

母亲表型	频率	孩子表型	相对概率	非父表型	相对概率	排除概率
M	p^2	M	p	N	q^2	p^3q^2
	p^2	MN	q	M	p^2	p^4q
N	q^2	N	q	M	p^2	p^2q^3
	q^2	MN	p	N	q^2	pq^4
MN	$2pq$	M	$p/2$	N	q^2	p^2q^3
	$2pq$	N	$q/2$	M	p^2	p^3q^2
	$2pq$	MN	/	/	/	/
合计						$pq(1 - pq)$

排除概率依据遗传标记系统是否为显隐性或共显性遗传方式有不同的计算方法。按上述 MN 血型的计算原理,可以得出各种遗传方式的遗传标记排除概率的公式。目前常用的 DNA 遗传标记,如 STR,其一个基因座具有多个等位基因,并且均为显性。在 AF、母与子的亲子鉴定案件中,设一个遗传标记的等位基因个数为 n,p_i 代表群体中第 i 个等位基因的频率,p_j 代表群体中第 j 个等位基因的频率,并且等位基因 i 不等于等位基因 j,则排除概率为

$$PE = \sum_{i=1}^{n} p_i(1-p_i)^2 - \frac{1}{2}\sum_{i=1}^{n-1}\sum_{j=i+1}^{n} p_i^2 p_j^2 (4 - 3p_i - 3p_j)$$

在仅有 AF 与孩子或 AM 与孩子的二联体亲子鉴定中,由于缺乏父母一方的遗传信息,非父排除概率的计算方式有所不同。计算公式为

$$PE = \sum_{i=1}^{n} p_i^2(1-p_i)^2 - \sum_{i=1}^{n-1}\sum_{j=i+1}^{n} 2p_i p_j (1 - p_i - p_j)^2$$

2. 累积非父排除概率

上述各种计算非父排除概率的公式是对于某一个基因座而言的。既然亲权鉴定不止使用一个基因座,有必要知道对于不是小孩生父的男子所使用的全部遗传标记,否定父权,即累积非父排除概率(cumulative probability of exclusion, CPE)。在一个遗传标记系统中,若每个遗传标记是相互独立的,一个无关男子不能被多个遗传标记排除的概率则可由单个遗传标记不能排除的概率累积计算求得。具体地说,一个无关男子不能被一个遗传标记排除的概率与该男子不能被另一个遗传标记排除的概率的累积,符合概率乘法定律,即独立事件同时发生的概率等于独立事件的概率乘积。每个血型或遗传标记系统不能排除父权的机会分别为 $1 - PE_1$、$1 - PE_2$、$1 - PE_3$、…、$1 - PE_n$,求其乘积即得累积不能排除概率。用 1 减去累积不能排除概率,即得排除无关男子的累积概率。因此,累积非父排除概率计算公式为

$$CPE = 1 - (1 - PE_1)(1 - PE_2)(1 - PE_3)\cdots(1 - PE_n) = 1 - \prod_{i=1}^{n}(1 - PE_i)$$

式中,PE_i 为第 i 个遗传标记的 PE 值。检查多种遗传标记,按各种遗传标记的遗传方式求出 PE 值后,再按公式求出 CPE 值。表 3-3 以成都汉族群体为例,给出了常用的 13 个 STR 基因座的累积非父排除概率计算实例。

表 3-3 汉族群体 STR 非父排除概率

基因座	排除概率	累积排除概率
TPOX	0.302	0.302
D3S1358	0.510	0.658 0
FGA	0.635	0.875 16
D5S818	0.683	0.960 427
CSF1PO	0.413	0.976 770 4
D7S820	0.445	0.987 107 57
D8S1179	0.685	0.995 938 885
TH01	0.326	0.997 262 808
VWA	0.540	0.998 740 892
D13S317	0.593	0.999 487 543
D16S539	0.409	0.999 697 137
D18S51	0.667	0.999 899 146
D21S11	0.667	0.999 966 415

由表 3-3 可见,在由母亲、孩子与非生物学父亲构成的三联体亲子鉴定中,TPOX 基因座理论上可将非生物学父亲男子排除的概率为 30.2%,D3S1358 排除父权的概率为 51.0%,FGA 排除父权的概率为 63.5%。一般来说,基因座多态性程度越高,非父排除概率就越高,排除非生物学父亲的能力就越强。TPOX、D3S1358、FGA 三个 STR 系统累积否定父权机会的计算方法:设 PE_1、PE_2、PE_3 分别代表 TPOX、D3S1358、FGA 三个 STR 系统的否定父权机会,则:

$$CPE = 1 - (1 - PE_1)(1 - PE_2)(1 - PE_3)$$
$$= 1 - (1 - 0.302)(1 - 0.510)(1 - 0.635)$$
$$= 0.875\ 2$$

上述结果表明,所用遗传标记数目越多,累积非父排除概率越高,鉴定能力就越强。一般来说,在常规亲子鉴定中,鉴定标记系统的累积非父排除概率应大于 0.999 9。

在仅有 AF 与孩子或 AM 与孩子的二联体亲子鉴定中,由于缺乏一方的遗传信息,基因座的非父排除概率要小于其在三联体亲子鉴定中的非父排除概率。表 3-4 以广东汉族群体为例,给出了 15 个 STR 基因座在二联体亲子鉴定中的非父排除概率。从表中可以看出,由于缺乏一方信息,累积非父排除概率达到 0.999 9 以上,则需要更多的基因座。

表 3-4　广东汉族群体 15 个 STR 基因座的单亲鉴定排除概率

基因座	排除概率	累积排除概率
D3S1358	0.307 2	0.307 2
TH01	0.285 1	0.504 717
D21S11	0.475 5	0.740 224
D18S51	0.560 0	0.885 699
PentaE	0.695 5	0.965 195
D5S818	0.402 5	0.979 204
D13S317	0.410 4	0.987 739
D7S820	0.377 5	0.992 367
D16S539	0.395 6	0.995 387
CSF1PO	0.326 0	0.996 891
PentaD	0.440 0	0.998 259
vWA	0.420 2	0.998 990
D8S1179	0.536 0	0.999 532
TPOX	0.193 9	0.999 622
FGA	0.575 4	0.999 840

四、证据强度的评估方法

在一个遵循孟德尔遗传定律的双等位基因遗传标记系统中,符合和不符合亲子遗传规律的各种情形如表 3-5 所示。在一个家庭中,遗传规律可概括为:① 孩子不可能带有双亲均无的等位基因;② 孩子必定得到双亲每一方的一对等位基因中的一个;③ 除了在双亲带有相同等位基因(如 A)的情况下,孩子不可能带有两个相同等位基因(AA);④ 某个基因在双亲中的一方或双方为纯合子时(AA),必定要在孩子中表现出来(A)。双等位基因遗传标记亲子鉴定的基本遗传原理可以推广到多个等位基因的遗传标记,如 STR 遗传标记系统。

表 3-5 符合和不符合亲子遗传规律的情形

母 亲	孩 子	符合亲子遗传规律 AF	不符合亲子遗传规律 AF
AA	AA	AA 或 Aa	aa
AA	Aa	Aa 或 Aa	AA
Aa	AA	AA 或 Aa	aa
Aa	Aa	AA 或 Aa 或 aa	—
Aa	aa	Aa 或 aa	AA
aa	Aa	AA 或 Aa	aa
aa	aa	Aa 或 aa	AA

因此,亲子鉴定的基本原理有以下两点:① 排除突变在肯定孩子的某个等位基因是来自生父,而 AF 并不带有这个基因的情况下,可以排除他是孩子的生父。显然,检查的遗传标记越多,非生物学父亲被排除的概率就越大。② 在肯定孩子的某些等位基因是来自生父,而 AF 也带有这些等位基因的情况下,不能排除他是孩子的生父。这时可以计算如果判断其是孩子的生父,理论上把握度究竟有多大。在亲子鉴定中,一般通过计算父权指数、父权概率等参数定量评估证据的强度,以判断是否具有亲权关系。

1. 父权指数

父权指数(paternity index, PI)是亲子关系鉴定中判断遗传证据强度的指标,也可以称为亲权指数。它是判断亲子关系所需的两个条件概率的似然比,即具有 AF 遗传表型的男子是孩子生物学父亲的概率(X)与随机男子是孩子生物学父亲的概率(Y)的比值。由下列公式计算:

$$PI = \frac{X}{Y}$$

式中,X 表示 AF 是孩子生物学父亲的概率,Y 表示随机男子是孩子生物学父亲的概率。根据母子表型,可以排列出母子各种可能的等位基因组合,并进一步推测出必定来自生父的等位基因,这个基因称为生父基因。根据 AF 的表型,可以推测出他是否带有生父基因以及传递各种可能的生父基因的概率 X。同时,可以根据生父基因计算出随机男子由于偶然机会成为孩子生物学父亲的概率 Y。随着共显性多等位基因遗传标记(如 STR)的广泛使用,即使没有检测母亲时,在不能排除受检者与孩子有父子关系时也可计算亲权指数。

因此,可以把亲子鉴定所要解决的问题,归结为两个对立统计假设的决策问题。例如某个母亲指认某男子是她孩子的生父,这里就会出现相互对立的两种假设:

H_p: AF 是孩子的生父。

H_d: AF 不是孩子的生父,其他不相关男子是孩子的生父。

H_p 又称原告假设，H_d 又称被告假设。亲子鉴定是要根据样本分型结果来推断究竟是 H_p 成立，还是 H_d 成立。要进行推断就得建立一个决策规则，统计学常用的决策方法是似然比方法，而父权指数 $PI = X/Y$ 正是一个似然比。以 E 代表观察到的情况，即母、子、AF 三人的遗传标记检测结果。用竖线分开条件与事件，竖线右边为条件，左边为事件。条件概率 $Pr(E|H_p)$ 和 $Pr(E|H_d)$ 分别代表在假设 H_p 和假设 H_d 条件下证据成立的概率，则似然率可写为

$$PI = \frac{X}{Y} = \frac{Pr(E|H_p)}{Pr(E|H_d)}$$

设 $E = \{C, M, A\}$，代表子、母、AF 三人的遗传标记检测结果。其中 C = 孩子的基因型，M = 母亲的基因型，A = AF 的基因型。用 $A = F$ 表示 AF 的确是孩子的生父。所以有：

$$PI = \frac{Pr(E|H_p)}{Pr(E|H_d)} = \frac{Pr(C, M, A | AF\text{ 是孩子生父})}{Pr(C, M, A | AF\text{ 不是孩子生父})}$$

公式中的分子 $Pr(C, M, A | AF\text{ 是孩子的生父}) = Pr(A)Pr(M)Pr(C|M, A = F)$。由于婚配是随机的，故 M 与 A 独立。分母 $Pr(C, M, A | AF\text{ 不是孩子的生父}) = Pr(A)Pr(M)Pr(C|M)$。因为在 AF 不是孩子生父的情况下，他是随机人群中抽取的，故 A 与 C、M 独立。所以有：

$$PI = \frac{Pr(A)Pr(M)Pr(C|M, A = F)}{Pr(A)Pr(M)Pr(C|M)} = \frac{Pr(C|M, A = F)}{Pr(C|M)}$$

PI 回答了面对母、子、AF 三人的遗传标记检测结果，如果一定要在两个互不相容的条件（H_p 和 H_d）中找一个引起现象的原因，应该选择使观察事件发生的可能性大的那个条件，因此根据 $Pr(E|H_p)/Pr(E|H_d) = X/Y$ 的大小来决定 H_p 是否成立。PI 值大于 1 表示倾向于认同父子关系，其理论值可接近无穷大。PI 小于 1 表示倾向于排除父子关系。

需要强调的是，亲子鉴定用于计算 PI 的母、子、AF 三人的遗传标记检测结果是基于遗传标记不能排除亲子关系的结果。鉴定中使用的全套遗传标记系统的效能，即多个遗传标记系统的累积非父排除率足够高是使用 PI 进行统计决策的前提。不考虑系统效能，仅靠 PI 值这一单一指标进行统计决策是不可靠的。

2. 父权的相对机会

父权指数是两个条件概率的比值，它的一个条件概率可以按 Bayes 定理换算成另一个条件概率，从而引出另一个参数，称为父权相对机会（relative chance of paternity，RCP）或父权概率（probability of paternity），后者常简写为 W。父权相对机会代表了判断 AF 是孩子生父的把握度大小。

在构成父权指数的两个条件概率中，需要把条件概率 $Pr(E|H_p)$ 换算成另一种条件概率 $Pr(H_p|E)$。条件概率 $Pr(E|H_p)$ 表示以 AF 是孩子的生父为条件时，获得观察到的情况 E，即母、子、AF 三人的遗传标记检测结果的概率。而条件概率 $Pr(H_p|E)$ 表示在母、子、AF 三人的遗传标记检测结果的条件下，AF 的确是孩子生父的概率。显然，后者正是亲子关系概率。把一种条件概率换算成另一种条件概率最常用的方法是 Bayes 法。因此有：

$$Pr(H_p | E) = \frac{Pr(H_p)Pr(E|H_p)}{Pr(H_p)Pr(E|H_p) + Pr(H_d)Pr(E|H_d)}$$

分子分母同除以 $Pr(H_p)Pr(E|H_d)$，又因 $Pr(E|H_p)/Pr(E|H_d) = X/Y$，所以：

$$Pr(H_p \mid E) = \frac{\dfrac{X}{Y}}{\dfrac{X}{Y} + \dfrac{Pr(H_d)}{Pr(H_p)}}$$

式中,$Pr(H_p)$ 和 $Pr(H_d)$ 分别代表 AF 的确是孩子生父的前概率和 AF 不是孩子生父的前概率。由于对 H_p 与 H_d 成立与否在受理鉴定前可能一无所知,通常假定 $Pr(H_p) = Pr(H_d) = 0.5$,表示从非遗传标记估计 AF 是孩子的生父或不是孩子的生父机会均等。所以:

$$Pr(H_p \mid E) = \frac{PI}{PI + 1} = W = RCP$$

例如某亲子鉴定案件中的父权指数计算值为 2 497,在前概率相同的条件下,则:

$$RCP = \frac{PI}{PI + 1} = \frac{2\ 497}{2\ 497 + 1} \times 100\% = 99.96\%$$

多个遗传标记用于亲子鉴定时,若父权不能否定,由每一个遗传标记获得的父权指数需单独计算。设每个遗传标记的父权指数分别为 PI_1,PI_2,$PI_3 \cdots PI_n$。n 个遗传标记的父权指数相乘则为累积父权指数(combined paternity index,CPI),由此再计算 RCP。计算公式为

$$RCP = \frac{CPI}{CPI + 1}$$

要注意的是,使用乘法原则计算 CPI 得出 RCP 时,需要保证所应用的遗传标记在遗传上是相互独立的。

第三节 亲子鉴定标准

在亲子鉴定中,常见的一种类型是母子关系确定的情况下要求判断争议男子与孩子之间是否存在生物学亲缘关系的鉴定,即三联体亲子鉴定。在一些案件中,缺少母亲或父亲的遗传信息,要求鉴定争议男子或女子与孩子之间是否存在生物学亲缘关系,这种类型为二联体亲子鉴定,也称为单亲亲子鉴定。由于孩子的常染色体遗传标记的等位基因有一半分别来自父母双方,当被检者带有孩子生父或生母所应有的等位基因时不能排除被检者与孩子有父子或母子关系,则倾向于认同被检者与孩子有亲子关系。肯定结论的可靠性取决于所检测遗传标记的数量以及具体遗传标记的鉴定效能。判定父权的方法有多种,目前国内外大多数是根据被检者与孩子的 DNA 分型结果进行评估。

一、三联体亲子鉴定

在三联体亲子鉴定中,通常母子关系明确,需要判定 AF 是否是孩子生父,较少情况下是父子关系明确而需要判定 AM 是否是孩子生母。

1. 三联体亲权指数的计算

在母、子与 AF 的亲子鉴定中,由于母亲的遗传信息能够明确,因此,计算亲权指数时基于两种假设的前提:

H_p：孩子是 AF 与孩子生母所生，AF 是孩子的生父
H_d：孩子是随机男子与孩子生母所生，AF 不是孩子的生父
所以，

$$PI = \frac{Pr(E \mid H_p)}{Pr(E \mid H_d)}$$

根据上述 PI 计算模型，可以计算每一个遗传标记的 PI 值，然后根据累积亲权指数综合 CPI。

例1：检测遗传标记结果，AF 表型为 P，孩子的表型为 P，母亲的表型为 PQ。以 p 为 P 基因频率，q 为 Q 基因频率，则：

X = AF 提供 P 基因概率×母亲提供 P 基因概率 = 1×0.5 = 0.5

Y = 随机男子提供 P 基因概率×母亲提供 P 基因概率 = p×0.5 = 0.5p

所以，PI = X/Y = 0.5/0.5p = 1/p

例2：检测遗传标记结果，AF 表型为 P，孩子的表型为 PQ，母亲的表型为 PQ。以 p 为 P 基因频率，q 为 Q 基因频率，则：

X = 母亲提供 Q 基因概率 × AF 提供 P 基因概率 = 0.5 × 1 = 0.5

Y = 母亲提供 Q 基因概率 × 随机男子提供 P 基因概率 + 母亲提供 P 基因概率 × 随机男子提供 Q 基因概率 = 0.5 × p + 0.5 × q = 0.5 × (p + q)

所以，PI = X/Y = 0.5/[0.5×(p+q)] = 1/(p+q)

在一些案例中，母亲与随机男子有两种或两种以上的基因组合方式，则 Y 值应是几个独立结合概率之和。同样道理，如果母亲与 AF 的基因有两种或两种以上的组合方式，则 X 值应是几种独立结合概率之和。为了确保法医亲子鉴定的可靠性，使之规范化、科学化和标准化，国内目前已有法医亲子鉴定标准。表 3-6 给出了包括 STR 在内的共显性遗传标记的亲权指数的计算方法。

表 3-6 共显性遗传标记的亲权指数计算公式

母 亲	孩 子	AF	PI
pq	q	q	1/q
p 或 pr	pq	q	1/q
q	q	q	1/q
p 或 pr 或 ps	pq	qr（或 pq）	1/2q
pq	q	qr（或 pq）	1/2q
q	q	qr	1/2q
pq	pq	pq	1/(p+q)
pq	pq	q	1/(p+q)
pq	pq	qr	1/(2p+2q)

表 3-7 给出了一例三联体亲子鉴定 PI 值与 RCP 计算的结果。需要指出的是，在计算亲权指数的 Bayes 公式中含有以非遗传标记估计亲子关系的概率，这种估计称为前概率。式中

$Pr(H_p) = P(H_d) = 0.5$ 时,表示从非遗传标记估计 AF 是孩子的生父或不是孩子的生父机会均等。在此前提下才有 $RCP = PI/(PI + 1)$。

表 3-7 累计父权指数与 RCP 计算

遗传标记	母 亲	孩 子	AF	PI
TH01	9, 10	9, 10	9, 10	0.890 4
VWA	16, 18	16, 17	17	3.311 3
D13S317	8, 11	8, 10	10, 12	2.026 3
FES	11	11, 13	11, 13	2.688 2
D3S1358	12, 13	11, 13	11, 12	5.252 1
D8S1179	14, 15	15, 18	13, 18	12.626 3
D21S11	21, 25	24, 25	22, 24	2.515 7
D16S539	7~11	7~12	8~12	4.231 5
D5S818	8~10	8~9	7~9	2.354 5
D7S820	7	6~7	6~10	3.332 4
D18S51	15	15~16	13~16	8.826 7
FGA	20~24	18~20	18~22	8.927 8
CSF1PO	9~11	10~11	10~13	4.565 7
TPOX	7~10	7~9	6~9	7.789 6
D1S1676	13~17	13~15	12~15	6.435 6
CPE>0.999 5	CPI = 1 604 432 675			RCP>0.999 9

假设根据案情调查认为 AF 大约有 80% 的可能性是孩子的生父,即 $Pr(H_p) = 0.8$。此时,需要对上述的亲权指数计算方法进行修正。如遗传标记鉴定求得 $PI = 62, W = 0.984$,把这两方面情况合并考虑,则:

$$Pr(H_p \mid E) = \frac{\frac{X}{Y}}{\frac{X}{Y} + \frac{Pr(H_d)}{Pr(H_p)}} = \frac{PI}{PI + \frac{Pr(H_d)}{Pr(H_p)}} = \frac{62}{62 + \frac{1-0.8}{0.8}} = 0.996$$

由此可以看出,对肯定结论的把握度可得到提高;反之,如果 $Pr(H_p)$ 小于 0.5,W 值以及对肯定结论的把握度会降低。

2. 三联体亲子鉴定的判定标准

在进行三联体亲子鉴定时,实验使用的遗传标记累积非父排除概率应大于 0.999 9。在获得所有单个遗传标记的父权指数后,根据乘法法则计算累积父权指数。

当累计父权指数小于 0.000 1 时,支持被检测男子不是孩子生物学父亲的假设。鉴定意见可表述为:排除被检测男子是孩子的生物学父亲,从遗传学角度已经得到科学合理的确信。当累计父权指数大于 10 000 时,支持被检测男子是孩子生物学父亲的假设。鉴定意见可表述为：支持被检测男子是孩子的生物学父亲，从遗传学角度已经得到科学合理的确信。累计父权指数大于 0.000 1 而小于 10 000 时，应当通过增加检测的遗传标记来达到判定要求。

为了避免潜在突变的影响，任何情况下都不能仅根据一个遗传标记不符合遗传规律就排除父权。检测的遗传标记均需计算父权指数，包括符合和不符合遗传规律的遗传标记。任何情况下都不能为了获得较高的父权指数而将检测到的不符合遗传规律的遗传标记删除。

二、二联体亲子鉴定

在一些特殊的情况下，孩子的父亲或母亲不能参与检测，只检验父子或母子，即二联体亲子鉴定。被控父 AF（或被控母 AM）的一对等位基因与孩子的一对等位基因完全不同，在排除突变的情况下则可排除他们之间有亲生关系。AF（或 AM）与孩子有相同等位基因时，他们之间可能有亲生关系，可以通过计算亲权指数和亲权相对机会对亲生关系可能性的大小作出定量的估计。在二联体亲子鉴定中，鉴定标记系统的非父排除概率与三联体的计算方法不同，在实践操作过程中应加以注意。

1. 二联体亲子鉴定的亲权指数计算

由于双亲中只有一方的遗传信息能够明确，因此，计算亲权指数时可以基于两种假设的前提：

H_p：孩子是 AF 与孩子潜在生母所生，AF 是孩子的生父

H_d：孩子是随机男子与孩子潜在生母所生，AF 不是孩子的生父

根据 PI 计算原则，将没有参加检验的母亲（或父亲）作随机个体考虑进行计算。两个检验假设与三联体鉴定时相同。即 X 为 AF 提供生父基因和随机母提供生母基因产生孩子的机会，Y 为随机父和随机母产生孩子的机会，即人群中孩子表型的频率。在绝大多数基因组合的情况下，单亲亲子鉴定的 PI 值较三联体的 PI 值小。AM 与孩子进行单亲亲子鉴定时，亲权指数采用相同的方法计算。

例 1：检测遗传标记结果，AF 表型为 PQ 型，子表型为 P 型。以 p、q 分别为 P、Q 基因频率。

X = AF 提供 P 基因概率 × 随机母提供 P 基因概率 = $0.5p$

Y = 随机男子提供 P 基因概率 × 随机女子提供 P 基因概率 = p^2

所以，$PI = 0.5p/p^2 = 0.5/p$

例 2：检测遗传标记结果，AF 与子表型均为 PQ 型。以 p、q 分别为 P、Q 基因频率。

X = AF 提供 P 基因概率 × 随机母提供 Q 基因概率 + AF 提供 Q 基因概率 × 随机母提供 P 基因概率 = $0.5q + 0.5p = 0.5(p+q)$

Y = 人群中 PQ 表型频率 = $2pq$

所以，$PI = (p+q)/(4pq)$

从上述计算中可以看出，二联体 PI 计算式为 $1/p$、$1/(2p)$、$1/(4p)$、$(p+q)/4pq$ 四种。复等位共显性遗传标记单亲亲子鉴定 PI 计算式见表 3-8。

表 3-8 二联体的共显性遗传标记亲权指数计算

孩子基因型	争议父（母）基因型	亲 权 指 数
P	P	$1/p$
PQ	P	$1/2p$

续 表

孩子基因型	争议父(母)基因型	亲权指数
P	PQ	$1/2p$
PQ	PQ	$(p+q)/4pq$
PQ	PR	$1/4p$

2. 单亲亲子鉴定的特点

单亲亲子鉴定由于缺少亲代一方的遗传信息,非父排除概率降低,计算的父权指数一般也较三联体检验的低。为了达到目前法医亲子鉴定的标准:实验使用的遗传标记累积排除概率应等于或大于 0.999 9、累计父权指数大于 10 000,往往需要检测较三联体检验更多的基因座数目。在一些单亲亲子鉴定案件中,可以通过检测 Y 染色体遗传标记和/或线粒体 DNA 遗传标记提高鉴定意见的把握度。

Y 染色体遗传标记为父系遗传,在父子单亲鉴定中有特殊意义。如 AF 与男孩的 Y-STR 分型不同,在排除突变的情况下可直接否定父子关系。如果与 Y-STR 分型相同,可能有亲生关系,其 $PI=1/Y-STR$ 单倍型的人群频率。由于男性个体均有相同的 Y-STR 单倍型,故在兄弟两人或叔侄之间确定谁是生父时,检验 Y-STR 的价值有限。

线粒体 DNA 的母系遗传特征使其在 AM 与孩子的单亲鉴定中有较大应用价值。当母子之间 mtDNA 序列不同时,在排除突变和异质性的情况下可否定母子关系;有相同 mtDNA 序列时,则可能有亲生关系,其 $PI=1/mtDNA$ 单倍型的人群频率。但必须注意,同一母系所有个体,无论男女均有相同的 mtDNA 型,所以当怀疑几个同一母系女性之一为生母时,检测 mtDNA 不能提供有价值的信息,应该以常染色体 STR 为主。

三、错误否定父权的风险

测试的遗传标记增多,遇到遗传变异的可能性也增加。遗传变异使亲子之间的遗传关系呈现为不符合遗传规律。如果缺乏这方面的知识,容易错误否定父权。遗传变异主要有:基因突变、沉默基因、替代等位基因、基因缺失、血型变异、基因互换、弱抗原、嵌合体、镶嵌抗原、生理与病理性变异等。尽管遇到遗传变异的概率很低,但为了避免潜在遗传变异的影响,否定父权至少应根据两个以上遗传标记。

1. 突变

在细胞的减数分裂过程中,存在由基因的交换与重组,或由于某些外界影响因素的作用,导致基因的核苷酸或核苷酸数目发生改变,这就是基因突变。突变是导致亲代与子代的遗传标记不符合遗传规律的重要原因。突变可能会影响亲子鉴定结果的正确性,从而对案件的侦破与审判产生误导。因此在亲子鉴定中,应选取那些突变率低的遗传标记。这里的突变率是指每代细胞发生突变的百分率,是评估遗传标记稳定性与亲子鉴定可靠性的指标。不同基因座的突变率是不同的,一般而言,表达产物水平的遗传标记的突变率要比 DNA 遗传标记突变率低。

为了避免因遗传标记的突变而错误地排除亲子关系,法医学亲子鉴定所选用的遗传标记必须经家系调查,且至少观察 500 次减数分裂,选用的遗传标记突变率一般应低于 0.2%。STR 遗传标记是法医学实践中最常用的遗传标记,其突变使亲子鉴定面临错判的风险。因此,必须对STR基因座的突变有所认识。

（1）复制滑动突变　　复制滑动是形成STR多态性的原因之一，也是STR基因座基因突变的主要原因。复制滑动突变多表现为等位基因增加一个或减少一个基序。这种只涉及一个基序的加或减称为一步突变（one-step mutation），占STR基因座突变的90%以上。少数突变基因涉及几个基序，称多步突变。常用STR基因座的突变率在0.1%~0.5%。

STR基因座的突变率与等位基因中基序的碱基结构和重复次数有一定的关系。基序碱基结构均一的基因座容易发生突变，而等位基因中含有不完全基序的基因座突变发生率反而较低，例如D21S11基因座中基因30容易突变，而基因30.2含有TA碱基插入，却不易发生突变。等位基因中简单序列基序重复次数越多，基因的突变率越高。一般规律是重复次数低于10的基因座突变比较少见，大于10个基序的基因突变较多。

STR基因突变与性别有关，一般的规律是父方基因突变比母方多见。文献报道男性与女性的突变比例观察值为17:3，分析其中的原因是男性精子细胞分化经历的细胞分裂次数比卵细胞多10倍，其次是精子染色体中碱基替换的积累比卵细胞快2倍。突变率与细胞分裂次数密切相关，因为DNA的复制次数越多，滑动错配的机会越大。据估计，一个卵原细胞在进入减数分裂前大约只进行了22次有丝分裂，而精原细胞在形成精子之前经历了更多的有丝分裂。例如一个29岁的男子精子细胞在进入减数分裂之前大约经过350次分裂，精子STR突变率比女性大约高16倍。随着父亲年龄增长，STR突变率呈上升趋势，但女性则没有这种年龄效应。

STR基因座的突变率可以通过家系调查确定，孩子DNA图谱中出现父亲和母亲都没有的陌生片段，就是突变基因。例如父亲基因型是14,18，母亲是15,17，孩子是13,17，则可以判断孩子的13基因是突变基因。按STR突变的规律，一步突变约占90%，从这个三联体家系分析可以确定孩子的13基因是来自父亲14基因的一步突变。表3-9是亲子鉴定常用DNA遗传标记的突变率。

表3-9　常见法医STR遗传标记的突变率

基　因　座	突　变　率
CSF1PO	0.002 59
D12S391	0.001 68
D13S317	0.001 68
D16S539	0.000 61
D18S51	0.002 89
D19S433	0.000 91
D21S11	0.001 98
D2S1338	0.001 07
D3S1358	0.001 52
D5S818	0.001 07
D6S1043	0.000 76
D7S820	0.000 30

续 表

基 因 座	突 变 率
D8S1179	0.002 89
FGA	0.004 57
Penta D	0.000 61
Penta E	0.003 20
TH01	0.000 15
TPOX	0.000 30
vWA	0.001 52
总体突变率	0.001 59

（2）无效等位基因　　STR序列内出现点突变一般不会干扰对片段长度的分型,例如基序内或基序侧翼区的点突变,不影响靶基因扩增,也不改变等位基因的长度,对基因型判定没有影响。如果单个碱基变异正好出现在模板上的引物3′末端的结合处,将会直接影响该引物的退火效率,导致这个等位基因没有扩增产物或产量较低,杂合子个体看起来只有一个等位基因的扩增产物。这个没有扩增产物而漏检的基因叫做无效基因(null allele)。对常规使用的STR基因座进行观察,无效基因的出现率为0.01%~0.5%。例如在汉族人群中,采用Profiler Plus试剂盒检测D8S1179基因座,在2013例血样中确定10例有无效基因,出现率约为0.5%。进一步序列分析证实引物退火处出现G147A碱基替换。按照GenBank数据库序列重新合成引物后,避开了出现点突变的碱基位置,无效基因现象消除。由于无效基因比例较高,在汉族人群中采用此试剂盒检测D8S1179时的无效基因问题应予警觉。另外,在PowerPlex21试剂盒中的D5S818和AmpFℓSTR试剂盒中的D19S433也有无效基因的现象。在亲权鉴定中,出现遗传不一致分型的基因座且为纯合子现象时,需要考虑该基因座是否发生等位基因沉默,可以采用其他试剂盒进行进一步的检验。

2. 防止错误否定父权的方法

在亲子鉴定过程中,由于遗传因素或试剂、实验操作等因素的影响,结果分析中可能出现1个或多个遗传标记不符合遗传规律。为了防止错误将父权否定,可用不同批号的试剂,由同一技术员或其他技术员在同一实验室或其他实验室进行重复试验。同时,通过检测更多的遗传标记,进一步增强证据的强度,达到能得出明确鉴定意见的要求。

四、不符合遗传规律基因座的亲权指数计算

在亲子鉴定中,时常遇到存在不符合遗传规律基因座的现象。这种现象可能是STR突变引起,也可能是AF与孩子之间并不具有血缘关系。由于亲子鉴定中的原告假设AF为孩子的生父,因此,无论AF是否是孩子生父,对于亲子鉴定中不符合遗传规律基因座的亲权指数计算,均可采用STR经验递减模型进行分析。在存在不符合遗传规律基因座的案件中,AF和孩子之间可能存在两种情况：

H_p：AF是孩子的生父,只是不符合遗传规律的STR基因座发生了突变

H_d：STR基因座没有发生突变,AF不是孩子生父,随机男子是孩子生父

由于STR基因座发生突变的概率较低,一般情况下优先考虑生母的等位基因发生突变。

基于上述的两种假设,在三联体亲子鉴定中不符合遗传规律基因座的亲权指数计算可总结为表 3-10(以 D13S317 基因座为例,平均突变率 μ 为 0.002)。

表 3-10 遇到不符合遗传规律时父权指数(PI)计算

编 号	母 亲	孩 子	被检测男子	亲 权 指 数
1	7	7~8	9~11	$\mu/4p_8$
2	7	7~8	10~11	$\mu/40p_8$
3	7	7~8	11~12	$\mu/400p_8$
4	7	7~8	9	$\mu/2p_8$
5	7~8	8	9	$\mu/2p_8$
6	7~8	8	7~9	$2\mu/4p_8$
7	7~8	8	9~11	$\mu/4p_8$
8	7~9	7~9	10~11	$\mu/4(p_7+p_9)$
9	7~9	7~9	9	$\mu/2(p_7+p_9)$
10	7~9	7~9	8~10	$3\mu/4(p_7+p_9)$
11	7~8	7~8	7~8	$\mu(1+1/3.5)/4p_9$
12	9	7~8	7	$\mu/(2 \times 3.5 \times p_8)$

注:表中 p_7、p_8、p_9 为相应等位基因 7、8、9 的频率

在三联体鉴定实践中,偶尔会遇到生母的基因发生突变的情况,根据经验递减模型原理,应以最少突变步数的等位基因进行分析。同时,也偶尔会遇到不能区分 STR 基因座不符合孟德尔遗传定律的现象是源自孩子生母(或生父)还是源自 AF(或 AM)。此时亲权指数的计算应考虑男女突变率的差异。通常,男性的 STR 突变率高于女性的突变率,男性突变率可取值 0.002,女性突变率可取值 0.0001~0.0005。为了便于实验室间的数据比较,女性突变率宜取值 0.0005。

在二联体鉴定中,由于 STR 基因突变比较少见,两个等位基因突变或父母同时发生突变的概率很低。因此,单亲亲子鉴定时只考虑被检验的亲代发生突变,另一方不发生突变。根据经验递减模型推导出 STR 基因座不符合遗传规律时单亲亲子鉴定父权指数计算公式见表 3-11(以 FGA 基因座为例)。

表 3-11 不符合遗传规律时单亲亲子鉴定父权指数

编 号	被控父 FGA 分型	孩子 FGA 分型	亲 权 指 数
1	23, 26	21, 22	$\mu/8p_{22}$
2	24, 26	21, 22	$\mu/80p_{22}$
3	25, 26	21, 22	$\mu/800p_{22}$
4	23	22	$\mu/2p_{22}$
5	23, 26	22	$\mu/4p_{22}$
6	23	21, 22	$\mu/4p_{22}$

续 表

编 号	被控父 FGA 分型	孩子 FGA 分型	亲 权 指 数
7	22	21, 23	$\mu(p_{21}+p_{23})/4p_{21}p_{23}$
8	18, 22	21, 23	$\mu(p_{21}+p_{23})/8p_{21}p_{23}$
9	21, 23	22	$2\mu/4p_{22}$
10	21, 23	18, 22	$2\mu/8p_{22}$
11	22, 24	21, 23	$\mu(2p_{21}+p_{23})/8p_{21}p_{23}$

在存在不符合遗传规律基因座的案例中,如果计算获得的亲权指数不能达到明确的鉴定意见,需要增加检测新的分型体系,以达到获得明确鉴定意见的要求。任何情况下,不能为了获得更高的亲权指数而删除不符合遗传规律的基因座进行亲权指数计算。

第四节 亲子鉴定中特殊情形

在亲子鉴定实践过程中,常遇到一些特殊的亲子鉴定情形,如争议男子为孩子生父的亲属,双亲皆疑等情形。这类案件与常规的亲子鉴定案件在亲权指数计算方面有所不同。

一、有血缘关系个体参与的亲子鉴定

有些案件不是真正的生父(true father, TF)参加检验,而是与生父有亲缘关系的个体参加检验。由于亲缘个体之间比随机个体之间有更大的机会具有相同的等位基因,所以基因座的排除概率不同于三联体中的非父排除概率,亲权指数的计算也与三联体的计算有所不同。

1. 亲属个体排除概率

有血缘关系个体的亲子鉴定,被控父(AF)并不是真正的生父,而是与生父有亲缘关系的个体。把与真正生父有亲缘关系的个体排除为生父的概率称为亲属排除率(probability of excluding relative, PER),其中,

$$PER = (k_0 + k_1)PE$$

k(kinship coefficient)为真正生父和其亲属之间的亲缘系数。对于两个个体来说,由共同祖先传给他们的等位基因,可能是2个等位基因均相同,或者是只有1个相同,或者是没有相同,或者是任有1个相同。定义这几种情况的概率分别为k_2、k_1、k_0和$2k_1$。不同亲属关系的k系数见表3-12。

表3-12 常见亲缘个体间的 k 系数值

亲缘关系(relationship)	k_0	k_1	$2k_1$	k_2
无关个体(unrelated)	1	0	0	0
单卵双生(monozygotic twins)	0	0	0	1

续表

亲缘关系(relationship)	k_0	k_1	$2k_1$	k_2
父(或母)-子(parent-child)	0	1/2	1	0
全同胞(full siblings)	1/4	1/4	1/2	1/4
半同胞(half siblings)	1/2	1/4	1/2	0
祖-孙(grandparent-grandchild)	1/2	1/4	1/2	0
叔-侄(uncle-niece)	1/2	1/4	1/2	0
第一代堂兄弟(first cousin)	3/4	1/8	1/4	
第二代堂兄弟(second cousin)	15/16	1/32	1/16	

真正的生父没有参加检验,被检验的 AF 是孩子生父的全同胞或父亲时,亲属排除率为

$$PER = (1/4 + 1/4) \times PE = PE/2 \text{ 或 } PER = (0 + 1/2) \times PE = PE/2$$

同样,被检验的 AF 是孩子生父的半同胞或叔父时,亲属排除率为

$$PER = (1/2 + 1/4) \times PE = 3PE/4$$

当 PER 分别为三联体或二联体常染色体 STR 基因座的非父排除率时,则相应的 PER 分别为三联体或二联体常染色体 STR 基因座的亲属排除率。

2. 亲权指数计算

由于有亲缘关系的个体比无关个体更容易拥有孩子的父源性等位基因,因此有血缘关系个体参与的亲子鉴定的亲权指数计算须引入共祖系数(coancestry coefficient)θ_{AT},以修正亲属关系对亲权指数的影响,否则可能高估了真正生父的亲权似然比。

θ_{AT} 为被控父与真父之间的共祖系数,它反映的是真父与被控父之间的亲缘程度。常见亲缘关系的共祖系数 θ_{AT} 见表 3-13。

表 3-13 常见亲缘个体间的共祖系数 θ_{AT} 值

亲缘关系(relationship)	θ_{AT}
父(或母)-子(parent-child)	1/4
全同胞(full siblings)	1/4
半同胞(half siblings)	1/8
叔-侄(uncle-niece)	1/8
祖-孙(grandparent-grandchind)	1/8
第一代堂兄弟(first cousin)	1/16
第二代堂兄弟(second cousin)	1/32

真正的生父(TF)没有参加检验,被检验的 AF 是 TF 的亲属。此时两个相对假设为:
H_p: AF 是孩子真正的生父
H_d: AF 的一个亲属(R)是孩子的生父

显然在 H_p 和 H_d 两种假设下,AF 是真正生父的概率与 AF 的亲属(R)是真正生父的概率之比为

$$LR = \frac{Pr(Gc \mid AF = TF)}{Pr(Gc \mid R = TF)} = \frac{PI}{LR'}$$

这里,PI 是 AF 和孩子之间的父权指数,LR' 是与 AF 有共祖系数 θ_{AT} 的亲属个体 R 和孩子之间的父权关系似然比,其计算为

$$LR' = (1 - 2\theta_{AT}) + 2\theta_{AT}PI$$

有血缘关系个体参与的亲子鉴定,计算所得的 LR 表示 AF 是孩子真父的可能性比 AF 的一个亲属是孩子真父的可能性大多少倍。常染色体 STR 基因座考虑有亲缘关系时引入共祖系数 θ_{AT} 的 LR 值计算见表 3-14 和表 3-15。

表 3-14 H_d 假设下当真父和 AF 有血缘关系(用 θ_{AT} 表示)时的三联体 LR 值

孩子	母	AF	LR	LR 值 $\theta_{AT}=1/4$ $p_i=p_j=0.1$
A_iA_i		A_iA_i	$1/[p_i(1-2\theta_{AT})+2\theta_{AT}]$	1.82
		$A_iA_j, j \neq i$	$1/\{2[p_i(1-2\theta_{AT})+\theta_{AT}]\}$	1.67
		$A_jA_k, k \neq i,j$	0	0
	$A_iA_j, i \neq j$	A_iA_i	$1/[p_i(1-2\theta_{AT})+2\theta_{AT}]$	1.82
		$A_iA_j, j \neq i$	$1/\{2[p_i(1-2\theta_{AT})+\theta_{AT}]\}$	1.67
		$A_jA_k, k \neq i,j$	0	0
$A_iA_j, i \neq j$	A_iA_i	A_jA_j	$1/[p_j(1-2\theta_{AT})+2\theta_{AT}]$	1.82
		$A_jA_k, k \neq j$	$1/\{2[p_j(1-2\theta_{AT})+\theta_{AT}]\}$	1.67
		$A_kA_l, k,l \neq j$	0	0
	$A_iA_j, i \neq j$	A_iA_i	$1/[(p_i+p_j)(1-2\theta_{AT})+2\theta_{AT}]$	1.67
		A_iA_j	$1/[(p_i+p_j)(1-2\theta_{AT})+2\theta_{AT}]$	1.67
		$A_jA_k, k \neq i,j$	$1/\{2[(p_i+p_j)(1-2\theta_{AT})+2\theta_{AT}]\}$	1.43
		$A_kA_l, l \neq i,j$	0	0
	$A_jA_k, k \neq i,j$	A_jA_j	$1/[p_j(1-2\theta_{AT})+2\theta_{AT}]$	1.82
		$A_jA_l, l \neq j$	$1/\{2[p_j(1-2\theta_{AT})+\theta_{AT}]\}$	1.67
		$A_kA_l, k,l \neq j$	0	0

表 3-15　H_d 假设下当真父和 AF 有血缘关系（用 θ_{AT} 表示）时的二联体 LR 值

表　　型		LR	LR 值 $\theta_{AT}=1/4$
孩 子	AF		$p_i=p_j=0.1$
A_iA_i	A_iA_i	$1/[p_i(1-2\theta_{AT})+2\theta_{AT}]$	1.82
	$A_iA_j, j\neq i$	$1/\{2[p_i(1-2\theta_{AT})+\theta_{AT}]\}$	1.67
	$A_jA_k, k\neq i,j$	0	0
$A_iA_j, i\neq j$	A_iA_i	$1/\{2[p_i(1-2\theta_{AT})+\theta_{AT}]\}$	1.67
	$A_iA_j, j\neq i$	$(p_i+p_j)/[4p_ip_j(1-2\theta_{AT})+2\theta_{AT}(p_i+p_j)]$	1.67
	$A_jA_k, k\neq i,j$	$1/\{2[2p_i(1-2\theta_{AT})+\theta_{AT}]\}$	1.43
	$A_kA_l, k,l\neq j$	0	0

如怀疑生父的兄弟（即孩子的叔叔）代替真正的生父参加鉴定。此时，

H_p：AF 是孩子真正的生父

H_d：AF 的兄弟是孩子真正的生父

从表 3-13 知，全同胞间 $\theta_{AT}=1/4$

则：$LR = PI/LR' = PI/[(1-2\theta_{AT})+2\theta_{AT}PI]$
$= PI/[(1-2\times 1/4)+2\times 1/4 PI] = 2PI/(PI+1)$

3. 有血缘关系个体亲子鉴定的注意点

在怀疑被控父或被控母与真父或真母有血缘关系时，为了避免做出错误的鉴定意见，应充分了解参与鉴定的当事人之间的关系，即了解被检个体与孩子生父（母）存在何种血缘关系，才能选择相应的 θ_{AT} 值计算亲权指数。在有条件的情况下，可以要求与案件有关的人员都进行检验，采用排除法将假父（母）逐个排除，只剩下真正的生父（母）。在这类有血缘关系个体参与的亲子鉴定案件中，排除概率比三联体或二联体检验时低，因此必须检测比三联体或二联体检验时更多的常染色体遗传标记，累积排除概率才能达到相关的鉴定标准，才能有足够的把握度达到将假父或假母排除的目的。由于有血缘关系男性个体间（父子、同胞兄弟）具有相同的 Y 染色体遗传标记，姐妹间具有相同的 mtDNA 遗传标记，这些遗传标记均不适用于这类鉴定。女性 X 染色体遗传标记由于存在同源重组现象，当在被鉴定人怀疑为孩子生母的亲属时，分析 X 染色体遗传标记有助于进一步加强证据的权重。

如一例怀疑孩子是爷爷和母亲所生的案件中，先检验了爷爷、父亲和孩子的 15 个 STR 基因座，父亲和孩子之间所有基因座均符合孟德尔遗传规律，爷爷和孩子之间只有 FGA 基因座不符合遗传规律，但似乎发生了一步突变（爷爷：19,23；孩子：22,24；父：22,23）。增加检测 15 个 STR 基因座，父亲和孩子之间以及爷爷和孩子之间均符合遗传规律。动员母亲检测，结果爷爷和孩子之间在 D19S433 基因座不符合遗传规律（爷爷：210 bp,222 bp；孩子：210 bp,218 bp；父：210 bp,218 bp；母：210 bp,214 bp），从而否定爷爷的父权关系。

因为不是真正的生父（母）参加检验，而是与生父（母）有亲缘关系的个体参加检验，则可能会出现检验了很多遗传标记后，只有 1~2 个遗传标记不符合遗传规律。有研究表明，检测 16 个常用的 STR 基因座，当被检个体与生父为同胞时，有 14.9% 的案例只有 1 个或没有基因

座违反遗传规律,此时应增加检测遗传标记。随着检测的遗传标记增加,假父或假母与孩子之间会有更多的遗传标记不符合遗传规律。

表 3-16 所列是一例有血缘关系个体亲子鉴定的部分分型结果。该例为相关单位委托鉴定领养孩子案,被控母自诉孩子是其姐姐所生。在 15 个 STR 的分型结果中,被控父与孩子有 10 个基因座违反遗传规律,但被控母与孩子只有 D18S51 基因座违反遗传规律,增加检测 15 个 STR 基因座,则又有 D8S384、D16S690 和 FES/FPS 共 3 个基因座不符合遗传规律,从而排除了孩子与被控父母之间的亲生关系。

表 3-16 一例有血缘关系个体参与的亲子鉴定结果

基因座	AF	子	AM	PI	LR
D3S1358	13, 16	15, 16	15, 17	0.767 1	0.868 2
TH01	7, 9	7, 8	7, 9	0.876 6	0.934 2
D21S11	28, 33.2	30.2, 31	30.2, 31.2	29.411 8	1.934 2
D18S51	13, 15	16, 19	12, 13	/	/
Penta E	21, 22	5, 11	11	2.759 4	1.468 0
D5S818	11, 12	11, 12	10, 11	0.843 7	0.915 2
D13S317	9	8, 12	8, 11	0.781 0	0.877 0
D7S820	8, 10	11, 12	8, 12	1.116 0	1.054 8
D16S539	12, 13	9, 11	10, 11	0.890 6	0.942 1
CSF1PO	10, 11	12	11, 12	1.339 0	1.144 4
Penta D	11, 14	9	9	2.742 7	1.465 6
vWA	14, 16	14, 19	14, 18	0.880 0	0.936 0
D8S1179	12, 13	11, 13	13, 16	1.391 2	1.163 6
TPOX	11	8	8	1.814 2	1.289 3
FGA	24, 26	19, 24.2	24, 24.2	24.038 4	1.920 1
累积值				7 008.055 4	8.306 6

注: PI: AM 与孩子的亲权指数; LR: AM 是孩子生母的概率与 AM 的姐姐是孩子生母的概率之比。累积值为仅计算符合遗传规律的 14 个基因座的累积值。

LR 计算: 该例怀疑 AM 的姐姐是孩子生母,从表 3-13 可知全同胞间的 $\theta_{AT} = 1/4$。以 D3S1358 基因座为例,AM 与孩子的 $PI = 1/(4p_{15})$,设 D3S1358 基因座等位基因 15 的频率 $p_{15} = 0.325\,9$,则: $LR = PI/LR' = 2PI/(PI+1) = 2 \times (1/4p_{15})/(1/4p_{15}+1) = 2/(4p_{15}+1) = 0.868\,2$。

根据表 3-16 的分型结果,仅计算符合遗传规律的 14 个基因座的累积 LR 值为 8.306 6,表示 AM 是孩子生母的可能性比 AM 的姐姐是孩子生母的可能性大 8.3 倍。对于不符合遗传规律的 D18S51 基因座计算 LR 值,则其数值小于 0.000 1,因此总体 LR 值小于 1。经过增加检测遗传标记,不符合遗传规律的基因座增加,LR 值进一步变小,可以排除 AM 与孩子的母子关系。所以,当怀疑有血缘关系个体参与亲子鉴定时,可以通过计算 LR 值进行判断,同时可以增加检测遗传标记以进一步得到明确的鉴定意见。

二、双亲皆疑的亲子鉴定

在一些案件中,需要同时证明疑母和疑父是否是孩子的生母和生父。在这类亲子鉴定案件中,可以采用两个二联体鉴定的方式分别判定孩子与 AM、AF 的亲权关系,也可以采用先判定 AM 与孩子的亲权关系,再进一步通过三联体鉴定的方式判定 AF 与孩子的亲权关系。对于这类双亲皆疑的亲子鉴定案件,也有学者提出直接采用类似三联体的方式进行鉴定(表 3-17)。需要注意的是,采用二联体和三联体判定亲权关系时,鉴定标记系统的系统效能计算方式有所不同。

表 3-17 双亲皆疑案件以三联体亲子鉴定方式的概率计算

方 法	X	Y
1	疑父×疑母	随机男×随机女
2	疑父×疑母	(随机男×疑母)+(随机女×疑父)+(随机男×随机女)

亲权指数的计算是一种基于两种假设条件下的似然比计算,因此,在表 3-17 两种方法中获得的似然比具有不同的意义。在方法 1 中,亲权指数的意义是表示被鉴定的疑父和疑母同时成为孩子生父生母的可能性是随机男子和女子成为孩子生父生母的多少倍。由于排除了其中一方是孩子的 AM 或 AF 的可能性,亲权指数计算值会偏大。在方法 2 中,亲权指数的意义是疑父和疑母是孩子的生父和生母的可能性是随机男子和女子是孩子生父生母,或单是孩子生父或生母的可能性的多少倍。由于在真实的亲子关系中,双方是孩子的生父和生母,因此低估了这种亲权的可能性。目前,使用方法 1 和方法 2 进行双亲皆疑亲子鉴定的研究工作报道还较少。

第五节 典型案例点评

一、经典三联体亲子鉴定案例

案例 1

【案情简介】

北京市某区人民法院正在审理闫某梅之女闫某桐诉赵某财抚养费纠纷一案,因案件审理需要,该法院委托我所,要求对赵某财是否为闫某桐的生物学父亲进行鉴定。

【鉴定过程】

DNA 检验:

按照 GA/T 383-2014《法庭科学 DNA 实验室检验规范》中的方法进行检验。采用 GSTAR™ 25 试剂盒直接扩增样本 DNA,扩增产物经 Applied Biosystems 3500 遗传分析仪检测、GeneMapper® ID-X v1.6 软件分析,检测各基因座的基因型。

检验结果显示,阳性对照分型正确,阴性对照未检见特异性峰,各样本分型省略。

【分析说明】

本次鉴定使用 23 个常染色体 STR 和 1 个 Y 染色体 InDel(Yindel) 遗传标记的检验结果进行分析,采用中国汉族群体遗传学资料进行统计计算。检测体系的累积非父排除概率为 $1-8.5401\times10^{-7}$。

常染色体 STR 的遗传遵循孟德尔遗传定律,父、母亲会将其每个基因座上的一对等位基因中的一个随机遗传给其孩子;孩子每个基因座上的一对等位基因,一个来自生父,一个来自生母。本次检验的 Yindel 具有男性伴性遗传的特征,如果在遗传过程中不发生基因突变的话,男孩与其亲生父亲的 Yindel 分型应该是一致的。

分析上述检验结果,在 Yindel 上,闫某桐与赵某财分型一致;在除 D18S51 基因座外的 22 个常染色体基因座上,闫某桐的等位基因均可以从赵某财和闫某梅的基因型中找到来源,符合孟德尔遗传定律。在 D18S51 基因座上,闫某梅分型为"13",闫某桐分型为"13,14",赵某财分型为"13,16",赵某财和闫某梅均不能提供闫某桐的等位基因"14",这种表现不符合遗传规律,考虑在此基因座上可能发生了基因突变。按照 GB/T 37223-2018《亲权鉴定技术规范》中亲权指数的计算方法和亲子关系判定规则,计算上述 23 个常染色体 STR 基因座的累积亲权指数为 9.2735×10^{8},该检验结果支持赵某财是闫某桐的生物学父亲,不支持其他随机个体是闫某桐的生物学父亲。

【鉴定意见】

检验结果支持赵某财是闫某桐的生物学父亲。

本案母亲和孩子之间关系明确,需要鉴定疑父和孩子之间的亲子关系。本案检验了 23 个常染色体 STR 遗传标记,利用群体学遗传数据进行统计计算,在三联体亲子鉴定中,检测体系的累积非父排除概率超过 0.9999,满足三联体亲子鉴定的能力要求。

检验结果显示,在除 D18S51 基因座外的 22 个常染色体基因座上,生母、孩子和疑父之间符合孟德尔遗传定律。而在 D18S51 基因座上,三人之间的分型表现不符合孟德尔遗传定律,考虑在此基因座上可能发生了基因突变。在亲权关系分析时,需计算所有的常染色体 STR 基因座的亲权指数,不能简单地将 D18S51 基因座排除在外。

在 D18S51 基因座上,生母分型为"13",孩子分型为"13,14",疑父分型为"13,16",对 $PI=X/Y$ 公式进行推导:

X = 生母提供等位基因"13"的频率×[疑父提供"13"→"14"的频率]+[生母提供"13"→"14"的频率]×疑父提供等位基因"13"的频率

(备注:仅考虑可能性最大的情况也可以,此时 X = 生母提供等位基因"13"的频率×[疑父提供"13"→"14"的频率])

上式中,

生母提供等位基因"13"的频率 = 1;

疑父提供"13"→"14"的频率 = $p\times\mu\times1/2\times(1/10)^{1-1} = \mu p/2 = \mu/4$(疑父为杂合子,故 $p=1/2$);

生母提供"13"→"14"的频率 = $p\times\mu/4\times1/2\times(1/10)^{1-1} = \mu p/8 = \mu/8$(生母为纯合子,故 $p=1$;假设男性 STR 基因座的平均一步突变率为 μ,则女性 STR 基因座的平均一步突变率为 $\mu/4$);

疑父提供等位基因"13"的频率 = 1/2(疑父为杂合子),

故:$X = 1\times[\mu/4]+[\mu/8]\times[1/2] = (5\mu)/16$

Y = 生母提供"13"的频率×随机男子提供"14"的频率 = $1\times P_{14} = P_{14}$

则:$PI = [(5\mu)/16]/P_{14} = (5\mu)/(16\times P_{14})$

本案中,计算 23 个常染色体 STR 基因座的累积亲权指数大于 10 000,支持疑父是孩子的生物学父亲。

二、二联体亲子鉴定案例

案例 2

【案情简介】

汪某绪称,20 年前其妻子带着 6 岁的女儿失踪,现寻得郭某梅,可能是其女儿。为明确汪某绪和郭某梅的生物学亲子关系,二人特委托我所进行亲子鉴定。

【鉴定过程】

DNA 检验:

按照 GB/T 43635-2024《法庭科学 DNA 实验室检验规范》中的方法进行检验。采用 GSTAR™ 25、GSTAR™ 22Plus 和 Microreader™ 19X Direct ID System 试剂盒直接扩增样本 DNA。扩增产物经 ABI PRISM-3130 型基因分析仪检测、GeneMapper® ID-X 1.4 软件分析,获得各基因座的基因型。

检验结果显示,阳性对照分型正确,阴性对照未检见特异性峰,各样本分型省略。

【分析说明】

(一) X 染色体遗传标记的结果分析

根据 SF/Z JD0105006-2018《法医物证鉴定 X-STR 检验规范》检验了 19 个 X 染色体 STR 遗传标记。女性个体在 X-STR 基因座上的两个等位基因,一个来自其生父,一个来自其生母。如果遗传过程中不发生基因突变的话,在每一个 X-STR 基因座上,父亲和女儿之间会表现为至少有一个等位基因相同。

分析汪某绪和郭某梅 19 个 X-STR 的分型结果,在每一个 X-STR 基因座上,汪某绪与郭某梅之间至少有一个等位基因相同。

(二) 常染色体遗传标记的结果分析

本次鉴定使用 43 个常染色体 STR 遗传标记的检验结果进行分析。采用中国汉族群体遗传学资料进行统计计算,43 个常染色体 STR 检测体系在二联体亲子鉴定中累积非父排除概率为 $1-2.337\,3\times10^{-12}$。

常染色体 STR 的遗传遵循孟德尔遗传定律,父、母亲会将其每个基因座上一对等位基因中的一个随机遗传给孩子;孩子每个基因座上的一对等位基因,一个来自生父,一个来自生母;如果在遗传过程中不发生基因突变,在每一个基因座上,孩子与其亲生父亲会表现为至少有一个等位基因是相同的。

分析上述检验结果,在被检测的每一个常染色体 STR 基因座上,汪某绪与郭某梅之间至少有一个等位基因是相同的,这种表现符合遗传规律。按照 GB/T 37223-2018《亲权鉴定技术规范》中亲权指数的计算方法和亲子关系判定规则,计算上述 43 个常染色体 STR 基因座的累积亲权指数为 $3.409\,3\times10^{14}$。结合 X-STR 和常染色体 STR 的检验结果,支持汪某绪是郭某梅的生物学父亲,不支持其他随机个体是郭某梅的生物学父亲。

【鉴定意见】

检验结果支持汪某绪是郭某梅的生物学父亲。

由于母亲失踪未能参与鉴定,本案为疑父-女儿之间的单亲亲子鉴定。女儿在幼年时失踪，中间很长时间失去联系，非 DNA 证据少、力度弱，因而 DNA 证据极其重要。但是，二联体亲子鉴定缺少了一方亲代的遗传信息，相同的检测体系在二联体亲子鉴定中的累积非父排除概率要小于三联体亲子鉴定。故而，为获得更高强度的证明能力，在检测常规使用的常染色体STR 基因座之外，补充了更多的常染色体 STR。

此外，本案鉴定父女关系，父亲和女儿的 X‑STR 遗传标记具有伴性遗传特征，父亲在 X‑STR 基因座仅有一个等位基因，且会把这个等位基因传递给其女儿。本次鉴定检验了疑父和女儿的 19 个 X‑STR 基因座，结果表明 19 个基因座均符合遗传规律，本案对 X 染色体的遗传规律进行了描述性分析。

三、双亲皆疑亲子鉴定案例

案例 3

【案情简介】

万某宽和于某芳称万某鑫是他们婚前所生孩子。现为给万某鑫办理户口登记手续，需要亲子关系的证明材料，故万某宽和于某芳委托我所，要求对二人是否为万某鑫的生物学父母进行鉴定。

【鉴定过程】

DNA 检验：

按照 GA/T 383‑2014《法庭科学 DNA 实验室检验规范》中的方法进行检验。采用 Chelex 法提取 3 个样本 DNA，用 PowerPlex® Fusion 试剂盒进行常染色 STR 基因座扩增。扩增产物经 Applied Biosystems 3500 遗传分析仪检测、GeneMapper® ID‑X v1.6 软件分析，获得各基因座的基因型。

检验结果显示，阳性对照分型正确，阴性对照未检见特异性峰，各样本分型省略。

【分析说明】

本次鉴定使用 22 个常染色体 STR 和 1 个 Y 染色体 STR(DYS391)遗传标记的检验结果进行分析，采用中国汉族群体遗传学资料进行统计计算。检测体系的二联体累积排除概率为 $1-7.5326\times10^{-6}$，三联体累积排除概率为 $1-4.4831\times10^{-9}$。

常染色体 STR 的遗传遵循孟德尔遗传定律，父、母亲会将其每个基因座上一对等位基因中的一个随机遗传给其孩子；孩子每个基因座上的一对等位基因，一个来自生父，一个来自生母。本次检验的 Y 染色体 STR(DYS391)具有男性伴性遗传的特征，如果在遗传过程中不发生基因突变的话，男孩与其生父的 Y‑STR 分型应一致。

1. 于某芳与万某鑫之间的亲子关系分析

分析于某芳与万某鑫的检验结果，在每一个常染色体 STR 基因座上，二人之间至少有一个等位基因相同，符合亲子关系的遗传规律。按照 GB/T 37223‑2018《亲权鉴定技术规范》中亲权指数的计算方法和亲子关系判定规则，计算上述 22 个常染色体 STR 基因座的累积亲权指数为 5.1377×10^{5}，该检验结果支持于某芳是万某鑫的生物学母亲，不支持其他随机个体是万某鑫的生物学母亲。

2. 万某宽与万某鑫之间的亲子关系分析

结合于某芳的 DNA 分型，分析万某宽与万某鑫之间的亲子关系，在 DYS391 基因座上，万某鑫与万某宽分型一致；在每一个常染色体 STR 基因座上，万某鑫的生父基因均可以从万某宽的基因型中找到来源，三个人的 DNA 分型表现符合遗传规律。按照 GB/T 37223‑2018《亲权鉴定技术规范》中三联体亲权指数的计算方法和亲子关系判定规则,计算上述22个常染色体STR基因座的累积亲权指数为3.8437×10^{11},该检验结果支持万某宽是万某鑫的生物学父亲,不支持其他随机个体是万某鑫的生物学父亲。

【鉴定意见】

检验结果支持万某宽、于某芳是万某鑫的生物学父母。

在本案中,需要同时证明疑母和疑父是否为孩子的生母和生父。在这类亲子鉴定案件中,可以先判定疑母与孩子的亲子关系,再结合母亲的检验结果,以三联体鉴定的方式判定疑父与孩子的亲子关系。

思考题

1. 亲子鉴定中如何评价检测系统的系统效能?
2. 如何评价亲子鉴定中的证据强度?
3. 肯定和否定父权的标准是什么?
4. 三联体亲子鉴定与二联体亲子鉴定有何区别?
5. 如何降低错误否定父权的风险?
6. 在进行有血缘关系个体参与的亲子鉴定时,可采取哪些措施避免错误鉴定?

参考文献

[1] Fung W K, Hu Y Q. Statistical DNA Forensics:Theory, Methods and Computation. West Sussex:John Wiley & Sons, 2007:47-78.

[2] Butler J. Advanced Topics in Forensic DNA Typing:Interpretation. San Diego:Elsevier Academic Press, 2014:349-401.

[3] GB/T 37223-2018,亲权鉴定技术规范.北京:中国标准出版社,2018.

[4] Lee J W, et al. Paternity probability when a relative of the father is an alleged father. Sci Justice, 1999, 39(4):223-230.

[5] Fung W K, Chung Y K, Wong D M. Power of exclusion revisited:probability of excluding relatives of the true father from paternity. Int J Legal Med, 2002;116(2):64-67.

[6] Lee J C, et al. The risk of false inclusion of a relative in parentage testing-an in-silico population study. Croat Med J. 2013, 54(3):257-262.

[7] 陆惠玲,杨庆恩,侯一平.双亲皆疑亲子鉴定STR分型亲权指数计算方法探讨.中国法医学杂志,2001,16(4):210-213.

[8] 高林林,任贺.双亲皆疑亲子鉴定父权指数的计算方法.法医学杂志,2017,33(6):646-648.

第四章 亲缘鉴定

第一节 现状与展望

亲缘关系(kinship 或 relationship)泛指生物类群在系统发生上所显示的某种血缘关系。法医学所指的亲缘关系主要指具有共同祖先的个体之间存在的生物学血缘关系。两个个体具有共同祖先,则称其为亲缘个体,反之则为无关个体。法医学亲缘关系鉴定(kinship testing 或 relationship testing)就是指应用医学和生物学等学科的方法检测人类遗传标记,根据遗传规律对有争议的个体之间是否存在某种血缘关系的科学判定。亲缘关系鉴定是法医物证鉴定的主要工作任务之一,在公安和司法实践中均有广泛的需求,涉及刑事、民事、行政、个人事务等用途,例如:尸源认定、灾害遇难者身份识别、失踪人员调查、移民、失散认亲、财产继承纠纷、入户办理等。

广义的亲缘关系鉴定既包括父子、母子之间的亲子关系鉴定,也包括同胞、祖孙、叔侄、堂表亲等直系、旁系关系鉴定,狭义的亲缘关系鉴定则仅指后者。司法部颁布的《法医类司法鉴定执业分类规定》(司规[2020]3号)采用的是狭义的概念,将亲缘关系鉴定与亲子关系鉴定并列分类。目前,法医亲缘关系鉴定的金标准是 DNA 检验,各类多态性 DNA 遗传标记是亲缘关系鉴定科学性和准确性的重要依据。因此,在该规定第三十八条中将亲缘关系鉴定表述为"对生物检材进行 STR 检测、SNP 检测、线粒体 DNA 检测等,以判断被检个体之间的同胞关系、祖孙关系等亲缘关系"。根据该文件,亲缘关系鉴定被列为法医学鉴定领域中法医物证鉴定的 0404 分领域。

一、亲缘关系鉴定技术的现状和展望

针对 DNA 遗传标记短串联重复序列(short tandem repeat,STR),基于多色荧光标记复合扩增(multiplex PCR)和毛细管电泳(capillary electrophoresis,CE)进行 DNA 片段长度多态性检测是目前亲缘关系鉴定应用最广泛的技术。常染色体 STR(autosomal STR,A-STR)分型适用于各种类型亲缘关系鉴定,X 染色体 STR(X chromosomal STR,X-STR)和 Y 染色体 STR(Y chromosomal STR,Y-STR)分型可用于特定类型亲缘关系的辅助鉴定,例如采用 X-STR 分型进行同父异母半同胞姐妹关系鉴定、Y-STR 分型进行叔侄关系鉴定,均能提高鉴定效能。此外,线粒体 DNA(mitochondrial DNA,mtDNA)分析可用于母系亲缘关系的辅助鉴定,例如同母异父半同胞兄妹、舅甥、表姐妹等关系鉴定。目前亲缘关系鉴定主要是针对 mtDNA 高变区(hypervariable region,HVR),采用基于双脱氧链终止法、末端标记循环反应和毛细管电泳的 Sanger 测序法进行 DNA 序列多态性检测。

近年来,随着 DNA 分析技术的发展,大规模平行测序(massively parallel sequencing,MPS)又称高通量测序(high throughput sequencing,HTS)或二代测序(next generation sequencing,

NGS)技术出现,并得到了越来越广泛的应用。区别于传统的 Sanger 测序,该技术能够通过单次测序反应对大量核酸分子进行平行测序。基于此技术进行 STR 序列多态性分型提高了该类遗传标记的多态性,同时因不受荧光种类限制,可实现多数量 STR 标记的同步检测,甚至 A-STR、X-STR、Y-STR、mtDNA 高变区等多种类 DNA 遗传标记的同步检测,极大地提高了亲缘关系鉴定效能。此外,除了 STR 和 mtDNA 遗传标记外,其他类型的遗传标记也被不断开发并应用于亲缘关系鉴定,例如单核苷酸多态性(single nucleotide polymorphism,SNP)、插入/缺失多态性(insertion/deletion polymorphism,InDel)、微单倍型(microhaplotype,MH)等。

基于 MPS 和不断涌现的新的 DNA 测序技术平台,获取更多 DNA 遗传信息的检测体系可被建立,预期将极大地提升亲缘关系鉴定水平。

二、亲缘关系鉴定技术规范的现状和展望

自 2010 年司法部司法鉴定管理局发布《亲权鉴定技术规范》(SF/Z JD0105001-2010)、2011 年公安部发布《法庭科学 DNA 亲子鉴定规范》(GA/T 965-2011)后,我国司法和公安实践中的亲子关系鉴定逐步实现规范化和标准化。

2014 年,司法部司法鉴定管理局发布了《生物学全同胞关系鉴定实施规范》(SF/Z JD0105002-2014),适用于在双亲皆无情形下甄别两个体之间的生物学全同胞与无关个体关系。2015 年,司法部司法鉴定管理局发布了《生物学祖孙关系鉴定规范》(SF/Z JD0105005-2015),适用于在生母参与情形下鉴定祖父、祖母与孩子的祖孙关系。2021 年,由司法部发布司法行政行业标准《生物学全同胞关系鉴定技术规范》(SF/T 0117-2021),替代了 SF/Z JD0105002-2014 并于 2024 年升级为国家标准《生物学全同胞关系鉴定技术规范》(GB/T 43641-2024)。这些标准和技术规范拓展了亲缘关系鉴定实践并促进了该类鉴定的规范化和标准化。

更多关系类型、更多人员组合情形和更远级别的亲缘关系鉴定是法医物证学研究的重点内容之一,相应的鉴定技术规范目前暂未出台。

第二节 基 本 理 论

如何将 DNA 遗传标记的特定分型转化为个体间是否存在特定亲缘关系的鉴定意见,涉及基础遗传学和群体遗传学两方面的综合分析,还需要通过一定的数学和统计方法评估 DNA 特定分型转化为鉴定意见的遗传证据力度。

一、基础遗传学理论

亲缘关系鉴定通过分析个体之间的 DNA 遗传标记分型是否符合遗传规律,从而对争议关系进行科学判定。亲缘关系鉴定常用的 DNA 遗传标记遵循的遗传规律包括以下几类:

1. 常染色体 DNA 遗传标记

位于常染色体上的 DNA 遗传标记,不论是 STR 还是 SNP、InDel、MH 等,均遵循孟德尔遗传定律。子代的遗传物质与双亲均有关系,一半来自父亲,一半来自母亲。子代只有 1/2 的机会遗传其亲代的某一等位基因,并将有 1/2 的机会将其遗传给其子代,这是不同级别亲缘关系

鉴定的依据之一,因此常染色体 DNA 遗传标记适用于各种类型的亲缘关系鉴定。

2. 性染色体 DNA 遗传标记

Y 染色体为男性特有,Y 染色体非重组区(non-recombining region of Y chromosome, NRY)的 DNA 遗传标记以单倍型方式从父亲传递给儿子,因此适用于父系亲缘关系鉴定,例如爷孙、叔侄、同父半同胞兄弟等直系或旁系亲缘关系鉴定。

X 染色体在男性和女性均存在,X 染色体上的 DNA 遗传标记表现出具有交叉传递特点的性连锁遗传特征。女性个体含有两条 X 染色体,一条来自父亲,一条来自母亲;男性个体只有一条 X 染色体,来自其母亲并将其传递给女儿。在奶奶-孙女、同父半同胞姐妹、争议父亲为父子关系等亲缘关系鉴定中有独特的应用价值。

3. 线粒体 DNA 遗传标记

线粒体 DNA 为母系遗传,以单倍型方式从母亲传递给儿子和女儿,女儿又将其传递给下一代孩子,因此适用于母系亲缘关系鉴定,例如同母半同胞兄妹、舅甥、外婆-外孙等直系或旁系亲缘关系鉴定。另一方面,作为唯一来源于细胞核外的 DNA 遗传标记,线粒体 DNA 为很少或没有核 DNA 的生物检材的亲缘关系鉴定提供了希望,在涉及毛干、陈旧骨骼等的身份识别案件中有很好的应用价值。

二、群体遗传学理论

DNA 遗传标记分型是否符合遗传规律是判定争议个体之间是否有亲缘关系的重要依据,但将 DNA 遗传标记的特定分型转化为个体间是否存在特定关系的判断还需要考虑该特定分型在群体中的随机分布特征,从而评判其作为遗传学证据的可信度。

对于亲缘关系鉴定所用的 DNA 遗传标记,需要关注以下两个重要的群体遗传学概念:

1. Hardy-Weinberg 平衡(Hardy-Weinberg equilibrium, HWE)

Hardy-Weinberg 平衡是指对于一个理想群体(群体无限大、随机婚配、没有突变、没有选择因素、没有遗传漂变),群体内一个基因座上的等位基因频率和基因型频率将代代保持不变。对处于 Hardy-Weinberg 平衡状态的调查群体,可认为纯合子基因型频率等于该基因座上等位基因频率的平方,杂合子基因型频率等于该基因座上两个等位基因频率乘积的两倍。

Hardy-Weinberg 平衡检验的检验方法有吻合度检验法、纯合度检验法、似然比检验法及确切概率分析法等。可采用 Arlequin、PowerMarker、GenAlex、PowerStats 及 STRAF 等软件进行 Hardy-Weinberg 平衡检验。

采用某个基因座进行亲缘关系分析时,对其基因型频率的估计和相关法医学参数的计算都是建立在目标群体符合 Hardy-Weinberg 平衡的基础上。由于在实际中"理想群体"是不存在的,在应用群体调查资料计算法医学参数之前,需首先检验对象群体是否是统计学意义上的 Hardy-Weinberg 平衡群体。

2. 连锁不平衡(linkage disequilibrium, LD)

连锁不平衡表示两个或者多个基因座的等位基因之间的非随机关联。进行连锁不平衡检验的核心是检验基因座之间是否相互独立,如果独立则为连锁平衡(linkage equilibrium, LE),如果不独立则为连锁不平衡。

连锁平衡检验常采用 2×2 统计表或者卡方检验,也可采用 Arlequin、PowerMarker、PLINK 等软件。采用包含多个基因座的检测体系进行亲缘关系鉴定时,只有基因座之间表现为连锁平衡状态,即基因座之间为独立遗传,才可以采用乘积定律进行相关参数计算。

三、亲缘关系级别

亲缘个体之间拥有来自共同祖先的相同的遗传物质,即血缘一致性(identity by descent,IBD),表现为个体间共有的DNA片段或等位基因来源于一个共同的祖先。由于减数分裂过程中DNA会发生分离、自由组合以及重组和交换,个体间同源DNA不断被稀释和减少,亲缘关系越远,个体间所拥有的同源DNA的比例越低,IBD片段(IBD segment)也越短。基于此规律,可以将亲缘关系划分为一级亲缘关系、二级亲缘关系、三级亲缘关系等不同等级。常见的亲缘关系类型和亲缘关系级别划分方式如图4-1和图4-2所示。

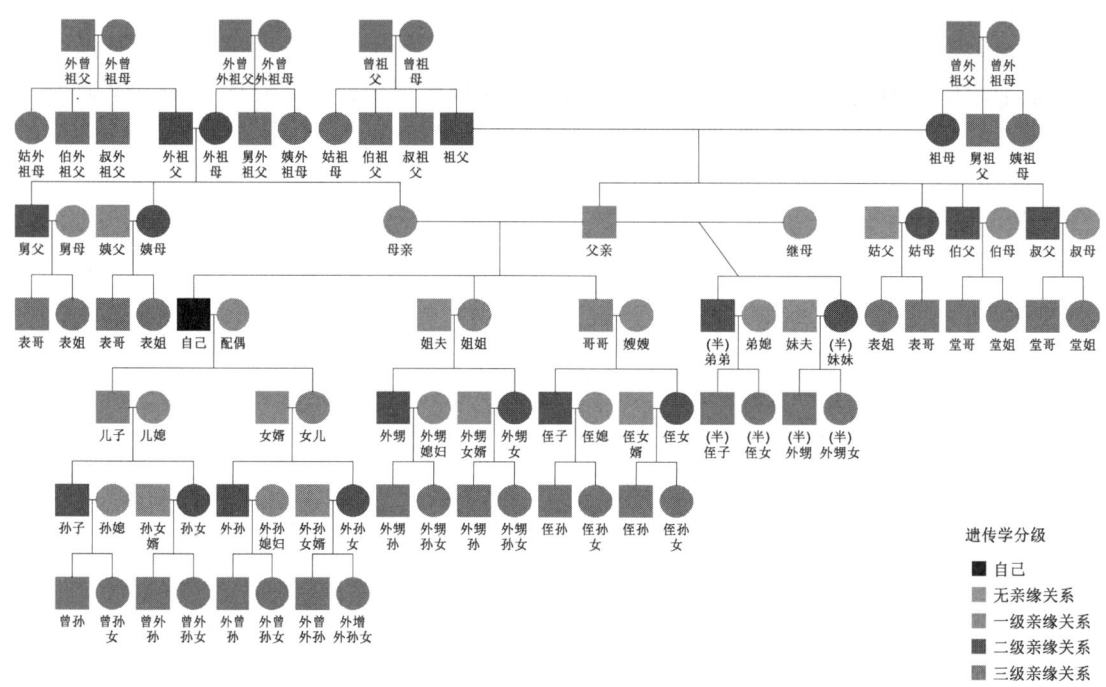

图4-1 常见的亲缘关系类型

对于直系亲缘,亲缘关系等级(N)等于两个体相隔的减数分裂次数(m);对于旁系亲缘,若两个体只有一个共同祖先,两个体各自到共同祖先的减数分裂次数分别为m_1、m_2,则$N = m_1 + m_2$;若两个体有两个共同祖先,则$N = m_1 + m_2 - 1$。同级亲缘关系可包括不同亲缘关系类型,例如祖孙、叔侄、半同胞均属于二级亲缘关系(图4-2)。

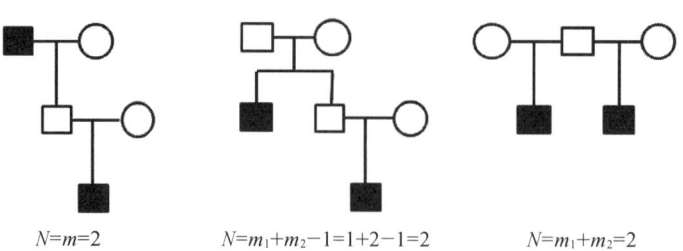

图4-2 亲缘关系级别(N)的计算

两个体之间的亲缘关系程度常用亲缘系数(kinship coefficient, θ)、科特曼系数(Cotterman coefficient)、关系系数(relatedness coefficient, r)等参数衡量。其中亲缘系数也称为共祖系数(coancestry coefficient),表示从两个体的某个基因座随机抽取 1 个等位基因为 IBD 的概率;科特曼系数是指两个体在某个基因座有 0、1、2 个等位基因为 IBD 的概率,分别用 k_0、k_1、k_2 表示;关系系数则表示两个体在某个基因座的两个等位基因为 IBD 的概率。对常染色体遗传标记而言,上述三种系数之间的数量关系为 $\theta = k_2/2 + k_1/4$、$r = 2\theta$,常见亲缘关系的三种参数如表 4-1 所示。

表 4-1 常见亲缘关系的亲缘系数、科特曼系数和关系系数

亲缘关系类型	亲缘系数	科特曼系数			关系系数
		k_0	k_1	k_2	
同卵双胞胎	1/2	0	0	1	1
一级亲缘关系(亲子)	1/4	0	1	0	1/2
一级亲缘关系(全同胞)	1/4	1/4	1/2	1/4	1/2
二级亲缘关系(半同胞、祖孙、叔侄)	1/8	1/2	1/2	0	1/4
三级亲缘关系(例如第一代堂表亲)	1/16	3/4	1/4	0	1/8
五级亲缘关系(例如第二代堂表亲)	1/64	15/16	1/16	0	1/32
N 级亲缘关系	0.5^{N+1}	$1-0.5^{N-1}$	0.5^{N-1}	0	0.5^N
无关个体	0	1	0	0	0

四、亲缘关系分析方法

基于个体在遗传标记的基因分型数据,通过一定的数学和统计方法,综合考虑真实的血缘同源以及随机匹配因素可对亲缘关系进行评估和推断。目前法医学实践主要采用状态一致性分析和似然比分析两大类方法。

1. 状态一致性分析

状态一致性(identity by state, IBS)是指个体之间的 DNA 片段或等位基因相同,这些相同可能是由共有祖先遗传也可能是随机匹配所致。通过 IBS 分析亲缘关系的方法最早由 Chakraborty 等提出,其直接计算等位基因相同的个数作为 IBS 评分,各个相互独立的遗传标记的 IBS 之和为累计状态一致性评分(combined identity by state score, CIBS)(表 4-2),并设定一定的 CIBS 阈值进行亲缘关系判定。IBS 法计算简单、直观、高效,适于大型 DNA 数据库(如国家法庭科学 DNA 数据库)搜寻。该方法也适用于部分亲缘关系鉴定,例如我国《生物学全同胞关系鉴定技术规范》(GB/T 43641-2024)也包含了该方法,设定了检测 19~55 个相互独立的 STR 基因座时判定全同胞关系的 CIBS 评分阈值。此外,基于基因型全相同、半相同、全不同的个数建立判别函数进行亲缘关系鉴定也可视为一种 IBS 分析方法。

表 4-2 *IBS* 评分计算方法

个体 A 基因型	个体 B 基因型	*ibs*
PP	PP	2
PQ	PQ	2
PP	PQ	1
PQ	QR	1
PP	QQ	0
PP	QR	0
PQ	RS	0

注：$IBS = ibs_1 + ibs_2 + \cdots + ibs_n$，其中 1、2、$\cdots$、n 表示第 1、2、$\cdots$、n 个独立遗传的基因座。

IBS 法计算简单，可以通过 Excel 或编程进行简单的布尔逻辑运算即可实现。但是，IBS 法也存在以下不足：① 无论采用阈值法还是判别函数法，都是针对特定体系、特定群体和特定关系，对此之外的体系、群体或关系类型不适用，需要重新设定阈值或者构建函数；② 不允许有等位基因的插入和丢失，因此不适用于低拷贝数目 DNA 和混合物检材；③ 不适用于近亲婚配或者近交个体的案例（除非建立特定案件的分布模型）；④ IBS 本身不具有证据力度解释功能，需要结合其他参数，比如系统效能、灵敏度、特异性等指标进行解释。

2. 似然比分析法

似然比（likelihood ratio，LR）是两种假设下的概率之比。*LR* 值作为对证据权重解释的表达方式已经在法庭科学得到广泛的认可，*LR* 计算分析是目前法医学领域进行亲缘关系鉴定最经典也是最常用的方法。该方法比较在两种互斥假设（hypothesis，H）条件下出现当前基因分型数据（genetic data）的概率 $P(data|H)$ 的大小，即

$$LR = \frac{P(data \mid H_1)}{P(data \mid H_2)}$$

从经典的统计学角度，将两个互斥假设分别定义为原假设（null hypothesis）和备择假设（alternative hypothesis），其中原假设也称为零假设，记为 H_0，备择假设也称为对立假设，记为 H_1。从法医学应用的角度，将这两个假设表述为辩方假设（hypothesis of the defense，H_d）和控方假设（hypothesis of the prosecution，H_p）。*LR* 为证据解释提供了一种基于术语"支持"的简单约定，根据一定的数据支持一种假设，排斥另一种假设。

在亲缘关系鉴定中，一般设定 H_1 为"争议对象间存在某种亲缘关系"，H_2 为"争议对象间为无关个体"。理论上，*LR* 大于 1，鉴定结论倾向于支持 H_1，且 *LR* 值越大支持 H_1 力度越大；*LR* 小于 1，鉴定结论倾向于支持 H_2，且 *LR* 值越小支持 H_2 力度越大。

特定亲缘关系的 *LR* 也被称为亲缘指数（kinship index，KI），常见的 *KI* 包括亲权指数（paternity index，PI）、全同胞指数（full sibling index，FSI）、半同胞指数（half sibling index，HSI）、祖孙指数（grandparent-grandchild index，GI）、叔侄指数（avuncular index，AI）以及第一代堂表亲指数（first cousin index，FCI）等。

LR 法的核心在于计算特定假设下的似然率 $P(data|H)$，即相应的联合基因型概率（joint genotype probability）。目前在亲缘关系鉴定中常用的 *LR* 计算方法有 ITO 法、家系重建法、

Elston-Stewart 算法等。

（1）ITO 法　　用于两个体间的亲缘指数计算，是经典的亲缘关系分析方法。任意两个体之间血缘关系机会的大小 $R = \Phi_0 O + \Phi_1 T + \Phi_2 I$，其中 Φ_0、Φ_1、Φ_2 分别表示两个体基因型出现 0 个、1 个和 2 个 IBD 等位基因的概率，即前述科特曼系数 k_0、k_1、k_2；O、T、I 分别表示两个基因型有 0 个、1 个和 2 个同源等位基因的情况下出现该基因型的概率。

计算步骤为：首先根据假设关系类型确定 Φ 值；然后根据基因型组合确定 I、T、O 值（表 4-3）；最后计算 R 值以及 $LR(R_1/R_0)$。《生物学全同胞关系鉴定技术规范》（GB/T 43641-2024）就使用了该方法，此时 $k_0=1/4$、$k_1=1/2$、$k_2=1/4$，代入表 4-3 计算各种基因型组合的 KI 即可。

表 4-3　不同基因型组合个体的联合基因型概率及似然比

基因型组合	特定亲缘关系时的联合基因型概率（R_1）	随机个体时的联合基因型概率（R_0）	$KI = R_1/R_0$
PP, PP	$k_0 p^4 + k_1 p^3 + k_2 p^2$	p^4	$(k_0 p^2 + k_1 p + k_2)/p^2$
PP, PQ	$2k_0 p^3 q + k_1 p^2 q$	$2p^3 q$	$(2k_0 p + k_1)/2p$
PP, QQ	$k_0 p^2 q^2$	$p^2 q^2$	k_0
PP, QR	$2k_0 p^2 qr$	$2p^2 qr$	k_0
PQ, PQ	$4k_0 p^2 q^2 + k_1 pq(p+q) + 2k_2 pq$	$4p^2 q^2$	$[4k_0 pq + k_1(p+q) + 2k_2]/4pq$
PQ, PR	$4k_0 p^2 qr + k_1 pqr$	$4p^2 qr$	$(4k_0 p + k_1)/4p$
PQ, RS	$4k_0 pqrs$	$4pqrs$	k_0

ITO 计算公式简单，计算快速，但只是针对两个体配对检验，对鉴定体系的要求相对较高，不能充分利用可参与鉴定人员的遗传信息。

（2）家系重建法　　亲缘关系鉴定的特点是被鉴定人之间存在隔代式或不直接的遗传关系，家系重建法就是根据多个体之间的基因型组合推导缺失亲代的遗传信息进行计算。该方法可以获得家系中更多的遗传信息，较两个体配对检验往往能获得更大的 KI 值，鉴定效能更高。《生物学祖孙关系鉴定规范》（SF/Z JD0105005-2015）即采用了该方法，祖父、祖母、生母、孩子四个体参与鉴定时，通过生母推出孩子的生父基因，再根据祖父、祖母的基因型组合评判其提供生父基因的机会，从而进行似然比计算。但是，家系重建需逐一列举出被鉴定个体之间的各种基因型组合，步骤繁冗，对于复杂的家系容易发生遗漏或重复。

（3）Elston-Stewart 算法　　Elston-Stewart 算法的核心是把复杂的大家系分解为父母子小家系，通过递归和迭代进行概率计算。该方法适用于任意个体组合的亲缘鉴定，但运算量大，需依赖计算机完成。该方法更具有普适性，但是计算相对复杂，许多从业者对此算法相对陌生。

不同的似然比算法的预设模型不同（例如突变模型），对同一鉴定情形计算得到的 LR 值可能存在一定差异。

第三节 全同胞关系鉴定

全同胞关系鉴定属于司法鉴定实践中常见的亲缘关系鉴定类型。为了规范法庭科学 DNA 实验室进行生物学全同胞关系鉴定的内容及结果判断标准,司法部司法鉴定管理局于 2014 年发布了由司法鉴定科学研究院(原司法部司法鉴定科学技术研究所)、中山大学法医鉴定中心和四川大学华西基础医学与法医学院共同制定的我国第一部《生物学全同胞关系鉴定实施规范》(SF/Z JD0105002 - 2014)。2021 年,由司法鉴定科学研究院、中山大学、河北医科大学、四川大学等单位参与的第一次修订版《生物学全同胞关系鉴定实施规范》(SF/T 0117 - 2021)由司法部发布并于 2024 年升级为国家标准(GB/T 43641 - 2024)。本节内容即是以此规范的第一次修订版(以下简称新规范)的内容为主要依据,对法医物证鉴定人实施生物学全同胞关系鉴定过程中需要掌握和熟悉的基本概念、基本理论、标准程序、结果判断以及注意事项进行的阐述。

一、术语和定义

1. 全同胞(full sibling, FS)

指具有相同的生物学父亲和母亲的多个子代个体。实践中常遇到需要鉴定的 FS 关系主要包括 FS 兄弟关系、姐妹关系、兄妹/姐弟关系等几种类型。需要指出的是,同卵双生的全同胞兄弟/姐妹关系鉴定属于特殊情形的全同胞关系,不适用于本规范。

2. 全同胞关系鉴定(full sibling testing)

指通过对人类遗传标记的检测,根据遗传规律分析,对有争议的两名个体间是否存在全同胞关系进行判定的过程。

新规范适用于甄别两(多)个个体间生物学全同胞关系与无关个体关系,不适用于其他亲缘关系(如半同胞或堂表亲等关系)的鉴定。当被鉴定个体之间可能存在其他亲缘关系时,不适用于新规范。

3. 状态一致性(identity by state, IBS)评分

IBS 是一个遗传学概念,指在两个个体当中,在同一基因座上出现具有相同的等位基因。就目前法医物证鉴定常用的 STR 基因座来说,IBS 就是指两名有争议个体之间在同一个 STR 基因座上具有相同的一个或两个等位基因的状态。

利用 IBS 评分进行全同胞关系鉴定的原理是:依据孟德尔遗传规律可知,就每个 STR 基因座而言,全同胞之间等位基因有 1/4 全不同、1/2 半相同、1/4 全相同的概率,也就是全同胞个体间某个基因座状态一致的总体概率(全相同+半相同)可达到 3/4;而无关个体之间恰好具有某个相同的等位基因是一种随机事件,其概率取决于该等位基因的频率。因此,在检测足够多的 STR 基因座的情况下,全同胞个体之间会比无关个体之间获得更高的 IBS 评分。例如李燃、袁丽等的研究表明,在检测 19 个以上 STR 基因座的情况下,全同胞和无关个体的 IBS 评分概率分布的中位值(无论理论值还是观察值)具有显著的差异(如图 4 - 3)。但也能看到,两个群体的 IBS 分值还是有一部分交叉重叠的区域,这个就为依据 IBS 评分进行全同胞关系鉴定带来错判的风险。研究表明,所选取的基因座越多,全同胞与无关个体间共有基因数(IBS 分值)的差异越大。因此可通过增加检测基因座数目减小错判的可能性。

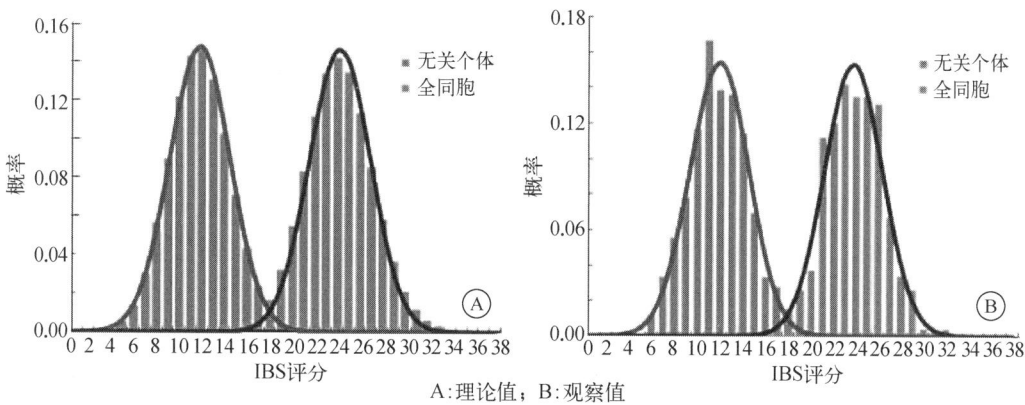

图 4-3　全同胞和无关个体 IBS 评分概率分布的理论值和观察值比较

新规范给出了基于不同数目的 STR 基因座进行全同胞鉴定的累计状态一致性评分(CIBS)以及对应的系统效能,这是利用 IBS 评分进行全同胞关系鉴定的理论基础。

4. 全同胞关系指数(full sibling index,FSI)

对于每一个 STR 基因座而言,两名有争议个体之间存在全同胞关系时其基因型出现的概率与两名有争议个体之间为无关个体时其基因型出现的概率之比值,如式(4-1)。

$$FSI = \frac{Pr(E \mid H_1)}{Pr(E \mid H_0)} \quad (4-1)$$

式中,E 为检测到有争议个体的基因型;H_1 为假设两名有争议个体之间存在全同胞关系;H_0 为假设两名有争议个体为无关个体。

FSI 是基于 ITO 法进行公式推导和计算的。其本质与 IBS 评分的原理类似,不同的是 FSI 除了考虑被鉴定个体之间状态一致的等位基因数目,同时引入了这些等位基因的群体频率,从而更全面地反映了全同胞与无关个体之间的遗传差异。当采用包含多个相互独立的常染色体遗传标记分型系统对两名有争议个体进行检测时,各个遗传标记上 FSI 的乘积即称为常染色体 STR 基因座累积全同胞关系指数(CFSI)。新规范给出了基于不同数目的 STR 基因座进行全同胞鉴定的累积全同胞关系指数(CFSI)评分阈值以及对应的系统效能。

5. 系统效能(system efficiency)

该技术规范中所述的"系统效能"指采用给定的检测系统以及相应的判定标准进行生物学全同胞关系鉴定时,预计能够给出明确结论的可能性。

由于两名无关个体之间会因随机而存在一定的"状态一致"的概率,因此,基于状态一致性原理无法利用 IBS 还是 FSI 法进行全同胞关系鉴定时始终存在部分案件无法得出明确结论的可能。研究表明,无论利用 IBS 法,还是 FSI 法,所检测的基因座数目越多,系统效能越高。新规范给出了利用 IBS 法和 FSI 法进行全同胞鉴定时,检测 19~55 个常染色体 STR 基因座时对应的系统效能。鉴定人可以根据实际情况查询所用体系的系统效能。

二、开展全同胞关系鉴定的程序

1. 委托受理过程的合同评审

在受理全同胞鉴定业务时,需要鉴定人与委托方充分沟通,明确以下合同内容,以确保委

托目的被充分理解,委托方充分了解鉴定风险:

(1) 新规范所指的生物学全同胞关系鉴定特指甄别两名个体间全同胞关系和无关个体关系两种检验假设。鉴定人应详细了解两名被鉴定人间是否存在其他可能的亲缘关系,若两名被鉴定人间可能存在其他亲缘关系(如半同胞、堂表亲等),则不适用新规范。

(2) 鉴定人应充分告知委托方当次鉴定拟采取的实验方案,包括能检测的常染色体 STR 基因座数量及相应的系统效能,以及是否补充检测 Y-STR、X-STR 和线粒体 DNA 等项目。并明确存在三种鉴定意见的可能性。在确保委托方了解以上风险并书面承诺愿意承担风险后,才能与委托方签订委托合同。

2. 全同胞关系鉴定的实施

(1) 样本的采集、DNA 提取、检测的常染色体 STR 基因座的选择、PCR 扩增以及扩增产物的电泳分析均应符合新规范中 6.1 至 6.4 的相关规定。

(2) 参数 CIBS 与 CFSI 的计算

1) CIBS 计算 依据状态一致性评分的定义,设有 A 和 B 两名被鉴定人,某一常染色体 STR 基因座有 P、Q、R 和 S 等多个等位基因,则 A 与 B 间在该遗传标记的状态一致性评分可依据表 4-2 进行计算。

依据状态一致性评分的定义,采用包含 n 个相互独立的常染色体 STR 基因座分型系统对两名被鉴定人进行检测后,其累计状态一致性评分(CIBS)为各个 STR 基因座的 IBS 之和,可以采用以下公式进行计算:

$$IBS = ibs_1 + ibs_2 + ibs_3 + \cdots + ibs_n = \sum_{i=1}^{n} ibs_i$$

其中,ibs_i 为第 i 个常染色体 STR 基因座的 IBS,n 为检测系统所包含遗传标记的个数。

2) CFSI 计算 依据 FSI 的定义,设有 A 和 B 两名被鉴定人,某一常染色体 STR 基因座有 P、Q、R 和 S 等多个等位基因,则 A 与 B 间在该遗传标记的 FSI 可依据表 4-4 进行计算。

表 4-4 单个常染色体 STR 基因座的 FSI 计算表

基因型		FSI
个体 A	个体 B	
PP	PP	$(p+1)^2/(4p^2)$
PP	PQ	$(p+1)/(4p)$
PP	QQ	1/4
PP	QR	1/4
PQ	QQ	$(q+1)/(4q)$
PQ	PQ	$(2pq+p+q+1)/(8pq)$
PQ	PR	$(2p+1)/(8p)$
PQ	QR	$(2q+1)/(8q)$
PQ	RR	1/4
PQ	RS	1/4

当采用包含多个相互独立的常染色体遗传标记分型系统对两名有争议个体进行检测时，各个遗传标记上 FSI 的乘积即称为常染色体 STR 基因座累积全同胞关系指数（CFSI），计算公式如下：

$$CFSI = FSI_1 \times FSI_2 \times FSI_3 \times \cdots \times FSI_n = \prod_{i=1}^{n} FSI_i$$

其中，FSI_i 为第 i 个遗传标记的全同胞关系指数；n 为检测系统所包含遗传标记的个数。

表 4-4 给出了单个常染色体 STR 基因座的 FSI 计算公式。这里以其中 5 个有代表性的基因型比对组合情形为例，介绍 FSI 计算公式的推导过程，以加强对 FSI 意义的理解。

例 1：个体 A 的基因型为 PP，个体 B 的基因型为 PP

个体 A 与个体 B 具有相同的基因型，且均为纯合子。两者拥有的 2 个相同的等位基因有以下三种可能来源：① 由共同的父母遗传而来；② 其中一个因遗传而相同，另一个是由于随机而相同；③ 两个均由于随机而相同。

根据 ITO 法，则有：

$$Pr(E \mid H_1) = \phi_0 \times O + \phi_1 \times T + \phi_2 \times I = 0.25 \times p^2 + 0.5 \times p + 0.25 \times 1$$
$$= (p^2 + 2p + 1)/4 = (p+1)^2/4$$
$$Pr(E \mid H_0) = p^2$$

因此 $FSI = Pr(E \mid H_1)/Pr(E \mid H_0) = (p+1)^2/(4p^2)$

例 2：个体 A 的基因型为 PQ，个体 B 的基因型为 PQ

个体 A 与个体 B 具有相同的基因型，且均为杂合子。两者拥有的 2 个相同的等位基因有以下三种可能来源：① 由共同的父母遗传而来；② 其中一个因遗传而相同，另一个是由于随机而相同；③ 两个均由于随机而相同。

根据 ITO 法，则有

$$Pr(E \mid H_1) = \phi_0 \times O + \phi_1 \times T + \phi_2 \times I = 0.25 \times 2pq + 0.5 \times 0.5 \times (p+q) + 0.25 \times 1$$
$$= (2pq + p + q + 1)/4$$
$$Pr(E \mid H_0) = 2pq$$

因此 $FSI = Pr(E \mid H_1)/Pr(E \mid H_0) = (2pq + p + q + 1)/(8pq)$

例 3：个体 A 的基因型为 PP，个体 B 的基因型为 PQ

个体 A 为纯合子，个体 B 为杂合子。两者有 1 个相同的等位基因，产生这种组合有两种可能：① 由遗传获得 1 个相同等位基因；② 由于随机获得 1 个相同等位基因。

根据 ITO 法，则有

$$Pr(E \mid H_1) = \phi_0 \times O + \phi_1 \times T + \phi_2 \times I = 0.25 \times 2pq + 0.5 \times q + 0.25 \times 0 = (p+1)q/2$$
$$Pr(E \mid H_0) = 2pq$$

因此 $FSI = Pr(E \mid H_1)/Pr(E \mid H_0) = (p+1)/(4p)$

例 4：个体 A 的基因型为 PQ，个体 B 的基因型为 PR

个体 A 与个体 B 均为杂合子，两者有 1 个相同的等位基因，产生这种组合有两种可能：① 由遗传获得 1 个相同等位基因；② 由于随机获得 1 个相同等位基因。

根据 ITO 法,则有

$$Pr(E \mid H_1) = \phi_0 \times O + \phi_1 \times T + \phi_2 \times I = 0.25 \times 2pr + 0.5 \times 0.5 \times r + 0.25 \times 0$$
$$= (2p + 1)r/4$$
$$Pr(E \mid H_0) = 2pr$$

因此 $FSI = Pr(E \mid H_1)/Pr(E \mid H_0) = (2p + 1)/(8p)$

例 5:个体 A 的基因型为 PQ,个体 B 的基因型为 RS

个体 A 与个体 B 均为杂合子,且两者没有相同的等位基因,产生这种组合有两种可能:① 由遗传形成没有相同等位基因;② 由于随机而没有相同等位基因。

根据 ITO 法,则有

$$Pr(E \mid H_1) = \phi_0 \times O + \phi_1 \times T + \phi_2 \times I = 0.25 \times 2rs + 0.5 \times 0 + 0.25 \times 0 = 2rs/4$$
$$Pr(E \mid H_0) = 2rs$$

因此 $FSI = Pr(E \mid H_1)/Pr(E \mid H_0) = 1/4$

注:以上举例中,原告假设 H_1 与被告假设 H_0 均为:

H_1——假设两名有争议个体之间存在全同胞关系;

H_0——假设两名有争议个体为无关个体。

p、q、r、s 分别为等位基因 P、Q、R 和 S 的频率。

(3) 结果分析与鉴定意见　　在计算出 $CIBS$ 和 $CFSI$ 值后,可依据新规范的阈值进行结果分析,得出以下三种结论:

1) $CIBS$ 大于对应阈值或 $CFSI$ 大于 10 000 时,倾向于认为两名有争议个体为全同胞关系。例如检测了 19 个必检 STR 基因座后,得到的 $CIBS$ 分值为 25(>22),和/或得到的 $CFSI$ 分值为 20 000(>10 000),即可倾向于认定两名被鉴定人之间存在全同胞关系。

2) $CIBS$ 小于对应阈值或 $CFSI$ 小于 0.000 1 时,倾向于认为两名有争议个体为无关个体。例如检测了 19 个必检 STR 基因座后,得到的 CIBS 分值为 10(<12),和/或得到的 $CFSI$ 分值为 0.000 002(<0.000 1),则可倾向于认为两名被鉴定人之间不存在全同胞关系。

3) $CIBS$ 或者 $CFSI$ 介于"倾向于认为两名有争议个体为全同胞关系"和"倾向于认为两名有争议个体之间不存在全同胞关系为无关个体"的阈值之间,可给出"无法给出倾向性意见"的鉴定意见。例如检测了 19 个必检 STR 基因座后,得到的 $CIBS$ 分值为 15(12<15<22),和/或得到的 $CFSI$ 分值为 5 000(0.000 1<5 000<10 000),将得到无法给出倾向性意见的结论。

虽然目前新规范中将全同胞鉴定时所需检测的常染色体 STR 基因座下限数目定为 19 个必检的 STR 基因座,但此时的系统效能分别只有 0.565 5(IBS 法)和 0.662 5(FSI 法),即采用 19 个 STR 基因座检测系统,有将近 50% 的机会遇到"无法给出倾向性意见"的情形。鉴于检测的常染色体 STR 基因座数目越多,系统效能越高,因此在实际工作中,进行全同胞关系鉴定时应尽量采用包含 19 个以上的常染色体 STR 基因座的检测系统,其鉴定的系统效能更高,无法判定的情形发生的概率亦更低。例如检测的常染色体 STR 基因座数目达到 45 个时,IBS 法的系统效能会达到 0.995 8,FSI 法的系统效能会达到 0.990 6,可大大减少出现无法得出倾向性意见的机会。

需要注意的是,任何情况下都不能为了获得较高的 $CIBS$ 或者 $CFSI$,故意将低评分/低值的遗传标记删除。如果出现 *CIBS* 和/或 *CFSI* 值未达到判定阈值但很接近（无法得出倾向性意见）的情形,正确的做法是继续增加检测更多的常染色体 STR 基因座并计算对应的 CIBS 和 CFSI。亦可根据鉴定对象的关系类型选择增加检测 Y‑STR、X‑STR 和线粒体 DNA 等遗传标记作为补充,并用文字描述的方式进行辅助说明,说明的方法和格式参照《法医物证鉴定 Y‑STR 检验规范》(SF/Z JD0105007‑2018)、《法医物证鉴定 X‑STR 检验规范》(SF/Z JD0105006‑2018)、《法医物证鉴定线粒体 DNA 检验规范》(SF/Z JD0105008‑2018)等规范。

三、全同胞关系鉴定技术发展

新规范采用的两种全同胞关系鉴定方法均建立在常染色体 STR 基因座的检测数据基础上,辅助以 Y‑STR、X‑STR 和线粒体 DNA 三种遗传标记。随着法医遗传学对单核苷酸多态性(SNP)遗传标记和插入缺失多态性(InDel)遗传标记的深入研究,这两种遗传标记也可以作为补充来辅助全同胞关系的鉴定,在一些仅仅依靠 STR 遗传标记无法判断全同胞关系的案件中发挥作用。如王致远等基于 NGS‑SNP 分型技术建立的全同胞关系检测系统。鉴于 SNP 遗传标记的数量庞大,未来有望建立基于 SNP 遗传标记的亲缘鉴定检测体系,从而为全同胞关系鉴定提供更加高效能的检测体系。

在新规范中,全同胞关系鉴定的 IBS 评分和 FSI 值阈值均基于准确性不低于 99.99% 的前提推算。近年来,一些学者提出了能用于多种亲缘关系鉴定的统一算法,以利于实现数据的软件处理。在实践中,这些算法给亲缘关系鉴定的数据分析带来了相当的便利,值得开展亲缘关系鉴定的司法鉴定人借鉴。

第四节　半同胞关系鉴定

近年来,半同胞关系鉴定诉求逐渐增多,涉及的鉴定用途主要包括财产继承、户口办理、无名尸身份识别、失散认亲等。不同于全同胞关系,半同胞关系属于二级亲缘关系,实际鉴定中涉及的参考亲属类型和数量均更加多样化,是同胞关系鉴定中的难点问题。本节内容以《生物学半同胞关系鉴定技术规范》(SF/T 0131‑2023)的内容为主要依据,对法医物证鉴定人实施生物学半同胞关系鉴定过程中需要掌握和熟悉的基本概念、基本理论、标准程序、结果判断以及注意事项进行阐述。

一、术语和定义

1. 半同胞(half sibling, HS)

半同胞指具有相同的生物学父亲(或母亲)和不同的生物学母亲(或父亲)的多个子代,具体可分为同父异母半同胞和同母异父半同胞。

2. 半同胞关系鉴定(half sibling testing)

半同胞关系鉴定指通过检测人类遗传标记和分析遗传规律,对有争议的个体之间是否存在半同胞关系进行判定的过程。此类鉴定需求多由共同父或共同母因死亡或失踪而无法参与鉴定而产生。

3. 半同胞关系指数(half sibling index,HSI)

对于每一个遗传标记而言,争议个体之间存在半同胞关系时其基因型出现的概率与争议个体之间为无关个体时其基因型出现的概率的比值即为半同胞关系指数。其算式为

$$HSI = \frac{Pr(E \mid H_1)}{Pr(E \mid H_2)}$$

式中,H_1 和 H_2 是两个假设条件,分别表示争议个体之间存在半同胞关系和争议个体之间为无关个体;E 为所有参与鉴定的个体的基因分型;$Pr(E \mid H_1)$ 表示 H_1 假设下参与鉴定的个体出现该基因型的概率;$Pr(E \mid H_2)$ 表示 H_2 假设下参与鉴定的个体出现该基因型的概率。

4. 累积半同胞关系指数(cumulative half sibling index,CHSI)

与亲子鉴定及全同胞关系鉴定相同,半同胞关系鉴定亦以常染色体 STR 作为主要检测的遗传标记,并须检测一定数量的常染色体 STR 以达到特定的系统效能。当采用包含多个相互独立遗传的遗传标记对被鉴定人进行检测时,可计算各遗传标记半同胞关系指数的乘积,得到累积半同胞关系指数。其算式为

$$CHSI = HSI_1 \times HSI_2 \times HSI_3 \times \cdots \times HSI_n = \prod_{i=1}^{n} HSI_i$$

式中,HSI_i 为第 i 个遗传标记的半同胞关系指数;n 为检测系统所包含遗传标记的个数。对于某一个案,在检测 n 个遗传标记的情况下,$CHSI > 1$ 则表示在该检测体系范围内支持半同胞关系成立,而 $CHSI < 1$ 则表示支持争议个体为无关个体。$CHSI$ 的数值大小也反映了支持力度,大于 10 000 时表示极其强力支持半同胞关系成立。对应地,$CHSI$ 小于 0.000 1 则表示极其强力支持争议个体为无关个体。

二、鉴定的实施

由司法鉴定科学研究院牵头制定的《生物学半同胞关系鉴定技术规范》(SF/T 0131 - 2023)已于 2023 年 10 月 7 日发布,在实施半同胞鉴定时可参考该规范。

半同胞关系鉴定中的采样、DNA 提取和保存、DNA 定量分析、STR 扩增和分型等检验程序与亲子鉴定及全同胞鉴定相同,可参考《生物学半同胞关系鉴定技术规范》及其引用的相应技术规范,此处不再赘述。

在进行半同胞关系鉴定时,目前亲缘关系鉴定常用的 19 个常染色体 STR 基因座(vWA、D21S11、D18S51、D5S818、D7S820、D13S317、D16S539、FGA、D8S1179、D3S1358、CSF1PO、TH01、TPOX、Penta E、Penta D、D2S1338、D19S433、D12S391、D6S1043)为必检基因座。而实际应用中,19 个常染色体 STR 基因座的系统效能一般不能达到半同胞关系鉴定所需,因此除上述 19 个必检基因座外,还应根据不同案情增加检测其他常染色体 STR 基因座,且所有检测的 STR 基因座之间均应不存在连锁不平衡。此外,所增加的 STR 基因座的平均个体识别能力宜不低于0.9。

三、常见半同胞关系鉴定情形的参数计算

半同胞关系鉴定属于复杂的亲缘关系鉴定,在条件允许的情况下应尽可能增加参考亲属,如父亲/母亲、全同胞等。因不同案件涉及的参考亲属类型和数量不同,此处只对非共同单亲(父亲/母亲)和全同胞等两种亲属类型参与的典型鉴定组合以及无参考亲属参与的半同胞关系鉴定进行详细介绍(图 4-4),其余鉴定组合以此类推。

1. 共同单亲缺失而双方另一单亲参与的半同胞关系鉴定

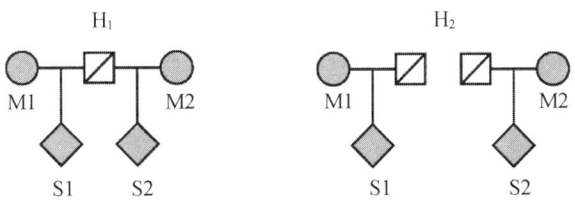

2. 双亲皆无情况下，全同胞参与的半同胞关系鉴定

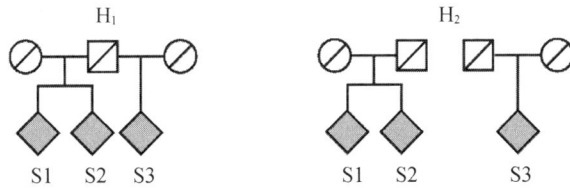

3. 无参考亲属参与的半同胞关系鉴定

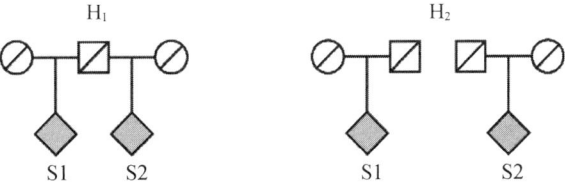

图4-4 半同胞关系鉴定常见组合类型（此处以同父异母半同胞为例，同母异父半同胞亦同）

1. 共同单亲缺失而双方另一单亲（父亲/母亲）参与的半同胞关系鉴定

由法院或个人委托，涉及财产继承的半同胞关系鉴定多为此类鉴定情形。通常争议个体双方或一方的非共同单亲可参与，争议个体数也不局限于两个体，因案情不同可能涉及多个争议个体。对于两个争议个体而言，若条件允许，应尽量要求双方的非共同单亲均参与鉴定，若条件不允许，至少应有一方的非共同单亲参与鉴定。

对于非共同单亲参与的半同胞关系鉴定，应按照《亲权鉴定技术规范》（GB/T 37223-2018）的规定先进行亲子关系的确认。例如对于图4-4中的第一种鉴定情形，M1和S1以及M2和S2的母子关系均为半同胞关系鉴定的前提条件，应先行确定。

确认亲子关系后，采用家系重建法计算半同胞关系指数。根据孟德尔遗传规律，依据M1、S1和M2、S2基因型推导出基于H_1假设的各种基因型组合及其可能性（X_1、X_2、…、X_n）以及基于H_2假设的各种基因型组合及其可能性（Y_1、Y_2、…、Y_n），并按照$HSI = (X_1 + X_2 + \cdots + X_n)/(Y_1 + Y_2 + \cdots + Y_n)$计算某一遗传标记的半同胞关系指数。具体计算方法见示例。

例1：假设M1、S1、M2、S2的基因型分别为AB、AA、AB、AA。等位基因A、B的基因频率为a、b。

在H_1假设下，根据四个体基因型推导出生父基因为A，可能的基因型有2种，即AA或AZ（Z代表A之外的任意等位基因，因此其基因频率$z = 1 - a$），此时上述基因型组合出现的概率如下：

当生父基因型为AA时，概率X_1为

$$X_1 = a^2 \times 2ab \times \frac{1}{2} \times 1 \times 2ab \times \frac{1}{2} \times 1$$

式中，$2ab$ 为杂合子 AB 在群体中的基因型频率，a^2 为纯合子 AA 在群体中的基因型频率，$\frac{1}{2}$ 和 1 分别为上述两种基因型传递等位基因 A（因子代基因型为 AA）的概率。基于家系重建法计算其他基因型组合出现的概率采用相同思路，后续不再赘述。

当生父基因型为 AZ 时，概率 X_2 为

$$X_2 = 2az \times 2ab \times \frac{1}{2} \times \frac{1}{2} \times 2ab \times \frac{1}{2} \times \frac{1}{2}$$

在 H_2 假设下，根据四个体基因型推导出生父可能的基因型也有 2 种，即 AA 或 AZ，此时上述基因型组合出现的概率如下：

当生父基因型为 AA 时，概率 Y_1 为

$$Y_1 = a^2 \times 2ab \times \frac{1}{2} \times 1 \times 2ab \times \frac{1}{2} \times a$$

式中，$2ab$ 为杂合子 AB 在群体中的基因型频率，a^2 为纯合子 AA 在群体中的基因型频率，$\frac{1}{2}$ 和 1 分别为上述两种基因型传递等位基因 A（因子代为 AA）的概率。因 H_2 假设下随机个体为争议个体的生父，其传递等位基因 A 的概率为 A 的基因频率 a。基于家系重建法计算其他基因型组合出现的概率采用相同思路，后续不再赘述。

当生父基因型为 AZ 时，概率 Y_2 为

$$Y_2 = 2az \times 2ab \times \frac{1}{2} \times \frac{1}{2} \times 2ab \times \frac{1}{2} \times a$$

因此，在上述基因型组合下半同胞关系指数计算如下：

$$HSI = \frac{X_1 + X_2}{Y_1 + Y_2}$$

$$= \frac{\left(a^2 \times 2ab \times \frac{1}{2} \times 1 \times 2ab \times \frac{1}{2} \times 1\right) + \left(2az \times 2ab \times \frac{1}{2} \times \frac{1}{2} \times 2ab \times \frac{1}{2} \times \frac{1}{2}\right)}{\left(a^2 \times 2ab \times \frac{1}{2} \times 1 \times 2ab \times \frac{1}{2} \times a\right) + \left(2az \times 2ab \times \frac{1}{2} \times \frac{1}{2} \times 2ab \times \frac{1}{2} \times a\right)}$$

$$= \frac{a+1}{2a}$$

上述四个体组合在不同基因型组合时的半同胞关系指数计算公式可参考《生物学半同胞关系鉴定技术规范》附录 A 的表 A.4。

在获得各个遗传标记的 HSI 之后，依据 CHSI 计算公式计算各遗传标记半同胞关系指数的乘积，得到该鉴定组合在当前检测体系下的累积半同胞关系指数。依据该累积半同胞关系指数可判断此次鉴定是否能获得明确的鉴定意见以及是否需要增加检测其他 STR 遗传标记等。

2. 双亲皆无情况下，全同胞参与的半同胞关系鉴定

半同胞关系鉴定中并不总能有父亲/母亲参与。在有些情况下，例如被鉴定人年纪较大，父辈均已去世等情况无法参与鉴定，鉴定人可以要求其双方或一方的已知全同胞参加鉴定。此时，委托方自述的已知全同胞关系应按照《生物学全同胞关系鉴定技术规范》（SF/T 0117—

2021)的规定先行确认。例如,对于图 4-4 中的第二种鉴定情形,S1 和 S2 的全同胞关系即为需先行确定的前提条件。

在确认全同胞关系后,采用家系重建法计算半同胞关系指数。利用孟德尔遗传规律,根据 S1、S2 和 S3 的基因型推导出基于 H_1 假设的各种基因型组合及其可能性(X_1、X_2、…、X_n)以及基于 H_2 假设的各种基因型组合及其可能性(Y_1、Y_2、…、Y_n),并按照 $HSI = (X_1 + X_2 + \cdots + X_n)/(Y_1 + Y_2 + \cdots + Y_n)$ 计算某一遗传标记的半同胞关系指数。具体计算方法见示例。

例2:假设已知全同胞个体 S1 和 S2 的基因型分别为 AB、CD,争议的同父半同胞个体 S3 的分型为 AC。等位基因 A、B、C、D 的基因频率分别为 a、b、c、d。

在 H_1 假设下,根据三个体的基因型可推导出生父的基因型可有 3 种,即 AC、AD 或 BC,此时上述基因型组合出现的概率为

当生父基因型为 AC 时,概率 X_1 为

$$X_1 = 2ac \times \frac{1}{2} \times b \times \frac{1}{2} \times d \times \frac{1}{2} \times (a + c)$$

当生父基因型为 AD 时,概率 X_2 为

$$X_2 = 2ad \times \frac{1}{2} \times b \times \frac{1}{2} \times c \times \frac{1}{2} \times c$$

当生父基因型为 BC 时,概率 X_3 为

$$X_3 = 2bc \times \frac{1}{2} \times a \times \frac{1}{2} \times d \times \frac{1}{2} \times a$$

而在 H_2 假设下,根据 S1 和 S2 的基因型推出生父的基因型可有 4 种,即 AC、AD、BC 或 BD,此时上述基因型组合出现的概率为:

当生父基因型为 AC 时,概率 Y_1 为

$$Y_1 = 2ac \times \frac{1}{2} \times b \times \frac{1}{2} \times d \times 2ac$$

当生父基因型为 AD 时,概率 Y_2 为

$$Y_2 = 2ad \times \frac{1}{2} \times b \times \frac{1}{2} \times c \times 2ac$$

当生父基因型为 BC 时,概率 Y_3 为

$$Y_3 = 2bc \times \frac{1}{2} \times a \times \frac{1}{2} \times d \times 2ac$$

当生父基因型为 BD 时,概率 Y_4 为

$$Y_4 = 2bd \times \frac{1}{2} \times a \times \frac{1}{2} \times c \times 2ac$$

因此,在上述基因型组合下半同胞关系指数计算如下:

$$HSI = \frac{X_1 + X_2 + X_3}{Y_1 + Y_2 + Y_3 + Y_4}$$

$$= \frac{\left[2ac \times \frac{1}{2} \times b \times \frac{1}{2} \times d \times \frac{1}{2} \times (a+c)\right] + \left(2ad \times \frac{1}{2} \times b \times \frac{1}{2} \times c \times \frac{1}{2} \times c\right) + \left(2bc \times \frac{1}{2} \times a \times \frac{1}{2} \times d \times \frac{1}{2} \times a\right)}{\left(2ac \times \frac{1}{2} \times b \times \frac{1}{2} \times d \times 2ac\right) + \left(2ad \times \frac{1}{2} \times b \times \frac{1}{2} \times c \times 2ac\right) + \left(2bc \times \frac{1}{2} \times a \times \frac{1}{2} \times d \times 2ac\right) + \left(2bd \times \frac{1}{2} \times a \times \frac{1}{2} \times c \times 2ac\right)}$$

$$= \frac{a+c}{8ac}$$

上述三个体组合在不同基因型组合时的半同胞关系指数计算公式可参考《生物学半同胞关系鉴定技术规范》附录 A 的表 A.3。

同上述第一种鉴定组合,在获得各个遗传标记的 HSI 之后,依据 CHSI 计算公式计算各遗传标记半同胞关系指数的乘积,得到该鉴定组合在当前检测体系下的累积半同胞关系指数。进一步依据该累积半同胞关系指数的大小判断此次鉴定是否能获得明确的鉴定意见,是否需要增加检测其他 STR 遗传标记等。

3. 双亲皆无情况下,两个争议个体间的生物学半同胞关系鉴定

在某些情况下,需进行半同胞关系鉴定的两争议个体既无双亲也无同胞等亲属可参与鉴定,只能对两个争议个体间是否存在半同胞关系进行鉴定。

对于此种组合,即图 4-4 中的第三种情形,可采用 ITO 法计算半同胞关系指数。查询表 4-3 可知,对于半同胞关系,在 H_1 假设下,ϕ_2、ϕ_1、ϕ_0 分别为 0、0.5、0.5;H_2 假设下,ϕ_2、ϕ_1、ϕ_0 分别为 0、0、1。带入公式 $R = \phi_2 I + \phi_1 T + \phi_0 O$ 即可计算半同胞关系指数,具体方法见示例。

例 3:假设争议个体为 S1 和 S2,则 I、T、O 分别表示 S1 具有特定基因型情况下,S2 与 S1 基因型有 2 个、1 个和 0 个 IBD 等位基因时 S2 出现该基因型的概率。当 S1 基因型为 AB,S2 的基因型也为 AB 时,两者的 2 个相同的等位基因有 3 种可能来源:① 均为 IBD 等位基因;② 一个为 IBD 等位基因,另一个为因随机而相同的等位基因;③ 无 IBD 等位基因,两个等位基因均因随机而相同。S1 的基因型为 AB 的情况下,S2 基因型为 AB 的概率为 $I = 1$(有 2 个 IBD 等位基因)、$T = 0.5(a+b)$(有 1 个 IBD 等位基因)、$O = 2ab$(有 0 个 IBD 等位基因),其中 a、b 分别为等位基因 A 和 B 的频率。代入上述公式,在半同胞关系鉴定的 H_1 和 H_2 假设下计算 HSI 如下:

$$HSI = \frac{R1}{R2} = \frac{0 \times 1 + 0.5 \times 0.5(a+b) + 0.5 \times 2ab}{0 \times 1 + 0 \times 0.5(a+b) + 1 \times 2ab} = \frac{0.25(a+b) + ab}{2ab} = \frac{a + b + 4ab}{8ab}$$

不同基因型组合时两个体配对的半同胞关系指数计算公式可参考《生物学半同胞关系鉴定技术规范》附录 A 的表 A.2。

同上述鉴定组合一样,在获得各遗传标记的 HSI 之后,依据 CHSI 计算公式计算各遗传标记半同胞关系指数的乘积,得到该鉴定组合在当前检测体系下的累积半同胞关系指数,并以此数值的大小判断此次鉴定是否能获得明确的鉴定意见,是否需要增加检测其他 STR 遗传标记等。

四、结果分析与鉴定意见

半同胞关系鉴定主要依据常染色体 STR 基因座检验结果和累积半同胞关系指数的计算结果形成鉴定意见。对于常染色体遗传标记的检验结果,当累积半同胞关系指数大于 10 000 时,鉴定意见为"倾向于认为争议个体(子代个体)为半同胞关系";累积半同胞关系指数小于 0.000 1 时,鉴定意见为"倾向于认为争议个体(子代个体)为无关个体";累积半同胞关系指数介于 0.000 1 和 10 000 之间时,鉴定意见为"无法给出倾向性意见"。在特定的鉴定组合下,当无法给出倾向性意见时,可通过增加检测常染色体遗传标记的方法提高检测系统的系统效能,以获得更加明确的鉴定意见。

此外,Y 染色体遗传标记、X 染色体遗传标记、线粒体 DNA 遗传标记等性别相关的遗传标记亦可作为半同胞关系鉴定的重要辅助工具。当争议个体之间疑为同父异母兄弟时,可按照《法医物证鉴定 Y – STR 检验规范》(SF/Z JD0105007 – 2018)的规定补充检验 Y 染色体遗传标记;疑为同父异母姐妹时,可按照《法医物证鉴定 X – STR 检验规范》(SF/Z JD0105006 – 2018)的规定补充检验 X 染色体遗传标记;疑为同母异父半同胞时,可按照《法医物证鉴定线粒体 DNA 检验规范》(SF/Z JD0105008 – 2018)的规定补充检验线粒体 DNA 遗传标记。相关结果应根据遗传标记的遗传规律采用文字描述的方式在鉴定意见书中进行分析说明。对于共同单亲缺失而双方另一单亲参与的半同胞关系鉴定,以及双亲皆无情况下两名争议个体间的半同胞关系鉴定,上述性染色体 STR 及线粒体 DNA 遗传标记的补充检验为非必须,可结合案情和 CHSI 值进行综合判断。而对于无参考亲属参与的两个体配对半同胞关系鉴定,上述补充检验为必检项目。

五、特别说明

在半同胞关系鉴定中,本版《生物学半同胞关系鉴定技术规范》要求采用的检测体系的系统效能应大于 0.75,对于图 4 – 4 中三种典型的鉴定情形,当以 $CHSI$ 大于 10 000 或小于 0.000 1 作为支持或排除半同胞关系的判定标准时,所应检测的常染色体 STR 基因座数目分别为:M1、S1、M2、S2 四个体组合半同胞关系鉴定不少于 35 个基因座,S1、S2、S3 三个体组合半同胞关系鉴定不少于 39 个基因座,S1、S2 两个体配对半同胞关系鉴定不少于 73 个基因座。其他鉴定组合的系统效能可根据具体案情具体计算。当对一定数目的常染色遗传标记进行检测后仍然无法获得明确鉴定意见,即已经无法通过增加遗传标记的数目提高检测体系的系统效能时,鉴定人可进一步了解是否有其他亲属可参与鉴定,以提高鉴定的系统效能。

半同胞关系鉴定中非常重要的环节是在案件受理前鉴定人应详细了解案情,包括争议个体间是同父异母半同胞还是同母异父半同胞,有哪些亲属可以参与鉴定,非共同单亲间是否存在亲属关系,争议个体间是否可能存在其他亲属关系等。

首先,了解半同胞关系的类型有助于鉴定人制定补充检验 Y 染色体遗传标记、X 染色体遗传标记、线粒体 DNA 遗传标记等遗传标记的方案。

其次,将两个争议个体的参考亲属纳入鉴定可显著提高鉴定系统的系统效能,而参考亲属优先选择父亲/母亲、全同胞等一级亲缘亲属,其次为与共同单亲有亲属关系的其他亲属。即使是只有具有二级亲缘关系的参考亲属参与鉴定,系统效能都优于无参考亲属参与的两个体配对半同胞关系鉴定。例如,当检测 Goldeneye™ DNA 身份鉴定系统 30A 和 Microreader™ 23sp ID 系统试剂盒所包含的 41 个常染色体 STR 基因座,并以 CHSI 大于 10 000 或小于 0.000 1 作为支持或排除半同胞关系的判定标准时,鉴定一对疑似同母异父半同胞兄弟的系统效能只有 0.24。但若将两者的外婆当作参考亲属加入鉴定,系统效能则提高至 0.83,可大大提高获得明确鉴定意见的可能性。

最后,两个争议半同胞的非共同单亲间是否存在亲属关系、争议个体间是否可能存在其他亲属关系等均可能对鉴定有所影响。例如一对同母异父半同胞,若两个父亲为全同胞兄弟,则两争议个体的基因型可能会呈现"全同胞"的假象,若鉴定人未了解清楚案情,可能会得出不符合实际的鉴定意见。

此外,应特别注意的是,委托人通常关心的是争议个体之间的半同胞关系,而对其他参考亲属参与鉴定的重要性认识不足。因此,在半同胞关系鉴定案件的咨询期间鉴定人应进行专业、耐心的沟通,要求一方或双方的非共同单亲(父亲/母亲),或可参与的全同胞都尽量参与鉴定,以提高鉴定的有效性和可靠性。对于涉及多个子代个体的半同胞关系鉴定,采用家系重建法推算缺失的共同单亲基因型时,较多的参考亲属不仅可提高半同胞关系鉴定的系统效能,且有利于降低鉴定效果的不确定性。其原因在于法律上认可的亲子关系(对于同父异母半同胞关系鉴定,指父亲与已知孩子的关系)未必均与生物学亲子关系一致,而增加参与鉴定的子代个体数可降低该风险。

最后,SNP、InDel、MH 等 STR 基因座以外的遗传标记,以及基于高通量测序平台获得的常染色体 STR、X 染色体 STR、Y 染色体 STR 或线粒体 DNA 检验数据也同样适用于本文的思路。鉴定人可根据案情进行应用和拓展。

第五节 祖孙关系鉴定

祖孙关系司法鉴定实践中常见的亲缘关系鉴定类型,涉及隔代之间的关系鉴定。本节内容以《生物学祖孙关系鉴定规范》(SF/Z JD0105005 – 2015)的内容为主要依据,对法医物证鉴定人实施生物学全同胞关系鉴定过程中需要掌握和熟悉的基本概念、基本理论、标准程序、结果判断以及注意事项进行阐述,并对规范之外的两种祖孙关系鉴定组合及多种类遗传标记在祖孙关系鉴定中的应用进行了适当的拓展。

一、术语和定义

1. 祖孙关系鉴定

祖孙关系鉴定是通过对人类遗传标记的检测,根据遗传规律分析,对有争议的祖父母与被检孩子之间是否存在生物学祖孙关系进行鉴定。若争议祖父母同时参与鉴定,则该对争议祖父母要么双方都与孩子存在祖孙关系,要么都不是孩子的祖父或者祖母。

2. 平均非祖父母排除率(mean power of random grandparents exclusion, RGE)

指通过检测一个或多个遗传标记能将群体中随机一对夫妇排除为孩子生物学祖父母的能力。

3. 祖孙关系指数（grandparent index，GI）

是生物学祖孙关系鉴定中判断遗传证据强度的指标。是指争议祖父母与孙子（女）之间存在祖孙关系时其遗传表型出现的概率与争议祖父母与孙子（女）为无关个体时其遗传表型出现的概率之比值，即：

$$GI = \frac{Pr(E \mid H_1)}{Pr(E \mid H_2)}$$

式中，H_1 和 H_2 是两个假设条件，分别表示争议祖父母与孙子（女）之间存在祖孙关系与争议祖父母与孙子（女）为无关个体；E 为所有参与鉴定的个体的基因分型；$Pr(E \mid H_1)$ 表示 H_1 假设下参与鉴定的个体出现该基因型的概率；$Pr(E \mid H_2)$ 表示 H_2 假设下参与鉴定的个体出现该基因型的概率。

4. 累积祖孙关系指数（cumulative grandparents-grandchild index，CGI）

当采用包含多个相互独立遗传的遗传标记对被鉴定人进行检测时，可计算各遗传标记祖孙关系指数的乘积，得到累积祖孙关系指数。其算式为

$$CGI = GI_1 \times GI_2 \times GI_3 \times \cdots \times GI_n = \prod_{i=1}^{n} GI_i$$

式中，GI_i 为第 i 个遗传标记的祖孙关系指数，n 为检测系统所包含遗传标记的个数。

二、鉴定的实施

祖孙关系鉴定中的采样、DNA 提取和保存、DNA 定量分析、STR 扩增和分型等检验程序与亲子鉴定、全同胞鉴定、半同胞鉴定相同，可参考《生物学祖孙关系鉴定规范》及其引用的相应技术规范，此处不再赘述。值得注意的是，该规范所指的祖孙关系鉴定特指生母、祖父、祖母同时参与鉴定下被检孩子与祖父、祖母间的祖孙关系鉴定，若为其他情形则不适用。

三、常见祖孙关系鉴定情形的参数计算

1. 争议祖父母、孩子生母、孩子参与的祖孙关系鉴定

该情形即为《生物学祖孙关系鉴定规范》特指的鉴定组合。

（1）平均非祖父母排除率（RGE）的计算　　对于共显性遗传标记，该情形下排除一对随机祖父母的平均非祖父母排除率计算公式为

$$RGE = \sum_{i=1}^{n} p_i(1 - p_i + p_i^2)(1 - p_i)^4 + \sum_{i}^{n-1} \sum_{j=i+1}^{n} p_i p_j (p_i + p_j)(1 - p_i - p_j)^4$$

式中，p_i、p_j 为有 n 个等位基因共显性遗传标记系统的等位基因频率。

（2）祖孙关系指数（GI）的计算　　在无突变情形下可根据生母和孩子的基因型推出孩子生父基因，祖孙关系指数即为被检祖父、祖母传递生父基因的概率与随机人群中该生父基因频率的比值。当被检孩子的两个等位基因均有生父等位基因可能时，生父等位基因的人群等位基因频率为这两个等位基因的人群频率之和。《生物学祖孙关系鉴定规范》举例说明了无突变情形下不同基因型组合时祖孙关系指数的计算方法（表 4-5）。

表 4-5　无突变情形下部分基因型组合时祖孙关系指数的计算方法(举例)

祖父×祖母	被检孩子	孩子生母	孩子生父基因	GI 计算公式
PP×PP	PP	PQ	P	$1/p$
PP×PR	PQ	QQ	P	$0.75/p$
PQ×PR	PQ	QQ	P	$0.5/p$
PP×RR	PQ	QQ	P	$0.5/p$
PR×QQ	PQ	QQ	P	$0.25/p$
PQ×PQ	PQ	PQ	P 或 Q	$1/(p+q)$
PP×PQ	PQ	PQ	P 或 Q	$1/(p+q)$
PP×PR	PQ	PQ	P 或 Q	$0.75/(p+q)$
PQ×PR	PQ	PQ	P 或 Q	$0.75/(p+q)$
PP×RS	PQ	PQ	P 或 Q	$0.5/(p+q)$
PR×QS	PQ	PQ	P 或 Q	$0.5/(p+q)$
PR×RS	PQ	PQ	P 或 Q	$0.25/(p+q)$

根据母子基因分型推断出生父等位基因。不考虑突变的前提条件下,比较祖父母的等位基因与生父等位基因,若祖父母的等位基因包含生父等位基因,则可计算生父等位基因的传递概率,即该等位基因在祖父母的 4 个等位基因中所占比例。具体计算方法见以下示例。

例1：假设 GF、GM、M、Z 的基因型分别为 PP、PQ、PQ、PQ。等位基因 P、Q 的频率为 p、q。

在 H_1 假设下,根据母子基因型,可推断生父等位基因可为 P 或 Q,当生父等位基因为 P 时,该等位基因在祖父母的基因型 PP、PQ 的 4 个等位基因中所占比例为 0.75,即生父等位基因的传递概率为0.75;同理,当生父等位基因为 Q 时,生父等位基因的传递概率为 0.25, GI 值的分子概率计算如下:

$$Pr(E \mid H_1) = 0.75 + 0.25$$

在 H_2 假设下, GI 值的分母概率与经典的三联体亲权关系鉴定的原理相同,在此不再赘述。

$$Pr(E \mid H_2) = 0.5 \times (p + q)$$

因此,在上述基因型组合下祖孙关系指数计算如下:

$$GI = \frac{Pr(E \mid H_1)}{Pr(E \mid H_2)} = \frac{1}{(p+q)}$$

若祖父母的等位基因不包含生父等位基因,则需考虑突变的可能,依据《生物学祖孙关系鉴定规范》的规定,将男性和女性在某一 STR 基因座的平均一步突变率分别规定为 μ 和 $\mu/3.5$,考虑到特定的突变方向的机会均等(增加一步或者减少一步),男性和女性的突变率可分别按照 0.5μ 和 $\mu/7$ 进行计算。即考虑孩子可能的生父基因与被检祖父或祖母间存在突变的可能,对于存在突变情形下的祖孙关系指数计算,分母依然为所有生父基因的人群概率(或之和),分子为每一生父基因的突变来源概率与相应等位基因突变率之积的总和,其中突变来源概率为相应的突变来源数占祖父母所能提供的等位基因个数之比。该规范举例说明了突变情形下部分基因组合时祖孙关系指数的计算方法(表4-6),具体计算方法见以下示例。

表4-6 突变情形下部分基因组合时祖孙关系指数的计算方法(举例)

祖父×祖母	被检孩子	孩子生母	孩子生父基因	GI 计算公式
12/12×12/12	13/13	13/14	13	$(0.5 \times 0.5\mu + 0.5 \times \mu/7)/p_{13}$
12/12×12/15	13/14	14/16	13	$(0.5 \times 0.5\mu + 0.25 \times \mu/7)/p_{13}$
10/12×12/15	13/14	14/18	13	$(0.25 \times 0.5\mu + 0.25 \times \mu/7)/p_{13}$
10/12×15/15	13/14	14/14	13	$(0.25 \times 0.5\mu)/p_{13}$
10/15×12/15	13/14	14/14	13	$(0.25 \times \mu/7)/p_{13}$
12/12×12/14	11/13	11/13	11 或 13	$(0.5 \times \mu + 0.5 \times \mu/7)/(p_{11} + p_{13})$
12/12×15/15	13/14	13/14	13 或 14	$(0.5 \times 0.5\mu + 0.5 \times \mu/7)/(p_{13} + p_{14})$
12/12×12/15	13/14	13/14	13 或 14	$(0.5 \times 0.5\mu + 0.5 \times \mu/7)/(p_{13} + p_{14})$
12/18×15/16	13/14	13/14	13 或 14	$(0.25 \times 0.5\mu + 0.25 \times \mu/7)/(p_{13} + p_{14})$
12/18×16/18	13/14	13/14	13 或 14	$(0.25 \times 0.5\mu)/(p_{13} + p_{14})$
11/18×15/18	13/14	13/14	13 或 14	$(0.25 \times \mu/7)/(p_{13} + p_{14})$

例2:假设 GF、GM、M、Z 的基因型分别为(12,12)、(12,14)、(11,13)、(11,13)。

在 H_1 假设下,根据母子基因分型,可推断生父等位基因为 11 或 13,故 GI 值的分子概率为

$$Pr(E \mid H_1) = 0.5 \times (0.5 \times 0.5\mu + 0.25 \times \mu/7) + (0.5 \times 0.5\mu + 0.5 \times \mu/7)$$

在 H_2 假设下,GI 值的分母概率与经典的三联体亲权关系鉴定的原理相同,在此不再赘述。

$$Pr(E \mid H_2) = 0.5 \times (p_{11} + p_{13})$$

因此,在上述基因型组合下祖孙关系指数计算如下:

$$GI = \frac{Pr(E \mid H_1)}{Pr(E \mid H_2)} = \frac{0.5 \times \mu + 0.5 \times \mu/7}{(p_{11} + p_{13})}$$

在《生物学祖孙关系鉴定规范》中有如下表述:"当生父基因不能确定时,若一种生父基因存在突变可能,而另一种生父基因吻合遗传规律时,则在分子计算时两种可能性均应纳入计算。"若按此规定,则所有生父基因不能确定的情况下,祖父母中与生父等位基因不相同的等位基因均应视为突变或至少要考虑一步突变的情形。由于突变率较低,考虑突变对基因座的 GI 值增加影响非常小,在实际工作中可以忽略这种突变,此时所得的 GI 值相对保守,可以防止因过大的 GI 值而误判为有祖孙关系。

2. 争议祖父母与孩子参与的祖孙关系鉴定

在某些情况下,双亲因故无法参与鉴定,仅对争议祖父母和孩子之间是否存在祖孙关系进行鉴定。

(1)平均非祖父母排除率(RGE)的计算 对于共显性遗传标记,该情形下排除一对随机祖父母的平均非祖父母排除率为

$$RGE = \sum_{i=1}^{n} p_i^2(1-p_i)^4 + \sum_{i=1}^{n-1}\sum_{j=i+1}^{n} 2p_ip_j(1-p_i-p_j)^4$$

式中,p_i、p_j 为有 n 个等位基因共显性遗传标记系统的等位基因频率。

(2) 祖孙关系指数(GI)的计算 祖孙关系指数即为被检孩子生父等位基因来自被检祖父、祖母的概率与生父等位基因的群体等位基因频率的比值。该情形下孩子生母没有参与检验,孩子基因型的每个等位基因均可为生父基因。生父基因明确为一个时,祖孙关系指数即为被检祖父、祖母传递生父基因的概率与随机人群中该生父基因的基因频率的比值;生父基因为两个时,分子为被检祖父、祖母传递生父基因的概率与随机母提供生母等位基因的概率(即群体的等位基因频率)之积,分母为随机父和随机母提供孩子等位基因的概率(即孩子基因型在群体中的频率)。在不考虑突变情形下,祖孙关系指数计算方法详见表 4-7,具体计算方法见以下示例。

表 4-7 无突变情形下部分基因型组合时祖孙亲缘关系指数的计算方法(举例)

祖父,祖母	被检孩子	孩子生父基因	GI 计算公式
PP, PP	PP	P	$1/p$
PP, PX	PP	P	$3/(4p)$
PP, XX	PP	P	$1/(2p)$
PX, PX	PP	P	$1/(2p)$
PX, XX	PP	P	$1/(4p)$
PP, PP	PQ	P 或 Q	$1/(2p)$
PP, PQ	PQ	P 或 Q	$(3q+p)/(8pq)$
PP, QQ	PQ	P 或 Q	$(p+q)/(4pq)$
PQ, PQ	PQ	P 或 Q	$(p+q)/(4pq)$
PP, PX	PQ	P 或 Q	$3/(8p)$
PP, XX	PQ	P 或 Q	$1/(4p)$
PX, PX	PQ	P 或 Q	$1/(4p)$
PX, XX	PQ	P 或 Q	$1/(8p)$
PQ, PX	PQ	P 或 Q	$(2q+p)/(8pq)$
PQ, XX	PQ	P 或 Q	$(q+p)/(8pq)$
PX, QX	PQ	P 或 Q	$(q+p)/(8pq)$

注:表中 P、Q 表示等位基因,X 表示任意一个非生父等位基因,p、q 分别是 P、Q 的等位基因频率。

例3:假设 GF、GM、Z 的基因型分别为 PP、PQ、PQ。等位基因 P、Q 的基因频率为 p、q。

在 H_1 假设下,根据 Z 的基因型,推断生父等位基因可为 P 或 Q,当生父等位基因为 P 时,争议祖父、祖母提供等位基因 P 的概率为 0.75,随机母提供等位基因 Q 的概率为 q;当生父等位基因为 Q 时,争议祖父、祖母提供等位基因 Q 的概率为 0.25,随机母提供等位基因 P 的概率为 p,GI 值的分子概率为

$$Pr(E \mid H_1) = 0.75 \times q + 0.25 \times p$$

在 H_2 假设下,GI 值的分母概率与经典的二联体亲权关系鉴定的原理相同,为随机父和随机母提供孩子等位基因的概率,即孩子基因型在群体中的概率。

$$Pr(E \mid H_2) = 2pq$$

因此,在上述基因型组合下祖孙关系指数计算如下:

$$GI = \frac{Pr(E \mid H_1)}{Pr(E \mid H_2)} = \frac{3q + p}{8pq}$$

若祖父母的等位基因不包含生父等位基因,不符合遗传规律,则需考虑突变的可能。此时可参照《生物学祖孙关系鉴定规范》的规定,男性和女性的等位基因突变率分别按 0.5μ 和 $\mu/7$ 进行计算,即考虑孩子的生父基因由被检祖父或祖母的等位基因突变而来。具体计算方法见以下示例。

例 4:假设 GF、GM、Z 的基因型分别为(14/14)、(14/16)、(13/15)。

在 H_1 假设下,根据 Z 的基因型推断生父等位基因可为 13 或 15。当生父等位基因为 13 时,按照 STR 基因座逐步突变规律,可考虑由祖父、祖母的等位基因 14 突变传递,祖父提供等位基因 14 的概率为 0.5,突变为等位基因 13 的概率为 0.5μ,祖母提供等位基因 14 的概率为 0.25,突变为等位基因 13 的概率为 $\mu/7$,随机母需提供等位基因 15;当生父等位基因为 15 时,考虑由祖父、祖母的等位基因 14 或 16 突变传递,祖父提供等位基因 14 的概率为 0.5,突变为等位基因 15 的概率为 0.5μ,祖母提供等位基因 14 或 16 的概率为 0.5,突变为等位基因 15 的概率为 $\mu/7$,随机母需提供等位基因 13 的概率为 0.5;故 GI 值的分子概率为:

$$Pr(E \mid H_1) = p_{15} \times (0.5\mu \times 0.5 + \mu/7 \times 0.25) + p_{13} \times (0.5\mu \times 0.5 + \mu/7 \times 0.5)$$

在 H_2 假设下,GI 值的分母概率与经典的二联体亲权关系鉴定的原理相同,为随机父和随机母提供孩子等位基因的概率(即孩子基因型在群体中的频率)。

$$Pr(E \mid H_2) = 2p_{13}p_{15}$$

因此,在上述基因型组合下祖孙关系指数计算如下:

$$GI = \frac{Pr(E \mid H_1)}{Pr(E \mid H_2)} = \frac{(9p_{13} + 8p_{15})\mu}{56p_{13}p_{15}}$$

3. 争议祖父或祖母一方与孩子参与的祖孙关系鉴定

在某些情况下,只有祖父或祖母一方与孩子参与鉴定,即两个体配对祖孙关系鉴定,可采用 ITO 法计算祖孙关系指数。查询表 4-3 可知,对于祖孙关系,在 H_1 假设下,ϕ_2、ϕ_1、ϕ_0 分别为 0、0.5、0.5;H_2 假设下,ϕ_2、ϕ_1、ϕ_0 分别为 0、0、1。代入公式 $R = \phi_2 I + \phi_1 T + \phi_0 O$ 即可计算祖孙关系指数,具体方法见示例。

例 5:争议祖父或祖母(GF)和孩子(Z)的基因型均为 PQ 时,两者的 2 个相同的等位基因有 3 种可能来源:① 均为 IBD 等位基因;② 一个为 IBD 等位基因,另一个为因随机而相同的等位基因;③ 无 IBD 等位基因,两个等位基因均因随机而相同。GF 的基因型为 PQ 的情况下,Z 与 GF 有 2 个 IBD 等位基因时 Z 出现 PQ 分型的概率为 $I = 1$、有 1 个 IBD 等位基因时 Z 出现 PQ 分型的概率为 $T = 0.5(p+q)$、有 0 个 IBD 等位基因时 Z 出现 PQ 分型的概率 $O = 2pq$,其中

p、q 分别为等位基因 P 和 Q 的频率,祖孙关系指数计算公式如下:

$$GI = \frac{Pr(E \mid H_1)}{Pr(E \mid H_0)} = \frac{0 \times 1 + 0.5 \times 0.5(p+q) + 0.5 \times 2pq}{0 \times 1 + 0 \times 0.5(p+q) + 1 \times 2pq} = \frac{0.25(p+q) + pq}{2pq} = \frac{p+q+4pq}{8pq}$$

不同基因型组合时两个体配对的祖孙关系指数计算公式可根据上述方法进行计算。值得注意的是,由于祖孙和半同胞关系的 I、T、O 均相同,采用 ITO 的祖孙关系指数计算公式同半同胞关系鉴定,可参考《生物学半同胞关系鉴定技术规范》附录 A 的表 A.2。

四、结果分析与鉴定意见

祖孙关系鉴定主要依据常染色体 STR 基因座检验结果和累积祖孙关系指数的计算结果形成鉴定意见。《生物学祖孙关系鉴定规范》针对争议祖父母、孩子生母、孩子四人组合鉴定的情形,规定当累积祖孙关系指数大于 10 000 时,鉴定意见为"支持被检测夫妇是孩子生物学祖父母的假设";累积祖孙关系指数小于 0.000 1 时,鉴定意见为"支持被检测夫妇不是孩子生物学祖父母的假设"。当不能满足上述的指标时,应通过增加检测常染色体遗传标记的方法提高检测体系的系统效能,以达到要求,获得明确鉴定意见。否则,建议鉴定意见为"无法作出鉴定意见"。对于争议祖父、祖母和孩子三人组合鉴定仅有祖孙两人配对鉴定的情形目前尚未有国家或行业标准,建议也可参考同为二级亲缘关系的《生物学半同胞关系鉴定技术规范》,以累积祖孙关系指数大于 10 000 和小于 0.000 1 作为评判阈值。按照此标准,两个体配对祖孙关系鉴定效能大于 0.75 需检测 73 个常染色体 STR 基因座。

《生物学祖孙关系鉴定规范》规定应以常染色体 STR 分型结果作为出具祖孙关系鉴定意见的主要依据,不能仅依据 Y-STR 或 X-STR 基因座检测结果出具鉴定意见。对于补充检验的 Y-STR 或 X-STR 检测结果,建议仅对 Y 或 X 染色体特殊的遗传规律进行描述性分析,判断是否符合同一父系(被检孩子为男性时)或是否符合祖母与孙女(被检孩子为女性时)的遗传规律等。

五、知识拓展

Y 染色体遗传标记、X 染色体遗传标记和线粒体 DNA 在特定祖孙关系鉴定中能直接提供排除信息,具有特殊的应用价值。例如:祖母-孙女或外祖父母-外孙关系鉴定中应用 X-STR 标记,祖父-孙子关系鉴定中应用 Y-STR 标记,外祖母-外孙关系鉴定中应用线粒体 DNA 标记等,均可以提高鉴定效能。另一方面,虽然《生物学祖孙关系鉴定规范》(SF/Z JD0105005-2015)提出,性染色体遗传标记检测结果仅就其特殊遗传规律进行描述性分析,但如必要,X 染色体遗传标记应依据《法医物证鉴定 X-STR 检验规范》(SF/Z JD0105006-2018),对其 GI 值进行计算。当采用多个 X 染色体遗传标记,应考虑 X 染色体遗传标记的染色体位置和连锁状态,对于位于同一连锁群(linkage group)的 X-STR 基因座建议使用单倍型频率进行计算。对于 Y 染色体遗传标记,为避免潜在突变的影响,不能仅以单个 Y 染色体遗传标记分型结果的不一致来否定祖孙关系;另一方面,无关个体也可能存在相同的 Y 染色体遗传标记单倍型,不能仅以 Y 染色体遗传标记单倍型的匹配认定祖孙关系。mtDNA 在祖孙关系鉴定中提供的信息有限,若比对序列一致,只能说明不排除来自同一母系;同时,mtDNA 亦有潜在突变的影响,对相隔多代的个体进行母系亲缘关系分析时,应谨慎作出判断意见。对于这些非常染色体遗传标记的分型结果,实验室应当建立相应的证据强度评估策略。

常染色体 SNP 的遗传方式与常染色体 STR 相同，GI 的计算方法可参考常染色体。常染色体 SNP 亦为祖孙关系鉴定的重要补充。值得注意的是，联合使用 STR 和 SNP 进行祖孙关系鉴定时，需证明遗传标记相互之间的独立性。

除了两个体配对的祖孙关系鉴定计算 GI 值的方法是 ITO 法之外，上述提及的计算方法可以归类为家系重建法，家系重建法适用范围较广，提供的遗传信息较多，可根据不同引入个体推导不同的计算公式，适用于多种情况下的生物学祖孙关系鉴定，且所得祖孙关系指数明显高于 ITO 法，建议有条件的鉴定案件优先选取家系重建法进行计算。

第六节　同卵双生子鉴定

在亲缘关系鉴定，偶尔会遇到一类特殊案件，即其中一名被鉴定人存在同卵双生的兄弟或姐妹。由于同卵双生子的特点，两者的 DNA 序列基本是一致的，很难区分同卵双生子中哪一名个体与另一名被鉴定人存在亲缘关系。因此在亲缘关系鉴定中，同卵双生子之间的关系鉴定和被鉴定人为同卵双生子对鉴定结果造成的影响需要特别注意。

一、术语和定义

1. 同卵双生子（monozygotic twins，MZ）

同卵双生子，即同卵双胞胎，也称为单卵双胞胎，是指由单个受精卵分裂后分别形成两个胚胎，而后发育成的两名个体，因此理论上同卵双生子的体细胞 DNA 序列是完全一致的。

2. 异卵双生子（dizygotic twins，DZ）

正常情况下育龄女性每月排卵一次，但有时因某种原因同时或者连续排出两个卵子并同时分别被精子受精，就产生了两个受精卵。异卵双生子就是指由两个不同的受精卵发育而来且同时出生的两名个体，因此理论上其基因组 DNA 并不一致。通常异卵双生子来自同一父亲，可以视为同时出生的全同胞；但是，也有报道女性在排卵期间与两名男子发生性关系，导致两个卵子与两名男性的精子分别受精，即异父同期复孕现象，这种异卵双生子可以视为同母异父的半同胞。

二、鉴定两名个体是否为同卵双生子

基于目前法医学常用的常染色体 STR 分型技术，通常同卵双生子会检出相同的基因型，若两者基因型不一致则排除同卵双生。同卵双生子鉴定可以参考本章表 4-1 和表 4-3，采用 ITO 法计算 KI，通常会有以下三种场景需求：

1. 鉴定两名个体是同卵双生子还是无关个体

H1：两个体为同卵双生子；

H2：两个体为无关个体。

同卵双生子必定且只能有两个 IBD 等位基因，因此 $k_2 = 1$，$k_0 = k_1 = 0$；无关个体必定没有 IBD 等位基因，即 $k_2 = k_1 = 0$，$k_0 = 1$。计算 KI 值分为两种情况：

1）两个体的分型均为 PP，等位基因 P 的概率为 p，则 $KI = R_1/R_2 = p^2/p^4 = 1/p^2$。

2）两个体的分型均为 PQ，等位基因 P、Q 的概率分别为 p、q，则 $KI = R_1/R_2 = 2pq/4p^2q^2 = 1/(2pq)$。

2. 鉴定两名个体是同卵双生子还是同父异卵双生子

H_1：两个体为同卵双生子；

H_2：两个体为同父异卵双生子（即全同胞）。

通常来说，两个双生子性别不同，即所谓龙凤胎，可直接判断其不是同卵双生子；如果两个双生子性别相同，则需要进行鉴别。全同胞关系的 $k_2 = k_0 = 1/4$，$k_1 = 1/2$。计算 KI 值分为两种情况：

1) 两个体的分型均为 PP，等位基因 P 的概率为 p，则 $KI = R_1/R_2 = p_2/(p^4/4 + p^3/2 + p^2/4) = 1(1/4 + p/2 + p_2/4)$。

2) 两个体的分型均为 PQ，等位基因 P、Q 的概率分别为 p、q，则 $KI = R_1/R_2 = 2pq/[p^2q^2 + pq(p+q)/2 + pq/2] = 1/[1/4 + 1/2 \times (p/2 + q/2) + 1/4 \times (2pq)]$。

3. 鉴定两名个体是同父异卵双生子还是异父异卵双生子

H_1：两个体为同父异卵双生子（即全同胞）；

H_2：两个体为异父异卵双生子（即半同胞）。

半同胞关系的 $k_0 = k_1 = 1/2$，$k_2 = 0$。计算 KI 值分为两种情况：

1) 两个体的分型均为 PP，等位基因 P 的概率为 p，则 $KI = R_1/R_2 = (p+1)/(2p)$。

2) 两个体的分型均为 PQ，等位基因 P、Q 的概率分别为 p、q，则 $KI = R_1/R_2 = [1/4 + 1/2 \times (p/2 + q/2) + 1/4 \times (2pq)]/[1/2 \times (p/2 + q/2) + 1/2 \times (2pq)] = (2pq + p + q + 1)/(4pq + p + q)$。

检测 n 个独立基因座的累积亲缘指数 $CKI = KI_1 \times KI_2 \times KI_3 \times \cdots \times KI_n$。

需要注意的是，以上 KI 值的计算仅针对两名争议个体分型结果完全一致时的情况，若两者分型不一致，计算 KI 值需要考虑胚胎在怀孕早期分开后，基因组复制过程中，所检测的基因座发生突变的概率，但这种突变率目前并没有相应的数据报道，暂不予讨论。

因此对于场景 1，当两争议个体全部基因座分型结果相同时，鉴定意见可以表述为"倾向于认为两名有争议个体为同卵双生子，CKI 值为×××××"；分型结果不同，则鉴定意见可以表述为"倾向于排除两名有争议个体为同卵双生子"。

同理与场景 1 类似，场景 2 的鉴定意见可表述为倾向于认为"两名有争议个体为同卵双生子，CKI 值为×××××"；或倾向于"两个体为同父异卵双生子"。

而对于场景 3，鉴定目的实质为鉴别两者是全同胞还是半同胞，可参照本章第三节和第四节的方法，分别计算全同胞指数和半同胞指数，再根据两者的比值进行判别。

此外，《同卵双生子个体识别技术规范》（SF/T 0130—2023）已于 2023 年 12 月 1 日起实施。该规范要求基于常染色体 STR 基因座检测结果进行同卵双生子认定时。当两个体样本的 DNA 分型结果一致，应计算 LR 值，计算方法应按照 SF/Z JD0105012—2018 中第 7 章的方法执行，鉴定意见表述为"支持两者为同卵双生子，LR 值为×××"。这里的 LR 值，与 ITO 法计算的 CKI 值在场景 1 中是相同的，可按照该规范处理表述鉴定意见，场景 2 和场景 3 建议仍按照本章节中的描述，计算 CKI 值并给出鉴定意见。

三、同卵双生子对亲缘鉴定的影响

由于理论上同卵双生子的体细胞 DNA 序列是一致的，在亲缘关系鉴定，特别是争议父或争议母存在同卵双生的兄弟或姐妹的亲子鉴定案件中，难以确定争议父（或母）及其同卵双生的兄弟（或姐妹）中，谁是孩子的生父（或生母）。因此在亲子鉴定或者祖孙亲缘关系鉴定中，需要注意以下事项：

1. 委托受理

在采集被鉴定人样本时，需要和被鉴定人确定，他/她是否存在同卵双生的兄弟/姐妹，在委托受理相关记录上明确这一点，并请被鉴定人签字/按手印，告知其该鉴定可能的局限，即鉴定意见是以不考虑双胞胎或者近亲情况为前提的。如果鉴定应用场景有特别要求，需全面、系统的结合其他因素做综合分析。

2. 鉴定意见的表述

在形成被鉴定人存在父子/母子或祖孙关系的鉴定意见时，需要特别注明不考虑或者排除同卵双生子乃至同卵多胞胎的情况。这一点在《亲权鉴定技术规范》（GB/T 37223-2018）和《法庭科学 DNA 亲子鉴定规范》（GA/T 965-2011）中也有特别说明。

四、同卵双生子的甄别

在法医实际工作中，同卵双生子对亲子鉴定和个体识别都会造成影响，例如案件现场的生物检材的来源，或者孩子的父亲是同卵双生子中的哪一个。这样的问题使用传统的法医 DNA 遗传标记检测（例如 STR 分型）是难以解决的，因此同卵双生子的甄别是法医物证学研究的焦点之一，目前的研究主要基于以下方法：

1. 线粒体 DNA

mtDNA 是核外遗传物质，由于经常暴露于各种氧化反应中，且无修复系统、不受选择压力的影响，其突变率远大于核基因组 DNA，并由此产生了点异质性（point heteroplasmy, PHP），即 mtDNA 中单个核苷酸在同一个体中同时存在两种及以上不同的碱基类型。异质性可以是出生后产生，因此在同卵双生子之间也可能存在差异，使得它能够成为甄别同卵双生子指标之一。

《同卵双生子个体识别技术规范》（编号 SF/T 0130—2023，以下简称《规范》）中，明确将基于高通量测序技术的线粒体全基因组测序作为个体识别中甄别同卵双生子的方法。《规范》是通过筛选有效测序碱基（即两样本该碱基测序深度均大于 1 000）并进行比较，统计两个体样本在有效测序碱基上的测序结果差异来甄别同卵双生子。其中每个碱基位置上测序深度最大的碱基命名为第一碱基，测序深度其次的碱基命名为第二碱基（第二碱基的测序深度占比大于 2%）。

则当两个体的 DNA 分型结果支持两者为同卵双生子时，可基于以下两种线粒体全基因组测序结果差异进行甄别：

1）同卵双生子两个体样本在 2 个或 2 个以上有效测序碱基上存在第一碱基分型结果不一致，且样本重复结果一致；

2）同卵双生子两个体样本在 2 个或 2 个以上有效测序碱基上存在第一碱基分型结果一致，第二碱基分型结果不一致，且样本重复结果一致。

这里的重复样本，是在检测同卵双生子两样本的线粒体全基因组测序时，应设置 2 个重复（样本量允许的情况下），用以保证测序结果的准确性。

若在同卵双生子的两样本线粒体 DNA 测序结果中观察到了 1）或 2）两种差异，则可以再将待测样本的线粒体 DNA 序列与两样本进行比较，来进行个体识别，即确定待测样本源于同卵双生子中的哪一个个体。比如有文献报道了 4 例案件，嫌疑人为同卵双生子中的其中之一，对现场检材、嫌疑的双生子兄弟样本进行 mtDNA 检测，结果在其中 2 例案件的现场检材

mtDNA 的 6 903 nt 位置检出 T/C 异质性,而这个异质性只存在于其中一个双生子兄弟的 mtDNA 中,从而确认了案犯。

2. 基于表观遗传学差异的同卵双生子甄别

(1) DNA 甲基化　　DNA 甲基化是一种常见的表观遗传修饰,是指在 DNA 甲基化转移酶的催化下,将甲基选择性地添加在 DNA 分子中的胞嘧啶(C)。较于相对稳定的染色体 DNA 序列,DNA 甲基化则处于一种动态变化的过程中,多种疾病的发生发展与其相关,在个体的生长周期中,遗传因素、环境压力或随机因素都可能影响 DNA 甲基化的修饰水平。目前,在特定基因和全基因组范畴下均有不少研究表明,同卵双生子甲基化水平存在差异,使得 DNA 甲基化有望用于同卵双生子的甄别。目前 DNA 甲基化的分析方法较为成熟,在经过亚硫酸氢盐处理后,未发生甲基化的胞嘧啶会转化为尿嘧啶,而发生甲基化的胞嘧啶保持不变,再通过碱基特异性扩增、探针杂交、质谱分析乃至 DNA 测序均可进行甲基化水平的分析。

但需要注意的是,人类细胞的基因组像所有其他哺乳动物的细胞一样,在胚胎发育期间经历广泛的,且不同程度的甲基化。因此,子代基因组的表观遗传学图谱不太可能与其亲代的图谱相似,DNA 甲基化的分析很难应用于父母之一是同卵双胞胎的亲子鉴定中。

而在个体识别中,现场生物检材可能与从嫌疑人身上提取的样本的组织来源不一致(例如现场生物检材是精液,嫌疑人样本是血样),而 DNA 甲基化的位点在不同组织来源的体细胞或体细胞与生殖细胞中,甲基化程度是不一致的。当嫌疑人存在同卵双生子时,现场生物检材与嫌疑人样本的比对同样会受到组织特异性所致 DNA 甲基化程度差异的影响,从而难以甄别嫌疑人与他/她的同卵双生子。

因此,DNA 甲基化在不同时间、组织类型和人群中的稳定性,以及 DNA 甲基化差异发生的热点区域等方面仍需要展开更深入的探索,从而使 DNA 甲基化能够系统有效地应用于同卵双生子甄别的法医学实践工作。

(2) microRNA 表达　　microRNA(miRNA)是一种长 21~25 nt 的单链小分子 RNA,广泛存在于真核生物中,通过转录后水平在基因表达的调控中发挥基础性作用。与 mRNA 相比,miRNA 分子量小、不易降解,因而具有对案件检材需求量小、检测方便、成本低等优势,这些均有利于其应用于法医学案件中。目前,已有研究证明,同卵双生子之间存在 miRNA 表达水平的差异,提示 miRNA 在同卵双生子甄别具有潜在的应用价值。

miRNA 表达量的检测方法包括微阵列芯片技术、转录组测序技术和实时荧光定量 PCR 技术等。但与 DNA 甲基化类似,miRNA 表达量在子代和亲代之间同样具备差异性,因此难以应用于父母之一是同卵双胞胎的亲子鉴定。而在应用 miRNA 表达量分析进行涉及同卵双生子的个体识别中,同样会受到不同组织来源、个体健康状况差异和年龄等因素的影响,尚需更进一步地探索研究。

3. 基于 DNA 序列差异的同卵双生子甄别

同卵双胞胎是来自单一受精卵,因此,理论上他们的基因组 DNA 序列应该完全相同。然而,胚胎在怀孕早期分开后,基因组的复制可能会产生突变,两者之间突变彼此独立并分别遗传给他们/她们的后代,因此有可能通过一个或多个基因的突变来区分他们的种系,从而通过 DNA 遗传标记的分析来进行涉及同卵双胞胎的个体识别和亲子鉴定。目前用于同卵双生子甄别的 DNA 遗传标记主要包括线粒体 DNA 序列、拷贝数变异和点突变。

拷贝数变异是一种长度从 1 kb 到数 Mb 的 DNA 片段变异,主要包括 DNA 片段的扩增、缺失、插入、倒置等,而点突变是指基因组中单个核苷酸在遗传或者细胞分裂的过程中碱基类型发生了替换,两者通常存在于核基因组中。拷贝数变异位置相对固定,可以通过基因芯片或者测序的方法检测,但点突变的发生则是随机的,只能通过全基因组测序来检测。已有研究报道这两类变异在同卵双生子的两名个体之间可能存在差异,并且这些差异可能遗传给后代,因而在涉及同卵双生子的个体识别和亲子鉴定中具有应用潜力。

有法医学家专门建立了一个基于似然率的数学模型,用于量化全基因组分析检测到的能够区分同卵双生子的突变的证据能力。Krawczak 等(Forensic Sci Int Genet,2021,50:102408)应用该方法分析了 6 例涉及男性同卵双生子的法医个体识别或亲子鉴定案件,明确了 1 例性犯罪案件中现场精液检材的归属,排除了他的双胞胎兄弟。在 4 例争议父是同卵双生子之一的亲子鉴定案件中,有一例在 5 个位置检出同卵双生子之间的 DNA 序列差异,其中有 2 个遗传给了孩子,一例检出 11 个差异位置,其中有 1 个遗传给了孩子,从而确认了孩子的生物学父亲;有一例则只检出 1 个差异位置,虽然也遗传给了孩子,但基于此计算出的似然率较低,证据强度较弱;还有一例则没有在同卵双生子之间观察到 DNA 序列差异。

第七节　其他亲缘关系鉴定

亲缘关系鉴定作为法医物证鉴定工作的主要内容之一,除需鉴定前述全同胞、半同胞、祖孙关系等常见待检目标关系外,亦面临鉴别二级亲缘关系中的叔侄关系、三级亲缘关系中的第一代堂(表)亲甚至更远级别亲缘关系的鉴定需求。

一、叔侄关系鉴定

陆惠玲等基于染色体 STR 基因座分型数据,引入血缘一致性系数法、共祖系数法和 AI 定律计算争议叔与孩子的叔侄指数(AI),结果三种方法计算叔侄指数的结果一致,即 $AI = (PI + 1)/2$,两种鉴定组合情形对每个基因座的具体计算方法如下:

1. 叔侄两个体配对关系鉴定

PI 为二联体鉴定时的父权指数。此时 PI 计算公式归纳为 4 种:$1/p$、$1/(2p)$、$1/(4p)$、$(p+q)/(4pq)$,则 AI 计算公式对应归纳为:$(p+1)/(2p)$、$(2p+1)/(4p)$、$(4p+1)/(8p)$ 和 $(4pq+p+q)/(8pq)$。当 $PI = 0$ 时,$AI = 0.5$。

2. 孩子母亲参加的叔侄鉴定

PI 为标准三联体鉴定时的父权指数。此时 PI 计算公式归纳为 4 种:$1/p$、$1/(2p)$、$1/(p+q)$ 和 $1/[2(p+q)]$,则 AI 计算公式对应归纳为:$(p+1)/(2p)$、$(2p+1)/(4p)$、$(p+q+1)/(2p+2q)$ 和 $(2p+2q+1)/(4p+4q)$。当 $PI = 0$ 时,$AI = 0.5$。

孩子母亲参与鉴定,可推测孩子生父基因,计算所得的叔侄指数往往比孩子母亲不参加鉴定的叔侄指数高。

此外,李成涛团队基于模拟数据和真实样本的检测结果,探讨增加 STR 数量及引入不同参考样本对叔侄关系鉴定模型系统效能的影响。结果叔侄关系鉴定的系统效能与检测 STR 数量呈正相关关系,且引入亲属时的系统效能均较仅对叔侄两个体进行鉴定时有不同程度的提高。引入亲属的优先顺序为叔的全同胞(或母亲)、侄的全同胞(或母亲)。

二、三级及以内其余亲缘关系鉴定

对于三级及以内亲缘关系鉴定，STR 是主要使用的 DNA 遗传标记类型。此外，其他 DNA 遗传标记（STR、SNP、InDel、MH 等）也可用于亲缘关系鉴定。根据鉴定需要，可能会单独或者联合多个检测体系进行鉴定，在某些情况下可能需要对鉴定所用检测体系中的连锁基因座进行修正。

DNA 检测完成后，应基于似然比法对 DNA 分型数据进行评估，计算亲缘关系指数，以确定对争议主张或假设的支持程度。对于两个体配对亲缘关系鉴定，可采用 ITO 法计算亲缘关系指数。同时，若条件许可，可纳入更多已知亲属进行多个体亲缘关系鉴定，以便获得更高的鉴定效能，建议采用 Elston-Stewart 法计算多个体之间的亲缘关系指数。

由于亲缘关系指数的计算烦琐和复杂，可采用软件程序辅助进行计算。对于软件验证和使用要求，可参考国际法医遗传学会（ISFG）DNA 委员会关于法医遗传学应用中开展生物统计学计算软件验证的建议，同时满足实验室认可或资质认定的相关要求。

此外，实验室应当建立当采用不同数目常染色体遗传标记和纳入不同亲属个体参与鉴定时的鉴定效能评估策略，建议将亲缘关系指数和对应的鉴定效能参数共同纳入个案的证据解释。

三、三级及更远级别的亲缘关系鉴定

对于三级或者更远的亲缘关系，需要检测更多的遗传标记，尤其是检测 Y 染色体或者 mtDNA 对效能提升尤为明显。当然，常染色体遗传标记由于不受亲缘关系类型和性别的限制，更具有一般性。2012 年，Lareu 等的研究显示，通过筛选约 7 000 个常染色体 SNPs 就能实现二代堂（表）亲（五级亲缘关系）和无关个体的鉴别。

此类远亲缘关系的鉴定也是近年来法医领域的研究热点之一，即法医系谱分析（forensic genetic genealogy，FGG）。该技术是利用高密度常染色体 SNP 分型信息，对亲缘关系进行分析和推断。随着金州杀人案的应用报道，该技术受到广泛关注并已成为一种新的侦查技术手段。法医系谱分析主要针对三级及更远的亲缘关系，与传统的法医学亲缘关系鉴定在遗传标记和分析方法上都存在显著不同。DNA 检测是三级及更远的亲缘关系鉴定（系谱推断）的主要依据，大量的常染色体 SNP 分型数据是进行三级及更远的亲缘关系鉴定所必需的信息，通常可采用 DNA 微阵列基因芯片技术或全基因组测序技术获取。

近年来 DNA 芯片、测序等技术发展，为实施法医系谱分析提供了技术条件。常用的高密度 SNP 数据获取技术包括 SNP 芯片、全基因组测序以及靶向捕获测序。获取高密度 SNP 数据后，需通过亲缘分析算法确定样本之间的关系，不同算法模型对于 SNP 位点数目的要求、适用的亲缘关系范围不同，亲缘分析算法需要基于一定规模的家系数据研究构建。

目前，国内外已报道多起基于法医系谱分析而成功破案的案例。然而，目前 SNP 数据库的代表性仍不足，该方法的有效性仍受限。另外，对于三代堂表亲（七级亲缘关系）或更远的亲缘关系，由于个体之间可能不共有任何长 IBD 片段，分析结果可能出现遗漏。而对于某些案例，可能匹配到成百上千个亲属个体，大规模排查需要耗费大量的人力、物力和财力。因此，法医系谱分析目前仍处于起步阶段，现有检测手段、遗传标记组合等制约了该技术潜能的充分发挥。未来还需针对适合我国人群的更高密度系谱 SNP 位点的筛选和检测体系构建、符合法医学常见生物检材特点的精准算法模型、建立相关伦理和法规等方面开展系统研究。

第八节 典型案例点评

亲缘关系鉴定案情的复杂性、结果的不确定性和鉴定方法的多样性,决定了该类鉴定需由理论功底扎实、鉴定经验丰富的高年资鉴定人实施。相对一般的亲子鉴定,亲缘关系鉴定对于鉴定人和实验室的检测能力要求更高。司法部《司法鉴定机构登记评审细则》(司规[2021]2号)对亲缘关系鉴定分领域(0404)明确要求鉴定机构需要至少 2 位专职法医物证鉴定人有法医类高级职称,并在实验室功能分区、基本设备、关键试剂等有特别的要求。本节内容结合实际案例,介绍常见亲缘关系鉴定类型的鉴定思路和鉴定方法。

一、两个体间的全同胞关系鉴定

案例 1

周某夏和吴某花自称系同父同母的全同胞关系,为证明这一关系,二人要求对她们之间是否存在全同胞关系进行鉴定。二人线粒体 DNA 高变区 Ⅰ 和高变区 Ⅱ 测序结果显示序列相同,43 个常染色体 STR 计算的累计状态一致性评分(CIBS)为 44,累积全同胞关系指数(CFSI)为 $6.000\ 6×10^7$。综合以上结果,倾向于认为周某夏与吴某花之间存在全同胞关系。

《生物学全同胞关系鉴定技术规范》(GB/T 43641-2024)提供了状态一致性评分(IBS)和全同胞关系指数(FSI)两种分析方法,规定两种方法均可选择,任一方法达到阈值即可判定。本案的 IBS 评分刚好超过阈值,同时采用了似然比法分析,均超过阈值,从而做出了判定,这种做法值得推荐。

《生物学全同胞关系鉴定技术规范》规定,在无法给出倾向性意见时,宜补充检测基因座,需要时可增加 X 染色体、Y 染色体或线粒体 DNA 遗传标记进行判断。本案虽然两种分析方法均超过阈值,可以给出倾向性意见,但依然进行了线粒体 DNA 测序,体现了严谨的鉴定素养。从外部信息采信角度,建议有条件的实验室,根据情况,增加 X 染色体、Y 染色体或线粒体 DNA 遗传标记检测,对影响鉴定方法选择的外部信息进行甄别。

二、半同胞个体误做全同胞关系鉴定

案例 2

因办理出国公证需要,甲、乙、丙三姐妹要求对两两之间的全同胞关系进行鉴定。39 个常染色体 STR 的 CIBS 分别为 50(甲-丙)、46(乙-丙)和 41(甲-乙),CFSI 分别为 $1.263\ 4×10^{10}$(甲-丙)、$2.607\ 0×10^6$(乙-丙)和 219.59(甲-乙)。增加 19 个 X-STR 检测,结果甲与丙在每一个 X-STR 基因座上都有相同的等位基因,甲与乙在 4 个基因座上没有相同的等位基因,乙与丙在 6 个基因座上没有相同等位基因,排除乙与甲、乙与丙有同一父亲的可能。三人两两间的 CFSI:CHSI(累积半同胞关系指数)分别为 971.3(甲-丙)、1.9(乙-丙)和 0.01(甲-乙)。综上,倾向支持甲与丙为全同胞关系,乙与丙、甲与乙为同母异父的半同胞关系。

《全同胞规范》有明确的适用条件,仅适用于双亲皆无情况下甄别两个体间生物学全同胞关系与无关个体关系,不适用于其他亲缘关系的鉴定。设置这两个条件是因为:① 若双亲可参与检测或双亲有其一,亲子关系鉴定或父母一方参与鉴定,可靠性更高,是更优先选择。

② 全同胞规范中的两种方法,均是以随机无关个体作为对照制定的,因此仅适用于判断两个体间是生物学全同胞关系还是无关个体关系。现行全同胞关系鉴定技术规范仅适用于双亲皆无情况下甄别两个体间生物学全同胞关系与无关个体关系的场景,规范中两种评判方法均是以随机无关个体作为对照制定的,因此仅适用于判断两个体间是生物学全同胞关系还是无关个体关系。若双亲可参与检测或双亲有其一,亲子关系鉴定或父母一方参与鉴定,可靠性更高,应优先选择。但是,在司法实践中,可能会遇到委托方有意或因不知情而提供不实信息,如隐瞒双亲健在、两人可能是半同胞关系、叔侄关系等情况。鉴定人在委托受理、合同评审环节应就上述两个适用条件进行问询并清晰记录,在鉴定意见书中对应进行说明,以提请鉴定报告使用方充分知晓鉴定风险。

本案乙实际为甲、丙的半同胞姐妹,不适用全同胞规范,若据此做出判定易出现错鉴。本案 CIBS 和 CFSI 值均倾向支持甲和乙、乙和丙为全同胞关系;CIBS 支持甲和乙为全同胞,但 CFSI 对两人全同胞关系无法给出倾向性意见。通过 X-STR 遗传标记排除了乙与甲、乙与丙有同一父亲的可能,也就排除了全同胞关系的可能,验证了对外部信息进行甄别的重要性。本案用 CFSI∶CHSI 值来尝试更倾向于全同胞关系还是半同胞关系。这一比值分别为 1.9(乙-丙)和 0.01(甲-乙),在乙与丙关系上更倾向于全同胞、乙与甲的关系上更倾向于半同胞,显示 39 个常染色体 STR 基因座在甄别全同胞还是半同胞关系上效能不足。本案若能增加更多常染色体 STR 基因座或增加检测线粒体遗传标记,同母异父半同胞结论会更为可靠,也有助于与其他亲缘关系进行鉴别。

本案提示,在全同胞关系鉴定中,如果出现接近临界阈值情况,应谨慎处理。应该考虑是否有其他亲缘关系可能,加做更多常染色体 STR 遗传标记进一步提高效能,增加 X 染色体、Y 染色体或线粒体 DNA 遗传标记有助于揭示可能的亲缘关系。

三、引入参考个体的半同胞关系鉴定

案例 3

M1 自述为 S1(男性)的生母,M2 自述为 S2(女性)的生母,要求鉴定 S1 和 S2 是否为同父所生兄妹。分别对 4 人检测 23 个常染色体 STR 基因座,根据似然比策略建立两个体间、一方生母参与和双方生母参与三种场景计算方法,进行半同胞关系指数(HSI)计算。结果三种场景 23 个常染色体 STR 累积半同胞关系指数(CHSI)分别为 $5.076\ 4\times10^{1}$、$2.325\ 5\times10^{2}$、$7.193\ 1\times10^{2}$,引入生母参考,鉴定效能得到提升。

案例 4

何某(男性)在一起交通事故中死亡,现有自称何某同母异父兄弟的梁某 1 和梁某 2 前来认亲。经办案机关调查,梁某 1 和梁某 2 为全同胞兄弟,三人父母均已去世且无生物性检材遗留。现涉及赔偿事宜,要求对何某与梁某 1、梁某 2 之间是否存在半同胞关系进行鉴定。27 个 Y-STR 结果显示梁某 1 和梁某 2 分型一致,何某在 11 个基因座上与两人不一致,不排除梁某 1 和梁某 2 同一父亲可能,排除何某与梁某 1、梁某 2 同一父亲可能;20 个 X-STR 显示所有基因座三人合计未出现 3 个或 3 个以上等位基因,无法排除三人有同一母亲可能。55 个常染色体 STR 分型计算的梁某 1 和梁某 2 的 CIBS 为 73,CFSI 为 $1.480\ 2\times10^{14}$,二人全同胞关系信息得以确认。以梁某 1 和梁某 2 作为已知全同胞与何某进行半同胞关系鉴定,计算的 CHSI 为

$1.645\ 3×10^6$,倾向支持何某和梁某1、梁某2为同母异父半同胞关系。

半同胞关系为二级亲缘关系,其鉴定较全同胞关系鉴定不确定性更大,需要检测更多身份确认的家系个体和更多的遗传标记以提高鉴定效能。案例3显示,23个常染色体STR基因座,每引入一位生母,半同胞关系指数增加约4倍,但依然只能达到10^2级,较普遍接受的阈值(如10 000)仍然相差较大。案例4用Y-STR和X-STR对外部信息进行了确认后,通过55个常染色体STR,根据两个已知全同胞进行家系重建,累积HSI得到显著提升,支持半同胞关系结论。最近发布的《生物学半同胞关系鉴定技术规范》(SF/T 0131-2023)包含了这种组合情形,要求检测不少于39个常染色体STR基因座。若采用两个体间半同胞鉴定方法,累积HSI分别为$1.719\ 5×10^4$(何某-梁某1)和$4.256\ 7×10^2$(何某-梁某2),仅能对何某跟梁某1给出支持半同胞的倾向性意见(且数值接近10 000阈值,风险依然存在),无法就何某与梁某2给出倾向性意见,也达不到《生物学半同胞关系鉴定技术规范》(SF/T 0131-2023)对两个体配对鉴定的检测体系要求(73个常染色体STR)。

SF/Z JD0105006-2018《法医物证鉴定X-STR检验规范》规定,当计算常染色体STR基因座的LR值和计算X-STR基因座的LR值所采用的两个假设条件一致的情况下,并且在证实检测的遗传标记不受人群亚结构影响及不存在LD的条件下,可以把常染色体STR和X-STR的LR值累积计算。但基于现有X-STR基础数据和应用数据的有限性、现行有效的三个亲缘关系鉴定标准或规范均未将X-STR的LR值纳入累积计算。因此,在没有充分证据证明符合累积计算的前提下,不建议将两种遗传标记累积计算。将两种遗传标记可以分别计算,综合判定,应是更为稳妥的方法。

四、引入多个参考个体的半同胞关系鉴定

案例 5

李某某(男)和王某某(女)结婚后生有李某1(女)和李某2(女),李某某与王某某离婚后,与刘某某(女)结婚并生有刘某1(男)。李某某及其父母均去世且无生物性检材遗留。现因办理公证,需要鉴定李某1和李某2与刘某1之间是否存在同父异母半同胞关系进行鉴定。鉴定中心要求生母王某某和刘某某也参与鉴定,对5人进行了55个常染色体STR分型,并依据以下途径论证分析:1. 鉴定方法的确定。通过家系个体身份的确认,阐述家系重建是本案最优方案。考虑到家系重建的突变影响,用两个体间半同胞关系鉴定计算方案作为辅助判断。2. 检测结果的分析论证。(1)根据全同胞关系鉴定技术规范判断李某1和李某2为全同胞关系。(2)根据李某1和李某2与其生母王某某的基因型推导生父基因型,在12个基因座获得明确的生父基因型。比对刘某1和其生母刘某某的基因型,在该12个基因座有7个基因座不能提供刘某1必需的生父基因,计算累积亲权指数为$1.299\ 3×10^{-21}$,排除李某1和李某2的生父是刘某1的生父。(3)对其余33个基因型不明确的基因座,计算每一可能基因型的概率及其传递概率,进而计算该基因座的全部可能基因型组合的亲权指数。最终55个基因座的累积亲权指数为$1.317\ 1×10^{-30}$,排除李某1和李某2生父是刘某1的生父。(4)前述计算把不确定基因型的全部可能都纳入统计计算,存在偏差可能。考虑到本案可能为排除结论,采用保守原则,对推导生父基因型不确定的基因座,选择最利于支持亲权关系的基因型,以获得最大亲权指数。结果表明,最大亲权指数为$1.311\ 5×10^{-6}$,排除李某1和李某2生父是刘某1的生父。(5)分别对刘某1与李某1、李某2进行两个体间半同胞关系指数计算。结果分别为

4.478 6×10^{-5}(刘某1-李某1)和5.212 7×10^{-16}(刘某1-李某2),不支持刘某1与李某1、李某2为半同胞关系。综上,排除李某1和李某2与刘某1之间存在同父异母半同胞关系。

一般地,参与鉴定的家系个体越多,尤其是引入生母和全同胞的情况下,缺失的争议父的基因型就越容易通过家系重建推导出。这时候,半同胞鉴定可以转化为更容易操作和理解的标准三联体亲子鉴定。这是家系基因型重建方法的特殊表现形式,实质上依然是似然比策略下的家系重建半同胞鉴定。本案给出了这种类型鉴定的多方位论证路径:若推导生父基因型确定基因座的累积非父排除概率超过0.999 9,可以适用 GB/T 37223 - 2018《亲权鉴定技术规范》。对生父基因型不确定的基因座,采用概率法计算全部可能基因型组合下的 CPI;也可以基于保守原则,对基因型不确定的基因座,计算最大 CPI(结论倾向排除时)或最小 CPI(结论倾向认定时),采用相应最保守的数值进行计算。为解释可能突变对结论的影响,本案结合最新文献和该实验室对两个体间半同胞鉴定研究数据,用两个体间半同胞关系鉴定方法进行辅助论证。本案通过家系重建,发现存在多个基因座不符合遗传规律现象,按照逐步突变模式计算半同胞关系亲权指数,而未以违反遗传规律基因座数来直接下排除半同胞亲权结论,体现了基于统计学的证据解释原则。

鉴定意见书是整个鉴定过程的集中体现,是法医学技术体系中的重要一环,让无专业知识背景的委托方和第三方能充分理解尤为重要。本案在鉴定意见书里首先论证鉴定方法的选择依据,再根据检测结果多方位充分论证,基本清晰解释了委托方和利益相关方可能的疑问,减少了不必要的争议、函询或庭审质证。本案为《生物学半同胞关系鉴定技术规范》(SF/T 0131 - 2023)发布前受理和鉴定,现可直接参照该规范分别进行两个生母和两个孩子的四个体组合鉴定或两个全同胞和一个半同胞的三个体组合鉴定,更便于委托方理解和使用该鉴定意见书。

五、引入不同参考个体的祖孙关系鉴定

案例 6

冯某(女)称冯某某(男)是其与钱某先所生,钱某先已去世,钱某先父母是钱某园和李某红。现法院审理相关财产分割一案,要求对钱某园和李某红是否为冯某某的生物学祖父母进行鉴定。经检验,钱某园和冯某某的29个 Y-STR 分型一致,不排除二人来自同一男性家系。43个常染色体 STR 结果显示,冯某某与冯某的分型符合孟德尔遗传规律;在除 FGA 和 D7S3048 的41个常染色体 STR 基因座上,冯某某的生父基因均可以从钱某园或李某红的等位基因中找到来源;在 FGA 和 D7S3048 基因座上,冯某某的生父基因与钱某园或李某红的等位基因存在1个重复次数差异,考虑在遗传过程中可能发生了突变。根据 SF/Z JD0105005 - 2015《生物学祖孙关系鉴定规范》中祖孙关系指数的计算方法和判定规则,计算43个常染色体 STR 基因座的累积祖孙关系指数为2.780 6×10^4。综合 Y 染色体和常染色体遗传标记的检验结果,支持钱某园、李某红是冯某某的生物学祖父母。

祖孙关系鉴定系隔代亲权鉴定,在常染色体遗传标记上,第三代(孙)个体必定有一个等位基因源自其祖父母(另一个等位基因源自其外祖父母)。《生物学祖孙关系鉴定规范》(简称《祖孙规范》)仅适用于争议祖父母-生母-孩子、争议外祖父母-生父-孩子的祖孙鉴定,且争议祖父母(外祖父母)要么都与孩子存在祖孙关系,要么都跟孩子无血缘关系。《祖孙规范》规定,在母子出现1个以上不符合现象,须先确认母子关系。本案母子间虽未出现不符合现象,但依然在分析说明中对生母身份进行了确认性描述;虽然累积祖孙关系指数超过10 000,但依

然增加 Y-STR 辅助判定,均高于《祖孙规范》的要求,值得有条件的实验室借鉴。本案在 2 个基因座上出现孩子等位基因无法从争议祖父母中找到来源现象,且这种不符合现象均表现为 1 个重复次数差异,符合 STR 突变特征。《祖孙规范》对突变进行了详细的规定和计算公式,一般不难掌握。本案在分析说明中最后的判定表述也值得推广:"支持钱某园、李某红是冯某某的生物学祖父母",与鉴定的两个对立假设呼应,提示鉴定逻辑是这两种可能的二选一。

案例 7

委托人江母称,江某是其非婚生女儿,其生父李某已经去世。为办理江某的入户手续,需要对李母的母亲黄某与江某是否为祖孙关系进行鉴定。16 个 X-STR 分型显示,江某在每个 X-STR 基因座的等位基因可从黄某与江母的基因型中找到来源,黄某的基因型符合作为江某生物学祖母的遗传基因条件。使用 ITO 法对黄某和江某的 55 个 STR 分型进行祖孙关系指数计算,累积祖孙关系指数为 53 104.348 2。综合上述结果,倾向于认为黄某与江某之间存在生物学祖孙关系。

本案缺少争议祖父,不适用《祖孙规范》,该类鉴定尚无相应标准或规范。本案采用 X-STR 进行辅助:X-STR 上孙女和祖母的等位基因应该有一个相同,若多个基因座上出现无相同等位基因,提示非祖孙关系。《法医物证鉴定 X-STR 检验规范》给出了多种情形下的 X-STR 似然比计算公式,可以根据此结果进行 LR 计算。本案未进行计算,也是基于保守原则,仅做描述性说明。本案的鉴定主要依据是基于 55 个常染色体 STR 分型、ITO 法计算的祖孙关系指数。ITO 法是经典的两个体间亲缘关系鉴定方法,业内应用较多,其实质依然是似然比策略下的两种假设成立的可能性比值。

近年来,引入参考个体的家系重建方案进行祖孙引起重视,本案有生母参与,也可以采用生母参与情况下的祖孙鉴定方案。丛斌院士团队对单亲祖孙关系鉴定提出了三种计算思路,孙宏钰团队对祖孙关系鉴定中引入不同参考个体的效能进行了系统性研究,为祖孙关系鉴定中如何引入参考个体和检测多少个 STR 基因座提供了基础数据。上述两个团队研究成果可以作为引入参考个体进行祖孙关系鉴定参考。

六、复杂叔侄关系鉴定和同胞关系鉴定

案例 8

赵某强(男)和周某(女)婚内生有赵某1(女),两人离婚后周某生有赵某2(男),但赵某2的出生证父亲为赵某强的全同胞弟弟赵某盛。赵某强已去世且无生物性检材遗留,现涉及财产继承事宜,某法院要求鉴定赵某强是否为赵某2的生物学父亲。经询问,赵某强的父母健在,但因身体原因确实无法参与鉴定。经与法院及当事人沟通,采用家系重建法,对赵某盛与赵某2进行亲子鉴定和叔侄鉴定,并鉴定赵某2与赵某1是全同胞关系还是半同胞关系,并确定以"似然比超过 10 000 支持原告假设,低于 0.000 1 支持被告假设,在 0.000 1~10 000 时无法给出倾向性意见"的判定方法。经检验,55 个常染色体 STR 结果确认了周某的生母身份;赵某盛与赵某2的 27 个 Y-STR 分型一致,不排除叔侄关系;赵某盛与赵某2之间的常染色体 STR 累积亲权指数为 $7.740\,0\times10^{-47}$,累积叔侄指数为 $4.494\,1\times10^{4}$,赵某盛是赵某2的父亲还是叔叔的似然比为 $1.090\,0\times10^{-49}$,排除赵某盛是赵某2的父亲,倾向于支持赵某盛是赵某2的叔叔。

赵某1与赵某2为全同胞关系成为半同胞关系的似然比为1.9014×10^{14}，倾向于支持赵某1与赵某2为全同胞关系。

同胞关系鉴定多案情复杂，鉴定人在受理委托时应在详细询问案情基础上，向委托方和当事人提供科学的鉴定方案。本案法院最初委托事项是对赵某强是否为赵某2的生物学父亲进行鉴定。赵某强无生物性检材遗留，无法直接对未检验的赵某强进行判定。在鉴定人耐心解释沟通后，法院现场更正了委托事项，并就拟采用的鉴定方案和判断方法达成一致。本案使用常染色体STR和Y-STR对委托方提供的能影响鉴定方案选择的外部信息周母为赵某1和赵某2生母进行了确认，并在鉴定意见书中进行说明。

本案根据案情，赵某盛与赵某2可能是父子关系、叔侄关系或无血缘关系三种，赵某1与赵某2的关系可能为全同胞或半同胞。上述都不符合以无关个体为备择假设的似然比策略。本案通过对赵某盛与赵某2分别建立了三对分别互相排斥的假设（父子-无关、叔侄-无关、父子-叔侄），对赵某1和赵某2建立全同胞-半同胞互斥假设，以生母为家系参考个体，计算不同对立假设情况下的似然比。结果显示，检测55个常染色体STR基因座，通过生母参考个体的引入，所有累积似然比均超过判定阈值，给出明确的鉴定意见。

七、总结

以上8个案例涉及全同胞、半同胞、叔侄关系和祖孙关系鉴定，是司法实践中常见的亲缘关系鉴定类型。从以上案例中，总结以下几点注意事项。

1. 注重案情调查和合同评审

亲缘关系鉴定的复杂性和不确定性，要求鉴定人需根据具体案情制定最科学鉴定方案。一般地，能做亲子鉴定，就不选择亲缘关系鉴定方案。因此，应当首先明确是否确实无法获取争议父母的生物性检材。其次，根据具体案情和委托事项，评估是否需要和拟引入多少家系个体参与鉴定，并评估可能采用的鉴定方法，包括遗传标记类型及数目；根据初步鉴定方案，所可能得到的结果和结论。这些都需要在合同评审环节完成，并将鉴定方案和可能结果告知委托方，达成认同和共识后方可受理启动鉴定。由于有些亲缘关系鉴定尚无相应标准和规范，详细询问案情，制定科学鉴定方案并让委托方和利益相关方认可和理解，可有效避免鉴后争议和反复质证。

2. 鉴定方法的效能和错判率

从事亲缘关系鉴定的实验室应该对使用方法的系统效能、错判率、假阳性率、假阴性率等应用指标进行评估，并在鉴定文书中以合适的方式进行说明，以便法庭等鉴定意见书使用方能获得足够多的信息来评估鉴定结论的可靠性。这涉及实验室非标准方法的建立、评估和方法验证问题，属于实验室CNAS认可和CMA资质认定要求。可以采用群体模拟的方法获得本实验室相关方法的效能指标。

3. 引入参考个体和检测足够数量的遗传标记

可参考已有文献引入参考个体和决定拟检测的遗传标记数。尽可能引入参考个体，并检测足够数量的遗传标记，以提高鉴定效能、避免错鉴和漏鉴（出具无倾向性意见）。需要强调的是，引入参考个体时，需与委托方对参考个体的身份信息真实性进行确认，并采用现行亲子鉴定和亲缘关系鉴定相关技术规范进行DNA检测确认。

4. 遗传标记的选择

现阶段，常染色体STR依然是亲缘关系鉴定主流遗传标记，可以增加X染色体、Y染色体和线粒体DNA遗传标记辅助判定。不建议对不同类型遗传标记的LR进行累积,除非有足够证据这样做的科学性。

5. 亲缘关系鉴定中的精品意识、风险意识

一般地,行业技术规范在科学性、严谨性的基础上,还要考虑可及性,因此行业规范多非本专业最高要求。有条件的鉴定机构应该树立精品意识,建立并实施高于行业规范要求的鉴定方法,引领行业技术水平进一步提升。同时,从事亲缘关系鉴定的机构和鉴定人,要加强鉴定风险意识并予以防范。亲缘关系鉴定的复杂性,决定了亲缘关系鉴定行业规范不能生搬硬套,更不能忽视适用范围,忽视在案情调查基础上制定科学鉴定方案的要求,否则存在较大错鉴、漏鉴风险。

· 思考题 ·

1. 什么叫法医学亲缘关系鉴定?如何划分亲缘关系等级?
2. 如何理解似然比策略在各类亲缘关系鉴定中的应用?
3. 全同胞关系鉴定的类型有哪些?分别可以检测哪些遗传标记?
4. 全同胞关系鉴定目前采用的判别参数有哪些?如何理解全同胞鉴定的系统效能?
5. 全同胞关系鉴定的支持、排除和无法得出倾向性意见的判别标准是什么?
6. 在全同胞关系鉴定过程中,遇到CIBS和CFSI介于支持和排除的阈值之间时,应如何进行后续检验?
7. 在进行半同胞关系鉴定时,可采取哪些措施避免错误鉴定?
8. 如何确定两名个体是否为同卵双生子?
9. 如何避免同卵双生子对亲缘关系鉴定的影响?
10. 试述本实验室亲缘关系鉴定非标准方法的效能分析和方法验证。
11. 如何用最简洁、通俗的语言在鉴定意见书中准确解释鉴定原理和方法?

参考文献

[1] 陆惠玲,杨庆恩.用ITO法计算两个体间的血缘关系机会.中国法医学杂志,2002,17(3):188-191.

[2] 李燃,孙宏钰.法医学亲缘关系鉴定方法和研究热点.法医学杂志,2023,39(3):231-239.

[3] 李燃,李成涛,赵书民,等.IBS评分法鉴定全同胞关系及其临界值查询表的构建.法医学杂志,2017,33(2):136-147.

[4] 袁丽,徐旭,任贺,等.共有等位基因数判别函数法在全同胞关系鉴定中的应用.中国法医学杂志,2014,29(4):308-312.

[5] 赵书民,张素华,阙庭志,等.两个个体间常用亲缘关系指数的统一算法.法医学杂志,2011,27(5):330-333.

[6] 王致远,王迪佳,李燃,等.基于NGS-SNP分型和IBS策略进行全同胞关系鉴定.法医学杂志,2019,35(2):205-209.

[7] 李海霞,李建金,李燃,等.两个已知全同胞参与的同胞鉴定分析.中国法医学杂志,2019,34

(2)：159-164.

[8] 陆惠玲,吕德坚,骆宏,等.常染色体STR分型鉴定祖孙关系的亲权指数计算.中国法医学杂志,2007,22(05)：320-322.

[9] 吕德坚,陆惠玲.突变情形下亲权指数计算的新方法.法医学杂志,2009,25(3)：179-183.

[10] 马冠车,付丽红,杜情情,等.家系基因型重建法在单亲祖孙关系鉴定中的应用研究.中国法医学杂志,2018,33(6)：565-572.

[11] 陈慧,李燃,臧钰,等.祖孙关系鉴定中引入不同参考个体的系统效能分析.中国法医学杂志,2022,37(1)：24-29.

[12] 孔倩倩,陈丽琴,李成涛,等.增加检测STR和引入参考样本对叔侄关系鉴定的效能分析.法医学杂志,2022,38(3)：360-366.

[13] 陈慧,李燃,臧钰,等.三个体全同胞关系鉴定的检测效能评估.法医学杂志,2023,39(3)：247-253.

[14] 李海霞,陈慧,李燃,等.三个体组合半同胞关系鉴定分析.法医学杂志,2023,39(3)：254-261.

[15] Liu X, Zhao Z, Xu Q, et al. Analysis of full and half-siblings using a combined system of STR, InDel and SNP markers, FSI Genetics Supplement Series, 2019. 7(1)：349-350.

[16] Weir BS, Anderson A D, Hepler A B et al. Anderson AD, Hepler AB, Genetic relatedness analysis：modern data and new challenges. Nat Rev Genet, 2006, 7(10)：771-780.

[17] Dai F, Weeks D E. Ordered genotypes：an extended ITO method and a general formula for genetic covariance. Am J Hum Genet, 2006, 78(6)：1035-1045.

[18] Pinto N, Silva V P, Amorim, et al. A general method to assess the utility of the X-chromosomal markers in kinship testing. Forensic Sci Int Genet, 2012, 6(2)：198-207.

[19] Roewer L, Andersen M M, Ballantyne J et al. DNA commission of the International Society of Forensic Genetics (ISFG)：Recommendations on the interpretation of Y-STR results in forensic analysis. Forensic Sci Int Genet, 2020, 48：102308.

[20] Parson W, Gusmão L, Hares D R, et al. DNA Commission of the International Society for Forensic Genetics：Revised and extended guidelines for mitochondrial DNA typing. Forensic Sci Int Genet, 2014, 13：134-142.

[21] Wang Z, Zhu R, Zhang S H, et al. Differentiating between monozygotic twins through next-generation mitochondrial genome sequencing. Anal Biochem, 2015, 490：1-6.

[22] Wu Y, Tian H, Wang W, et al. DNA methylation and waist-to-hip ratio：an epigenome-wide association study in Chinese monozygotic twins. J Endocrinol Invest, 2022, 45(12)：2365-2376.

[23] Zhong Y, Zeng K, Adnan A, et al. Discrimination of monozygotic twins using mtDNA heteroplasmy through probe capture enrichment and massively parallel sequencing. Int J Legal Med, 2023, 137(5)：1337-1345.

[24] Rolf B, Krawczak M. The germlines of male monozygotic (MZ) twins：Very similar, but not identical. Forensic Sci Int Genet, 2021, 50：102408.

[25] Coble MD, Buckleton J, Butler J M, et al. DNA Commission of the International Society for Forensic Genetics：Recommendations on the validation of software programs performing biostatistical calculations for forensic genetics applications. Forensic Sci Int Genet, 2016, 25：191-197.

第五章 生物检材种属和组织来源鉴定

第一节 回顾与展望

对案事件现场提取的各种生物检材进行种属和组织来源鉴定是进行其他鉴定的首要及关键环节，种属鉴定的主要任务是确定检材是否来自人体，必要时还需确定检材是来自哪种动物、植物。确定检材的人体来源后有时仍需对检材的组织来源进行鉴定，检材组织来源的确定可为犯罪现场重建、案件定性和后续侦查提供重要线索，有效提升生物物证的证据价值。

一、种属鉴定

种属鉴定是法庭生物学鉴定的重要课题之一。判断犯罪现场的斑迹是否来源于人以及斑迹是否为血斑、精斑是现场检材提取后首先要解决的问题。传统的种属鉴定方法有形态学、免疫血清学和分子生物学方法。形态学方法是最早应用于种属鉴定的方法，而免疫血清学方法是最经典也是应用较广的种属鉴定方法，然而由于现场检材常常受日晒、雨淋、酶解的影响，蛋白质易遭受破坏而使免疫血清学方法可信性降低。目前，随着分子生物学的发展，种属鉴定已进入了 DNA 分析时代。与蛋白质相比，DNA 的抗腐蚀性更好，通过检测具有种属特异性的基因可以进行种属鉴定；mtDNA 为闭合环状双链 DNA，结构稳定，且每个细胞内拷贝数远高于核内 DNA，更能抵抗恶劣环境的影响，在核 DNA 已经降解的样品中仍有较大可能提取到 mtDNA，因而检测 mtDNA 的保守但有种间差异的片段可以更广泛地用于种属鉴定。

虽然遭受破坏后的蛋白质免疫血清学方法的检测结果可信性降低，但有研究发现，不同种属间组成蛋白质的氨基酸序列会有微小但显著的区别，可以通过蛋白质组学技术中的肽质量指纹图谱分析法联合肽序列标签法确定蛋白质的氨基酸组成，随后通过生物信息学分析确定样品种属。蛋白质组学为生物检材的种属鉴定提供了新的研究路径和方向，但也存在蛋白质的公共数据库中缺少足够数量的蛋白质组学数据的问题。蛋白质数据库的继续完善，将有助于蛋白质组学技术在生物检材种属鉴定中发挥更广泛的作用。

二、组织来源鉴定

来源于现场的生物检材有时仅仅确定其种属还不够，对于确定是人体来源的生物检材，进一步确定其组织来源对犯罪过程的重建具有重要意义，如搏斗或谋杀现场往往存在大量血迹，精液或阴道分泌物则提示案件可能与性侵有关。在犯罪现场中常见的人体生物性物质一般包括血液(外周血、月经血)、唾液、精液、阴道分泌物、汗液、泪液、鼻腔分泌液、尿液、皮肤组织、大脑组织等。鉴定某些人体生物性物质的组织来源可以通过肉眼直接识别，如血液、皮肤组织等；对肉眼不能识别的人体生物性物质需要借助针对性的检验方法来认定，如显微镜镜检技术检测精子、PSA 试纸条检测男性前列腺特异性抗原等。鉴定人体生物性物质组织来源的主要方法是寻找组织特异性生物标记,即通过检测特异性存在于人体某种组织器官的生物标记来实现人体不同生物性物质的组织来源鉴定。现有研究表明,mRNA 以及部分非编码 RNA 如 miRNA 均具有良好的组织特异性,因此可用于体液组织来源鉴定;微生物在人体分布广泛,且其分布的种类和丰度具有组织特异性,这使得微生物组测序可以用于区分一些生物检材的组织来源;此外,DNA 甲基化能在不改变 DNA 序列的前提下在转录水平参与基因表达的调控,在不同的组织中基因的 DNA 甲基化水平不同,且 DNA 甲基化在离体状态下非常稳定不易发生改变,因此可以通过检测组织的差异性甲基化区域来区分检材的组织来源。

第二节　基　本　理　论

一、种属鉴定的理论

1. 种属鉴定的概念

种即物种,是指一个动物或植物群,其所有成员在形态上极为相似,以至可以认为他们是一些变异很小的相同的有机体,它们中的各个成员间可以正常交配并繁育出有生殖能力的后代,物种是生物分类的基本单元,也是生物繁殖的基本单元。

种属鉴定是法医物证学鉴定的重要内容之一,广义上的种属鉴定包括动植物的类属确定,狭义的种属鉴定指的是动物的生物检材的种属来源鉴定,即确定检材是否属于人体所有。随着人们环保意识的增强及环保方面立法要求和涉及动物类检材案件的增多,有时还要确定检材属于何种动物。本章节将重点阐述确定检材是否属于人体所有的内容,对于涉及植物及动物种属鉴定的内容详见本书第九章。与非人源生物检材相关的其他法医物证鉴定。

2. 种属鉴定的意义

在刑事案件中,明确生物检材的种属分类至关重要,它能为侦查提供线索,也为案件审理提供证据。这类案件的检材通常来自现场,可能存在其他生物的污染,附着微生物、动物组织等,需判断检材是否来自人体。非人体来源的生物种属鉴定有时可成为关键证据,如猫、狗等家养的宠物,它们掉落的毛发可作为嫌疑人曾出现在犯罪现场的证据。此外,针对如违法捕杀和买卖受保护濒危动物的刑事案件,须明确该动物是否为保护动物及其保护级别;打击市场上以驯鹿茸、驼鹿茸切片冒充梅花鹿茸出售,假冒山羊绒或标识成分含量不真实等产品以次充好、扰乱市场经济等行为。此类犯罪案件可能涉及多种动物,不仅需要明确动物种类,还需明确混合物含量比,因为它可能影响定罪量刑。类似地,民事案件中也时常存在对于人类以外其他动物种属鉴定的诉讼需要。

3. 种属鉴定的检测方法

种属鉴定的检测指标是具有种属特征或特异性的成分或特征。其检测方法主要分三类:形态学方法、免疫血清学方法和分子生物学方法。

（1）形态学方法　　形态学方法是法医物证学的基本方法之一,有的形态学检验结果可作为证据保存。形态检验方法主要是显微技术及扫描电镜技术,如用显微镜技术区别人类及鸟类红细胞,即区别人血与鸟血;根据毛发的形态结构区别人毛与兽毛,以及兽毛的种属;根据哈弗氏管的形态及数量,区别人骨与兽骨等。

（2）免疫血清学方法　种属鉴定的经典方法，主要是根据蛋白质在人和动物间理化性质的差异，通过检测检材中是否含有种属特异性蛋白质来达到种属鉴定的目的。应用的实验技术有沉淀反应、凝集反应、酶免疫分析、等电聚焦、高效液相色谱技术等。

（3）分子生物学方法　由于现场检材常受环境因素，如日晒、雨淋、酶解、细菌污染等影响，蛋白质易被破坏，有时免疫血清学方法无法用于种属鉴定。与蛋白质相比，DNA分子相对稳定、特异、易于检测。近年来运用DNA分析技术进行生物学检材的种属鉴定得以广泛应用，常用的分子如下。

1) Alu序列　Alu序列为哺乳类动物细胞DNA的中度重复序列，重复单位长约300 bp，其中在170 bp附近有限制性内切酶Alu切割的AGCT序列，故命名为"Alu"家族。Alu序列为人和灵长类所特有，具有种属特异性。用PCR扩增Alu家族进行检测，可对生物检材进行种属鉴定。检测方法有斑点杂交及PCR扩增后电泳检测两种。除猴血外，其他动物均无扩增产物。

2) 28S rRNA　人类rRNA由60S和40S大小的两个亚基构成，其中60S又由28S、5.8S和5S三个亚基组成。大部分28S rRNA编码序列的区域进化缓慢，相对保守，但保守区中的可变区进化较快，种属之间差异较大。针对这一区域进行PCR扩增，可获得人和动物有差异的特异性片段。

3) 细胞色素b基因　细胞色素b基因位于mtDNA上，是一个具有种属差异的遗传标记，几乎所有的生物检材都可检验。由于mtDNA拷贝数远多于核DNA，检测的灵敏度较高。人和其他哺乳动物的细胞色素b基因片段均存在AluI酶切位点，但酶切片段大小不同，可区分人与其他哺乳动物。

二、组织来源鉴定的理论

1. 组织来源鉴定的概念

组织，由形态相似、功能相同的一群细胞和细胞间质联合起来构成的细胞群。组织来源鉴定，是指对人体生物性物质的组织来源进行鉴定。

2. 组织来源鉴定的意义

新的刑诉法对物证检验鉴定工作提出了更高要求。对犯罪现场中提取到的体液斑迹进行组织来源鉴定，可为犯罪现场重建、案件定性和后续侦查提供重要线索，有效提升生物物证的证据价值。犯罪现场特定体液斑迹的存在与案件类型有一定关联，如搏斗或谋杀现场往往存在大量血迹，精液或阴道分泌物则提示案件可能与性侵有关。在法庭诉讼层面，体液斑迹组织来源的确定可以避免控辩双方对体液斑迹来源的质疑，完善生物物证相关的证据链条，提升法医DNA鉴定结果作为证据的可信度和法律效力，为案件诉讼审判和维护司法公正提供强有力的科学支撑。

3. 组织来源鉴定的方法

鉴定人体生物性物质组织来源的主要方法是寻找组织特异性遗传标记，即通过检测组织特异性遗传标记来实现人体不同生物性物质组织来源的鉴定。

（1）生化或免疫学分析法　不同组织和体液均含有其独特的蛋白或酶分子。传统的法医物证学主要通过一些酶促反应或免疫学试验检测这些特定蛋白分子，从而筛选和确证各种体液和组织。例如，血痕的确定主要通过血红蛋白及其衍生物的存在；唾液斑和精斑鉴定是基于唾液和精液中分别含有大量唾液淀粉酶和前列腺特异性抗原；尿液斑鉴定是基于尿液中含有大量的尿素或肌酐等。这些传统的鉴定方法通常比较简便、快速,对血痕、精斑等少数体液组织具有较高的特异性和准确性,但存在一定局限。首先,部分体液和组织间存在交叉反应,使其特异性降低;其次,传统鉴定方法会对检材造成破坏,且不同组织鉴定方法难以兼容,故需消耗额外的检材,这对量少的生物检材极为不利;再次,因酶蛋白不及 DNA 稳定,致使陈旧或腐败降解检材检测困难。此外,传统方法结果判定大多依赖操作者的水平和经验,增加了人为因素造成误判的风险。

（2）光谱法　　利用光谱学原理进行体液/组织鉴定的方法主要包括荧光光谱法和 Raman 光谱法。荧光光谱法主要通过设定不同的波长,将吸收峰的差异作为组织区分的标准。不同人体组织或体液因其化学成分不同,获得的光谱图会有各自特征性的表现。该法灵敏度较高,是用于大面积组织及体液扫描较理想的方法。但所选的不同波长是否对检材 DNA 造成破坏值得关注。Raman 光谱法是通过非破坏性的激光在不同物质上的散射程度不同,获取不同的生物峰,以达到区分不同组织的目的。国外已发明便携式的 Raman 光谱仪,可直接在现场对可疑组织及斑痕进行扫描。该扫描仪主要采用 MATLAB 7.0 软件对扫描组织进行 SFA、ALS 等统计分析,不同组织及体液有各自特定的生物峰,将扫描结果与标准生物峰进行对比,单一样本有唯一生物峰,混合样本则有多个相应生物峰。光谱学方法为法医学组织/体液的非破坏性鉴定提供了可能。但现场检材极为复杂,可能包括非人类生物检材,光谱法对此无法有效区分。此外,同一组织的不同层面以及不同组织间的交叉影响都会对光谱分析产生影响,例如表皮组织对其下层皮肤及肌肉组织的影响;组织中的血液成分对组织分析的影响以及病变组织对正常组织光谱峰的影响等。

（3）分子生物学技术　　目前,法医学对组织来源鉴定所使用的遗传标记主要有信使 RNA(messenger RNA,mRNA)、微 RNA(microRNA,miRNA)、DNA 甲基化及微生物菌群四种。

1) mRNA　　mRNA 是生物物证组织属性推断技术研究中使用最成熟的分子标记物,不同组织间因生理功能差异,其蛋白表达谱亦各不相同,这是利用 mRNA 进行体液/组织鉴定的理论基础。大量研究已证实,不同体液或组织均有其特异表达的 mRNA 基因。例如,血液特异性基因 SPTB、PBGD、GlycoA、HBA、HBB 和 ALAS2 等;唾液特异性基因 STATH 和 HTN3;精液特异性基因 PRM1、PRM 2、KLK 及 SEMG1 等;月经血特异性基因 MMP7、MMP10 和 MMP11;皮肤组织特异性基因 CDSN、LOR、KRT9 以及阴道分泌物的特异性基因 HBD-1、MUC4 等。此外,部分学者经过适当改良,可从生物检材中同时提取 mRNA 和 DNA,其中 mRNA 用于体液组织来源鉴定,DNA 用于多态性分型,从而有效减少了生物检材的额外消耗。通过组织特异性 mRNA 鉴定组织/体液来源,其优点是不仅特异性和灵敏度较高,而且可与当前 DNA 分型共用分析平台。

2) miRNA　　miRNA 区分不同体液组织属性具有独特优势。现已证实,不同体液和组织间 miRNAs 表达存在差异,且有研究显示,miRNAs 能够抵抗 RNA 酶的降解,在法医与实践中具有较高的应用价值。研究表明,miR-451 和 miR-16 在外周血、miR-135b 和 miR-10b 在精液、miR-658 和 miR-205 在唾液、miR-124a 和 miR-372 在阴道分泌物、miR-412 在月经血中均具有很好的特异性,且其灵敏度低至 50 pg。随后 2010,Zubakov 等采用包含 718 个 miRNAs 的 miRNA 芯片针对唾液、精液、阴道分泌物、静脉血和月经血进行了研究,证实利用 miRNA 芯片可以完全区分上述各种体液,且经 TaqMan RT-PCR 技术验证发现,实验室条件下保存 1 年的血液和精液的 miRNAs 标记未发现明显降解。但应注意的是,组织 miRNA 的表达与疾病密切相关,病变组织的 miRNA 表达会发生改变,这势必影响组织鉴定的准确性。

3) DNA 甲基化　DNA 甲基化为碱基的复制后共价修饰,是储存表观遗传学信息的主要形式。在哺乳动物体内,被修饰的碱基主要是 5′-CpG-3′二核苷酸中的胞嘧啶。CpG 二核苷酸相对集中或成簇存在的区域称为 CpG 岛(CpG-islands, CGIs)。人类基因组中约有 45 000 个 CGIs,以非随机方式分布于基因组中,大多位于基因启动子区,约半数以上的基因启动子区含有 CGIs。大量研究证实,哺乳动物不同组织间存在众多的组织特异性差异甲基化区,由此赋予各种细胞和组织特异性的 DNA 甲基化谱,这为利用 DNA 甲基化标记进行法医学体液和组织鉴定奠定了理论基础。前期的研究集中在部分基因位点上,确定了如 DACT1、USP49、PRMT2 和 PFN3 等精液特异性基因以及 HOXA4 等血液特异性基因。因甲基化水平受年龄等因素影响较大,为排除其他干扰因素,Park 等使用测序芯片对血液、唾液、精液以及阴道分泌物 4 种体液的 450 000 个 CpG 位点的甲基化水平进行了大规模筛选和验证,发现并确定了 8 个组织特异性甲基化位点,分别是血液特异性甲基化位点 cg06379435、cg08792630,唾液特异性甲基化位点 cg26107890、cg20691722,精液特异性甲基化位点 cg23521140、cg17610929 及阴道分泌物特异性甲基化位点 cg14991487、cg01774894。Muangsub 等进一步使用基因芯片技术将样本来源扩展到包括脑组织在内的 22 种常见人体组织,最终筛选获得 86 个组织特异性甲基化 CpG 位点。

4) 微生物法　使用微生物法进行体液组织来源推断,其依据是不同的菌群只能特异性地存活于特定的某种或某些体液组织中。如链球菌大多存在于人的口腔和唾液中,故可用于唾液、喷溅血等检材的检验推断。Saverio 等针对阴道、口腔和粪便菌群的基因组特异性 DNA 混合物建立了一种多重实时 PCR 检测方法,阴道样本显示女性生殖道细菌的强特异信号,口腔样本则呈现出极强的唾液链球菌信号,而粪便样本则为肠球菌信号。该复合体系适用于陈旧检材,能够检测出加氏乳杆菌、卷曲乳杆菌、粪肠球菌、金黄色葡萄球菌、变形链球菌、金黄色酿脓葡萄球菌等 6 种细菌种类。

早期研究首先对唾液和皮肤微生物组进行研究,发现唾液与手指皮肤的微生物组具备组织和体液来源特异性,同时在两种检材的混合样本中皮肤微生物群落仍占显著优势。DOBAY 等将研究对象进一步扩展到除皮肤、唾液外的精液、阴道分泌物、月经血、外周血等检材,16S rDNA 扩增子测序分析结果显示,除了外周血样本扩增失败外,其他样本在室内环境中保存 30 天后仍保留其身体部位来源的细菌表征。YAO 等对皮肤样本、唾液样本以及两者之间的不同混合模式进行 16S rDNA 扩增子分析,结果发现,微生物群落的特征可用于混合样本的体液鉴定。

第三节　血痕检验

血液在人体外干燥后所形成的斑迹称为血痕(bloodstains)。刑事犯罪现场血痕的出现率非常高,杀人、抢劫、交通肇事、打架斗殴等案件现场都有可能出现血痕。对现场血痕进行分析和检验能够为刑事案件提供线索,为证实案件事实真相提供证据。

一、概述

血痕的存在,多数情况下表示有人受伤。在伤害或凶杀案件的现场以及相关的物品上大多数都会遗留下血痕。犯罪现场是一个静态的空间,现场血痕却是一种能够反映作案活动动态过程的痕迹物证,包含大量有关犯罪的信息。通过对犯罪现场血痕的分析、测量、计算,能够获知滴血的方向、角度,血滴运动的大概速度以及出血点的范围等,进而可以帮助确定案件的性质、作案的动机以及案件发生的时间和地点,可以推断作案工具、受害人和作案人在现场的活动过程,分析作案人和被害人之间的相对体位以及作案人的行为和心理状态。血痕也是最常见、最重要的生物性检材。利用这种生物性检材法医可以进行个人识别,确定现场血痕的个体来源。通过血痕的分析和检验所获得的这些信息是重建犯罪现场的重要依据,对案件的侦破极为重要。

1. 血痕的特点

血液离开人体,遗留在载体物上,干燥后即形成血痕。血液一旦离开人体,就面临外界物理、化学以及生物学因素的作用和影响。血液的降解、污染和腐败过程十分迅速。离开机体的时间越长,血液成分的改变越大。尤其是大分子的抗原蛋白质和 DNA 破坏会增加血痕个体识别的难度。所以血痕的检验方法比临床检验复杂,比新鲜血液检验更加困难。血痕越陈旧,检出的阳性率越低。因此及时发现和提取血痕,及时检验极为重要。

2. 血痕检验的目的及基本程序

血痕检验需要解决以下问题:

1) 提取和送检的可疑斑痕是否是血痕;
2) 若是血痕,是人血还是动物血;
3) 确定人血后,检测血液的遗传标记,进行个体识别;
4) 其他检验,如出血量、出血时间及出血部位推断等。

血痕检验一般遵循以下基本程序:

1) 肉眼检查;
2) 预试验;
3) 确证试验;
4) 种属鉴定;
5) 遗传标记测定;
6) 其他检验。

二、肉眼检查

大多数血痕可以通过肉眼发现。对现场血痕的肉眼检查要注意观察血痕的部位、颜色、形状、范围、它们的相互关系以及与现场其他物品的相互关系等,以推测案件的性质、案发时间、案件发生的过程、被害人与加害人双方的搏斗情况、位置关系、尸体被移动情况、加害方式以及加害人的行踪等,帮助调查人员重构案件的发生过程,为案件的侦破提供线索。现场血痕由于各种环境因素的影响或者人为地擦拭清洗,有时难以辨认。因此,必须在现场仔细寻找,认真观察可疑斑痕。对可疑血痕的肉眼检查结果必须详细记录、绘图、照相或录像。

1. 血痕的部位

现场勘查主要是观察血痕分布的位置、数量以及血痕存在的部位。

在室内,要仔细检查地面、墙面、门窗、家具、蚊帐、被单、枕套、席子、床板以及其他物品,注意在砖缝、锁扣、门闩等隐藏部位寻找,应检查水龙头、水勺、面盆、水缸、毛巾上的可疑血痕。尤其在移动过的人及物品现场,注意冲洗后遗留下的微量血迹或血印痕。

在室外,血痕可黏附在树叶、草叶上,呈有光泽的暗红色斑,易辨认。若血液渗入泥土中,则难以辨别,此时应将可疑斑痕连同周边无斑痕处的泥土整块取出送检。

检查伤者、死者或犯罪嫌疑人时应注意观察不易发觉或难以清除的部位,如毛巾上、指甲缝里、衣服皱褶、衣袋袖口、纽扣孔、鞋边等。对洗过或擦拭过的凶器,表面可能没有斑迹,但有时拆开或在缝隙处仍可能找到血迹。交通事故的案例,很多血迹往往附在轮胎、挡泥板、车辆的底部。汽车的这些部件本身颜色较深,又常混有大量的泥土、灰尘、油污,不容易发现血迹,要仔细查找。

2. 血痕的颜色

正常人血液在体外3~15分钟内完成血痕的凝结过程。血液因含有血红蛋白而呈现鲜红色,干燥后因血红蛋白形成正铁血红蛋白,很快表现为暗红色,有光泽,随后随着正铁血红蛋白变为正铁血红素,逐渐变为暗色、褐色或灰褐色。根据血痕干燥程度和颜色,可以大概推测血痕经过时间。

需要注意的是,现场的血痕可因雨淋、日晒而颜色变淡,凶器上或衣服上的血痕又可因被洗涤而难以辨认。另外,许多有色物质,如油漆、颜料、酱料、泥土等也可在衣物上形成暗褐色斑痕,易与血痕混淆。

3. 血痕的形状

血痕的形状往往与出血者的体位、行走方向及出血部位等有关。血滴的形状受血滴滴落的高度和方向影响,从0.1 m以内的高度落在地面时血滴呈圆滴状,血滴边缘基本光滑或稍带锯齿状。从0.5 m高度落下时,血滴边缘呈明显的锯齿状。从1 m高度落下时,血滴边缘呈放射状,周边有溅出的逗点状或线条状小血痕。非垂直滴落时,锐角侧边缘光滑,钝角侧呈锯齿状或有溅出的小血痕。受伤后行走中滴落的血滴为一边呈锯齿状的圆形或椭圆形,锯齿状边缘的方向为伤者行走的方向。动脉受伤,形成喷射溅状血痕;大量血液喷射到墙上可形成流注状血痕。静脉出血时,往往出现流注状血痕。此外还有擦拭状血痕、血印痕、血泊等。当不同类型的血痕混合时,需要判断血痕形成的先后顺序,可以从血痕风干时间和形成时间等判断。

4. 血痕的范围

血痕的范围一般取决于出血量,但有时因混有尿液、唾液等使血痕范围扩大,根据血痕的大小可估计出血量。出血量常与死亡及受伤后存活时间等有关。详细的肉眼检查可发现许多重要的线索。在实验室对送检血痕还要进行仔细的肉眼检查,因为有良好的光线和附加设备,可能找到在现场未发现的新斑痕,获得新线索。

必须强调,肉眼检查以及后续的所有实验室检查,不能用手直接接触检材,以免检查者自己手上的汗液造成交叉污染,使实验结果的解释复杂化。检查时应戴上干净手套或用干净的镊子翻动检材。

三、血痕预试验

预试验(preliminary test)是一种筛选试验,目的是要从大量的可疑血痕中筛除不是血痕的检材。很多斑痕外观上与血痕相似,如油漆、酱油、染料、铁锈、蔬菜和果汁斑等。通过预试验,可迅速将这些不是血痕的检材筛除,无须进一步的检验。

作为筛选试验,血痕预试验具有所需检材量少、灵敏度高、操作简便、快速的特点。血痕预试验的方法很多,多数是测定血痕中血红蛋白或其衍生物的过氧化酶活性,达到筛查血痕的目的。由于过氧化酶在自然界广泛存在,因此预试验特异性差,许多生物体液(如唾液、部分植物的汁液)和其他物质(如铁锈、氧化剂)的预试验均呈阳性反应。所以,预试验阳性仅表示可能是血，而不能肯定是血。血痕预试验的实际应用意义在于阴性结果，阴性结果可以否定血痕。

血痕预试验的方法有联苯胺试验、酚酞试验、邻联甲苯胺试验、鲁米诺试验、氨基比林试验、愈创木酯试验、紫外线浓硫酸试验及纸色谱法等。最常用的是联苯胺试验和酚酞试验。

1. 联苯胺试验

联苯胺试验(benzidine test)是1904年Adler作大便隐血试验而建立的方法，是迄今最常用的血痕预试验。

原理：血痕中的血红蛋白或正铁血红素具有过氧化物酶活性，可使过氧化氢释放出新生态氧。新生态氧可将无色联苯胺氧化为联苯胺蓝。

方法：剪取或刮取微量检材置于白瓷反应板上，或用滤纸轻擦斑痕。依次滴加冰醋酸、联苯胺无水乙醇饱和液各1滴。1~2 min后无蓝色反应，再加3%过氧化氢1滴，立即出现蓝色为阳性反应。若不出现蓝色，为阴性反应。

联苯胺试验最大的特点是灵敏度高，血液经过稀释50万倍，试验仍可能呈阳性结果，故只需痕量的检材即可，甚至肉眼看不到的血痕也可检出。由于本试验灵敏度高，所以每次用来剪取或夹取检材的剪刀、镊子都必须擦拭干净，以防交叉污染。

联苯胺试验有两类干扰物质：一是氧化剂，如高锰酸钾、重铬酸钾、铁锈和镍盐等，能直接将联苯胺氧化为联苯胺蓝，呈现蓝色反应。但氧化剂造成的蓝色反应出现在未加过氧化氢之前，所以要求实验时必须按上述次序滴加试剂。二是生物源性物质如某些植物、蔬菜、水果等，本身含有过氧化物酶使试验出现阳性反应。人体液如脓液、鼻涕或组织液，细菌如大肠杆菌等也含有过氧化物酶或具有过氧化物酶活性的物质，亦能使联苯胺试验呈阳性。因此阳性结果只能说明检材可能是血痕，不能肯定为血痕。所以，联苯胺试验的意义在于阴性结果，阴性可以否定血痕，除非血痕中的血红蛋白或其衍生物已经彻底被破坏。如果真是血痕，联苯胺试验阴性，说明血痕已经彻底破坏，后续的所有检测已经失去检测条件。

联苯胺能够破坏血痕，不能再进行后面的检测，因此试验时不要将试剂直接滴在衣服或其他检材的斑痕上。联苯胺是致癌物，检测时应加强自我防护。

2. 酚酞试验

酚酞试验(phenolphthalein test)的原理与联苯胺试验相同，都是利用血痕中的血红蛋白或正铁血红素的过氧化物酶活性，将过氧化氢分解，释放出新生态氧。新生态氧可使还原酚酞氧化为酚酞，在碱性溶液中酚酞呈桃红色或红色。

酚酞试验的操作方法也与联苯胺试验大致相同，剪取或刮取微量检材置于白瓷反应板上，或用滤纸轻擦斑痕。滴加无色还原酚酞溶液，半分钟后无红色反应，再加3%过氧化氢，立即出现红色为阳性反应。

本法灵敏度不及联苯胺试验，同样缺乏特异性。但酚酞试剂无毒、安全，唯试剂配制过程较烦琐。

四、血痕确证试验

确证试验(conclusive test)的目的是确证检材是血痕。预试验阳性仅表示检材可能含有血，还必须进一步用确证试验来证实预试验阳性的检材是否含有血。血痕确证试验的主要依据是检材中是否含有血红蛋白或其衍生物，阳性结果可确证检材为血痕。

确证试验灵敏度一般都不太高,检材有真菌生长、细菌污染,或经过洗涤、雨淋、日晒后,确证试验往往呈阴性反应。因此,确证试验呈阴性结果时,并不能断然否定血痕的存在,只能说确证试验未能检出血痕。确证试验阴性的检材可继续做种属试验,因为常规的抗人血红蛋白血清沉淀反应的灵敏度比确证试验高,可防止因确证试验灵敏度低而漏检血痕。

1. 血色原结晶试验

血色原结晶试验是由日本人高山所建立,故又称高山结晶试验(Takayama crystal test)。

原理为:血红蛋白在碱性溶液中分解为正铁血红素和变性珠蛋白。在还原剂作用下,正铁血红素还原为血红素,同变性珠蛋白和其他含氮化合物(如吡啶、氨基酸等)结合形成血色原结晶。

血色原结晶试验的试剂又称高山试剂,由10%氢氧化钠3 mL,30%葡萄糖10 mL,吡啶3 mL混合组成。

方法:剪取或刮取少量检材,置载玻片上,用针分离成细纤维,盖上盖玻片,加1~2滴高山试剂,室温下静置10 min后镜检。出现樱桃红色星状、菊花状或针状结晶,即为阳性。不出现结晶,为阴性反应。

血色原结晶试验最大的特点是特异性好,目前未发现任何其他物质,经过同样处理,能形成该樱桃红色结晶。它的缺陷是灵敏度低,血液经过稀释200倍就难以得到典型的血色原结晶。此外,经过水洗、雨淋或变性、腐败、陈旧的血痕阳性率低。所以,血色原结晶试验的阴性结果没有意义,它的意义在于阳性结果。血色原结晶试验阳性可以肯定是血痕。

高山试剂久置易失效,每次试验时应强调作已知血痕的阳性对照。结晶形成的速度和结晶的形态大小与血液浓度有关。

2. 吸收光谱检查

原理:有色物质能吸收一定波长的光线。当日光经过这类物质时,其中某些特定波长的光线被吸收,在连续光谱上便出现黑色吸收线条。不同的物质,吸收线条出现的位置与数量不相同。血液中主要成分血红蛋白及其衍生物均为有色物质,对光线具有很强的选择性吸收能力(表5-1)。根据检材在分光镜下检测有无特定的吸收线,可确证检材是否是血痕。

表5-1 血痕中血红蛋白及其衍生物的吸收光谱

化 合 物 名 称	主要吸收峰波长/nm		
氧合血红蛋白(HbO_2)	578	540	
还原血红蛋白(Hb)	556		430
碳氧血红蛋白(HbCO)	572	540	
亚铁血红素	575	550	
硫化血红蛋白(SHb)	620		
酸性正铁血红蛋白	630	578	540
碱性正铁血红蛋白	610	578	540
血色原	555		530
氰血色原	540		

方法：取少量检材，置于载玻片上。加33%氢氧化钠和多硫化铵溶液各1滴，盖上盖玻片，然后在显微分光镜下观察，以燃烧氯化钠结晶的钠光（波长589～589.5 nm）校对分光镜标尺。若检出血红蛋白或其衍生物的吸收光谱，可确认检材为血痕。

该试验具有操作简便、快速可靠等优点，并可用血色原结晶试验的载玻片直接观察。检查时若发现有氰化正铁血红蛋白、碳氧血红蛋白的吸收光谱，提示出血者有氰化物、一氧化碳中毒。

五、种属鉴定

种属鉴定的目的是确定血痕是不是人血。当可疑斑痕确定为血痕后，应确定其种属来源，明确血痕是人血还是动物血，必要时还需确定是哪种动物血。只有确定了血痕是人血痕，才能进一步检测血痕的遗传标记进行个人识别。血痕的种属试验是血痕鉴定的一个关键，因为动物血中含有某些与人血液遗传标记类似的物质，如A及B抗原，若不进行种属鉴定，直接测定血痕的ABO血型，或种属鉴定错误，误将动物血判断为人血进行遗传标记的检测，会得出错误的结论，将案件的侦查工作引入歧途。

血痕种属鉴定有许多方法，包括血清学方法、细胞学方法、分子生物学方法及生物化学方法。

1. 抗人血红蛋白胶体金试验

胶体金法是一种免疫层析技术，用该技术进行种属试验，具有灵敏度高、操作简便的特点。

原理：胶体金由金化合物制备而成，带负电荷，可作为抗体染料结合物。胶体金将抗体免疫球蛋白吸附在表面，形成一种标记了该种免疫球蛋白的"探针"，用此"探针"可以结合相对应的抗原。此种由抗体标记后的胶体金称为免疫胶体金。胶体金颗粒自身呈红色，当免疫胶体金颗粒结合对应的抗原后，再与抗原相应的抗体结合，免疫胶体金颗粒便被滞留而富集，出现肉眼可见的红色，据此判断阳性或阴性的结果。

免疫层析胶体金试剂条是将所有反应物均固定在硝酸纤维素膜上，反应利用毛细作用原理。试剂条分为加样区、反应区和吸附区三部分。加样区贴有一层有免疫胶体金颗粒的玻璃纤维膜。反应区有两条反应线：一条为检测线，包被有检测抗原的抗体，如抗人血红蛋白抗体；另一条为质控线，包被有抗免疫球蛋白抗体，能检测标记胶体金的免疫球蛋白抗体。吸附区将加样区和反应区层析扩展上来的剩余免疫胶体金颗粒吸附于其中，以提供层析的动力。

方法：取少量血痕样本用蒸馏水浸泡，使浸泡液微带黄色。取出试纸条，在加样区加3～5滴浸出液或将试纸条的加样区浸于待检样本的浸泡液中5～10 s，静置3～5 min观察结果。反应区中的检测线和质控线均出现红色条带为阳性结果；只有质控线显现红色条带为阴性结果；无红色条带出现表明可能操作失误或试剂条失效，应重复测试。胶体金检测结果的示例见图5-1。

2. DNA检验

（1）根据Alu序列作种属鉴定　哺乳类动物细胞DNA有一些中度重复序列，重复单位长约300 bp。其中在170 bp附近有限制性内切酶Alu切割的AGCT序列，命名为"Alu"家族。Alu序列为人和灵长类所特有，具有种属特异性。对血痕检材用PCR扩增Alu家族进行检测，可作为种属鉴定。检测方法有斑点杂交及PCR扩增后电泳检测两种方法。

引物序列：Alu9.1　5'- GGC ACT TTG GGA GGC CAA GG - 3'
　　　　　　Alu9.2　5'- TAC AAG CTT GTG CCA CCA TGC CCA AC - 3'

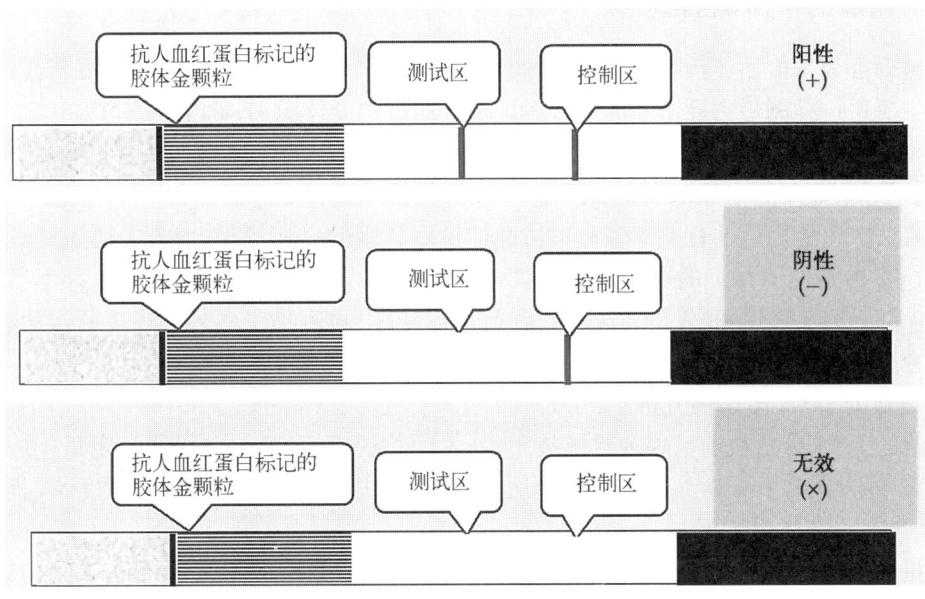

图 5-1　胶体金一步法检测血痕结果示意图

在反应体系中,含有 10~100 ng 模板 DNA,0.2 μmol/L 两种引物,200 μmol/L dNTPs,1 μL Taq DNA 聚合酶,50 mmol/L $MgCl_2$,10 mmol/L Tris-HCl。扩增产物在 2%琼脂糖凝胶中电泳,可获得 DNA 长度为 130 bp 的特异性条带。牛、大鼠、蛙、鲫鱼等的扩增片段大于 130 bp,且扩增产量非常少。除猴血外,其他动物均无扩增产物。

(2) 根据 28S rRNA 序列鉴定种属　人类 rRNA 由 60S 和 40S 大小的两个亚基构成,其中 60S 又由 28S、5.8S 和 5S 三个亚基组成。大部分 28S rRNA 编码序列的区域进化缓慢,相对保守,但保守区中的可变区进化较快,种属之间差异较大。针对这一区域进行 PCR 扩增,可获得人和动物有差异的特异性片段。

引物 A: 5′- ATC TAG TAG CTG GTT CCC TC - 3′

引物 B: 5′- CCT CTA ATC ATT CGC TTT AC - 3′

经 PCR 扩增,电泳检测,人类 DNA 扩增片段为 108 bp、104 bp、101 bp 及 99 bp,主要产物为 99 bp,不同动物 PCR 扩增产物长度不同。

(3) 根据细胞色素 b 基因序列进行种属鉴定　细胞色素 b 基因位于 mtDNA 上,是一个具有种属差异的遗传标记,几乎所有的生物检材都可检验。由于 mtDNA 拷贝数远多于核 DNA,检测的灵敏度较高。人和其他哺乳动物的细胞色素 b 基因片段均存在 *Alu* I 酶切位点,但酶切片段大小不同,可区分人与其他哺乳动物。

引物序列:

引物 1: 5′- CAT CGA CCT TCC AGC CCC ATC AAA CAT - 3′

引物 2: 5′- TGT TCT ACT GGT TGG CCT CCA ATT CA - 3′

PCR 扩增产物经琼脂糖凝胶检测,可见一条 981 bp 长的 DNA 片段。扩增产物用两种限制酶切割(*Alu* I、*Nco* I),酶解产物用 6%变性聚丙烯酰胺凝胶电泳分离,用银染色方法显现酶解片段。人类与动物酶切片段大小不同。

六、血痕的个体识别

检材确证为人血后,应测定血痕中的遗传标记进行个体识别。在20世纪90年代以前,法医物证主要通过检测蛋白质水平的遗传标记进行血痕的个体识别,如红细胞血型、红细胞酶型和血清型。90年代后,随着DNA遗传标记在物证鉴定中的应用,血痕的个体识别概率得到迅速提高。目前,血痕的个体识别主要运用DNA分析技术进行。

随着法医遗传标记的日益丰富和遗传标记检测技术的迅速发展,血痕个体识别面临的主要障碍已不再是遗传标记的数量和检测技术,而是血痕的质量问题,当检材保存不当或被水浸、火烧等时,容易发生DNA严重降解或者蛋白质变性,也容易受到外部环境的微生物污染,这些均会影响血痕的检测结果。

1. 血痕的DNA多态性分析

血痕的DNA分析目前已成为常规技术,技术的关键在于DNA的提取和定量。从血痕中提取DNA的方法有Chelex-100法、盐析法、有机溶剂法、固相提取法以及各类DNA提取试剂盒等。

有机溶剂法提取的DNA纯度较高,基本提取步骤为:剪碎血痕,置于1.5 mL离心管中,加入400 μL提取缓冲液(10 mmol/L Tris,10 mmol/L EDTA,10 mmol/L NaCl,39 mmol/L DTT,2% SDS)及10 μL蛋白酶K(20 mg/mL),56℃过夜,加500 μL酚/氯仿/异戊醇的混合液(25:24:1),抽提蛋白质,用冷乙醇沉淀DNA,再用70%乙醇洗涤。吸去乙醇,沉淀干燥,再溶于TE缓冲液或无菌蒸馏水中。

Chelex-100法是一种由苯乙烯、二乙烯苯共聚体组成的化学螯合树脂,含有成对的亚氨基二乙酸盐离子,可螯合多价离子,特别是对高价金属离子有很高的亲和力和螯合作用,如螯合镁离子。就如磁铁吸附铁一样,镁离子被吸附起来。镁离子被去除后,核酸酶会失活,从而保护DNA分子不被降解。低离子强度,在碱性及煮沸的条件下,可以使细胞膜破裂,并使蛋白质变性,通过离心除去Chelex-100颗粒,使其结合的物质如镁离子与上清中的DNA分离。Chelex-100法提取DNA,提取过程始终在同一个试管内进行,不涉及转移,减少污染机会,同时也降低了检材的损失,是一个十分简单、快速的方法,很适合微量检材的DNA提取;但本方法提取的模板DNA纯度较低,仅适用于PCR反应模板制备。

血痕及其他法医物证检材中常有杂质存在,可抑制PCR扩增。常见的杂质有深色染料、苯胺染料及正铁血红素等。在PCR扩增反应液中加入小牛血清蛋白等,可消除血红蛋白衍生物、染色染料等的影响。现场收集的法医物证检材,可能存在影响DNA检测的物质,有时需要纯化模板DNA,方法一般有:① 氯仿、酚、异戊醇提取后的液相,再用饱和正丁醇水溶液提取1次,过滤纯化,用灭菌蒸馏水洗3次。② 用离子交换色谱法纯化DNA。纯化后只是去除了不能与DNA结合的杂质。

血痕也是DNA检材较好的存储形式之一。在实验室条件下,将新鲜血滴于带有计算机识别条码(barcode)的FTA卡上(一种可以结合并保护核酸免予降解的滤纸),以便于存放和管理。使用时用特制打孔器截取直径约1.2 mm的血痕置于扩增管中,加入PCR试剂扩增。由于该方法操作简便,无须进行DNA提取、定量操作,适用于实验室大规模自动化DNA样品检验。

血痕个人识别最常用的DNA遗传标记是STR,从血痕中提取DNA后,经PCR扩增特定STR基因座,扩增产物经毛细管电泳分析,以人类等位基因分型标准物为对照,可判断血痕的STR分型。也可检测SNP、InDel、mtDNA等遗传标记用于个人识别。

2. 血痕的性别鉴定

测定血痕性别也是血痕个人识别的重要内容之一,常给案件侦查提供非常有价值的证据。一旦确定性别,即为个体识别提供了50%的否定率。

判断血痕性别可检查X和Y染色体,也可测定性激素,或用DNA分析。前两种方法难免有误判,DNA分析方法结果可靠,是目前主要鉴别血痕性别的方法。DNA分析包括:Y染色体特异性探针杂交技术、Y染色体特异性酶切片段、PCR扩增Y染色体特异性片段、PCR扩增X、Y染色体特异性片段等。目前主要采用同时扩增X、Y两条染色体的特异性片段、Y染色体特异性片段。

(1) 牙釉基因(amelogenin, AMG)　牙釉基因位于X染色体Xp22,编码牙原基质牙釉质蛋白,故名牙釉基因。在人Y染色体中心粒附近有一类牙釉基因(amelogenin-like, AMGL),与牙釉基因的碱基序列有90%的同源性。用一对特异性引物可同时扩增AMG和AMGL序列片段,X特异性片段长977 bp,Y特异性片段长788 bp。

引物:AMXY-1F 5′- CTG ATG CTT GGC CTC AAG CCT GTG -3′
　　　AMXY-1F 5′- TAA AGA GAT TCA TTA ACT TGA CTG -3′

扩增后男性可得到977 bp和788 bp两条带,女性只观察到977 bp一条带。此法只需一对引物,使性别检验可靠、方便、快速。但是其扩增产物较长,不适合腐败血痕、过于陈旧血痕的性别鉴定。通过设计引物,缩短引物间距,扩增出更短的片段,可以克服此类缺点。

(2) 扩增Y染色体特异性DNA片段　针对Y染色体特异性片段设计的鉴定性别的引物有多对。由于是Y染色体特有,必须同时扩增男女共有的片段作为对照,故常用人类Alu片段作对照。人类Alu扩增片段长度为130 bp,扩增结果为:男性具有Y染色体特异扩增条带和Alu带;女性只有Alu带;无Alu带为扩增失败。

常用的Y染色体特异性DNA片段有DYZ1。DYZ1序列是Y染色体长臂异染色质区3.4 kb的重复序列,在Y染色体上拷贝数为5 000。引物为:

引物对1 Y1.1 5′- TCC ACT TTA TTC CAG GCC TGT CC -3′
　　　　Y1.2 5′- TTG AAT GGA ATG GGA ACG AAT GG -3′
引物对2 Y1.3 5′- AAT ACC CTA CAT TCC CTT CCA -3′
　　　　Y1.4 5′- ATG GAA ATT GTA TGC AGT AGA -3′

Y1.1、Y1.2扩增的片段为长154 bp的DNA片段,Y1.3、Y1.4扩增产物为102 bp的DNA片段。

仅扩增Y特异性片段的方法不宜作为鉴定检材性别的首选方法,有异议时应同时检测2个或2个以上的基因座鉴定性别,只有结果一致时,才可作出结论。

七、血痕的其他检验

1. 出血部位的判定

血痕检验中,判定出血部位有重要意义。但单纯血痕难以判定出血部位,只有血痕中混有组织细胞时,根据细胞形态特征判断是何种组织细胞,借以推测出血部位。检验时,可利用种属试验中盐水浸液的残渣,涂片染色镜检。鼻出血时可见纤毛柱状上皮细胞,偶见鼻毛;口腔出血可见扁平上皮细胞,有时可见食物残渣;肺出血可见纤毛柱状上皮细胞及口腔扁平上皮细胞;胃出血可见食物残渣、胃黏膜及口腔上皮细胞;内脏损伤出血含有脏器及组织碎片,镜检时可见脏器特有的细胞;阴道出血可见阴道上皮细胞,偶见阴道滴虫、包皮垢杆菌;月经血可见子宫内膜细胞、阴道或宫颈鳞状上皮细胞。因女性生殖器出血也可见这些细胞,故判断是否月经血常需要其他方法证明,如检验纤维蛋白降解产物及纤溶酶活性等。

mRNA 和 microRNA 是鉴定体液斑组织来源的新方法。不同组织具有不同的转录组表达谱,mRNA 是较好的体液标记物,可用于区分月经血和静脉血。外周血特异的备选 mRNA 标记物包括以下基因:血红蛋白 β(hemoglobin beta,HBB)、α-血红素(hemoglobin alpha locus,HBA)、血影蛋白 β 链(erythrocytic spectrin β chain,SPTB)、胆色素原脱氨酶(porphobilinogen deaminase,PBGD)、氨基酮戊酸合酶(δ-aminolevulinate synthase,ALAS)、CD3G 等。子宫阴道分泌物的备选 mRNA 标记物主要有黏蛋白 4(Mucin4,MUC4)和 Human beta-defensin1(HBD1)、cytochromeP450、family2、subfamilyB、polypeptide 7 pseudogene1(CYP2B7P1)、myozenin1(MYOZ1)、IL-19。与月经相关的 mRNA 标记有金属基质蛋白酶(metallopeptidase,MMP)MMP-7、MMP-10、MMP-11,同源盒基因[MSX-1,secreted frizzled-related protein4(SFRP4)、left-right determination factor2(LEFTY2)]。月经血中除了存在血液标记物外,还可同时检测到月经周期相关的 mRNA 标记和子宫阴道分泌物 mRNA 标记。

microRNA 是一类 18~25 个碱基的非编码单链小分子 RNA,广泛存在于人体细胞中。相比 mRNA,microRNA 在体外更加稳定,存在时间更长,是理想的遗传标记。法医学家正在探索可用于区分月经血和静脉血的特异性 microRNA。

通常的检测方法是把 RNA 分子反转录成 cDNA 分子,经 PCR 扩增后用激光荧光毛细管电泳检测,也可用实时定量 PCR 检测。

2. 出血量的测定

出血量的测定有助于判断尸体所在的现场是否为原始现场或推测死前挣扎的时间等。测定方法如下:

(1) 重量计算　　剪取含血检材与无血检材各一块,大小相等。室温干燥后,再放入干燥器内,使呈恒量,准确称量每块的重量,两者相差就是干血量。由于鲜血变为干血的重量比率是 1 000∶211,则血量计算公式为:血量=干血量×1 000/211。计算血痕的总面积为剪下血痕面积的多少倍,则总出血量=血量×倍数。

(2) 分光光度计测定法　　将一定大小的干血痕溶于一定量蒸馏水内,陈旧血痕可用 1~5 mol/L 氢氧化钾溶解。取 1 mL 血痕浸液于吸收管底部,加入吡啶-氢氧化钠溶液(吡啶 100 mL,10%氢氧化钠 30 mL,蒸馏水加至 300 mL)3 mL,用小玻璃棒搅匀,便形成氧化吡啶-血色原,这是较稳定的化合物。再加过量固体硫代硫酸钠,便形成还原血色原,该物质不稳定,只存在 5~10 min,在波长 557.5 nm 或 540 nm 测定光密度,根据预先制好的结晶血红素标准曲线查得结晶血红素克数。用系数 25.2 乘以结晶血红素克数便得 1 mL 斑痕浸液的血红蛋白克数,再乘浸液总量(mL)便是斑痕浸液的血红蛋白量。假设 100 mL 血中含 14 g 血红蛋白,则血液量=斑痕浸液血红蛋白量×100/14。而全部斑痕血液量=已测斑痕血液量×全部斑痕面积/已测斑痕面积。

出血量的测定要及时,时间越长,误差越大。

3. 出血时间的测定

血痕的陈旧度测定在某些案件中也很有意义。测定血痕陈旧度主要根据各种血液成分的变性和血清氯渗润基质的宽度,受时间推移的影响及其他因素,如热、阳光、水洗、腐败等的影响,一般只能作粗略估计。

第四节 精液斑检验

精液斑(seminal stain)是精液浸润或附着于基质上,干燥后形成的斑痕。精液斑检验是法医物证学检验的一项主要内容。常见的生物性检材包括受害者的阴道拭子、内裤、床单、卫生纸、安全套和犯罪嫌疑人的外生殖器拭子,他们常会遗留含有精子和女性上皮细胞的混合物。准确、高效地分离出混合斑中的精子,并尽量避免女性上皮细胞成分的干扰是处理此类检材的重点,对于案件侦破具有至关重要的作用。

一、精液斑的特点和检验目的

1. 精液特征

精液主要由精子(spermatozoa)及精浆(seminal plasma)组成,是一种含蛋白质、各种酶及果糖等多种成分的碱性胶状液体。除精子外,还有睾丸细胞、白细胞、脱落柱状上皮细胞、前列腺卵磷脂小体、玻璃小体、各种形状的精胺结晶、色素颗粒、脂肪球等。

精浆是由男性各附属性腺分泌物所组成的复杂的混合物,其中精囊液约占60%、前列腺液约占30%、附睾和尿道球腺液约各占5%。精囊液中含有多种蛋白质,在精液的凝固和射精中发挥重要作用。此外,精囊液中含有黄素(flavin),根据其在紫外线灯下发光的性质可用于搜寻精液斑物证。前列腺液含有高浓度的酸性磷酸酶(acid phosphatase, AP)和前列腺特异性抗原(prostate-specific antigen, PSA),是确证精液斑的重要标记。

精液为乳白色半透明的黏稠液体,长期未排精时会稍呈黄色。精液中含有精胺,被精液中的二胺氧化酶氧化后有特殊的麝香或罂粟花气味。射精后精液在体外接触空气,在精囊腺分泌的凝固酶的作用下,约5 min内凝结成胶冻状。继而在中性蛋白酶及纤溶酶作用下,于20~30 min内液化成稀薄半流动体状。

2. 精子形态特征

正常精子分头、尾两部分,长约60 μm,外形似蝌蚪。头部长3~5 μm,宽2~3 μm,厚1~2 μm,正面观呈卵圆形,侧面观呈梨形,主要由顶体(acrosome)和致密的精子细胞核组成。空泡状顶体覆盖了精子细胞核的前2/3,内含多种水解酶,如顶体蛋白酶、透明质酸酶、酸性磷酸酶等,在受精时有利于精子穿透卵子外周的放射冠与透明带而进入卵细胞内。精子细胞核除含有染色质外,还含有各种大小的空泡。尾部长达40~60 μm,细长而弯曲。分为颈段、中段、主段和末段四部分。

3. 精液斑特征

精液斑无固定的形态,外观常因附着物不同而有差异。在体表,精液斑常呈白色鳞片状痂片。在深色纺织品上,浓厚精液斑呈灰白色浆糊状斑迹,偶可见结痂;较稀薄的精液斑浸润于布纤维间,则不易察见。在浅色纺织品上,精液斑多呈黄白色地图状,边缘色深。用放大镜检查,可在布纤维表面或中间见黄白色小鳞片。在软质载体,如衣、裤、纸张上的精液斑手触之有硬感。新鲜精液斑有特殊腥味。此外,部分精液斑中的女性个体上皮细胞含量丰富,而精子细胞含量相对较少,并且由于部分混合斑附着的载体具有较强的黏附性,易造成精子细胞的不完整,后续检材的分离洗脱效率低。

4. 检验目的与要求

对疑为精液斑的检材需要解决下列问题：可疑斑痕是否为精斑？若是精斑，确定精液斑的个体来源。检验步骤为：肉眼观察、预试验、确证试验、认定为人精液斑后检测遗传标记，进行个体识别。

二、精液斑的肉眼检查

肉眼检查的目的是发现可疑精液斑，确定其所在部位及分布，以便准确取材检验，提高阳性检出率。有时还可根据精液斑的形态和部位分析有关作案过程。

典型的精液斑呈不规则地图状。新鲜精液斑触之有干浆糊斑状的硬感，有特殊的腥味。根据精液斑的特点，常能通过肉眼观察将其从载体上发现，进而观察并记录斑迹的分布情况、数目、位置、形状、大小、颜色及光泽等。

此外，可将检材置于紫外光下于暗处观察。精囊液中的黄素在紫外线照射下显银白色荧光，斑痕边缘呈浅紫蓝色。水洗过、肉眼较难看到的精液斑，在紫外线下则可见浅淡的点片状荧光。但需要注意的是，纺织品中的某些色素、染料、漂白剂、含荧光素的各种载体等在紫外光下也可见与精液斑类似的荧光，因此紫外线检查阳性结果仅表示斑痕可能是精液斑。精液斑过于淡薄，以及数天或者数年的精液斑，可无荧光，故阴性结果不能轻易否定精液斑。紫外线检查方法简便，不损害检材，不影响检材后续其他项目的检验。

三、精液斑的预试验

预试验的目的是筛选可疑精液斑，要求方法简单、灵敏度高。精液斑预试验方法很多，常用方法包括磷酸苯二钠试验、α 磷酸萘酚-因蓝 β 试验和酸性磷酸酶检验等。由于酸性磷酸酶来源于前列腺，无精子的黏液在此试验也呈阳性结果。精液斑中酸性磷酸酶相当稳定，对腐败及高热有较强的抵抗力。保存 10 余年的陈旧精斑，夏日室温放置 8 周的腐败精液及 125℃ 加热 30 分钟的精液仍能检出其酶活性，但 200℃ 加热 5 分钟则破坏酸性磷酸酶酶活性。因此，鉴于此方法具有较高灵敏度，对于阴性结果可以排除为精斑。

四、精液斑的确证试验

精液斑确证试验是检验精液中的特有成分，阳性结果可以确认精液斑。近几年精液斑的确证试验进展较快，主要有以下两类方法：精子检出法及免疫学试验方法。目前，人精液前列腺特异性抗原检测金标试剂条法简单易行。

1. 精子检出法

精子具有典型而稳定的形态，不易受其他因素影响而改变，十余年的陈旧精液斑也可能查见精子。

在性犯罪中，取阴道拭子的时间越早越好，如果在 24 小时后取材阴道拭子，精子检测阳性率下降 50%；48 小时取材，阳性率仅 10%。活体阴道拭子，精子检出期限一般为 1.5~2 天。若被害人死亡，尸体处于仰卧位，则检出期限较长，阴道拭子中精子不仅数目多，而且形态基本完整，最长的检出期限可达 3 周。而冰冻 2 个半月的尸体，宫颈涂片偶能检出精子。精子检出率也与阴道拭子提取方法与部位有关，例如宫颈刮片和阴道后穹隆部擦拭物精子的检出率较高。

光镜下观察精子是无色的，一般情况下精子头部有折光，尾部很细。检材浸泡后涂片观察,常见精子头部和尾部分离。在实际的精液斑检验中,常选择合适的浸液及适当的染色方法,如 HE 染色等,以提高精子的检出率。

【检材处理】

取可疑精液斑检材约 1 cm×1 cm,剪碎,置试管内,滴加生理盐水 0.5 mL(如拟对检材的浸出液做抗人精液环状沉淀试验及 ABO 血型测定,则应控制浸泡检材的生理盐水量,以免稀释 ABH 抗原),室温浸泡 2 小时或置4℃过夜,其间可用玻璃棒搅拌和压挤检材。吸出全部浸液至另一试管内,2 500 r/min 离心 5 分钟,吸取沉淀物涂片,干燥后甲醇固定 5 分钟,染色,检验精子。

过于陈旧的精液斑,盐水浸渍不易分离精子,可用 5%~10% 氨液浸渍,或用 0.8% 盐酸、醋酸、胰蛋白酶等浸渍,12~24 小时后弃载体纤维,离心。沉淀经洗涤后涂片、染色、镜检。

2. 精斑试纸条检测法

前列腺特异性抗原(prostate specific antigen, PSA)又称 γ-精浆蛋白(γ-seminoprotein, γ-sm),由人类前列腺上皮细胞所分泌,是成年男子精浆中特有的一类糖蛋白,pH 约为 6.9,分子量为 30 000,故又称为 p30。人精液 PSA 正常含量为 0.24~5.5 mg/mL,平均为 1.92 mg/mL。PSA 性质稳定,22℃保存 5 年的精液斑仍能检出;在精液和精液与其他分泌液的混合斑中能存在很长时间,性交后 8~13 小时提取的阴道拭子中仍能检出。PSA 是确证精液斑的理想标记,用胶体金 PSA 抗原检测试剂条,又称 PSA 试剂条进行精液斑确证试验。该方法特异性好,灵敏度高,稀释 6 000 倍的精液仍可获阳性结果。试验操作简单,整个试验过程可在 5 分钟内完成,是目前一项常规技术。

3. 其他确证方法

精液含有一些活性高的特征性酶,可通过生物化学方法检测特征性酶来确证精斑。此外,精液与人体其他分泌液一样,含有多种微量元素,但含量各不相同,利用扫描电镜的 X-能谱分析仪,测定磷、镁、铝、铁、铜、钠、钙和锌 8 种元素,其中锌定量测定,结合其他元素含量,可确证精斑。

上述各种精斑确证试验各有优点,实际工作中可联合使用。

五、精液斑的个体识别

精液斑检验的主要目的是进行个体识别,确定现场精液斑是谁所遗留。精液斑检验传统的遗传标记主要有 ABO 血型、酶型、血清型等,随着 DNA 多态性分型技术的广泛应用,精液斑的个体识别取得重大突破。

1. 精液斑的 ABO 血型测定

ABH 血型物质以水溶性形式存在于人的体液、分泌液中,属糖蛋白。分泌型人精液中 ABH 血型物质与唾液中含量相似,常用中和试验检测;非分泌型精液由于 ABH 血型物质含量少,需用灵敏的 ELISA 法检测。

2. 精液斑的 DNA 分析

精子含有大量 DNA,可从精液斑提取 DNA,检测其多态性。即使精液中无精子,由于精液中含有少量睾丸细胞、上皮细胞等,也能进行 DNA 分型。

由于 Y 染色体系男性特有,检测 Y-STR 不需要分离男女成分即可实现对男性成分的基因分型,故在性犯罪案件中对精液与阴道液组成的混合斑中精液的个人识别有极其重要的意义。

(1) 非免疫学方法

1) 差异裂解法 差异裂解法(different extraction),或称两步消化法(two-step lysis),因其成本低廉、条件简单,是当前国内甚至国外大部分鉴定机构和实验室分离混合斑的主要方法。由于精子细胞核蛋白质含有较多阴道上皮细胞不具备的二硫交联结构,而该结构可使精子细胞核不易被一般的消化液破坏,还原剂二硫苏糖醇(dithiothreitol, DTT)可以破坏该结构。根据该原理,在精液阴道液混合斑检材中,加入适量 TNE 缓冲液、SDS 和蛋白酶 K,37℃水浴孵育 3 小时左右,阴道上皮细胞核被破坏而精子细胞核膜完好,从而释放出阴道上皮细胞的 DNA。将检材离心,对沉淀物(即精子细胞)洗涤数次后二次消化后,向检材中加入 TNE 缓冲液、蛋白酶 K 以及 DTT,56℃孵育过夜,即可获得精子细胞的 DNA。然而,该方法分离效率较低,对于某些微量、陈旧性的检材或混合斑中的精子细胞含量相对较少的检材,常会造成消化不完全或过度消化的情况,从而使精子细胞 DNA 损失,导致 STR 分型失败;另外,差异裂解法要与有毒有机溶剂直接接触、操作烦琐、检验时间较长、费力且无法实现自动化检验,需要操作人员全程跟踪操作。

近年来,国内外研究者就其分离效率低等原因,对差异裂解法不断改良,分别提出 Phaselock Gel™法、Differex™法、Dnase-I 纯化结合碱性裂解法、硅珠法等分离混合斑中精子细胞的方法。此外,为避免与有毒有机溶剂的直接接触、实现差异裂解法的自动化,国外不少研究者利用机器人等技术,对差异裂解法做出改进:如使用 Hamilton AutoLys STAR 系统对差异裂解法中的孵育、振荡并离心步骤完全自动化,实现差异裂解法的自动化;通过 QIAcube 自动样品制备系统实现差异裂解法提取精子细胞 DNA 的自动化。

由我国研究者马骏等建立并提出尼龙膜套管技术作为一项新的技术出现。该技术根据精子细胞和女性上皮细胞物理性状差异以及分子筛的原理,利用尼龙膜套管成功地将混合斑中的精子细胞和女性上皮细胞分离,建立了尼龙膜套管分离技术。

尼龙膜套管分离技术是将差异裂解法中第一次消化后所得的混合液体加入含有柱状内管和离心外管的尼龙膜套管中,通过低速离心,使混合液体中的女性上皮细胞 DNA 和部分被消化的精子细胞的 DNA 在离心力的作用下穿过尼龙膜进入外管,而未被消化的精子细胞被留在尼龙膜内,从而成功地分离出混合斑中的精子细胞。

细胞和女性上皮细胞良好分离,减少精子细胞的损失,特别适用于含有大量女性上皮细胞而精子细胞含量相对较少、常规差异裂解法难以消化完全的混合斑。该技术所需尼龙膜套管价格相对便宜,实验操作简单,耗时短,在混合斑分离技术中有不错的应用价值。

2) 激光捕获显微切割技术 激光捕获显微切割技术(laser capture microdissection, LCM)是一种可以分离单个细胞的新技术,可实现对不同形态细胞的分离检验。LCM 技术最早于 20 世纪 90 年代中期发展起来,始创于美国国立卫生研究院(NIH)。根据阴道上皮细胞和精子细胞在形态上存在差异,LCM 技术能够利用激光在显微镜的直视下自动化的、迅速准确地从检材中捕获单细胞亚群或单个细胞,因此,可实现对阴道上皮细胞和精子细胞等不同形态细胞的分离检验。单纯的 LCM 技术是通过在组织切片上覆盖一层透明的热塑膜,在显微镜下观察该组织切片并选择某个特殊的细胞后,利用红外激光束将细胞膜融化,黏性增强,待其冷却后该位置的细胞就被牢固地黏附在膜上,从而分离细胞。该技术针对性极强,并从复杂的混合斑检材中能够快速、准确地获得微量的精子细胞。且较传统的差异裂解法而言,LCM 技术在洗脱过程中损失掉的精子细胞更少。但是,对于阴道上皮细胞成分占绝对优势,即精子细胞相对含量极低的检材,以及精子细胞难以辨认的陈旧性检材有一定的局限性。

近年来,有研究者将 LCM 技术与免疫学技术相结合,分别提出了 LCM 联合免疫荧光染色技术和 LCM 联合荧光原位杂交技术(fluorescence in situ hybridization, FISH),这两种方法大大提高了细胞的识别效率,且 FISH 可清晰地分辨阴道上皮细胞和精子细胞,便于精子细胞的识别,对于精子细胞形态不规则的检材,这种方法的优势尤为明显。

3)微流控芯片技术 微流控芯片技术(microfluidic chip)是指把生物学、化学、医学等实验过程的操作集成到一块微米尺度的芯片上,在芯片实验室内自动完成实验和分析的全过程。微型芯片的主要构成部分根据不同的需求会有很大的不同,用于细胞捕获分离的芯片大多包括进样管路、细胞捕获或分离区域、废液收集区和反应检测区四个部分。其中细胞捕获或分离区域和反应检测区作为芯片的主要功能区,同时作为不同微型芯片的关键和特色区域。该技术通过将精子细胞和阴道上皮细胞混合液通过进样管路注射至微型芯片中,特定的分离区域及反应检测区域会根据不同的功能及特点,将细胞混合液中的精子进行分离。当前,微型芯片技术已经可以进行免疫学及非免疫学的细胞分离技术。该技术的优点在于其上样体积小、检测结果单个周期短,能够有效节省检材与试剂,可以快速检测,消耗时间少。同时,该方法适用于自动化检测并能够做到宏观条件下无法操作的步骤,在精子细胞的分离过程中更易做到微观操控、精确分析。但是,微流控芯片技术是一项新兴技术,且芯片的集成化、商品化程度仍不高,芯片本身技术仍未成熟,仍有较广阔的发展空间。

2009 年,国外研究者 Norris 等根据声波差异提取的原理,通过微流控芯片技术实现了精子细胞的分离,创立了声波差异提取法。2015 年,Weiran Liu 等基于精子细胞和阴道上皮细胞的大小及流体动力学上的差异,制造了一种微型芯片,大大提高了精子细胞 DNA 的分离效率。2018 年,Fatih Inci 等利用微流控与生物启发性寡糖序列结合,将精子细胞 DNA 的分离测定时间从原先的 8 小时减少到 8 分钟,大大提高了精子分离的捕获效率。2020 年,Shreya Deshmukh 等将微流控芯片与手机成像系统相结合,通过精子细胞和阴道上皮细胞之间的形态差异,利用代码,完成对两者之间的分离,以实现精子细胞 DNA 提取的目的。此外,还有国外研究者基于微流控芯片的基础上,利用精子细胞和女性上皮细胞导电性不同、形状不同,通过双向电泳的方法分离了混合斑中的精子细胞。

4)孔径过滤法 该方法根据精子细胞和阴道上皮细胞形态学大小差异,即阴道上皮细胞直径($40 \sim 60\ \mu m$)远大于精子细胞直径(约 $6\ \mu m$),将精阴混合液通过不同孔径的过滤网多次过滤,从而分离出混合斑中的精子细胞。其利用成熟的过滤技术对精阴混合斑中的精子细胞进行分离富集,相比于常用的差异裂解法分离速度快,操作简单,经验要求不高,能够实现混合斑的快速分离检验。但是目前仍仅适用于常量的精阴混合斑检材,对其他适用范围仍在进一步改良与探索之中。

2018 年,我国研究者朱典等通过对其发明的一种人体脱落上皮细胞滤器进行改良,利用不同孔径的尼龙网格膜制作滤网,采用二重过滤的方法,快速分离并检验了精子细胞,并在数起刑事案件检材中取得了良好的效果,具有一定的实际应用价值。

5)显微操作法 显微操作法通常运用于生殖医学领域,如体外受精、遗传病检测等,最早于 1997 年由国外研究者 Findlay 等首次利用显微分离操作法将单细胞进行分离检验。该技术通过显微操作仪,在低倍镜下使显微操作仪吸针没过细胞悬液的液面,后在高倍镜下微调吸针到精子附近,再通过调节吸吐旋钮,吸取悬液中的精子并对其进行计数,最后将吸针抬离液面,在高倍镜下进入扩增液面,再次调节吸吐旋钮,释放精子并准确计数,从而实现精子从混合斑中成功分离。其优点在于可直接获取精阴混合斑中的精子,减少模板损失,提高分型成功率,节省检材,对混合斑中微量精子的检验较好。但是,该方法仪器设备要求高,检验速度慢,操作较为复杂,且单一精子检验会由于DNA模板量较低出现随机扩增问题,影响准确性,需要多次重复操作进行综合分析。

2011年,我国研究者黄江平等采用单细胞显微捕获联合低体积扩增技术进行分离扩增,很好地分离了混合上皮细胞,有效地解决了混合上皮细胞的分型问题并提高了PCR反应的灵敏度。

(2) 免疫学方法

1) 免疫磁珠法　磁性分离技术在工业上的应用已有很长的历史。1979年John Ugelstad等制备了具有超顺磁性聚苯乙烯微球,并将其磁化与抗体连接成分离细胞效果良好的免疫磁珠,使该技术在生物医药领域开始得到应用。近年来随着对该技术的研究,这项技术也开始运用于法医分离混合斑中的精子细胞。由于精子细胞表面的特异性抗原的抗体多达100多种,而免疫磁珠法则根据精子细胞表面的特异性抗原,制备与之相对应的抗体,让抗体与磁珠结合,偶联形成免疫磁珠,后将免疫磁珠加入混合检材,便可以通过抗原抗体的特异性反应结合混合检材中精子细胞,形成磁珠-抗体-精子细胞的复合物,在外加磁场的作用下,磁珠受力移动,从而实现定向捕获并分离精子细胞。该技术的优点在于操作简单,分离快速,使用安全,所需实验器材和仪器价格相对便宜,可在基层鉴定机构和公安系统普及。此外,该方法很少对精子细胞本身造成破坏,并可同时进行精子细胞的分离、纯化与富集,具有自动化检验的发展前景。而缺点在于需要对特异性抗体进行筛选,且对于某些案件,若检材较为陈旧使精子细胞表面抗原降解,则很难实现免疫磁珠与精子细胞的结合,此时需要结合实际情况,辅助或运用其他技术完成精子细胞的分离。

2002年,国外研究者根据精子细胞表面的3种特异性抗原,利用与其相对应的特异性抗体制备成免疫磁珠,成功分离出混合斑中的精子细胞;2007年,国外研究者Anslinger等根据精子细胞表面的血管紧张素转换酶抗原,筛选出3种抗血管紧张素转换酶抗体并制备成免疫磁珠,成功分离了混合斑中的精子细胞,扩大了免疫磁珠的选择范围;2011年,我国研究者赵兴春等利用抗人精子鱼精蛋白抗体和抗-SPAG8抗体构建免疫磁珠,制作了特异性定向捕获复合体,实现了精子细胞定向富集和分离,初步建立了捕获试剂体系;2015年,我国研究者李学博等利用MOSPD3抗体、SPAG8抗体分离混合斑,结果发现上述两种抗体均可以运用于免疫磁珠技术特异性分离混合细胞中的精子细胞。此外,在一些轮奸案件中,常会混合多名男性的精子细胞。有研究者发现不同血型男性的精子细胞表面会有不同的ABO特异性抗原,根据不同的ABO抗原选择与之相对应的特异性抗原,采用免疫磁珠法分离精子细胞的同时,对不同男性的精子细胞进行分离。2016年,Yan Xu等通过将免疫磁珠法和流式细胞术相结合,成功将两名不同ABO血型的嫌疑人的精子细胞的DNA分离。

2) 流式细胞术　流式细胞术(flow cytometry, FCM),或称荧光激活细胞分类术(fluorescence-activated cell sorter, FACS),是一种对快速直线流动状态中的单列细胞或生物颗粒进行逐个、多参数、快速的定性、定量分析或分选的技术,以流式细胞仪为核心科学设备。1973年,美国BD公司推出全球第一台流式细胞仪。在随后的发展过程中,流式细胞术逐渐成熟,并广泛运用于生物学、临床医学、遗传学、免疫学、法医学等多个领域。

流式细胞仪集光学、电子学、流体动力学、细胞化学、生物学、免疫学以及激光和计算机等多门学科和技术于一体,由流动室和液流系统、光源与光学系统、信号收集与信号转换系统、计算机与分析系统、分选系统五个基本部分组成。FCM通过计算机,可自动实现对精子细胞多参数、快速定性、定量分析和分选。但是其与LCM有相同的局限性,即对于精子细胞含量极低的检材以及精子细胞难以辨认的陈旧性检材的分离存在局限性,需要检验者具有较高的经验与技术。此外,流式细胞仪费用较高,难以在基层推广。

国外有学者通过主要组织相容性复合体Ⅰ类分子(MHC Ⅰ)、细胞角蛋白和CD45分子在精子细胞与阴道上皮细胞表面的差异性表达的特点,采用流式细胞荧光分选技术通过逆向筛选的方法实现了精阴混合斑中的精子细胞分离。

3) 核酸适配体法　核酸适配体,是指一小段能与相应配体专一性紧密结合的寡核苷酸序列,一般由几十个核苷酸组成,既可以是DNA,也可以是RNA,最早由Tuerk和Gold发现。因其解离数较小,也被称作"化学抗体",其很多性能甚至超过抗体。该技术根据核酸易形成凸环、发卡、假节、G-四聚体等二级结构的特点,模拟抗原抗体结合的模式,通过特定的空间构象,特异地与精子细胞膜上的靶表位结合成亲和复合体,进而从混合组分中分离出精子细胞。优点在于制备方法简单,稳定性优于抗体,利于储存,且与精子细胞表面的靶表位的亲和力较抗体更强。但是其缺点在于适配体的筛选环节还有待完善。就目前而言,核酸适配体技术还是一个新兴技术,仍然需要继续发展,难以在基层鉴定机构普及。

我国研究者姜浩等将微流控芯片技术与核酸适配体相结合,使得适配体技术得以优化,但目前该技术还没有在法医鉴定中进行广泛使用。

第五节　体液斑来源鉴定

遗留于犯罪现场的生物检材往往是一些体液斑痕,这是法医调查人员在现场收集到的重要证据类型之一。体液斑痕中含有不同类型的细胞,其中的DNA可用于识别嫌疑人或受害者以及排除无辜者。DNA分型技术经过30多年的发展,基于短串联重复序列(short tandem repeat, STR)的DNA图谱分析已经成为单一个体来源生物检材的个人识别强有力的检测手段。然而,同一个体不同细胞类型的DNA图谱是相同的,仅对现场生物斑痕进行个体溯源,无法将嫌疑人与犯罪行为有效链接和确定案件的性质。例如在疑似性侵犯案件中,嫌疑人将其遗留在受害人身上的DNA推脱为物理攻击或日常接触所致,但如能证实生物斑痕是来源于嫌疑人的精液,则使案件的性质更加明确。传统的体液斑鉴定基于血清学和免疫学原理,通过针对组织及体液中包含的特定物质成分进行化学或物理反应来判定。检测方法大多依托蛋白质分子标记,例如血液中的血红蛋白、精液中的前列腺特异性抗原、唾液中的淀粉酶等。由于常有检材交叉反应,加之其体外稳定性差,故常无法有效甄别犯罪现场生物斑痕的组织及体液来源。大量案件中,现场生物检材往往是微量的,并伴随着蛋白分子降解,应用传统检验技术往往无法对检材的生物组织特征进行准确溯源。

不同组织及体液中含有不同类型的终末分化细胞,在发育成熟过程中一些基因受自身功能所需进行表达调控,而另一些基因则处于关闭状态。因此,不同类型的细胞具有其独特的基因表达及调控模式。转录组(transcriptome)是细胞内转录产物的集合,不仅包括携带遗传信息并指导蛋白质合成的信使RNA(messenger ribonucleic acid, mRNA)、发挥蛋白质生物合成装配机作用的核糖体RNA(ribosomal RNA, rRNA)、传送和转移氨基酸的转运RNA(transfer RNA, tRNA),而且包括具有调控作用的各类非编码RNA(non-coding RNA, ncRNA)。新近的基因组学研究表明转录组动态变化从整体水平揭示不同细胞特定的生物学过程,是细胞表型的重要鉴识指标,这也提示着转录组RNA分子标记具有法医体液斑溯源的应用潜力。但长期以来广泛接受的观点认为相比于DNA遗传标记,RNA分子结构是不稳定的,且容易被无处不在的核糖核酸酶(ribonuclease, RNase)快速降解,因此,RNA分子标记一直未受到法医学界广泛的关注。近年来,随着转录组及各类型RNA分子标记研究的持续深入和分子生物学技术的不断发展,RNA分子在干燥条件下的高度稳定性、某些RNA分子结构如环状结构的抗降解作用以及RNA表达检测技术的迭代升级,吸引着法医学者关注并推进RNA分子标记在法医学体液斑来源鉴定的应用过程。

一、检测技术及方法

传统的RNA分子标记检测技术主要有Northern印迹法以及微阵列芯片技术,前者操作相对烦琐,灵敏度较低,样本需求量大,且不能进行高通量的检测;而后者尽管可以在组学层面上检测RNA的表达丰度,但常伴随假阳性结果,一般用于RNA分子标记的前期筛选。目前,在法医遗传学领域常用的RNA检测技术主要有毛细管电泳(capillary electrophoresis, CE)、实时荧光定量PCR(quantitative real-time PCR, RT-qPCR)以及大规模并行测序(massively parallel sequencing, MPS)技术。

1. 毛细管电泳(CE)

毛细管电泳平台是法医学遗传标记检测的主流技术,具有样品用量少和分离高效且快速等优点,被广泛地用于分离和检测STR基因座的分型。CE技术对多种RNA分子标记的检测同样适用,一般称为终点检测法:将RNA从检测样本中分离,在逆转录酶和通用/随机/特异性引物的作用下将RNA分子标记逆转录为cDNA,cDNA通过PCR特异性扩增(目标RNA分子标记的检测片段)后在CE平台上进行检测。由于终点检测法是对遗传标记进行定性检测,因此非常适用于法医体液绝对特异性(只在目标体液中表达)的RNA分子标记,通过混合STR和cDNA的PCR产物可以实现DNA/RNA遗传标记的共检测。但受限于荧光标记的数量和检测片段范围,复合检测能力往往受限。

2. 实时荧光定量PCR(RT-qPCR)

实时荧光定量PCR在反应体系中加入荧光基团,通过荧光信号强弱变化实时监测PCR进程,在扩增的指数期对起始模板进行定量分析。RT-qPCR有多种荧光分类,其中SYBR Green Ⅰ和TaqMan探针法最为常用。SYBR Green Ⅰ是一种与DNA双链结合的荧光染料,掺入到DNA双链后可发射荧光信号;而不掺双链中的染料分子不会发射荧光信号,从而保证荧光信号的增加与PCR产物的增加完全同步;但这种结合是非特异性的,通常需要进行熔解曲线分析来确定扩增产物的特异性,且无法复合检测多个靶标分子。TaqMan探针是双标记的水解探针,其5′端和3′端分别标记荧光报告基团和猝灭基团。TaqMan探针序列与特异性单链cDNA结合,探针完好时猝灭基团可吸收报告基团的荧光。当PCR反应进行时,TaqMan探针被Taq酶水解,报告基团发出的荧光信号无法被猝灭基团吸收,因此每合成一个目标双链就产生一个荧光信号。RT-qPCR定量检测的线性范围跨越广,能以较高灵敏度地检测低丰度的靶分子,特别是样本量有限、基因表达量低以及样本间表达差异较小的情况。此外,RT-qPCR还适用于RNA分子标记的高通量筛选(如qPCR array),是目前检测RNA最常用的技术。与CE定性分析不同,定量比较不同样本间RNA分子标记的表达丰度需要进行标准化以消除非生物学因素的影响,使用参考基因是标准化的常用方法,但通用的参考基因可能并不适用所有的实验条件,需要验证评估所选用参考基因的稳定性。

3. 大规模并行测序(MPS)

MPS 技术核心思想是边合成边测序(sequencing by synthesis, SBS),Illumina 公司的荧光捕获技术和 ThermoFisher Scientific 公司的 Ion Torrent 离子流测序技术是目前常用的两种 MPS 平台。前者的核心技术是 DNA 簇和可逆性末端终结,桥式 PCR 产生的 DNA 簇在测序过程中使用可逆阻断技术进行单碱基延伸测序反应,每次只掺入一个荧光标记的 dNTP,捕获到荧光信号后再进行下一次合成反应,从而获得待测片段的序列信息。后者利用乳液 PCR 放大模板后,在半导体芯片进行测序反应,芯片上每个小孔都是独立的测序反应池,当相应的 dNTP 聚合到延伸中的模板链上时,会释放出氢离子,从而引起反应池中 pH 的改变,离子传感器将其转化为数字信号,从而读出序列。基于 MPS 的转录组测序(RNA sequencing, RNA-Seq)技术在测定 RNA 序列信息的同时获取其表达量,具有如下优势:① 通量高:可覆盖整个转录组;② 分辨率高:单碱基分辨率进行检测,避免模拟信号带来的交叉反应和背景噪声问题;③ 灵敏度高:可以检测低至几个拷贝的稀有转录本;④ 不受限制性:无须预设特异性探针,是全面获取转录组信息最便捷有效的方法。

二、体液斑鉴识性 RNA 分子标记

1. 信使 RNA(mRNA)

不同类型的细胞在代谢活动和生理调控等方面具有不同的物理特征,这体现在基因表达水平上,因此每种细胞类型只表达构成人类基因组 2 万多个编码基因中的一个子集。不同体液中含有的细胞类型组成不一,特定的多细胞组合转录形成特异性 mRNAs 表达谱为体液斑来源鉴定提供了科学依据。Bauer 等通过检测细胞角蛋白 19-mRNA(cytokeratin 19 mRNA)和孕激素受体 mRNA(progesterone receptor-mRNA)鉴定月经血,从而将 mRNA 分子标记引入到法医学体液斑鉴定中。随后,多个 mRNA 分子标记不断被发现和应用到体液斑鉴定研究中。自 2011 年起,欧洲 DNA 分型工作组(European DNA profiling group, EDNAP, https://www.isfg.org/EDNAP)联合多家法医实验室在 CE 平台上开展了一系列基于 mRNA 分子标记(表 5-2)的体液斑鉴定应用研究。第一次联合实验评估了三个外周血标记 mRNA:HBB、SPTB 和 PBGD;16 家参与实验室中有 15 家实验成功检出。第二次联合实验进一步验证外周血标记 mRNA 并根据检测灵敏度分为高敏感组:HBA 和 HBB;中度敏感组:ALAS2、CD3G、ANK1、SPTB 和 PBGD;18 家参与实验室均成功检出,其中 13 家还进行了 DNA/RNA 共分析,在判断生物斑痕来源于外周血的同时获得 STR 图谱。第三次联合实验主要针对唾液标记 mRNA:HTN3、MUC7 和 STATH 和精液标记 mRNA:PRM1、PRM2、PSA、SEMG1 和 TGM4,两种体液仅需 0.05 μL 就可完成 DNA/RNA 共分析。第四次和第五次联合实验检测评估了 6 个月经血标记 mRNA:MMP7、MMP10、MMP11、MSX1、LEFTY2 和 SFRP4;4 个阴道分泌物标记 mRNA:HBD1、MYOZ1、CYP2B7P1 和 MUC4 以及三个参考基因:B2M、UBC 和 UCE;同时引入了三个微生物分子标记:Ljen、Lcris 和 Lgas。第六次联合实验系统评估了 8 个皮肤标记 mRNA:LCE1C、LCE1D、LCE2D、IL1F7、CCL27、LOR、KRT9 和 CDSN 以及 3 个参考基因:B2M、UBC 和 UCE 在接触类检材如人类皮肤、指掌纹、衣物、电子产品等中检测效果;其中 LCE1C、LOR 和 B2M 能在绝大多数接触类检材中检出。基于此系列合作研究中,EDNAP 联合 EUROFORGEN (https://www.euroforgen.eu)在 MPS 平台上验证靶向 mRNA 测序用于体液斑鉴定结果的有

效性,并结合编码区 SNPs(coding region SNPs, cSNPs)同时进行体液斑和供体溯源。这些研究表明基于 mRNA 分子标记的表达水平差异可区分来源于外周血、唾液、精液、月经血、阴道分泌物及皮肤的生物斑痕。mRNA 分子标记在目标体液中的表达水平是明显且稳定的,但值得注意的是大多组织特异性 mRNA 的表达不是绝对特异性的(即只在目标体液中表达)。

2. microRNA(miRNA)

微小核糖核酸(miRNA)是一类长度约为 22 个核苷酸的非编码小分子 RNA,由内源基因编码并在转录后水平调控基因表达。在哺乳动物中,由 RNA 聚合酶 Ⅱ/Ⅲ 转录生成初级转录物 pri-miRNA,经过两次剪切生成成熟的 miRNA。到目前为止,在人类中已经发现 2 654 个成熟体 miRNA(miRBase, http://www.mirbase.org, Release 22.1)。研究表明 miRNA 的表达水平具有高度保守性、时序性和组织特异性。2009 年,Hanson 等使用 SYBR Green qPCR 技术系统评估了 452 个 miRNA 在法医学 21 种组织和 5 种体液中的表达水平,并选取出 10 个可用于鉴别法医学常见体液斑的 miRNA,分别为外周血标记 miR-451 和 miR-16、精液标记 miR-135b 和 miR-10b、唾液标记 miR-658 和 miR-205、阴道分泌物标记 miR-124a 和 miR-372 以及月经血标记 miR-412 和 miR-451,从而将 miRNA 引入到法医学体液鉴定中。2010 年,Zubakov 等基于寡核苷酸芯片检测分析 718 个人类 miRNA 在法医常见体液中的表达水平,并使用 TaqMan qPCR 技术验证出 9 个体液标记 miRNA(外周血标记 miR-20a、miR-106a、miR-185 和 miR-144;精液标记 miR-943、miR-135a、miR-10a、miR-507 和 miR-891a),但仅能重复出 Hanson 等报道的外周血和精液标记 miRNA。该研究的灵敏度达到了 0.1 pg 总 RNA,且实验室环境下保存 1 年的陈旧体液斑对检出也无明显影响。随后,多个研究小组陆续报道了一些体液标记 miRNA,但采用不同的检测平台和统计分析模型,所报道的结果不一致、重复性较差。Wang 等首先建立了一个适用法医学体液斑检材 miRNA 的分析流程;其后利用 qPCR-array 筛选、TaqMan qPCR 验证及效率校正模型鉴定出 5 个体液标记 miRNA(外周血标记 miR-486 和 miR-16;精液标记 miR-888 和 miR-891a 以及月经血标记 miR-214),并评估了扩增效率对检测结果的影响和常用参考基因在法医体液(斑)中的稳定性;最终提出循序策略(包含 8 个 miRNA)进行法医体液鉴定的新方法,可有效地鉴定外周血、精液、唾液、月经血和阴道分泌物。2016 年,Wang 等为了进一步寻找更多的体液标记 miRNA,在 Ion Torrent 测序平台上构建了适用于法医体液斑的 small RNA 测序分析流程,以单碱基分辨率探索外周血和唾液中 miRNA 的分布模式和表达丰度,为筛选更多的 miRNAs 提供技术保障。Seashols 等应用 MPS 分析筛选和 RT-qPCR 验证出 6 个体液斑标记 miRNA(miR-200b、miR-1246、miR-320c、miR-10b-5p、miR-26b 和 miR-891a)和 2 个参考基因的 miRNA(let-7g 和 let-7i)。与 mRNA 类似,绝大多数 miRNA 分子标记并不是目标体液绝对特异性表达;Dørum 等将偏最小二乘判别分析(partial least squares discriminant analysis, PLS-DA)引入到 miRNA 表达图谱的解释中,通过 PLS 对 miRNA 组(miRNome)数据进行降维预处理,线性判别分析(linear discriminant analysis, LDA)来预测体液类型。

3. 环状 RNA(circRNA)

环状 RNA(circular RNA, circRNA)是一类由反向剪接产生的,通过上游的 5′剪接位点及下游的 3′剪接位点以共价键连接为特征的非编码 RNA。环状 RNA 主要来自编码基因的外显子,也可来自内含子、基因间区、UTR 区域或非编码 RNA 基因位点;通过外显子环化或内含子环化将 3′和 5′末端相连接,从而形成闭合环状结构;具有分布广、结构稳定、组织和时序特异性等特点。Zhang 等结合外周血标记 ALAS2 和月经血标记 MMP7 的线性（mRNA）和环状（circRNA）转录本检测，显著提高检测的灵敏度和稳定性，为陈旧和降解检材的组织、体液法医学鉴定提供了新的思路。随后，Liu 等进一步从 GTEx 数据库筛选并验证出可用于法医学体液斑来源鉴定的 14 个环状转录本：外周血标记 HBA 和 ALAS2 的环状转录本、月经血标记 MMP7 和 MMP10 的环状转录本、唾液标记 HTN3 的环状转录本、阴道分泌物标记 SPINK5、SERPINB3、ESR1 和 CYP2B7P1 的环状转录本、精液标记 TGM、KLK3 和 PRM2 的环状转录本以及尿液标记 SLC22A6 和 MIOX 的环状转录本。后续的研究表明，利用这种涵盖 circRNA 检测的体液鉴定体系能够较显著提升陈旧检材的组织溯源能力。

4. Piwi 相互作用 RNA（piRNA）

Piwi 相互作用 RNA（Piwi-interacting RNA，piRNA）是与 Piwi 蛋白相作用的一类长度约为 21~35 个核苷酸的非编码小 RNA。piRNA 在染色体上的分布极不均匀，主要存在于基因间隔区而较少存在于基因区或重复序列区；其在多种类型的细胞及外泌体中表达，通过与 Piwi 亚家族蛋白结合形成复合物来调控基因沉默途径。piRNA 的 3′末端具有 2′-O-甲基修饰，这种结构特征有助于提升其稳定性。2019 年，Wang 等将 piRNA 引入并探索了其在法医体液斑溯源中的应用潜力，首先在 RT-qPCR 平台上验证出四个体液斑标记 piRNA：piR-55521、piR-61648、piR-43994 和 piR-33151，并观察到在干燥的体液斑中 piRNA 可稳定保存至少 6 个月；随后在 MPS 平台上构建了基于 376 个 piRNA 的 PLS-DA 体液来源识别模型，判别分类错误率为 0.04。

三、体液斑来源鉴定检测体系

相比于已经标准化的 STR 检测、分型以及结果解释的 DNA 定性流程，转录组 RNA 表达水平的检测体系标准化及图谱解释相对困难。不同类型的细胞含有的 RNA 总量不一、生理环境等因素都会造成 RNA 表达的波动。因此，基于转录组鉴识分子的体液斑来源鉴定不仅需要检测体系能够准确地定量 RNA 分子标记的表达水平，而且需要科学地解释 RNA 图谱。

1. MPS：mRNA 目标测序体液斑鉴定体系

在多次 EDNAP 联合实验的基础上，Hanson 等在 MPS 平台上设计出包含 33 个（Illumina MiSeq/FGx 平台）和 29 个（Ion Torrent PGM/S5 平台）mRNA 分子标记的目标测序体系（表 5-2），并联合多家实验室进行了系统验证。

表 5-2 体液斑标记 mRNA

生物斑	mRNA	Transcript ID	33plex mRNA panel	29plex mRNA panel
外周血	ALAS2	NM_001037968		
	ANK1	NM_001142446	√	√
	SPTB	NM_001024858	√	√
	CD3G	NM_000073	√	√
	CD93	NM_012072	√	
	AMICA1	NM_001098526	√	

续表

生物斑	mRNA	Transcript ID	33plex mRNA panel	29plex mRNA panel
精液	PRM1	NM_002761	√	√
	PRM2	NM_002762	√	√
	TGM4	NM_003241	√	√
	SEMG1	NM_003007	√	√
	SEMG2	NM_003008	√	√
	KLK3	NM_001648	√	√
唾液	HTN3	NM_000200	√	√
	HTN1	NM_002159	√	
	STATH	NM_003154	√	√
	PRB3	NM_006249	√	√
	PRB4	NM_002723	√	
	PRH2	NM_001110213	√	√
	PRB1	NM_005039		√
	MUC7	NM_001145007		√
阴道分泌物	CYP2B7P1	NR_001278	√	√
	DKK4	NM_014420	√	√
	FAM83D	NM_030919	√	√
	CYP2A6	NM_000762	√	√
月经血	MMP10	NM_002425	√	√
	LEFTY2	NM_001172425	√	√
	MMP7	NM_002423	√	√
	MMP11	NM_005940	√	√
	SFRP4	NM_003014	√	√
皮肤	LCE1C	NM_178351	√	√
	CCL27	NM_006664	√	√
	IL37	NM_014439	√	√
	SERPINA12	NM_173850	√	√
	KRT77	NM_175078	√	√
	COL17A1	NM_000494	√	

RNA 的提取：RNeasy Mini Kit(Qiagen)或有机提取法；并使用 TURBO DNA-free kit (Thermo Fisher Scientific)处理，以防止可能的基因组 DNA 残留。

RNA 的定量：推荐使用试剂及仪器，包括 Quant-iT RiboGreen RNA kit/Fluorescence microplate reader(Thermo Fisher Scientific)、QuantiFluor RNA System/QuantiFluor-ST Fluorometer

(Promega)、Quant-iT RNA assay kit/Qubit Fluorometer(Thermo Fisher Scientific)、Bioanalyzer(Agilent)。

RNA 文库构建及测序：Illumina 平台选择 the "degraded RNA"实验指南；Ion Torrent 根据 Ion AmpliSeq RNA libraries 实验指南进行。

结果解释说明：使用偏最小二乘法(PLS)分析。

2. RT-qPCR：miRNA 相对定量体液斑鉴定体系

Wang 等通过 qPCR array 筛选、RT-qPCR 验证、梯度稀释法评估扩增效率、参考基因体液斑稳定性验证、陈旧体液斑检测评估等研究后，提出基于 9 个 miRNA 的体液斑鉴定体系（图 5-2）。

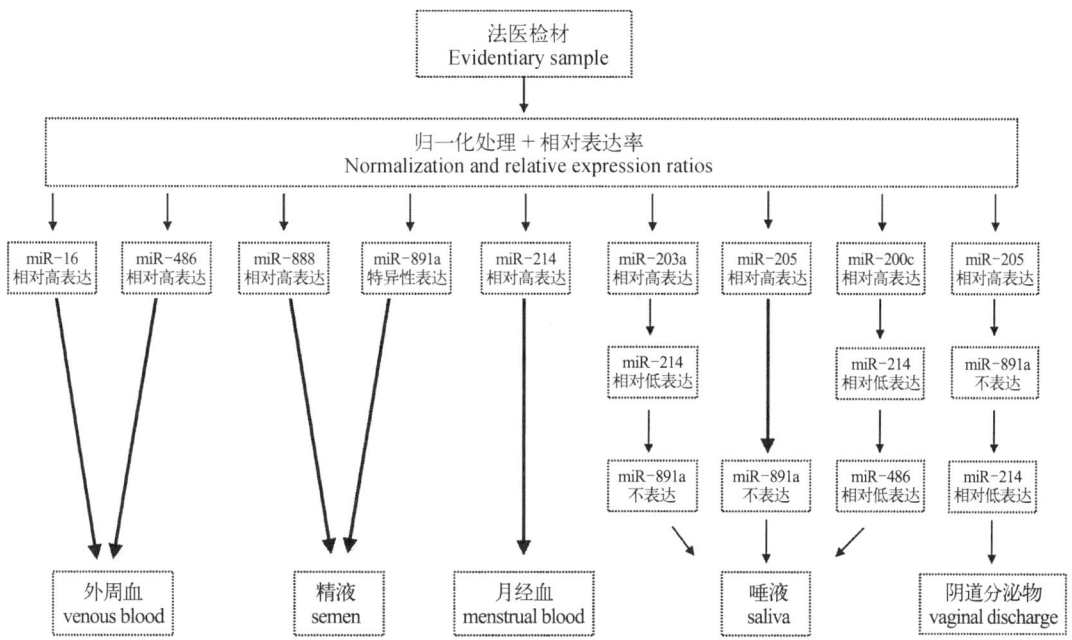

图 5-2　基于循序策略的 miRNA 分子标记体液斑鉴定

RNA 的提取：mirVana miRNA Isolation kit(Thermo Fisher Scientific)并使用 TURBO DNA-free kit(Thermo Fisher Scientific)处理。

miRNA 的相对定量：基于 TaqMan 法的 RT-qPCR。ABI Prism 7500 Real-Time System 配合 TaqMan MicroRNA Reverse Transcription Kit、TaqMan MicroRNA Assay 和 TaqMan Universal PCR Master Mix II without UNG。

结果解释说明：参考基因选择 U6，基于扩增效率计算相对表达率。

四、体液斑鉴定展望

现场生物检材的精准溯源对判定案件性质和完善司法证据链至关重要。目前，针对 mRNA 和 miRNA 以及其他转录组 RNA 分子的筛选和检测手段日趋成熟，基于 DNA 甲基化和微生物宏基因组分析的研究也愈益完善，新的特异性分子标记物也被不断报道，这些都为建立法医学体液斑来源鉴定检测技术提供了帮助和支持。任何检测技术的发展都始于选择合适的标记物,这些标记物在理想情况下应尽可能地区分体液斑,由于标记物水平可能因个体或生理状况而异,因此无论标记物类型如何,体液斑应纳入多个或组合不同标记物。

第六节　典型案例点评

近年来,随着我国依法治国体系的不断完善和法治进程的不断推进,犯罪现场的体液斑迹鉴定,尤其是组织来源鉴定,不仅是案件侦破的关键,也成为法庭诉讼的关键。"以审判为中心"的刑事诉讼制度改革在提高了物证在证据中地位的同时,也给法庭科学从业人员提出了更高的要求。鉴定犯罪现场中体液斑迹的组织来源,有助于建立作案人与犯罪行为之间的联系,可以为案件定性、后续侦查、犯罪现场重建等提供重要线索,提升生物物证的证据价值。犯罪现场某些体液的存在与特定案件类型有一定关联。例如,搏斗、攻击或谋杀现场往往存在大量血迹,精液或阴道分泌物提示案件可能与性侵有关。在法庭诉讼层面,体液斑迹的确定可以避免控辩双方对体液斑迹来源的质疑,完善生物物证相关的证据链条,提升法医 DNA 鉴定结果作为证据的可信度和法律效力,为案件诉讼审判和维护司法公正提供强有力的科学支撑。

案例 1

1997 年某月,某市发生一起杀人碎尸案。警方通过调查锁定了犯罪嫌疑人,据嫌疑人交代,受害人被碎尸后将其做成了红烧"猪"肉供他人食用,随后警方从其住所提取了可疑红烧肉块,并通过扩增人类 28S rRNA 片段明确了"红烧肉"为人源,在明确犯罪嫌疑人供述、案件定性及案件侦破上发挥重要作用。

人类 28S rRNA 大部分编码序列的区域进化缓慢,相对保守,但保守区中的可变区进化较快,种属之间差异较大。针对这一区域进行 PCR 扩增,可以进行种属鉴定。本案对可疑人体组织进行种属鉴定、对犯罪嫌疑人供述内容确认及将案情完整重现发挥重要作用。

案例 2

2014 年 5 月,某地辖区河道内相继发现多块人骸骨,由于尸源不明,案件一直没有实质性进展。2020 年 7 月办案部门查明了尸源,同时锁定谢某某有重大作案嫌疑。嫌疑人到案后,因抛尸现场没有太多有价值的指向,分尸现场变为出租房,缺乏完整的证据链。后警方多次勘查现场,最终在墙上发现几处可疑斑迹,同时从关联现场找到嫌疑人 2014 年寄存的装修工具、被子、床单及衣物等物品。为了验证犯罪嫌疑人的供述是否真实,并进一步完整案件的证据链,需对几处斑迹的组织来源进行鉴定。本案通过检测组织特异性甲基化位点确定了几处斑迹的组织来源,在现场重建、还原事实、完整证据链等方面均发挥了重要作用。

DNA 甲基化是表观遗传学的一种形式,能在不改变 DNA 序列的前提下参与基因表达的调控,相同的基因在不同的组织中甲基化水平不同,且 DNA 甲基化在离体状态下非常稳定,不易发生改变,尤其适合陈旧检材,因此本案可以通过检测分别具有血液、精液、唾液和阴道分泌物组织特异性的甲基化位点组合来区分现场发现检材的组织来源。同时利用 DNA 在检出 STR 分型的基础上,再通过 DNA 甲基化信息确定体液的组织来源,既可以满足陈旧降解检材检验的要求,又解决了技术平台兼容性的问题。本案中对现场多处斑迹组织来源的确定对案情性质的定性、案发过程重建有重要作用。

> **思考题**
>
> 1. 种属鉴定的意义是什么？
> 2. 组织来源鉴定的意义有哪些？
> 3. 血痕检验一般遵循的基本程序是什么？
> 4. 试述血痕确证试验与种属鉴定之间的关系。
> 5. 精液斑检验一般遵循的基本程序是什么？
> 6. 试述精液斑与血痕 ABO 血型分型方法的区别。

参考文献

[1] 刘雅诚,王静,付健红,等.第13届国际人类个体识别论坛会议综述.中国法医学杂志,2002,17(6):278-284.

[2] 陈爱萍,孙宏钰.非人类 DNA 在法庭科学中的应用.中山大学学报(医学科学版),2008(S2):143-145.

[3] 袁丽.论 DNA 鉴定结论的证据效力研究.中国司法鉴定,2008,3:79-82,89.

[4] 官大威.法医学辞典.北京:化学工业出版社,2009.

[5] Frascione N, Thorogate R, Daniel B, et al. Detection and identification of body fluid stains using antibody nanoparticle conjugates. Analyst, 2012, 137(2): 508-512.

[6] Dan F, Wasserstrom A, Budowle B, et al. DNA methylation-based forensic tissue identification. Forensic Sci Int Genet, 2011, 5(5): 517-524.

[7] Virkler K, Lednev I K. Analysis of body fluids for forensic purposes: from laboratory testing to non-destructive rapid confirmatory identification at a crime scene. Forensic Sci Int, 2009, 188(1-3): 1-17.

[8] 李永增,谢树森,陈荣.人体组织拉曼光谱检测与技术进展.中国激光医学杂志,2011,20(3):177-182.

[9] Bauer M. RNA in forensic science. Forensic Sci Int Genet, 2007, 1(1): 69-74.

[10] Juusola J, Ballantyne J. Multiplex mRNA profiling for the identification of body fluids. Forensic Sci Int, 2005, 152(1): 1-12.

[11] Visser M, Zubakov D, Ballantyne K N, et al. mRNA-based skin identification for forensic applications. Int J Legal Med, 2011, 125(2): 253-263.

[12] Sakurada K, Ikegaya H, Fukushima H, et al. Evaluation of mRNA-based approach for identification of saliva and semen. Legal Med, 2009, 11(3): 125-128.

[13] Haas C, Klesser B, Muake C, et al. mRNA profiling for body fluid identification by reverse transcription endpoint PCR and realtime PCR. Forensic Sci Int Genet, 2009, 3(2): 80-88.

[14] Mitchell P S, Parkin R K, Kroh E M, et al. Circulating microRNAs as stable blood-based markers for cancer detection. Proc Natl Acad Sci USA, 2008, 105(30): 10513-10518.

[15] Hanson E K, Lubenow H, Ballantyne J. Identification of forensically relevant body fluids using a panel of differentially expressed microRNAs. Anal Biochem, 2009, 387(2): 303-314.

[16] Zubakov D, Boersma A, Choi Y, et al. MicroRNA markers for forensic body fluid identification obtained from microarray screening and quantitative RT-PCR confirmation. Int J Legal Med, 2010, 124(3): 217-226.

[17] Song F, Smith J F, Kimura M T, et al. Association of tissue specific differentially methylated regions (TDMs) with differential gene expression. Proc Natl Acad Sci USA, 2005, 102(9): 3336-3341.

[18] Kitamura E, Igarashi J, Morohashi A et al. Analysis of tissue specific differentially methylated regions (TDMs) in humans. Genomics, 2007, 89(3): 326-337.

[19] Igarashi J, Muroi S, Kawashima H, et al. Quantitative analysis of human tissuespecific differences in methylation. Biochem Biophys Res Commun, 2008, 376(4): 658-664.

[20] Song F, Mahmood S, Ghosh S, et al. Tissue specific differentially methylated regions (TDMR): changes in DNA methylation during development. Genomics, 2009, 93(2): 130-139.

[21] Lee H Y, Park M J, Choi A, et al. Potential forensic application of DNA methylation profiling to body fluid identification. Int J Legal Med, 2012, 126: 55-62.

[22] An J H, Choi A, Shin K J, et al. DNA methylation-specific multiplex assays for body fluid identification. Int J Legal Med, 2013, 127: 35-43.

[23] Park J L, Kwon O H, Kim J H, et al. Identification of body fluid-specific DNA methylation markers for use inforensic science. Forensic Sci Int Genet, 2014, 13: 147-153.

[24] Muangsub T, Samsuwan J, Tongyoo P, et al. Analysis of methylation microarray for tissue specific detection. Gene, 2014, 553: 31-41.

[25] Donaldson A E, Taylor M C, Cordiner S J, et al. Using oral microbial DNA analysis to identify expired bloodspatter. Int J Legal Med, 2010, 124: 569-576.

[26] Giampaoli S, Berti A, Valeriani F, et al. Molecular identification of vaginal fluid by microbial signature. Forensic Sci Int Genet, 2012, 6: 559-564.

[27] Giampaoli S, Alessandrini F, Berti A, et al. Forensic interlaboratory evaluation of the for fluid kit for vaginal fluids identification. Journal of Forensic & Legal Medicine, 2014, 21: 60-63.

[28] Haddrill P R. Developments in forensic DNA analysis. Emerging Topics in Life Sciences, 2021, 5: 381-393.

[29] Kayser M, Knijff P. Improving human forensics through advances in genetics, genomics and molecular biology. Nature reviews. Genetics, 2011, 12: 179-192.

[30] Sijen T, Harbison S A. On the identification of body fluids and tissues: A Crucial Link in the Investigation and Solution of Crime. Genes (Basel), 2021, 12: 1728.

[31] Uhlén M, Fagerberg L, Hallstrm B M, et al. Proteomics. Tissue-based map of the human proteome. Science, 2015, 347: 1260419.

[32] Melé M, Ferreira P G, Reverter F, et al. Human genomics. The human transcriptome across tissues and individuals. Science, 2015, 348: 660-665.

[33] GTEx Consortium. The Genotype-Tissue Expression (GTEx) pilot analysis: multitissue gene regulation in humans. Science, 2015, 348: 648-660.

[34] Chen L L. The biogenesis and emerging roles of circular RNAs. Nature reviews. Molecular Cell

Biology, 2016, 17: 205-211.

[35] You B H, Yoon S H, Nam J W. High-confidence coding and noncoding transcriptome maps. Genome Research, 2017, 27: 1050-1062.

[36] De Rie D, Abugessaisa I, Arner E, et al. An integrated expression atlas of miRNAs and their promoters in human and mouse. Nature Biotechnology, 2017, 35: 872-878.

[37] Burgess D. A comprehensive view of human RNAs. Nature reviews. Genetics, 2021, 22: 481.

[38] Lorenzi L, Chiu H S, Cobos F A, et al. The RNA Atlas expands the catalog of human non-coding RNAs. Nature Biotechnology, 2021, 39: 1453-1465.

[39] Battle A, Mostafavi S, Zhu X, et al. Characterizing the genetic basis of transcriptome diversity through RNA-sequencing of 922 individuals. Genome Research, 2014, 24(1): 14-24.

[40] Glinos D A, Garborcauskas G, Hoffman P, et al. Transcriptome variation in human tissues revealed by long-read sequencing. Nature, 2022, 608(7922): 353-359.

[41] Goodwin S, Mcpherson J D, Mccombie W R. Coming of age: ten years of next-generation sequencing technologies. Nature reviews. Genetics, 2016, 17: 333-351.

[42] Haas C, Neubauer J, Salzmann A P, et al. Forensic transcriptome analysis using massively parallel sequencing. Forensic Sci Int Genet, 2021, 52: 102486.

[43] Ballard D, Winkler-Galicki J, Wesoly J. Massive parallel sequencing in forensics: advantages, issues, technicalities, and prospects. Int J Legal Med, 2020, 134: 1291-1303.

[44] Bauer M, Kraus A, Patzelt D. Detection of epithelial cells in dried blood stains by reverse transcriptase-polymerase chain reaction. Journal of Forensic Sciences, 1999, 44(6): 1232-1236.

[45] Kristensen L S, Andersen M S, Stagsted L V W, et al. The biogenesis, biology and characterization of circular RNAs. Nature reviews. Genetics, 2019, 20: 675-691.

[46] Stark R, Grzelak M, Hadfield J. RNA sequencing: the teenage years. Nature reviews. Genetics, 2019, 20(11): 631-656.

[47] Pritchard C C, Cheng H H, Tewari M, et al. MicroRNA profiling: approaches and considerations. Nature reviews. Genetics, 2012, 13(5): 358-369.

[48] Shendure J, Waterston R H, Shendure J, et al. DNA sequencing at 40: past, present and future. Nature, 2017, 550(7676): 345-353.

[49] Thompson R, Zoppis S, McCord B, et al. An overview of DNA typing methods for human identification: past, present, and future. Methods in Molecular Biology, 2012, 830: 3-16.

[50] Børsting C, Morling N. Next generation sequencing and its applications in forensic genetics. Forensic science international. Genetics, 2015, 18: 78-89.

[51] Haas C, Hanson E, Ballantyne J et al. Capillary electrophoresis of a multiplex reverse transcription-polymerase chain reaction to target messenger RNA markers for body fluid identification. Methods in Molecular Biology, 2012, 830: 169-183.

[52] Vander Meer D, Uchimoto M L, William G. Simultaneous analysis of micro-RNA and DNA for determining the body fluid origin of DNA profiles. Journal of Forensic Sciences, 2013, 58: 967-971.

[53] Li Y, Zhang J, Wei W, et al. A strategy for co-analysis of microRNAs and DNA. Forensic Sci Int Genet, 2014, 12: 24-29.

[54] Chen C. Ridzon D, Broomer A, et al. Real-time quantification of microRNAs by stem-loop RT-

PCR. Nucleic Acids Research, 2005, 33(20): 179.

[55] 王正,张霁,唐丹舟,等.microRNA 的检测技术及其法医学应用前景.法医学杂志,2014,30(1): 55-59.

[56] Huggett J, Dheda K, Bustin S, et al. Real-time RT-PCR normalisation: strategies and considerations. Genes and Immunity, 2005, 6(4): 279-284.

[57] Wang S, Tao R, Ming T, et al. Expression profile analysis and stability evaluation of 18 small RNAs in the Chinese Han population. Electrophoresis, 2020, 41(23): 2021-2028.

[58] Brigitte B, Roald T, Han G. Massively parallel sequencing techniques for forensics: a review. Electrophoresis, 2018, 39: 2642-2654.

[59] Bentley D R, Shankar B, Harold S, et al. Accurate whole human genome sequencing using reversible terminator chemistry. Nature, 2008, 456: 53-59.

[60] Rothberg J M, Hinz W, Rearick T M, et al. An integrated semiconductor device enabling non-optical genome sequencing. Nature, 2011, 475: 348-352.

[61] Milo R, Jorgensen P, Moran U, et al. BioNumbers: the database of key numbers in molecular and cell biology. Nucleic Acids Research, 2010, 38: D750-753.

[62] Juusola J, Ballantyne J. Messenger RNA profiling: a prototype method to supplant conventional methods for body fluid identification. Forensic Sci Int, 2003, 135(2): 85-96.

[63] Nussbaumer C, Gharehbagi-Schrell E, Korschineck I. Messenger RNA profiling: a novel method for body fluid identification by real-time PCR. Forensic Sci Int, 2006, 157(2-3): 181-186.

[64] Haas C, Hanson E, Kratzer A, et al. Selection of highly specific and sensitive mRNA biomarkers for the identification of blood. Forensic science international. Genetics, 2011, 5(5): 449-458.

[65] Fleming R I, Harbiso S A. The development of a mRNA multiplex RT-PCR assay for the definitive identification of body fluids. Forensic Sci Int Genet, 2010, 4(4): 244-256.

[66] Lindenbergh A, Pagter M D, Ramdayal G, et al. A multiplex (m)RNA-profiling system for the forensic identification of body fluids and contact traces. Forensic Sci Int Genet, 2012, 6(5): 565-577.

[67] Richard M L, Harper K A, Craig R L, et al. Evaluation of mRNA marker specificity for the identification of five human body fluids by capillary electrophoresis. Forensic Sci Int Genet, 2012, 6(4): 452-460.

[68] Haas C, Hanson E, Bär W, et al. mRNA profiling for the identification of blood-results of a collaborative EDNAP exercise. Forensic Sci Int Genet, 2011, 5: 21-26.

[69] Haas C, Hanson E, Anjos M J, et al. RNA/DNA co-analysis from blood stains — results of a second collaborative EDNAP exercise. Forensic Sci Int Genet, 2012, 6: 70-80.

[70] Haas C, Hanson E, Anjos M J, et al. RNA/DNA co-analysis from human saliva and semen stains — results of a third collaborative EDNAP exercise. Forensic Sci Int Genet, 2013, 7: 230-239.

[71] Haas C, Hanson E, Anjos M J, et al. RNA/DNA co-analysis from human menstrual blood and vaginal secretion stains: results of a fourth and fifth collaborative EDNAP exercise. Forensic Sci Int Genet, 2014, 8: 203-212.

[72] Haas C, Hanson E, Banemann R, et al. RNA/DNA co-analysis from human skin and contact traces — results of a sixth collaborative EDNAP exercise. Forensic Sci Int Genet, 2015, 6:

139-147.

[73] Ingold S, Hanson G, Ballard E, et al. Body fluid identification using a targeted mRNA massively parallel sequencing approach — results of a EUROFORGEN/EDNAP collaborative exercise. Forensic Sci Int Genet, 2018, 34: 105-115.

[74] Ingold S, Drum G, Hanson E, et al. Body fluid identification and assignment to donors using a targeted mRNA massively parallel sequencing approach — results of a second EUROFORGEN/EDNAP collaborative exercise. Forensic Sci Int Genet, 2020, 45: 102208.

[75] Bartel D P. MicroRNAs: genomics, biogenesis, mechanism, and function. Cell, 2004, 116(2): 281-297.

[76] Winter J, Jung S, Keller S, et al. Many roads to maturity: microRNA biogenesis pathways and their regulation. Nature Cell Biology, 2009, 11(3): 228-234.

[77] Kozomara A, Griffiths-Jones S et al. miRBase: annotating high confidence microRNAs using deep sequencing data. Nucleic Acids Research, 2014, 42: D68-73.

[78] Bentwich I, Avniel A, Karov Y, et al. Identification of hundreds of conserved and nonconserved human microRNAs. Nature Genetics, 2005, 37(7): 766-770.

[79] Liang Y, Ridzon D, Wong L, et al. Characterization of microRNA expression profiles in normal human tissues. BMC Genomics, 2007, 8: 166.

[80] Courts C, Madea B. Specific micro-RNA signatures for the detection of saliva and blood in forensic body fluid identification. Journal of Forensic Sciences, 2011, 56(6): 1464-1470.

[81] Park J L, Park S M, Kwon O H, et al. Microarray screening and qRT-PCR evaluation of microRNA markers for forensic body fluid identification. Electrophoresis, 2014, 35: 3062-3068.

[82] Sauer E, Reinke A K, Courts C. Differentiation of five body fluids from forensic samples by expression analysis of four microRNAs using quantitative PCR. Forensic Sci Int Genet, 2016, 22: 89-99.

[83] Leary K R, Glynn C L. Investigating the isolation and amplification of microRNAs for forensic body fluid identification. MicroRNA, 2018, 7: 187-194.

[84] Courts C, Madea B. Micro-RNA — A potential for forensic science?. Forensic Sci Int, 2010, 203(1-3): 106-111.

[85] Silva S S, Lopes C, Teixeira A L, et al. Forensic miRNA: Potential biomarker for body fluids?. Forensic Sci Int Genet, 2015, 14: 1-10.

[86] Wang Z, Luo H, Pan X, et al. A model for data analysis of microRNA expression in forensic body fluid identification. Forensic Sci Int Genet, 2012, 6(3): 419-423.

[87] Wang Z, Zhang J, Luo H, et al. Screening and confirmation of microRNA markers for forensic body fluid identification. Forensic Sci Int Genet, 2013, 7(1): 116-123.

[88] Wang Z, Zhang J, Wei W, et al. Identification of saliva using microrna biomarkers for forensic purpose. Journal of Forensic Sciences, 2015, 60(3): 702-706.

[89] Wang Z, Zhou D, Cao Y, et al. Characterization of microRNA expression profiles in blood and saliva using the Ion Personal Genome Machine System (Ion PGM™ System). Forensic Sci Int Genet, 2016, 20: 140-146.

[90] Seashols-Williams S, Lewis C, Calloway C, et al. High-throughput miRNA sequencing and identification of biomarkers for forensically relevant biological fluids. Electrophoresis, 2016, 37(21): 2780-2788.

[91] Guro D, Sabrina I, Erin H, et al. Predicting the origin of stains from whole miRNome massively parallel sequencing data. Forensic Sci Int Genet, 2019, 40: 131-139.

[92] Memczak S, Jens M, Elefsinioti A, et al. Circular RNAs are a large class of animal RNAs with regulatory potency. Nature, 2013, 495(7441): 333-338.

[93] Zhang Y, Liu B, Shao C, et al. Evaluation of the inclusion of circular RNAs in mRNA profiling in forensic body fluid identification. Int J Legal Med, 2018, 132: 43-52.

[94] Liu B, Feng S, Yang Q, et al. Characterization of tissue-specific biomarkers with the expression of circRNAs in forensically relevant body fluids. Int J Legal Med, 2019, 133(5): 1321-1331.

[95] GTEx Consortium. The Genotype-Tissue Expression (GTEx) project. Nature Genetics, 2013, 45(6): 580-585.

[96] Ross R J, Weiner M M, Lin H. PIWI proteins and PIWI-interacting RNAs in the soma. Nature, 2014, 505(7483): 353-359.

[97] Ozata D M, Gainetdinov I, Zoch A, et al. PIWI-interacting RNAs: small RNAs with big functions. Nature reviews. Genetics, 2019, 20: 89-108.

[98] Simon B, Kirkpatrick J P, Eckhardt S, et al. Recognition of 2′-O-methylated 3′-end of piRNA by the PAZ domain of a Piwi protein. Structure, 2011, 19: 172-180.

[99] Wang S, Wang Z, Tao R, et al. The potential use of Piwi-interacting RNA biomarkers in forensic body fluid identification: A proof-of-principle study. Forensic Sci Int Genet, 2019, 39: 129-135.

[100] Wang S, Wang Z, Tao R, et al. Expression profile analysis of piwi-interacting RNA in forensically relevant biological fluids. Forensic Sci Int Genet, 2019, 42: 171-180.

[101] Lindenbergh A, Maaskant P, Sijen T. Implementation of RNA profiling in forensic casework. Forensic Sci Int Genet, 2013, 7: 159-166.

[102] Hanson E, Ingold S, Haas, C, et al. Messenger RNA biomarker signatures for forensic body fluid identification revealed by targeted RNA sequencing. Forensic Sci Int Genet, 2018, 34: 206-221.

[103] Kader F, Ghai M, Olaniran A O. Characterization of DNA methylation based markers for human body fluid identification in forensics: a critical review. Int J Legal Med, 2020, 134: 1-20.

[104] Lee J E, Lee J M, Naue J, et al. A collaborative exercise on DNA methylation-based age prediction and body fluid typing. Forensic Sci Int Genet, 2022, 57: 102656.

[105] Dobay A, Hass C, Fucile G, et al. Microbiome-based body fluid identification of samples exposed to indoor conditions. Forensic Sci Int Genet, 2019, 40: 105-113.

[106] 李万水,胡兰,陈松.煮熟组织块的种属鉴定1例.中国法医学杂志,1999,14(1):47-48.

[107] 夏水秀,田欢,董迎春,等.DNA甲基化推断现场检材组织来源应用1例.中国法医学杂志,2021,36(2):219-220,224.

第六章 生物检材来源生物地理溯源

生物检材来源生物地理溯源是指通过检测族群间有基因频率差异的分子遗传标记,即祖先信息标记,进而推断生物检材来源个体的生物地理来源或其祖先信息中不同生物地理来源成分所占的比例。在法医司法鉴定或刑事案件侦查实践中应用生物检材来源生物地理溯源,能够有效提高检案或侦查效率。具体来说,生物检材来源生物地理溯源在失踪人员身份调查、嫌疑人初步排查、混合人种特征评估等法医实践中具有较大应用潜能。司法部关于印发《法医类司法鉴定执业分类规定》中明确了生物检材来源生物地理溯源的定义:即对生物检材进行祖先信息遗传标记检测,以推断被检个体的生物地理来源。自此,"0406 生物检材来源生物地理溯源"成为法医物证鉴定的一个新增领域和项目。

为推动生物检材来源生物地理溯源这一鉴定项目在法医学领域的发展和应用,本章重点介绍生物检材来源生物地理溯源的基本概念、常用分子遗传标记、检测分析平台及基于生物统计学和人工智能算法的数据解析方法;同时阐述法医群体遗传学研究的基本思路及生物地理溯源涉及的理论、技术和方法;并以单核苷酸多态性(single nucleotide polymorphism,SNP)和缺失/插入多态性(deletion/insertion polymorphism,DIP)两类分子遗传标记为例,示范法医生物地理溯源研究的技术流程、检测方法和对检测结果的科学解释。

第一节 基本概念与理论

生物检材来源生物地理溯源是指通过检测生物检材的祖先信息遗传标记,推断检材来源人祖先信息中不同生物地理来源成分所占的比例,进而实现检材来源人生物地理溯源的法医鉴定目的。群体遗传结构是指群体的基因及基因型的种类和频率,其影响因素包括基因突变与多态、选择、遗传漂变、人口迁移、近亲婚配等。在理想状态下,个体间可自由婚配的群体在没有大规模迁徙、遗传漂变等因素的影响时,群体的遗传结构保持相对稳定,这类稳定的群体也可称为孟德尔群体。由于山河、海洋等地理屏障在一定程度上会限制群体间发生基因交流事件,同时如政治、经济、文化、宗教、语言等因素也会在一定程度上影响群体间的基因交流和融合。因此,在 DNA 世代传递过程中发生的基因突变能在同一群体内累积,最终形成群体特异的遗传结构特征。不同地域的群体间遗传背景不同、存在遗传结构差异是应用法医学、分子生物学和群体遗传学方法进行生物地理溯源的理论基础。在法医实践中,通过检测在不同群体间等位基因频率或者单倍型频率差异较大的分子遗传标记,可以对未知来源个体或生物检材进行生物地理来源溯源,这一类在群体间存在等位基因频率差异的分子遗传标记被称为祖先信息标记(ancestry informative marker,AIM)。一组 AIM 的联合应用分析,可以推断某特定群体的祖先信息构成和比例,也可进行某一个体的生物地理溯源。

应用一组 AIM 遗传标记组合或者某个 AIM 检测体系进行生物检材来源生物地理溯源之

前,需要对这些 AIM 标记的群体适用性、遗传多态性及其生物地理溯源效能等进行评估。判断候选 AIM 分子遗传标记的群体适用性主要根据其在目标群体中是否符合哈迪-温伯格平衡(Hardy-Weinberg equilibrium, HWE)定律以及体系中的位点相互间是否处于连锁平衡状态等来决定。分子标记的遗传多态性及法医学生物地理溯源应用效能评估则是基于所构建的检测体系开展群体遗传学研究,获得遗传标记的多态性及群体遗传学参数,解析群体遗传结构、明晰群体间的遗传关系。该项评估的目的是检测 AIM 在不同群体间的遗传差异,以期筛选获得具有更高应用效能的 AIM 组合。最后,建立基于所构建体系的生物检材来源生物地理溯源的生物信息学分析方法和构建人工智能预测模型,并对体系的生物地理溯源效能进行评估和验证。

一、分子遗传标记的群体遗传学分析

1. 哈迪-温伯格平衡定律

哈迪-温伯格平衡(HWE)检验是群体遗传学中最常用的一种判断群体遗传平衡的方法。HWE 定律是群体遗传学中最重要的原理之一,是指在理想状态下,群体的基因频率和基因型频率在世代传递中保持不变。它阐明了繁衍对群体的基因频率和基因型频率的影响。HWE 定律建立在一个理想的群体上,有 6 个假设前提条件:① 群体无限大;② 群体内的个体随机交配;③ 没有基因突变;④ 没有自然选择;⑤ 没有大规模迁移;⑥ 没有遗传漂变。HWE 检验的意义主要体现在以下两个方面:① 反映基因频率和基因型频率的关系;② 分析抽样调查的结果是否具有目标群体代表性,进而对群体研究结果的可靠性进行评价。只要研究的遗传标记在目标群体中处于 HWE 状态,就说明目标群体是统计学意义上的 HWE 群体。这是计算遗传标记的群体遗传学和法医学相关参数的前提,也是后续开展群体遗传学和法医学应用效能评估的基础。因此,对于新开发的 AIM 位点,需要评估其在目标群体中是否处于 HWE 状态。

2. 连锁和连锁不平衡

(1) 连锁　　连锁(linkage)是指在同一染色体上物理距离较近的基因,在有性生殖的减数分裂阶段表现出共同遗传的趋势。例如,微单倍型遗传标记通常是指 300 bp 范围内的两个或多个 SNP 位点组成的新型分子遗传标记,这些 SNP 位点之间呈连锁遗传。对于常染色体而言,如同一染色体上的两个遗传标记间物理距离大于 10 Mb,可认为这两个遗传标记间没有连锁关系。通常认为位于不同染色体上的遗传标记之间不连锁,彼此独立的基因或者遗传标记在遗传物质传递的过程中自由组合。

(2) 连锁不平衡　　连锁不平衡(linkage disequilibrium, LD)是指在群体中分属于两个或两个以上基因座的等位基因同时出现的概率与随机出现的预期概率存在差异,所表现出的非完全随机组合现象。例如:人类白细胞抗原(human leukocyte antigen, HLA)基因各基因座的等位基因并非完全随机组成单倍型,在群体 HLA 分型数据中表现为单倍型的观察频率与期望频率不同,呈现出连锁不平衡的遗传特征。处于连锁不平衡的基因座间可以位于同一条常染色体上的不同区域,也可以位于不同常染色体上。基因座间发生连锁不平衡的影响因素有自然选择、遗传漂变、变异和重组等。相关系数 r^2 是目前常用的 LD 度量指标,r^2 值的取值范围可从 0 至 1。当 r^2 值为 0 时,表示不同的基因座间处于连锁平衡状态,基因座间完全独立;当 r^2 值为 1 时,表示基因座间紧密连锁。r^2 值越小,基因座间的独立性越好。

3. 基因座独立性分析

当研究的各基因座在目标群体中处于 HWE 状态,且基因座间不连锁,同时配对的基因座间处于连锁平衡状态,则表明这些基因座间相互独立,符合基因座独立性原则。在此前提下,应用一组相互独立基因座的检测系统进行法医学个体识别和亲权鉴定时,可以使用乘积定律计算检测系统的累积个体识别概率、累积匹配概率等法医学系统效能参数。

此外,需注意的是,由于 X 染色体和 Y 染色体特殊的遗传方式,位于 X 染色体和 Y 染色体上的 AIM 位点(X chromosome AIM, X‑AIM; Y chromosome AIM, Y‑AIM)在进行 HWE 和 LD 检验时计算方式与常染色体不同。对于 X‑AIM,需评估其在不同性别中基因频率是否一致。当女性个体中 X‑AIM 符合 HWE,则认为该遗传标记在目标群体中处于 HWE 状态。当两个 X‑AIM 位点物理距离较近时,应考虑连锁遗传的可能性。Y 染色体非重组区上的遗传标记为连锁遗传,作为单倍型传递给男性后代。

二、分子遗传标记的多态性评估

1. 等位基因频率和基因型频率

等位基因频率是指群体中某个等位基因数目占该基因座上所有等位基因总数目的百分比,是群体遗传学参数计算的基础数据,一个基因座上所有等位基因频率之和为 1。基因型频率是指在一个群体中,某种基因型在全部基因型中所占的百分比,一个基因座上所有基因型频率之和为 1。以二等位基因位点为例,频率较高的等位基因为常见等位基因或者主要等位基因(major allele),其等位基因频率为主要等位基因频率;另一个频率较低的为罕见等位基因或者次要等位基因(minor allele),其等位基因频率叫做次要等位基因频率(minor allele frequency, MAF)。

2. 单倍型频率

当两个遗传标记连锁时,不能应用乘积定律来计算累积个体识别概率和累积非父排除概率等法医学参数,而是需要用单倍型的方式来评估群体的遗传结构并计算相关法医学参数。单倍型是指连锁的两个或多个不同遗传标记的等位基因组合,构成一个单倍型的多个基因座表现为连锁遗传。对于常染色体单倍型遗传标记而言,通常需应用家系调查的方式来明确单倍型中等位基因的构成。MtDNA 和 Y 染色体非重组区的遗传标记呈严格的母系遗传和父系连锁遗传,均以单倍型传递,可直接计数得出单倍型频率。

3. 杂合度

杂合度(heterozygosity, He)是一个重要的遗传学指标,指群体中某个遗传标记所有基因型中杂合子基因型所占的比例。杂合度越高,说明该遗传标记的杂合性越大,在法医学个人识别中的应用价值就越大。由于男性只有一条 X 染色体,因此在评估 X 染色体遗传标记的杂合度时,只考虑女性群体。杂合度通常用 H/h 来表示,其中 h 为杂合度观测值,计算公式如下:

$$h = 样本中杂合子个体数 / 样本中个体总数$$

H 为杂合度期望值,计算公式如下:

$$H = \frac{n}{n-1}\left(1 - \sum_{i=1}^{k} p_i^2\right)$$

式中,n 为样本中所有等位基因或单倍型的总数,k 为等位基因或单倍型种类的数目,p_i 表示样本中第 i 个等位基因或单倍型的频率。

三、分子遗传标记的生物地理溯源效能评估

1. δ 值

δ 值通常是指两个不同群体在同一个等位基因上的等位基因频率差值的绝对值。两个群

体间等位基因频率数值差异越大,则 δ 值越大。δ 值是进行祖先信息标记筛选的重要参考指标之一。一般认为,当两个群体的 δ 值>0.5 时,则该遗传标记为两个目标群体的特异性差异位点,是适合两个目标群体进行生物检材来源生物地理溯源的理想分子遗传标记。

计算 δ 值通用公式如下:

$$\delta = \frac{\sum_{i=1}^{k} |p_{(i,x)} - p_{(i,y)}|}{2}$$

式中,$\delta \geq 0$,k 为该位点的等位基因总数,$p_{(i,x)}$ 和 $p_{(i,y)}$ 分别代表第 i 个等位基因在群体 x 和 y 中的频率。如果遗传标记为二等位基因位点(如 A/G),δ 值计算的简化公式为

$$\delta = |p_{(A,x)} - p_{(A,y)}| \quad \text{或} \quad \delta = |p_{(G,x)} - p_{(G,y)}|$$

式中,$p_{(A,x)}$ 和 $p_{(A,y)}$ 是群体 x 和 y 中的等位基因 A 的频率,$p_{(G,x)}$ 和 $p_{(G,y)}$ 是群体 x 和 y 中的等位基因 G 的频率。

2. Wright's F_{ST} 值

Wright's F_{ST} 值是群体遗传学中衡量群体间遗传分化程度的一个重要参数,也被叫作固定系数(fixation index),通常用于衡量亚群和种群之间分化的程度。在假设群体符合 HWE 的前提下,F_{ST} 本质上计算的是亚群杂合度的平均值与总群体杂合度之间的差异程度:

$$F_{ST} = \frac{H_T - H_S}{H_T}$$

式中,H_T 为总群体的杂合度(total heterozygosity);H_S 为亚群体杂合度(subpopulations heterozygosity)的平均值。F_{ST} 取值范围从 0 到 1,0 表示群体间不存在遗传分化,1 则表示亚群之间完全隔离。在群体生物地理溯源应用方面,是衡量 AIM 位点信息含量最常用的一种指标。F_{ST} 值的大小反映了分子遗传标记的等位基因频率在不同群体间的差异程度。F_{ST} 值越大,表明该遗传标记在不同群体间的等位基因频率差异越大,在群体间彼此区分效能越高。F_{ST} 值越小,说明该遗传标记在不同群体间的等位基因频率差异越小,对群体间的区分效能较低。

3. I_n 和 PSD 值

I_n 值为信息分配量值(informativeness for assignment),可用于评估群体间的遗传分化程度。I_n 值是一种互信息(mutual information, MI),它根据群体遗传学原理和信息熵公式推演而来,旨在量化遗传标记在生物地理溯源中所能提供的有益信息。即考虑个体中某一遗传标记的基因分型时,该遗传标记对我们了解该个体属于哪个群体能够带来多少信息增益。在群体间表现出较高 I_n 值的遗传标记有利于群体之间的鉴别。一般来说,当某个位点在群体间的 I_n 值大于 0.1,则认为该位点在区分目标群体时效能较强。I_n 值的计算公式如下:

$$I_n(Q; J) = \sum_{j=1}^{N} \left(-p_j \ln p_j + \sum_{i=1}^{K} \frac{p_{ij}}{K} \ln p_{ij} \right)$$

式中,Q 为群体,取值为 $i \in [1, K]$;J 为某一遗传标记上的等位基因,取值 $j \in [1, N]$。

例如,当使用二等位基因的 SNP 位点时,取值 $j \in [1, 2]$,公式进一步变形为

$$I_n(Q; J) = \left(-p_1 \ln p_1 + \sum_{i=1}^{K} \frac{p_{i1}}{K} \ln p_{i1} \right) + \left(-p_2 \ln p_2 + \sum_{i=1}^{K} \frac{p_{i2}}{K} \ln p_{i2} \right)$$

人群特异分化值(population specific divergence, PSD)值也是评估位点生物地理溯源效能的重要参数。该参数与 I_n 值相关,通过在线 Snipper 工具可计算得出 PSD 值,再乘以系数 ln 2(约等于 0.693),即可获得 I_n 值。

第二节 生物检材来源生物地理溯源分子遗传标记

如何筛选生物地理溯源效能较高的分子遗传标记,并从中选择最优的遗传标记组合,开发推断准确性高、实践应用性强的生物地理溯源体系,是影响生物检材来源生物地理溯源在法医学实践中进一步推广和应用的重要方面。当前,生物检材来源生物地理溯源的遗传标记筛选方法主要是寻找不同群体间遗传分化差异较大的分子标记,其中多等位的 STR 基因座、二等位的 SNP、DIP 位点以及 mtDNA 遗传标记等,是几种研究相对较多的用于生物检材来源生物地理溯源的分子遗传标记。

一、单核苷酸多态性

单核苷酸多态性(SNP)是基因组水平上单个核苷酸变异所引起的 DNA 序列多态性,碱基发生变化(颠换 A/C、A/T、G/C、G/T,或者转换 A/G、C/T)可以表现为二等位基因、三等位基因或者四等位基因的 SNP,其中以二等位基因 SNP 最常见。根据法医学研究应用目的的不同,法医学常用的 SNP 可以分为个体识别 SNP(individual identification SNP, II-SNP)、祖先信息 SNP(AI-SNP)、系谱信息 SNP(lineage informative SNP, LI-SNP)和表型信息 SNP(phenotype informative SNP, PI-SNP)等。其中,AI-SNP 位点在进行群体的遗传背景、遗传结构分析及个体的生物地理溯源方面发挥着重要的作用。

目前,已有许多基于 AI-SNP 的生物检材来源生物地理溯源体系被研究报道,主要是用于洲际群体的生物地理溯源。它们大多可用于区分非洲、东亚和欧洲的群体,这些体系包括 27-plex SNP、30-plex SNP、34-plex SNP 和 56-plex SNP 等。2008 年,Seldin 等人开发了 128-plex SNP 体系,并在 20 个群体中验证体系的生物地理溯源效能,结果表明该体系可对欧洲、西非、美洲、东亚和南亚群体进行有效区分。2014 年,Kidd 实验室推出包含 55 个 SNP 位点的体系,并表明使用这些遗传标记可将 73 个群体明显区分为非洲、欧洲、美洲、东亚、大洋洲、西南亚、中南亚和西伯利亚共 8 个主要的生物地理来源。目前,已有商品化试剂盒采用这 55 个 SNP 位点进行生物地理溯源。2019 年,Kidd 等人联合应用上述两个 SNP 体系中的 170 个 AI-SNP 位点,可将全球 81 个群体进一步区分为撒哈拉以南的非洲、北非、东北非、东亚、南亚、东南亚、中东、美洲、大洋洲、北欧、南欧共 11 个生物地理来源。除了基于 Seldin、Kidd 等人的 128-plex SNP 和 55-plex SNP 位点进行优化或再组合的生物地理溯源体系外,目前也有基于大规模平行测序(massively parallel sequencing, MPS)或者芯片检测技术平台的其他生物地理溯源检测体系逐渐被开发出来,但这些体系对于提升区分东亚内部亚群体的效能较为有限。

现阶段,国内外的研究团队也针对东亚内部亚群体的生物地理来源推断开展了相关研究,如 Xu 等人分别对南北方汉族以及汉族与韩国和日本等群体进行了群体遗传学研究,为东亚群体的生物地理溯源研究提供了重要的数据支撑;Zhu 等人研究的包含有 48 个 AI-SNP 位点组合,具有对我国汉族、蒙古族和维吾尔族来源个体的生物地理溯源潜能;Yuasa 等人研究获得日本群体特异性的 67 个 SNP 位点,但当前这些研究尚未开发成熟的商品化检测体系,离法医学鉴定应用实践尚有一段距离。未来,基于大规模平行测序技术平台构建能够区分洲际群体乃至局部地区亚群体的高精度推断体系是生物检材生物地理溯源研究的发展趋势。

二、缺失/插入多态性

缺失/插入多态性(DIP)是由于 DNA 片段的缺失或插入形成的 DNA 多态性,多为二等位基因遗传标记,在基因组中广泛分布。DIP 表现为长度多态性,可利用荧光物质标记 DIP 位点的引物,复合扩增结合毛细管电泳技术进行检测分型,在基层法医 DNA 实验室具有较高的推广和应用潜能。此外,DIP 位点的突变率较低;扩增片段较小,有利于降解生物检材的 DNA 分型;在扩增和基因分型过程中不会出现 stutter 峰,等位基因分型结果易于解释。鉴于上述优势,近些年 DIP 遗传标记在法医物证领域得到了广泛的研究和应用。

在生物检材来源生物地理溯源领域,我国学者基于 AI-DIP 遗传标记开展了系列研究。2018 年,Zhu 等人在我国西北回族群体中评估了商业化试剂盒 Qiagen Investigator DIPplex kit 中 30 个 DIP 标记的法医应用效能,并发现有些 DIP 位点在不同洲际群体中等位基因频率分布存在差异,提示这些 DIP 具有潜在的生物地理溯源效能。但总体来说,由于上述体系中的 DIP 位点主要用于个体识别,因此其生物地理溯源效能仍有提升空间。为了解决现场生物检材的生物地理溯源问题,随后多个用于生物地理溯源的 DIP 分型检测体系被开发。Zhu 等人基于毛细管电泳(capillary electrophoresis, CE)平台开发了包含有 39 个 AI-DIP 位点的分型检测体系,并证实该体系能够有效地对非洲、欧洲、东亚以及中亚人群进行生物地理祖先信息推断。为进一步解决降解检材分型的法医实践难题,Zhu 等人应用短扩增子策略,通过优化引物设计,使检测体系中 AI-DIP 位点的最大扩增片段长度小于 200 bp,进而开发了一个包含 56 个常染色体 AI-DIP、3 个 Y 染色体 DIP 和一个牙釉蛋白基因(amelogenin)的复合扩增检测体系,可用于对降解检材的 AI-DIP 位点进行基因分型,并通过群体遗传学证实该体系可准确、高效地用于洲际群体的生物地理溯源,特别是可准确推断东亚、非洲和欧洲群体来源的个体。

也有学者研究了多种复合遗传标记,如 STR-SNP、DIP-SNP、STR-DIP、微单倍型(microhaplotype)等,也被证实可在生物地理溯源中发挥重要作用。Wang 等人基于多个 DIP 位点的基因型数据和高密度全基因组 SNP 数据的共享等位基因,通过 PCA、群体遗传结构解析和系统发育树分析等,探索夏尔巴高原人的遗传结构和进化历史情况,结果有助于推动相关群体来源个体的生物地理溯源。

三、短串联重复序列

短串联重复序列(short tandem repeat, STR)是一类由长度为 2~6 bp 的重复单位串联形成的 DNA 遗传标记,属于长度多态性遗传标记,在法医物证学领域应用广泛。1973 年,Neel 首次提出群体"特有"遗传变异("private" genetic variants)的概念,随后大量具有群体特异性的分子遗传标记被广泛研究和报道。1997 年,Shriver 等人基于群体之间等位基因频率差异、似然率等统计学分析方法建立起 STR 基因座的生物地理溯源方法。

2001 年,英国的法庭科学服务部建立了基于 6 个 STR 基因座的生物地理溯源方法。2003 年,Diane 等人使用 5 个 STR 基因座构建了 10 个群体(加勒比地区非洲人、赫瓦尔岛的克罗地亚人、意大利人、英国白种人、美国白种人、葡萄牙人、东亚人、汉族人、日本人和津巴布韦人)的系统发育关系。由此产生的拓扑结构树与由 SNP、mtDNA 单倍型、Y 染色体遗传标记等的结果一致,显示出 STR 基因座较高的生物地理溯源效能。2003 年,Klintschar 等人使用 13 个 CODIS STR 基因座对匈牙利人、欧裔阿拉伯人和美国群体进行群体遗传关系的解析。2004 年,Fosella 等人报道了使用 13 个 STR 基因座对于五个来自移民群体的未知样本进行群体遗传背景分析。这些基于 STR 遗传标记所开展的群体遗传关系和遗传背景解析研究,为该类遗传标记在生物检材生物地理溯源领域的实践推广应用奠定了坚实的数据基础。

四、线粒体 DNA

人类的线粒体 DNA(mitochondrial DNA,mtDNA)参考序列全长为 16 569 bp,呈双链闭合环状结构。mtDNA 可分为编码区和控制区(control region,CR),编码区位于 577~16 023 bp 之间,参与编码 37 个基因。CR 又称 D 环(D-loop)区域,包括 1~576 bp 和 16 024~16 569 bp 两个区域,D-loop 含有高变区,无修复系统,不受选择压力的影响,因此该区域积累了较多的变异。高变区 I(high variable region-I,HVR-I)位于 16 024~16 365 bp 之间,高变区 II(HVR-II)位于 73~340 bp 之间,个体间的大部分序列差异存在于这两个区域。因此,HVR-I 和 HVR-II 在法医学实践中较常被应用。高变区 III(HVR-III)位于 438~574 bp 之间,也具有一定的多态性,可作为 HVR-I 和 HVR-II 的补充检测区域。

人类 mtDNA 遗传标记的遗传学特征主要包括多拷贝、高突变率、异质性、母系遗传和单倍型遗传等。个体多个 SNP 的分型结果构成其单倍型,单倍群是一组类似的单倍型,它们有一个或者几个共同的单核苷酸多态性祖先。单倍群由相似的单倍型组成,所以可以从单倍型来预测单倍群。不同地区群体中出现的常见单倍群也不相同,且表现出地理聚集性,可用于生物地理溯源。比如,H 单倍群在西欧群体中分布频率约为 40%,而在非洲、南亚和东亚等地区的群体中却极少发现。此外,mtDNA 单倍型在同一民族不同地区的群体间也存在一定的差异,如我国北方汉族较常出现 A、C、D*、D5、D5a、G、M7c、M8a、M9、N* 和 Z 单倍群;而南方汉族中则较常见 M*、B*、B4、B4a、B4b1、B5*、B5a、F*、F1a、F1b、F1c、F2a、M7*、M7a、M7b*、M7b1、M7b2、R*、R9a、R9b 和 R9c 单倍群。因此,通过 mtDNA 的 SNP 多态性分析确认个体 mtDNA 单倍型,再由单倍型预测单倍群,则可初步实现对未知个体的生物地理溯源。有学者基于不同地区群体的单倍群分布情况,通过检测未知群体来源个体的 mtDNA 单倍型,结合 Y 染色体单倍型和 34 个常染色体 AI-SNP 位点,预测出犯罪嫌疑人的生物地理来源,该方法预测的准确性在案件后续的调查中也得到证实,为案件的调查指明了方向,提供了线索。

第三节 检测分析平台

近年来,生物检材来源生物地理溯源分子遗传标记的检测方法主要有基质辅助激光解吸电离/飞行时间质谱、毛细管电泳、微测序技术和二代测序等。这几类检测分析方法都有各自的技术优势和局限性,适用于不同的研究目的和法医研究应用场景。本节介绍几种常见技术的原理、方法及其优缺点。

一、基质辅助激光解吸电离/飞行时间质谱

基质辅助激光解吸电离/飞行时间质谱(matrix assisted laser desorption/ionization time of flight mass spectrometry,MALDI-TOF-MS)是一种适用于混合物和生物大分子测定的新型软

电离生物质谱,主要包含基质辅助激光解吸电离和飞行时间质谱两个部分。其原理是通过将样品均匀分散在基质分子(尼古丁酸及其同系物)中并形成晶体,通过激光(337 nm 的氮激光)的照射使基质分子吸收大量能量,使样品解吸附并发生电离。电离的样品在电场作用下加速飞过飞行管道,由于不同离子的质量电荷之比(mass-to-charge ratio, m/z)不同,因此离子到达检测器的飞行时间不同,从而可以通过测量飞行时间来确定样品分子的分子量,即离子的 m/z 与其飞行时间的平方成正比。MALDI-TOF-MS 具有以下特点:① 准确,检测原理依据于生物大分子的物理性质,不依赖等位基因分型标准物;② 快速,检测一个样品只需要数秒;③ 灵敏度高,可以分析 fmol~amol 量的样品;④ 易于进行大规模和高通量的操作。MALDI-TOF-MS 对质量的灵敏度高,可将仅含有一个碱基差异的两段基因序列区别开,从而推导出多种遗传标记的不同基因分型。研究表明,应用 MALDI-TOF-MS 对基因组 SNP 标记进行分析检测时,可准确、快速区分和鉴别约 20 多个碱基中仅存在 1 个碱基差别的不同 DNA 分子。2020 年,Zhu 等人基于 MALDI-TOF-MS 平台开发了包含有 42 个 AI-SNP 位点的分型检测体系,能够对五大洲际来源的个体进行生物地理溯源。此外,MassARRAY 分子量阵列技术则通过引物延伸或切割反应与 MALDI-TOF-MS 技术相结合,实现遗传标记的基因分型检测。

二、毛细管电泳

毛细管电泳(capillary electrophoresis, CE)平台是当前法医学研究和实践应用最为广泛的分析检测方法。完整的 CE 系统包括高电压直流输出、激光激发光源、荧光检测器、自动样品盘和控制进样、电泳、检测与记录的计算机,可实现 1 bp 精度的 DNA 片段分离。该技术基于毛细管内的聚合物溶液形成的分子筛结构,可以使不同大小的 DNA 片段在毛细管内拥有不同的移动速率,且变性 DNA 的迁移速率和其片段大小具有良好的线性关系,据此实现不同长度的 DNA 片段的鉴别分析。目前在法医学应用中,通常将毛细管电泳分型技术和荧光标记复合 PCR 技术相结合,即采用不同的荧光物质标记待测基因座的引物,扩增片段长度不重叠的采用相同的荧光物质标记,重叠的采用不同的荧光物质标记,进而实现多个遗传标记的同步检测分析。当前法医 DNA 实验室常用的复合扩增体系,通常采用 4 色、5 色、6 色或 8 色荧光标记,其中 1 种荧光用于标记与复合扩增产物同步电泳的分子量内标 DNA 片段,剩下的 3 色、4 色、5 色或 7 色用于标记待检测的遗传标记,每种颜色荧光可标记 1~10 个不同遗传标记,从而构建超过 20 个以上 DNA 遗传标记的复合扩增检测体系。该技术因具有高效、快速、经济且方法简单、易推广等优点,已在法医学个体识别、亲权鉴定、生物检材来源生物地理溯源等多领域得到广泛使用。当前,CE 技术最主要的应用是对长度多态性 STR 和 DIP 遗传标记的检测和分型,如 Yan、Sun、Li 等人基于 CE 技术开发了用于生物检材个体识别、亲缘关系鉴定的一系列 STR 分型检测体系;Zhu 等人开发了用于生物检材个体识别和生物检材来源生物地理溯源的一系列 DIP 分型检测体系。

微测序技术(minisequencing)/单碱基延伸 SNP 分型(SNaPshot)技术是一类结合了单碱基延伸技术和毛细管电泳技术的 SNP 分析方法。首先,设计引物扩增目标 SNP 所在片段,再加入核酸外切酶和虾-碱性磷酸酶消化掉扩增产物中第一次 PCR 反应后剩余的单链引物和未结合的 dNTP。随后,在纯化后的 PCR 产物中加入 DNA 聚合酶、四种荧光标记的 ddNTP 混合物和 SNP 延伸引物完成单碱基延伸。测序的延伸引物设计在 SNP 位点 5′上游 1 个碱基处,测序反应体系中的底物由带四种不同荧光物质标记的 ddNTP 构成,延伸引物与待检测模板退火后,只能延伸 1 个碱基就终止,该碱基则为多态性位点;最后根据不同的荧光颜色来确定多态性位点的碱基种类。SNaPshot 技术可通过检测产物不同的荧光颜色来确定多态性位点的碱基类型。同时,通过在测序引物的 5′端连接上不同长度的 DNA 序列来形成不同片段大小的扩增产物,以便实现不同位点的电泳分离,进而实现多个 SNP 位点的高效复合扩增、同步检测和基因分型。SNaPshot 技术因其搭载于毛细管电泳技术平台,可以在大多数法医 DNA 实验室已有的 CE 平台上开展,无须购置新的检测设备,具有较强的基层推广潜能。目前,已有一系列基于 SNaPshot 技术的 SNP 检测体系被开发和验证,用于不同研究目的。如 Hou 等人基于 SNaPshot 技术开发的包含有 20 个非二等位基因 SNP 分型检测体系,该体系在我国汉族群体中可以获得较高的累积个体识别概率和累积非父排除概率。Li 等人基于 SNaPshot 技术开发了包含有 55 个 SNP 位点的分型检测体系,该体系在群体样本和真实家系样本中展现了较高的累积个体识别概率和累积非父排除概率,可用于个体识别和亲权鉴定。

此外,毛细管电泳平台还可用于 DNA 自动测序,从而实现对 DNA 一级序列的直接测定。DNA 自动测序技术通过在反应体系中加入一定比例带有四种荧光染料基团标记的四种 ddNTP,形成四种 ddNTP 终止链的标记产物,即四种被双脱氧核苷酸终止的 DNA 片段分别带上四种不同的颜色,这些 DNA 片段的混合物同时加在一个样品槽中电泳,相互间仅差一个碱基的 DNA 片段形成一条具有四种颜色的阶梯分布图像。阶梯中的每一 DNA 片段由标记在该片段上的特征性荧光基团发出的荧光所指示。DNA 自动测序技术常用于验证 STR、SNP、DIP 等遗传标记分型结果的准确性,也是 mtDNA 分析的金标准。

三、二代测序

二代测序(next generation sequencing,NGS)技术又称高通量测序(high-throughput sequencing,HTS)技术、大规模平行测序(massively parallel sequencing,MPS)技术或新一代测序技术,是基于 PCR 和基因芯片技术基础上发展而来的一种 DNA 测序技术。二代测序一次可读取几十万到几百万条 DNA 序列,能够高效、高通量地获取大量核酸序列信息,因此又称为深度测序(deep sequencing)。NGS 技术的主要原理是在 DNA 复制过程中通过大规模捕捉延长链上新添加的碱基所携带或产生的特殊标记来确定 DNA 的序列,测序后再通过序列比对等算法把各个 DNA 片段拼接组装为完整的基因序列。现阶段,法医学应用较为广泛的二代测序平台主要有以下三大类:Thermo Fisher Scientific 公司的 Ion Torrent 测序平台、Illumina 测序平台以及华大基因 DNA 纳米球(DNA Nanoball,DNB)测序平台。不同测序平台的测序原理主要包括以下几种:边合成边测序、离子流测序以及 DNA 纳米球测序等。

1. 边合成边测序

边合成边测序(sequencing by synthesis,SBS)是通过监测在 DNA 合成过程中逐个添加荧光标记的 dNTPs 的方式来确定 DNA 序列。首先将 DNA 碎片化并在 DNA 片段两端加上序列已知的通用接头构建文库。随后将文库加载到测序芯片上,文库两端的已知序列与测序芯片基底上的基序互补并形成桥状结构。随后,添加未标记的 dNTP 与常规 Taq 酶进行桥式 PCR,在测序芯片的固相表面形成上亿条成簇分布的待测片段。接着,在测序体系中引入带有特异荧光标记的 4 种 dNTPs、DNA 聚合酶和接头引物。在每一个测序簇延伸互补链时,这些 dNTP 的 3′端带有保护基团,因而每次反应只能添加一个与模板配对的 dNTP。当一个 dNTP 被加入合成的 DNA 链时,其荧光标记被激发并发出特定波长的光,这个信号被测序仪检测并记录。荧光标记和阻止链延伸的保护基团被化学方法去除,以便进入下一轮的测序反应,并循环往复。反应完成后,使用计算机分析根据四种不同的光学荧光信号转化为测序碱基信息,成功读取核酸序列。该技术能够快速生成大量的重复测序数据,并且能够高效地处理大规模样本,可以较好地解决连续重复碱基序列的测序准确性的问题,但易出现碱基替换引起的测序错误。基于边合成边测序反应原理的测序平台主要包括 Illumina Hiseq、Illumina Miseq 和 Illumina Novaseq 等。为面向法医实践应用需求,Illumina 公司进一步推出适用于上述测序平台的 ForenSeq™ DNA Signature Prep Kit 商业化试剂盒。该体系可同步检测目前法医学实践中常用的 STR 基因座、个体识别 SNP、祖先信息 SNP 和表型相关 SNP 位点,在一次实验中同时实现法医学个体识别、亲缘关系鉴识、生物检材来源生物地理溯源和表型信息预测研究目的。

2. 离子流测序

离子流测序也称为 pH 介导的测序、半导体测序或离子半导体测序等,该技术的核心是基于半导体芯片的离子流测序,即核苷酸依次流过半导体芯片,通过对 DNA 复制过程中产生的离子流进行实时测定而反映 DNA 的延伸及性质,在化学和数字信息之间建立直接的联系。在离子流测序文库构建完成后,这些文库序列被进一步固定在 DNA 捕获微球上,通过油包水 PCR 在微球中实现测序模板的大量扩增,并形成了表面结合有大量 DNA 模板的微球。随后将微球转移到高密度微孔的测序芯片中,每一个微孔仅可落入一个微球。在测序过程中,核苷酸分子逐个连续流经芯片微孔,如果 dNTP 与微孔中微球表面的模板 DNA 链互补,则在 DNA 聚合酶的作用下延伸到互补链中并释放氢离子,微孔所在位置的 pH 发生微小变化。这些 pH 变化会被半导体传感器检测到并转换为电子信号,随后被测序平台记录下来,并且通过仪器自动进行信号处理和碱基算法分析,从而产生单次读长的 DNA 测序序列。离子流测序不依赖于光学检测系统,而是通过检测 DNA 聚合过程中的化学变化进行测序,较其他二代测序方法速度更快。该技术的缺陷在于很难精确计算连续添加的相同类型碱基数量,从而难以解码单一重复序列。Thermo Fisher Scientific 公司基于离子流测序原理,开发了 Ion Torrent 测序平台以及适用于该测序平台的 HID-Ion AmpliSeq™ Identity Panel 和 HID-Ion AmpliSeq™ Ancestry Panel 等多个可用于法医学实践应用目的的商业化试剂盒。其中 HID-Ion AmpliSeq™ Identity Panel 可用于法医学的个体识别和亲缘关系鉴识研究,HID-Ion AmpliSeq™ Ancestry Panel 可用于不同洲际群体的生物地理溯源。

3. DNA 纳米球测序

华大基因 DNBSEQ 测序平台采用的是 DNA 纳米球(DNA Nanoball,DNB)结合滚环复制的测序技术。该技术的基本原理如下:首先是构建单链环状 DNA 文库,每条文库片段上包括目标序列、Barcode、PCR 引物结合区域和 Barcode 测序引物结合区域,以及文库两端连接有夹板寡核苷酸的接头,当两端接头和夹板寡核苷酸结合后单链文库片段就形成一个单链环状 DNA 文库。然后通过滚环扩增(rolling circle amplification,RCA)技术形成类似球形的 DNA 纳米球。将 DNB 添加到测序仪的流通池中,形成高密度的 DNB 阵列。荧光核苷酸与互补核苷酸结合,然后聚合成锚定序列,与 DNA 模板上的已知序列结合。在加入 3′端带有阻断基团的荧光标记的 dNTP 和酶等后,开始测序反应,荧光标记的核苷酸结合到 DNB 模板链上后发出相应的荧光并被测序仪检测并记录;随后 dNTP 3′端的阻断基团被裂解试剂去除,从而进入下一轮的测序反应;最后计算机分析根据四种不同的光学荧光信号转化为测序碱基信息,成功读取核酸序列。DNB 测序具有以下特点:① 高准确性:滚环扩增始终以原始 DNA 为模板进行滚环复制,避免桥式 PCR 或油包水 PCR 扩增时产生的 GC 偏向性和扩增偏差,而且有效避免 PCR 扩增方式的积累错误;② 低重复序列率:测序芯片采用规则阵列设计,实现 DNB 规则排列的同时保证测序碱基信号均一且互不干扰;此外,对于降解样本的建库测序成功率在 90%

以上。基于DNB测序原理,华大基因公司进一步推出了适用于DNBSEQ测序平台的FGID四库合一检测试剂盒,体系涵盖STR、SNP、mtDNA等遗传标记,可服务于法医学个体识别、亲缘关系鉴识、生物检材来源生物地理溯源及个体外部可见表型特征刻画等研究和应用目的。此外,还有FGID iSNP分型检测、FGID线粒体检测、FGID微单倍型检测、GISNP9K系谱学推断及FGID动物DNA种属检测等法医学高通量试剂盒。

与Sanger测序、CE平台扩增片段分析等传统的法医学DNA分析技术相比,通量高、可实现大量位点同步检测分析是NGS技术最显著的优势;此外,该技术可同时检测目标区域的序列多态性和长度多态性,进一步提高检测体系的鉴别效能。正是由于以上这些优势,NGS技术在法医学研究中也被广泛地应用,如Liu等人基于NGS技术构建了一组用于法医学个体识别和亲缘关系鉴识研究的多等位基因SNP体系;Oldoni等人利用NGS平台开发微单倍型复合扩增体系用于混合样本的解析研究;Ingold等人基于NGS构建了用于组织来源鉴识研究的mRNA的检测体系等。通过与人工智能算法和信息科学技术的深度交流与融合,法医学研究应用领域已涌现出一系列基于NGS高通量测序技术的多维数据解析系统,进一步赋能法医生物检材来源生物地理溯源的快速发展。然而,NGS技术仍然存在其不足之处,主要表现在合成测序方法的阅读长度相对较短,通常在200 bp左右,这使得将所测序的DNA片段拼接成连续的基因组序列的难度增加;同时,测序的模板制备依赖于PCR扩增,这导致在模板制备过程中容易引入并累积复制错误。

当前,NGS技术相关的检测仪器和试剂、测序检验流程、数据质控处理和分析等流程已有相关的法医学应用规范出台,如中华人民共和国司法行政行业标准《染色体遗传标记高通量测序与法医学应用规范》(SF/T 0070—2020)等,为基于二代测序平台的生物地理溯源检测体系的开发与应用奠定了基础。充分发挥其平台的高通量优势、整合多种类型遗传标记,深度挖掘生物检材的遗传信息资源,实现生物检材来源的精准生物地理溯源是未来的重要发展方向之一。

第四节　生物检材来源生物地理溯源数据分析

分析获得生物检材生物地理祖先信息位点的基因分型数据,并进行科学合理的解释是生物检材来源生物地理溯源技术流程中的关键环节之一。此外,如何基于相关的公共基因组数据库选择更具代表性的参考群体,并对初筛的位点进行有效的评估,是构建祖先信息分子遗传标记复合扩增检测体系时所面临的关键问题,也是影响检测体系生物地理溯源效能和预测结论准确性的重要因素。在筛选完AIM位点构建检测体系后,需要选择某些生物地理祖先信息成分较高的群体作为参考群体,进而评估甄选的AIM位点对目标群体的生物地理溯源效能。应用所构建的AIM检测体系对未知生物地理来源的生物检材进行检测,获得生物检材在AIM位点的基因型数据,再利用数据库中参考群体的AIM位点的基因分型数据计算生物检材来源人的群体随机匹配概率(random matching probability,RMP)、群体似然比(likelihood ratio,LR)和群体祖源成分(ancestry component),并绘制聚类图,进而实现生物检材来源人的生物地理溯源。目前,计算随机匹配概率、进行主成分分析(principal component analysis,PCA)、解析群体遗传结构和构建系统发育树(phylogenetic tree)是生物地理溯源几种常用的分析方法。

一、随机匹配概率

随机匹配概率(RMP)是进行生物检材来源生物地理溯源的重要法医学参数之一,是指对一个特定的 DNA 图谱可能出现在人群中的估计概率。也可理解为从一个人群中随机抽取一个样本,出现特定 DNA 图谱的理论概率。以某个遗传标记(Marker 1)为例,从某个群体中随机抽取一个样本,并获得该样本在 Marker 1 上的基因型;再从该群体中随机抽取另外一个样本,两个样本在 Marker 1 上的基因型因偶然机会而完全相同的概率,则是 Marker 1 在该群体中的随机匹配概率。以此类推,在联合应用多个独立的 AIM 遗传标记检测一个样本时,这些遗传标记基因型在该样本所在群体中的基因型频率的乘积值则为该样本在该群体中的随机匹配概率。以 Marker 1 和 Marker 2 在三个群体中的分布为例,表 6-1 为计算两个位点在三个洲际群体中的基因型频率。表 6-1 的基因型频率数据为生物地理溯源应用时的参考群体基础数据。计算已知基因型结果的样本在不同群体的 RMP,RMP 数值越大,表示该群体中出现此特定基因型组合的概率越高,该样本就越有可能来自此群体。假设从某个群体中随机抽取一个样本,其在 Marker 1 和 Marker 2 的基因分型结果分别是 AG 和 TT,根据表 6-1 中不同基因型频率分布,得到三个不同群体的匹配概率。来自非洲(AFR)群体的 RMP 值为 0.42×0.16=0.067 2;来自东亚(EAS)群体的 RMP 值为 0.18×0.25=0.045;来自欧洲(EUR)群体的 RMP 值为 0.32×0.64=0.204 8。其中来自欧洲群体的匹配概率值最大,则表明相比于东亚和非洲,该样本来自欧洲群体的概率最高,推断该个体应为欧洲群体来源。由于实例中分型检测体系中遗传标记位点个数较少,对于该个体的生物地理溯源结论的证据效能偏低,故应联合应用更多具有较高生物地理溯源效能的遗传标记来获得更加准确的生物地理溯源结果。

表 6-1 两个 AIM 位点在三个不同洲际群体中的基因型频率

群体	Marker 1			Marker 2		
	AA	AG	GG	CC	CT	TT
AFR	0.49	0.42	0.09	0.36	0.48	0.16
EAS	0.01	0.18	0.81	0.25	0.50	0.25
EUR	0.64	0.32	0.04	0.04	0.32	0.64

二、主成分分析

主成分分析(PCA)是多元统计中一种重要的数据降维分析方法,其核心思想是对高维数据进行降维转化,同时保持数据的主要信息。其在原始基因分型数据的基础上计算出一组新的变量,称为主成分(principle component, PC),每一个新的主成分都可贡献一部分原始数据的方差(即量化的群体间差异),通过计算每一个新的主成分的贡献值,并按大小排列为 PC1、PC_2、…、PC_n,其中前三个 PC 通常占总变异的比例较大,并且可有效地解释数据间的差异。在生物检材来源生物地理溯源中,通过评估群体或个体在多个 PC 上相对位置的远近能够有效地揭示不同群体间或个体间遗传关系的远近。如果 AIM 遗传标记在目标群体间具有较大的遗传分化差异,那么在进行 PCA 分析时,不同群体或个体在二维或三维空间中形成的离散点间的相对距离更远,则提示群体或个体间的遗传关系较远。通过不同参考群体所形成的群体特征聚簇,同时结合目标群体或个体所代表的离散点与上述聚簇中的相对位置,即可实现对未知生物检材的生物地理溯源。进行 PCA 分析的常用软件主要包括 STRAF、MVSP、ORIGIN、R 和 PLINK 等。

下面将以展示实例的形式对 PCA 在生物检材来源生物地理溯源研究中的应用进行介绍。图 6-1 是基于 Zhu 等人开发的祖先信息推断检测体系中的 38 个 AI-DIP 位点基因分型数据分析不同洲际来源群体和个体的 PCA 结果。在群体水平 PCA 图(图 6-1A、图 6-1B、图 6-1C 和图 6-1D)中,不同颜色的标识代表不同的洲际群体;在个体水平 PCA 图(图 6-1E 和图 6-1F)中,相同颜色的标识表示同一个洲际来源的不同个体。可以看到在五大洲际群体的维度上,前三个主成分(PC1、PC2、PC3)总共可以解释 79.44% 的群体间差异。在 PC1 维度上(图 6-1A),可将非洲群体、大部分的东亚群体同其他洲际群体区分开;在 PC2 维度上,可将非洲、东亚群体同其他洲际群体分开。在 PC3 的维度上(图 6-1B),欧洲群体同其他洲际群体有相对较远的距离。

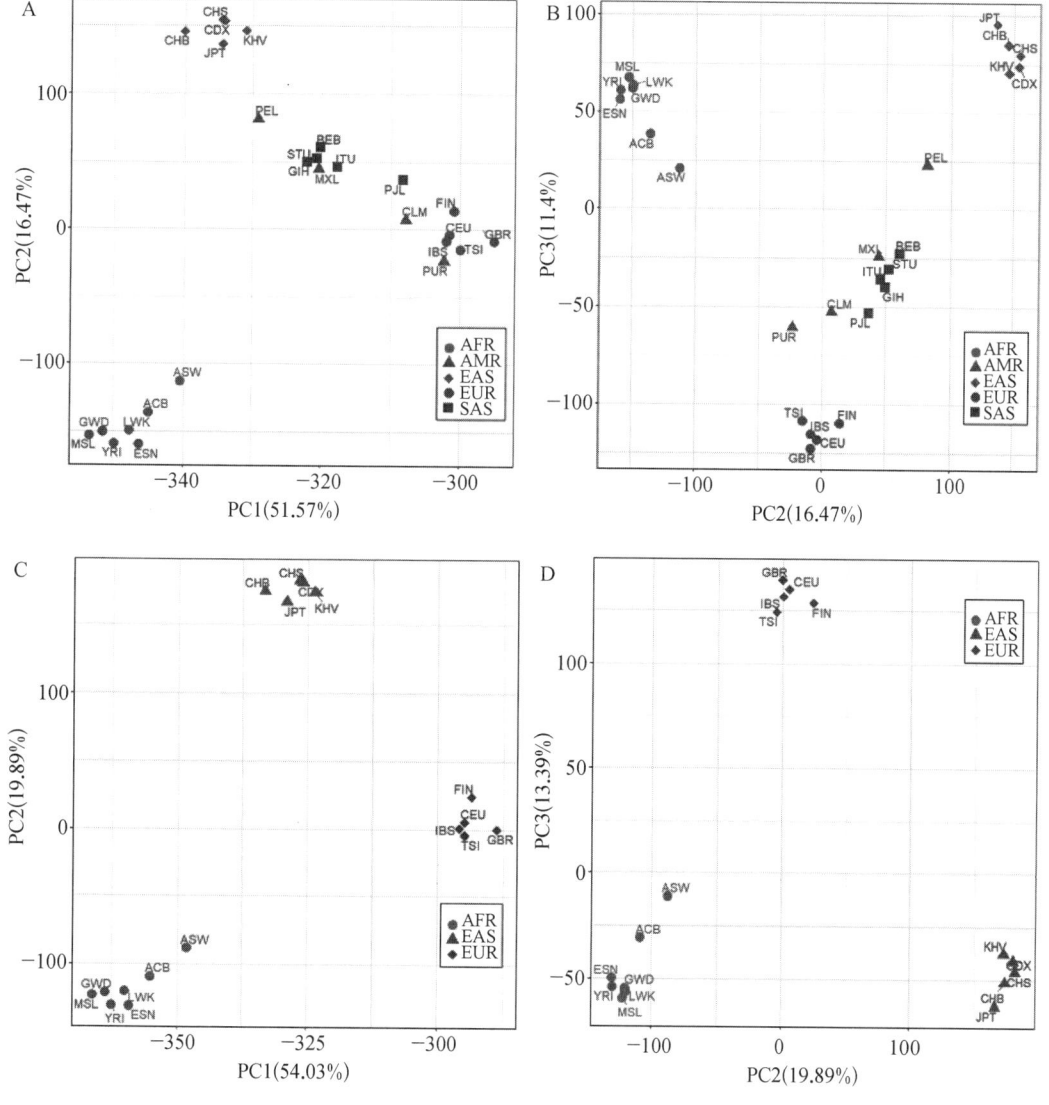

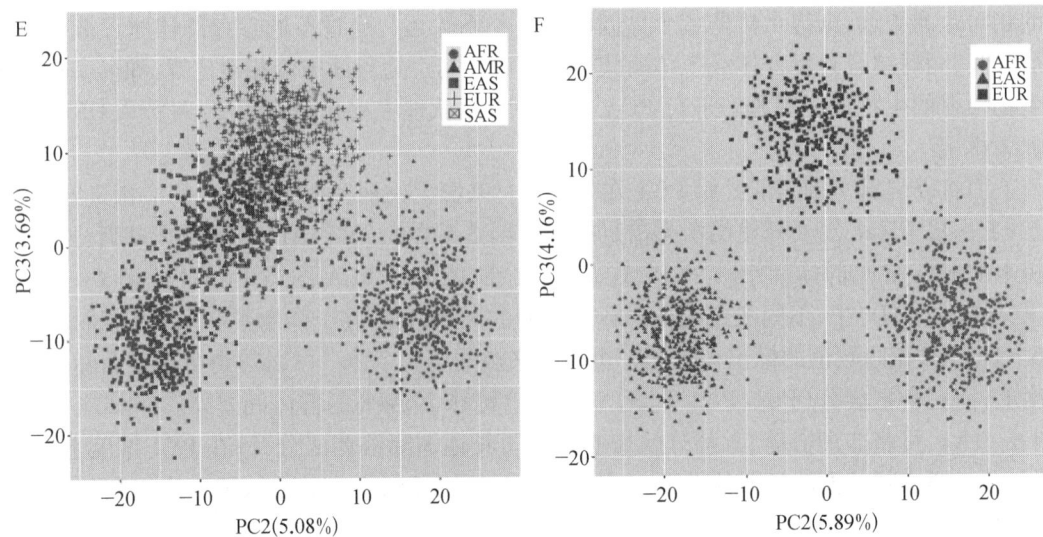

图 6-1 应用 R 软件,基于 38 个 AI-DIP 位点基因分型数据绘制的群体和个体水平的 PCA 分析图(二维)。(A) 基于 PC1、PC2 的五大洲际 26 个群体的群体水平 PCA,其中红色圆点、黄绿色三角、绿色菱形、蓝色圆点和紫色方块分别代表非洲、美洲、东亚、欧洲和南亚群体;(B) 基于 PC2、PC3 的五大洲际 26 个群体的群体水平 PCA,其中红色圆点、深黄色三角、绿色菱形、蓝色圆点和紫色方块分别代表非洲、美洲、东亚、欧洲和南亚群体;(C) 基于 PC1、PC2 的三大洲际 17 个群体的群体水平 PCA,其中红色圆点、绿色三角和蓝色菱形分别代表非洲、东亚和欧洲群体;(D) 基于 PC2、PC3 的三大洲际 17 个群体的群体水平 PCA,其中红色圆点、绿色三角和蓝色菱形分别代表非洲、东亚和欧洲群体;(E) 基于 PC2、PC3 的源于非洲、欧洲、东亚、南亚和美洲群体的个体水平 PCA,其中不同颜色的点代表不同洲际来源的个体,相同颜色的点表示同一个洲际来源的不同个体;(F) 基于 PC2、PC3 的三大洲际群体的个体水平 PCA,其中红色圆点、绿色三角和蓝色方块分别代表非洲、东亚和欧洲来源个体。具体的名称缩写和对应的群体如下:ACB:巴巴多斯加勒比人;ASW:美国西南部的非洲裔人;ESN:尼日利亚伊桑人;GWD:冈比亚西部地区冈比亚人;LWK:肯尼亚韦布耶地区卢希亚人;MSL:塞拉利昂门迪人;YRI:尼日利亚约鲁巴人;CLM:哥伦比亚麦德林的哥伦比亚人;MXL:洛杉矶墨西哥人后裔;PEL:秘鲁利马的秘鲁人;PUR:波多黎各人;CEU:北欧和西欧血统的犹他州人;FIN:芬兰人;GBR:英格兰和苏格兰的英国人;IBS:西班牙伊比利亚人;TSI:意大利托斯卡尼人;GIH:美国休斯敦的古吉拉特印第安人;ITU:英国的印度泰卢固人;PJL:巴基斯坦拉合尔旁遮普人;STU:英国斯里兰卡泰米尔人;BEB:孟加拉人;CDX:中国西双版纳傣族人;CHB:中国北京汉族人;CHS:中国南方汉族人;JPT:日本东京人;KHV:越南胡志明市京族人。

然而,从图 6-1A 和图 6-1B 也可看到代表美洲和南亚这两类混合祖先起源的 9 个群体的离散点分布在其他三大洲际的群体之间。图 6-1C、图 6-1D 展示来自非洲、欧洲和东亚 17 个群体的群体水平 PCA 结果;其中 PC1 和 PC2 两个主成分即可解释 73.92% 的群体间变异,可显著区分来自三大洲际的群体。图 6-1E 表示来源于五大洲际的个体水平 PCA,欧洲、非洲和东亚个体分别聚集成簇,而混合祖先来源的南亚和美洲个体散落分布在其间。图 6-1F 展示来源于三大洲际群体的个体水平 PCA,图中可看到来自非洲、欧洲和东亚三大洲际的个体分别聚集成簇,洲际间可彼此区分。

三、群体遗传结构分析

群体遗传结构分析(population genetic structure analysis)可以揭示群体的遗传背景,识别群体中的亚群和群体间基因交流,也可以揭示人类起源、迁徙与进化历史。群体遗传结构分析的常见软件包括 STRUCTURE、ADMIXTURE 和 FastStructure 等。STRUCTURE 是目前应用最广泛的群体分析软件,该软件通过分析遗传标记等位基因频率在群体间的分布差异,根据贝叶斯算法计算似然率并把个体划分到相应的群体中去,从而达到解析群体遗传结构和实现生物地理溯源的目的。CLUMPP 软件能够对 STRUCTURE 软件的输出结果进行迭代分析,保证群体祖先来源成分的预测精度。DISTRUCT 软件可对 STRUCTURE 软件的输出结果进行可视化展示。下面介绍通过 STRUCTURE 软件进行群体祖源成分组成和遗传背景的分析实例。

基于 Zhu 等人开发的用于降解生物检材生物地理溯源检测体系中 56 个 AI-DIP 位点的基因分型数据,对国际千人基因组计划中的 26 个群体进行群体和个体水平 STRUCTURE 遗传结构分析。图 6-2A 表示每个个体的遗传结构中不同祖先信息来源成分的构成情况。随着 K 值的逐渐增加(2~5),不同洲际来源的群体显示出与先验假设祖先来源个数(K 值)相符合的祖源成分组成。图 6-2B 是群体水平的 STRUCTURE 遗传结构分析结果,柱子表示每个群体的遗传结构中不同洲际祖先来源成分的构成百分比情况。群体标签颜色相同的为同一个洲际来源,其中绿色、橘色、紫色、红色和蓝色分别表示东亚、南亚、非洲、欧洲和美洲来源的群体。此外,柱状图中不同的颜色表示不同的祖先来源成分。例如 $K=5$ 时,蓝色、红色、绿色、紫色和橘色分别表示美洲、欧洲、东亚、非洲和南亚来源的祖先成分。

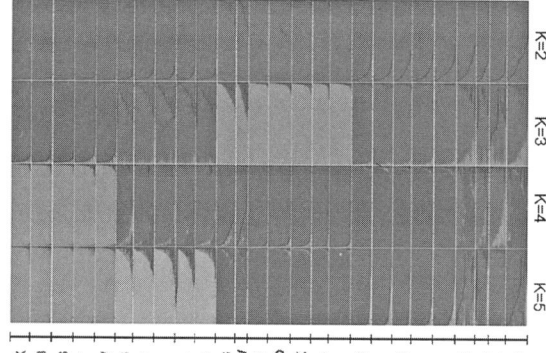 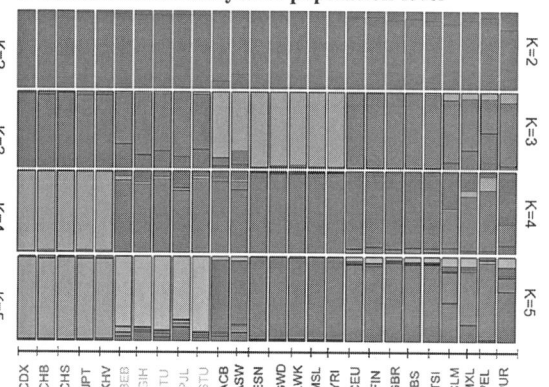

图 6-2 五大洲际 26 个群体不同个体的 STRUCTURE 和群体平均祖源结构解析 STRUCTURE 图。(A) 来自五大洲际 26 个群体 2504 个个体水平的 STRUCTURE 图;(B) 五大洲际 26 个群体的祖源结构 STRUCTURE 图。分别表示先验假设祖先来源个数 K 为 2、3、4、5 的分析结果。其中群体名称标签为绿色、橘色、紫色、红色和蓝色分别表示东亚、南亚、非洲、欧洲和美洲来源的群体。柱状图中不同的颜色表示洲际群体不同的祖先信息成分所占的比例。ACB:巴巴多斯加勒比人;ASW:美国西南部的非洲裔人;ESN:尼日利亚伊桑人;GWD:冈比亚西部地区冈比亚人;LWK:肯尼亚韦布耶地区卢希亚人;MSL:塞拉利昂门迪人;YRI:尼日利亚约鲁巴人;CLM:哥伦比亚麦德林的哥伦比亚人;MXL:洛杉矶墨西哥人后裔;PEL:秘鲁利马的秘鲁人;PUR:波多黎各人;CEU:北欧和西欧血统的犹他州人;FIN:芬兰人;GBR:英格兰和苏格兰的英国人;IBS:西班牙伊比利亚人;TSI:意大利托斯卡尼人;GIH:美国休斯敦的古吉拉特印第安人;ITU:英国的印度泰卢固人;PJL:巴基斯坦拉合尔旁遮普人;STU:英国斯里兰卡泰米尔人;BEB:孟加拉人;CDX:中国西双版纳傣族人;CHB:中国北京汉族人;CHS:中国南方汉族人;JPT:日本东京人;KHV:越南胡志明市京族人。

四、系统发育树(phylogenetic tree)

系统发育(phylogeny)是指一个物种或群体的进化史,又称为系统发生。在分子生物学范畴中,一段共同的 DNA 或蛋白质序列可以用来评估物种的进化关系,即重建系统发育关系。群体进化研究通常使用系统发育树来直观地展示不同个体或群体之间的遗传关系远近。而在法医群体遗传学领域中,则一般应用 DNA 序列或者基因分型结果来构建不同群体的系统发育树,并通过其拓扑结构衡量来自同一个祖先的不同群体或个体之间的进化分歧程度。系统发育树是由节点和分支组成的树状图,其中位于树状图末端的叶节点代表操作分类单元,即来自同一个祖先的不同群体或个体;而内部节点则代表假设的分类单位,即后续分支节点的最近共同祖先。此外,分支的长度表示分类单位间的遗传距离。系统发育树可根据有无"根"节点,分为"有根树"和"无根树"两大类。这里的"根"表示的是所有分类单位的共同祖先。"有根树"描述的是群体或个体的进化时间顺序,可用于生物检材的地理溯源;而"无根树"主要反映的是群体或个体之间的遗传距离远近。

常用的系统发育树构建算法包括:贝叶斯法、距离法和最大似然法(maximum likelihood, ML)等。重构贝叶斯法(Bayesian inference, BI)则是基于统计推论,整合所有系统发育数据,通过后验概率反映各个分支的可靠性,适用于较大且复杂多维的数据集。距离法通过计算DNA序列或基因分型之间的距离矩阵,先合并其中距离最短的两个序列,不断重复,最终构建出最优树。当前法医群体遗传学研究应用最多的邻接法(neighbor joining, NJ)是距离法的一类,该方法在距离矩阵上不断寻找新的邻近分类单位,使最终生成树的遗传距离总长度最短,是一类先验假设较少、计算速度较快的方法。ML法是以一个特定的替代模型对每一个位点可能出现的残基替换的概率进行累加,产生特定位点的似然值,然后计算所有候选系统发育树的似然函数,最终选择似然函数值最大的树作为最优树。一般认为ML法是同进化事实最吻合的算法,法医学应用相对较广泛,但是其计算量非常大、耗时长,对于大规模群体结构分析适用性较低。系统发育树最常用的作图软件主要有MEGA、Treemix和PHYLIP等。下面介绍通过NJ法和ML法构建系统发育关系的分析实例。

基于HID-Ion AmpliSeq™ Ancestry Panel中164个AI-SNP基因分型数据,分别应用NJ法(图6-3A)和ML法(图6-3B)构建国际千人基因组计划数据库中26个群体的系统发育树。

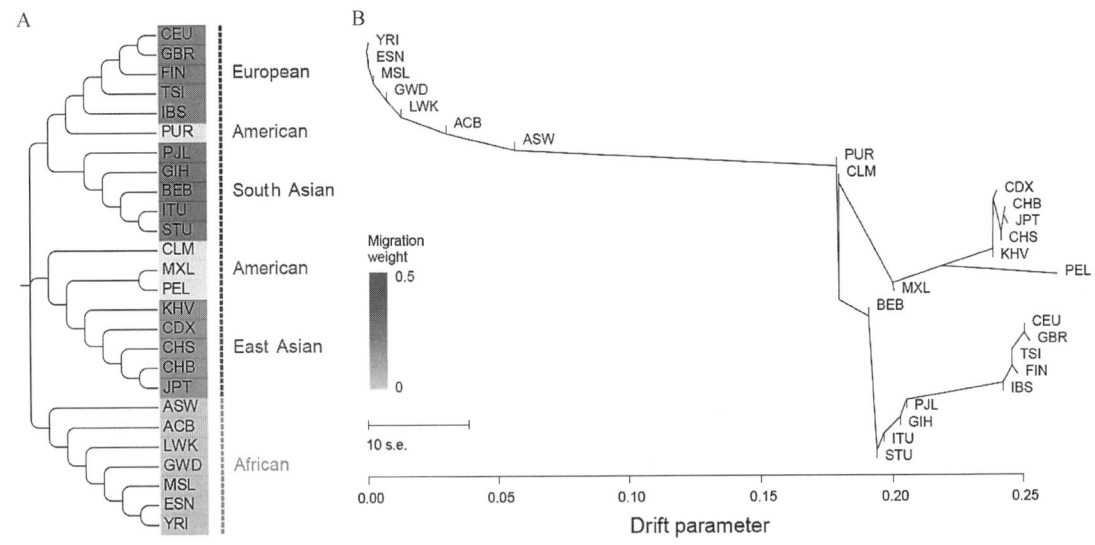

彩图6-3

图6-3 基于164个AI-SNP位点的基因型数据,应用NJ法和ML法绘制来自五大洲际26个群体的系统发育树。(A) NJ法绘制的系统发育树,浅橘色、黄色、绿色、蓝色和紫色分别代表非洲、美洲、东亚、欧洲和南亚来源的群体;(B) ML法绘制的系统发育树。ACB:巴巴多斯加勒比人;ASW:美国西南部的非洲裔人;ESN:尼日利亚伊桑人;GWD:冈比亚西部地区冈比亚人;LWK:肯尼亚韦布耶地区卢希亚人;MSL:塞拉利昂门迪人;YRI:尼日利亚约鲁巴人;CLM:哥伦比亚麦德林的哥伦比亚人;MXL:洛杉矶墨西哥人后裔;PEL:秘鲁利马的秘鲁人;PUR:波多黎各人;CEU:北欧和西欧血统的犹他州人;FIN:芬兰人;GBR:英格兰和苏格兰的英国人;IBS:西班牙伊比利亚人;TSI:意大利托斯卡尼人;GIH:美国休斯敦的古吉拉特印第安人;ITU:英国的印度泰卢固人;PJL:巴基斯坦拉合尔旁遮普人;STU:英国斯里兰卡泰米尔人;BEB:孟加拉人;CDX:中国西双版纳傣族人;CHB:中国北京汉族人;CHS:中国南方汉族人;JPT:日本东京人;KHV:越南胡志明市京族人。

在图6-3A的系统发育树中,浅橘色、黄色、绿色、蓝色和紫色分别代表非洲、美洲、东亚、欧洲和南亚来源的群体,可以发现不同洲际来源的群体能够被分为三个主要的大分支,7个非洲群体聚集为独立的一大支,东亚群体和欧洲群体各自聚集。在图6-3B有根ML法系统发育树中,也可看到三个主要分支,分别是非洲、欧洲和东亚群体分支,美洲、南亚等混合祖先来源的群体散落在欧洲群体和东亚群体支之间。其中非洲群体彼此聚集在"根"节点最近的位置,来自中国的多个不同民族群体和越南群体聚集在一起。ML系统发育树的结果和NJ系统发育树的结果基本相符。

RMP、PCA、群体遗传结构分析和系统发育树分析均需要依据参考群体数据来构建生物地理溯源推断模型,通过与参考群体数据进行比较和分析,获得未知生物检材来源人的生物地理来源。因此,在进行生物检材来源生物地理溯源时需要考虑的一个关键因素是保证参考群体的代表性;另外一个关键因素是参考群体数目尽可能多,以提供充足可供比对的基础数据。在解决上述问题的前提下,才能进一步提升法医生物检材来源生物地理溯源的准确性,并进一步推动人体表型特征分子鉴识等相关研究的进展和法医实践的应用推广。

第五节　人工智能算法在生物地理溯源中的应用

生物医学大数据和人工智能推动了基础医学、生物学、药学以及群体遗传学等学科及生命科学研究领域的巨大进步,使人们对多组学分子标记的认知与研究水平实现了跨越式发展。与此同时,多组学分析技术的实践应用也输出了易受噪声影响的高维且稀疏的生物大数据,为数据的科学解析带来了较大挑战。人工智能中机器学习算法的引入,不但极大地提升了组学数据分析的效率,而且在一定程度上克服了传统统计分析方法在处理高维生物大数据时所面临的"维度灾难",从而可获得更好的数据拟合能力。机器学习的工作原理是以"模型"的形式识别数据中的潜在模式,并基于该模式对新数据进行预测。由于其能够在高维和异构数据中发现复杂模式,机器学习已成为解析海量组学数据的关键工具。

一、机器学习算法简介

根据训练数据是否含有标签(label)信息,机器学习大致可以分为两大类:监督学习(supervised learning)和无监督学习(unsupervised learning)。监督学习算法主要对应分类(classification)和回归(regression)两大任务。在分类任务中,输出的预测结果为有限个离散变量,当预测结果类别仅有两个时为简单的二分类任务,大于两个时则为更复杂的多分类任务,后者在实践中通常被进一步转化为多个二分类问题。在回归任务中,输出的预测结果则为连续变量。无监督学习主要对应聚类(clustering)任务,是指将数据集按照某种相似性度量,将样本划分为若干个子集的过程,这些子集又称为"簇"。在监督学习算法中,目前常用的机器学习模型有线性判别分析(linear discriminant analysis,LDA)、朴素贝叶斯分类器(naïve Bayes classifier,NBC)、k-近邻算法(k-nearest neighbor,k-NN)、决策树(decision tree)、支持向量机(support vector machine,SVM)、随机森林(random forest,RF)等。在无监督学习算法中,常用的机器学习模型则有k-均值算法(k-means)、层次聚类(hierarchical clustering)、基于密度的噪声应用空间聚类算法(density-based spatial clustering of applications with noise,DBSCAN)

等。机器学习的目标是使模型拥有较高的"泛化能力",即在新样本中能够较好地完成目标任务。因此,一般需要用一个独立的测试集来评估模型的性能,这一步可以评估模型是否学习了数据中的泛化特征,而不仅仅是学习存在于训练集中的特殊特征。根据机器学习模型所对应的任务类型,通常使用不同的性能度量(performance measure)来评估模型的泛化能力。例如,在分类任务中通常使用的性能度量有查准率(precision)、查全率(recall)和考虑全局情况的f1分数(f1-score)等,对于分类的具体情况和不同标签的分类效能则可以使用如混淆矩阵(confusion matrix)、受试者工作特征(receiver operating characteristic,ROC)曲线及曲线下面积(area under curve,AUC)进行可视化展示。在回归任务中,可以使用如可决系数(coefficient of determination,R^2)、平均绝对误差(mean absolute error,MAE)、均方误差(mean squared error,MSE)等评估模型的拟合度。对于聚类任务,模型的性能度量则包括外部指标和内部指标:前者是将聚类结果与参考模型的结果进行比较,如兰德系数(rand index,RI)和互信息(mutual information,MI)等;后者则直接评估聚类结果,如轮廓系数(silhouette coefficient)和戴维森-堡丁指数(Davies-Bouldin index,DBI)等。

二、人工智能在生物检材来源生物地理溯源位点筛选中的应用

机器学习算法对高维数据适用性较好,具有能从海量的全基因组数据中挖掘出具有祖先信息推断潜能位点的优势。从机器学习的角度出发,若将每个位点视作数据集中的一项特征,则位点筛选问题可进一步转化为如何从给定的特征集中去除冗余特征,并选择相关特征子集进行数据预处理(data preprocessing)的过程——即特征选择(feature selection)。目前,为了开发适用于群体遗传学研究数据的特征子集与子集评价机制,已有学者开发了许多基于不同模型的特征选择算法。例如,Kavakiotis等人开发了基于图形用户界面的SNP位点排序和评价工具箱(the toolbox for ranking and evaluation of SNPs,TRES),用户可在几秒钟内分析含有数百万基因型的数据集,并根据等位基因频率差异值(Delta,δ)、配对Wright's F_{ST}值和I_n值等既定的度量指标对目标SNP位点完成自动排序。为了对上述常用的位点遴选度量指标进行进一步优化,Kavakiotis等人在随后基于频繁项集(frequent itemset)理论推出了一种新的特征选择算法——频繁项目特征选择(frequent item feature selection,FIFS),该算法可在特征空间中搜索特定群体最高频的基因型,以获得某种基因型几乎唯一存在于某一特定群体/类别中的SNP位点,基于这些基因型来选择适宜的位点,并构建生物地理溯源推断效能最优的SNP位点组合的子集。相比于上述传统度量指标的直接应用,FIFS算法仅使用了前者一半的SNP位点数量,便达到了超过95%的生物地理溯源推断准确率。Zhao等人则基于Kullback-Leibler散度开发出AIM-SNPtag算法,该方法能够遴选出具有最大生物地理祖先溯源分类效能的SNP位点的子集,并使用贝叶斯分类器对生物地理溯源结果进行评估。对千人基因组计划中的全基因组数据集应用AIM-SNPtag算法的结果表明,该算法可在仅使用21和36个SNP位点组合的情况下,分别获得95%和99%的五大洲际群体分类预测的准确率;而对欧洲群体中的五个亚群而言,该算法分别筛选出68个和175个位点的组合,对欧洲亚群体分类预测的准确率可达95%和99%。针对美洲混血个体的生物地理溯源,Chen等人基于兰卡斯特独立性估计器(lancaster estimator of independence,LEI)特征选择算法,开发了基于网络的生物信息学工具——多祖先来源混合群体的标记信息量(marker informativeness for multi-ancestry admixed populations,MI-MAAP),用户可通过LEI、PCA、SVM和RF算法的结果优先选择祖先信息量大的分子标记,从而实现对美洲混血群体的准确分类,同时该工具

支持线上访问。此外,Phillip 等人根据后向变量消除法(backward variable elimination,BVE)、遗传算法(genetic algorithm,GA)和正则化消除程序(regularized elimination procedure,REP)三种特征选择方法,对既往文献中研究的 3 000 多个 SNP 位点进行进一步遴选,最终确定了一组有较高法医祖先信息推断效能的 AI-SNP 位点组合,可用于生物检材来源生物地理溯源研究。

三、人工智能在评估生物检材来源生物地理溯源证据力中的应用

机器学习算法是实现洲际间乃至洲际内部群体的生物地理祖先信息智能化精准推断的有效方法。早期研究使用 Illumina ForenSeq 试剂盒基于传统的贝叶斯算法和最大似然比的 Snipper 与 STRUCTURE 软件对 1 030 名祖籍为中国、马来西亚、印度的新加坡人进行祖先信息推断,结果表明 Snipper 软件能够对 91% 的华人和印度人以及 88% 的马来西亚人进行正确的生物地理溯源预测;而 STRUCTURE 软件对新加坡华人生物地理溯源预测的成功率是 94%,马来西亚人是 80%,印度人是 91%。通过引入其他类型机器学习算法后,洲际间群体的区分效能也得到提高,如 Alladio 等人利用二种分类算法和 PCA 法系统性地比较了目前主流的 4 种常染色体 SNP 商业化试剂盒,结果表明应用基于不同检测体系的基因型数据时,偏最小二乘法判别分析(partial least squares discriminant analysis,PLS-DA)对非洲、欧洲、东亚、美洲、中亚、北亚群体进行区分的效能均优于 STRUCTURE 软件和极限梯度提升(extreme gradient boosting,XGBoost)算法。Yang 等人基于 3 070 名受试者的 mtDNA 序列数据,应用 k-NN 和 k-加权近邻算法对来自欧洲、非洲、东亚等多个洲际区域的个体进行生物地理来源推断,结果表明在 k 值为 1~101 的情况下,基于训练集模型的祖先信息推断准确率可达 82%~99%。该研究在利用词袋模型和 PCA 进行数据预处理的前提下,比较了不同分类算法的分类效能,最终确认了基于词袋模型、PCA 和 RF 算法的最优分析管线。上述研究结果显示在仅使用 mtDNA 高变区 I 序列数据的情况下,对非洲人、亚洲人和高加索人的族群推断准确率能达到 94.4%。Yin 等人的一项研究表明,通过结合经典中位连接网络、降维方法和 9 种机器学习模型,联合应用 Y-STR 和 Y-SNP 遗传标记开发了生物地理溯源推断模型,结果显示最佳预测准确率可达 99.71%。

随着社会和经济的全球化发展,不同族群之间通婚增多,在法医鉴定实践中也有越来越多的案例需对混血个体进行生物地理溯源。Cheung 等人通过使用贝叶斯分类器分析参考群体样本,遴选出具有单一生物地理来源成分的非洲、欧洲、东亚和美洲原住民个体,并基于四种单一生物地理来源的个体进行两两模拟婚配。先通过模拟婚配生成 1∶1 混血比例个体,随后再通过 1∶1 混血比例个体分别与单一来源个体和其他混血个体进行模拟婚配,按照孟德尔定律生成 3 种不同混血比例个体(3∶1、2∶1∶1 和 1∶1∶1∶1)。研究结果表明,STRUCTURE 软件和遗传距离算法(genetic distance algorithm,GDA)的效能较好,其中 STRUCTURE 软件对于 1∶1 和 3∶1 比例的混血个体的区分效能较强,而 GDA 对具有 1∶1∶1∶1 混血比例的个体的区分更准确。值得一提的是,GDA 的计算只需要每个参考群体的等位基因或基因型频率值,从而提供了一个比 STRUCTURE 更简单、快速的应用工具。此外,相比于上述复杂的机器学习模型,似然比推断法因其可解释性较强,目前在法庭实践中具有一定应用基础。为了给基层法医实践带来便利,Rajeevan 等人依托法医资源/遗传学参考知识库(forensic resource/reference on genetics-knowledge base,FROG-kb)开发了适用于五种不同商业化 AI-SNP 检测体系的群体似然比计算工具——FrogAncestryCalc,它

可以同时计算多个个体的 RMP 值。

地理尺度更小的洲际内群体研究,在法医实践中对于缩小犯罪嫌疑人的侦查范围具有较高的应用价值。以东亚内部群体为例,Gu 等人使用 Softmax 和 RF 算法筛选出具有区分北方汉族、南方汉族、韩国人和日本人潜力的 272 个 AI-SNP 位点,最终获得在四个东亚群体中的分类准确性大于 90%。Sun 等人则基于 12 个 multi-InDel 位点使用逻辑回归、SVM、k-NN 和 XGBoost 算法开发用于区分亚洲内部群体的分类模型,结果显示采用独热编码(One Hot Encoding)进行数据处理后的 XGBoost 算法在生物地理溯源方面更为有效。

四、人工智能在生物检材来源生物地理溯源应用中的未来展望

生物地理溯源分析的未来发展很大程度上依赖于我们对日益增长的海量基因组数据集的深入理解。人工智能技术与法医生物地理溯源的有机结合代表了一种全新的研究范式,它非常适合在包含成千上万个位点的基因组高维数据下对生物检材供者的生物地理溯源信息进行推断。目前,无论是有监督还是无监督的机器学习算法,在祖先信息位点甄选和生物检材来源生物地理溯源应用方面均展现出较大的应用潜能。受益于如 R 语言和 Python 语言等开发社区所提供海量开源软件包和模块的有力支持,未来有助于开发适用于法医实践的相关机器学习智能化生信分析流程。

当下热门的卷积神经网络(convolutional neural network,CNN)、递归神经网络(recurrent neural network,RNN)、生成对抗网络(generative adversarial network,GAN)、自编码器(autoencoder,AE)等深度学习算法已然在各个学科领域掀起了新一轮技术应用革新,其在法医群体遗传学领域中的应用可带来法医学与人工智能技术之间的进一步深度结合,从而使该领域的数据分析技术进入新阶段。由于其具有"特征学习"(feature learning)的能力,此类算法可在无须人类专家提供数据特征标注的前提下,通过深度学习技术自身产生可用于构建模型的数据特征,使得深度学习"全自动数据分析"的应用及优化成为未来相关研究的一个重要方向。在此基础上,无须人类监督的深度学习可能会改变我们对输入数据本身性质的认识。例如,卷积神经网络在生物图像计算机视觉应用效能方面,已取得了显著进步。目前的机器学习模型主要是从多个序列比对中进行群体遗传学统计,卷积神经网络则可将基因测序和分型图谱直接输入进行深度学习。虽然这些数据是高维的,但卷积神经网络的算法结构允许对数据进行隐式降维,并且自动捕获输入数据中存在的潜在模式,从而实现准确高效的一站式数据分析,改善现有生物信息学数据分析流程中所面临的多平台效应。

深度学习模型结构的高度复杂性使它们具有强大的数据拟合能力,同时能够在生物大数据中挖掘出潜在的生物学新模式,但其"黑盒效应"使得分析结果的可解释性较低,从而导致所发现的新模式不易被采信到法庭实践中。虽然生命科学领域已提出了多种不同的深度学习解释策略,它们在遗传学和基因组学的研究中也得到了广泛的应用,但就像没有一个普遍最优的算法一样,不可能有某一种深度学习解释策略对任意类型的科学问题或生物数据都具备最优效能。因此,目前亟须探索针对法医生物检材来源生物地理溯源及其生物数据分析的相关深度学习解释策略。未来可采用更符合生物学科学原理和现有法庭证据体系的数据解释策略,使生物地理溯源深度学习模型的工作原理及输出结果更易被人们所理解,最终促进相关人工智能应用成果在法庭科学和基层法医实践中得到转化和应用。

第六节 生物检材来源生物地理溯源研究实例

本节基于 DIP、SNP 两类常用分子遗传标记,从人类基因组相关数据库中进行 AIM 位点筛选、参考群体的基因频率数据挖掘、位点效能评估和未知来源生物检材生物地理溯源应用研究等方面,系统介绍法医生物检材来源人生物地理溯源研究的完整流程,详细阐述法医群体遗传学研究的基本思路及多种生物地理溯源推断的技术方法。本节的生物地理溯源研究实例以千人基因组计划三期中群体的数据集为参考。总体流程包括:① 对千人基因组计划三期公共数据集中的基因组数据信息深度挖掘和预处理;② 在全基因组范围内系统筛选 AIM 遗传标记;③ 基于千人基因组计划三期公共数据集中的参考群体,对初筛的 AIM 位点进行群体适用性和多态性评估,进一步优选 AIM 位点;④ 基于遴选的 AIM 位点组合的基因型数据,分析参考群体的遗传背景和遗传结构,判断 AIM 位点组合的生物地理溯源效能;⑤ 基于数据库中不同洲际、不同地域来源群体 AIM 位点的基因型数据,构建生物检材来源生物地理溯源模型,并计算外部验证个体(未知生物地理来源个体)的群体匹配概率及似然比,以实现准确进行生物检材来源生物地理溯源目的。

在遴选 AIM 位点时,需要确保 AIM 位点具备以下基本条件:① 所选位点具有遗传多态性,且在参考群体中位点间相互独立;② 位点的基因频率数据在参考群体中是稳定可靠的,可用于进一步的群体遗传学分析;③ 位点的等位基因频率在不同群体间具有生物地理来源的特异性分布特征。AIM 位点甄选的具体标准如下:① 所选位点均位于常染色体上,在非编码区。位点分别位于不同染色体上或在同一条染色体上物理相距相对较远,大于 10 Mb;② 在参考群体中所选位点均呈现二等位基因多态性,且最小等位基因频率>0.01;③ 所选位点在所有参考群体中均符合 HWE 定律;④ 所选位点在所有参考群体中相互间均处于连锁平衡状态;⑤ 非洲、欧洲、东亚群体两两之间等位基因频率差值(δ)大于 0.5;⑥ 东亚与南亚、东亚与美洲群体之间等位基因频率差值(δ)大于 0.4;⑦ 欧洲与南亚、欧洲与美洲、南亚与美洲群体之间等位基因频率差值(δ)大于 0.2;⑧ 对于 AI-DIP 位点,要求插入/缺失序列长度在 2~10 bp 以内,且位点侧翼序列无碱基突变。

一、基于 AI-DIP 位点开发五大洲际群体生物地理溯源体系

1. AI-DIP 位点的遴选

基于前述基本条件,利用 PLINK2 全基因组数据分析软件在千人基因组计划三期公共数据集的 329 万个 DIP 位点中初步筛选出 616 个 AI-DIP 位点。为了进一步将插入等位基因频率在不同群体中的差异进行可视化,我们根据位点在不同群体中的频率计算标准分数(Z-score)——即将某一群体中该位点的等位基因频率减去所有群体等位基因频率的平均值,再除以标准差。这些 AI-DIP 位点在五大洲际群体中的插入等位基因频率标准分数热图,如图 6-4 所示,结果显示这些位点在不同洲际来源群体中其等位基因频率分布具有较显著差异,揭示它们具有生物地理溯源潜能。

由于毛细管电泳平台分型检测体系所能容纳的位点数量有限,需要进一步优选获取效能更好的位点。因此,以 I_n 值大于 0.1 作为用于洲际群体区分的 AI-DIP 位点的优选标准,最终从上述位点中确定了可用于五大洲际群体生物检材来源生物地理溯源的 50 个 AI-DIP 位点,位点的详细信息见表 6-1,位点 rs 号与物理位置的注释版本分别为 dbSNP156 和 GRCh37.p13。

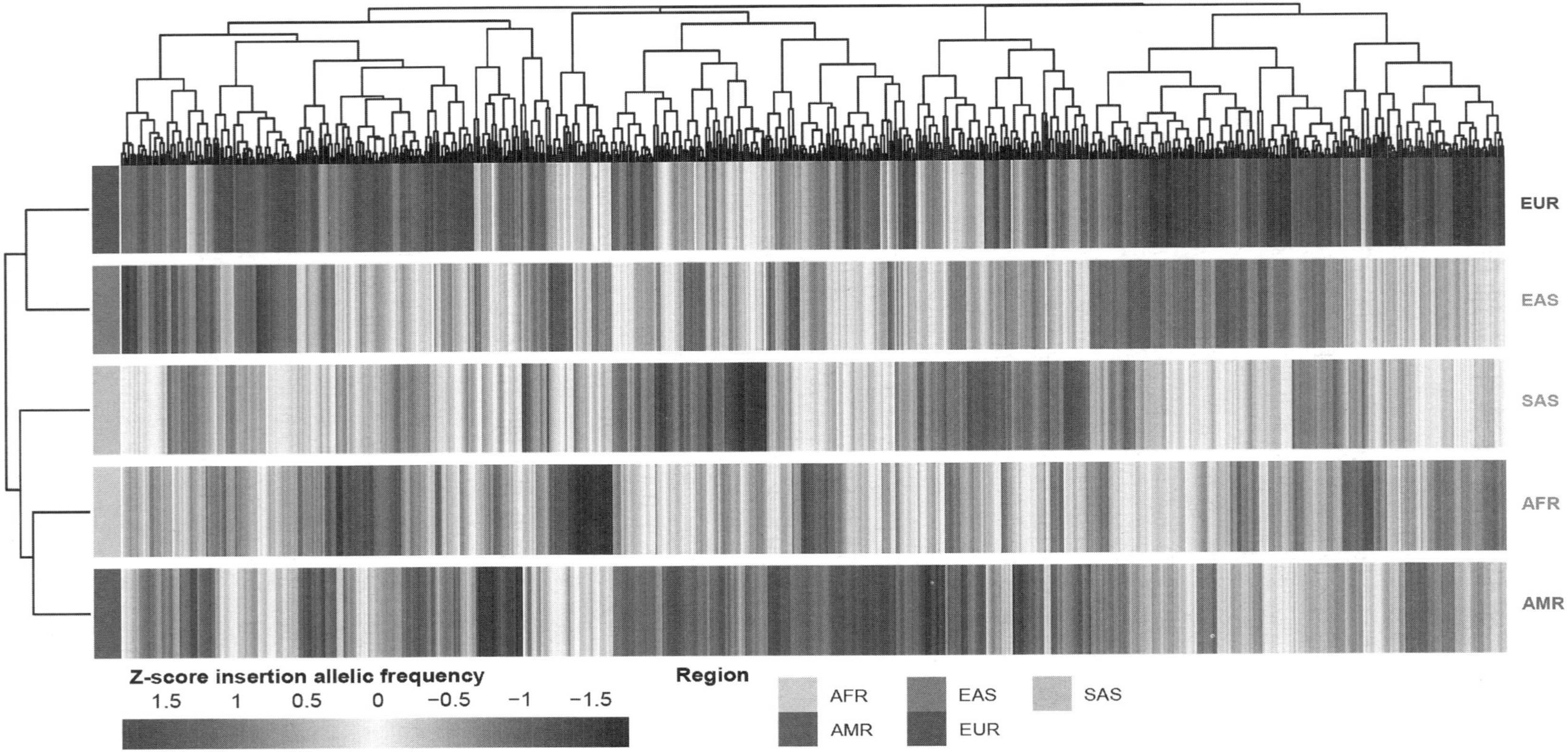

图 6-4 616 个 AI-DIP 位点在五大洲际群体中的插入等位基因频率标准分数热图。五大洲际人的名称和缩写如下：AFR：非洲人；AMR：美洲人；EAS：东亚人；EUR：欧洲人；SAS：南亚人。

表 6-1　用于五大洲际群体生物检材来源生物地理溯源的 50 个 AI-DIP 位点详细信息

位　　点	染色体	物理位置	等位基因	位　　点	染色体	物理位置	等位基因
rs1557894794	1	179721611	-/AA	rs10605844	12	96159198	-/TGT
rs61603707	1	234652180	-/TT	rs150283492	12	127005771	-/TG
rs34574339	2	88405460	-/AT	rs75853652	12	129450277	-/AAG
rs567231544	2	149977298	-/TTTT	rs112518177	13	72326620	-/CT
rs3830418	3	121902342	-/AAAC	rs71448116	14	46922570	-/GT
rs59945432	4	60462745	-/TT	rs72258804	15	34028989	-/CC
rs58991531	5	66615172	-/CA	rs60116980	15	42631503	-/ACACAC
rs139561999	6	37383281	-/GT	rs5813074	15	61438658	-/AC
rs10560058	6	41940602	-/AT	rs371743334	15	67307500	-/AT
rs35573368	6	158202848	-/TG	rs372041233	15	68550543	-/AT
rs546303141	8	99168137	-/GTGTGTG	rs71453483	15	80220895	-/ACACACAC
rs35096586	8	143948810	-/TG	rs3830847	16	539088	-/AA
rs5898733	9	83727067	-/AC	rs369630300	16	32967958	-/CC
rs10539482	9	96268178	-/TT	rs34468527	16	55943482	-/CACA
rs576346690	10	34973748	-/TA	rs58241150	16	67635197	-/GT
rs139988805	10	132232141	-/TG	rs77648087	16	87816385	-/CT
rs72177457	11	10706149	-/ATA	rs566242433	17	43754932	-/TT
rs71456148	11	25672620	-/AC	rs55713453	17	58829516	-/GT
rs60856634	11	44318559	-/AAA	rs35958892	17	68198848	-/AGA
rs10605893	11	66131974	-/TT	rs545948673	18	45764028	-/CA
rs35344850	11	78522622	-/TA	rs60991499	19	14339846	-/GT
rs146141645	12	2829187	-/CA	rs138035816	20	37232094	-/GTCT
rs10554738	12	3863423	-/TC	rs5842556	21	17605758	-/AT
rs35300449	12	54768851	-/GT	rs371346280	22	18778010	-/CACA
rs542248652	12	76296297	-/CA	rs10570505	22	33492552	-/TTT

2. 基于 50 个 AI-DIP 位点的五大洲际群体遗传学分析

（1）群体 AI-DIP 位点的等位基因频率分布分析　对所优选的 50 个 AI-DIP 在千人基因组计划三期公共数据集中的 26 个参考群体的等位基因频率分布进行统计分析，并绘制插入等位基因频率热图（图 6-5）。图左侧的色块指示每一群体的洲际来源，其中黄色代表非洲群体（African，AFR），深绿色代表美洲群体（American，AMR），玫红色代表东亚群体（East Asian，EAS），蓝色代表欧洲群体（European，EUR），浅绿色代表南亚群体（South Asian，SAS）。热图中每个方块里的数值分别是 50 个 AI-DIP 位点在不同参考群体中各自的插入等位基因

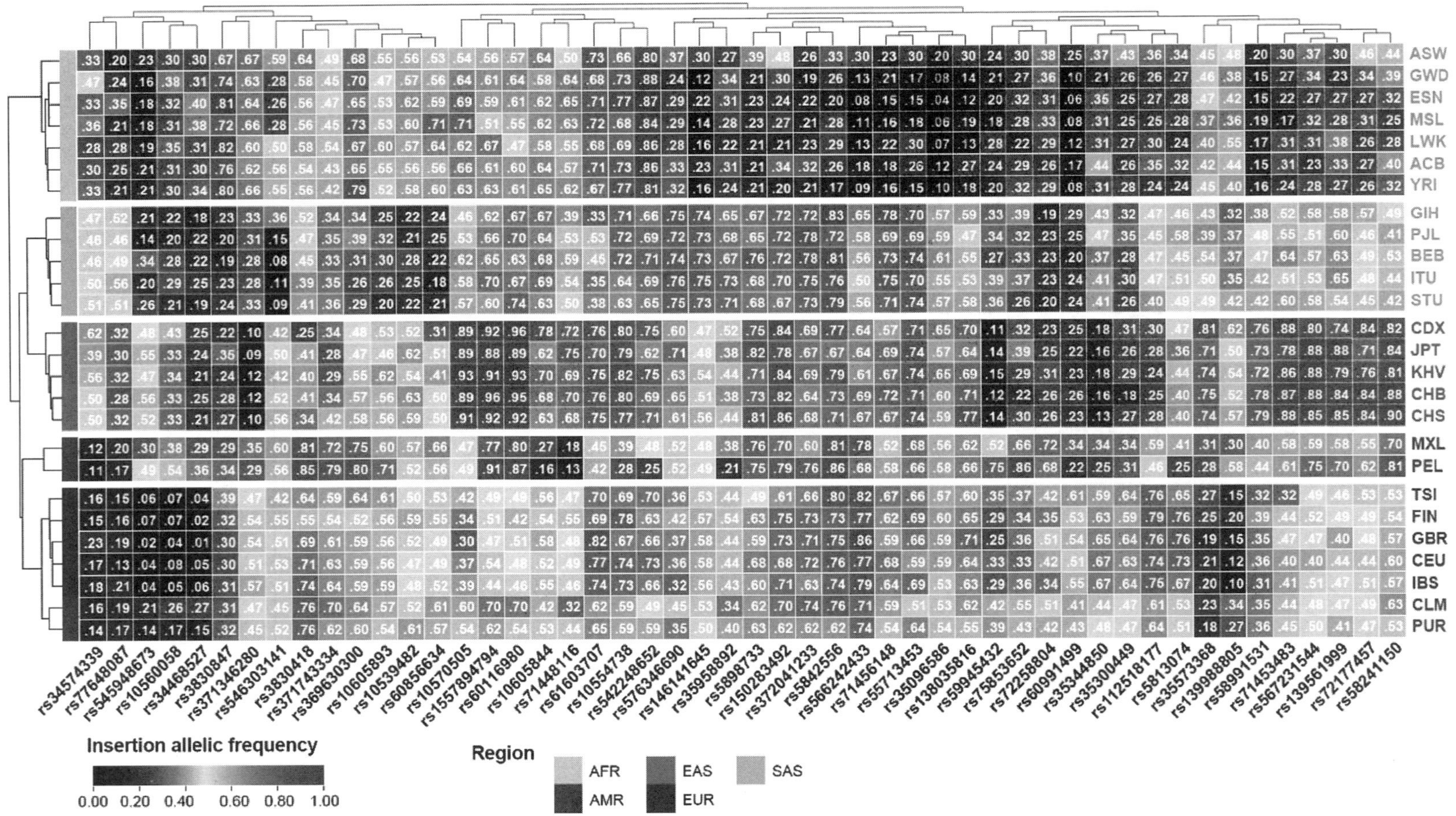

图 6-5 五大洲际 26 个参考群体 50 个 AI-DIP 位点的插入等位基因频率热图。26 个群体的名称和缩写如下：ACB：巴巴多斯加勒比人；ASW：美国西南部的非洲裔人；ESN：尼日利亚伊桑人；GWD：冈比亚西部地区冈比亚人；LWK：肯尼亚韦布耶地区卢希亚人；MSL：塞拉利昂门迪人；YRI：尼日利亚约鲁巴人；CLM：哥伦比亚麦德林的哥伦比亚人；MXL：洛杉矶墨西哥人后裔；PEL：秘鲁利马的秘鲁人；PUR：波多黎各人；CEU：北欧和西欧血统的犹他州人；FIN：芬兰人；GBR：英格兰和苏格兰的英国人；IBS：西班牙伊比利亚人；TSI：意大利托斯卡尼人；GIH：美国休斯敦的古吉拉特印第安人；ITU：英国的印度泰卢固人；PJL：巴基斯坦拉合尔旁遮普人；BEB：孟加拉人；STU：美国斯里兰卡泰米尔人；CDX：中国西双版纳傣族人；CHB：中国北京汉族人；CHS：中国南方汉族人；JPT：日本东京人；KHV：越南胡志明市京族人。

频率。方块颜色表示频率大小,越接近深蓝色则等位基因频率越小,越接近深红色则频率越大。如图6-5所示,所选的50个AI-DIP位点在非洲、欧洲、东亚群体之间的等位基因频率差异较大。热图左侧为基于基因频率的人群层次聚类结果,除了来自美洲的混血群体哥伦比亚人(CLM)和波多黎各人(PUR)外,其他来自五大洲际的群体分别聚类在五个分支上,其中相同洲际来源的群体聚集在一起。位于热图上方的位点层次聚类结果显示,位于同一分支上的AI-DIP位点在同一洲际群体间有相似的等位基因频率分布模式,提示它们在区分洲际群体时具有相似的效能。综上所述,除美洲的混血群体外,50个AI-DIP位点能够较好地区分其他洲际群体。

(2) 主成分分析及位点效能评估　　应用千人基因组计划三期公共数据集中五大洲际的26个参考群体,使用R语言的prcomp()函数进行群体水平和个体水平上的PCA分析,并分别绘制了双标图(biplot)及散点图。在群体水平PCA中,前三个PC分别解释了不同洲际群体间38.3%、28.5%和17.4%的遗传变异。如图6-6A~C所示,图中五种颜色分别代表五大洲际,每个着色的点代表对应洲际的一个群体,来自同一洲际的群体大致聚集在一起,能与其他洲际来源的其他群体相互区分开;其中,美洲与欧洲群体聚簇之间距离较近;南亚群体则分布在东亚和欧洲群体聚簇之间。Cos2值大小(图中箭头的颜色)表明每个AI-DIP位点对群体间差异分析的贡献度,Cos2值越接近1,表明该位点越能够解释群体间的差异。此外,各个箭头与主成分坐标轴之间的夹角大小代表着该位点与对应主成分之间的相关性,夹角越小时,其相关性越强。当箭头与主成分坐标轴的方向一致时,位点与对应主成分之间呈正相关,反之亦然。图6-6A~C展示了PC1-PC2、PC1-PC3、PC2-PC3共三个维度中Cos2值排名前10的位点情况。结果显示这些AI-DIP位点能够较好地区分五大洲际群体。在个体水平PCA中(图6-6D),五大洲际共2504名个体按洲际起源使用不同颜色进行标注,可以发现非洲(红色)、欧洲(蓝色)、东亚(绿色)来源的个体各自聚集在一起,美洲(黄棕色)和南亚(紫色)的个体则分布聚簇在东亚和欧洲来源个体之间,这一现象在一定程度上反映了它们混合的祖先成分。

(3) 群体遗传结构及遗传背景分析　　在分析群体遗传结构之前,需要评估五大洲际26个参考群体两两之间的遗传距离D_A值,可通过Arlequin和DISPAN等软件进行计算。D_A值是基于无限基因突变模型进行计算的,无论是否存在瓶颈效应,Nei's D_A遗传距离均适用于发育

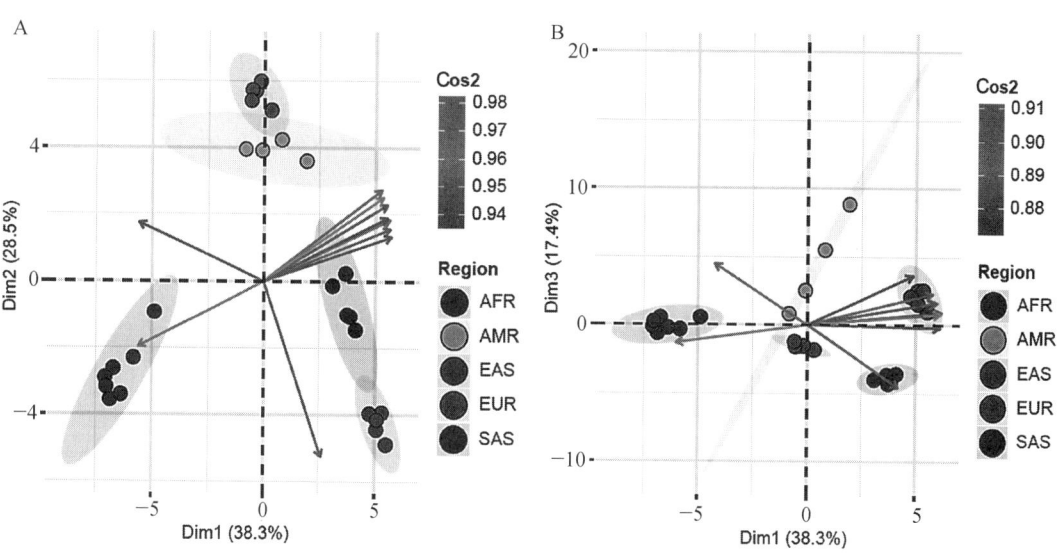

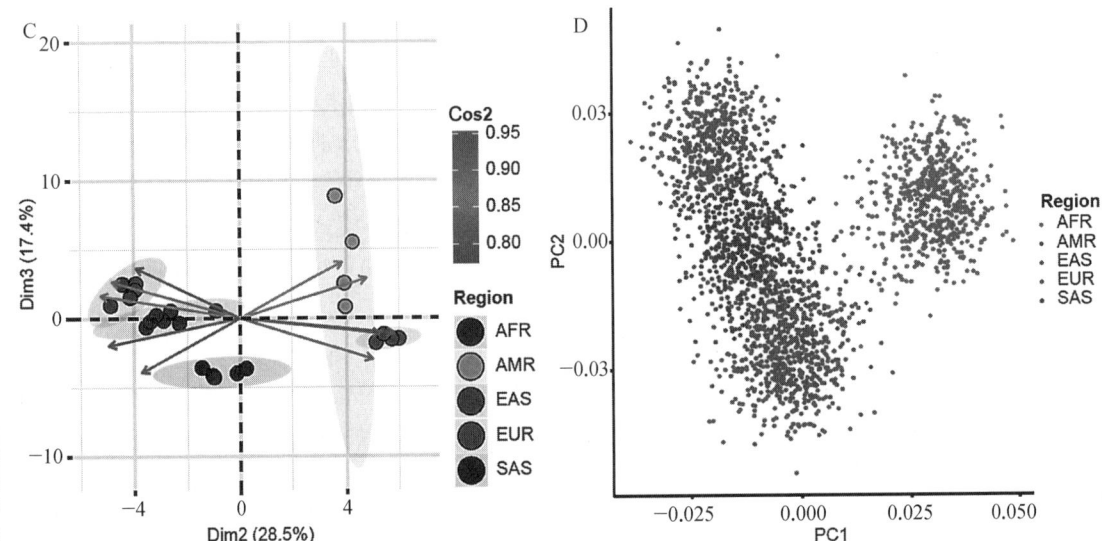

彩图 6-6

图 6-6 基于 R 语言分析并绘制的五大洲际 26 个参考群体的群体水平 PCA 双标图(图 A、B 和 C)及个体水平 PCA 散点图(D)。图 A~C 展示了不同洲际群体对应的 95%置信椭圆,箭头则展示了 Cos2 值排名前 10 的位点情况(位点 rs 号未列出)。五大洲际的名称和缩写如下:AFR:非洲人;AMR:美洲人;EAS:东亚人;EUR:欧洲人;SAS:南亚人。

树的构建。应用 NJ 法使用 Mega 软件,基于 26 个参考群体两两间成对 D_A 值进行 26 个参考群体系统发育树的构建。如图 6-7A 所示,除波多黎各人(PUR)群体外,其余 25 个参考群体按照其洲际来源分布在五个分支上,每个分支由来自同一洲际的群体构成。在非洲 7 个群体中,美国非裔人(ASW)依次与加勒比非裔人(ACB)、肯尼亚卢希亚人(LWK)、冈比亚人(GWD)、塞拉利昂门迪人(MSL)、尼日利亚伊桑人(ESN)和尼日利亚约鲁巴人(YRI)聚类成非洲支;在欧洲的 5 个群体中,意大利托斯卡尼人(TSI)依次与西班牙伊比利亚人(IBS)、美国犹他州人(CEU)、芬兰人(FIN)和英国人(GBR)聚类成欧洲支,在该支起始端,来自美洲的波多黎各人(PUR)和来自欧洲的意大利托斯卡尼人(TSI)聚类;在东亚的 5 个群体中,东京日本人(JPT)与越南京族(KHV)、傣族(CDX)、北京汉族(CHB)和南方汉族(CHS)依次聚类成东亚支;在 5 个南亚群体中,古吉拉特印第安人(GIH)与旁遮普人(PJL)、孟加拉人(BEB)、英国的泰米尔人(STU)和泰卢固人(ITU)依次聚类成南亚支;除混血群体波多黎各人(PUR)外,哥伦比亚人(CLM)、秘鲁人(PEL)、墨西哥人(MXL)则聚类于美洲支上。上述结果显示的这些群体间的遗传关系,与目前人类学、考古学、历史学和群体遗传学等研究的发现相符,表明 50 个 AI-DIP 位点具有较好的生物地理溯源潜能。

随后,应用 ADMIXTURE 软件对 26 个参考群体进行遗传结构分析(图 6-7B)。设置先验假设祖先来源个数 K 值范围为 2~10,对输出结果进行迭代分析,以确保群体祖先信息来源的预测精度。结果显示最佳 K 值为 5,此时非洲(黄色)、东亚(红色)、欧洲(蓝色)、南亚(浅绿色)和美洲(深绿色)群体均具有其相对特征性的祖先来源成分。

3. 基于 50 个 AI-DIP 位点的生物地理溯源分析

(1) 基于 AI-DIP 位点构建生物地理溯源机器学习算法模型 通过选择更具代表性的洲际群体,可以实现对 AI-DIP 位点更有效的生物地理溯源效能评估。群体遗传学分析结果显示,除来自美洲的混血群体 CLM 和 PUR 外,50 个 AI-DIP 位点在五大洲际来源的大部分群

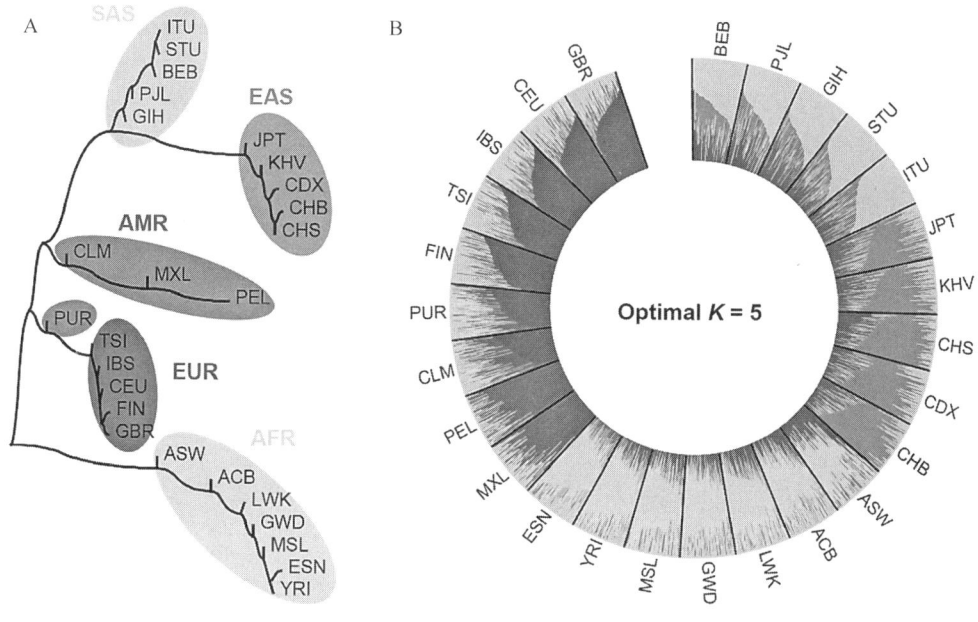

图6-7 基于26个参考群体的50个AI-DIP位点的群体遗传学分析。(A) 应用Mega软件基于群体间成对D_A值构建26个参考群体的邻接法系统发育树;(B) 基于ADMIXTURE软件进行26个参考群体的遗传结构分析,结果显示最佳K值为5。26个群体的名称和缩写如下: ACB: 巴巴多斯加勒比人; ASW: 美国西南部的非洲裔人; ESN: 尼日利亚伊桑人; GWD: 冈比亚西部地区冈比亚人; LWK: 肯尼亚韦布耶地区卢希亚人; MSL: 塞拉利昂门迪人; YRI: 尼日利亚约鲁巴人; CLM: 哥伦比亚麦德林的哥伦比亚人; MXL: 洛杉矶墨西哥人后裔; PEL: 秘鲁利马的秘鲁人; PUR: 波多黎各人; CEU: 北欧和西欧血统的犹他州人; FIN: 芬兰人; GBR: 英格兰和苏格兰的英国人; IBS: 西班牙伊比利亚人; TSI: 意大利托斯卡尼人; GIH: 美国休斯敦的古吉拉特印第安人; ITU: 英国的印度泰卢固人; PJL: 巴基斯坦拉合尔旁遮普人; STU: 英国斯里兰卡泰米尔人; BEB: 孟加拉人; CDX: 中国西双版纳傣族人; CHB: 中国北京汉族人; CHS: 中国南方汉族人; JPT: 日本东京人; KHV: 越南胡志明市京族人。

体中具有较好的群体区分效能,因此将其余24个群体作为后续生物地理溯源分析的参考群体。根据50个AI-DIP位点基因型结果,应用朴素贝叶斯和随机森林算法,首先从每个洲际群体中随机抽取一名个体,共五个个体作为未知生物地理来源验证集中的盲测样本。随后在各个洲际群体中随机抽取80%的个体作为训练集用于模型拟合,其余20%作为测试集进行模型调参。通过测试集准确率等模型评估参数推断本体系对五大洲际群体的分类能力,并选择最优算法预测模型。基于该模型对前述5个未知个体进行洲际来源推断,计算其群体随机匹配概率(RMP)。同时,将RMP值最高的群体作为参考,计算该群体与其余群体的群体似然比值(LR)。通过将LR值与事先设定好的阈值相比较,最终实现基于50个AI-DIP位点的基因型结果进行未知个体生物地理溯源。

基于50个AI-DIP位点基因型结果,五大洲际群体的朴素贝叶斯和随机森林模型预测结果的混淆矩阵图,分别见图6-8A和图6-8B。从总体结果来看,朴素贝叶斯分类准确率为0.9828(95% CI: 0.9665~0.9926),而随机森林的分类准确率为0.9635(95% CI: 0.9442~0.9786),可较好地实现五大洲际群体的生物地理溯源。在两种机器学习模型中,生物地理溯源正确率较低的洲际群体来源于美洲,两种模型都更倾向于将美洲个体误判为欧洲个体,而随机森林模型还将少数美洲个体误判为南亚个体。

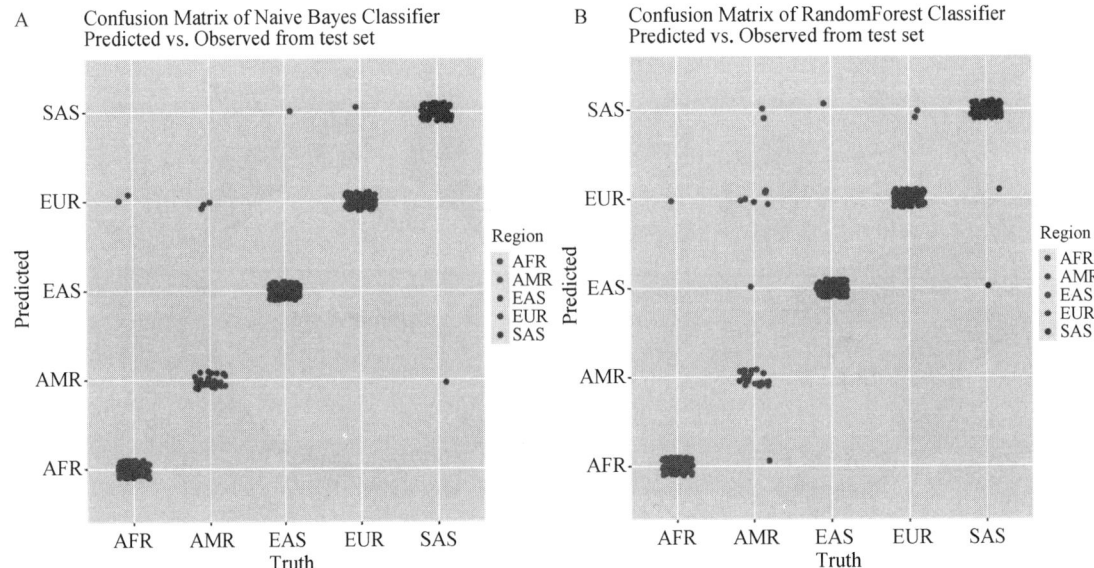

图6-8 基于五大洲际群体的50个AI-DIP位点基因型数据,建立两种机器学习模型,构建其预测结果的混淆矩阵。(A) 朴素贝叶斯模型;(B) 随机森林模型。五大洲际的名称和缩写如下:AFR:非洲人;AMR:美洲人;EAS:东亚人;EUR:欧洲人;SAS:南亚人。

此外,表6-2和表6-3展示了两种生物地理溯源机器学习预测模型,在测试集中区分不同生物地理来源个体时的各项模型评估参数。结果表明,朴素贝叶斯模型比随机森林模型在测试集中展现出更高的灵敏度和特异性。由于朴素贝叶斯模型更好的准确率、稳健性和更低的模型复杂度,故后续宜使用该模型计算五个未知洲际来源个体的RMP及LR值。

表6-2 基于50个AI-DIP位点基因型的朴素贝叶斯模型预测效能

分类	非洲人	美洲人	东亚人	欧洲人	南亚人
灵敏度	0.985 6	0.911 8	0.990 6	0.990 0	0.988 5
特异性	1.000 0	0.997 7	1.000 0	0.986 3	0.994 7
阳性预测值	1.000 0	0.968 8	1.000 0	0.951 9	0.977 3
阴性预测值	0.993 9	0.993 1	0.997 2	0.997 2	0.997 4
阳性预测概率	0.298 3	0.073 0	0.227 5	0.214 6	0.186 7
阳性检出率	0.294 0	0.066 5	0.225 3	0.212 4	0.184 5
平衡精度	0.992 8	0.954 7	0.995 3	0.988 2	0.991 6

表6-3 基于50个AI-DIP位点基因型的随机森林模型预测效能

分类	非洲人	美洲人	东亚人	欧洲人	南亚人
灵敏度	0.992 8	0.676 5	0.990 6	0.980 0	0.977 0
特异性	0.996 9	1.000 0	0.994 4	0.975 4	0.986 8

续 表

分 类	非洲人	美洲人	东亚人	欧洲人	南亚人
阳性预测值	0.992 8	1.000 0	0.981 3	0.915 9	0.944 4
阴性预测值	0.996 9	0.975 2	0.997 2	0.994 4	0.994 7
阳性预测概率	0.298 3	0.073 0	0.227 5	0.214 6	0.186 7
阳性检出率	0.296 1	0.049 4	0.225 3	0.210 3	0.182 4
平衡精度	0.994 9	0.838 24	0.992 5	0.977 7	0.981 9

(2) 基于 AI-DIP 基因型数据应用朴素贝叶斯方法分析未知个体生物地理来源 基于五个未知生物地理来源个体的基因型数据,使用朴素贝叶斯算法计算样本的 RMP 和 LR。LR 值的计算方法如下:以未知个体概率最大的 RMP 值为分子,其他群体的匹配概率为分母,依次得到 RMP 值最高的群体与不同群体的似然比值。随后将其与事先设定好的似然比阈值(如 10、100 等)相比较,最终得出结论。结论存在两种情况:① 当 LR 大于阈值时,确定最高 RMP 值所对应的群体为盲测个体的预测来源群体;② 当 LR 小于或等于阈值时,RMP 值的前两位群体均有可能为未知个体的来源群体。从表 6-4 可见,当设定似然比阈值为 10 时,1~5 号个体中所有的 LR 值均大于 10,说明上述个体的生物地理来源被确定为最高 RMP 值所对应的群体,结果与未知个体的真实洲际群体标签一致。当似然比阈值为 100 或更高时,1、2、3 号个体的群体似然比值均大于设定阈值,他们被正确预测非洲、东亚和欧洲来源的群体。然而,在 4 和 5 号个体中,分别出现了较低的南亚-欧洲群体 LR 值(77.233 92)以及美洲-欧洲群体 LR 值(37.492 51),均小于设定阈值。因此,对于 4 和 5 号个体无法给出明确的预测结论,但其分别被判断为南亚和美洲个体的 RMP 值仍然远高于其他洲际群体。

表 6-4 五名盲测个体的洲际群体匹配概率及似然比结果

个体编号	真实群体	预测群体	群体匹配概率	群体似然比
1	非洲	非洲	0.999 999 49	
		欧洲	5.13×10^{-7}	1.95×10^{6}
		南亚	1.53×10^{-9}	6.55×10^{8}
		美洲	2.00×10^{-14}	4.99×10^{13}
		东亚	3.76×10^{-17}	2.66×10^{16}
2	东亚	东亚	0.999 991 29	
		南亚	8.71×10^{-6}	1.15×10^{5}
		美洲	1.03×10^{-12}	9.70×10^{11}
		非洲	1.48×10^{-15}	6.75×10^{14}
		欧洲	1.98×10^{-16}	5.04×10^{15}

续表

个体编号	真实群体	预测群体	群体匹配概率	群体似然比
3	欧洲	欧洲	0.999 855 91	
		美洲	1.41×10^{-4}	7.01×10^{3}
		南亚	2.60×10^{-6}	3.84×10^{5}
		东亚	2.84×10^{-8}	3.53×10^{7}
		非洲	5.83×10^{-9}	1.72×10^{8}
4	南亚	南亚	0.986 941 22	
		欧洲	1.28×10^{-2}	77.23
		东亚	2.80×10^{-4}	3.52×10^{3}
		美洲	7.06×10^{-9}	1.40×10^{8}
		非洲	8.50×10^{-11}	1.16×10^{10}
5	美洲	美洲	0.968 578 04	
		欧洲	2.58×10^{-2}	37.49
		南亚	5.49×10^{-3}	176.41
		东亚	9.74×10^{-5}	9.94×10^{3}
		非洲	1.30×10^{-11}	7.47×10^{10}

二、基于 AI-SNP 位点开发五大洲际群体生物地理溯源体系

本节示例生物检材来源生物地理溯源的 AI-SNP 遴选流程，候选位点效能评估方法以及基于机器学习算法构建生物地理溯源模型。

1. AI-SNP 位点的遴选

基于前述基本条件，利用 PLINK2 软件对千人基因组数据库中的 AI-SNP 位点进行初步筛选，筛选标准见本小节 AIM 位点甄选的具体标准中的第 1~7 条。为了实现东亚内部群体的生物地理精细溯源，位点的进一步甄选标准如下：① 任意两个洲际群体之间，确定每条染色体上等位基因频率差值(δ)最大的前十个位点；② 任意两个东亚群体之间，确定每条染色体上等位基因频率差值(δ)最大的前十个位点。基于以上标准最终获得符合条件的 58 个 AI-SNP 位点，包括用于五大洲际来源个体生物地理溯源的 24 个 AI-SNP 位点；用于东亚来源个体生物地理溯源的 35 个 AI-SNP 位点，两组位点中有一个重复的位点。

使用在线 Snipper 工具计算 PSD 值，58 个 AI-SNP 位点在非洲、欧洲、东亚、南亚和美洲群体中的累积 PSD 值为 8.348 9。58 个 AI-SNP 位点在这五大洲际群体中的 I_n 值见图 6-9。当 58 个 AI-SNP 位点用于区分五大洲际时，其 I_n 值由小到大的排序如图 6-9 所示，I_n 值的范围在 0.001 4(rs7799912)~0.377 1(rs1871534)之间，I_n 值大于 0.1 的位点有 24 个。

2. AI-SNP 位点的群体遗传学分析和生物地理溯源效能评估

（1）洲际群体 AI-SNP 位点等位基因频率分析　对所挑选的 24 个 AI-SNP 在非洲、欧洲、东亚、南亚和美洲五大洲际 26 个群体中的基因频率绘制等位基因频率热图（图 6-10）

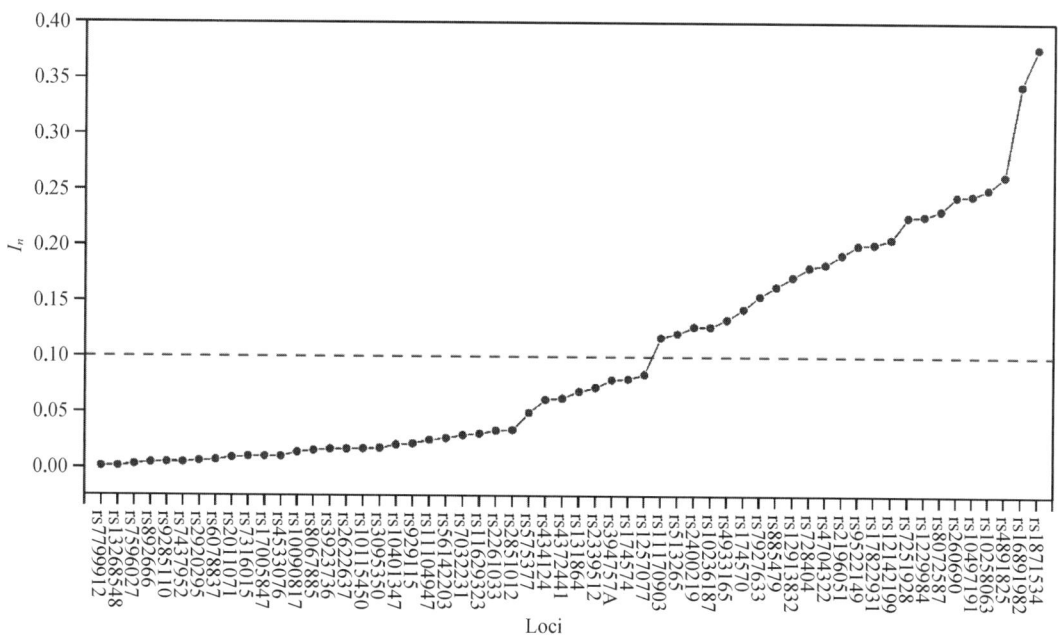

图 6-9 58 个 AI-SNP 位点在五大洲际群体中的 I_n 值。

进行统计分析。如图所示,可见 24 个 AI-SNP 位点在洲际群体间频率差异较大。左侧基于等位基因频率的聚类结果显示,四大洲际(非洲、东亚、欧洲、南亚)的群体分别聚类在四个支,相同洲际的群体聚集在一起,且同其他洲际群体相互区分。美洲群体形成两个不同聚类,这与其混合祖先来源相关。上述结果表明,选择的 24 个 AI-SNP 位点有较好的区分五大洲际群体的效能。基于 35 个 AI-SNP 位点在 JPT、CDX、CHS、CHB 和 KHV 五个东亚群体中的基因频率绘制等位基因频率热图(图 6-11)。结果显示东亚群体在这些 AI-SNP 位点的基因频率存在差异,其中 JPT 与其他 4 个东亚群体等位基因频率差异较大。

(2)基于 AI-SNP 位点进行个体水平 PCA 分析　基于 AI-SNP 位点在个体水平上分别进行五大洲际和东亚群体 PCA 分析,结果如图 6-12 所示。在图 6-12A 中,红色、紫色、蓝色、绿色和黄色分别代表来自非洲、东亚、欧洲、美洲和南亚的个体,可见来自同一洲际的个体聚集在一起,而美洲个体(绿色)聚集在欧洲和南亚个体之间。在图 6-12B 中,五个东亚群体在个体水平上基本聚为三个簇:CDX(红色)和 KHV(黄色)、CHS(紫色)和 CHB(绿色)以及 JPT(蓝色)。PCA 结果证实,AI-SNP 可以有效区分非洲、欧洲、东亚和南亚群体,并且还表明 35 个 AI-SNP 位点有助于进一步区分东亚地区的族群。

(3)基于 AI-SNP 位点进行群体遗传结构分析　应用 ADMIXTURE 软件,基于 58 个 AI-SNP 位点的基因型对 26 个参考群体的遗传结构进行分析(图 6-13)。图中每一条竖线代表一个个体,每条竖线被划分为 K 个色段,每个色段的长度代表被检测样本不同洲际祖先信息来源成分所占的比例。在 $K=3$ 时,东亚(绿色)、非洲(粉色)、欧洲(蓝色)与其他洲际群体区分开来;在 $K=4$ 时,进一步分离出南亚(黄色)的群体;在 $K=5$ 时,进一步细分出东亚不同族群,包括 JPT(主要为红色)、CHB 和 CHS(主要为红色和绿色混合)、CDX 和 KHV(主要为绿色);在 $K=6$ 时,进一步分离出美洲(主要为蓝色和紫色混合)的群体。ADMIXTURE 结果更进一步证实 58 个 AI-SNP 位点有很好的区分五大洲际来源群体的效能,也能较好地区分东亚群体。

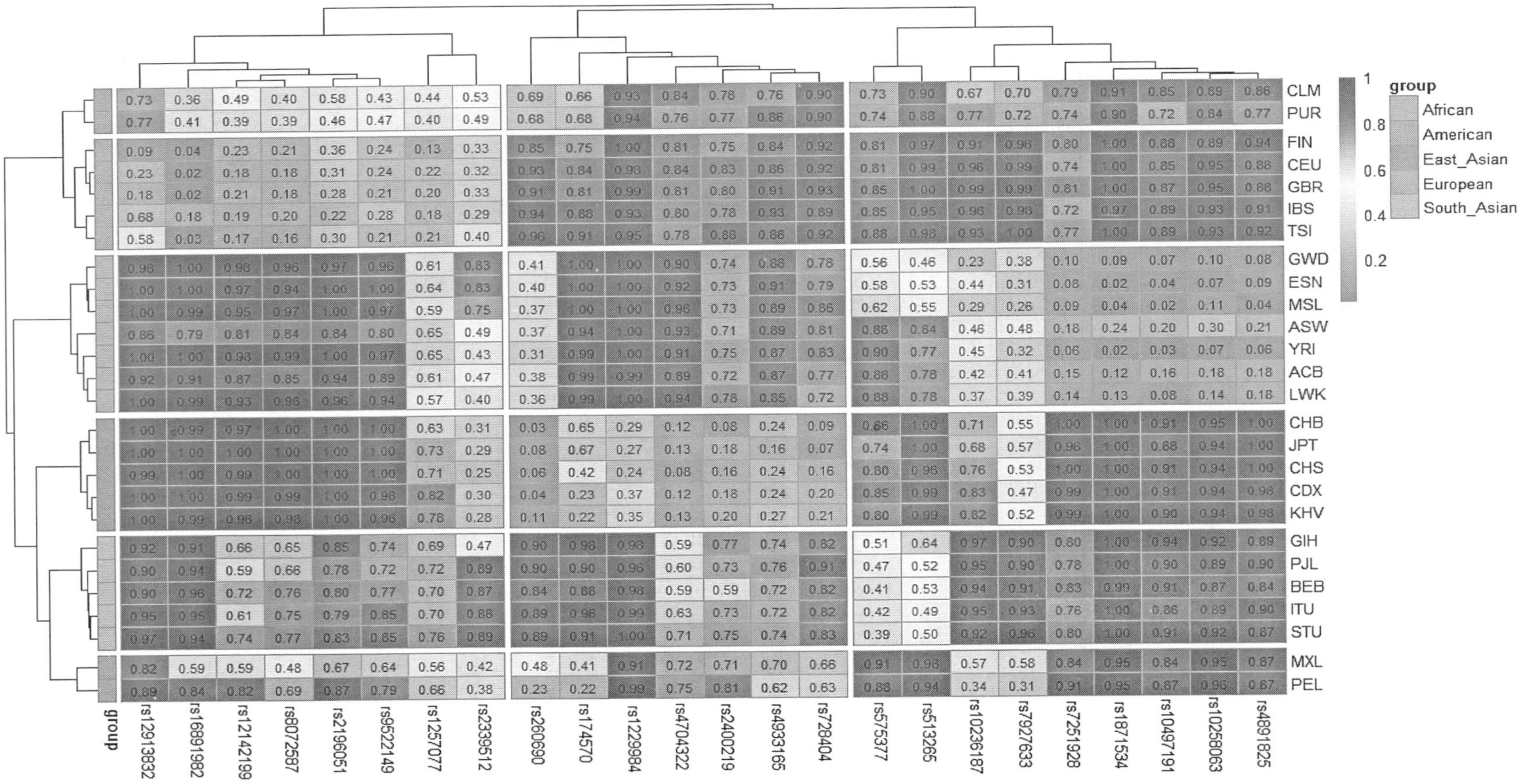

图 6-10 24 个 AI-SNP 位点在五大洲际 26 个群体中的等位基因频率热图。26 个群体具体的名称缩写和对应的群体如下:ACB:巴巴多斯加勒比人;ASW:美国西南部的非洲裔人;ESN:尼日利亚埃德林的伊桑人;GWD:尼日利亚冈比亚人;LWK:肯尼亚西部地区卢希亚人;MSL:塞拉利昂门迪人;YRI:尼日利亚约鲁巴人;CLM:哥伦比亚麦德林的哥伦比亚人;MXL:洛杉矶的墨西哥人后裔;PEL:秘鲁利马的秘鲁人;PUR:波多黎各人;CEU:北欧和西欧血统的犹他州人;FIN:芬兰人;GBR:英格兰和苏格兰的英国人;IBS:西班牙伊比利亚人;TSI:意大利托斯卡利亚人;ITU:英国的印度泰卢固人;BEB:孟加拉人;GIH:休斯顿的古吉拉特印第安人;PJL:巴基斯坦拉合尔旁遮普人;STU:英国斯里兰卡泰米尔人;CDX:中国西双版纳傣族人;CHB:中国北京汉族人;CHS:中国南方汉族人;JPT:日本东京人;KHV:越南胡志明市京族人。

彩图 6-10

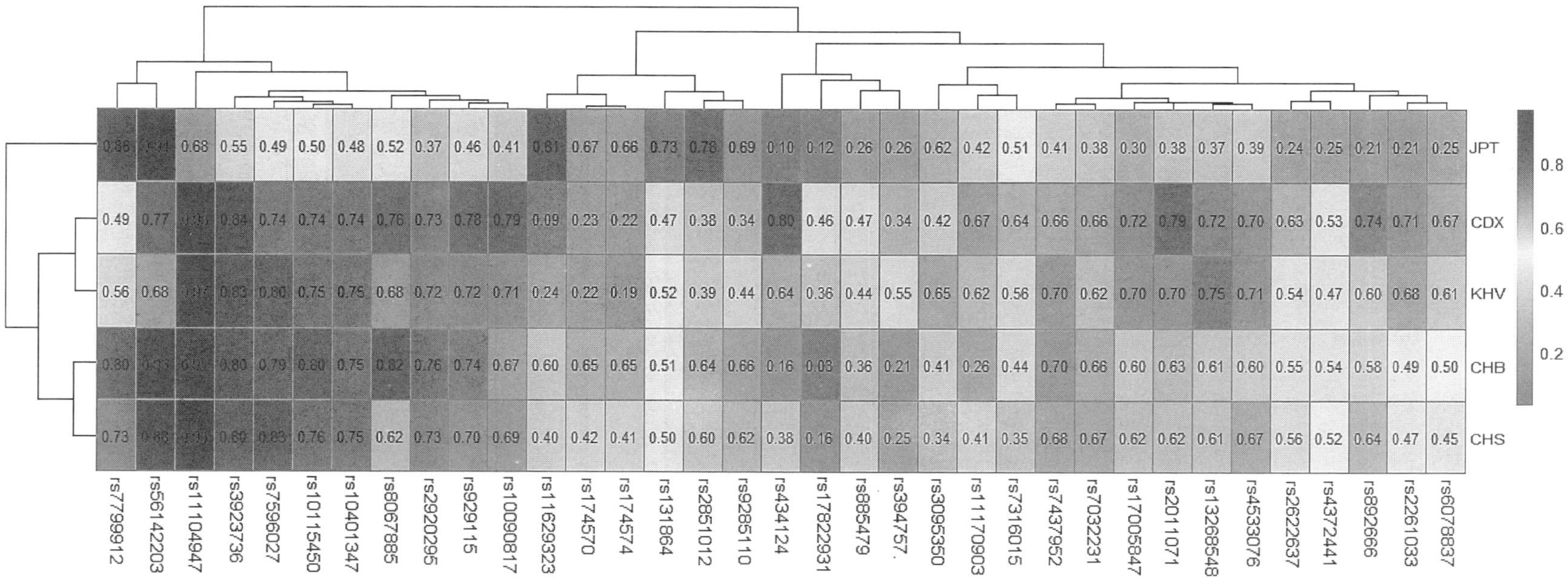

图 6-11 35 个 AI-SNP 位点在五个东亚群体中的等位基因频率热图。五个东亚群体具体的名称缩写和对应的群体如下：CDX：中国西双版纳傣族人；CHB：中国北京汉族人；CHS：中国南方汉族人；JPT：日本东京族人；KHV：越南胡志明市京族人。

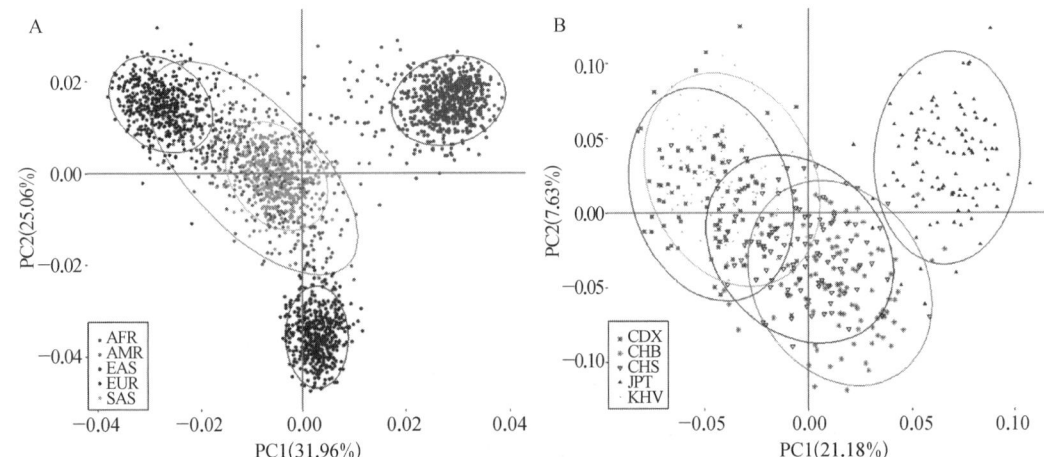

图6-12 基于AI-SNP位点个体水平的PCA分析。(A) 基于24个AI-SNP位点的基因型数据进行五大洲际26个群体2 504名个体PCA分析。(B) 基于35个AI-SNP位点的基因型数据进行东亚五个群体504个个体PCA分析。五大洲际群体名称缩写如下：AFR(非洲)、EUR(欧洲)、EAS(东亚)、SAS(南亚)和AMR(美洲)。五个东亚群体具体的名称缩写和对应的群体如下：CDX：中国西双版纳傣族人；CHB：中国北京汉族人；CHS：中国南方汉族人；JPT：日本东京人；KHV：越南胡志明市京族人。

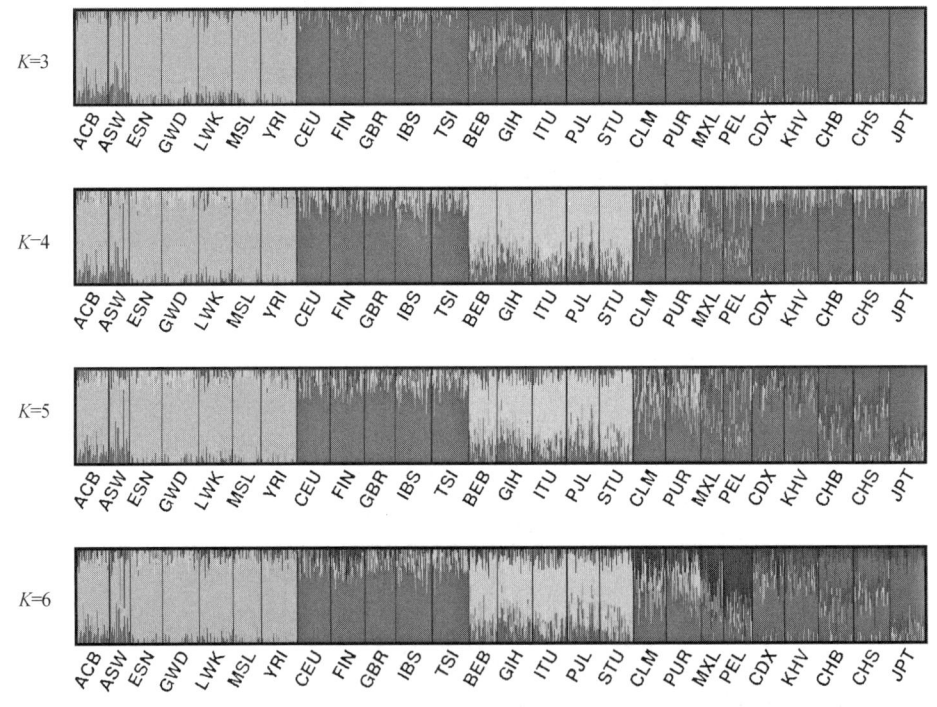

图6-13 基于58个AI-SNP位点的基因型数据进行26个参考群体的ADMIXTURE遗传结构分析，展示先验假设祖先来源个数$K=3\sim 6$的结果。26个群体具体的名称缩写和对应的群体如下：ACB：巴巴多斯加勒比人；ASW：美国西南部的非洲裔人；ESN：尼日利亚伊桑人；GWD：冈比亚西部地区冈比亚人；LWK：肯尼亚韦布耶地区卢希亚人；MSL：塞拉利昂门迪人；YRI：尼日利亚约鲁巴人；CLM：哥伦比亚麦德林的哥伦比亚人；MXL：洛杉矶墨西哥人后裔；PEL：秘鲁利马的秘鲁人；PUR：波多黎各人；CEU：北欧和西欧血统的犹他州人；FIN：芬兰人；GBR：英格兰和苏格兰的英国人；IBS：西班牙伊比利亚人；TSI：意大利托斯卡尼人；GIH：美国休斯敦的古吉拉特印第安人；ITU：英国的印度泰卢固人；PJL：巴基斯坦拉合尔旁遮普人；STU：英国斯里兰卡泰米尔人；BEB：孟加拉人；CDX：中国西双版纳傣族人；CHB：中国北京汉族人；CHS：中国南方汉族人；JPT：日本东京人；KHV：越南胡志明市京族人。

1）基于AI-SNP分型应用交叉验证方法分析未知个体生物地理来源 通过Snipper软件运用交叉验证方法,评估AI-SNP体系对不同洲际群体生物地理溯源推断的准确率。交叉验证显示98.79%的非洲个体可以正确推断为AFR祖源,98.81%的欧洲个体可以正确推断为EUR祖源,98.98%的南亚个体可以正确推断为SAS祖源,82.42%的美洲个体可以正确推断为AMR祖源,而东亚推断成功率为100%(表6-5)。根据ADMIXTURE分析结果,CHB和CHS,CDX和KHV分别有相似的祖先信息成分比例。因此,进一步将26个群体分为八个组,即AFR、EUR、SAS、MXL和PEL、PUR和CLM、JPT、CDX和KHV、CHB与和CHS。交叉验证结果显示98.64%的非洲个体可以被正确推断为AFR祖源,95.43%的欧洲个体可以被正确推断为EUR祖源,98.36%的南亚个体可以被正确推断为SAS祖源(表6-6)。结合PCA和ADMIXTURE的结果,美洲群体中PUR和CLM表现出更多比例的欧洲祖先信息成分。交叉验证结果显示82.83%的PUR和CLM个体可以被正确推断为PUR与CLM祖源,81.88%的PEL和MXL个体可以被正确推断为PEL与MXL祖源。对于东亚群体,58个AI-SNP对日本来源个体的生物地理溯源准确率为98.08%,对CDX与KHV来源个体的生物地理溯源准确率为92.71%,对CHB与CHS来源个体生物地理溯源准确率为89.42%。

表6-5 基于58个AI-SNP位点在26个群体中的基因型数据,利用Snipper在线软件进行生物地理来源推断交叉验证研究,计算58个AI-SNP位点在AFR(非洲)、EUR(欧洲)、EAS(东亚)、SAS(南亚)和AMR(美洲)群体中的生物地理溯源准确率

Population Origins	AFR	EUR	EAS	SAS	AMR
Population of Origin AFR	98.79%	0.00%	0.00%	0.00%	1.21%
Population of Origin EUR	0.00%	98.81%	0.00%	0.20%	0.99%
Population of Origin EAS	0.00%	0.00%	100.00%	0.00%	0.00%
Population of Origin SAS	0.00%	0.00%	0.00%	98.98%	1.02%
Population of Origin AMR	0.00%	14.70%	0.58%	2.31%	82.42%

表6-6 基于58个AI-SNP位点在26个群体中的基因型数据,利用Snipper在线软件进行生物地理来源推断交叉验证研究,计算58个AI-SNP位点在AFR(非洲)、EUR(欧洲)、SAS(南亚)、CDX(中国西双版纳傣族人)和KHV(越南胡志明市京族人)、CHS(中国南方汉族人)和CHB(中国北京汉族人)、JPT(日本东京人)、PUR(波多黎各人)和CLM(哥伦比亚麦德林的哥伦比亚人)、PEL(秘鲁利马的秘鲁人)和MXL(洛杉矶墨西哥人后裔)群体中的生物地理溯源准确率

Population Origins	AFR	EUR	SAS	CDX与KHV	CHS与CHB	JPT	PUR与CLM	PEL与MXL
Population of Origin AFR	98.64%	0.00%	0.00%	0.00%	0.00%	0.00%	0.91%	0.45%
Population of Origin EUR	0.00%	95.43%	0.00%	0.00%	0.00%	0.00%	4.57%	0.00%
Population of Origin SAS	0.00%	0.00%	98.36%	0.00%	0.00%	0.00%	1.64%	0.00%
Population of Origin CDX与KHV	0.00%	0.00%	0.00%	92.71%	7.29%	0.00%	0.00%	0.00%

续 表

Population Origins	AFR	EUR	SAS	CDX 与 KHV	CHS 与 CHB	JPT	PUR 与 CLM	PEL 与 MXL
Population of Origin CHS 与 CHB	0.00%	0.00%	0.00%	8.65%	89.42%	1.92%	0.00%	0.00%
Population of Origin JPT	0.00%	0.00%	0.00%	0.00%	1.92%	98.08%	0.00%	0.00%
Population of Origin PUR 与 CLM	0.00%	8.59%	1.52%	0.00%	0.00%	0.00%	82.83%	7.07%
Population of Origin PEL 与 MXL	0.00%	2.68%	0.67%	0.00%	0.00%	0.00%	14.77%	81.88%

2）基于 AI-SNP 基因型数据构建生物地理溯源机器学习算法模型　随后基于 24 个 AI-SNP 和 35 个 AI-SNP 位点分别构建机器学习预测模型，并通过混淆矩阵、ROC 曲线以及十折交叉验证正确率作为评价指标进行模型效能的评估。首先，将 26 个洲际群体分为五组（非洲、欧洲、东亚、南亚和美洲），分别应用 RF、自适应增强（Adaptive Boosting, AdaBoost）、XGBoost 分类器，基于 24 个 AI-SNP 位点分别构建洲际群体生物地理溯源模型（图 6-14）。根据三种模型生成的混淆矩阵图，RF 模型在正确识别非洲、欧洲和南亚来源个体方面的能力更强，其中 205 个非洲来源个体、148 个欧洲来源个体和 138 个南亚来源个体被正确预测。XGBoost 模型在正确识别美洲来源个体方面的能力更强，77 个美洲来源个体被正确预测。RF 和 XGBoost 模型对东亚群体的分类预测能力一致，且都较强，154 个东亚来源个体被正确分类，仅一个东亚来源个体被误判为美洲人。采用 One-vs-Rest 多分类策略，将预测结果绘制成 ROC 曲线。通过观察 ROC 曲线图，比较曲线下面积 AUC 值，可以发现三种模型对非洲和东亚的祖先推断效能最佳（AUC=1）。RF 和 XGBoost 模型对东亚、非洲、南亚和欧洲群体的祖先推断 AUC 值均为 1，对美洲群体的祖先推断 AUC 值均为 0.98。对于美洲群体，AdaBoost 模型表现出相对较低的分类预测性能，AUC 值为 0.61。随后计算三种模型的十折交叉验证正确率，结果显示，RF 分类器准确性最高，在五大洲际分类中达到 95.45% 的十折交叉验证正确率。AdaBoost 和 XGBoost 分类器的十折交叉验证正确率分别为 86.26% 和 95.25%。

在 PCA 图（图 6-12B）中可看到东亚群体被分为三个簇，即 CDX 和 KHV、CHS 和 CHB、JPT。基于此，将来源于东亚的五群体分为三组，应用这些群体的 35 个 AI-SNP 位点基因型数据，分别基于 RF、AdaBoost 和 XGBoost 分类器，构建东亚群体生物地理溯源模型（图 6-15）。根据三种模型生成的混淆矩阵图，XGBoost 模型在正确识别 CDX 和 KHV、CHS 和 CHB、JPT 来源个体方面的能力更强，其中 28 个 JPT 来源个体均被正确预测，45 个 CDX 和 KHV 来源的个体被正确预测；65 个 CHS 和 CHB 来源的个体被正确预测。通过比较 ROC 曲线图和 AUC 值，可以发现三种预测模型对 JPT 个体的生物地理溯源效能最佳（AUC=1）。对于 CDX 和 KHV、CHS 和 CHB 群体，RF 和 XGBoost 模型的分类预测能力最优，其 AUC 值分别为 0.96 和 0.94。随后计算三种模型的十折交叉验证正确率，结果显示 RF、AdaBoost 和 XGBoost 分类器的十折交叉验证正确率分别为 87.06%、83.67% 和 86.45%。

以上结果证实基于五大洲际群体的 24 个 AI-SNP 位点以及东亚五个群体的 35 个 AI-SNP 位点基因型数据构建的随机森林预测模型在生物地理溯源方面具有较高的准确性。

（朱波峰）

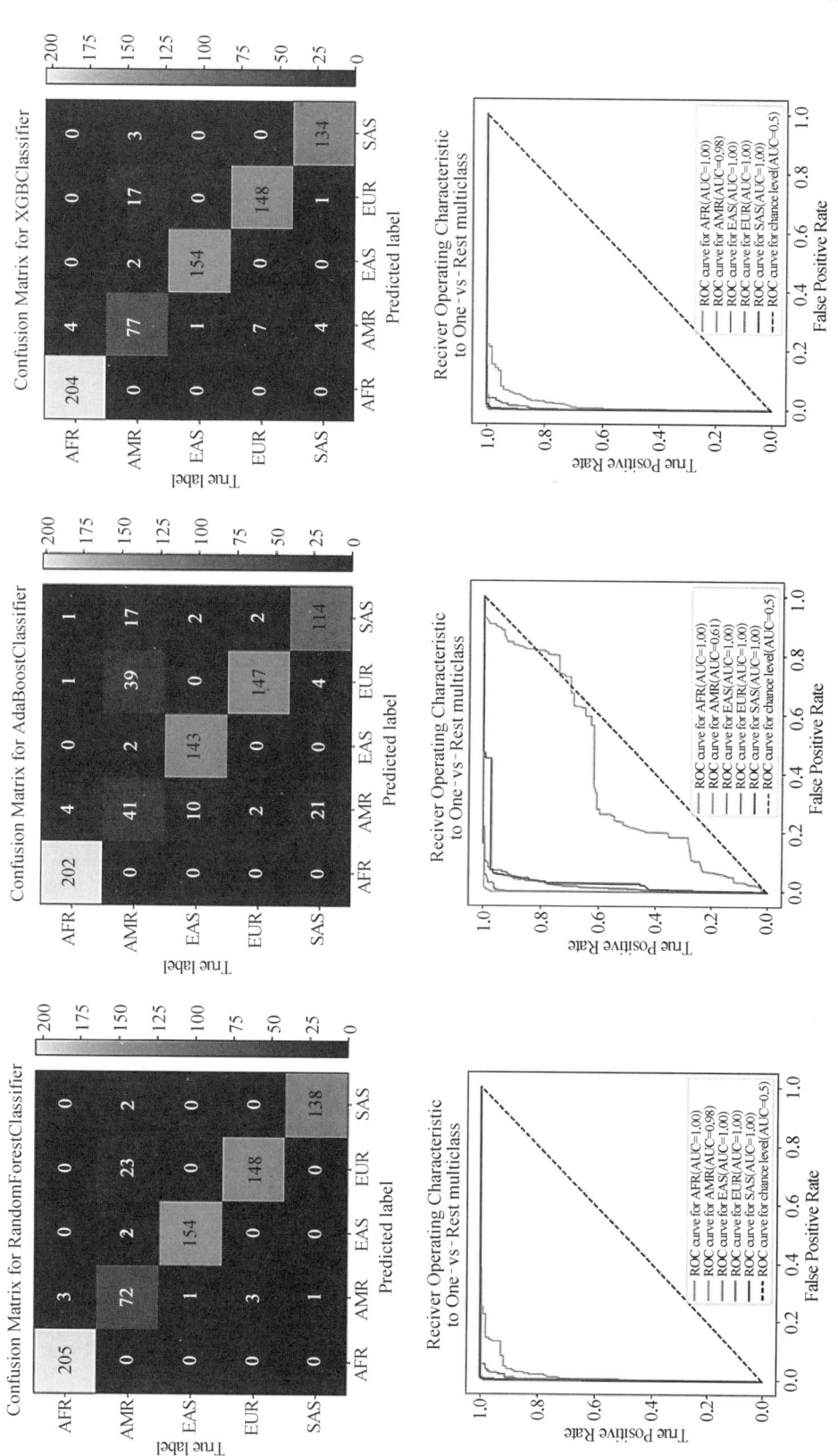

图 6-14 基于五大洲际群体 24 个 AI-SNP 位点的基因型数据，应用 RF、AdaBoost、XGBoost 分类器构建洲际群体生物地理溯源模型，对来自 AFR（非洲）、EUR（欧洲）、EAS（东亚）、SAS（南亚）和 AMR（美洲）群体进行生物地理溯源分析，并生成相应的混淆矩阵图和 ROC 曲线，以评估各分类器的预测性能。

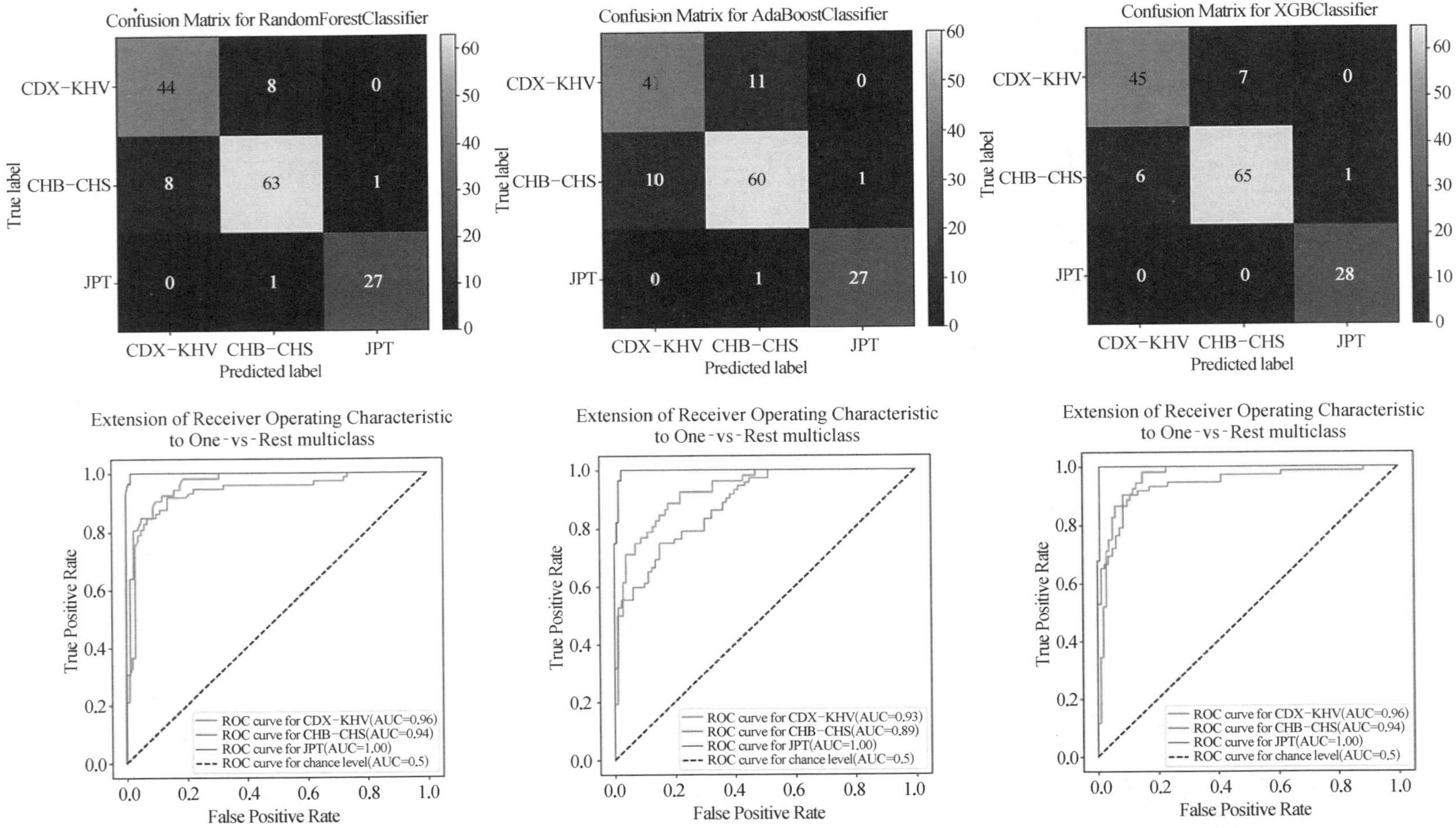

彩图 6-15

图 6-15 基于东亚五个群体 35 个 AI-SNP 位点的基因型数据，分别应用 RF、AdaBoost、XGBoost 分类器构建东亚群体生物地理溯源模型，对来自 CDX(中国西双版纳傣族人)和 KHV(越南胡志明市京族人)、CHS(中国南方汉族人)和 CHB(中国北京汉族人)、JPT(日本东京人)群体进行生物地理溯源分析，并生成相应的混淆矩阵图和 ROC 曲线，以评估各分类器的预测性能。

> **思考题**
>
> 1. 生物检材来源生物地理溯源的常用分子遗传标记有哪些？各自有哪些特点？
> 2. 生物检材来源生物地理溯源的检测分析平台有哪些？各检测平台适用于哪种类型的遗传标记？
> 3. AIM的筛选标准及常用的效能判定参数包括哪些？在对洲际间或同一区域内不同群体进行生物地理溯源时，应该在筛选参数上如何进行调整？

参考文献

[1] 孙宽,侯一平.法医族源推断的分子生物学进展.法医学杂志,2018,34(3):286-293.

[2] Nei M. Molecular population genetics and evolution. Amsterdam: North-Holland Publishing Company, 1975.

[3] Cavalli-Sforza L L, Cavalli-Sforza L, Menozzi P, et al. The history and geography of human genes. Princeton: Princeton university press, 1994.

[4] Deka R, Jin L, Shriver M D, et al. Population genetics of dinucleotide (dC-dA) n.(dG-dT) n polymorphisms in world populations. American journal of human genetics, 1995, 56: 461.

[5] Foreman L A, Lambert J A, Evett I W. Regional genetic variation in Caucasians. Forensic science international, 1998, 95: 27-37.

[6] 江丽.从"非洲起源说"研究到"DNA族群地域推断"侦查应用.法医学杂志,2019,35(5):6.

[7] 陈峰,柏建岭,赵杨,等.全基因组关联研究中的统计分析方法.中华流行病学杂志,2011,32(4):5.

[8] Shriver M D, Parra E J, Dios S, et al. Skin pigmentation, biogeographicalancestry and admixture mapping. Human genetics, 2003, 112(4): 387-399.

[9] Frudakis T, Venkateswarlu K, Thomas M J, et al. A classifier for the SNP-based inference of ancestry. Journal of forensic sciences, 2003, 48(4): 771-782.

[10] Phillips C, Salas A, Sánchez J J, et al. Inferring ancestral origin using a single multiplex assay of ancestry-informative marker SNPs. Forensic science international genetics, 2007, 1(3-4): 273-280.

[11] Wei Y L, Wei L, Zhao L, et al. A single-tube 27-plex SNP assay for estimating individual ancestry and admixture from three continents. International journal of legal medicine, 2016, 130(1): 27-37.

[12] Kosoy R, Nassir R, Tian C, et al. Ancestry informative marker sets for determining continental origin and admixture proportions in common populations in America. Human mutation, 2009, 30(1): 69-78.

[13] Kidd J R, Françoise R Friedlaender, Speed W C, et al. Analyses of a set of 128 ancestry informative single-nucleotide polymorphisms in a global set of 119 population samples. Investigative genetics, 2011, 2(1): 1.

[14] Kidd K K, Speed W C, Pakstis A J, et al. Progress toward an efficient panel of SNPs for ancestry inference. Forensic science international genetics, 2014, 10: 23-32.

[15] Pakstis A J, Haigh E, Cherni L, et al. 52 additional reference population samples for the 55 AISNP panel. Forensic science international genetics, 2015, 19: 269-271.

[16] Pakstis A J, Kang L, Liu L, et al. Increasing the reference populations for the 55 AISNP panel: the need and benefits. International journal of legal medicine, 2017, 131(4): 913-917.

[17] Keating B, Bansal A T, Walsh S, et al. First all-in-one diagnostic tool for DNA intelligence: genome-wide inference of biogeographic ancestry, appearance, relatedness, and sex with the Identitas v1 Forensic Chip. International journal of legal medicine, 2013, 127: 559-572.

[18] Warshauer D H, Davis C P, Holt C, et al. Massively parallel sequencing of forensically relevant single nucleotide polymorphisms using TruSeq™ forensic amplicon. International journal of legal medicine, 2015, 129(1): 31-36.

[19] Al-Snan N R, Shabbir S, Baksh S S, et al. Population genetics of 30 insertion/deletion polymorphisms in the Bahraini population. Scientific reports, 2021, 11(1): 6843.

[20] 百茹峰,姜立喆,张中,等.北京汉族群体30个常染色体InDel位点群体遗传学及法医学研究.遗传,2013,35(12):9.

[21] Tong Xie, Yu-xing Guo, Ling Chen, et al. A set of autosomal multiple InDel markers for forensic application and population genetic analysis in the Chinese Xinjiang Hui group. Forensic science international genetics, 2018, 35: 1-8.

[22] Wei Cui, Sheng-jie Nie, Yang-ting Fang, et al. Insights into AIM-InDel diversities in Yunnan Miao and Hani ethnic groups of China for forensic and population genetic purposes. Hereditas. 2022, 159(1): 22.

[23] Cong-ying Zhao, Jin-long Yang, Hui Xu, et al. Genetic diversity analysis of forty-three insertion/deletion loci for forensic individual identification in Han Chinese from Beijing based on a novel panel. Journal of zhejiang university science B, 2022, 23(3): 241-248.

[24] Jing Liu, Wei-an Du, Li-rong Jiang, et al. Development and validation of a fornsic multiplex InDel assay: The AGCU InDel 60 kit. Electrophoresis, 2022, 43(18-19): 1871-1881.

[25] Yong-song Zhou, Xiao-ye Jin, Bu-ling Wu, et al. Development and Performance Evaluation of a Novel Ancestry Informative DIP Panel for Continental Origin Inference. Frontiers in genetics, 2021, 12: 801275.

[26] Qiong Lan, Shuang-lin Li, Mei-ming Cai, et al. A self-developed AIM-InDel panel designed for degraded DNA analysis: Forensic application characterization and genetic landscape investigation in the Han Chinese population. Genomics, 2023, 115(3): 110620.

[27] Géraldine Damour, Mauffrey F, Hall D. Identification and characterization of novel DIP-STRs from whole-genome sequencing data. Forensic science international genetics, 2023, 64: 102849.

[28] Meng-ge Wang, Wei-an Du, Ren-kuan Tang, et al. Genomic history and forensic characteristics of Sherpa highlanders on the Tibetan Plateau inferred from high-resolution InDel panel and genome-wide SNPs. Forensic science international genetics, 2022, 56: 102633.

[29] Xiao-ye Jin, Yan-fang Liu, Wei Cui, et al. Development a multiplex panel of AISNPs, multi-allelic InDels, microhaplotypes, and Y-SNP/InDel loci for multiple forensic purposes via the NGS. Electrophoresis, 2022, 43(4): 632-644.

[30] Ling Zhang, Zhen-dong Zhu, Wei-an Du, et al. genetic structure and forensic feature of 38 X-chromosome InDels in the henan han chinese population. Frontiers in genetics, 2021, 12: 805936.

[31] Neel J V. "Private" genetic variants and the frequency of mutation among South American Indians. Proceedings of the national academy of sciences, 1973, 70: 3311-3315.

[32] Bowcock A M, Ruiz-Linares A, Tomfohrde J, et al. High resolution of human evolutionary trees with polymorphic microsatellites. Nature, 1994, 368: 455-457.

[33] Shriver M, Smith M, Jin L, et al. Ethnic-affiliation estimation by use of population-specific DNA markers. American journal of human genetics, 1997, 60: 957.

[34] Lowe A L, Urquhart A, Foreman L A, et al. Inferring ethnic origin by means of an STR profile. Forensic science international, 2001, 119: 17-22.

[35] Rowold D J, Herrera R J. Inferring recent human phylogenies using forensic STR technology. Forensic Science International, 2003. 133: 260-265.

[36] Fosella X, Marroni F, Manzoni S, et al. Assigning individuals to ethnic groups based on 13 STR loci. International Congress Series, 2004, 1261: 59-61.

[37] Lutz S, Wittig H, Weisser H J, et al. Is it possible to differentiate mtDNA by means of HVIII in samples that cannot be distinguished by sequencing the HVI and HVII regions?. Forensic science international, 2000, 113(1-3): 97-101.

[38] 陈伟,李钰,陈宇,等.中国北方汉族人 mtDNAD 环多态性研究.中华医学遗传学杂志,1999 (4): 246-248.

[39] 王晓青,陈栓虎.基质辅助激光解吸电离飞行时间质谱在聚合物表征中的应用.质谱学报,2008,29(1): 9.

[40] Wei Cui, Sheng-jie Nie, Ya-ting Fang, et al. Insights into AIM-InDel diversities in Yunnan Miao and Hani ethnic groups of China for forensic and population genetic purposes. Hereditas, 2022, 159(1): 22.

[41] Man Chen, Qiong Lan, Sheng-Jie Nie, et al. Forensic efficiencies of individual identification, kinship testing and ancestral inference in three Yunnan groups based on a self-developed multiple DIP panel. Frontiers in genetics, 2023, 13: 1057231.

[42] Wei Cui, Man Chen, Hong-bin Yao, et al. Forensic Characterization and Genetic Portrait of the Gannan Tibetan Ethnic Group via 165 AI-SNP Loci. Frontiers ofbioscientific (Landmark Ed), 2023, 28(6): 114.

[43] Stephens Z D, Lee S Y, Faghri F, et al. Big data: astronomical or genomical? Comparative study, 2015, 13(7): e1002195

[44] Marx V. Biology: the big challenges of big data. Nature, 2013, 498(7453): 255-260.

[45] Ioannis K, Alexandros T, Despoina N, et al. TRES: Identification of Discriminatory and Informative SNPs from Population Genomic Data. Journal of heredity, 2015, 106(5): 672-676.

[46] Kavakiotis I, Samaras P, Triantafyllidis A, et al. FIFS: A data mining method for informative marker selection in high dimensional population genomic data, Computers in biology and medicine, 2017, 90: 146-154.

[47] Shi-lei Zhao, Cheng-min, Liang Ma, et al. AIM-SNPtag: A computationally efficient approach for developing ancestry-informative SNP panels, Forensic science international genetics, 2019, 38: 245-253.

[48] Si-qi Chen, S Ghandikota, Y Gautam, et al. MI-MAAP: marker informativeness for multi-ancestry admixed populations, BMC Bioinformatics, 2020, 21(1): 131.

[49] E Pilli, S Morelli, B Poggiali, et al. Biogeographical ancestry, variable selection, and PLS-DA method: a new panel to assess ancestry in forensic samples via MPS technology, Forensic science international genetics, 2023, 62: 102806.

[50] Ramani A, Wong Y, Tan S Z, et al. Ancestry prediction in Singapore population samples using the Illumina ForenSeq kit, Forensic science international genetics, 2017, 31: 171-179.

[51] Alladio E, Poggiali B, Cosenza G, et al. Multivariate statistical approach and machine learning for the evaluation of biogeographical ancestry inference in the forensic field, Scientific report, 2022, 12(1): 8974.

[52] Fu-chi Yang, B Tseng, Chun-yen, et al. Population inference based on mitochondrial DNA control region data by the nearest neighbors algorithm, International journal of legal medicine, 2021, 135(4): 1191-1199.

[53] Cai-yong Yin, Zi-wei He, Yi Wang, et al. Improving the regional Y-STR haplotype resolution utilizing haplogroup-determining Y-SNPs and the application of machine learning in Y-SNP haplogroup prediction in a forensic Y-STR database: A pilot study on male Chinese Yunnan Zhaoyang Han population, Forensic science international genetics, 2022, 57: 102659.

[54] Cheung E Y Y, Gahan M E, McNevin D. Prediction of biogeographical ancestry in admixed individuals, Forensic science international genetics, 2018, 36: 104-111.

[55] Rajeevan H, Soundararajan U, Pakstis A J, et al. FrogAncestryCalc: A standalone batch likelihood computation tool for ancestry inference panels catalogued in FROG-kb, Forensic science international genetics, 2020, 46: 102237.

[56] Jia-qi Qi, Hui Zhao, Xiao-yuan Guo, et al. A high-performance SNP panel developed by machine-learning approaches for characterizing genetic differences of Southern and Northern Han Chinese, Korean, and Japanese individuals, Electrophoresis, 2022, 43(11): 1183-1192.

[57] Kuan Sun, Yi-ning Yao, Li-bing Yun, et al. Sun, Application of machine learning for ancestry inference using multi-InDel markers, Forensic science international genetics, 2022, 59: 102702.

[58] 马咪,刘京,胡胜,等.74重SNP族群来源推断体系准确性验证研究.中国法医学杂志,2019,34(4): 6.

第七章 生物检材来源个体表型推断

第一节 回顾与展望

一、回顾与现状

法医 DNA 表型推断(forensic DNA phenotyping，FDP)是近年来法医物证学领域的研究热点之一，其通过对遗传信息和人体表型特征进行关联分析，在特定表型与相应的遗传标记之间建立对应关系，进而通过分析生物样本的遗传信息进行表型特征刻画，为案件侦查提供线索，具有重要的法医学意义。

FDP 研究始于 21 世纪初，由于人体外部可见表型特征多为由遗传因素及环境因素共同决定的复杂性状，大量表型相关基因的综合作用才能解释个体间的表型差异，所以多年来研究进展得相对缓慢。近几年来，随着分子生物学技术和生物信息学的飞速发展，大量相关研究不仅筛选出与部分表型特征高度相关的分子标记，也建立了相应的推断算法和推断模型。

面部容貌是识别个体最形象和直观的特征，从 DNA 中推断个体特异性面部容貌对案件调查有很大的帮助。基于 DNA 进行面部容貌推断的研究起步相对较晚。2012 年，荷兰 Manfred Kayser 实验室基于鹿特丹人群的万余名欧洲人样本，发现了面部形态特征相关基因。同年，美国 Evans 实验室基于雅芳父母和子女的纵向研究(Avon Longitudinal Study of Parents and Children，ALSPAC)的万余份欧洲人样本，发现 PAX3 基因的 rs7559271 与鼻根位置、鼻根点到内眦的距离相关。国内的唐鲲实验室基于泰州市人群健康跟踪研究项目等人群样本，研究发现与我国欧亚混合人群面部特征相关的 400 多个 SNP 位点，并建立了三维脸部特征分子刻画模型，分子模拟画像与真实脸型的相似性高于完全随机推断脸型，但距离真正应用于法医学实践，还需要更多的探索。2019 年，中国科学院和公安部物证鉴定中心合作报道了 8 个欧亚人群面部特征相关的 SNP 位点，丰富了欧洲和亚洲群体之间面部形态特征遗传差异的研究。2022 年，复旦大学金力院士团队通过三维面部图像，在 166 个基因座(62 个新基因座)中确定了 244 个与面部典型特征相关的变异，并进一步确定了 13 个与欧亚人群面部形态差异有关的变异。

人类虹膜颜色取决于虹膜基质层色素上皮细胞内的色素含量，根据色素含量的不同，人类的虹膜可呈现棕色、蓝色、绿色或灰色等不同的颜色，需要注意的是东亚人群中部分个体的虹膜颜色很深近乎黑色，其也被分类为棕色虹膜。2010 年，Manfred Kayser 基于与虹膜颜色相关性最好的 6 个单核苷酸多态性位点，构建了用于推断棕色和蓝色虹膜的 IrisPlex 系统。2017 年，Kayser 又提出利用定量方法代替传统的虹膜颜色分类进行表型描述，能够提升虹膜颜色推断的准确性，该方法通过虹膜不同色素沉着区域(类黑色素、真黑色素及无色素区域)所占的比例表示虹膜颜色。随后几年,其他用于虹膜颜色推断的 SNP 位点组合也有报道,但推断准确性大多未超过 IrisPlex 系统。关于头发颜色,1995 年,英国科学家 Paloma Valverde 就发现红发主要与 MC1R 基因的多态性有关。2007 年,冰岛科学家 Patrick Sulem 发表了第一项囊括所有发色分类的研究。2013 年,Manfred Kayser 在 IrisPlex 系统的基础上加入 22 个头发颜色相关 SNP 位点,开发了第一个同时推断发色和虹膜颜色的 DNA 测试系统 HIrisPlex。

皮肤颜色在不同人种之间有较大不同,并且在种群内部也有高度多样性。2015 年,Manfred Kayser 开展了一项关于人类肤色的全基因组关联分析(genome-wide association study, GWAS),研究结果表明,染色体 20q11.22 区域内存在与欧洲人群肤色有显著相关性的基因,EIF2S2 和 GSS 基因为该区域的功能候选基因。2018 年,在 HIrisPlex 系统的基础上添加了 17 个肤色相关 SNP 位点构建 HIrisPlex－S 体系,并提供在线分析工具,可同时对 3 种虹膜颜色、4 种发色以及 5 种肤色进行系统推断。

关于身高特征,很早之前科学家就认识到身高主要由遗传因素决定,据估计,遗传因素占到身高变异的 80%,常见 SNP 又占其中 50%。然而由于身高发育涉及的基因网络十分庞大,受样本量、测序技术和生信技术的限制,对于身高的研究进展缓慢。2014 年,人体性状遗传研究协会(Genetic Investigation of Anthropometric Traits consortium, GIANT consortium)将人类身高的研究推向了新的高度,在超过 25 万人的数据中发现 697 个身高相关 SNP 位点,使用近 1 万个位点解释了 29% 的身高变异。2018 年,GIANT 协会在分析了 70 万人的基因数据后,鉴别出 3 290 个身高相关 SNP 位点,使用约 15 000 个 SNP 解释了 34.7% 的身高变异。2022 年,GIANT 协会使用超过 500 万人的数据确定了 12 111 个显著性 SNP 位点,在欧洲人群中能够解释 40% 的身高方差。上述研究对象主要是欧洲人群,有关东亚人群的研究尚未能发现足够数量的位点,可解释的身高方差也较低。将在欧洲人群中发现的位点应用于其他人群中时,预测准确度会发生不同程度的降低。此外还发现了一些频率很低的 SNP、拷贝数变异(copy number variants, CNV)、VNTR,但是一旦出现了这些稀有变异,对于身高的影响是巨大的。

表观遗传与身高之间同样存在关联。KDM5C 基因编码组蛋白 H3 赖氨酸 4 去甲基化酶,携带该基因突变的男性表现为轻度至重度智力障碍、身材矮小。2013 年,加拿大科学家 Daria Grafodatskaya 在携带 KDM5C 突变的男性中发现了特定基因位点的 DNA 甲基化水平显著降低,证明了 H3K4 去甲基化酶的活性不足使 H3K4 甲基化升高,从而使下游靶基因避免从头甲基化。2017 年,芬兰科学家 Juha Kere 在 Silver－Russell 综合征患者 HOXA4 基因的启动子中发现一个低甲基化区域,该区域中多个 CpG 位点在健康儿童中与身高有关。DNA 甲基化数量性状位点(methylation quantitative trait loci, mQTL)指与 CpG 位点的甲基化水平相关的 SNP 位点。2021 年,规模最大的 mQTL 研究发现的 DNA 甲基化数量性状位点中包括已知的身高相关 SNP,这意味着与其相关的 DNA 甲基化位点与身高同样存在相关关系。

以上研究可以看出,大型人群队列的建设对于遗传信息的发掘至关重要。欧美国家先后投入大量资金建立大型人群队列,生物样本库越来越大型化、全面化,并且研究机构之间对生物样本库的共建和共享呈现联盟化趋势。冰岛的 deCODE Genetics 与英国生物样本库(UK Biobank)是欧洲比较著名的生物样本库。冰岛人具有高度的遗传同质性,是遗传学的理想研究对象,deCODE Genetics 公司于 1996 年启动该项目,截至 2019 年,冰岛三分之二以上的成年人口参与了该项目。UK Biobank 于 2007 年建成,收集了约 50 万份英国人群样本。GIANT 协会是由全球 300 多家机构组成的大型全基因组关联分析联盟,目标是通过多人群数据汇集挖掘身高和肥胖等人体测量学性状相关遗传位点。DNA 甲基化遗传学联盟（Genetics of DNA Methylation Consortium，GoDMC）由上百家机构组成，致力于研究 SNP 与 DNA 甲基化之间的关联。

我国生物样本库建设起步并不晚，但是缺乏包含外观表型信息的人群队列样本库，数据库之间的共享也比较困难，因此在表型特征分子刻画研究方面仍处于初始阶段，只能使用欧洲人群中发现的分子标记，准确性受到人群差异的影响。中国慢性病前瞻性研究项目（China Kadoorie Biobank，简称 CKB 项目）是中国医学科学院与英国牛津大学于 2004 年联合开展的慢性病国际合作项目，涉及中国 10 个省（地区）的 51 万余人。由于其关注点是各种慢性病，缺乏外观表型信息。2007 年，复旦大学与泰州医药高新产业园启动泰州市人群健康跟踪研究项目，采集了志愿者的人体测量学数据和脸部图像数据，人群规模约 20 万。基于泰州人群队列，我国的表型特征遗传研究取得了初步的进展。在遗传资源整合方面，中国人类遗传资源平台（National Infrastructure of Chinese Genetic Resources，NICGR）于 2003 年 7 月开始建设，是国家自然资源科技共享平台重要组成部分，后又在其基础上成立了国家人类遗传资源共享服务平台。2011 年，国家发展和改革委员会、财政部、工业和信息化部、卫生健康委员会四部委批复依托深圳华大生命科学研究院建设深圳国家基因库（China National Gene Bank），采用基因信息数据库和生物样本库相结合的建设模式，主要存储管理我国特有遗传资源、生物信息和基因数据，是我国首个国家级综合性基因库。

2015 年 5 月，复旦大学金力院士倡议发起并组织召开了"国际人类表型组研究"香山科学会议，提议发起国际人类表型组计划。2016 年 5 月，复旦大学在上海组织召开"2016 年度谈家桢遗传学国际论坛暨首届国际人类表型组大会"，中国科学院院士金力教授、美国科学院院士、医学院院士、工程院院士、系统生物学研究所 Leroy Hood 教授、英国皇家医学科学院院士 Jeremy Nicholson 教授三位科学家共同发起了启动"国际人类表型组研究计划"的倡议，奠定了我国在国际人类表型组研究中的话语权。2017 年"国际人类表型组计划（一期）"作为首批上海市市级科技重大专项启动。2018 年 10 月，"人类表型组计划国际协作组"和"中国人类表型组研究协作组"成立，初步明确"人类表型组"国际大科学计划的实施路线图、合作机制和组织架构，为国际人类表型组大科学计划在全球范围正式启动实施迈出了关键一步。11 月 1 日，复旦大学获批了上海市科委"一带一路"国际联合实验室项目——"丝路人类学"国际联合实验室，为推动人类表型组国际大科学计划打下基石。12 月，"中国人类表型组研究协作组标准与技术规范工作组"在复旦大学正式成立，来自复旦大学、中国计量科学研究院、中国电子技术标准化研究院、上海计量测试技术研究院和中电集团等单位的 23 位计量和标准化领域专家担任工作组成员，工作组努力推动国际组学大数据质量控制学会（MAQC Society）中国分会成立，并向 ISO 申请成立"人类表型组技术委员会"。2019 年，复旦大学牵头成立的新型研发机构上海国际人类表型组研究院，是组织实施人类表型组国际大科学计划的战略科技力量与核心研究平台，致力于建成推进人类表型组大科学计划的国内外协调机构、战略性科研力量和高质量转化平台。

在国家和上海市支持下，以复旦大学为代表的中国科学家团队，已在人类表型组计划和基础研究中奠定引领优势。张江复旦国际创新中心建成第一个跨尺度、多维度、一站式人类表型组精密测量平台；复旦大学人类表型组研究院建立第一个每人测量 24 000 余个表型的自然人群深度表型组队列；复旦大学和中国科学院团队绘制第一张人类表型组导航图，发现 150 余万个表型之间的强关联，大部分为科学界首次发现；上海国际人类表型组研究院研发建成全球首个人类表型组大数据处理云平台；中国计量科学研究院和复旦大学研发第一套多组学标准物质"中华家系1号"。人类表型组测量方法、质量控制与标准化工作、表型组大数据计算与分析等关键领域都产生了突破性成果。人类表型组研究深入探索基因-环境-表型到个体健康的表型间跨尺度关联，发现疾病起源及多样性，研发并应用新技术和新方法。

2021年，复旦大学徐书华教授团队与马来西亚USCI大学Boon-Peng Hoh教授团队合作，通过全球热带地区近1 000例原住民的基因型数据，系统研究了人群的遗传关系、祖源构成和迁徙历史，并以深肤色为例探索人群适应性进化的遗传机制，基于文献和数据库报道的1 057个色素相关基因和其中103个功能效应明确者，对其在全球人群中的遗传变异模式进行分析，归纳出几种可能的演化模型，并发现了基因水平的趋同进化特征，为理解现代人类表型多样性产生和演化机制提供了参考模型和典型案例。

2022年，中国科学院上海营养与健康研究所汪思佳研究员团队、爱丁堡大学Denis Headon教授团队和金力院士团队联合国内外十余家科研机构首次发现与指纹相关的基因显著富集在肢体发育与形成的相关通路而非皮肤发育相关通路，明确了人类肢体发育相关基因在指纹花纹表型的形成中发挥了关键作用。结合不同的皮纹表型与许多先天遗传性疾病之间的关联，开发了首个基于肤纹表型的唐氏综合征辅助筛查体系，实现了表型到表型的推断。

二、未来与展望

2023年11月1日国际人类表型组计划（二期）启动，将着力解决四个关键问题：升级人类表型组导航图、构建全球表型组科研协同研究平台（Phenobank）、推广表型组学研究范式和加快转化应用，标志着全球科学家可在形成共识的研究框架下共同出发，为解答人类表型及其调控机制这一生命健康的核心问题开展实质性协同攻关。在所有的表型推断问题中，分子标记的选择至关重要。随着资源整合工作的推动，我国有望在将来形成综合的人群队列数据库，足够的样本量可以快速推动表型特征分子刻画研究的进展。容貌是由很多细微特征组合成的整体，深度学习技术在图像学习中具有先天独特优势，将会在未来的面容刻画中发挥巨大作用。结合AI绘图技术可以生成更加形象逼真的面部图像。色素特征推断需要根据中国人群的特点，对色素特征进行合适的分类。由于色素特征相对简单，所使用的分子标记也较少，因此较为简单的模型也能达到较高的准确率。而身高是一种非常复杂的多基因性状，单独一种遗传标记难以进行准确的推断，因此需要进行多组学的关联研究，发现更多的遗传标记。由于预计会使用到相当多的位点数量，神经网络类机器学习方法可能会取得更好的结果。在建成可靠的表型推断体系后，还需要考虑法医检材的适用性。

表型推断还可能涉及伦理问题。当现场检材经分析后将一类人归为"可疑人群"后，调查人员为了排查嫌疑人需要进行大规模的人群筛查。其中会涉及伦理和法律问题：一是被筛查个体是否真正地自愿参与筛查；二是参与筛查的目的为自证清白，这就有悖于无罪推定的司法原则。其次，选用的一些检测位点与疾病相关，这又涉及另一个伦理学问题，是否会造成病人歧视。此外，采用互联网中人脸数据信息进行面部特征提取，或者预测脸与数据库中的人脸具有较高的相似度，可能会侵犯公民相关权益。因此，需要加强相应的制度建设，规范生物检材来源个体表型推断的研究和法医学实践。

第二节 面部特征推断

一、面部特征的种类

人体面部形态特征包括面部整体形态和局部形态。局部特征主要包括眼睛、鼻子、嘴巴和下巴等,涵盖了人脸的主要组成部分。整体特征主要包括脸部的长短或宽窄、唇部形态和下巴的突出与否等尺寸及形状以及一些影响面部特征的微小细节。这些特征具体又可分为变量特征和属性特征。变量特征包括容貌额高(发缘点至鼻根点)、额最小宽(额颞点间距)、鼻宽(鼻翼点间距)、鼻高(鼻根点至鼻下点)、面宽(两颧间距)、眼球与鼻根点间距、眼球间距、下颌角间距、两眼内外宽、眼裂宽、眼裂高、眼裂倾斜度(内外眼角与水平线的夹角)、内眼角间距、眉头间距、口裂宽、全头高(颏下点至头顶点)、容貌面长(发缘点至颏下点)、形态面高(鼻根点至颏下点)、容貌上面高(鼻根点至口裂点)、形态上面高(鼻根点至龈点)、容貌面指数(容貌面长/面宽)、形态面指数(形态面高/面宽)、容貌上面指数(容貌上面高/面宽)、形态上面指数(形态上面高/面宽)等。上述指标是通过面部特征点的距离、角度、比例计算出来的。属性特征包括面型(圆型、椭圆型、方型、下尖型)、酒窝(有或无)、颏型(圆型、尖型、方型)、颧弓(显著、不显著)、眉型(直线型、弯曲型)、眉梢(上翘型、水平型、下垂型)、眉疏密、上眼睑皱褶(单睑型、双睑型、多重睑型)、眼型(圆型、椭圆型、窄型、三角型、不对称型)、眼袋(有或无)、眼裂倾斜度(内外眼角在同一水平、内眼角高于外眼角、内眼角低于外眼角)、鼻孔(不可见型、可见型、显著型)、鼻翼沟(中等、非常明显)、人中沟深度(浅型、深型)、上下唇厚度(厚型、中型、薄型)、口裂形态(口角平齐型、口角上翘型、口角下垂型)等。

面部形态采集方法的精确性直接影响刻画面貌与真实面貌的相似程度。除了传统的手动测量,自动化测量技术也在不断出现。在 Geomagic Studi 软件中构建三维人脸平均模型,并通过参数化处理构建三维人脸模板,使用 MeshLab 软件在模板和样本脸上确定少数易标定的参考点(如双侧内外眼角、双侧口角、鼻尖点),然后基于三维人脸模板,借助 MeshMonk 刚性/非刚性配准算法程序自动确定所有样本面部参考点坐标,作为模板法定点数据进行后续分析。其他未公开发布的软件包括全自动非刚性配准测绘方法,可以从 3D 转 2D 的人脸图像上精确识别面部特征点并计算各项指标,平均均方根误差在 1.7 mm 以内,能够同时对 3D 面部图像的 4 万个数据点进行分析。以及公安部物证鉴定中心开发的三维人脸自动标记及表型提取软件系统可以通过 2D 面部图像向 3D 图像映射,输出 3D 关键点之间的距离、角度等信息。

根据机体功能、胚胎起源学和解剖结构,面部可以划分为不同的区域,这是进化发育生物学中的模块和整合概念。因此除了测量面部地标点得到上述距离、角度指标,还可以通过主成分分析或聚类分析从面部图像中生成新的形状成分再用于模型识别和计算机可视化。每个形状成分分别代表不同面部区域的整体特征,对于面部细节的覆盖度明显高于上述测量特征。此类方法目前多处于实验室探索阶段,并未进行大规模应用。

二、面部特征相关的分子标记

早期研究面部形态相关基因多基于已知涉及面部发育或者影响面部性状的遗传综合征,

如唐氏综合征、唇腭裂和天使综合征等均可出现面部异常。除了上述可以直接影响面部形态发育的基因之外,其他生长发育相关基因,如骨骼发育,对面部表型也会产生影响。通过对相关基因进行测序可发现影响面容的遗传变异。随着芯片测序技术的普及,发现了越来越多的与面部特征相关的变异位点。分别对各项人体测量学指标和主成分分析得到的形状成分进行 GWAS 分析,得到与其相关的遗传标记。表 7-1 列举部分已知的与面部特征相关的遗传标记,主要为 SNP,此外还包括部分 DNA 甲基化位点。

表 7-1 部分已知的与面部特征相关的遗传标记

面部特征	相关分子标记
鼻孔大小	rs927833、rs9995821
鼻高	rs9995821、rs5786757
鼻宽	rs7182802、rs1258763、rs17274880、rs16983329、rs4813454、rs2424399、rs143244089
鼻长	rs118078182
鼻梁高度	rs2092846
鼻根点位置	rs10176525、rs6555969、rs7559271
鼻根点深度	rs11680214、rs10176525、rs11680214、rs10176525、rs1884371
前额突出程度	rs10948192、rs7966340、rs8069947
前额高度	rs10081631
左鼻翼点至上唇中点间距	rs35148853、rs4783815、rs7404301、rs9642796
左鼻翼点至鼻下点间距	rs79732694、rs1966690、rs5753988
右鼻翼点至鼻下点间距	rs4751713、rs2060004、rs12488870、rs56375211
左内眦至左鼻翼点间距	rs6535972
左内眦至鼻根点间距	rs11895863
右内眦至鼻根点间距	rs34032897
鼻根点至鼻尖点间距	rs7325564、rs1989285
眼球与鼻根点间距离	rs7559271、rs16863422、rs1269457、rs974448
眼球间距离	rs17447439、rs805722
前额皱纹	rs78787277(女性)、rs1815191(女性)、rs147991442、rs26722
皱眉纹	rs1803710(男性)
鱼尾纹	rs932539(男性)、rs173662
眉弓突出度	rs11680214、rs1884371、rs10176525、rs4896190、rs7966340
睑裂宽	rs1868752、rs4571950、rs2635140、rs562363
双眼睑	rs12570134、rs1415425
眼裂倾斜度	rs78754071、rs113684415、rs12377833、rs370286690、rs67832371、rs1885364、rs60260736、rs62367758
内眼角间距	rs9530186、rs619686、rs11093404、rs4523152、rs610831、rs75095637、rs609014

续表

面部特征	相关分子标记
外眼角间距	rs201983168、rs3828785、rs8026249、rs11192543、rs12464486、rs1078326、rs73088095
眼尾长度	rs970797、rs3736712、rs8026249
眼裂高度	rs12675712、rs17231256
上眼睑下垂	rs16927253、rs12599182、rs4109293、rs11876749、rs16854624、rs10077083、rs4074869、rs7239297
眉疏密	rs3827760、rs112458845、rs1866188、rs1345417、rs12651896
交连眉疏密	rs2218065、rs3827760、rs7702331、rs1187437
下巴窝	rs62578082、rs1194708、rs17336368、rs112215522、rs6494598、rs2476023、rs10504499、rs72678242、rs17479393、rs10175706、rs6028446、rs13035389、rs59156997、rs4237150、rs4674676、rs17275866、rs55700449、rs12509218、rs11688237、rs7243821、rs11650175、rs2073323、rs4868444、rs11768577、rs1766786、rs10962767、rs73168105、rs6740960、rs7167736、rs10078545、rs11713363、rs199880074、rs56347314、rs80067372、rs12505328、rs11589479、rs2133593、rs12541121、rs7161418、rs1336149、rs2347498、rs11001765、rs12495832、rs141753469、rs145365164、rs4958741
下巴凸度	rs2786116、rs3827760
下巴形态	rs4915551
口裂宽	rs62274696、rs7115108、rs56203676、rs71288019
嘴唇厚度	rs907613、rs1426654
上唇厚度	rs138802801、rs1845631、rs72713618
下唇厚度	rs907613、rs1426654、rs3790553、rs2786116、rs142166760、rs6570789、rs117241547、rs145147495、rs72771288
嘴唇厚度比	rs3790553
嘴唇凸度	rs2786116、rs142166760、rs6570789
人中长度	rs6989377、rs13277797、rs201657578、rs117438382、rs1887596、rs11707813
人中宽度	rs255877、rs2522825、rs117558151、rs6076065、rs2424533
胡须疏密	rs3827760、rs4864809、rs6901317、rs117717824
面部综合形态	rs9995821、rs12644248、rs12908400、rs12909111、rs79909949、rs2821116、rs10238953、rs3827760、rs970797、rs3736712、rs974448、rs16863422、rs12694574、rs974448、rs7559271
面部衰老	cg24069724、cg22811818、cg09781994、cg07939626、cg24280832、cg04826345、cg08334575、cg22674110、cg11824191、cg14518596、cg23449295、cg07416325、cg08456817、cg24775027、cg12405742、cg13893358、cg15635876、cg18506678、cg03066788、cg04207142、cg06990782、cg13582446、cg00669774、cg12536786、cg26333641、cg23811512、cg10766546、cg13012868、cg02116225、cg16564940、cg18402261、cg07050917
局部区域的整体形态	rs58409393、rs56063440、chr3：127963189、rs112643361、chr4：24163580、rs9995821、rs11959408、rs113199279、rs114777090、rs10122939、rs188502472、chr10：1582881、rs242980、rs10878346、rs74112009、rs80243479、rs9603276、rs148390647、rs77926594、rs16983329

三、面部特征预测模型

对于容貌的刻画大致有以下几种方案。

较为传统的方式是分别对与各项变量特征和属性特征相关的分子标记进行检测,然后分别预测各项特征,最后将各项特征叠加到"基本脸"形成预测人脸。首先需要对遗传标记进行进一步的选择,称为特征筛选。通常认为,收集的数据(遗传标记)越多,对研究问题的描述越全面,由此建立的预测模型就越能精准反映遗传与表型的关系,进而会有较高的预测精度。然而,实际情况并非如此,且可能出现如下问题:① 某个遗传标记在特定人群中几乎不发生突变而对建模没有意义;② 某个遗传标记与表型没有较强的相关性(GWAS p 值大于 5×10^{-8})而对预测建模没有意义;③ 由于遗传标记间可能存在共线性,可以相互"替代"。综上所述,预测建模中并非使用的遗传标记越多越好。特征选择不仅能避免过多的数据噪声,有效降低模型的测试误差,还可以降低模型计算的时间和存储复杂度,避免数据在高维下过于稀疏而不利于建模。具体方法有:① 低方差过滤法:若某个罕见突变或异常值对表型有强烈影响,即使方差较小也不建议排除;② 高相关过滤法:GWAS 和 EWAS 都有相应的全基因组显著性阈值,根据一些研究的经验,使用 p 值大于 10^{-5} 的 SNP 位点会降低预测准确度;③ 递归式特征消除(recursive feature elimination, RFE):通过不断排除最不重要的变量而保留最佳变量,该算法需要结合其他机器学习方法同时使用,并且递归式特征消除的效果特别依赖于机器学习方法的选择;④ LASSO 回归、岭回归和弹性网回归:LASSO 回归使用 L1 正则化降低模型复杂度,岭回归使用 L2 正则化,损失函数要小于 LASSO 回归。同时结合了 L1、L2 正则化的算法称为弹性网回归,与上述两种方法一起可以同时进行特征选择和预测建模,但后两种方法的应用最为广泛。可用于预测各项特征的算法有很多种,如逐步回归、支持向量机、随机森林、人工神经网络等。一般认为,特征选择方法与建模方法不一致通常不会取得较好的预测结果。目前对于机器学习算法的选择尚未统一。逐步回归方法过于简单,误差一般大于其他方法。随机森林对于类别较少的分类问题效果较好。人工神经网络适用于拟合复杂函数,在此类研究中较少使用。最终,将各项预测结果在"基本脸"上进行修改得到预测脸。然而其准确性依然有限。

通过对面部主成分分析或聚类分析得到的相关遗传标记,可以直接用于相应面部区域的刻画,也可以进行主成分分析降维后再进行预测,通过将预测的各个区域进行组合,得到预测脸。

上述方法都是通过 DNA 预测面貌形态特征,然后与人脸图像进行匹配。最近开发一种新的 DNA 人脸识别的方法——多重 face-to-DNA 分类器。其将人脸标记为分子特征的类别,包括性别、基因组主成分和个体 SNPs、年龄和 BMI,分类器的输入是来自所选面部片段的形状特征,输出是基因型标记,以此用已知身份的人脸验证或者排除 DNA 图谱。

美国 Parabon 公司通过机器学习练习来预测表型特征。他们使用数学模型和算法来识别大量 DNA 样本和面部图像中的关联。所开发的模型和 Snapshot 试剂盒能够预测血统以及皮肤、眼睛、头发颜色,并合成面部图像。这种技术目前得到一些应用,根据表型结果,相当多的人被定罪和无罪释放,然而到目前为止,Parabon 尚未在任何同行评审期刊上科学地发表其方法论或任何验证测试。在已解决的案例中,多是通过血统、色素特征缩小侦查范围,生成的面部图像仅有某些部位具有相似性,且脸型模板过于固定,不符合实际情况。

传统的机器学习算法难以对整张图像进行学习。以多层感知机为例,学习一张 224×224 像素的 RGB 图像,其输入层有 224×224×3 个感知器,若第一个隐藏层为全连接层且包括 100 000 个感知器,那么第一层需要计算的参数数量为 224×224×3×100 000,使得计算变得十分困难。另一方面,这种计算方法相当于将二维图像展开为一维数据,造成信息丢失。卷积神经网络的出现使得对于图像的学习真正变为现实。通过卷积层和池化层降低二维矩阵大小,同时保留了特征及空间关系。后续全连接层的每一个输入感知器都代表了图像上的局部特征。面部形态恰好是由多个局部组合成的整体。基于以上基础,新的人脸畸形分析技术 Face2Gene 将人脸识别软件与生物知识相结合,实现了对人脸畸形特征的检测,以及从二维人脸照片中识别人脸畸形的模型。DeepGestalt 利用卷积神经网络和计算机可视化对综合征的形态进行识别,输出综合征的优先级列表,最终达到区分综合征的目的,甚至可以识别努南综合征的基因亚型。不仅如此,卷积神经网络还能够学习三维图像。近年来,不断有新的网络结构和机制被提出,为更精准的面容预测提供了可能。

第三节 色素特征推断

一、色素特征的相关分子标记

总结近期相关研究,与色素特征相关的分子标记如表 7-2 所示。

表 7-2 与色素特征相关的分子标记

色素特征	相 关 分 子 标 记
虹膜颜色	rs112747614、rs1129038、rs116359091、rs11957757、rs121908120、rs12203592、rs12335410、rs12543326、rs12552712、rs12614022、rs12896399、rs12913832、rs13016869、rs138777265、rs1393350、rs141318671、rs1426654、rs147068120、rs1667394、rs16891982、rs1800407、rs2095645、rs2748901、rs2854746、rs341147、rs348613、rs35051352、rs351385、rs3809761、rs3912104、rs4521336、rs4790309、rs5957354、rs622330、rs62330021、rs6693258、rs6696511、rs6828137、rs6910861、rs6944702、rs6997494、rs7183877、rs72777200、rs72928978、rs73488486、rs74409360、rs761063、rs78542430、rs790464、rs9301973、rs9971729、rs4778218、rs17184180、rs1126809、rs13297008、rs11636232、rs7494942、rs28784029、rs111458470、rs4778138、rs11855019、rs4778241
头发颜色	rs12913832、rs17305573、rs26722、rs121918166、rs16891982、rs62389423、rs6059655、rs34357723、rs1805007、rs1805008、rs1805006、rs11547464、rs575866787、rs116927526、rs555179612、rs72917317、rs12821256、rs941799、rs4904871、rs72930659、rs12448464、rs1805005、rs1800347、rs1110400、rs1042602、rs1126809、rs3829241、rs750192、rs12883151、rs12203592、rs2762461、rs1129038、rs121918170、rs2302898、rs12896399、rs1393350、rs1540771、rs1667394、rs1800407、rs1805009、rs2402130、rs28777、rs4959270、rs683、rs7495174、rs2228479、rs885479、rs2378249
头发变白	rs1005241、rs10928235、rs1127228、rs12203592、rs164741、rs1683723、rs2361506、Face2416699、rs2814331、rs45483393、rs59733750、rs68088846、rs7680591
皮肤颜色	rs10424065、rs1042602、rs10756819、rs10777129、rs10809826、rs11070627、rs1110400、rs11230664、rs112332856、rs1126809、rs1126809、rs1129038、rs11547464、rs11637235、rs12193832、rs12203592、rs12441727、rs12821256、rs12896399、rs12896399、rs12913316、rs13289、rs1375164、rs1393350、rs1408799、rs1426654、rs1448484、rs1470608、rs1540771、rs1545397、rs1667394、rs1667394、rs16891982、rs17128291、rs1800404、rs1800407、rs1800414、rs1805006、rs1805007、rs1805008、rs2228479、rs2238289、rs2240751、rs2378249、rs2402130、rs2424984、rs2470102、rs2675345、rs28777、rs2924566、rs3114908、rs3212355、rs34803545、rs3829241、rs4775730、rs4778219、rs4778249、rs4932620、rs56203814、rs6058017、rs6059655、rs6119471、rs6497271、rs6497292、rs6510760、rs683、rs7495174、rs7866411、rs7948623、rs8041414、rs8051733、rs885479
眉毛颜色	rs12203592、rs12883151、rs16891982、rs2369633、rs4778237、rs6059655、rs7494942、rs75570604

二、色素特征预测模型

对色素特征的预测已经比较成熟和准确。HIrisPlex-S 体系可以对蓝色、中间色和棕色 3 种虹膜颜色,棕色、红色、黑色和金黄色(在颜色深浅方面也分为浅色和深色) 4 种头发颜色和浅白色(very pale)、白色、中间色、黑色和暗黑色 5 种皮肤颜色进行区分,并且提供了在线预测工具(https://HIrisPlex.erasmusmc.nl/)。其输出结果为各个类别的概率,通过比较这些概率可以推测出皮肤颜色更倾向于白色或深色,或者是否容易晒黑。该体系在对欧洲人群的验证中取得了较高的准确性。预测肤色的受试者工作特征曲线下面积(area under the receiver-operating characteristic curve,AUC)为 0.72~0.97,预测眼睛、头发、皮肤颜色的准确率分别为 88%、78% 和 95%。AUC 可以评价分类器的优劣,其范围是 0~1,一般认为 AUC 为 1 时,是完美分类器;在 0.85~0.95 时,效果很好;在 0.7~0.85 时,效果一般;在 0.5~0.7 时,效果较差;AUC 为 0.5 时,跟随机猜测一样,模型没有预测价值;AUC 小于 0.5,比随机猜测还差,但只要总是反预测而行,就优于随机猜测。HIrisPlex-S 体系在中国人群中的准确性也较好。鉴于中国人群普遍具有棕色眼睛与黑色发色的特征,这两种表型的预测准确率很高。针对中国人群的肤色特性进行肤色分类调整后,所获得的 AUC 值介于 0.61 至 0.8 之间,该数值仍低于欧洲人群的相应结果。脸颊肤色的推断效果优于上臂。由于眼睛和头发颜色相关位点是基于欧洲人群发现的,对亚欧混合人群有一定应用价值,但在东亚人群中的应用有限。后续研究需要进一步筛选和验证中国人群色素相关的遗传位点,确定适合中国人群的色素分类标准。

VISAGE Enhanced Tool for Appearance and Ancestry 可以同时预测眼睛、头发、皮肤、眉毛颜色以及雀斑、头发形状和男性秃顶,以及生物地理祖先信息;其预测眼睛、头发、皮肤颜色的位点来自 HIrisPlex-S 体系,预测眉毛颜色的位点来自 Peng 等人的研究,金黄色、黑色、棕色眉毛的 AUC 值分别为 0.7、0.68 和 0.62。

第四节 身 高 推 断

一、身高相关分子标记

总结近期相关研究,与身高相关的分子标记如表 7-3 所示。

表 7-3 与身高相关的分子标记

类型	与身高相关的分子标记
SNP	rs3816804、rs16895971、rs724016、rs724577、rs10860834、rs7690457、rs2780226、rs3791679、rs13379905、rs143384、rs4308051、rs7588259、rs16964258、rs17038164、rs757608、rs10946808、rs11205277、rs36112366、rs2273182、rs16859517、rs2057291、rs6437055、rs2070776、rs7675744、rs3769528、rs6569647、rs3825199、rs11633301、rs798486、rs710839、rs11082304、rs11155813、rs1891308、rs7689420、rs9435734、rs2445761、rs606452、rs1039027、rs7163907、rs4320932、rs5754189、rs10797938、rs3843751、rs4733724、rs12338076、rs2573650、rs10120219、rs3751599、rs878049、rs2542504、rs395962、rs1540824、rs13085429、rs3751700、rs1418553、rs1805165、rs10876470、rs28536742、rs10748128、rs2288378、rs7697556、rs4868125、rs2498852、rs10878322、rs2910875、rs6765930、rs1022523、rs9328401、rs4677150、rs1042630、rs2282986、rs2237886、

续表

类型	与身高相关的分子标记
SNP	rs17179670、rs7291040、rs12669267、rs2002028、rs10793928、rs8039718、rs1007358、rs13436401、rs16893787、rs2280076、rs2227901、rs4297664、rs17018786、rs12089747、rs8089472、rs246185、rs1483733、rs1330062、rs10483727、rs16960943、rs879064、rs11243976、rs6124577、rs4075155、rs4282339、rs11694842、rs8031580、rs12459870
CNV	16p11.2 区域 600 kb BP4-BP5 缺失、1q21.1 远端重排、11 号染色体 26.97~27.19 Mb 的 220 kb 区域、3q29 的一个 212 kb 区域
VNTR	ACAN 基因、TENT5A 基因
DNA 甲基化	cg00962913、cg08478074、cg09683824、cg13319175、cg16523380、cg19367540、cg23027583、cg26011014、cg00043095、cg01050423、cg06264984、cg09617556、cg13402698、cg14260773、cg15988232、cg21557407、cg02524475、cg24869535、cg00359661、cg04452713、cg07927379、cg07955995、cg08097417、cg08898155、cg13985767、cg14361627、cg24524634、cg02172579、cg05234151、cg12180191、cg14206626、cg15507334、cg18180783、cg22770911、cg02364642、cg06630241、cg10810799、cg17182048、cg07386898、cg12476735、cg16954223、cg08074621、cg08082299、cg02829706、cg05590257、cg12379452、cg14701504、cg19995964、cg25204852、cg06678890、cg16673929、cg17344906、cg23534245

注：此处仅列举部分东亚人群中的最相关位点。

二、身高预测模型

Louis Lello 等使用 LASSO 算法进行身高推断。首先对所有检测的 SNP 进行单变量回归，根据 p 值先选择前 10 万个位点。如上所述，LASSO 算法可以同时筛选位点与建模。当模型中纳入约 2 万个 SNP 位点时基本达到最佳结果，预测身高与实际身高的相关性 r 约为 0.65。

Loic Yengo 等使用 12 111 个 SNP 位点，使用多基因评分（polygenic scores，PGS）方法在欧洲人群中预测准确性 R^2 达到 0.401，达到了预估的 SNP 在身高中可解释的方差比例。

公安部物证鉴定中心使用欧洲人群中识别的 697 个身高相关 SNP 对 687 名欧亚混血进行身高预测。定量预测使用线性回归，五折交叉验证平均 R^2 为 10.08%；二元分类（高、矮）预测使用逻辑回归，平均 AUC 值为 0.65。志越胜等人使用在中国人群中经过验证的 22 个 SNP 位点进行身高推测，使用 PGS 方法，二元分类模型的 AUC 为 0.67。

Monica Ortega Llobet 等使用蛋白质和 DNA 甲基化进行身高预测，使用 R 语言程序包 glmnet 建立模型。基于蛋白质的均方根误差男性 5.7 cm，女性 5.2 cm，男女整体为 6.4 cm；相关性 r 男性 0.73，女性 0.68，男女整体 0.66。基于 DNA 甲基化的均方根误差男性 6.7 cm，女性 5.7 cm，男女整体为 6.2 cm；相关性 r 男性 0.53，女性 0.59，男女整体为 0.78。同时基于蛋白质和 DNA 甲基化的均方根误差男性 6.7 cm，女性 5.7 cm，男女整体为 6.4 cm；相关性 r 男性 0.57，女性 0.61，男女整体为 0.75。

第五节 典型案例点评

French 夫妇谋杀案

【案情简介】

2012 年 2 月 4 日凌晨，Troy 和 LaDonna French 夫妇被枪杀在家中。当时他们听到女儿

Whitley 的尖叫声,并且从楼下的卧室冲出来帮助女儿时,嫌疑人冲下楼梯,将刀换成口袋里的手枪后,射杀了这对夫妇。嫌疑人在逃跑过程中操作不慎,被自己的刀具割伤,在楼梯扶手上留下了血迹。

【调查过程】

根据楼梯上的血迹,警方得到了完整的 DNA 图谱,其与经常出入 French 家的人都不匹配,包括 Whitley 及其兄弟和男友 John Alvarez,因此可能是嫌疑人留下的。也与任何 DNA 数据库中的图谱不匹配。传统的法医 DNA 分析只能确认嫌疑人是男性。警方采集了可能进入过 French 家中或附近的人的 DNA 样本。超过 50 人提供了 DNA 样本却没有一个样本与嫌疑人相符。在北得克萨斯大学进行的家系 DNA 检测显示,嫌疑人可能与 John Alvarez 有亲属关系。但是在随后进行的 Y-STR 分析否定了共同父系关系。似乎排除了 John Alvarez 的父亲和兄弟的嫌疑。Parabon 公司的分析表明嫌疑人有白皙或非常白皙的皮肤,棕色或淡褐色的眼睛,深色的头发,几乎没有雀斑。面部形态分析表明,嫌疑人面部结构较宽,鼻子和下巴不突出。重要的是,受试者具有混合血统,欧洲和拉丁裔血统各占约 50%。这些预测特征与 John Alvarez 的兄弟 José Alvarez Jr. 高度一致。进而采集了 José Alvarez Jr. 和他的父亲 José Alvarez Sr. 的 DNA 样本。常染色体 STR 分析毫无疑问地证明,French 家楼梯扶手的血迹来自 José Alvarez Jr.。

思考题

1. 法医 DNA 表型包括哪些方面?
2. 人类表型组计划的目的和意义?
3. 皮肤色素特征相关联的遗传标记有哪些?
4. 法医 DNA 表型推断使用的遗传标记是否越多越好?
5. 卷积神经网络在容貌刻画方面有哪些优势?
6. 身高推断是否存在性别差异?
7. 面部特征推断的挑战有哪些?
8. 如何处理复杂性状研究中的混杂因素?

参考文献

[1] Liu F, van der Lijin F, Schurmann C, et al. A genome-wide association study identifies five loci influencing facial morphology in Europeans. PLoS Genet, 2012, 8(9): e1002932.

[2] Paternoster L, Zhurov A I, Torna A M, et al. Genome-wide association study of three-dimensional facial morphology identifies a variant in PAX3 associated with nasion position. Am J Hum Genet, 2012, 90(3): 478-485.

[3] Zhang M, Wu S, Du S, et al. Genetic variants underlying differences in facial morphology in East Asian and European populations. Nat Genet, 2022, 54(4): 403-411.

[4] Guo J, Tan J, Yang Y, et al. Variation and signatures of selection on the human face. J Hum Evol, 2014, 75: 143-152.

[5] Walsh S, Lindenbergh A, Zuniga S B, et al. Developmental validation of the IrisPlex system: determination of blue and brown iris colour for forensic intelligence. Forensic Sci Int Genet, 2011, 5(5): 464-471.

[6] Wollstein A, Walsh S, Liu F, et al. Novel quantitative pigmentation phenotyping enhances genetic association, epistasis, and prediction of human eye colour. Sci Rep, 2017, 7: 43359.

[7] Valverde P, Healy E, Jackson I, et al. Variants of the melanocyte-stimulating hormone receptor gene are associated with red hair and fair skin in humans. Nat Genet, 1995, 11(3): 328-330.

[8] Sulem P, Gudbjartsson D F, Stacey S N, et al. Genetic determinants of hair, eye and skin pigmentation in Europeans. Nat Genet, 2007, 39(12): 1443-1452.

[9] Walsh S, Chaitanya L, Clarisse L, et al. Developmental validation of the HIrisPlex system: DNA-based eye and hair colour prediction for forensic and anthropological usage. Forensic Sci Int Genet, 2014, 9: 150-161.

[10] Liu F, Visser M, Duffy D L, et al. Genetics of skin color variation in Europeans: genome-wide association studies with functional follow-up. Hum Genet, 2015, 134(8): 823-835.

[11] Chaitanya L, Breslin K, Zuniga S, et al. The HIrisPlex-S system for eye, hair and skin colour prediction from DNA: Introduction and forensic developmental validation. Forensic Sci Int Genet, 2018, 35: 123-135.

[12] Visscher P M, Medland S E Ferreira M A et al. Assumption-free estimation of heritability from genome-wide identity-by-descent sharing between full siblings. PLoS Genet, 2006, 2(3): e41.

[13] Wood A R, Esko T, Yang J, et al. Defining the role of common variation in the genomic and biological architecture of adult human height. Nat Genet, 2014, 46(11): 1173-1186.

[14] Yengo L, Sidorenko J, Kemper K E, et al. Meta-analysis of genome-wide association studies for height and body mass index in ~700000 individuals of European ancestry. Hum Mol Genet, 2018, 27(20): 3641-3649.

[15] Yengo L, Vedantam S, Marouli E, et al. A saturated map of common genetic variants associated with human height. Nature, 2022, 610(7933): 704-712.

[16] Owen D, Bracher-Smith M, Kendall K M, et al. Effects of pathogenic CNVs on physical traits in participants of the UK Biobank. BMC Genomics, 2018, 19(1): 867.

[17] Mukamel R E, Handsaker R E, Sherman M A, et al. Protein-coding repeat polymorphisms strongly shape diverse human phenotypes. Science, 2021, 373(6562): 1499-1505.

[18] Grafodatskaya D, Chung B H, Butcher D T, et al. Multilocus loss of DNA methylation in individuals with mutations in the histone H3 lysine 4 demethylase KDM5C. BMC Med Genomics, 2013, 6: 1.

[19] Muurinen M, Hannula-Jouppi K, Reinius L E, et al. Hypomethylation of HOXA4 promoter is common in Silver-Russell syndrome and growth restriction and associates with stature in healthy children. Sci Rep, 2017, 7(1): 15693.

[20] Min J L, Hemani G, Hannon E, et al. Genomic and phenotypic insights from an atlas of genetic effects on DNA methylation. Nat Genet, 2021, 53(9): 1311-1321.

[21] Deng L, Pan Y, Wang Y, et al. Genetic connections and convergent evolution of tropical indigenous peoples in Asia. Mol Biol Evol, 2022, 39(2): msab361.

[22] Li J, Glover J D, Zhang H, et al. Limb development genes underlie variation in human fingerprint

patterns. Cell, 2022, 185(1): 95-112.

[23] Peng S, Tan J, Hu S, et al. Detecting genetic association of common human facial morphological variation using high density 3D image registration. PLoS Comput Biol, 2013, 9(12): e1003375.

[24] Llobet M O, Johansson A, Gyllensten U, et al. Forensic prediction of sex, age, height, body mass index, hip-to-waist ratio, smoking status and lipid lowering drugs using epigenetic markers and plasma proteins. Forensic Sci Int Genet, 2023, 65: 102871.

第八章　生物检材来源个体年龄推断

年龄属于个体的外部可视特征(externally visible characteristics, EVCs),生物检材的个体年龄推断是法医 DNA 表型推断(forensic DNA phenotyping, FDP)的重要内容之一。法医学实践中,当参考样本和 DNA 数据库均无法提供匹配信息时,现场生物检材的个体年龄推断可极大缩小犯罪嫌疑人的搜索范围,对犯罪调查具有重要意义。此外,个体年龄推断还具有以下应用价值:① 辅助重大灾难事故中身份不明遗体的鉴定;② 提高其他年龄相关 EVCs(如秃顶、皮肤皱纹等)预测的准确性;③ 对法医 DNA 数据库的人员身份信息进行辅助确认,保证入库数据的准确性;④ 青少年是否具有相应的民事或刑事责任能力的年龄判断;⑤ 为欺诈性事件(如竞技体育中谎报年龄、未成年难民寻求庇护等)提供年龄信息。

传统法医学主要采用人类学方法,根据骨骼、牙齿等组织形态学指标的随年龄变化特征推断个体的年龄。尽管该方法已比较成熟,但仍存在推断误差较大、经验性较强以及当骨骼、牙齿等组织缺失时应用受限等问题。通常,案发现场遗留的生物检材大多为各种类型的体液斑、脱落细胞或组织碎片等,如何通过这些非骨骼、牙齿生物检材推断其来源个体的年龄是目前法医物证鉴定的任务之一。

第一节　年龄相关生物标记

近年来,随着分子生物学的发展以及对生长发育和衰老过程认识的不断深入,一系列衰老相关的生物标记物相继被发现,主要包括线粒体 DNA 4 977 bp 缺失、晚期糖基化终末产物(advanced glycation end products, AGEs)含量、端粒长度、蛋白质中 D-天冬氨酸比例、信号结合 T 细胞受体删除环(signal joint T-cell receptor excision circles, sjTRECs)丰度、RNA 表达水平以及 DNA 甲基化(DNA methylation, DNAm)水平等,并据此提出了"分子年龄"这一新概念。

一、线粒体 DNA 氧化损伤及片段缺失

线粒体氧化磷酸化的过程中,有少量的摄入氧可转化为氧自由基,与碱基形成 8-羟基脱氧鸟苷(8-hydroxy-2′-deoxyguanosine, 8-OHdG)等碱基结合物,后者的大量产生会引起 DNA 复制过程中的碱基错配。因缺乏组蛋白保护及有效的修复机制,长期暴露于高氧自由基环境下的线粒体 DNA 易遭受氧化损伤,其氧化损伤率较核 DNA 高 16 倍以上。线粒体 DNA 受损突变可引起相关蛋白质亚单位合成障碍,形成有缺陷的呼吸链,造成细胞供能不足而出现器官的衰老。

多项研究证实了线粒体 DNA 氧化损伤与衰老的密切关系。线粒体 DNA 氧化损伤的标志性产物 8-羟基脱氧鸟苷的含量及线粒体 DNA 缺失均随着年龄的增长而增加,且 8-羟基脱氧鸟苷的含量和线粒体 DNA 缺失之间具有明显的相关性。常见线粒体 DNA 损伤类型有片段缺

失、单碱基损伤和小片段重复,其中片段缺失最常见,而4 977 bp 片段缺失率最高。不同年龄个体心肌线粒体 DNA 中,老年个体 4 977 bp 缺失率高达70%,而青少年个体缺失率几乎为零。不同年龄个体骨骼肌线粒体 DNA 的 4 977 bp 缺失率与年龄相关系数可达到 0.8 以上。因此,线粒体 DNA 片段缺失可作为法医学年龄推断的生物标志物。此外,线粒体单碱基损伤和小片段重复也与年龄相关。例如,牙本质线粒体 DNA 突变与年龄密切相关,且存在人群差异。

因此,不同线粒体 DNA 损伤类型均与年龄有关,未来需进行多种群、多组织、多中心的定性和定量研究,进一步明确线粒体与年龄的关系,探讨利用线粒体 DNA 损伤进行年龄推断的法医学价值。

二、晚期糖基化终末产物含量

晚期糖基化终末产物(AGEs)是体内糖的醛基或酮基与蛋白质、核酸等自由氨基经过非酶促反应形成的大分子物质。衰老组织中 AGEs 的累积会导致炎症、细胞凋亡和其他与年龄相关的疾病。

正常人体内 AGEs 的水平随年龄的增加不断升高。目前研究最多的 AGEs 是戊糖素和羧甲基赖氨酸。研究发现,未满 20 岁的人(软骨未发育完全)其关节软骨胶原中的 AGEs 水平很低,而成年后(>20 岁)其软骨胶原中羧甲基赖氨酸和戊糖素随年龄的增长分别增加了 27 倍和 33 倍。不同年龄尸体海马组织锥体神经元的 AGEs 与年龄的相关系数高达 0.91,因此可通过检测人体海马组织 AGEs 含量推断未知尸体年龄。不同年龄个体牙本质 AGEs 含量与年龄相关系数高达 0.94,因此可检测个体牙本质 AGEs 含量推断个体年龄,但糖尿病患者的 AGEs 含量极高,限制了通过检测牙本质 AGEs 进行年龄推断的适用性。体内 AGEs 易受众多因素影响,如疾病、种族、性别、组织特异性等,未来需进行大样本、多中心的研究予以明确。

三、端粒长度

端粒是线性染色体末端的保护性核蛋白结构,具有维持染色体结构完整和控制细胞分裂周期的作用。人类细胞的端粒是由数量可变的串联重复序列(TTAGGG)$_n$ 与 shelterin 蛋白复合物结合而成的帽状结构。而端粒整体经过卷曲、回环形成端粒环(telomere loops, T - loops),从而将染色体尾端隔离;而端粒环最尾端单链 DNA 结构嵌入端粒双链 DNA 中形成一段三链结构的置换环(displacement loop, D - loop)。端粒的这种结构对维持染色体结构的稳定、防止染色体末端的融合起着重要作用。细胞在每次复制过程中都可能会丢失末端序列,因此细胞每一次有丝分裂都可能有一段端粒序列丢失。随着正常细胞不断进行分裂、增殖,端粒长度逐渐缩短,直到细胞凋亡,因而认为端粒长度可以用来衡量衰老。虽然细胞衰老并不完全等同于机体的衰老,但以往研究在细胞衰老和机体衰老过程中均观察到了端粒的缩短现象,因此端粒长度是衰老研究的重要生物标志物。

除大脑皮质、灰质、心肌细胞、生殖细胞外,人体几乎所有体细胞端粒长度会随时间的延长而缩短。假设某种体细胞端粒长度随时间均匀缩短,那么可以通过测量该细胞端粒初始长度和端粒年缩短速率来推算个体的年龄。在进行端粒长度的个体年龄推断时,还需要考虑种族、性别是否能带来的端粒长度的变异,有研究表明中国汉族和藏族外周血白细胞端粒长度变化并无差异,但性别之间存在阶段性差异。正常脑皮质、脑灰质、心肌细胞端粒长度终身变化不明显,但心肌肥大病变的心肌细胞端粒长度年缩短率约为 20 bp;其他组织器官端粒长度随时间呈现阶段性变化趋势,且所有端粒长度年缩短率在100 bp以下,其中,肾皮质端粒年缩短速率最小(约10.8 bp/年),甲状腺和甲状旁腺年缩短率最大(约94 bp/年)。

利用现场常见的物证检材,如血液、唾液等,提取DNA测定端粒长度推断年龄也是法医年龄推断的重要部分。国内外多项研究采用不同检测方法对不同年龄个体血样端粒长度进行了定量研究,构建其与年龄之间的数学模型,平均绝对误差达到7~9.8岁,女性和男性样本的平均绝对误差分别为5.79岁和9.77岁。唾液斑中口腔上皮细胞端粒长度变化也有年龄相关性,随年龄增加而缩短,并且呈规律性改变,且不同采集方式及不同放置时间的样本端粒长度无明显差异,说明唾液斑中口腔上皮细胞端粒长度具有一定的稳定性,可通过唾液斑中口腔上皮细胞端粒长度推断个体年龄。除了常规检材外,也有研究检测牙齿样本DNA的端粒长度,发现牙齿的端粒长度与年龄呈负相关,且男性的相关性高于女性,依据牙齿端粒长度推断年龄的平均绝对误差约9.85岁。

利用端粒长度推断个体年龄仍面临一些挑战:首先,测量端粒长度的方法重复性差,端粒长度的测量结果难以精确;其次,端粒长度存在一定的个体差异,也会受社会心理因素、行为习惯因素、环境因素、肿瘤和疾病因素以及其他因素的影响,使得分析不同个体之间数据的复杂性大大增加;最后,端粒长度具有组织特异性,不同类型组织细胞的端粒长度可能存在一定差异。通过对大样本人群研究,能够对端粒长度及其影响因素进行纵向分析,可能有助于我们更好地阐明端粒长度随年龄变化的规律,为理解端粒长度变化与年龄之间的关系提供更清晰的研究思路。总之,血痕、精斑、唾液及毛发等常见生物检材的端粒长度测量方法及相关数据都不够完善,有待于进一步研究。

四、蛋白质中D-天冬氨酸比例

氨基酸外消旋化(amino acid racemization, AAR)是指体内合成的L型氨基酸随着时间推移会逐渐转化为D型氨基酸,是蛋白质生理老化的必然结果。研究表明,天冬氨酸外消旋化有明显的年龄依赖性。最初的研究发现人体牙釉质中天冬氨酸外消旋率与年龄存在相关性,但平均绝对误差较大(±6.2~±8.7岁)。后来的研究发现人体牙本质中氨基酸外消旋率较牙釉质与年龄的相关性程度高、稳定性好,认为牙本质中天冬氨酸外消旋率较其他种类氨基酸更适合于年龄推断。人体牙本质天冬氨酸外消旋化与年龄的相关系数高达0.95~0.98,平均绝对误差可控制在2.6~4岁以内,且不存在种族差异,因而牙本质天冬氨酸外消旋化可能成为个体年龄推断的生物标志物。

五、信号结合T细胞受体删除环(sjTRECs)丰度

T细胞受体删除环(T-cell receptor rearrangement excision circles, TRECs)是T细胞受体基因重排过程中删除的DNA环,可作为最近从胸腺输出初始细胞的标记。体内可产生两种不同类型的TRECs,即信号结合TRECs(signal joint TRECs, sjTRECs)和编码结合TRECs(coding joint TRECs, cjTRECs)。过去认为胸腺随年龄增加逐渐萎缩过程中,输出初始T细胞的功能逐渐丧失,成年时胸腺已无功能。国内学者对不同年龄个体外周血中sjTREC含量进行了定量研究,发现外周血sjTREC含量随年龄增长逐渐减少,性别差异不显著,年龄与外周血sjTREC水平呈显著负相关。不同年龄个体外周血痕中sjTRECs含量也随年龄增长而降低,利用sjTRECs丰度推断血痕个体年龄的准确率可达到76.67%。平均绝对误差约为8.0岁。

六、RNA 表达水平

1. mRNA 表达水平

早些时候,国外学者比较了长寿老人与年轻个体转录组的表达情况,发现了外周血中 12 个与年龄相关的基因,包括了 4 个基因表达上调和 8 个基因表达下调,例如叉头样转录因子 O4(FOXO4)在 80~99 岁人群呈上调趋势,热休克蛋白 8(HSPA8)呈现下调趋势。后来,国内学者发现人外周血 FoxO3a mRNA 表达随年龄的增长而逐渐增加,具有良好的相关性($r=0.841$)。随后的研究利用 XPG、ERCC1 和 XPF 基因表达推断法医学年龄,发现 XPG 基因在外周血单核细胞的相对表达量在低龄段内随年龄增加而下降。另一项研究则发现了 222 个 mRNAs 具有时序性,其中 69.4% 与年龄呈负相关,并且对其中 9 个相关性最高的 mRNAs 标记(神经细胞黏附分子、肌动蛋白结合 LIM 蛋白 1、神经系统富亮氨酸重复 3、神经源性表皮生长因子样分子 2、头蛋白、C-C 家族趋化因子受体-7、腺苷酸激酶 5、溶质载体家族 16 成员 10 和补体因子 H)进行了深入研究,结果发现只有补体因子 H 表达量随年龄增长而增高,其余 8 个候选基因 mRNAs 的表达量均随年龄增长而降低。根据一项基于 14 983 例外周血样本的转录组测序数据的 Meta 分析结果,共有 1 497 个基因的表达随年龄改变,基于它们的表达量变化可以计算出转录组年龄,表明转录组标记可用于年龄的推断。随后的一项研究利用机器学习算法基于人真皮纤维母细胞的 RNA 测序图谱构建了年龄推断模型,平均绝对误差为 4 岁左右。虽然 mRNA 表达具有较好的年龄相关性,但其稳定性差,极易被环境中的核酸外切酶降解,因此并不是法医生物检材个体年龄推断的理想标记。

2. 非编码 RNA 表达水平

(1) 环状 RNA(circular RNAs, circRNAs)　circRNAs 是一种长链非编码 RNA,为单链环形结构,无游离的 5′端或 3′端,广泛存在于真核生物体内,比线性 RNA 更稳定,可能更加适用于法医降解检材。研究表明 circRNAs 表达具有明显的时空特异性。人类外周血中 circFOXO3 和 circEP300 在至少一种人类衰老细胞类型中呈现差异化表达。国内学者采用芯片技术比对了老年人和青年人中 circRNAs 表达异同,结果发现 circRNA100783 的表达与 CD8+ T 细胞衰老有关,可作为推断个体年龄的生物标志物。该学者后来利用 RNA-Seq 测序及 RT-PCR 技术对 13 名 20~62 岁的志愿者外周血 circRNAs 表达水平进行研究,筛选出 23 个与年龄具有显著相关性的 circRNAs,认为 circRNA 可以作为一种新的生物标志物用于个体年龄的预测。该学者最终筛选出了 5 个年龄相关性 circRNAs,构建了多种机器学习模型推断年龄,其中随机森林模型在测试集上预测误差为 9.126 岁。

(2) 微小 RNA(microRNAs, miRNAs)　miRNAs 是一类长约 18~22 nt 的非编码小 RNA,通过碱基配对机制,广泛调节包括代谢及衰老在内的众多生物过程。目前,已有多项研究发现了在人血中具有年龄相关性表达变化的 miRNAs。例如,5 个 miRNAs(miR-29b、miR-106b、miR-130b、miR-142-5p 和 miR-340)表达水平在个体衰老过程中下调,而 miR-92a、miR-222 和 miR-3753 随个体衰老表达上调,验证了 miRNAs 的表达具有时序性。在外周血单核细胞 miRNAs 中,大多数 miRNAs 含量与年龄呈负相关,其中 miR-103、miR-107、miR-130a、miR-155、miR-24、miR221、miR-496、miR-1538 水平随年龄降低最明显,为法医学年龄推断提供了新思路。例如,某研究通过对 5 221 名个体的外周血进行 miRNAs 表达量的研究,发现了 127 个与年龄相关的 miRNAs 标记物,其中 103 个 miRNAs 标记物与年龄呈负相关,24 个 miRNAs 标记物与年龄呈正相关。miRNAs 的长度较短,不易受到理化因素的影响发生降解,适用于陈旧检材、高腐样本以及微量检材,且兼具时序性等特点,成了年龄推断新兴标记物。

七、DNA 甲基化(DNAm)水平

DNAm 修饰是一种极为常见且重要的表观遗传现象,主要发生于 CpG 二核苷酸中的胞嘧啶碱基,即 5-甲基胞嘧啶(5-methylcytosine,5-mC)。DNAm 水平随年龄发生改变这一现象很早即受到关注。20 世纪 80 年代初即发现,体外培养的人、田鼠及小鼠成纤维细胞 DNA 中的 5-mC 含量随细胞分裂次数的增加而降低。体内实验同样证实了人类 T 细胞和外周血白细胞中的 5-mC 含量均随年龄增长而降低。最早发现的年龄相关启动子区 CpG 岛甲基化是人结肠组织 *ESR1* 基因,年轻个体几乎检测不到该基因的甲基化,以后随着年龄的增长而逐渐升高。随后,一些其他基因(如 *IGF2*、*hMLH1*、*ITGAL*、*p16* 等)启动子区 CpG 岛甲基化水平也相继被发现具有随年龄升高趋势。由此揭开了 DNAm 年龄推断研究的序幕。现已证实,基因组 DNAm 总体水平随年龄增长而降低,但许多基因或基因组区域的 DNAm 水平随年龄增长可呈高甲基化或低甲基化改变。迄今,已有大量年龄相关的 DNAm 标记相继被发现,并据此建立了各种各样的年龄推断模型用于不同类型生物检材的个体年龄推断。

虽然上述年龄相关生物标记物均具有随年龄变化特征,可用于生物检材个体年龄推断,但在推断精度、可重复性、稳定性、适用生物检材类型等方面各具优势和不足。例如,应用 mtDNA 4 977 bp 缺失和 AGEs 含量难以推断<20 岁个体的年龄;平均端粒长度的测量结果则难以精确;天门冬氨酸外消旋化仅在牙本质中效果较好,但对老年个体年龄预测误差偏大;sjTRECs 定量是血样年龄推断较可靠的方法,但利用这种单一指标推断年龄误差较大,且不适用于其他生物检材;mRNA 表达虽具有良好的年龄相关性,但其稳定性差、极易降解,故并非法医生物检材个体年龄推断的理想标记;非编码 RNA 年龄推断研究还不够充分和深入,缺乏大样本的验证,更多年龄相关性非编码 RNA 分子还有待进一步挖掘和探索;DNAm 年龄推断会受到疾病、生活习惯和环境因素的影响。总体而言,DNAm 标记因具有推断精度高、适用生物检材类型广的优势,被认为是目前最理想的个体年龄推断指标。

第二节 DNA 甲基化与个体年龄推断

表观遗传学(epigenetics)是研究发育和细胞分化过程中,不涉及 DNA 序列的基因功能持久变异现象,即在不发生 DNA 序列改变的情形下,由 DNAm、染色质结构状态等因素改变,使基因功能发生可遗传的变化并最终导致表型变异的遗传现象和本质。DNAm 是最早被发现、也是研究最深入的表观遗传调控机制之一。

一、DNA 甲基化概述

DNAm 是指在 DNA 甲基转移酶(DNA methyltransferases,DNMTs)的催化作用下,以 S-腺苷甲硫氨酸(S-adenosyl methionine,SAM)作为甲基供体,将其甲基基团共价结合到 DNA 分子 CpG 二核苷酸中胞嘧啶环的第五位碳原子上,形成 5-甲基胞嘧啶(5-mC)的化学修饰过程(图 8-1)。哺乳动物基因组 DNA 中 5-mC 约占胞嘧啶总量的 2%~7%。DNA 甲基化是存储表观遗传信息的主要形式,被比喻为 DNA 分子中的"第五碱基"。

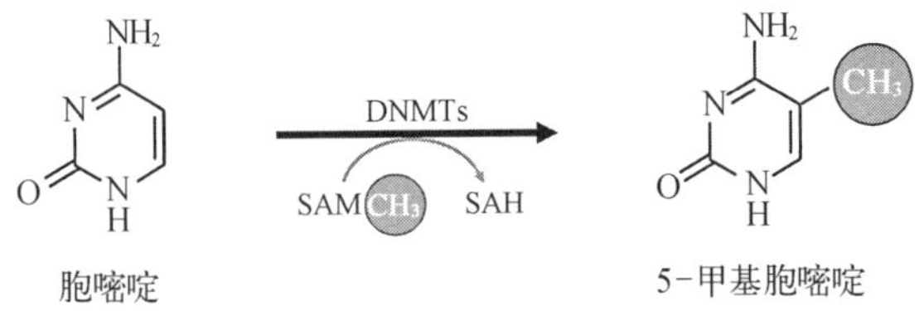

图 8-1　CpG 二核苷酸中胞嘧啶的甲基化修饰

　　DNA 甲基化主要有两种类型。一种是两条链均未甲基化的 DNA 被甲基化,称为从头甲基化(denovo methylation);另一种是双链 DNA 的其中一条链已存在甲基化,另一条未甲基化的链被甲基化,这种类型称为保留甲基化或维持甲基化(maintenance methylation)。DNA 复制后,维持 DNA 甲基化的 DNMTs 可以根据亲本链上特异的甲基化位点,在新复制链的相应位置进行甲基化修饰。该过程也被称为 DNA 甲基化的半保留复制。因此,有丝分裂时,分化细胞可以稳定地将甲基化模式传递给子代细胞。

　　哺乳动物中 CpG 二核苷酸主要以两种形式存在:一种是散在分布;另一种呈现高度聚集状态,称为 CpG 岛(CpG islands,CGIs)。正常组织中,70%~90%的散在分布 CpG 被甲基化修饰,而富含 CpG 的 CpG 岛则往往是非甲基化的。通常,CpG 岛的长度>200 bp,其 GC 含量大于 50%。相对于 CpG 岛,"shores"是指位于 CpG 岛上下游 2 kb 以内的区域,而"shelves"是指位于 CpG shores 上下游 2 kb 以内的区域。而 CpG 岛、"shores"和"shelves"之外的其他区域被称为"open sea"。

　　人类基因组中约有 28 890 个 CpG 岛,以非随机方式分布于基因组中,约 60%以上的编码基因启动子含有 CpG 岛。CpG 岛具有以下特征:① 主要位于基因的启动子区,少数位于基因的第一个外显子区。② 通常未被甲基化修饰。管家基因的启动子均含 CpG 岛且保持非甲基化状态,组织特异性表达的基因则缺乏这样的结构。哺乳动物基因有两种启动子,即富含 CpG 二核苷酸且保持未甲基化状态的启动子以及 CpG 含量较少、在大多数组织中甲基化的启动子。前者的典型代表为管家基因,后者多见于组织特异性表达的基因内,其表达活性受到调控且在大多数组织中被抑制。③ 启动子区的 CpG 甲基化可直接导致相关基因的表达沉默,而基因下游非岛区 CpG 的甲基化不抑制基因的转录。CpG 岛的甲基化修饰可在空间上阻碍转录因子复合物与 DNA 的结合,因此 CpG 岛的甲基化修饰与否可像"开关"一样调控基因的表达。④ 启动子区 CpG 甲基化的密度与转录的抑制程度相关,弱的启动子能被密度较低的甲基化完全抑制,当启动子被增强子增强时,可恢复转录功能,但如果甲基化的密度进一步增加,转录就又会被完全抑制。可见,DNAm 是基因表达调控的重要方式之一,广泛参与生长发育、衰老、肿瘤发生等诸多生理和病理过程。

　　人类基因组 DNAm 具有以下特点:① 时空特异性。一个基因的甲基化模式可以表现为不同个体之间、同一个体不同发育阶段或不同组织间以及同一组织不同细胞间的差异。② 亲源特异性。二倍体哺乳动物细胞中,基因的两个拷贝,一个来自父方,一个来自母方。大多数常染色体基因的两个等位基因是同等表达的,但对少数基因而言,等位基因的表达是由其亲代来源决定的,即只有亲代一方的等位基因具有表达活性。这种亲源依赖的差异表达现象被称为基因组印记(genomic imprinting)。受印记机制调控而差异表达的基因称为印记基因(imprinted gene)。印记基因主要受印记控制区(imprinting control region,ICR)调控,ICR 的实质是亲源依赖的差异甲基化区(differently methylated region,DMR),负责调控等位基因的表达,即抑制的等位基因是甲基化的,激活的等位基因是未甲基化的。印记基因分父源印记和母源印记两大类：父源印记基因是指父源等位基因抑制而母源等位基因表达，母源印记基因则是父源等位基因表达而母源等位基因受抑制。③ 病理特异性。在病理情况下，组织细胞的 DNAm 谱可发生特异性改变。例如，DNAm 改变在许多肿瘤的发生发展过程中发挥重要作用，可用于肿瘤早期诊断及分型。

DNAm 可从甲基化含量、甲基化水平、甲基化模式和甲基化图谱等多种途径进行分析。甲基化含量分析 5-mC 在基因组中所占的总体比例；甲基化水平分析单个 CpG 位点胞嘧啶甲基化的发生率，若同时分析多个 CpG 位点，则可以制作甲基化水平图谱；甲基化模式分析一段单链 DNA 上一组 CpG 的甲基化状态组合，若同时分析多组 CpG 二核苷酸，则可以制作甲基化模式图谱。

二、常用 DNA 甲基化检测技术

按照 DNAm 检测原理，DNAm 检测技术主要分为四大类：基于甲基化敏感性限制性内切酶（methylation sensitive restriction endonuclease，MSRE）酶切的检测方法、基于亚硫酸氢盐转化的检测方法、基于亲和富集处理的检测方法以及基于单分子测序的第三代测序技术。法医学领域常用的 DNAm 检测技术主要是基于亚硫酸氢盐转化的检测方法，如甲基化芯片、基于高通量测序平台的甲基化测序、焦磷酸测序、质谱法 MassARRAY EpiTYPER、甲基化 SNaPshot 技术等（表 8-1）。基因组 DNA 经亚硫酸氢盐处理后，未甲基化的胞嘧啶脱氨转化为尿嘧啶，随后替换成 T，而甲基化的胞嘧啶不发生改变，故处理前的甲基化差异就转化为处理后的 DNA 序列差异。个体年龄推断常用的检测策略一般是先用甲基化芯片、全基因组甲基化测序或简化甲基化测序进行年龄相关的 CpG 位点（age-related CpGs，AR-CpGs）筛选，然后再利用焦磷酸测序、MassARRAY EpiTYPER、靶向甲基化测序或甲基化 SNaPshot 技术进行定量检测验证。

表 8-1　个体年龄推断常用的甲基化检测方法比较

方法	优势	缺点	应用
甲基化芯片	1. 一次检测数十万个 CpG 位点并达到单碱基分辨率； 2. 性价比较高	1. 芯片检测过程中存在噪声，可影响检测灵敏度； 2. 只能检测芯片所包含的已知位点	多用于 AR-CpGs 筛选
全基因组甲基化测序（WGBS）	检测基因组中全部的甲基化位点，单碱基分辨率。	1. 步骤烦琐，成本高，特定位点的检测准确性不高； 2. 测序深度较低； 3. 容易出现假阳性	AR-CpGs 筛选
简化甲基化测序（RRBS）	1. 覆盖范围内可达到单碱基分辨率； 2. 测序深度较 WGBS 高； 3. 性价比高	无法覆盖所有的基因组区域	适用于样本量较多时 AR-CpGs 筛选
靶向甲基化测序（TBS）	1. 单碱基分辨率； 2. 通量高； 3. 测序深度超高	实验步骤较为烦琐，且成本较高	多重特定目标片段的甲基化检测
焦磷酸测序	1. 操作简便、通量高、自动化、适合大量样本的快速检测； 2. 可进行定量分析，结果准确可靠	检测有效区域较短，约 100 多 bp，长片段序列需分段检测	单个或特定区域 CpG 位点的甲基化检测

续表

方法	优势	缺点	应用
质谱 EpiTYPER 检测	1. 检测片段长,可达 500~700 bp; 2. 灵敏度高,可检测低至 5% 的甲基化水平; 3. 无须荧光标记,不依赖亚硫酸氢盐转化	1. 成本高; 2. 部分过长或过短片段无法检测; 3. 部分序列不能得到单个位点的甲基化值; 4. 含有 SNP 的序列其甲基化不能精确检测	单个或特定区域 CpG 位点的甲基化检测
甲基化 SNaPshot 技术	1. 简便、经济; 2. 兼容毛细管电泳平台; 3. 可实现多重复合扩增检测	1. 检测位于 CpG 岛的靶位点时,SBE 引物设计较困难,需引入简并碱基; 2. 半定量检测	单个 CpG 位点的甲基化检测

1. 甲基化芯片检测技术

目前,很多公司均开发有 DNA 甲基化谱分析芯片,如 Agilent 的 Human CpG Island Microarray Kit、Illumina 的 HumanMethylation27 DNA analysis BeadChip、Infinium HumanMethylation 450 K BeadChip 和 Infinium MethylationEPIC BeadChip、Roche NimbleGen 的 Human DNA Meth 2.1M Deluxe Promoter Array 以及 Affymetrix 的 seven-array GeneChip® Human Tiling 2.0R Array Set。

Illumina 公司于 2007 年推出世界首款 DNA 甲基化芯片——Infinium HumanMethylation27 BeadChip(27K 芯片),该芯片覆盖 27 578 个 CpG 位点。2011 年,推出了其升级产品 HumanMethylation450 DNA analysis BeadChip(450 K 芯片),该芯片可检测 >450 000 个 CpG 位点,实现了基因区域和 CpG 岛的全面覆盖。Infinium MethylationEPIC BeadChip(850 K 芯片)是 2016 由 Illumina 公司在 450 K 芯片基础上推出的第三代 DNA 甲基化芯片,可检测人基因组约 853 307 个 CpG 位点的甲基化状态,其中包含了 450 K 芯片 90% 以上的 CpG 位点,并额外增加了 413 745 个 CpG 位点。850 K 芯片对基因组的功能元件提供了空前的全面覆盖,它不但保有了 450 K 芯片对 CpG 岛、基因启动子区的全面覆盖,还特别加强了增强子区(新增了 333 265 个探针覆盖来自 ENCODE 及 FANTOM5 计划的增强子)以及基因编码区的探针覆盖,是目前最适合表观基因组关联研究(EWAS)的全基因组 DNA 甲基化芯片。

基因组 DNA 经亚硫酸氢盐处理后,未甲基化的胞嘧啶脱氨转化为尿嘧啶,而甲基化的胞嘧啶不发生改变,故处理前的甲基化差异就转化为处理后的 DNA 序列差异。针对 CpG 位点甲基化状态的检测,Illumina 芯片提供了两种不同类型的探针:Infinium I 和 Infinium II 探针(图 8-2)。在 Infinium I 探针设计中,每个 CpG 位点对应设计两种探针:M 型磁珠和 U 型磁珠,其中 M 型磁珠尾部为 G,用于检测甲基化位点(C);U 型磁珠尾部为 A,用于检测未甲基化位点(T)。根据碱基配对延伸原理,仅当探针最后一个碱基与模板配对时,荧光标记的核苷酸才能掺入并被检测到荧光信号,因此可通过分析 M 型与 U 型磁珠荧光信号的强弱计算靶 CpG 位点的甲基化水平。在 Infinium II 探针设计中只使用一种磁珠,探针末端为 C,与靶位点的前一个碱基配对,只延伸一个碱基,ddATP-DNP 和 ddGTP-BioT 分别与非甲基化或甲基化位点配对。随后根据两种荧光类型的强弱计算靶 CpG 位点的甲基化水平。

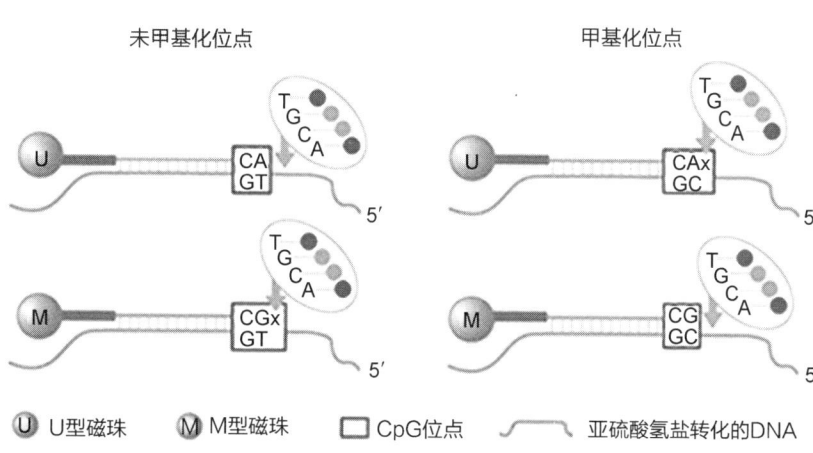

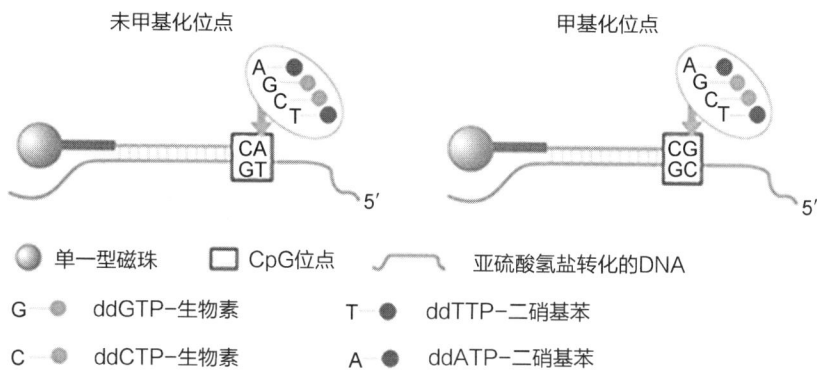

图 8-2　Illumina 芯片 Infinium I 与 Infinium II 探针设计原理图

2. 基于高通量测序平台的甲基化测序技术

甲基化测序主要分为两种类型：全基因组亚硫酸氢盐测序(whole genome methylation sequencing, WGBS)和靶向亚硫酸氢盐测序(targeted bisulfite sequencing, TBS)。WGBS 是指将整个基因组的所有区域进行甲基化测序,而 TBS 是指仅针对某些已知基因或目标区域的甲基化状态进行测序。

WGBS 原理是利用亚硫酸氢盐转化处理后,再结合高通量测序技术,即可根据靶位点中未转化为 T 的 C 碱基的 reads 数与该位点上 C 和 T 的 reads 数之和的比例,计算得到甲基化率(图 8-3)。WGBS 技术可以在单碱基分辨率的水平检测全基因组 DNA 甲基化图谱,其缺点是费用相对昂贵。同时,WGBS 因测序范围广泛,测序深度较低,通常为 15×~30×左右,且容易出现假阳性。

简化甲基化测序(reduced representation bisulfite sequencing, RRBS)是利用限制性内切酶对基因组进行酶切,富集启动子及 CpG 岛等重要的表观调控区域并进行重亚硫酸盐测序(图 8-3)。该技术显著提高了高 CpG 区域的测序深度,在 CpG 岛、启动子区域和增强子元件区域可以获得高精度的单碱基分辨率,是一种准确、高效、经济的 DNA 甲基化检测方法,其测序深度较 WGBS 有所提升。为了进一步扩大 RRBS 的测序范围,目前已开发出可在更大区域

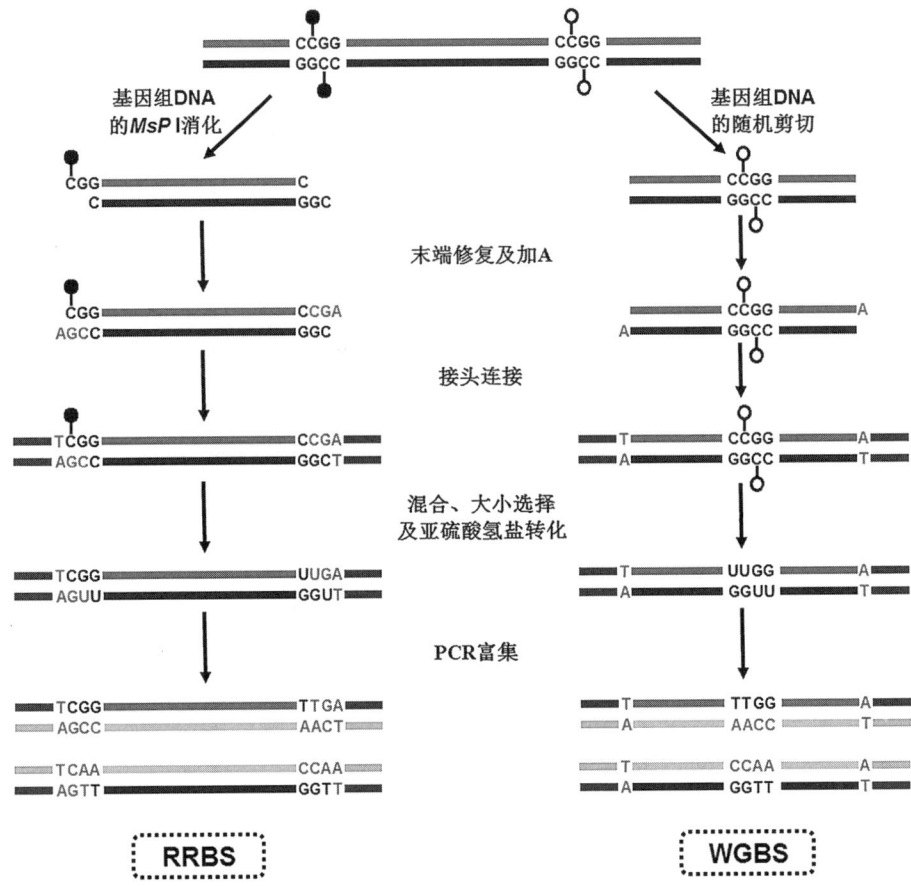

图 8-3 全基因组甲基化测序和简化甲基化测序建库原理示意图

内捕获 CpG 位点的双酶切 RRBS(dRRBS)技术,以研究更广泛区域的甲基化,包括 CGI shore 等区域。

WGBS 和 RRBS 技术适用于表观基因组关联研究(EWAS),且有助于发现甲基化芯片中未包含的新标记。

TBS 技术根据目标区域捕获方式可分为两类:基于多重 PCR 扩增的 TBS 和基于液相杂交捕获的 TBS。TBS 技术同样需对基因组 DNA 进行亚硫酸氢盐转化处理,处理后的 DNA 序列因其复杂程度降低,这给多重 PCR 引物及探针的设计会造成一定困难,dimer 比例比常规多重 PCR 也更高。基于液相杂交捕获技术的 TBS 可先捕获后转化,其优势是数据捕获偏好性较低,缺陷是对模板投入量要求较高,不利于低浓度样本建库;也可先转化后捕获,这种方式对模板要求量较低,缺点是捕获具有一定的偏好性,对杂交捕获反应体系以及反应条件有较高要求。

TBS 技术可满足数十甚至上百个目标区域的甲基化检测,测序深度可达 1 000×以上,具有高准确性、高通量、低成本、快周期的优势,多应用于后续目标基因或区域的甲基化验证。

3. 焦磷酸测序技术

焦磷酸测序(pyrosequencing)技术是在同一反应体系中由四种酶催化的酶级联化学发光反应,其测序原理为测序引物与单链 PCR 产物相结合后,与 DNA 聚合酶、ATP 硫酸化酶(ATP sulfurylase)、荧光素酶(luciferase)和三磷酸腺苷双磷酸酶(Apyrase),以及底物腺苷-5′硫酸硫酸盐(adenosine 5' phosphosulfate,APS)和荧光素一起孵育。在这四种酶的协同作用下,四种 dNTP(dATP、dTTP、dCTP、dGTP)之一与模板互补配对,此 dNTP 与引物的末端形成共价键, dNTP 的焦磷酸基团(PPi)释放出来,且释放出来的 PPi 的量与和模板结合脱氧核苷酸的量成正比。ATP 硫酸化酶在 APS 存在的情况下催化 PPi 形成 ATP,ATP 驱动荧光素酶介导的荧光素向氧化荧光素的转化,氧化荧光素发出与 ATP 量成正比的可见光信号。光信号由 CCD 摄像机检测并由软件处理反映为峰。每个光信号的峰高与反应中掺入的核苷酸数目成正比。ATP 和未掺入的 dNTP 由三磷酸腺苷双磷酸酶降解,猝灭光信号,并再生反应体系。然后加入下一种 dNTP,继续反应。随着以上过程的循环进行,互补 DNA 链合成(图 8-4)。

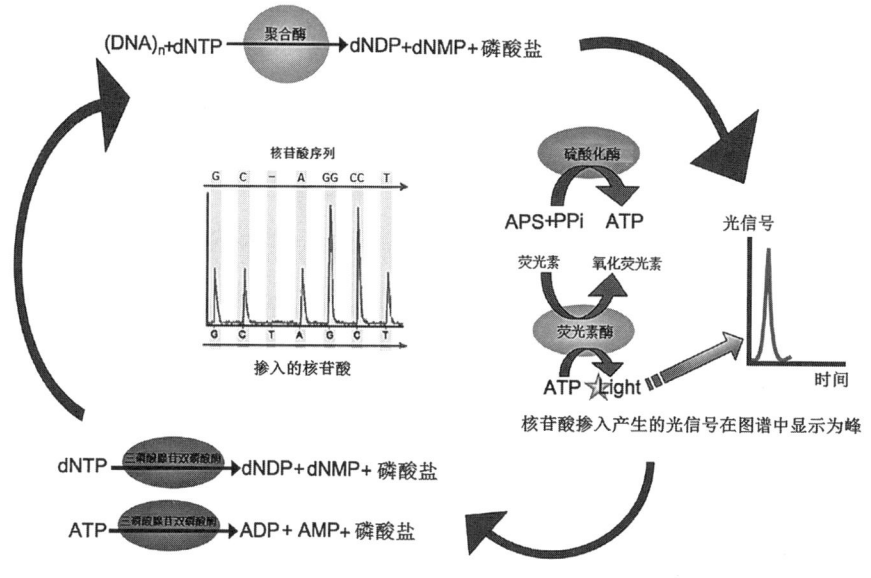

图 8-4 焦磷酸测序原理示意图

焦磷酸测序技术具有准确性高、重复性好、成本较低等特点,可用于单个或特定区域 CpG 位点的甲基化定量分析,是目前甲基化定量的"金标准"。缺点是检测的有效区域较短,长片段序列需分段检测。

4. 飞行质谱法

飞行质谱法检测甲基化主要是将碱基特异性酶切反应和飞行质谱检测原理相结合以实现多重 CpG 位点的分析检测。基因组 DNA 经亚硫酸氢盐处理后,利用 5'末端带有 T7-启动子的引物进行 PCR 扩增,产物经虾碱性磷酸酶(shrimp alkaline phosphatase,SAP)处理后用于碱基特异性的酶切反应,酶切后 DNA 片段的大小和分子量取决于亚硫酸氢盐处理后的碱基变化,飞行质谱能测出每个片段的分子量,配套软件 EpiTYPER 则能自动报告每个相应片段的甲基化程度(图 8-5)。

飞行质谱法甲基化检测无须任何荧光标记,每个反应覆盖长达 500 bp 的多个 CpG 位点,且灵敏度高,可检测低至 5% 的甲基化水平。

5. 甲基化 SNaPshot 技术

SNaPshot 技术又称微测序(minisequencing)技术,即单碱基延伸法。其基本原理是将测序引物设计在 SNP 位点上游 1 个碱基处,测序反应体系中的底物为 4 种标记不同荧光物质的 ddNTP,而不是 dNTP,测序引物与待测模板退火后,只能延伸 1 个碱基,该碱基就是多态性位

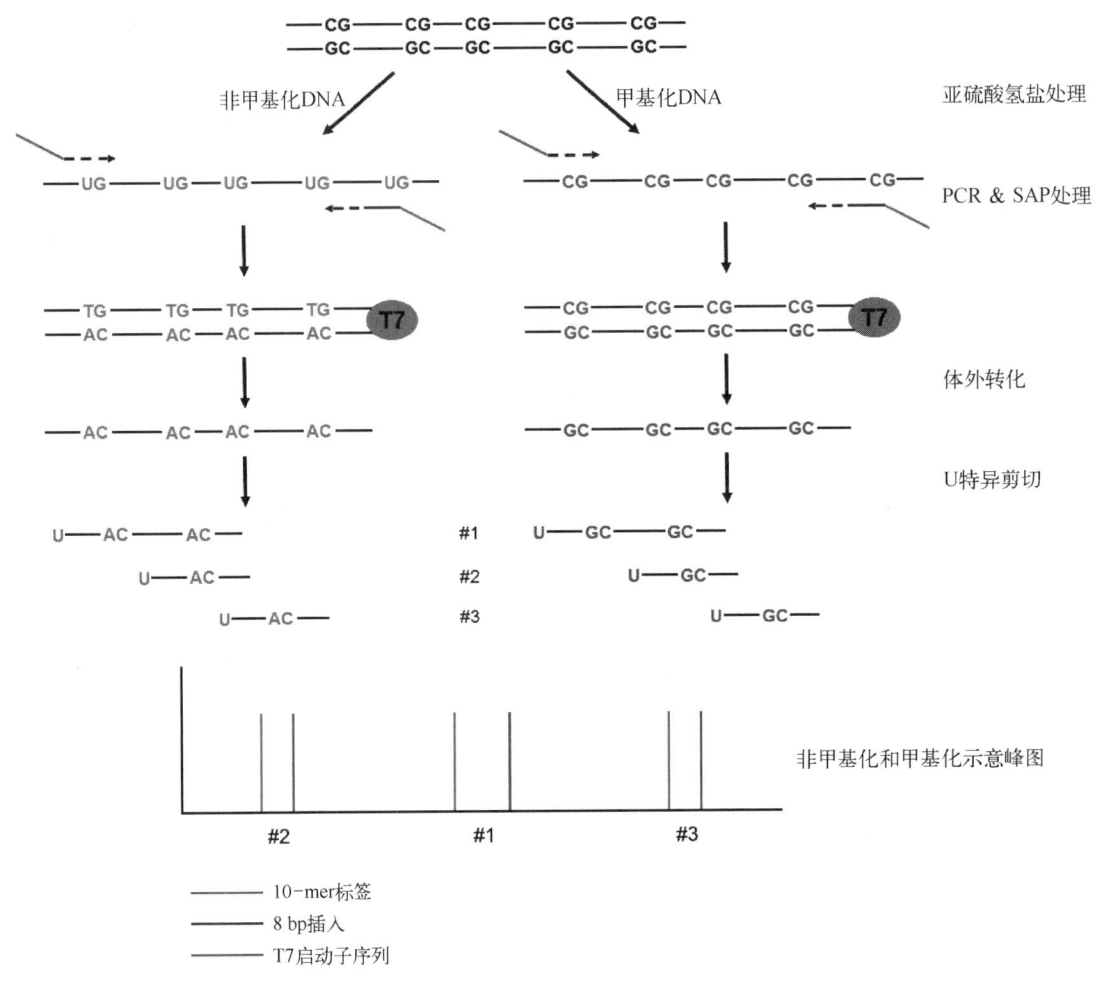

图 8-5 飞行质谱法检测甲基化原理示意图

点,根据不同的荧光颜色即可确定多态性位点的碱基种类。该技术通过在延伸引物 5′末端连接不同数目的核苷酸尾巴,同时进行多引物复合扩增,可实现多位点复合分型。目前大多数应用是在引物 5′端增加不同数目的 poly(dT) 或 poly(dGACT) 尾巴,以便电泳时可分离出每个位点。

甲基化 SNaPshot 技术的检测原理是通过基因组 DNA 的亚硫酸氢盐处理,将转化前的甲基化差异转换为处理后类似于 SNP 的序列差异而进行的(图 8-6)。虽然该技术是一种半定量技术,但因其操作简便、经济,且与现有 DNA 分型的毛细管电泳平台兼容而受到广泛应用。其缺点主要有两点:一是检测位于 CpG 岛的甲基化位点时延伸引物设计困难,有时需使用简并碱基;二是根据实验需要,可正向或反向设计延伸引物,但基因组 DNA 经亚硫酸氢盐处理后,正向延伸引物含有较多的 T 碱基,而反向延伸引物含有较多的 A 碱基,容易形成引物二聚体,由此给引物设计带来一定困难。

三、表观遗传时钟

个体的年龄可分为实际年龄和生理年龄。实际年龄通常是指一个人实际生活的年龄,也称时序性年龄。现实生活中,相同年龄的个体在衰老状态上可存在较大差异,这与其生活条件、生活方式和基因组成差异有关。生理年龄亦称生物年龄,是指一个人的生理状态和功能。

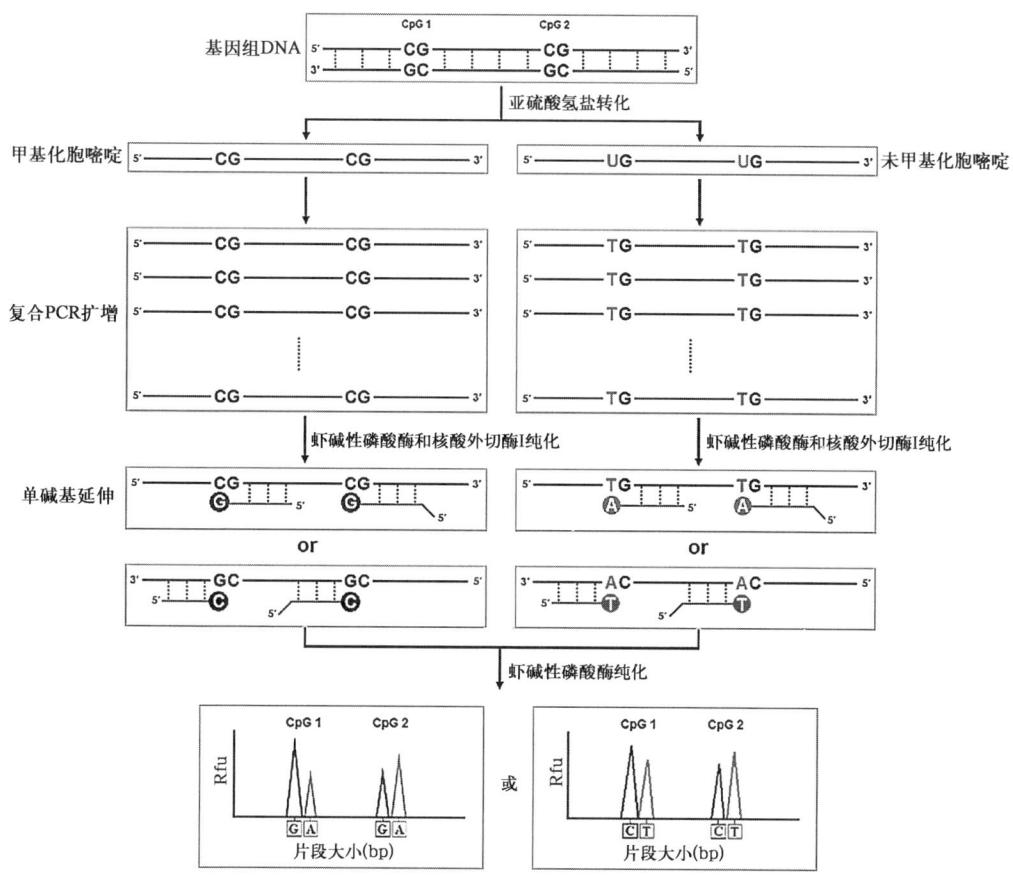

图 8-6 甲基化 SNaPshot 技术检测原理示意图

一个人的生理年龄可能比实际年龄大,也可能比实际年龄小,反映了其年龄和健康状况。因此,与实际年龄相比,生理年龄提供了一个相对准确的衡量个体身体功能的方法。

衰老是一个极其复杂的过程,涉及细胞、亚细胞和细胞核层面的各种变化及其相互作用,其中以 DNA 甲基化为代表的表观遗传学改变发挥着关键作用。衰老细胞在内在因素(如表观遗传漂变,包括衰老过程中的随机和遗传影响)和外在因素(如环境因素和外源应激因素)作用下均可不断积累表观遗传学改变。这些变化可逐渐扰乱了其生物状态,导致一部分变化表现出类似时钟的行为。随着年龄的增长,DNA 甲基化模式动态变化,一些 DNA 甲基化位点的变化与年龄呈线性相关。通常,启动子区域中的 CpG 在衰老过程中发生高甲基化,而其他 CpG 则发生低甲基化。总体而言,DNA 甲基化模式的改变已被确立为衰老的生物标志物,可用于生理年龄的评估。这种基于 DNA 甲基化改变评估生理年龄和管理健康衰老的工具被称为"表观遗传时钟"。如今,随着表观遗传学的蓬勃发展,各种表观遗传时钟不断出现,其中最典型的代表有 Horvath 时钟、Hannum 时钟、PhenoAge 时钟和 GrimAge 时钟。早期的 Horvath 时钟和 Hannum 时钟专注于年龄预测,而之后出现的 PhenoAge 和 GrimAge 则在年龄推断的同时,更注重衰老背景下健康风险和死亡率的预测能力。

1. Hannum 时钟

考虑到 DNA 甲基化与年龄以及年龄相关疾病有关,美国学者 Hannum 等人于 2013 年首次利用甲基化组(methylome)测量和比较了人类衰老速率,并构建了被称为"Hannum 表观遗传时钟"的生物学年龄推断模型。Hannum 等首先利用 482 名美国白人和 174 名拉美裔美国人（19~101 岁）全血样本的 450 K 甲基化数据，筛选出 AR-CpGs。随后，基于 482 名美国白人的甲基化水平和临床参数（如性别和体重指数 BMI），使用带惩罚函数的多元回归方法 Elastic Net 结合 bootstrap 法构建了一个包含 71 个 AR-CpGs 的年龄推断模型（$R^2=0.96$，中位数误差=3.9 岁），并验证了其在 174 名拉美裔美国人中的表现（$R^2=0.91$，中位数误差=4.9 岁）。

Hannum 时钟是基于全血样本进行训练的单组织 DNA 甲基化年龄预测器，其在非血液组织和儿童中应用时误差相对较大，且受性别和体重指数等参数的影响，在一定程度上限制了其应用范围，但作为首个表观遗传时钟，为法医学个体年龄推断研究奠定了坚实的基础。

2. Horvath 时钟

Horvath 表观遗传时钟是美国学者 Horvath 于 2013 年开发的一种多组织年龄推断模型，也是迄今应用最广泛的表观遗传时钟。Horvath 首先分析了来自 82 个 Illumina 27 K 或 450 K 芯片数据集的 7 844 份儿童和成人非癌症样本（包括 51 种不同组织和细胞类型）的 DNAm 水平，并基于前 39 个数据集使用 Elastic Net 回归构建了一个包含 353 个 AR-CpGs（193 个正相关，160 个负相关）的年龄预测器（预测年龄与实际年龄的相关系数=0.97，中位数误差=2.9 岁）。随后，Horvath 使用另外 31 个数据集对模型进行了测试（预测年龄与实际年龄相关系数=0.96，中位数误差=3.6 岁），并发现在多种组织类型（如全血、外周血单核细胞、小脑样本、枕叶皮质、颊上皮、结肠、脂肪、肝、肺、唾液、子宫颈等）以及分选细胞（如 CD4+T 细胞、CD14+单核细胞等）中表现良好。此外，Horvath 还从上述 353 个标记中挑选了 110 个 AR-CpGs 开发了一个"缩小"版的多组织年龄推断模型。该模型在训练数据（预测年龄与实际年龄相关系数=0.95，中位数误差=4.0 岁）和测试数据（预测年龄与实际年龄相关系数=0.95，中位数误差=4.2 岁）中均显示出很高的准确性。

Horvath 时钟不适用于精子的年龄推断，且在乳房组织、子宫内膜、真皮成纤维细胞、骨骼肌组织和心脏组织中的推断准确性较差，可能分别与激素效应、细胞增殖或心肌干细胞募集有关。

3. PhenoAge 时钟

作为第一代表观遗传学时钟，Hannum 时钟和 Horvath 时钟重点关注年龄相关性，而未考虑血压、血脂、血糖等这些临床健康指标。为了纳入这些临床健康指标，美国学者 Levine 等人于 2018 年开发了一种可预测寿命的表观遗传时钟，称为"DNAm PhenoAge"。该模型使用了美国第三次全国健康与营养调查（NHANES III）的临床数据，并结合了 10 个临床指标，包括年龄、白蛋白、肌酐、葡萄糖、C 反应蛋白水平、淋巴细胞百分比、平均细胞体积、红细胞分布宽度、碱性磷酸酶和白细胞计数，然后使用惩罚回归模型对这些数据进行血液 DNAm 水平的回归建模。基于 3 代芯片（27 K、450 K、850 K）上 513 个 AR-CpGs，PhenoAge 时钟实现了跨芯片平台的适用性。此外，PhenoAge 还可以区分具有相同年龄的个体的发病率和死亡率风险。与 Horvath 时钟相比，PhenoAge 时钟与行为生活方式的相关性更强，因此在预测 10 年和 20 年死亡率方面具有独特的优势。

4. GrimAge 时钟

为了能更好地预测寿命，美国学者 Lu 等人于 2019 年利用 Framingham 心脏研究（FHS）后代队列的 2 356 名个体血液样本的 DNAm 数据创建了 GrimAge 时钟。他们首先筛选了与死亡率或发病率相关的 7 种血浆蛋白（胱抑素 C、瘦素、金属蛋白酶组织抑制剂 1、肾上腺髓质素、β-2-微球蛋白、生长分化因子 15 和纤溶酶原激活抑制剂 1）以及吸烟年限作为评估指标；然后基于表观基因组关联研究(EWAS)筛选可以评估这些血浆蛋白水平及吸烟年限的 DNAm 标记作为替代生物标志物;最后以年龄、性别、吸烟年限和 7 种血浆蛋白的 DNAm 替代标志物作为协变量,采用弹性网 Cox 回归模型对生物标志物的死亡时间进行回归,并将回归模型的死亡率风险估计值线性转换为年龄估计值(以年为单位)。GrimAge 时钟更多地关注生活方式以及与年龄相关的疾病,因此较其他基于 DNAm 的年龄估算器能更好地预测寿命。

不同的表观遗传时钟不仅纳入的 AR-CpGs 数量相差甚远,而且其选择的标准也各不相同(表 8-2)。例如,PhenoAge 时钟纳入的 513 个 CpG 位点中,仅有 41 个与 Horvath 时钟相同,而 PhenoAge 和 Horvath 时钟与 Hannum 时钟之间仅共享 5 个 CpG 位点。此外,不同时钟因其构建目的的不同,因此在不同使用条件下各具优势。例如,Horvath 时钟和 Hannum 时钟仅根据时间年龄进行训练,而 PhenoAge 和 GrimAge 则专门通过对生物标志物的组合进行训练以预测生物年龄和死亡率,因此这两种类型的时钟分别被称为时间年龄训练时钟或死亡率时钟。

表 8-2 四种表观遗传时钟的比较

时钟	Horvath 时钟	Hannum 时钟	PhenoAge 时钟	GrimAge 时钟
CpG 位点数	353	71	513	1 030
Illumina 芯片	27 K、450 K	450 K	27 K、450 K、850 K	450 K、850 K
个体数	7 844	482	9 926	6 935
年龄分布	0~100	19~101	0~100	46~78
组织	51 种健康组织和细胞	全血	全血	全血
训练表型	时序性年龄	时序性年龄	寿命	寿命
模型	惩罚回归模型(弹性网)	惩罚回归模型	Cox 惩罚回归模型	弹性网 Cox 回归模型
年龄相关性(r)	0.960	0.905	—	—
创建时间	2013	2013	2018	2019

四、年龄相关 DNA 甲基化标记

迄今,已陆续发现了许多 AR-CpGs 并相继应用于生物检材的个体年龄推断。

1. 相关系数

相关系数(r)是衡量 CpG 位点甲基化水平与年龄之间相关程度的客观指标。常用的有 Pearson 相关系数和 Spearman 相关系数,它们都是用来衡量两个变量之间的相关程度的方法,但其计算方式和适用情况有所不同:Pearson 相关系数用于衡量两个连续变量之间的线性相关程度,即测量两个变量之间的直线关系,其取值范围从-1 到 1,其中-1 表示完全的负相关,0 表示无相关性,1 表示完全的正相关,通常用于正态分布的数据集;Spearman 相关性分析用于衡量两个变量之间的单调关系,而不是直线关系,且分析时不考虑变量之间的数值差异,而是将每个变量的排名(从小到大)用于计算相关系数,其取值范围也是从-1 到 1,其中-1 表示完全的反单调关系,0 表示无相关性,1 表示完全的单调关系,通常用于非正态分布的数据集或者是有离群值的数据集。简而言之,Pearson 相关系数适用于线性相关的数据集,而 Spearman 相关性分析更适用于非线性相关的数据集。

为了更好地评估 AR-CpG 位点在个体年龄推断中的应用价值,有学者建议根据其相关系数值的大小分为五个等级,即 |r| 介于 0~0.3 为可忽略的相关、0.3~0.5 为弱相关、0.5~0.7 为中等相关、0.7~0.9 为强相关以及 0.9~1.0 为极强相关。

2. 体细胞年龄相关 DNAm 标记

法医学领域,基于 DNAm 标记的个体年龄推断研究最早是从血液样本开始的,逐渐扩展到唾液、骨骼等其他组织。研究发现,大多数在血液样本中发现的年龄相关 DNAm 标记,如 *ELOVL2*、*C1orf132*、*TRIM59*、*KLF14*、*FHL2*、*CCDC102B*、*PDE4C*、*EDARADD*、*ITGA2B*、*ZNF423*、*ASPA* 等(表 8-3),同样也适用于唾液等其他体细胞类型的生物检材,仅相关性程度略有差异而已。其中,最具年龄相关性的 DNAm 标记是 *ELOVL2*,即 ELOVL 脂肪酸延伸酶 2(ELOVL fatty acid elongase 2, ELOVL2),也称为 *SSC2*,位于人类 6 号染色体(6p24.2)上,编码一种参与合成超长链多不饱和脂肪酸(PUFA)的酶,属于多不饱和脂肪酸合成的主要控制基因之一,与机体衰老密切相关,其 DNA 甲基化状态甚至能在 70% 的程度上解释机体的衰老。

表 8-3 血样 AR-CpGs 标记及其在不同群体中的相关性

基 因	CpG ID	染色体定位 (GRCh38)	年龄相关性(r)		
			韩国或日本人	欧洲人	中国汉族
ELOVL2	cg16867657	chr6: 11044644	0.89	0.85	0.94
FHL2	cg06639320	chr2: 105399282	0.89	0.84	0.91
KLF14	cg14361627	chr7: 130734355	0.78	0.73	0.84
C1orf132	cg10501210	chr1: 207823675	−0.71	−0.88	−0.88
TRIM59	cg07553761	chr3: 160450189	0.76	0.86	0.87
CCDC102B	cg19283806	chr18: 68722183	−0.91	−0.82	−0.86
PDE4C	—	chr19: 18233105	0.93	0.95	0.86
SLC12A5	cg07547549	chr20: 46029586	0.74	0.64	0.73
ASPA	cg02228185	chr17: 3476273	—	−0.81	−0.63
EDARADD	cg09809672	chr1: 236394382	—	−0.79	−0.68
ZNF423	cg04208403	chr16: 49491896	−0.78		−0.54
ITGA2B	—	chr17: 44390358	—	—	−0.67

此外,研究发现,超过 60% 的 CpG 位点在 200 bp 范围内具有相似的甲基化水平(co-methylation),且同一 DNA 分子紧密相邻的 CpG 位点间甲基化水平高度相关:距离越近,相关程度越高。因此,同一 DNA 分子紧密相邻的多个 CpG 位点可被认为具有相同或相似的甲基化状态,这些甲基化 CpG 位点共同构成甲基化区域(methylation blocks)或甲基化单倍型(methylation haplotypes)。这是因为从生物学角度,DNA 甲基化调控基因表达是由于启动子、转录起始点、基因本体、调控元件和重复序列等区域的甲基化影响了转录因子与调控元件的结合,进而调控基因的转录,而非单个 CpG 位点发挥作用。如表 8-4 所示,同一 DNA 分子紧密相邻的多个 CpG 位点间其甲基化水平高度相似且均具有较好的年龄相关性。波兰学者通过检测比较 *ELOVL2* 基因中 7 个 CpG 位点后,利用其中的两个 CpG 位点(chr6: 11044634 和

chr6：11044642）构建回归模型，其 $R^2 = 0.859$，预测年龄的平均绝对偏差为 5.03 岁。可见，选择年龄相关的甲基化区域而非单个 CpG 位点进行生物检材个体年龄推断将具有更好的稳定性及更高的推断精度。

表 8-4 年龄相关性区域 CpG 位点及其在不同群体血样中的相关性

基因	染色体定位（GRCh38）	CpG ID	年龄相关性(r)		
			韩国人	波兰人	中国汉族
ELOVL2	chr6：11044628	—	0.921	—	0.936
	chr6：11044631	—	0.857	—	0.929
	chr6：11044634	—	0.866	0.912	0.948
	chr6：11044640	—	0.823	0.859	0.943
	chr6：11044642	—	0.876	0.884	0.917
	chr6：11044644	cg16867657	0.874	0.847	0.942
	chr6：11044647	—	0.828	0.816	0.938
	chr6：11044655	cg24724428	0.834	0.807	0.896
	chr6：11044661	cg21572722	0.860	0.828	0.897
C1orf132	chr1：207823681	—	-0.782	-0.889	-0.901
	chr1：207823675	cg10501210	-0.706	-0.875	-0.883
	chr1：207823672	—	-0.735	-0.882	-0.883
TRIM59	chr3：160450172	—	0.786	0.626	—
	chr3：160450174	—	0.787	0.564	—
	chr3：160450179	—	0.861	0.742	—
	chr3：160450184	—	0.865	0.768	—
	chr3：160450189	cg07553761	0.881	0.863	0.866
	chr3：160450192	—	0.861	0.818	
	chr3：160450199	—	0.872	0.831	—
	chr3：160450202	cg15618978	0.874	0.762	
KLF14	chr7：130734355	cg14361627	0.607	0.733	0.836
	chr7：130734357	—	0.524	0.567	—
	chr7：130734372	cg08097417	0.455	0.466	
	chr7：130734375	cg09499629	0.565	0.496	—
FHL2	chr2：105399282	cg06639320	0.903	0.844	0.883
	chr2：105399288	cg17268658	0.900	0.843	0.898
	chr2：105399291	—	0.878	0.826	0.886
	chr2：105399297	—	0.840	0.780	0.859
	chr2：105399300	—	0.892	0.815	0.897
	chr2：105399310	cg22454769	0.847	0.751	0.857
	chr2：105399314	cg24079702	0.802	0.420	0.750
	chr2：105399316	—	0.765	0.710	0.702

3. 精子细胞年龄相关 DNAm 标记

作为生殖细胞,精子发生是一个高度复杂的过程,涉及有丝分裂、减数分裂和精子形成三个阶段,其间会发生广泛而独特的染色质和表观遗传修饰,导致在精子细胞中形成与体细胞明显不同的、独特的表观遗传模式。因此,常用的体细胞年龄相关 DNAm 标记并不适用于精子细胞的年龄推断,这也导致精液年龄推断研究相对落后于血液、唾液的年龄推断。

近些年来,随着研究的深入,一些精子细胞特有的年龄相关 DNAm 标记也不断被发现,如 *TTC7B*、*NOX4*、*SH2B2*、*IFITM2*、*SNRNP35*、*LINC00423*、*COL18A1*、*LINC00703*、*C12orf4* 等基因中的 CpG 位点(表 8-5)。

表 8-5 精子 AR-CpGs 标记及其在不同群体中的相关性

基因	CpG ID	位置(GRCh38)	年龄相关性(r) 韩国人 ($n=68$)	欧洲人 ($n=125$)	中国汉族 ($n=253$)
TTC7B	cg06304190	chr14:90817262	-0.79	—	-0.72
NOX4	cg06979108	chr11:89589683	0.73	0.59	0.62
—	cg12837463	chr7:35260617	-0.75	—	-0.69
SH2B2		chr7:102288454	—	-0.58	—
EXOC3		chr5:525617	—	-0.32	—
IFITM2	cg05432003	chr11:312518	—	-0.57	—
GALR2		chr17:76077680	—	-0.33	—
GALR2		chr17:76077748	—	-0.43	—
—	cg19998819	chr2:129071885	—	—	0.84
SNRNP35	cg21843517	chr12:123465627	—	—	0.85
LINC00423	cg18037145	chr13:32846238	—	—	0.84
COL18A1	cg04123357	chr21:45509586	—	—	0.83
LINC00703	cg12277678	chr10:4384066	—	—	0.80
—	cg25187042	chr16:65834073	—	—	0.74
C12orf4	cg11262154	chr12:4535197	—	—	0.80
—	cg03634854	chr19:18610721	—	—	-0.59
GIT1	cg13872326	chr17:29574049	—	—	-0.71
PTPRT	cg20602007	chr20:42179997	—	—	0.78
—	cg27231587	chr8:114387390	—	—	-0.64
PPP1CA	cg01789162	chr11:67402687	—	—	-0.59
PURA	cg27111970	chr5:140113372	—	—	-0.43
DLG2	cg04119405	chr11:84385168	—	—	0.65

续 表

基 因	CpG ID	位置(GRCh38)	年龄相关性(r)		
			韩国人 ($n=68$)	欧洲人 ($n=125$)	中国汉族 ($n=253$)
—	cg24812634	chr12:114481337	—	—	-0.62
COMP	cg19983027	chr19:18787066	—	—	-0.52
LYPLA1	cg03030301	chr8:54102483	—	—	-0.72
SLAMF6	cg25715498	chr1:160523201	—	—	0.68

注：—表示相应的CpG位点不位于基因区域。

五、年龄推断模型的构建及验证

利用 AR-CpGs 标记进行生物检材个体年龄推断，除了年龄相关甲基化位点的选择非常关键外，根据一定样本量 AR-CpGs 甲基化水平的随年龄变化规律选择合适的建模方法构建年龄推断模型亦至关重要。

1. 年龄推断模型构建方法

目前已报道的甲基化年龄推断模型构建方法有很多，如线性回归模型、非线性回归模型、基于机器学习的人工神经网络模型等。

最简单、使用最多的建模方法是普通最小二乘回归(ordinary least squares, OLS)。OLS 是一种基于几个假设的线性回归方法，其中包括方差齐性和线性假设。然而由于表观遗传衰老速度的个体差异，推断误差随着年龄的增长而增加，表现为方差不齐，且有些 AR-CpG 位点的甲基化水平随年龄变化并非呈典型的线性特征。基于此，为了提供更准确的年龄推断，各种替代建模方法不断涌现，如加权最小二乘回归(weighted least squares, WLS)、分位数回归(quantile regression)等。对同一数据集的比较研究显示，WLS 的准确性更高，而分位数回归模型可能更适合处理非常数、非正态分布的数据。也有研究表明，低甲基化位点倾向于更好地拟合对数线性模型，而高甲基化位点往往更适合线性模型。

随着生物信息学的发展，一些基于机器学习的方法也逐渐用于个体年龄推断模型的构建，如支持向量回归(support vector regression, SVR)、随机森林回归(random forest regression, RFR)、人工神经网络(artificial neural network, ANN)等建模方法。机器学习的主要优点在于：要实现的假设要少得多，在模型中的变量之间允许更灵活和复杂的关系。机器学习既可以用来将大量预测变量缩小到最重要的变量，也可用于只有小部分标记的数据集。与多元线性回归模型等传统参数化方法相比，ANN 模型可更好地识别衰老特征中的复杂模式从而提高年龄推断的精度。对同一数据集采用多元线性回归(multiple linear regression, MLR)、多元非线性回归(multiple nonlinear regression, MNLR)、反向传播神经网络(back-propagation neural network, BPNN)和 SVR 建模的比较研究显示，SVR 模型推断误差最小，明显优于线性回归模型。其原因可能是多元线性回归模型在解释 DNA 甲基化与年龄之间的关系时过于简单，而衰老是一个极其复杂的过程，并非简单的线性规律变化。

年龄推断模型的构建过程中需注意的是：首先，由于不同甲基化检测技术差异，导致测定的甲基化水平也有所不同，因此基于某种特定检测技术而构建的甲基化年龄推断模型并不适用于其他检测技术所获得的检测数据,否则推断精度将明显下降。有学者建议通过使用 z-score 转换或者在模型中引入"平台变量"以减小或消除不同技术平台之间的差异,从而实现年龄推断模型的跨平台泛化实用性,但其效果还有待进一步验证。其次,无论采用何种建模方法,模型训练样本量大小至关重要。有学者研究发现,训练集的最小样本量只有达到每岁 6 个样本的覆盖度,才能有效捕捉个体间变异,从而使构建出的模型更稳健。尤其是针对复杂的机器学习算法(如 ANN),虽然它们能获得相对较低的推断误差,但是当训练集的样本量较小($n<1\,000$)时,模型容易出现过拟合和泛化性能差等问题。

2. 模型性能评价参数

年龄推断模型的优劣可通过以下一系列参数进行评价。

(1) 决定系数 R^2 和校正 R^2(adjusted R^2) 决定系数 R^2 是线性模型和方差分析中常用的精度度量指标之一,表示模型中因变量可由自变量解释的方差百分比,即反映了回归贡献的相对程度。R^2 的取值范围介于 0~1 之间,其值越高,表示回归预测偏差越小,回归模型预测的准确性就越高。其计算公式为

$$R^2 = 1 - \frac{\sum_{i=1}^{N}(y_i - \hat{y}_i)^2}{\sum_{i=1}^{N}(y_i - \bar{y})^2}$$

式中,y 表示实际观察值,$\hat{y}$ 表示回归预测值,$\bar{y}$ 表示所有实际观察值的均值。

校正 R^2 是针对模型中自变量数量进行调整之后的 R^2,主要目的是抵消样本数量对 R^2 的影响。校正 R^2 对于确定模型中可能的过度拟合非常有用,尤其是在样本量较小情况下,因为此时模型易被噪声干扰,导致 R^2 的增加可能并不一定反映真实情况。其计算公式为

$$\text{adjusted } R^2 = 1 - \frac{(1 - R^2)(N - 1)}{N - p - 1}$$

式中,N 为样本数,p 为特征数量(即自变量数量)。

个体年龄推断中,常用校正 R^2 来评估回归模型的预测准确性,即衡量年龄预测指标及其联合作用可解释的年龄变化百分比。例如,校正 $R^2 = 0.86$,表明年龄变化的 86% 可由回归模型解释。

(2) 赤池信息量准则(akaike information criterion,AIC) AIC 是衡量统计模型拟合优度的一种标准,由日本统计学家赤池弘次创立和发展。AIC 建立在熵的概念基础上,可以权衡所估计模型的复杂度和此模型拟合数据的拟合程度。在模型误差服从独立正态分布的条件下,其计算公式为

$$AIC = 2k - 2\ln(L)$$

式中,k 为参数数量,L 是似然函数。通常,AIC 值越小,模型越优。

(3) 平均绝对误差(mean absolute error,MAE) 也称为平均绝对偏差(mean absolute deviation,MAD)。用于衡量预测值与真实值之间的平均绝对偏差。MAE 越小,模型推断精度越高。其计算公式为

$$MAE = \frac{1}{N}\sum_{i=1}^{N}|f_i - y_i|$$

式中,N 为样本数,f 和 y 分别代表真实值和预测值。

(4) 均方误差(mean squared error, MSE) 用于衡量预测值与真实值之间的偏差。MSE 越小,模型推断精度越高。与 *MAE* 相比,*MSE* 对极端值更敏感。其计算公式为

$$MSE = \frac{1}{N} \sum_{i=1}^{N} (f_i - y_i)^2$$

式中,N、f 和 y 的意义同上。

(5) 均方根误差(root mean squared error, RMSE) 同样用于衡量预测值的准确程度,RMSE 越小,模型推断精度越高。其与 *MSE* 的关系为

$$RMSE = \sqrt{MSE}$$

(6) 平均绝对百分比误差(mean absolute percentage error, MAPE) 用于衡量偏差与真实值之间的比例。其计算公式为

$$MAPE = \frac{1}{N} \sum_{i=1}^{N} \frac{|f_i - y_i| \times 100\%}{y_i}$$

式中,N、f 和 y 的意义同上。

3. 年龄推断模型的验证

模型验证是模型开发过程中一个必不可少的步骤,主要包括内部验证和外部验证。

内部验证是基于模型开发样本数据进行的验证,也是模型开发的一部分,其目的是检验模型开发过程的可重复性,并且防止模型过度拟合导致高估模型的性能。内部验证方法主要有:随机拆分验证、交叉验证和 Bootstrap 方法。随机拆分验证是将模型开发队列按不同比例随机分为训练集和验证集两部分进行内部验证。交叉验证又称 k 折检验,是随机拆分验证的改进。Bootstrap 方法是通过在模型开发队列中进行有放回抽样,构造一个相同样本量大小的 Bootstrap 重抽样样本,并将此样本作为训练集,将模型开发队列作为验证集评价模型性能,重复此过程 n 次,就可得到模型在内部验证中的表现。

外部验证是利用模型开发中未使用过的独立样本数据来评估模型在新数据中的表现。相对于内部验证,外部验证更关注的是模型的可移植性和可泛化性。此外,也可利用他人已公布的可比数据对现有模型进行外部验证。

法医学个体年龄推断模型通常使用独立数据集验证及留一法交叉验证。

(1) 独立数据集验证 通常的做法是从总样本中随机抽取 70%(或 80%)作为训练集用于建模,剩余 30%(或 20%)作为独立验证集(或称测试集)进行模型的验证。通过比较训练集和验证集的相关系数(R)、MAE、MSE、RMSE、MAPE 等指标,以评价模型的准确性和鲁棒性(指模型对于输入数据的抗干扰能力)。独立数据集验证属于外部验证,也是法医学个体年龄推断领域使用最多的模型验证方法,但该方法不适用于样本量较少的研究。

(2) 留一法交叉验证(leave-one-out cross validation, LOO-CV) 当所检测的样本数据量较少时,为了充分利用现有的数据进行评估,以避免数据所带来的偶然性,此时可采用留一法进行交叉验证,即将数据集随机分为 k 份,其中训练集有($k-1$)份,测试集占 1 份。例如,第一份数据可以用来测试基于剩下($k-1$)份数据建立的模型的拟合度,然后将第二份数据作为测试集测试相应训练集的拟合度,以此类推。完成之后每份数据都恰好被用作一次测试集,取 k 次测试拟合度的平均值,则可以获得该模型的拟合度。LOO-CV 属于内部验证,其优势是可以避免过拟合,同时有较好的拟合效果;缺点是不同的数据集划分方法会影响对模型的评

估,从而造成潜在的 cherry-picking 现象,即只挑选自己中意的数据集划分方法而导致分析结果失之偏颇。

六、组织特异性和群体特异性

大量的研究已证实,DNA 甲基化具有明显的组织细胞特异性和群体/种族特异性特征。

1. 组织特异性与共享性

年龄相关 DNAm 的组织特异性是指某特定年龄相关甲基化位点的甲基化水平在不同组织细胞间具有显著差异,导致其在某些组织细胞类型中具有明显的年龄相关性,而在另一些组织细胞中具有较弱的年龄相关性或无年龄相关性。例如,荷兰学者 Slieker 等(2018 年)对包括脑、口腔黏膜、肝、肾、皮下脂肪、单核细胞和 T 辅助细胞在内的 7 种组织中年龄相关 DNA 甲基化改变的组织特异性特征进行了系统研究,共筛选出 12 137 个 AR‑CpGs,其中 7 850 个 AR‑CpGs 的甲基化水平随年龄增长而增加,4 287 个随年龄增长而降低,且绝大多数 AR‑CpGs(85.2% 的随年龄增长 AR‑CpGs,97.4% 的随年龄减少 AR‑CpGs)仅存在于一种组织中。又例如,Horvath 时钟虽然对大多数组织细胞均具有较强的年龄推断能力,却不适用于男性精液年龄推断。

共享性则是指某特定年龄相关甲基化位点在大多数组织细胞中均具有较好的年龄相关性,仅相关程度存在差异而已。例如,荷兰学者 Naue 等(2018 年)为了探索从血样中筛选的 AR‑CpGs 是否也适用于其他组织,选择 13 个 AR‑CpGs 对骨骼、大脑、口腔拭子、肌肉组织和血样五种组织细胞进行了比较研究,发现其中 7 个 AR‑CpGs(*DDO*、*ELOVL2*、*KLF14*、*NKIRAS*、*RPA2*、*TRIM59* 和 *ZYG11A*)在五种组织细胞中均具有年龄相关性,但其相关程度在不同组织间具有差异。Horvath 时钟作为一种多组织年龄推断模型便是基于年龄相关 DNA 甲基化的共享性。

2. 群体/种族特异性

除衰老本身外,环境和遗传因素共同作用也可导致不同种群之间 DNA 甲基化模式的差异,亦即具有群体/种族特异性。例如,Fleckhaus 等(2017)用来自中东、西非和中欧的三个群体样本检验了 Eipel 等基于德国人口腔拭子和 Zbieć‑Piekarska 等基于波兰人血液构建的年龄推断模型,尽管在所有调查的 AR‑CpGs 其总体甲基化变异在三个群体相似,但中东人群的甲基化离散程度最小,中欧人次之,西非人离散程度最大。相应地,中东人的年龄推断精度高于中欧人和西非人。又例如,韩国学者 Cho 等(2017)也采用韩国人血样对 Zbieć‑Piekarska 等基于波兰人 *ELOVL2*、*C1orf132*、*TRIM59*、*KLF14* 和 *FHL2* 基因 CpGs 构建的年龄推断模型进行了检验,发现韩国人 *FHL2* 基因甲基化水平的年龄相关性高于波兰人,而 *C1orf132* 基因则是波兰人高于韩国人。同时,用基于波兰人的年龄推断模型推断韩国人年龄,其 MAD = 4.18 岁,高于波兰人的 3.9 岁,而在根据韩国人数据重新构建模型后其推断精度明显提高。因此,DNA 甲基化标记的群体/种族特异性是客观存在的。

七、儿童和青少年个体年龄推断

儿童和青少年处于生长和发育阶段,其所谓的"衰老模式"与成年人具有明显差异,主要特点是年龄相关的 DNA 甲基化在儿童和青少年时期变化更快。有学者利用年龄加速差(age acceleration difference,AAD,即 DNA 甲基化年龄减去时序性年龄)和甲基化衰老速率(apparent methylation aging rate,AMAR,即 DNA 甲基化年龄除以时序性年龄)两个指标来揭示儿童和青少年的个体生物学差异和衰老趋势。研究发现，儿童和青少年年龄加速不受性别或者种族的影响，年龄加速在 4 岁前接近于 0，5 岁后逐渐上升，12 岁后下降为负值，且儿童中期的 AAD 和 AMAR 显著高于幼儿期，青春期的 AAD 和 AMAR 显著低于儿童中期，即青春期前的衰老速率明显高于青春期后。由此可见，不能直接套用根据成年个体构建的年龄预测模型去推断儿童和青少年的个体年龄，否则误差很大。因此，专门针对儿童和青少年时期 DNA 甲基化变化特点筛选相应的标记并构建模型，对儿童和青少年个体年龄的精准推断十分必要。可喜的是，近几年在这方面取得了一些进展。

2018 年，中国学者 Li 等人利用 180 名中国双生子的全血 DNA 甲基化芯片数据，采用弹性网络回归构建了一个包含 83 个 AR‑CpGs 的针对 6~17 岁儿童和青少年的年龄推断模型。该模型在训练集（$n=90$）中，相关系数为 0.99，中位数绝对偏差为 0.23 岁；在测试集（$n=89$）中，相关系数为 0.93，中位数绝对偏差为 0.62 岁。同年稍晚，西班牙学者 Freire‑Aradas 等人根据 209 份 2~18 岁个体的血液样本检测结果，采用分位数回归构建了包含 6 个 CpG 位点未成年人年龄推断模型，其在训练集和测试集中的中位数误差分别为 0.94 岁和 1.25 岁。2019 年，中国学者 Wu 等人利用 11 个数据集中 716 份血液样本的 DNA 甲基化数据，采用惩罚性多元回归（弹性网）构建出一个包括 111 个 AR‑CpGs 的儿童年龄预测模型（9~212 个月），其相关系数为 0.98，预测误差为 5.9 个月。上述研究所构建的儿童和青少年年龄推断模型均达到了极高的推断精度。

八、疾病和环境的影响

疾病和环境因素均可影响 DNA 的甲基化水平，进而影响甲基化年龄推断的准确性。

疾病，尤其是癌症，对 DNA 甲基化年龄推断的影响已被许多研究所证实。例如，Horvath 等人在分析 32 个数据集中的 6 000 个癌症样本后发现，所有考虑的 20 种癌症类型均显示出显著的衰老加速，平均为 36.2 岁。Hannum 等人同样也揭示了肿瘤组织中的偏高衰老速率。Vidaki 等人使用一组包括多种疾病的甲基化数据验证基于血液甲基化数据开发的广义回归神经网络模型，MAE 为 7.18 岁，明显高于健康人（3.8±3.3 岁）。若只分析血液相关疾病的患者，MAE 则增加至 12.47 岁。此外，Ⅰ 型糖尿病、贫血、骨髓疾病（包括白血病）、卵巢癌、乳腺癌以及精神分裂症患者的 MAE 分别为 8.63 岁、14.38 岁、11.09 岁、7.45 岁、6.77 岁和 5.03 岁。Li 等人在使用基于健康个体构建的梯度提升回归器（GBR）年龄推断模型计算不同疾病测试组下的 MAD 时发现，不同疾病对年龄推断的影响不同（头颈部鳞状细胞癌为 7.04 岁，精神分裂症为 4.44 岁，类风湿性关节炎为 4.45 岁，乳腺癌、结直肠癌和其他原发癌症为 6.51 岁，神经退行性 τ 蛋白病为 3.95 岁），但其推断误差均明显高于健康人。

波兰学者 Spólnicka 等人评估了 *ELOVL2*、*C1orf132*、*KLF14*、*FHL2* 和 *TRIM59* 基因中的 AR‑CpGs 在早发性阿尔茨海默病、晚发性阿尔茨海默病和 Graves 病这三种加速衰老疾病中的年龄推断能力。与健康对照组（*MAE*=3.8 岁）相比，早发性阿尔茨海默病的预测准确性显著降低（*MAE*=7.1 岁），而晚发性阿尔茨海默病和 Graves 病无明显改变。在三个疾病组和所有年龄组分类中，*ELOVL2* C7 和 *C1orf132* C1 的预测性能不变。Spólnicka 等人也评估了上述 5 个基因在慢性淋巴细胞性白血病中的年龄推断能力，其推断误差极高，且 79.5% 的慢性淋巴细胞性白血病患者的预测年龄高于实际年龄，表明基于健康个体构建的年龄推断模型无法可靠地推断慢性淋巴细胞性白血病患者的年龄。

也有学者比较了 Horvath 时钟和 Hannum 时钟对创伤后应激障碍（PTSD）和脑梗死患者的

年龄预测能力,发现 Horvath 时钟的推断能力几乎不受影响,而 Hannum 时钟则会受到一定影响,但影响不大,其原因可能是 Horvath 时钟所包含的 CpG 位点远远多于 Hannum 时钟或前者受疾病影响的 CpG 位点要少于后者。

其他领域的研究已证实吸烟、肥胖等因素会导致 DNA 甲基化模式的改变,但法医学领域的针对性研究较少。有学者认为预测年龄和实际年龄的偏差可能与特定的生活方式(如性别、体重指数、吸烟、饮酒等)相关,但这些影响大多并不显著,例如吸烟和性别几乎不影响对口腔拭子的年龄推断,但吸烟可导致精子 DNA 甲基化年龄增加,且在<35 岁的年轻个体中更明显。此外,有关儿童的研究显示,自闭症儿童比健康儿童衰老更快;早期接触铅会增加男孩的衰老速度,而女孩则不变;短期的重组人生长激素治疗对儿童的衰老速率影响不大。

总之,疾病和环境等因素可以不同程度地影响 DNA 甲基化年龄推断的准确性,而法医学领域对此的研究相对较少,未来若在年龄推断方法中加入某些特殊疾病或行为习惯的指示位点,并结合专门针对此类个体构建的年龄推断模型,有助于进一步提高年龄推断的准确性。

九、个体年龄推断面临的困难和挑战

尽管在众多年龄相关生物标记中,DNA 甲基化因具有适用范围广、推断精度高的优势,被认为是目前最理想的个体年龄推断指标,但仍面临着一些困难和挑战。

1)不同实验室采用不同甲基化检测平台和技术所得到的 DNA 甲基化检测结果存在一定的差异,导致基于不同检测平台和技术所建模型的推断结果难以比较,由此将会给法医学实际应用造成很大影响。因此,有必要尽快推进检测技术的标准化。

2)由于 DNA 甲基化具有组织特异性和种族/群体特异性,因此针对不同检材类型和不同种族群体筛选、优化 AR-CpGs 标记组合,并构建相应的最佳年龄推断模型对提高生物检材个体年龄推断的精度至关重要,如此才能更好地满足目前法医学"精准鉴定"的需求。

3)AR-CpGs 标记数量、年龄推断精度与法医学实用性的兼顾平衡。很显然,使用的标记数越多,年龄推断精度越高,但相应的所需生物检材的量和检测成本也越大。因此,如何在使用合适的标记数量保证适当的推断精度的前提下,更好地适应法医学实践是必需予以考虑的问题。

4)如何进一步提高生物检材个体年龄推断的检测灵敏度也是目前面临的重要挑战。大多数研究表明,DNA 甲基化检测大约需要 8~10 ng 的转化 DNA,加之亚硫酸氢盐转化所带来的降解损失,估计约需近 20 ng 基因组 DNA 才能获得比较满意的结果。该用量远远高于 DNA 遗传标记检测所需的模板用量,难以满足法医学实践中微量、陈旧、降解生物检材的个体年龄推断。以目前较常用的四种商品化转化试剂盒 Premium Bisulfite kit(Diagenode)、EpiTect Bisulfite kit(Qiagen)、MethylEdge Bisulfite Conversion System(Promega)、BisulFlash DNA Modification kit(Epigentek)为例,尽管其转化效率均≥98%,但导致色 DNA 损失率高达 45%~66.8%。

上述困难和挑战会严重影响 DNA 甲基化年龄推断的法医学实际应用,需在今后的研究中逐步完善解决。

思考题

1. 简述生物检材个体年龄推断的常用生物学指标及其优缺点。
2. 何谓 DNA 甲基化?

3. 何谓DNA甲基化的组织特异性？
4. 何谓表观遗传时钟？
5. 年龄推断模型构建后为何要进行验证？
6. 试述基于DNA甲基化标记推断个体年龄易受哪些因素的影响。

参考文献

[1] Meissner C, Ritz-Timme S. Molecular pathology and age estimation. Forensic science Int, 2010, 203(1-3): 34-43.

[2] Zapico S C, Ubelaker D H. Applications of physiological bases of ageing to forensic sciences. Estimation of age-at-death. Ageing research reviews, 2013, 12(2): 605-617.

[3] Zubakov D, Iris K, Ying C, et al. Human age estimation from blood using mRNA, DNA methylation, DNA rearrangement, and telomere length. Forensic Sci Int Genet, 2016, 24: 33-43.

[4] Jones M J, Goodman S J, Kobor M S. DNA methylation and healthy human aging. Aging Cell, 2015, 14(6): 924-932.

[5] Freire-Aradas A, Phillips C, Lareu M V. Forensic individual age estimation with DNA: From initial approaches to methylation tests. Forensic science review, 2017, 29(2): 121-144.

[6] Horvath S, Raj K. DNA methylation-based biomarkers and the epigenetic clock theory of ageing. Nature reviews genetics, 2018, 19(6): 371-384.

[7] Jones P A. Functions of DNA methylation: islands, start sites, gene bodies and beyond. Nature reviews genetics, 2012, 13(7): 484-492.

[8] Day K, Waite L L, Thulacker-Mercer A, et al. Differential DNA methylation with age displays both common and dynamic features across human tissues that are influenced by CpG landscape. Genome biology, 2013, 14(9): 102.

[9] Duan R, Fu Q Y, Sun Y, et al. Epigenetic clock: A promising biomarker and practical tool in aging. Ageing research reviews, 2022, 81: 101743.

[10] Freire-Aradas A, Pospiech E, Aliferi A, et al. A comparison of forensic age prediction models using data from four DNA methylation technologies. Frontiers in genetics, 2020, 11: 932.

[11] Aliferi A, Sundaram S, Ballard D, et al. Combining current knowledge on DNA methylation-based age estimation towards the development of a superior forensic DNA intelligence tool. Forensic Sci Int Genet, 2022, 57: 102637.

[12] Naue J. Getting the chronological age out of DNA: using insights of age-dependent DNA methylation for forensic DNA applications. Genes genomics, 2023, 45(10): 1239-1261.

[13] Slieker R C, Relton C L, Gaunt T R, et al. Age-related DNA methylation changes are tissue-specific with ELOVL2 promoter methylation as exception. Epigenetics & chromatin, 2018, 11(1): 25.

[14] Jana N, Timo S, Hoefsloot H C J, et al. Proof of concept study of age-dependent DNA methylation markers across different tissues by massive parallel sequencing. Forensic Sci Int Genet, 2018, 36: 152-159.

[15] Fleckhaus J, Freire-Aradas A, Rothschild M A, et al. Impact of genetic ancestry on chronological

[16] Cho S, Jung S E, Hong S R, et al. Independent validation of DNA-based approaches for age prediction in blood. Forensic Sci Int Genet, 2017, 29: 250-256.

[17] Li C, Gao W, Yu C, et al. Age prediction of children and adolescents aged 6-17 years: an epigenome-wide analysis of DNA methylation. Aging (Albany NY), 2018, 10(5): 1015-1026.

[18] Freire-Aradas A, Christopher P, Lorena G S, et al. Tracking age-correlated DNA methylation markers in the young. Forensic Sci Int Genet, 2018, 36: 50-59.

[19] Wu X, Chen W, Lin F, et al. DNA methylation profile is a quantitative measure of biological aging in children. Aging (Albany NY), 2019, 11(22): 10031-10051.

[20] Spólnicka M, Pośpiech E, Pepłońska B, et al. DNA methylation in ELOVL2 and C1orf132 correctly predicted chronological age of individuals from three disease groups. Int J Legal Med, 2018, 132: 1-11.

[21] Vidaki A, Ballard D, Aliferi A, et al. DNA methylation-based forensic age prediction using artificial neural networks and next generation sequencing. Forensic Sci Int Genet, 2017, 28: 225-236.

[22] Li X, Li W, Xu Y, et al. Human age prediction based on DNA methylation using a gradient boosting regressor. Genes (Basel), 2018, 9(9): 424.

[23] 边英男,张素华,李成涛.个体年龄推断的法医学研究进展.中国司法鉴定,2015(4):85-88.

第九章 与非人源生物检材相关的其他法医物证鉴定

第一节 与非人源生物检材相关的法医学研究及应用概述

动物、植物、微生物等非人类生物检材在自然界中广泛分布,与人类及人类活动密切相关,在案件侦查和诉讼中可能成为重要的证据之一,在法庭科学中具有特殊的价值和优势,对于破解刑事、民事案件能够发挥重要的作用。

对不明来源生物检材进行种属鉴定在法医学实践、打击走私行为以及食品的检验检疫中具有非常重要的意义。生活在人周围的动物可能是沉默的目击者、犯罪活动的受害者,甚至是犯罪的肇事者,例如咬伤他人。在这种情况下,犯罪现场遗留的动物生物检材作为证据通常具有的有限价值可能会发生根本性的变化。植物物证包括植物叶片、果实、种子、汁液、花粉等,对确定嫌疑人与犯罪现场的关系,认定或排除嫌疑人起佐证作用。植物的孢子和花粉分布广泛,容易粘留在与犯罪现场有关的人证、物证上,且不同植物的孢粉结构各异,能很快判断出那些孢粉来自哪里。同时孢粉又是一种肉眼看不到善于"伪装"的物证,再加上其极其稳定的植物性质,为案件的证据保留和寻找提供有力支撑。传统的鉴定方法主要有血清学、细胞学和生物化学方法,这些方法对检材的质量要求较高,对于遭到破坏、受到外界污染或者已经腐败降解的检材较难获得好的检验结果。随着分子生物技术的飞速发展,基于 DNA 分析的种属鉴定方法成为研究热点。目前已报道的用于种属鉴定的基因有细胞色素 b(cytochrome b)、12S rRNA、16S rRNA、18S rRNA、28S rRNA、D-loop、CO I、SON 基因 3′非编码区(3′UTR)。采用的检测技术手段主要是随机扩增多态性 DNA(randomly amplified polymorphic DNA, RAPD)、限制性片段长度多态性(restriction fragment length polymorphism, RFLP)分析、Sanger 测序、巢式 PCR、实时 PCR 技术(RT-PCR)、焦磷酸测序、二代测序等。

对于动物生物检材,有时不仅需要识别种属来源,还需要确定该检材来源于哪只动物及其亲缘关系。随着 2001 年人类基因组计划的顺利完成,动物基因组计划也取得了相应进展,基因组数据日益增多。2003 年,美国首次公布了与人类关系最为密切的犬的基因组序列草图,其他常见的家养动物(如马、猫、牛和猪)的基因组图谱也相继绘制完成。此外,法庭科学中可能涉及的珍稀野生保护动物(如大熊猫、藏羚、扬子鳄和东北虎等),也已陆续获得相应的基因组数据。基于种间、种内的差异性多态信息,为动物生物检材的个体识别及亲缘鉴定提供了可靠的生物学证据。对于植物生物检材,仅仅确定植物的种类有时无法为案件的破解提供直接有力的证据,对植物进行更加详细的个体识别显得尤为重要。2001 年,英国斯特斯克莱德大学对从两处扣押的毒品样本进行分析,该样本经采用化学方法进行检验均含有四氢大麻酚

(THC)，而利用 DNA-SSR 标记技术进行分析结果显示两份样本 SSR 基因型一致，说明样本来源相同，这是首次将 DNA 技术用于植物物证鉴定。植物 DNA 技术除了在刑事案件中发挥着重要作用，在森林保护、整治毒品等方面同样有不俗的表现。在禁毒方面，可以通过已建立的违禁植物 DNA 数据库对比已查获毒品样本 DNA，从而明确该样本品种、种植区域，进而寻找到背后种植者。植物 DNA 还可以用于推断死亡时间、胃肠道食物的鉴定以及有关植物的经济案件等。随着动物、植物等基因组测序工作的逐渐完成和 DNA 相关数据库的逐步建立，使得检验的可行性和可靠性得到保障，将在法庭科学中发挥重要作用。

昆虫是地球上种类最丰富、数量最庞大、分布最广泛的动物类群。不同种类的昆虫种类因适应不同的生活环境，演化出不同的行为习性和生物学特征。其中一些肉食性和食腐昆虫种类可见于腐败动物或人尸体上，部分类群喜食人体分泌物。以蚊、蚤类为代表的血食性昆虫以摄取动物或人血液为食。这些特性使得利用昆虫证据辅助案件侦破成为可能。法医昆虫学（forensic entomology）是一门应用昆虫学理论和技术研究与犯罪事件有关的昆虫和其他节肢动物，为死亡时间、死亡方式、死亡原因、死亡现场以及遗弃、虐待案件提供线索和证据的交叉学科。昆虫学证据的主要应用范围涉及刑事、民事、行政案件，经过多年的发展，形成了主要通过调查和研究尸体上昆虫发育历期、群落演替规律、地理分布特征等生物学和生态学特性，为案件侦破工作提供信息的技术体系。法医昆虫学研究与昆虫学证据应用的基本前提需要明确被调查昆虫的种类。除此之外，海关检验中涉及外来入侵昆虫种类的鉴定，走私珍稀、受保护昆虫种类的鉴定工作，以及生态环境损害案件中昆虫多样性受损评估工作，均与昆虫种类鉴定工作密切相关，且直接影响案件量刑和处罚。

昆虫的种类鉴定主要依靠传统的形态学鉴定方法。近年来，基于分子生物学方法的昆虫种类鉴定技术快速发展，已得到广泛应用和认可，是识别和确认昆虫种类的重要辅助手段。此外，一些血食性昆虫例如蚊子、虱、蚤、臭虫等肠道及胃内容物中的血液成分，可在一段时间内保存宿主来源的 DNA 成分，可以用来识别宿主的物种或个体身份。因此，昆虫种类的分子鉴定和宿主 DNA 检测，可作为法医非人源物证鉴定相关工作的重要补充。随着分子测序、显微成像、人工智能等技术的蓬勃发展，将人工智能和新一代高通量测序技术应用于昆虫种类鉴定将成为必然趋势，进一步提升昆虫学证据在法庭科学中的应用价值与范围，未来将有更大的发展空间和更大的应用价值。

第二节　生物检材的种属鉴定

种属鉴定是指基于形态学、血清学或 DNA 分析等方法甄别种属特征、种属特异性成分或种属特异性 DNA 序列等，实现对动物、植物等非人源生物检材进行分类地位（科、属、种）的认定。动物检材包括血液（斑）、唾液（斑）、表皮拭子、毛发、软组织、骨骼、牙齿、趾甲、甲醛固定动物组织和石蜡包埋动物组织等；植物检材包括叶片、花和果实等组织或干品。动物血液、唾液和软组织等应冷藏或冷冻保存，其余类型检材采集后应干燥保存。有条件的情况下，宜选择新鲜的检材。

形态学方法最早用于种属鉴定，主要依据同种检材在不同物种之间的结构差异进行区分。血清学检验主要是使用抗原-抗体反应来进行物种的鉴定，但是由于抗体的制备与分离比较烦琐，且许多蛋白在机体死亡后便会失去生物学活性，正逐步淘汰。这两类方法对样本质量要求较高、鉴定特异性不足、对检验人员的专业背景知识要求较高，存在较大的局限性。目前，在法庭科学领域采用 DNA 分析方法进行种属鉴定是较为便捷、准确的一种手段,且适用于检材不完整、微量、降解状态。2009 年,生命条形码联盟(the Consortium for the Barcode of Life,CBOL)植物工作组推荐将叶绿体 DNA(chloroplast DNA,cpDNA)片段成熟酶 K(Maturase K,matK)和核酮糖-1,5-二磷酸羧化酶/加氧酶大亚基(Ribulose-1,5-bisphosphate carboxylase/oxygenase large subunit,rbcL)作为鉴定陆生植物的通用条形码。之后,又将叶绿体间隔区 psbA-trnH 和核糖体 DNA 的内转录间隔区(internal transcribed spacer,ITS)作为植物的补充条形码。本节将主要介绍基于 DNA 条形码技术进行种属鉴定的方法。该方法根据检材类型选择合适的 DNA 条形码引物,扩增目标区域并进行双向测序,再将测序结果与现有数据库中序列进行比对和分析,确定检材的分类地位(科、属、种)。

一、DNA 制备

检材宜采用商业化动物/植物 DNA 提取试剂盒进行 DNA 提取。其中,甲醛固定动物组织应先脱醛,石蜡包埋动物组织应先脱蜡,然后再通过物理和/或化学的方法,将待检材处理成粉末或匀浆,悬浮在生理盐水或磷酸缓冲液中,振荡混匀后采用相应的试剂盒进行 DNA 的提取。含有自溶酶的动物组织样本(如海参),应经过超高压处理灭活自溶酶以后再按照动物组织样本进行后续处理。

检材 DNA 宜采用荧光定量试剂盒进行定量。具体操作步骤应按照相应的试剂盒说明书及仪器使用指南执行。

二、目标区域扩增

宜采用 DNA 条形码通用引物进行目标区域的扩增。推荐用于非人源性生物检材种属鉴定的通用引物信息见表 9-1。经通用引物扩增检测后无法获取准确的物种信息时,宜采用已发表文献或实验室自行设计并验证过的其他通用引物或物种特异性引物。

表 9-1 推荐用于非人源性生物检材种属鉴定的通用引物信息

检材类型	目标区域所在基因	引物序列(5′~3′)	目标片段大小 bp[a]
动物检材	COI	F - CACAAAGACATTGGCACCCT R - CCTCCTGCAGGGTCAAAGAA	641
	16S rRNA	F - CGCCTGTTTATCAAAAACAT R - CCGGTCTGAACTCAGATCACGT	589~632
	12S rRNA	F - GCTTCAAACTGGGATTAGATACCCCACTAT R - TGACTGCAGAGGGTGACGGGCGGTGTGT	413~461
植物检材	rbcL	F - CCATTYATGCGTTGGAGAGATCG R - TCAGGACTCCACTTACTAGCTTCACG	733~734
	psbA - trnH	F - GTTATGCATGAACGTAATGCTC R - CGCGCATGGTGGATTCACAATCC	291~559
	trnL	F - AGCTGTTCTAACAAATGGAGTTG R - GGACTCTATCTTTGTTCTCGTCC	268~337

a 给出的数据为 NCBI 数据库(https://www.ncbi.nlm.nih.gov/)现有物种在目标区域的产物片段大小,该数据在不同物种之间存在差异。

常见野生动物进行种属鉴定的引物信息见表 9-2。

表 9-2 野生动物进行种属鉴定的引物信息

检 材 类 型	目标区域所在基因	引物序列(5′~3′)	目标片段大小 bp[a]
犀牛、穿山甲、熊、海马、麝、盘羊、鹅喉羚、绵羊、藏羚羊、岩羊、北山羊、藏原羚、牦牛、家养牛、野驴、雪兔、马鹿、狍子、野猪、蒙古狗、雪豹等	COI	GGTCAACAAATCATAAAGATATTGG TAAACTTCAGGGTGACCAAAAAATCA	654~710
赛加羚羊	COI	TGAGCCGGCATAGTAGGAAC CCTGAGTAGTAGGTGACAATGTG GTAGTCGTAACCGCACAT GTAGGAGGACAGCCGTAAT	644 349（nest PCR）
穿山甲	COI	CAACAAATCACAAAGACATCGG TTCTGGGTGTCCGAAAAATCA	658
麝	COI	TTCTGATTYTTTGGHCACCCRGAA TAAAYATATGGTGGGCTCATAC	178
白尾鹞、苍鹰、短耳鸮、大䴉、四川林鸮、普通鵟、雀鹰、雕鸮	COI	TTCTCCAACCACAAAGACATTGGCAC ACGTGGGAGATAATTCCAAATCCTG TCAACAAACCACAAAGACATCGGCAC ACTACATGTGAGATGATTCCGAATCCAG	700
海马	COI	TTCTCAACTAATCACAAAGACATCGGCA ACTTCAGGRTGTCCRAAGAATCAGAATAAG	650
小鲵	COI	AAGCCCCGAAGAAC CCGAATCCAGGTAGA	590
穿山甲	16S rRNA	CTCCGGTCTGAACTCAGATCACGTAGG CTGACCGTGCAAAGGTAGCGTAATCACT CGGCCGCGGTATTCTGACCGTGC GATCACGTAGGACTTTAATCGTTG	500 490
犀牛	16S rRNA	AAGACGAGAAGACCCTATGGA TGATCCAACATCGAGGTCGTAA	286
海马	16S rRNA	CTCGCCTGTTTACCAAAAACA CCCATCAGGGAGAATTTCAGGCTCCACAA	485
犀牛	12S rRNA	AAAAGCTTCAAACTGGGATTAGATACCCCACTAT TGACTGCAGAGGGTGACGGGCGGTGTGT	400
秃鹫、兔、岩鸽、红冠蕉鹃、凤头鹦鹉、金刚鹦鹉、灰鹦鹉、虎皮鹦鹉、美洲野牛、狗、野猪、豺、狼、欧亚猞猁、欧洲獾、棕熊、棕兔、兔子、马、牛	Cytb	TGTAAAACGACGGCCAGTGAAACAGGATCAACAACCC CAGGAAACAGCTATGACCGGTGTAGTTGTCTGGGTCTCC	127

续　表

检材类型	目标区域所在基因	引物序列(5'~3')	目标片段大小 bp[a]
犀牛	Cytb	TCTCACATGGACTTCAACCA CCGATATAAGGGATTGCTGA AACATCCGTAAATCYCACCCA GGCAGATRAARAATATGGATGCT	500 230
海马	Cytb 线粒体控制右区	CTACCTGCACCATCAAATATTTC TTGCAACCGCATTTTCTTCAG CGGAAGGTGAGTCCTCGTTG CACACTTTCATCGACGCTT TCTTCAGTGTTATGCTTTA	492~741
海马	S7 RP1	TGTGCCCAGTATAAGAAGGATGG CCCATCAGGGAGAATTTCAGGCTCCACAA TGGTGGAGTWGCAGTGA ACAAACAACAGACYRGTAA	268 658~678
海马	ATP6	CAACCCCTTGAAACTGACAATGACA GCTTGRATTATAGCAACGGCTACTTC	603
穿山甲	D-loop	AGCCCCCAAAGCTGATATTCT CATTTTCAGTGCTTTGCTTT	1 159
马鹿、梅花鹿	D-loop	CAAAGCACGTGATATAACCTTATG CATGGTAATTAAGCTCGTGATCTA	306/307

a 给出的数据为 NCBI 数据库(https://www.ncbi.nlm.nih.gov/)现有物种在目标区域的产物片段大小。

应选用合适的 PCR 扩增试剂盒和 PCR 扩增仪进行 PCR 扩增反应。具体操作应按照试剂盒说明书和仪器使用指南进行。

以 QIAGEN Multiplex PCR 试剂盒和 9700 型 PCR 扩增仪为例,采用表 9-1 中引物进行扩增的推荐 PCR 扩增体系见表 9-3,推荐 PCR 扩增程序见表 9-4。若采用已发表文献或实验室自行设计并验证过的其他通用引物或物种特异性引物,则应相应调整 PCR 扩增体系及 PCR 扩增程序。(注:如果其他等效产品/仪器具有相同的效果,则能使用其他等效产品/仪器。)

表 9-3　检材采用表 9-1 中通用引物进行 PCR 扩增的扩增体系

成　　分	体积/μL
2×Multiplex PCR Master Mix	25
5×Q-Solution	5
10×引物混合液(2 μmol/L)	5
无核酸酶水	14
DNA(1 ng/μL)	1

表 9-4 检材采用表 9-1 中通用引物进行 PCR 扩增的扩增程序

步　骤	温度/℃	时　间	循环数
1	95	15 min	—
2	94 Tm[a] 72	30 s 90 s 90 s	30~45[b]
3	72	10 min[c]	—

a 应根据目标区域片段选择合适的 Tm。对应表 9-1 中的目标区域，Tm 宜为：COI（53℃）、16S rRNA（53℃）、12S rRNA（60℃）、rbcL（53℃）、psbA-trnH（53℃）、trnL（57℃）。
b 根据目标区域片段的实际大小、测序引物的 Tm 值，扩增循环数可进行相应的调整。
c 根据目标区域片段的实际大小、测序引物的 Tm 值，延伸时间可进行相应的调整。

三、PCR 产物纯化

根据目标区域片段大小采用合适浓度的琼脂糖凝胶对 PCR 产物进行电泳检测，在条带单一无其他杂带的情况下，宜选用合适的产物纯化试剂盒对 PCR 扩增产物直接进行纯化；若存在非特异性条带，应通过切胶将目的条带分离出来，随后选用合适的胶回收试剂盒对凝胶回收纯化。

纯化 PCR 产物的 $OD_{260\,nm}/OD_{280\,nm}$ 值宜在 1.6~2.0 之间。具体操作应按照相应的试剂盒说明书进行。

四、PCR 产物测序

将回收产物在基因测序仪上进行双向 Sanger 测序，具体操作应按照仪器使用指南进行。若 PCR 产物片段小于 150 bp 时，宜对其进行克隆后再测序。克隆操作应按照相应的试剂盒说明书进行。采用克隆测序时每个 PCR 产物应测定 5 个以上。

经基因测序仪配套的数据分析系统对图谱进行分析后，获得所测序列信息，并形成碱基序列输出。应对序列进行质量核验，平均 QV 应 ≥30，QV<20 的碱基数应不大于序列总长度的 1%。

五、结果分析

将测序序列在 NCBI 数据库或者 BOLD 网站中进行序列比对，应根据相似度初步判定物种。NCBI 序列比对工具：BLAST→Nucleotide BLAST。BOLD 网址：http://www.boldsystems.org/，BOLD 序列比对工具：IDENTIFICATION。测序序列与数据库参考序列相似度不小于 90% 的情况下，检测结果应为相似度最高的物种；测序序列与数据库参考序列相似度小于 90% 的情况下，应采用其他引物进行扩增检测，若序列相似度仍小于 90%，则该方法无法明确该检材种属来源。

测序序列与数据库参考序列相似度不小于 90% 的情况下，建议从 GenBank 数据库中下载相似度最高的物种同一属内的参考序列；采用 MEGA X 等软件进行聚类分析，并基于邻接法构建系统聚类树。之后，根据相似度和聚类情况综合判断检材的种属来源。

六、鉴定意见

检材测序序列与数据库参考序列相似度不小于90%的情况下,且与相似度最高的物种同一属内某物种的参考序列聚在一支,遗传距离最近,可出具"倾向于支持XX检材来源于该物种"。如鉴定意见可表述为"倾向于支持XX检材来源于软骨鱼纲(Chondrichthyes)板鳃亚纲(ELASMOBRANCHII)鼠鲨目(LAMNIFORMES)长尾鲨科(Alopiidae)长尾鲨属(*Alopias*)大眼长尾鲨(*Alopias superciliosus*)"。

第三节 非人源生物检材的个体识别

动物生物检材的个体识别与人个体识别的DNA分型方法基本相同,都是在核DNA和线粒体DNA水平上,通过对不同类型的遗传标记进行分型检测,为案件提供线索和证据。这些遗传标记主要包括STR、SNP、InDel和线粒体基因。其中,应用最广泛的是STR基因座。2011年,国际法医遗传学会(International Society for Forensic Genetics, ISFG)为规范法医遗传学调查中使用动物DNA流程,提出了动物STR分型采用与人STR分型一致的法医物证公认的理论与技术,如以重复次数命名等位基因、STR基因座筛选时首选四核苷酸重复序列、使用等位基因分型标准品(ladder)作为命名参照,同时需要有研究群体的遗传结构数据作为证据评估的基础,并考虑多种假设、采用似然比方法评估证据权重等。

针对与人类关系最为密切的几种家养动物,列举了目前已应用的相关STR基因座。其中,狗DNA分型遗传标记涉及66个常染色体STR基因座(REN285G14、REN112I02、REN172C02、REN143K19、FH2890、CO2.466、FH3895、REN157C08、C03.445、FH2732、FH2776、REN160J02、REN92G21、REN285I23、CO5.414、FH2752、REN37H09、REN87M11、REN286L19、REN204K13、CO8.373、CO8.618、C09.173、C09.474、FH2885、C10.781、REN73F08、REN154G10、REN164B05、C11.873、REN208M20、REN94K11、REN286P03、C13.758、C14.866、FH3802、REN06C11、REN144M10、REN85N14、C17.402、REN50B03、REN112G10、FH2783、REN91I14、REN274F18、FH3109、FH3069、REN107H05、FH3078、C23.277、REN181K04、REN106I06、FH3083、REN87O21、C27.436、FH2782、REN239K24、FH3082、REN51C16、FH3053、FH3060、REN314H10、REN112C08、REN106I07、FH2708和VWFX);猫DNA分型遗传标记涉及31个STR遗传标记(FCA176、FCA723、FCA084、FCA764、FCA139、FCA105、FCA102、FCA322、FCA823、FCA700、FCA275、FCA356、FCA848、FCA391、FCA736、FCA1056、FCA480、FCA310、FCA1390、FCA920、FCA1239、FCA221、FCA976、FCA742、FCA987、FCA096、FCA085、FCA1014、FCA1015、FCA1016、FCA1315);牛DNA分型遗传标记涉及16个STR遗传标记(TGLA227、BM2113、TGLA53、ETH10、SPS115、TGLA126、TGLA122、INRA23、ETH3、ETH225、BM1824、BM1862、BM720、BMc701、BM2934、BM861);马DNA分型遗传标记涉及17个STR遗传标记(AHT4、AHT5、ASB2、ASB17、ASB23、HMS2、HMS3、HMS6、HMS7、HTG4、HTG10、VHL20、CA425、HMS1、HTG6、HTG7和LEX3)。随着筛选出的STR基因座数量越来越多,家养动物商品化荧光标记STR试剂盒随之生产出来,如Canine ISAG STR Parentage Kit(美国Thermo Fisher Scientific公司)、Bovine Genotypes Panel 3.1 Kit(美国Thermo Fisher Scientific公司)、StockMarks for Horses Genotyping Kit(美国Thermo Fisher Scientific公司)、犬17A STR荧光检测

试剂盒(无锡中德美联公司)等。

植物生物检材的个体识别研究主要集中于大麻、罂粟等毒品原植物。在涉及毒品原植物犯罪案件中,既需要将涉案检材进行种属鉴定,又需要对涉案检材进行个体化识别以推断毒源。以大麻为例,2003年报道了第一个大麻STR基因座CS1(六核苷酸重复序列)。在此之后更多的大麻STR基因座被开发出来,如C11-CANN1、B01-CANN1、D02-CNAA1、ANUCS301、ANUCS302、ANUCS303、ANUCS304、ANUCS305和CS1等。以罂粟为例,推荐进行个体识别的19个STR基因座包括PMS051、PMS073、psom2、psom9、psom11、psom12、psom13、psom16、psom17、psom22、psgSSR006、psgSSR022、psgSSR044、psgSSR069、psgSSR080、psgSSR220、psgSSR314、psgSSR488、psgSSR917。

第四节 昆虫DNA物证鉴定

昆虫DNA在法医物证鉴定中的应用具有重要意义,尤其是在案件调查过程中能够提供关键线索。昆虫,尤其是尸体腐败过程中常见的蝇类、甲虫等,往往会聚集在尸体上进行产卵和摄食,从而携带尸体上的DNA。通过提取这些昆虫体内的DNA,有助于分析案件时间、地点等关键信息。不同种类的昆虫在尸体上的出现和繁殖时间具有规律性,通过分析昆虫种类及其发育阶段,可以帮助推测尸体死亡的时间,尤其在尸体高度腐败的情况下尤为重要。昆虫DNA分析有时能揭示尸体与特定环境之间的联系,帮助确定尸体是否在案发现场被发现,或者是否被转移过。

一、法医物证相关昆虫群类

狭义的法医昆虫学研究对象是与尸体有关的节肢动物门昆虫纲(Insecta),包括陆地、水体或其他环境中存在的与尸体有直接或间接关系的昆虫种类。广义的法医学相关研究对象还包括除昆虫纲以外的其他节肢动物类群,包括蛛形纲(Arachnida,蜘蛛类、蜱类、螨类)、重足纲(Diplopod,马陆类)、甲壳纲(Crustacea,虾、蟹)等。环节动物中的吸血蛭类由于同属于无脊椎动物,且有机会获取人源DNA,因此也被归入法医研究对象。

1. 尸体上常见昆虫类群

在法医学实践中,与尸体直接或间接相关的昆虫类群包括双翅目、鞘翅目、膜翅目、鳞翅目、毛翅目、蜚蠊目等。其中,主要以双翅目、鞘翅目部分类群为主。据不完全统计,国内外已报道的尸体相关昆虫种类数量超过300种,其中大部分为双翅目蝇类。

根据尸体上活动的各类昆虫的食性偏好和行为习性,可将昆虫大致分为以下几个主要类型:嗜尸性昆虫、杂食性昆虫、血食性昆虫、栖居性昆虫。嗜尸性昆虫偏好取食新鲜或腐败的尸体软组织,是改变尸体外观、消耗尸体生物量最大的一类昆虫,包括双翅目(Diptera)、鞘翅目(Coleoptera)和膜翅目(Hymenoptera)等。其中双翅目主要包括丽蝇科(Calliphoridae)、麻蝇科(Sarcophagidae)、蝇科(Muscidae)、厕蝇科(Fanniidae)、蚤蝇科(Phoridae)、酪蝇科(Piophilidae)、水虻科(Stratiomyidae)、毛蠓科(Psychodidae)和小粪蝇科(Sphaeroceridae)等。双翅目中的嗜尸性蝇类是尸体腐败进展中最为常见的昆虫,成虫和幼虫主要以尸体腐败组织为食,在死亡发生后很短时间内就会到达尸体,是法医昆虫学研究中最重要的昆虫类群。鞘翅目葬甲亚科的食腐种类成虫以腐败尸体为生,幼虫也在尸体下方的巢室内发育;皮蠹科

(Dermestidae)昆虫成虫和幼虫偏好取食干化的皮肤组织。尸体上常见的甲虫种类大部分为杂食性，既取食新鲜或腐败尸体软组织，又可捕食尸体上活动的其他昆虫，主要包括鞘翅目隐翅甲亚科（Staphylinidae）、阎甲科（Histeridae）、郭公甲科（Cleridae）、露尾甲科（Nitidulidae）等部分种类，为尸体腐败中后期常见类群。粪金龟科（Geotrupidae）的一些食粪类甲虫偏好取食人和动物粪便，也会被腐败尸体所吸引。此外，膜翅目主要包括胡蜂科（Vespidae）和蚁科（Formicidae）等，也参与尸体降解或捕食尸体上的其他昆虫。在室内分布蜚蠊目（Blattaria）蟑螂种类也会被腐败尸体所吸引，取食尸体软组织或腐败液。这些昆虫由于其生活习性或取食行为直接与尸体相关联。

2. 血食性昆虫类群

昆虫纲中一些有食血行为的昆虫类群，依赖吸食动物或人血液为生，血液中含有的 DNA 成分由于昆虫消化道的消化作用而逐渐降解，但在一段时间内仍可检出能用于法医物证鉴定相关工作的 DNA 信息，因此是一种特殊的人源 DNA 保存"容器"，在法医物证实践中具有特殊意义。

血食性昆虫主要包括双翅目的库蚊、伊蚊、按蚊，以及蠓、蚋、虻、舌蝇等，蚤类如人蚤（*Pullex irritans* Linnaeus），虱科的人体虱（*Pediculus humanus humanus* Linnaeus）、人头虱（*Pediculus humanus capitis*）、耻阴虱（*Phthirus pubis* Linnaeus），半翅目的温带臭虫（*Cimex lectularius*）、热带臭虫（*Cimex hemipterus*）、骚扰锥蝽（*Triatoma infestans*）等。广义上的"虫"还可包括蛛形纲的蜱（硬蜱类、软蜱类）、环节动物蛭纲有食血行为的蛭类，如日本医蛭（*Hirudo nipponia*）、菲牛蛭（*Poecilobdella manillensis*）、山蛭类。

蚊、蝇类、臭虫、锥蝽等活动能力较强的昆虫在吸食血液后会主动离开宿主，蜱、蛭等饱食血液后会主动从宿主身上掉落，而蚤和虱等附着在宿主毛发或衣物褶皱上，通常会在一段时间内伴随宿主生活。

除此之外，还有一些因偶然原因或特殊情况下才会出现在尸体上的昆虫，如毛翅目石蛾的幼虫可利用人毛发、织物纤维制作保护性外壳。鳞翅目一些蝶类，如蛱蝶、小灰蝶、鳌蛱蝶类偶有摄食人和动物尿液、动物血液以及尸体腐败液的行为。唇足纲（Diplopada）的蜈蚣、软甲纲的鼠妇（俗称潮虫）等，从周围环境扩散而来，为寻找水分或停息场所而偶然抵达尸体。

二、昆虫 DNA 物证分子鉴定

依据嗜尸性昆虫生长发育特点及其生态群落演替现象，对死亡时间和死亡地点进行推断是法医昆虫学的基本内容，快速、准确的种类鉴定是开展这些工作的基本前提和关键步骤。传统的昆虫种类鉴定主要依赖于形态学特征，参考翔实的分类学资料，由经验丰富的相关昆虫类群研究人员给出相对准确的鉴定意见，对研究人员的专业知识要求较高。法医学工作者往往不具备这方面的知识储备和专业技能。某些现场只能收集到残缺不全的嗜尸性昆虫样本，或者只有未成熟的昆虫样本，这种情况下形态学鉴定工作对于昆虫专业研究人员也十分困难。

作为形态学鉴定的重要辅助手段，利用分子标记（DNA marker）进行昆虫种类鉴定的技术方法已非常成熟。相比形态学鉴定，DNA 分子鉴定对法医工作人员的昆虫学专业知识要求较低，掌握分子生物学方法即可开展工作。此外，DNA 分子鉴定对昆虫标本的完整性要求较低，残骸或断肢均可提取 DNA 用于种类鉴定，在法医物证种类鉴定方面具有一定优势。

1. 昆虫 DNA 分子鉴定原理

昆虫种类鉴定技术的基本原理与法医人源 DNA 鉴定基本相同,核心部分包含预先筛选的 DNA 分子标记和比对需要的库文件。通过设计好的引物或引物组合,有目的地扩增特异性 DNA 片段,通过测序获取扩增产物的序列信息后,与数据库中已有注释信息的序列进行比对,并根据比对结果的评价参数对昆虫种类进行判断。昆虫分子鉴定经过近三十年的发展,形成了针对不同昆虫类群的特异性分子标记,鉴定方法也在不断的改进和发展。线粒体基因组由于是完全的母系遗传,进化速率相对稳定,适合用于研究昆虫系统发育和进化相关问题,同时满足对物种的鉴别能力。目前,昆虫种类鉴定主要采用线粒体基因组中的基因或基因组合来进行。

典型的昆虫线粒体基因组是环形、双链 DNA,绝大多数长度在 14 000~20 000 bp 核苷酸碱基。典型的线粒体基因组中通常包含有:13 个蛋白质编码基因(protein coding gene),22 个转运 RNA 基因(tRNA),2 个核糖体 RNA 基因(rRNA)和 1 个非编码控制区。目前,线粒体基因组的不同片段以及全序列已经被广泛应用于昆虫的种类鉴定研究,主要包括细胞色素 C 氧化酶亚基 I(cytochrome c oxidase subunit I,CO I)基因的不同大小片段、CO II、核糖体 16S rRNA、核糖体 12S rRNA、还原型烟酰胺腺嘌呤二核苷酸脱氢酶亚单位 5(reduced nicotinamide adenine dinucleo-tide dehydrogenase subunit 5,ND5)。不同的序列和序列组合对特定类群的昆虫鉴别效力有差异,因此,在分析工作中常会使用不同策略以提高鉴别效力,如 CO I+CO II、CO I 全长、全序列 13 个蛋白质编码基因加 2 个蛋白质编码基因等。除少部分近缘种之外,这些线粒体分子标记可以实现对大部分昆虫的准确鉴定。其中,CO I 基因是使用范围最广的分子标记,通用长度在 650 bp 左右。通常情况下,增加序列长度,能够提高物种鉴定效力,但对于亲缘关系较近的物种间,增加比对序列长度仍不能达到有效区分物种的要求,需要其他方法进行佐证。在探索昆虫分子标记物的过程中发现,mtDNA 序列中存在单核苷酸多态性,以这些 SNP 基因座建立的单倍型对于昆虫种类鉴定也有一定价值。

2. 昆虫 DNA 鉴定效力

昆虫 DNA 分子鉴定与人源 DNA 鉴定虽然在基本原理上相同,但对于标记物的选择和结果的判定方式上有显著差异。人源 DNA 鉴定的原理及方法详见本书相应部分。昆虫 DNA 鉴定在实际操作时,首先需要根据已发表的研究资料或经验选定适合所调查类群的分子标记或组合方式,以保障昆虫种类鉴定结果的准确性,特别是处理亲缘较近的物种或可能存在的种下阶元的情况需要格外仔细,同时考虑检测成本和检测周期问题。

在保证样本新鲜的情况下,提取昆虫样本的总 DNA,根据选定的分子标记或标记组合,设计扩增该分子标记片段的引物或引物组合。对扩增产物进行测序后获取目的片段,单一分子标记可直接用于后续分析,分子标记组合需要通过拼接链接成长片段后再进行分析。获取的分子标记序列本身不具有物种信息,需要和数据库中收录的基因序列进行比对(即数据库的 Blast 功能)。比对的结果实际上为被调查序列(Query)与匹配序列(Subject)的相似度数值(identity,ID)。在昆虫学研究中,通常认为当 Query 序列和 Subject 序列相似度>97%时,两序列应当来自同一物种。当 92%<相似度<97%时,通常认为两序列来自同一个属的不同物种,进一步当 85%<相似度<92%时通常认为序列可能来自同一科级。当且仅当数据库中收录了与所调查样本的序列相似度较高,并有物种注释信息时,被调查样本才能被判定为具体的某个物种。如数据库中只能匹配到相似度高的序列,而该序列并未录入物种信息,则仍然不能判定到具体种的水平,但据此可判断被调查样本可能归属的昆虫类群。与人源 DNA 物证鉴定中所

涉及的排除概率不同,昆虫鉴定中判定方式在使用时有一定的局限性,主要因为相似度的阈值不是完全的统计学客观界定,而是各国学者根据研究经验设定的经验性数值。

相似度大小间接反应的是随机两个样本遗传距离的远近,可通过遗传距离计算软件进行计算。相似度越高意味着遗传距离越近,反之则越远。由于昆虫种类十分庞大,不同的昆虫类群进化速率存在差异,虽然物种是客观存在,但不同昆虫类群间内和种间的遗传距离并不一致。因此使用来自经验数据的相似度作为物种鉴定依据时需要谨慎对待鉴定结果。再加上数据库中收录的物种信息本身可能存在错误,在一定程度上只能作为物种鉴定确证的辅助手段,不能完全代替传统的形态学鉴定的结论。

除了进行物种鉴定外,通过序列分析还能辅助解决样本溯源问题。当同一被调查物种存在多个样本,需要明确样本是否有相同来源或产地时,DNA 序列分析中常用的系统发育分析可用来辅助解决这一问题。系统发育分析通常以有树形结构的拓扑图形(系统发育树)来表示,在树形结构上,树枝的末端为物种,树根为假设共同祖先。物种按照亲缘关系远近分布在树的不同分枝末端,亲缘关系相近的物种会被聚类到同一个分枝上。当被调查的多个样本来自同一物种时,通过构建选择适当的系统发育分析策略,可以将这些样本在系统发育树上分离为不同的地理区域来源,以此来对样本进行溯源。这类系统发育分析需要两个前提条件,首先要具备已明确地理来源信息的参考样本,其次选用的分子标记能够充分反应被调查样本间的遗传距离。分子标记的长度、种类以及分析策略都会影响分析的结果,在遇到昆虫类群时需要进行预实验分析来确定合适的分析方案。

序列分析所需要的序列信息主要来自开放数据库,数据库通常使用的为 GenBank,也可根据工作需要建立适合开展某类昆虫调查工作的专用数据库,但比对原理和鉴定流程基本一致。数据库可以是线上或线下,理论上数据库中包含的有效序列信息越多,包含的物种记录越多,则获取有效鉴定结果的成功率越高。

第五节 昆虫体内人源 DNA 的分子鉴定

在犯罪现场可以获得人源 DNA 样本的常见基质包括不同类型的织物、器皿、工具及任何与人有过接触的物品。除此之外,犯罪现场的昆虫体内也可能含有人源 DNA。法医物证 DNA 分析可用于鉴定从昆虫学证据中获得的人类遗传物质,昆虫的残骸、粪便、消化道内均可能含有可用于检测的人源 DNA 成分,可用于法医物证调查及司法环境损害中生物多样性的调查。

一、血食性昆虫体内人源 DNA 分子鉴定

有血食性行为的蜱、蚊子和虱等节肢动物如吸食了人类血液,则其消化道内容物在一定条件下可检测出人源 DNA。以蚊子为例,雌蚊进食和消化人类血液作为卵巢发育所需的蛋白质来源。通常在饱吸一次血液后,雌蚊可在一周内不再进食。而在这段时间内,雌蚊可能仍然活动在犯罪现场周围。这样一个相对较长的消化期,使得调查人员有机会从现场收集雌蚊,提取这些昆虫肠道内的人源 DNA 成分,并用于分子生物学分析,继而可以获得关于嫌疑人或受害者与现场联系的重要信息。蚊子的分布和活动范围极广,与人类活动密切相关,尤其是气候炎热的季节和地理区域,所以这些昆虫出现在犯罪现场并不罕见。事实上,蚊已经在世界各地的

犯罪现场被观察到并记录下来了。

蜱的雌雄两性均可吸血,并且一次饱食血液的量可以达到自身体积的几十倍。吸血后蜱会主动离开宿主,但蜱的活动范围不大,一般为数米到数十米。蜱的新陈代谢非常缓慢,消化道内储存的大量血液可存储相对较长的时间,犯罪现场发现的蜱虫样本是恢复人源 DNA 的理想来源。虱在吸食血液后通常不会主动离开宿主,但耻阴虱可以通过人的性行为在宿主间传播,因此也可以在案件调查中收集作为证据。人源 DNA 已经有从虱子中恢复出来的案例,这些证据对于创建嫌疑人和受害者之间的关联至关重要。除上述类群外,蛭、蚤、臭虫、虻等有血食性行为的无脊椎动物,如在犯罪现场采集到此类生物的样本,也应列为法医物证的调查对象,样本应得到妥善保存。

二、嗜尸昆虫体内人源 DNA 分子鉴定

在法医学实践中,嗜尸性昆虫与尸体关系最为密切,而其中的嗜尸性蝇类,则是研究和实际应用最多的类群。嗜尸性蝇类通常最先到达尸体,并不断繁衍演替,直至残余期。因此,选取嗜尸性蝇类作为研究对象,具有一定的代表性和普遍性。双翅目幼虫(也称为蛆)可以是犯罪现场人类 DNA 的合适来源。蝇蛆取食的人体软组织主要集中在蛆的嗉囊,位于其消化道前端,是蝇蛆的食物储存器官,而非消化器官。选择嗉囊作为实验对象具有许多优点。首先,嗉囊内并没有蛋白水解酶的分泌,即使蝇蛆在吞噬食物的同时将唾液中用于口前消化的少量蛋白酶带入嗉囊,也不会导致宿主 DNA 严重降解。此外,仅对嗉囊进行操作可以使具有重要分类学价值的表皮结果得以保存,为以后的蝇蛆种类识别提供了有力证据。在提取与扩增蝇蛆体内宿主 DNA 时,外部污染物会对实验结果产生诸多不利影响,只提取嗉囊内容物而不采用整个蝇蛆则能够减少这些影响。外部污染包括蛆虫本身的多种食物来源(人体、动物等),甚至是检材提取时的污染。这种污染会干扰甚至影响人源 DNA 身份的认定。

嗜尸性蝇蛆嗉囊的宿主 DNA 提取的实际案例中,要确保蝇蛆嗉囊中所提取到的 DNA 适用于标准人类 STR 分型试剂盒进行分析,高量高纯度的 DNA 制备是先决条件,因此样本的保存也需要满足后续的检测要求。

第六节 典 型 案 例

一、动物检材的种属鉴定

案例 1

某地海警发现一渔民捕捞疑似"中华鲟"生物,要求对已经被肢解的组织块进行种属鉴定,判断其是否为濒危物种"中华鲟"。

【鉴定过程】

按照中华人民共和国公共安全行业标准 GA/T383-2014 抽提 DNA,对核基因(aplnra 和 fam43a)和线粒体基因(NADH5 和 cytb-D-loop)进行 PCR 扩增,采用 Sanger 测序法对 PCR 产物进行检测,采用邻接法对测序结果构建系统进化树。

【检验结果】

1. 经 PCR 扩增,疑似"中华鲟"组织块在核基因(aplnra 和 fam43a)和线粒体基因(NADH5 和 cytb-D-loop)共四个目标区域均检见特异性条带。

2. 所测 4 条序列均与中华鲟相似性最高,相似性为 99.88%(aplnra)~100%(fam43a)。

3. 采用邻接法对上述四个目标区域的测序序列与中华鲟序列构建系统进化树,结果分别如图 9-1~图 9-4 所示。

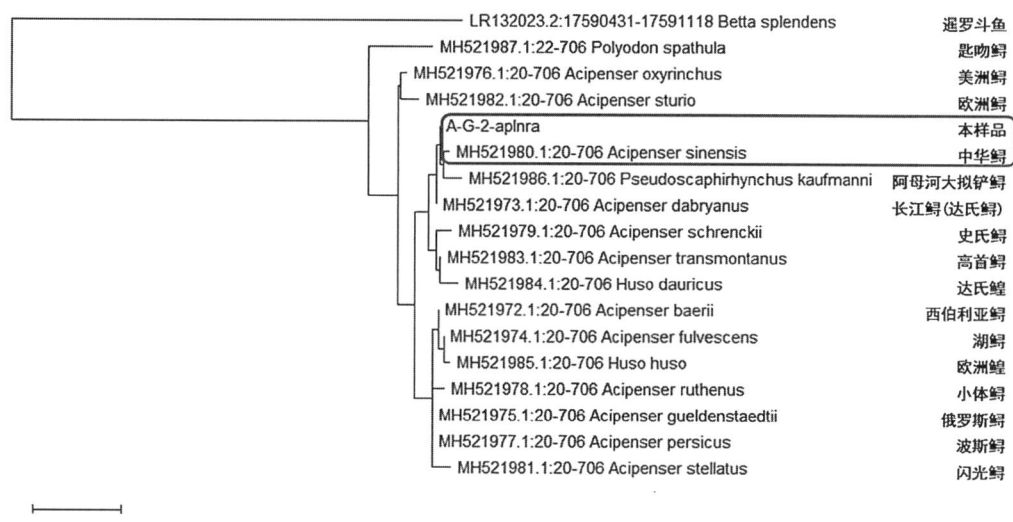

图 9-1 根据 aplnra 基因序列构建的鲟鱼系统进化树

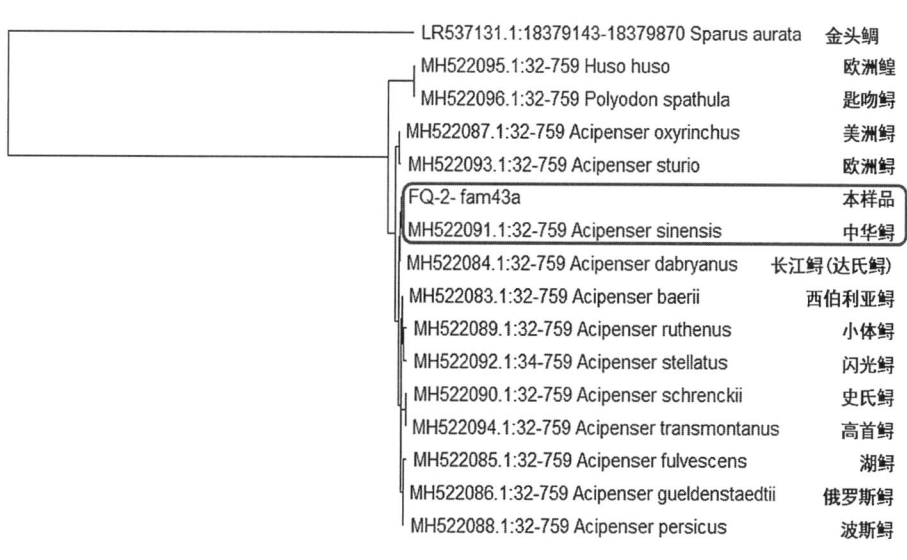

图 9-2 根据 fam43a 基因序列构建的鲟鱼系统进化树

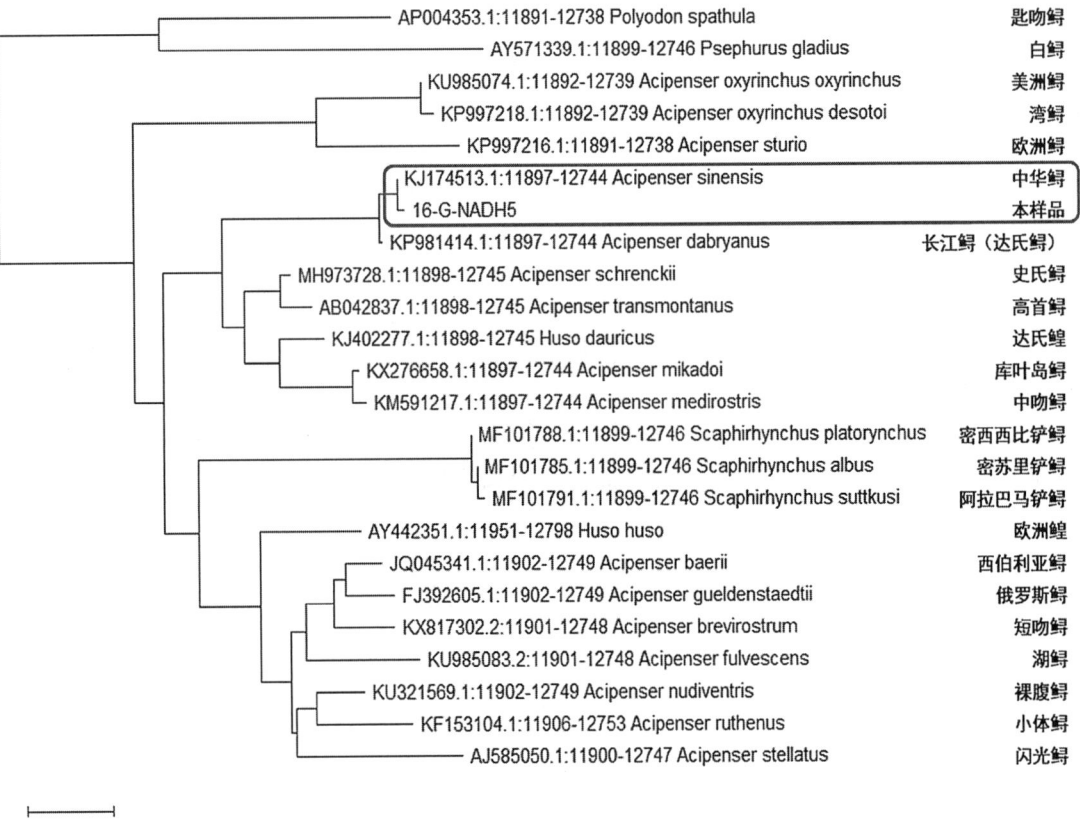

图9-3 根据NADH5基因序列构建的鲟鱼系统进化树

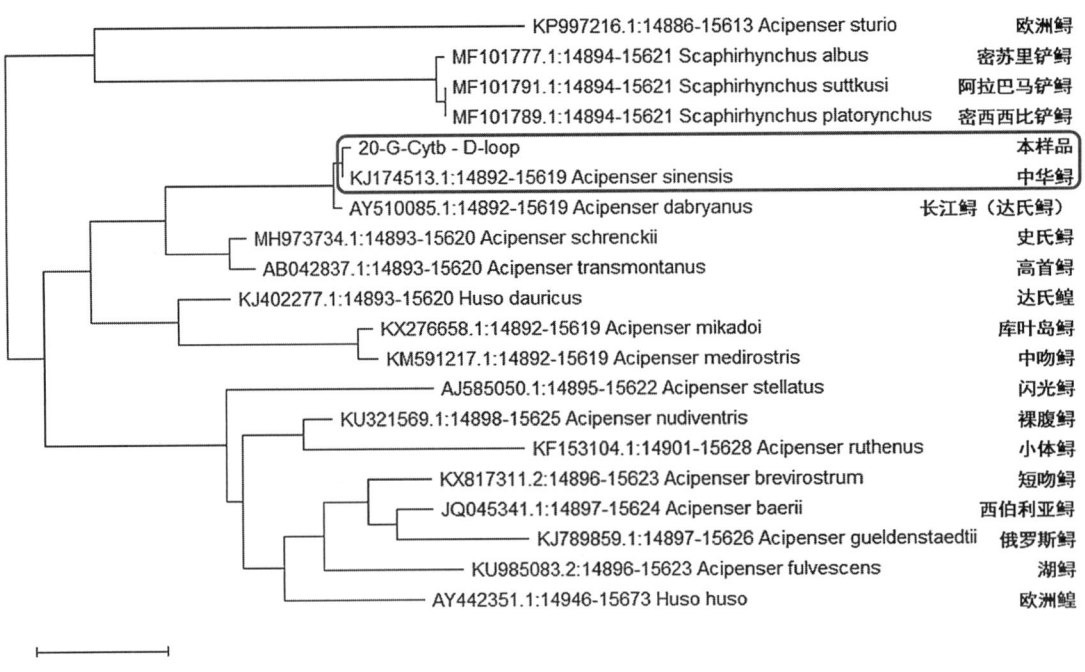

图9-4 根据cytb-D-loop序列构建的鲟鱼系统进化树

【分析说明】

对疑似"中华鲟"组织块在核基因(aplnra 和 fam43a)和线粒体基因(NADH5 和 cytb-D-loop)的四个目标区域所测得的序列在 GenBank 中进行 BLAST 比对分析,发现所测 4 条序列均与中华鲟相似性最高,相似性为 99.88%~100%。

通过邻接法构建的系统进化树结果显示,样本在四个目标区域所测得的序列与中华鲟 DNA 序列均聚类在一起。

【结论】

依据现有资料和 DNA 分析结果,支持送检样品为中华鲟。

二、动物检材的个体识别

案例 2

某男子驾驶摩托车行驶至某地段时与狗发生道路交通事故。交警要求对现场提取的狗毛、摩托车上提取的狗毛与现场黑白花狗血样、黑狗血样进行 DNA 检验与比对。

【检验过程】

按照中华人民共和国公共安全行业标准 GA/T383-2014 抽提 DNA,采用 Canine ISAG STR Parentage Kit(2014)试剂盒(美国 Thermo Fisher Scientific 公司)进行复合 PCR 扩增,用 3500 XL 遗传分析仪(美国 Thermo Fisher Scientific 公司)进行毛细管电泳和分型。

【检验结果】

表 9-5 四份检材的 STR 分型结果

STR 基因座	现场提取的狗毛	摩托车上提取的狗毛	黑白花狗血样	黑狗血样
AHTk211	83.63,85.53	83.69,85.54	83.60,88.82	83.64,85.65
CXX0279	113.22,122.74	/	111.32,113.31	113.22,122.74
REN169O18	156.82,163.13	156.81,163.13	154.69,163.12	156.83,163.03
INU055	202.77	/	198.95,200.83	202.77
REN54P11	232.03	231.94	223.54,231.89	231.97
AHTh130	298.19,306.15	/	/	298.20,306.18
INRA21	95.44,97.59	95.46,97.68	88.82	95.45,97.67
AHT137	126.80,128.72	126.78,128.77	126.76,144.29	126.81,128.73
REN169D01	/	/	/	/
AHTh260	/	/	/	/
AHTk253	287.53,291.65	287.39,291.59	287.49	287.49,291.59
INU005	/	/	/	/
INU030	/	/	/	/
FH2848	/	/	/	/

续 表

STR 基因座	现场提取的狗毛	摩托车上提取的狗毛	黑白花狗血样	黑狗血样
REN105LO3	/	/	/	/
AHT121	95.28,109.03	95.37,109.06	101.22,103,24	95.36,109.06
FH2054	152.44,168.76	/	156.55,160.64	152.38,168.66
REN162C04	199.90	199.90	201.85	200.00
AHTh171	230.77	230.69	222.96	230.81
REN247M23	264.77,266.67	264.76,266.66	266.71,268.59	264.68,266.67
REN64E19	/	/	334.26,340.11	326.54,332.41

【分析说明】

AHTk211 等 STR 基因座均为犬类的遗传学标记,具有犬类种属特异性和组织同一性,联合应用可进行个体识别。

综上检验结果分析,现场提取的狗毛可获得 14 个 STR 基因座的 DNA 分型结果,与黑狗血样在相同基因座的 DNA 分型结果一致,与黑白花狗血样在相同基因座的 DNA 分型结果不同;摩托车上提取的狗毛可获得 10 个 STR 基因座的 DNA 分型结果,与黑狗血样在相同基因座的 DNA 分型结果一致,与黑白花狗血样在相同基因座的 DNA 分型结果不同。

【结论】

依据现有资料和 DNA 分析结果,支持现场提取的狗毛、摩托车上提取的狗毛来源于黑狗;排除现场提取的狗毛、摩托车上提取的狗毛来源于黑白花狗。

三、动物检材的亲子鉴定

案 例 3

吴某家丢失一头种牛,怀疑李某家新出现的公牛为自家的种牛。要求警方对该公牛与自家小牛进行亲子鉴定。

【检验过程】

采集李某家公牛、吴某家小牛及小牛母亲的血样。按照中华人民共和国公共安全行业标准 GA/T383-2014 抽提 DNA,采用 13 对牛源特异性引物进行复合 PCR 扩增,用 3130 XL 遗传分析仪(美国 Thermo Fisher Scientific 公司)进行毛细管电泳和基因型分析。

【检验结果】

表 9-6 3 份检材的 STR 分型结果

STR 基因座	吴某家小牛母亲	吴某家小牛	李某家的公牛
TGLA126	111.36	111.19	103.18,111.33
BT66	176.49,191.61	176.46,191.59	176.47,191.65
BT165	270.94,279.29	258.06,279.30	258.04,279.29

续 表

STR 基因座	吴某家小牛母亲	吴某家小牛	李某家的公牛
ETH10	346.97,353.11	346.91,353.12	346.93
CSSM0113	97.39,103.48	103.49,111.62	103.54,111.68
INRA005	178.06,184.32	178.20,184.36	178.20,184.40
BT54	232.14,236.15	229.93,232.14	230.03
BT61	317.74	317.74,321.75	317.75,321.77
INRA023	207.50,226.60	207.45,226.54	207.60,226.60
BM2113	285.43,293.10	293.06,296.94	285.41,297.03
G18833	392.08,396.01	392.10,396.08	392.11,396.08
UMN0929	185.50	185.48	185.52
INRA063	232.50,238.56	232.50,238.58	232.52,238.60

【分析说明】

TGLA126 等 13 个 STR 基因座均为牛源的遗传学标记,遵循孟德尔遗传定律,联合应用可进行亲权鉴定。综上检验结果分析,吴某家的小牛的生父基因可从李某家的公牛的基因型中找到来源。

【结论】

依据现有资料和 DNA 分析结果,支持李某家的公牛与吴某家的小牛之间存在亲生血缘关系。

四、植物检材的种属鉴定

案例 4

某男子在中医诊所接受治疗后突发身亡。家属怀疑男子头顶中药残留物为毒物,要求对该残留物进行种属鉴定。

【检验过程】

按照《法庭科学 DNA 实验室检验规范》(GA/T 383-2014)采用 DNeasy® Plant Pro Kit(德国 Qiagen 公司)对头顶"中药残留物"样本进行 DNA 抽提。对抽提 DNA 的叶绿体基因 psbA-trnH 和 trnL 进行 PCR 扩增,采用 Sanger 测序法对 PCR 产物进行测序检测。测序序列采用 MEGA-X 软件进行序列比对,参考序列参照美国国立生物技术信息中心(NCBI)数据库 GenBank;采用邻接法构建系统进化树。

【检验结果】

1. 经 PCR 扩增,头顶"中药残留物"样本在叶绿体基因 psbA-trnH 和 trnL 目标区域均检见特异性条带。

2. 经 Sanger 测序与序列对比,psbA-trnH 和 trnL 序列均与萝藦相似性最高,相似性分别为 100% 和 99.69%。

3. 采用邻接法对头顶"中药残留物"样本所测 psbA-trnH 和 trnL 基因序列构建系统进化树,结果如图 9-5、图 9-6 所示。

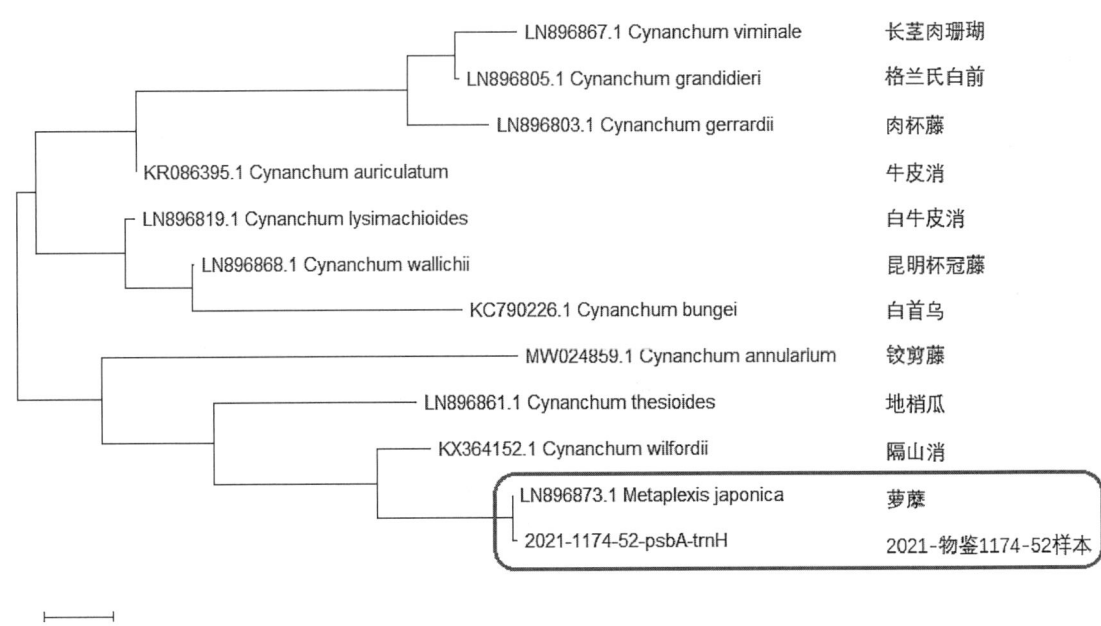

图9-5 基于psbA-trnH基因对头顶"中药残留物"样本构建的系统进化树

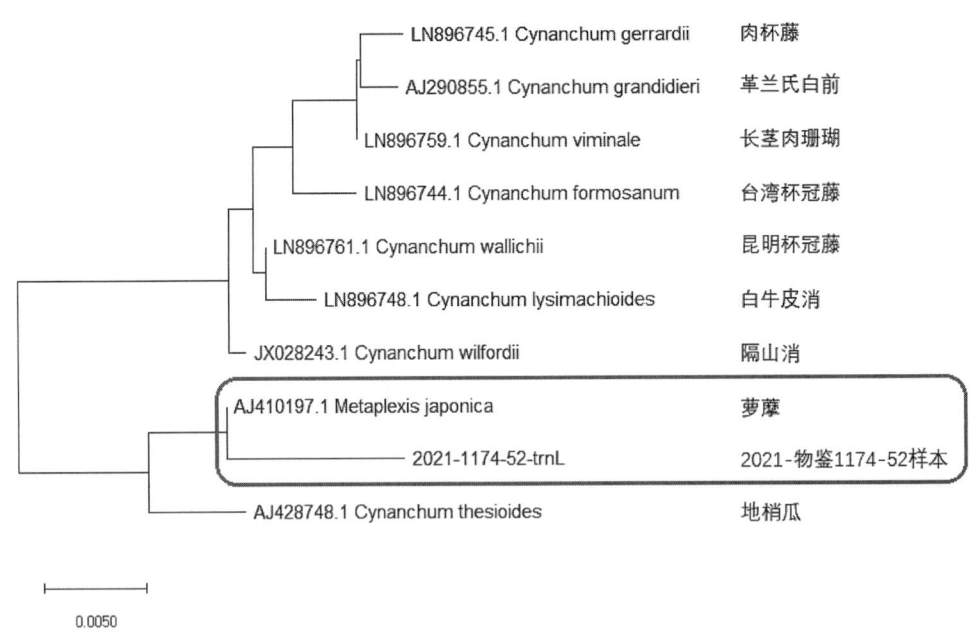

图9-6 基于trnL基因对头顶"中药残留物"样本构建的系统进化树

【分析说明】

对头顶"中药残留物"样本在叶绿体基因 psbA - trnH 和 trnL 目标区域所测得的序列在 GenBank 中进行 BLAST 比对分析,结果表明,样本所测 psbA - trnH 和 trnL 序列均与萝藦相似性最高。

通过邻接法构建的系统进化树结果显示,样本在叶绿体基因 psbA - trnH 和 trnL 目标区域所测得的序列均与萝藦 DNA 序列聚类在一起。

【结论】

依据现有资料和 DNA 分析结果,支持头顶"中药残留物"样本来源于被子植物门(Angiospermae)双子叶植物纲(Dicotyledoneae)捩花目(Contortae)萝藦科(Asclepiadaceae)萝藦属(*Metaplexis*)萝藦(*Metaplexis japonica*)。

五、昆虫检材的个体识别

案例 5

据报案人介绍,一位老年妇女被社区工作人员送到当地医院的急诊室治疗,几小时后患者死亡。为了明确死因,法医对尸体进行尸检,发现患者身体上有大量虱子孳生。为查明死者是否存在生前被监护人漠视从而导致身体状况和卫生条件恶化,警察对其生前住所进行调查。调查过程中发现死者卧室里有大量已死虱子,检查其他房间时也发现了虱子,警察将虱子样本作为证据带回。

【检验过程】

1. 形态学鉴定

使用体视显微镜对现场采集回来的虱,根据分类检索表的表述,对照其形态特征对样本进行鉴定。

2. 样本 DNA 分子鉴定

取单只虱样本,经冷冻研磨后使用 DNA 提示试剂盒提取总 DNA。使用 COI 通用引物对提取物进行扩增,扩增产物进行 Sanger 测序。产物扩增序列长度为 645 bp,使用 NCBI 的 Blast 功能对该序列进行比对。

3. 样本体内血液 DNA 鉴定

取 30 只样本,将头部和运动附属器都切除。将样本浸泡在 5% 的漂白剂溶液中 30 秒,以去除外源污染物。然后用无水乙醇冲洗,再用无菌蒸馏水冲洗并晾干。再将 30 个标本沿背侧中线纵向切开,分离胃肠道,获取其中的血液检材。

将从虱体内分离的血液样本使用 Chelex - 100 方法提取 DNA 成分。常染色体 STR 分型使用 AmpFLSTR™ NGM SElect™ PCR 扩增试剂盒,同时扩增样品、阳性对照 9947A、阴性对照和提取对照。反应在 Gene Amp PCR 9700 上进行。PCR 产物在 ABI 3500 基因分析仪上进行毛细管电泳分析。使用 POP4 胶、36 厘米毛细管。使用 Data Collection 2 和 GeneMapper® ID - X (Thermo Fisher Scientific) 进行数据处理。

【分析说明】

体视显微镜检查结果显示,收集的所有样本都属于同一物种-人头虱,头虱目头虱科,以动物的血液为食。

DNA 分子鉴定的结果与形态学鉴定一致,数据库中匹配度最高的序列物种注释信息为人头虱,相似度值为100%。

STR分型测试检测出完整常染色体STR图谱,且与死者完整常染色体STR图谱分型吻合。

【结论】

来自昆虫证据的人源DNA信息,结合虱的生活史和生命周期,表明该死者生前长期处于无人照顾的状态。

• 思考题 •

1. 非人源生物检材在法医学中的应用价值有哪些?
2. 什么是DNA条形码?如何检验及应用DNA条形码?
3. 影响昆虫体内人源DNA检出的因素有哪些?
4. 昆虫体内人源DNA可以用来解决哪些法医物证学问题?

参考文献

[1] Butler JM. Recent advances in forensic biology and forensic DNA typing:INTERPOL review 2019 - 2022. Forensic Sci Int Synerg, 2022, 6: 100311.

[2] Iyengar A, Hadi S. Use of non-human DNA analysis in forensic science: a mini review. Med Sci Law, 2014, 54(1): 41-50.

[3] Linacre A, Gusmão L, Hecht W, et al. ISFG: recommendations regarding the use of non-human (animal) DNA in forensic genetic investigations. Forensic Sci Int Genet, 2011, 5(5): 501-505.

[4] Kanthaswamy S. Review: domestic animal forensic genetics — biological evidence, genetic markers, analytical approaches and challenges. Anim Genet, 2015, 46(5): 473-484.

[5] Cardinali I, Tancredi D, Lancioni H. The revolution of animal genomics in forensic sciences. Int J Mol Sci, 2023, 24(10): 8821.

[6] Cattaneo C, Maderna E, Rendinelli A, et al. Animal experimentation in forensic sciences: How far have we come? Forensic Sci Int, 2015, 254: e29-35.

[7] Nahrmann J, Amnendt J, Zehner R, et al. Flora and fauna in criminalistics — an analysis of the current use and relevance of non-human biological trace materials in criminal proceedings. Arch Kriminol, 2016, 238(3-4): 81-98.

[8] Tumosa CS. The use of lectins in forensic science. Forensic Sci Rev, 1989, 1(1): 67-84.

[9] Craft KJ, Owens JD, Ashley MV. Application of plant DNA markers in forensic botany: genetic comparison of Quercus evidence leaves to crime scene trees using microsatellites. Forensic Sci Int, 2007, 165(1): 64-70.

[10] Owings CG, McKee-Zech HS, Orebaugh JA, et al. The utility of blow fly (Diptera: Calliphoridae) evidence from burned human remains. Forensic Sci Int, 2024, 356: 111962.

[11] Do Y, Lee SY, Chung KW, et al. Understanding diversity and distribution of the insect assemblages associated with carrions. J Forensic Leg Med, 2019, 68: 101865.

[12] Bernhardt V, Schomerus C, Verhoff MA, et al. Of pigs and men-comparing the development of

Calliphora vicina (Diptera: Calliphoridae) on human and porcine tissue. Int J Legal Med, 2017, 131(3): 847-853.

[13] Dawson BM, Barton PS, Wallman JF. Contrasting insect activity and decomposition of pigs and humans in an Australian environment: A preliminary study. Forensic Sci Int, 2020, 316: 110515.

[14] Matuszewski S, Hall MJR, Moreau G, et al. Pigs vs people: the use of pigs as analogues for humans in forensic entomology and taphonomy research. Int J Legal Med, 2020, 134(2): 793-810.

第十章 法医物证鉴定能力验证典型错误解析

第一节 三联体亲子鉴定能力验证

在法医物证学鉴定中,亲权鉴定是法医物证鉴定人必备的基本能力之一,它是指应用遗传学理论知识和技术,通过检测分析人类的遗传学标记,判断个体之间的亲缘关系。亲权鉴定分为三联体亲子鉴定和二联体亲子鉴定。

一、总体情况

能力验证是指通过外部评估机构对实验室或鉴定机构的技术能力进行评价的一种方法。它通过一系列标准化测试,确保实验室的检测结果准确可靠,并符合既定标准。其意义主要包括保障结果准确性与一致性、提升专业技术水平、增强社会公信力、促进国际认可与合作。在司法鉴定中,能力验证尤为重要,因为司法鉴定结果通常对案件的判决、事实认定有直接影响,错误的鉴定可能导致司法不公。定期参加能力验证可以帮助司法鉴定机构在技术上保持持续提升。本章主要分析总结了近年来法医物证鉴定能力验证中出现的典型错误。

三联体亲子鉴定能力验证目的就是旨在对各实验室的三联体亲子鉴定能力进行科学、客观的考察和评价。

本节选取了2020年度三联体亲子鉴定能力验证的部分素材。2020年三联体亲子鉴定能力验证来源于法医物证鉴定的可见案件,特别之处在于D12S391和vWA基因座上出现了不符合遗传规律的情形,是亲子鉴定实践中常见现象之一,也是本次能力验证的考点之一。此外,本次能力验证也考察了参加者对常用STR基因座的检测能力、检测过程(程序与报告)以及鉴定文书和鉴定意见表述的规范程度。本次能力验证计划提供的样品为三份制备在FTA卡上的血斑材料,要求参加者采用日常检测方法对待检样品进行检验并提交"检测结果报告表"、"亲权指数值报告表"、完整的鉴定文书及相关原始记录。

二、优秀范例展示与点评

例 1

第5页 共5页

DYS458、DYS437、DYS635、DYS448、DYS527ab、Y_GATA_H4、DYS447、DYS19、DYS392、DYS522、DYS393、DYS388、DYS390、DYS385ab、DYS444 等基因座均是人类Y染色体遗传标记，呈父系遗传，同一父系不同男性个体的Y-STR分型结果相同。

除DYS458基因座外被检父Ⅲ血样留有者与孩子Ⅱ血样留有者其余的23个Y-STR系统的单倍型一致，在DYS458基因座被检父Ⅲ血样留有者的分型为16，孩子Ⅱ血样留有者的分型为17，分析为遗传变异，不排除他们均来自同一父系。

五、鉴定意见：

在排除外源干扰的前提下，上述常染色体与Y染色体基因座的分型结果支持被检父Ⅲ血样留有者是孩子Ⅱ血样留有者的生物学父亲。

鉴定人：主任法医师 刘×× 刘××
《司法鉴定人执业证》证号：×××

鉴定人：主检法医师 陈× 陈×
《司法鉴定人执业证》证号：×××

鉴定人：主检法医师 石× 石×
《司法鉴定人执业证》证号：×××

二〇二〇年六月十八日

附注：1. 本鉴定仅对送检检材负责。
2. 本鉴定书未经书面批准，不得复制。

单位名称：20BC0235　　电话：×××
地　　址：×××　　　　邮编：×××

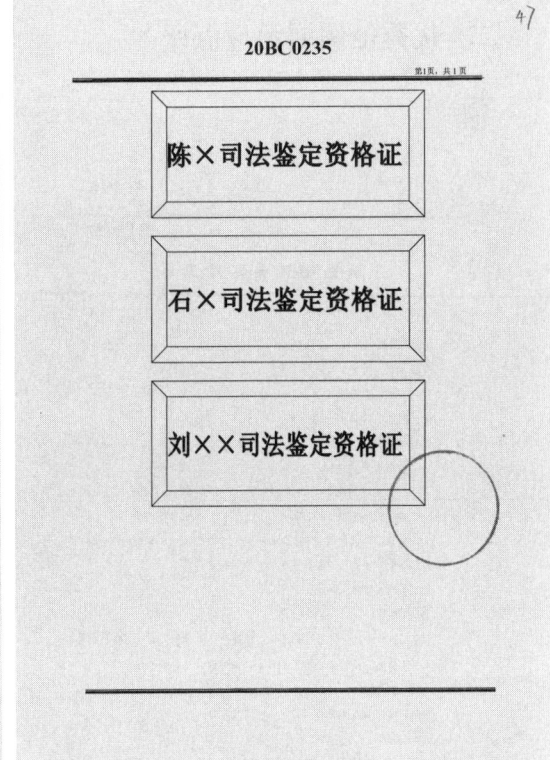

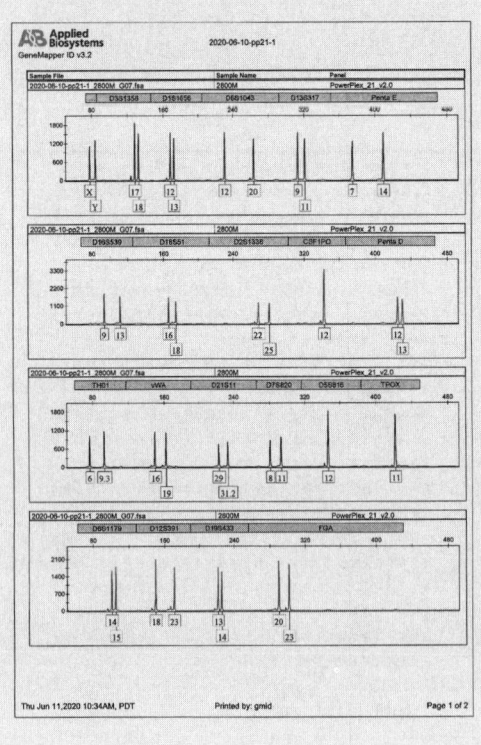

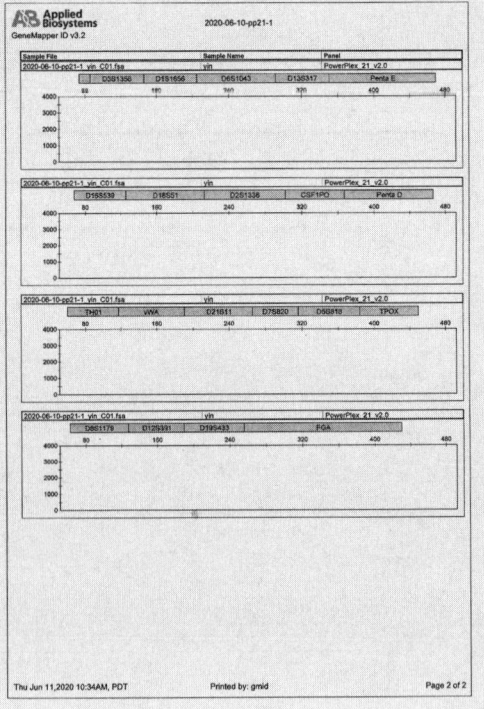

第一节 三联体亲子鉴定能力验证

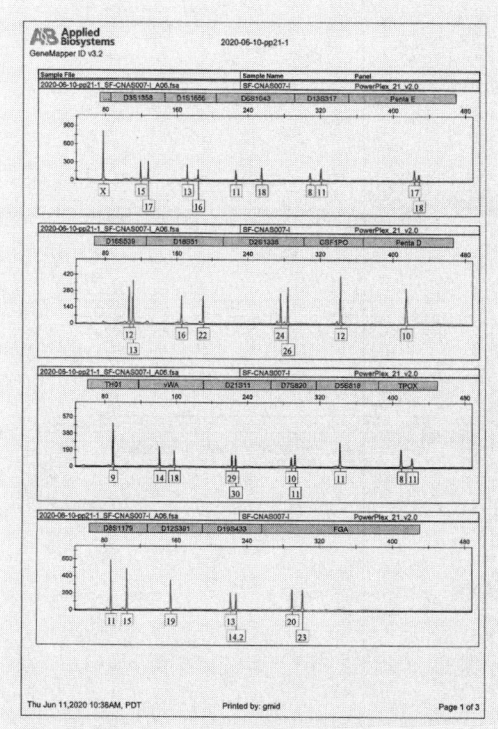

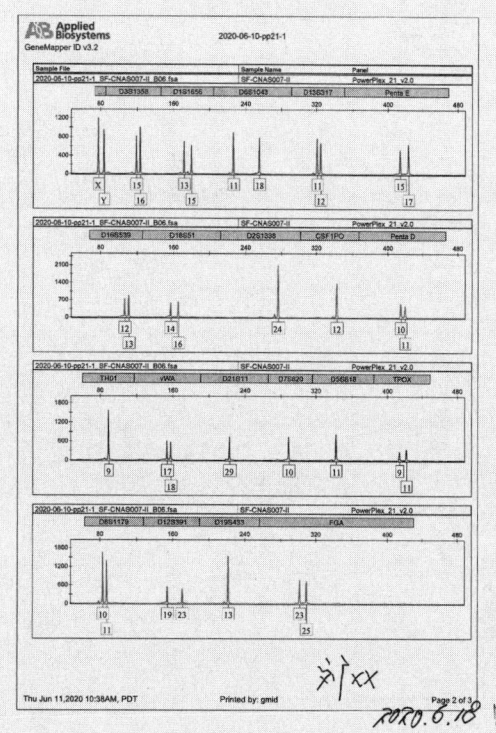

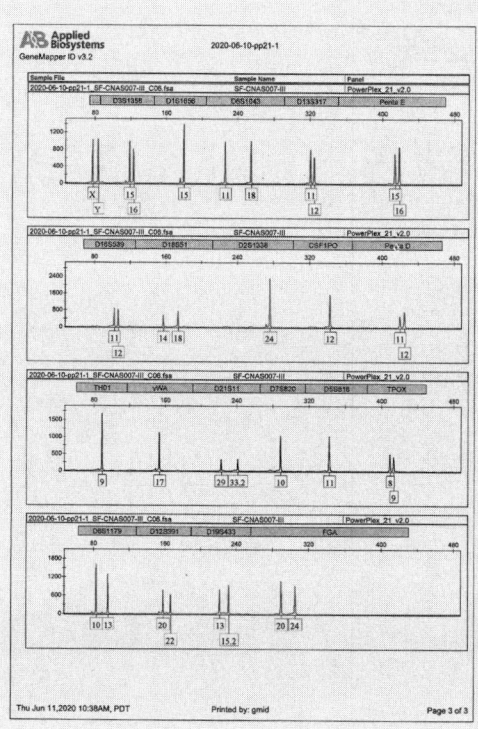

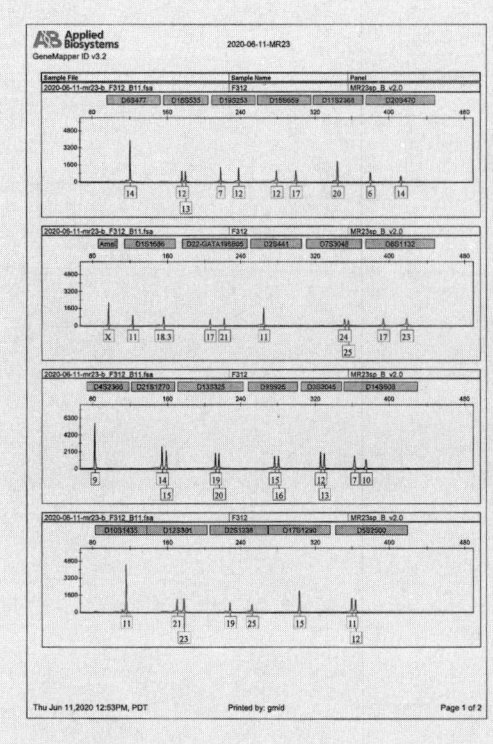
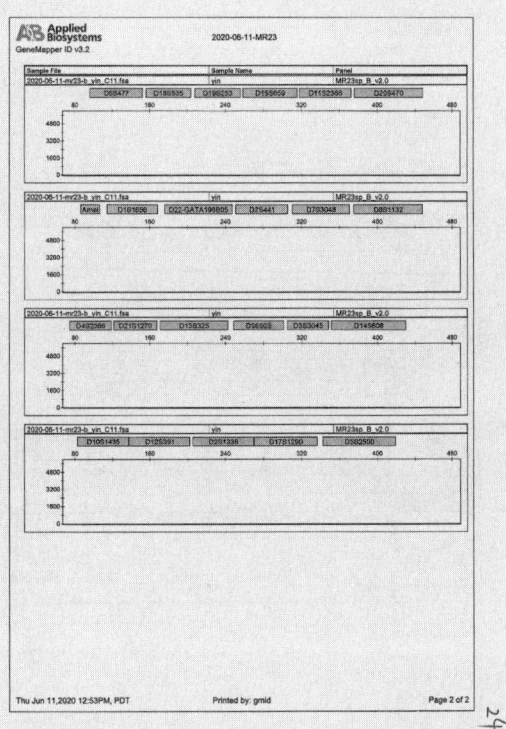
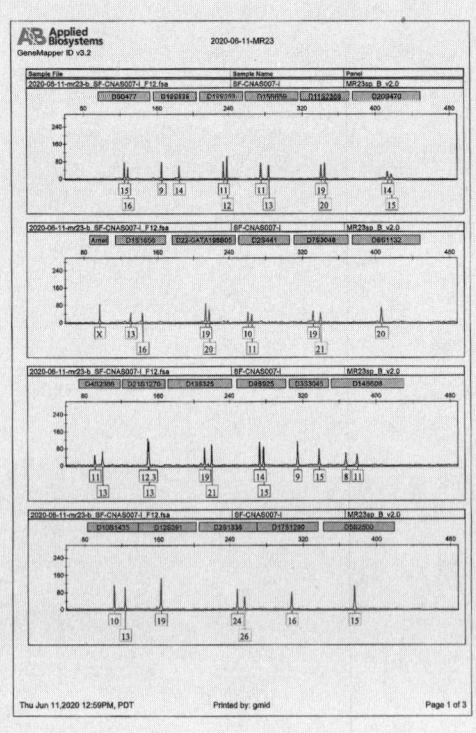
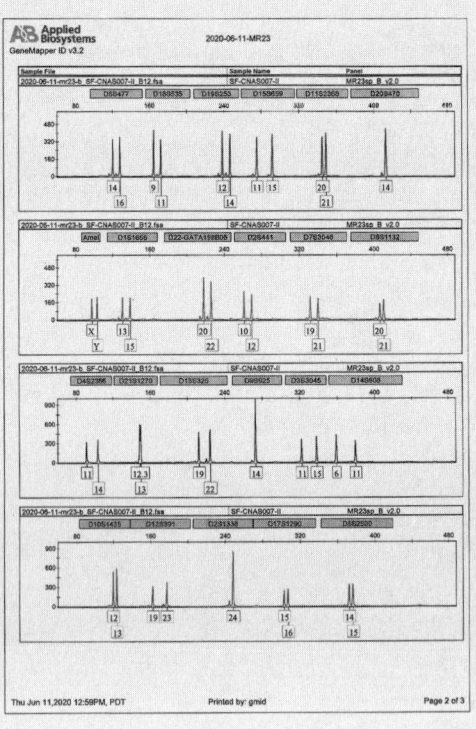

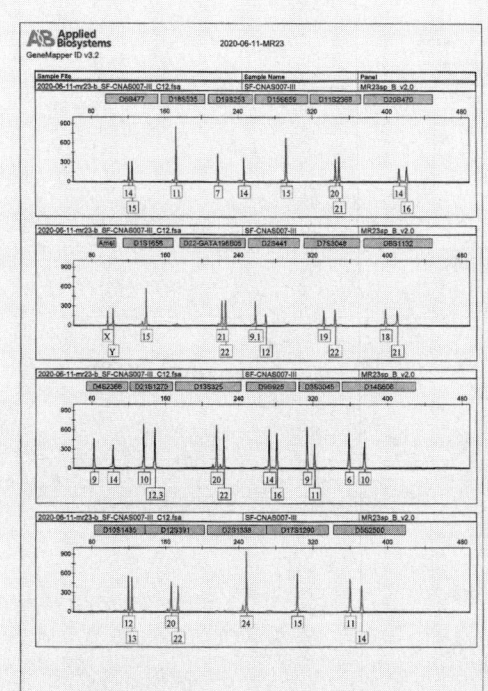
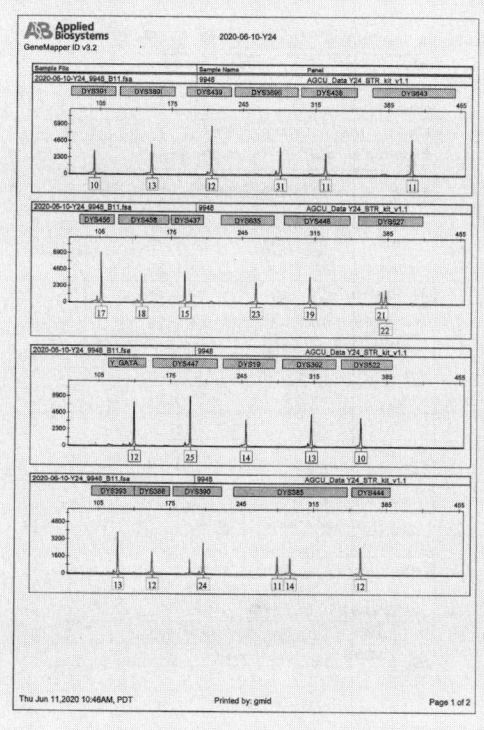
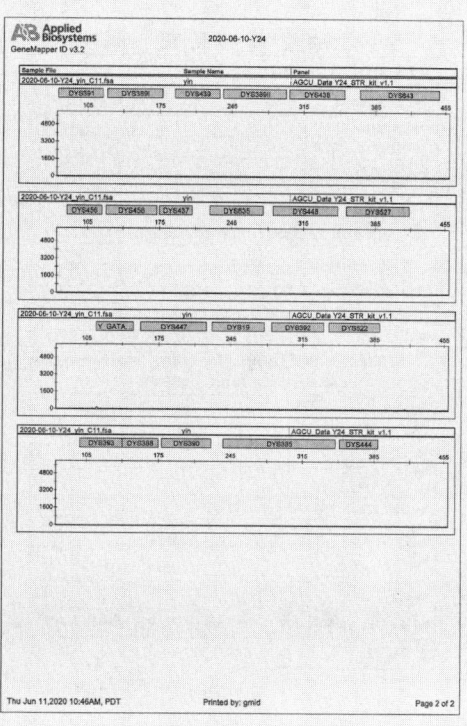

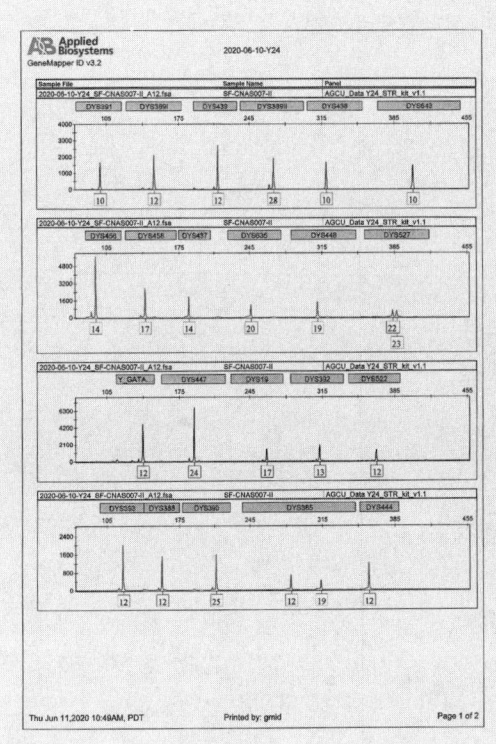
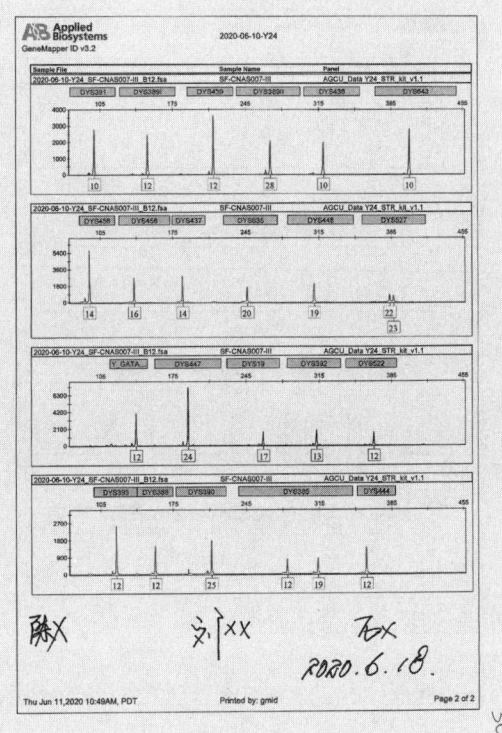

第一节 三联体亲子鉴定能力验证

声 明

本作业指南及相关材料内容仅供本次能力验证活动之用，未经实施方同意或授权，任何组织或个人不得复制、传播或作为其它用途。

三联体亲权鉴定（血痕）能力验证计划

材料目录

参加编号：20BC0235

本作业指南内容仅为能力验证所需文字材料，待检样品为实物，分别标识"样品Ⅰ"、"样品Ⅱ"和"样品Ⅲ"。请按照下列《材料目录》仔细核对，在"状态确认"栏采用打"√"方式进行确认。文件如有缺失或破坏，请立即与实施方联系，并将此表以最快的方式返回，由实施方确定补救措施。

材料目录

序号	发放材料的名称、数量和标识	状态确认	
1	作业要求 [第3-5页]	有 ☑	缺损 ☐
2	鉴定要求和待检样品说明 [第6页]	有 ☑	缺损 ☐
3	检验结果报告表 [第7页]	有 ☑	缺损 ☐
4	亲权指数值报告表 [第8页]	有 ☑	缺损 ☐
5	附表 39 个 STR 基因座的等位基因分布频率 [第 9-11 页]	有 ☑	缺损 ☐
6	样品Ⅰ 样品Ⅱ 样品Ⅲ	有 ☑ 有 ☑ 有 ☑	缺损 ☐ 缺损 ☐ 缺损 ☐

电话：021-5235 1397（刘红红、刘宇辰）

传真：021-5235 1397

三联体亲权鉴定（血痕）能力验证计划

作 业 要 求

重要提示

请仔细阅读本作业指南内容。

注意：本次能力验证项目结果反馈须同时完成网上提交及纸质提交，参加机构应保证二者内容的一致性。

1. 请按照作业要求在网上填写《检验结果报告表》、《亲权指数值报告表》，同时上传分型图谱、相关原始记录和鉴定意见书等。具体操作请根据页面提示进行。
网址：http://www.ssfjd.com/CNAS/PT/Login/Default.aspx

2. 请将《检验结果报告表》、《亲权指数值报告表》、分型图谱、相关原始记录、鉴定意见书等同时以纸质形式邮寄反馈。
邮寄地址： 上海市光复西路1347号 邮编：200063
司法鉴定科学研究院质量管理处
李锦帅 收
电话/传真：021-52351397

1. 按照"材料目录"（第2页）的要求对所接收的样品和材料进行查验，如有缺失、破损等情况，立即与我们联系。
2. 收到待检样品后，请样品置5℃以下条件中存放或干燥保存，建议尽快按照"鉴定要求和待检样品说明"（第6页）的指示实施相关的检验工作。
3. 参加机构/实验室采用日常检测方法对待检样品进行检验，但所选用的遗传标记系统的累积非父排除概率应达到 0.9999 以上。为了方便参加机构/实验室之间结果的比

对和评判，检测系统必须包含如下 11 个 STR 基因座：D3S1358、vWA、FGA、D8S1179、D21S11、D5S818、D18S51、D16S539、CSF1PO、D13S317、D7S820，部分 STR 基因座的非父排除率可参考下表：

基因座	非父排除率	基因座	非父排除率
D3S1358	0.4806	TPOX	0.3701
vWA	0.6092	CSF1PO	0.5001
FGA	0.7068	D7S820	0.5576
D8S1179	0.6882	D2S1338	0.6950
D18S51	0.7184	D19S433	0.6554
D21S11	0.6502	D6S1043	0.7310
D5S818	0.5671	D12S391	0.6790
D13S317	0.6000	Penta D	0.5907
D16S539	0.5749	Penta E	0.7325
TH01	0.4046		

4. 出现稀有等位基因时，频率以该基因座最小的等位基因频率取值。
5. 若出现疑为"突变"的基因座，按照《亲权鉴定技术规范》（GB/T 37223-2018）所描述的方法计算这些基因座的 PI 值。
6. 需向能力验证实施方提交的报告内容如下：
6.1 在线填写"检验结果报告表"。注意：所有检测基因座的结果均需提交。
6.2 在线填写"亲权指数值报告表"。参照附表"39个 STR 基因座的等位基因分布频率"的数据计算检测基因座的 PI 值和 CPI 值（该频率数据仅用于本次能力验证），PI 和 CPI 值均应保留四位小数。若个别 STR 基因座频率未在附表中给出，请实验室采用自己的数据，并在"特别说明"中提供数据来源资料。
6.3 在线上传"分型图谱"。
6.4 在线上传反映本次检验过程的原始记录。（如果原始记录表格上印有贵机构的名称，请用记号笔涂黑。）
6.5 在线上传内容完整的鉴定意见书一份（请标明参加编号，但不要出现有关机构/实验室的信息，如名称、地址、鉴定人员姓名等等。机构名称、地址、鉴定人员姓名等可用"XX"代替。）
6.6 要求鉴定意见书中必须报告所使用商品化 STR 检测试剂盒涵盖的全部基因座。
6.7 6.1-6.5 须同时提交纸质版本。

[页6]

CNAS 能力验证计划 2020SF-CNAS 007

7. 如果未按要求提交上述 6.1 至 6.5 所要求内容,则按不通过处理。
8. 邮寄和网站上传截止时间为 2020 年 6 月 30 日。

邮寄地址:
上海市光复西路 1347 号 邮编:200063
司法鉴定科学研究院 质量管理处
李锦明 收
电话/传真: 021-5235 1397

注意:
1. 参加机构应按要求一次性反馈结果报告,不允许以各种理由进行替换、补充等。
2. 逾期反馈结果的,将不予评价,并通报行政管理部门和 CNAS 认可组织。
3. 发现存在结果串通的,按"不予评价"处理并通报行政管理部门和 CNAS 认可组织。

编号:SJR-Q07-2017-PT 实施日期:2018-1-2 第5页 共14页

[页7]

CNAS 能力验证计划 2020SF-CNAS 007

三联体亲权鉴定(血斑)能力验证计划
鉴定要求和待检样品说明

1、样品说明

提供的样品有 3 份,分别为孩子生母的血样、孩子的血样、被检父的血样,编号信息见下表:

被检验人	样品编号	样品类型
孩子生母	I	血样
孩子	II	血样
被检父	III	血样

2、案情摘要与鉴定要求

某男(被检父)怀疑自己的孩子为妻子(孩子生母)与另一男性所生,提出亲权鉴定的要求,以明确自己是否为孩子的生父。

编号:SJR-Q07-2017-PT 实施日期:2018-1-2 第6页 共14页

[页8]

20BC0235 司法鉴定所司法鉴定委托书

收案编号:2020SF-CNAS 007

委托人	司法鉴定科学研究院	联系人	李锦明
联系地址	/	联系电话	021-52351397
委托日期	2020 年 6 月 9 日	送检人	顺丰速运邮寄收到

司法鉴定机构	机构名称:20BC0235	许可证号:XXXXXXXXX
	地址:XXXXXX	邮编:XXXXXX
	联系人:XXX	联系电话:XXXXXXXXX

委托鉴定事项及用途	2020SF-CNAS 007 能力验证
委托鉴定要求	亲权关系鉴定
是否属于重新鉴定	否
检案摘要	某男(被检父)怀疑自己的孩子为妻子(孩子生母)与另一男性所生,提出亲权鉴定的要求,以明确自己是否为孩子的生父。
鉴定材料目录和数量	检材(序号、名称、数量、状态、类型) 孩子生母 I 的血样(FTA 卡) 孩子 II 的血样(FTA 卡) 被检父 III 的血样(FTA 卡) 鉴定资料:

鉴定费用及收取方式	① 按照司法鉴定收费标准对委托鉴定事项分项目进行收费,预计收费:
	总计 / 元,人民币为大写 元,其中:
	鉴定 项目 / 元
	项目 元
	项目 元
	② 按照疑难复杂和重大社会影响的鉴定条件收费,预计收费: 元,人民币为大写 元。具体情形:
	□ 由省或省级以上相关部门委托的案件
	□ 需组织三名或三名以上相关领域专家共同参与的案件
	□ 案件引起社会普遍关注,并经省级或省部以上地市、电视台报道的
	□ 案件争议时间长,案发时间超过 5 年(含五年)的案件
	□ 委托人协商,同时认定为疑难、复杂和有重大社会影响的其他案件

鉴定文书	□ 自取
发送方式	☑ 邮寄 地址:上海市光复西路 1347 号司法鉴定科学研究院质量管理处
	□ 其他方式(注明)

[页9]

协议事项:
1. 鉴定机构应当严格依据有关技术规范保管和使用鉴定材料,鉴定委托人同意或者认可:
   □ 因鉴定需要耗尽检材;
   □ 因鉴定需要可能损坏检材;
   □ 鉴定完成后无法完整退还检材;
   ☑ 检材期限保存 3 个月。
2. 鉴定时限:从协议签订之日起 10 个工作日完成。
   □ 遇复杂、疑难、特殊的技术问题,或者检验过程需较长时间的,延长 ___ 个工作日。
3. 特殊情形鉴定:
   □ 需要对女性作妇科检查;
   □ 需要对未成年人的身体进行检查;
   □ 需要对被鉴定人进行法医精神病鉴定;
   □ 需要现场提取检材;
   □ 需要进行尸体解剖。
4. □ 需要补充或者重新提取鉴定材料,延长 ___ 个工作日。
   □ 委托人要求鉴定人回避,要求回避的鉴定人签名。
5. 鉴定过程中如需变更协议书内容的,由协议双方协议确定。

其他约定事项	/
协议变更事项	/

鉴定风险提示	1. 鉴定意见属于专家专业性意见,其是否被采信取决于办案机关的审查和判断,鉴定人和鉴定机构均无权干预。 2. 由于鉴定材料或客观条件所限制,并非所有鉴定都能得出明确的鉴定意见。 3. 鉴定活动遵循独立、客观、公正的原则,因此,鉴定意见可能对委托人有利,也可能不利。

委托人(机构) (签名或者盖章) 略 2020 年 6 月 9 日	接受委托的鉴定机构 (签名、盖章) 陈× 布× 2020 年 6 月 9 日

备注: /

生物检材检验流转登记单

日 期	检材名称	检验项目	签名	结果及日期
2020-06-09	孩子生母Ⅰ的血样	照相	贾× 石×	照片于 2020-06-09返回
2020-06-09	孩子Ⅱ的血样	照相		
2020-06-09	被检父Ⅲ的血样	照相		
2020-06-10	孩子生母Ⅰ的血样	常染色体检验(PP21)	贾× 石×	图谱于 2020-06-11返回
2020-06-10	孩子Ⅱ的血样	常染色体检验(PP21)		
2020-06-10	被检父Ⅲ的血样	常染色体检验(PP21)		
2020-06-10	孩子Ⅱ染色体检验	Y-STR染色体检验	贾× 石×	图谱于 2020-06-11返回
2020-06-10	被检父Ⅲ的血样	Y-STR染色体检验		
2020-06-11	孩子生母Ⅰ的血样	常染色体检验(MR23)	贾× 石×	图谱于 2020-06-11返回
2020-06-11	孩子Ⅱ的血样	常染色体检验(MR23)		
2020-06-11	被检父Ⅲ的血样	常染色体检验(MR23)		

检材描述记录表

检材名称	检材包装	相关案件编号	2020SF-CNAS 007

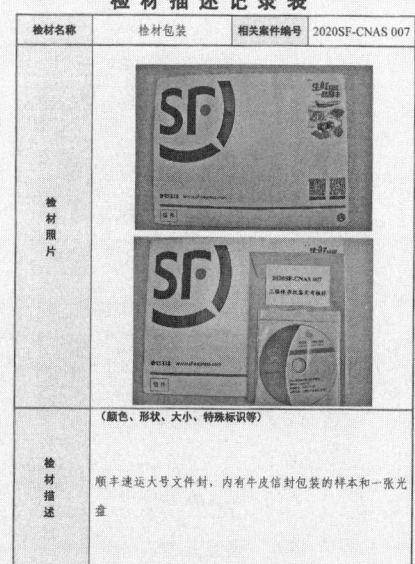

（颜色、形状、大小、特殊标识等）

检材描述：顺丰速运大号文件封，内有牛皮信封包装的样本和一张光盘

拍摄人：贾× 石× 拍摄时间：2020-06-09

检材描述记录表

检材名称	检材包装	相关案件编号	2020SF-CNAS 007

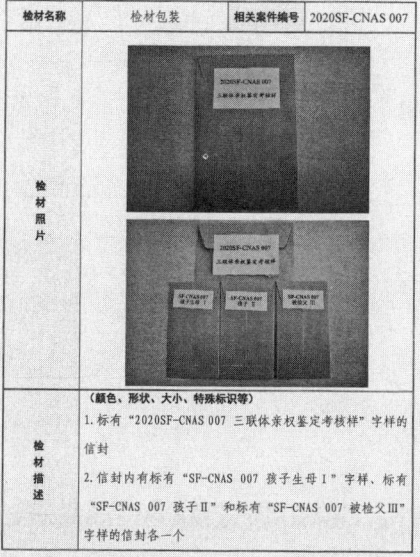

（颜色、形状、大小、特殊标识等）

检材描述：
1. 标有"2020SF-CNAS 007 三联体亲权鉴定考核样"字样的信封
2. 信封内有标有"SF-CNAS 007 孩子生母Ⅰ"字样、标有"SF-CNAS 007 孩子Ⅱ"和标有"SF-CNAS 007 被检父Ⅲ"字样的信封各一个

拍摄人：贾× 石× 拍摄时间：2020-06-09

检材描述记录表

检材名称	孩子生母	相关案件编号	2020CNAS SF 007

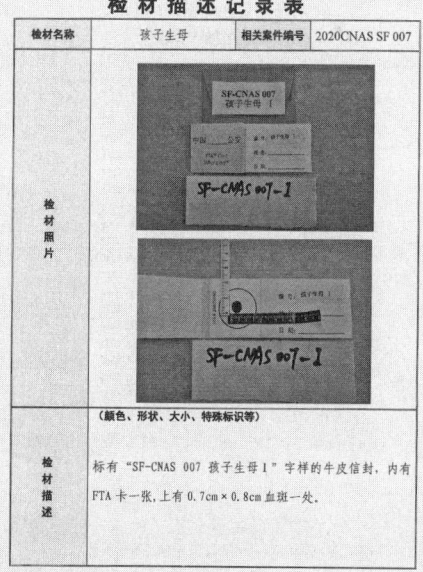

（颜色、形状、大小、特殊标识等）

检材描述：标有"SF-CNAS 007 孩子生母Ⅰ"字样的牛皮信封，内有FTA卡一张，上有0.7cm×0.8cm血斑一处。

拍摄人：贾× 石× 拍摄时间：2020-06-09

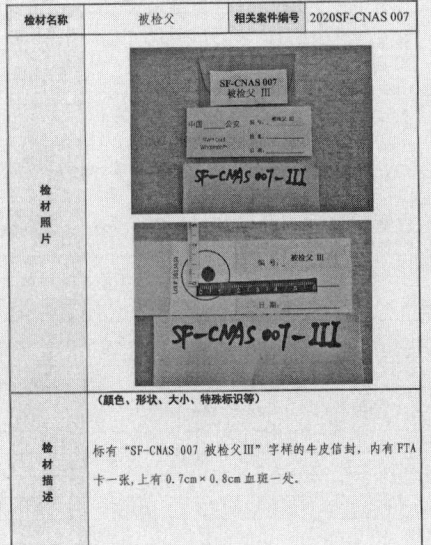

三联体亲权鉴定（血斑）能力验证计划
检验结果报告表（MR23）

参加编号：20BC0235

检测系统	I（孩子生母）	II（孩子）	III（被检父）
D6S477	15, 16	14, 16	14, 15
D18S535	9, 14	9, 11	11
D19S253	11, 12	12, 14	7, 14
D15S659	11, 13	11, 15	15
D11S2368	19, 20	20, 21	20, 21
D20S470	14, 15	14	14, 16
D22-GATA198B05	19, 20	20, 22	21, 22
D2S441	10, 11	10, 12	9.1, 12
D7S3048	19, 21	19, 21	19, 22
D8S1132	20	20, 21	18, 21
D4S2366	11, 13	11, 14	9, 14
D21S1270	12.3, 13	12.3, 13	10, 12.3
D13S325	19, 21	19, 22	20, 22
D9S925	14, 15	14	14, 16
D3S3045	9, 15	11, 15	9, 11
D14S608	8, 11	6, 11	6, 10
D10S1435	10, 13	12, 13	12, 13
D17S1290	16	15, 16	15
D6S2500	15	14, 15	11, 14
D1S1656	13, 16	13, 15	15
D2S1338	24, 26	24	24
D12S391	19	19, 23	20, 22
AMEL	X	X, Y	X, Y

注：MR23 试剂盒 D1S1656、D2S1338、D12S391 基因座与 PP21 试剂盒基因座相同。

三联体亲权鉴定（血斑）能力验证计划
检验结果报告表（Y24）

参加编号：20BC0235

检测系统	II（孩子）	III（被检父）
DYS391	10	10
DYS389 I	12	12
DYS439	12	12
DYS389 II	28	28
DYS438	10	10
DYS643	10	10
DYS456	14	14
DYS458	17	16
DYS437	14	14
DYS635	20	20
DYS448	19	19
DYS527ab	22-23	22-23
Y_GATA_H4	12	12
DYS447	24	24
DYS19	17	17
DYS392	13	13
DYS522	12	12
DYS393	12	12
DYS388	12	12
DYS390	12	12
DYS385ab	12-19	12-19
DYS444	12	12
AMEL	X, Y	X, Y

注：若使用的试剂盒除了以上基因座外，还包括其他基因座，请自行补充结果。

三联体亲权鉴定（血斑）能力验证计划
亲权指数值报告表（PP21）

参加编号：20BC0235

检测系统	亲权指数（PI 值）
D3S1358	$1/2q_{xy}=1/(2\times0.3277)=1.5258$
D1S1656	$1/q_{xy}=1/0.2812=3.5562$
D6S1043	$1/(p_{xy}+q_{xy})=1/(0.1094+0.1719)=3.5549$
D13S317	$1/2q_{xy}=1/(2\times0.1592)=3.1407$
Penta E	$1/q_{xy}=1/(2\times0.0752)=6.6489$
D16S539	$1/(2p_{xy}+2q_{xy})=1/(2\times0.2058+2\times0.1015)=1.6271$
D18S51	$1/2q_{xy}=1/(2\times0.2160)=2.3148$
D2S1338	$1/q_{xy}=1/0.1718=5.8207$
CSF1PO	$1/2q_{xy}=1/(2\times0.3886)=2.7130$
Penta D	$1/2q_{xy}=1/(2\times0.1232)=4.0584$
TH01	$1/q_{xy}=1/0.5215=1.9175$
vWA	$1/2q_{xy}=1/(2\times0.2361)=4.2355$
D21S11	$1/2q_{xy}=1/(2\times0.2571)=1.9448$
D7S820	$1/q_{xy}=1/0.1635=6.1162$
D5S818	$1/q_{xy}=1/0.3222=3.1037$
TPOX	$1/2q_{xy}=1/(2\times0.1300)=3.8462$
D8S1179	$1/2q_{xy}=1/(2\times0.1054)=4.7438$
D12S391	$\mu/(4P_{xy})=0.002/(4\times0.0286)=0.0175$
D19S433	$1/2q_{xy}=1/(2\times0.2313)=2.1617$
FGA	$\mu/(4P_{xy})=0.002/(4\times0.0970)=0.0052$

累积亲权指数（CPI 值）：CPI=1.5258×3.5562×3.5549×3.1407×6.6489×1.6271×2.3148×5.8207×2.7130×4.0584×1.9175×4.2355×1.9448×6.1162×3.1037×3.8462×4.7438×0.0175×2.1617×0.0052=1.0463×10^5

注：若使用的试剂盒除了以上基因座外，还包括其他基因座，请自行补充结果。

三联体亲权鉴定（血斑）能力验证计划
亲权指数值报告表（MR23）

参加编号：20BC0235

检测系统	亲权指数（PI 值）
D6S477	$1/2q_{xy}=1/(2\times0.1931)=2.5893$
D18S535	$1/q_{xy}=1/0.0184=54.3478$
D19S253	$1/2q_{xy}=1/(2\times0.0624)=8.0128$
D15S659	$1/q_{xy}=1/0.1762=5.6754$
D11S2368	$1/2q_{xy}=1/(2\times0.2093)=2.3889$
D20S470	$1/q_{xy}=1/(2\times0.1534)=3.2595$
D22-GATA198B05	$1/2q_{xy}=1/(2\times0.1659)=3.0139$
D2S441	$1/2q_{xy}=1/(2\times0.1711)=2.9223$
D7S3048	$1/(2p_{xy}+2q_{xy})=1/(2\times0.0712+2\times0.1204)=2.6096$
D8S1132	$1/2q_{xy}=1/(2\times0.1424)=3.5112$
D4S2366	$1/q_{xy}=1/(2\times0.0620)=8.0645$
D21S1270	$1/(2p_{xy}+2q_{xy})=1/(2\times0.0915+2\times0.091)=2.7397$
D13S325	$1/2q_{xy}=1/(2\times0.1468)=3.4060$
D9S925	$1/2q_{xy}=1/(2\times0.1363)=3.6684$
D3S3045	$1/2q_{xy}=1/(2\times0.0308)=16.2338$
D14S608	$1/2q_{xy}=1/(2\times0.0646)=7.7399$
D10S1435	$1/2q_{xy}=1/(2\times0.3789)=1.3196$
D17S1290	$1/2q_{xy}=1/(2\times0.2115)=4.7281$
D6S2500	$1/2q_{xy}=1/(2\times0.0816)=6.1275$
D1S1656	$1/q_{xy}=1/0.2812=3.5562$
D2S1338	$1/q_{xy}=1/0.1718=5.8207$
D12S391	$\mu/(4P_{xy})=0.002/(4\times0.0286)=0.0175$

累积亲权指数（CPI 值）：CPI=2.5893×54.3478×8.0128×5.6754×2.3889×3.2595×3.0139×2.9223×2.6096×3.5112×8.0645×2.7397×3.4060×3.6684×16.2338×7.7399×1.3196×4.7281×6.1275=5.3327×10^{10}

PP21 与 MR23 累积亲权指数（CPI 值）：CPI=(1.0463×10^5)×(5.3327×10^{10})=5.5796×10^{15}

特别说明：MR23 试剂盒 D1S1656、D2S1338、D12S391 基因座与 PP21 试剂盒基因座相同，不再参与 CPI 值计算。D20S470、D21S1270、D9S925 基因座因未给出频率，采用"Bingbing Xie. Genetic distribution of 39 STR loci in 1027 unrelated Han individuals from Northern China[J]. Forensic Science International: Genetics, 2015, 19."中频率计算。

法医物证鉴定意见书

×××[2020]法物鉴字第 2020SF-CNAS 007 号

一、基本情况：

委托单位：司法鉴定科学研究院
委 托 人：李锦明
委托时间：2020 年 6 月 9 日
检材和样本：

检材名称	检材编号
孩子生母Ⅰ的血样（FTA 卡）	SF-CNAS007-Ⅰ
孩子Ⅱ的血样（FTA 卡）	SF-CNAS007-Ⅱ
被检父Ⅲ的血样（FTA 卡）	SF-CNAS007-Ⅲ

鉴定要求：被检父是否为孩子的生物学父亲。
鉴定地点：×××司法鉴定所

二、基本案情：

据委托材料介绍：某男（被检父）怀疑自己的孩子为妻子（孩子生母）与另一男性所生，提出亲权鉴定的要求，以明确自己是否为孩子的生父。

三、鉴定过程：

检验自 2020 年 6 月 9 日开始。

（一）DNA 检验

本项检验按 GA/T383-2014《法庭科学 DNA 实验室检验规范》行标中方法进行。
用行标中 5.3 硅珠法在 Biomek®-NX S8 工作站上 DNA IQ 快速提取上述三份检材的 DNA，使用 PowerPlex®21、Microreader™23sp ID 和 AGCU Database Y24 系统，分别经 9700 PCR 扩增仪复合扩增 STR 基因座，AB-3130XL 序列分析仪电泳分离扩增产物，GeneMapper 软件分析得到分型结果。

常染色体分型结果按 GB/T37223-2018《亲权鉴定技术规范》国标中方法计算亲权指数。Y 染色体分型结果按 SF/Z JD0105007-2018《法医物证鉴定 Y-STR 检验规范》中方法描述。

（二）鉴定结果：（常染色体及Y染色体STR分型结果）

基因座\检材	Amelo	D13S308	D1S1656	D6S1043	D3S317	Penta E	D16S539	D18S51
孩子生母Ⅰ的血样	X	15,17	13,16	11,18	8,11	17,18	12,13	16,22
孩子Ⅱ的血样	X,Y	15,16	13,15	11,18	11,12	15,17	12,13	14,16
PI值	—	—	1.5258	3.5562	3.5549	3.1407	6.6489	1.6271	2.3148
被检父Ⅲ的血样	X,Y	15,16	15	15,16	15,16	11,12	14,16

基因座\检材	D2S1338	CSF1PO	Penta D	TH01	vWA	D21S11	D7S820	D5S818
孩子生母Ⅰ的血样	24,26	12	10	9	14,18	29,30	10,11	11
孩子Ⅱ的血样	24	12	10,11	9	17,18	29	10	11
PI值	5.8207	2.7130	4.0584	1.9175	4.2355	1.9448	6.1162	3.1037
被检父Ⅲ的血样	24	12	11,12	9	17	29,33,2	10	11

基因座\检材	TPOX	D8S1179	D12S391	D19S433	FGA	D6S477	D18S535	D19S253
孩子生母Ⅰ的血样	8,11	15	19	13,14,2	20,23	15,16	9,14	11,12
孩子Ⅱ的血样	9,11	10,11	19,23	13	23,25	15,16	9,11	12,14
PI值	3.8462	4.7438	0.0175	2.1617	0.0052	2.5893	54.3478	8.0128
被检父Ⅲ的血样	8,9	10	20,22	13,15,2	20,24	14,16	9	7,14

基因座\检材	D15S659	D11S2368	D20S470	D22-GATA198B05	D2S441	D7S3048	D8S1132	D4S2366
孩子生母Ⅰ的血样	11,13	19,20	14,15	19,20	10,11	19,21	20	11,13
孩子Ⅱ的血样	11,15	20,21	14	20,22	6,11	19,21	18	11,14
PI值	5.6754	2.3889	3.2595	3.0139	2.9223	2.6096	3.5112	8.0645
被检父Ⅲ的血样	15	20,21	14,16	21,22	9,1,12	19,22	18,21	9,14

基因座\检材	D21S1270	D13S325	D9S925	D3S3045	D14S608	D10S1435	D17S1290	D5S2500
孩子生母Ⅰ的血样	12,3,13	19,21	14,15	9,11	10,13	16	16	9
孩子Ⅱ的血样	12,3,13	19,22	14	11,15	12,13	16	16,14	14,15
PI值	2.7397	3.4060	3.6684	16.2338	7.7399	1.3196	4.7281	6.1275
被检父Ⅲ的血样	10,12,3	20,22	14,16	9,10	6,10	12,15	15	11,14

基因座\检材	DYS391	DYS389Ⅰ	DYS439	DYS389Ⅱ	DYS438	DYS643	DYS456	DYS458
孩子Ⅱ的血样	10	13	12	29	10	11	15	17
被检父Ⅲ的血样	10	13	12	29	10	11	15	17

基因座\检材	DYS437	DYS635	DYS448	DYS527ab	Y_GATA_H4	DYS447	DYS19	DYS392
孩子Ⅱ的血样	14	20	19	22-23	11	24	13	14
被检父Ⅲ的血样	14	20	19	22-23	11	24	13	14

基因座\检材	DYS522	DYS393	DYS388	DYS390	DYS385ab	DYS444		
孩子Ⅱ的血样	12	13	14	25	12-19	12		
被检父Ⅲ的血样	12	13	14	25	12-19	12		

四、分析说明：

（一）常染色体

D3S1358、D1S1656、D6S1043、D13S317、Penta E、D16S539、D18S51、D2S1338、CSF1PO、Penta D、TH01、vWA、D21S11、D7S820、D5S818、TPOX、D8S1179、D12S391、D19S433、FGA、D6S477、D18S535、D19S253、D15S659、D11S2368、D20S470、D22-GATA198B05、D2S441、D7S3048、D8S1132、D4S2366、D21S1270、D13S325、D9S925、D3S3045、D14S608、D10S1435、D17S1290、D5S2500 等基因座均是人类遗传标记，遵循孟德尔遗传规律，联合应用可进行亲缘关系鉴定，按本次能力验证提供的各基因座的非父排除率计算，其累积非父（母）排除率大于 0.999999989。

在上述结果中，孩子Ⅱ血样留有者除 D12S391 与 FGA 基因座外其余的每个基因座中的两个等位基因其中一个可在生母Ⅰ血样留有者的基因型中找到来源，另一个等位基因均可在被检父Ⅲ血样留有者的基因型中找到来源，符合遗传规律。在 D12S391 基因座生母Ⅰ血样留有者的分型为 19；孩子Ⅱ血样留有者的分型为 19,23；被检父Ⅲ血样留有者的分型为 20,22，被检父Ⅲ血样留有者不能提供给孩子Ⅱ血样留有者等位基因 23，不符合遗传规律，按不符合遗传规律计算亲权指数为 0.0175。在 FGA 基因座生母Ⅰ血样留有者的分型为 20,23；孩子Ⅱ血样留有者的分型为 23,25；被检父Ⅲ血样留有者的分型为 20,24，被检父Ⅲ血样留有者不能提供给孩子Ⅱ血样留有者等位基因 25，不符合遗传规律，按不符合遗传规律计算亲权指数为 0.0052。根据上述 STR 分型结果，按本次能力验证所提供的群体调查数据与北京地区群体调查数据统计分析得到信息，被检父Ⅲ血样留有者为孩子Ⅱ血样留有者生物学父亲的亲权指数为 5.5796×10^{17}。

（二）性染色体

DYS391、DYS389Ⅰ、DYS439、DYS389Ⅱ、DYS438、DYS643、DYS456、

第 5 页 共 5 页

DYS458、DYS437、DYS635、DYS448、DYS527ab、Y_GATA_H4、DYS447、DYS19、DYS392、DYS522、DYS393、DYS388、DYS390、DYS385ab、DYS444 等基因座均是人类 Y 染色体遗传标记，呈父系遗传，同一父系不同男性个体的 Y-STR 分型结果相同。

除DYS458基因座外被检父Ⅲ血样留有者与孩子Ⅱ血样留有者其余的23个 Y-STR 系统的单倍型一致，在 DYS458 基因座被检父Ⅲ血样留有者的分型为16，孩子Ⅱ血样留有者的分型为17，分析为遗传变异，不排除他们均来自同一父系。

五、鉴定意见：

在排除外源干扰的前提下，上述常染色体与 Y 染色体基因座的分型结果支持被检父Ⅲ血样留有者是孩子Ⅱ血样留有者的生物学父亲。

鉴定人：主任法医师 刘××
《司法鉴定人执业证》证号：×××
鉴定人：主检法医师 陈×
《司法鉴定人执业证》证号：×××
鉴定人：主检法医师 石×
《司法鉴定人执业证》证号：×××

二〇二〇年六月十八日

附注：1. 本鉴定仅对送检检材负责。
2. 本鉴定书未经书面批准，不得复制。

单位名称：20BC0235　　电话：×××
地　　址：×××　　　　邮编：×××

检验鉴定文书发文签单

鉴定书编号：2020SF-CNAS 007

今取走 ／ 鉴定书 ／ 份，该鉴定书已经本人核对无误。

领取者姓名： ／
领取者单位： ／
证件号码： ／
联系方式： ／
领取日期： ／

请注明鉴定书领取者与被鉴定人（案件）关系（在相应位置划√）

(1) 办案人员（ ／ ）　　(2) 本人（ ／ ）
(3) 亲　　属（ ／ ）　　(4) 同事（ ／ ）
(5) 友　　人（ ／ ）　　(6) 其他（ ／ ）

CNAS 能力验证计划 2020SF-CNAS 007

三联体亲权鉴定（血斑）能力验证计划

附表　39 个 STR 基因座的等位基因分布频率

D3S1358		vWA		FGA		D8S1179		D21S11	
11	0.0005	13	0.0020	16	0.0002	8	0.0016	23.2	0.0002
12	0.0014	14	0.2567	17	0.0016	9	0.0011	24.2	0.0002
13	0.0014	15	0.0303	18	0.0181	10	0.1054	27	0.0036
14	0.0473	16	0.1644	19	0.0445	11	0.0936	27.2	0.0002
15	0.3453	17	0.2361	20	0.0458	12	0.1287	28	0.0554
16	0.3277	18	0.1947	21	0.1072	13	0.2221	28.2	0.0054
17	0.2062	19	0.0948	21.2	0.0052	14	0.1852	29	0.2066
18	0.0636	20	0.0192	22	0.1866	15	0.1712	29.2	0.0023
19	0.0061	21	0.0018	22.2	0.0038	16	0.0737	30	0.2794
20	0.0005			23	0.2237	17	0.0149	30.2	0.0109
				23.2	0.0102	18	0.0025	31	0.0995
				24	0.1894			31.2	0.0769
				24.2	0.0084			32	0.0285
				25	0.0970			32.2	0.1246
				25.2	0.0034			33	0.0045
				26	0.0425			33.2	0.0443
				26.2	0.0014			34	0.0018
				27	0.0102			34.2	0.0038
				27.2	0.0009			35	0.0005
				28	0.0009			35.2	0.0009
				28.2	0.0005				
				29	0.0005				

D18S51		D5S818		D13S317		D7S820		D16S539	
7	0.0002	7	0.0213	8	0.0014	7	0.0020	5	0.0002
9	0.0007	8	0.0036	8	0.2874	8	0.1382	6	0.0007
9.2	0.0002	9	0.0669	9	0.1318	9	0.0629	8	0.0070
10	0.0027	10	0.1915	10	0.1432	10	0.1635	9	0.2840
11	0.0032	11	0.3222	11	0.2368	11	0.3471	10	0.1278
12	0.0351	12	0.2406	12	0.1592	12	0.2453	11	0.2585
13	0.1904	13	0.1421	13	0.0341	13	0.0351	12	0.2058
14	0.2160	14	0.0109	14	0.0061	14	0.0054	13	0.1015
15	0.1712	15	0.0007			15	0.0005	14	0.0140
16	0.1312	17	0.0002					15	0.0005
17	0.0710								
18	0.0455								
19	0.0466								
20	0.0318								
21	0.0215								
22	0.0181								
23	0.0090								
24	0.0045								
25	0.0007								
26	0.0002								
27	0.0002								

编号：SJR-Q07-2017-PT　　实施日期：2018-1-2　　第12页 共 14 页

CNAS 能力验证计划 2020SF-CNAS 007

TH01		TPOX		CSF1PO		D2S1338		D19S433	
6	0.0993	6	0.0007	6	0.0002	16	0.0094	11	0.0063
7	0.2664	7	0.0078	7	0.0029	17	0.0469	12	0.0313
8	0.0511	8	0.5136	8	0.0020	18	0.1438	12.2	0.0063
9	0.5215	9	0.1300	9	0.0513	19	0.1969	13	0.2313
9.3	0.0326	10	0.0078	10	0.2433	20	0.1219	13.2	0.0372
10	0.0280	11	0.2587	11	0.2491	21	0.0063	14	0.2469
11	0.0011	12	0.0265	12	0.3686	22	0.0531	14.2	0.1531
		13	0.0265	13	0.0719	23	0.2031	15	0.0594
		13	0.0007	14	0.0100	24	0.1718	15.2	0.1656
		14	0.0002		0.0007	25	0.0406	16	0.0063
						26	0.0031	16.2	0.0563
						28	0.0031		

Penta D		Penta E		D12S391		D6S1043		D19S253	
6	0.0032	5	0.0053	15	0.0156	10	0.0286	11	0.1696
7	0.0242	7	0.0021	16	0.0063	11	0.1094	8	0.0345
8	0.0691	8	0.0043	17	0.0885	12	0.1406	9	0.0022
9	0.3647	9	0.0139	18	0.1901	13	0.1328	10	0.0206
10	0.1263	10	0.0544	19	0.2292	14	0.1641	11	0.1586
11	0.1232	11	0.1948	20	0.1927	15	0.0026	12	0.3311
12	0.1328	12	0.1177	21	0.1250	16	0.0063	13	0.2070
13	0.1012	13	0.0674	22	0.1016	17	0.0495	14	0.0624
14	0.0433	14	0.0885	23	0.0286	18	0.1719	15	0.0140
15	0.0072	15	0.0752	24	0.0286	19	0.1511		
16	0.0010	16	0.0693	25	0.0105	20	0.0260		
21	0.0012	17	0.0581	26	0.0026	21	0.0182		
22	0.0014	18	0.0772						
25	0.0012	19	0.0533						
		20	0.0489						
		21	0.0285						
		22	0.0168						
		23	0.0169						
		24	0.0058						
		25	0.0025						

D6S477		D22GATA198B05		D15S659		D8S1132		D3S3045	
10	0.0103	14	0.0066	8	0.0051	14	0.0140	9	0.3774
11	0.0051	15	0.0184	9	0.0015	17	0.1028	10	0.0228
11.2	0.0015	16	0.0925	10	0.0059	18	0.2070	11	0.0308
12	0.0690	17	0.1557	11	0.1571	19	0.2137	12	0.1358
13	0.2078	18	0.0675	12	0.2173	20	0.1549	13	0.2070
14	0.1931	19	0.0778	13	0.1043	21	0.1424	14	0.1681
15	0.3025	20	0.0991	14	0.0360	22	0.1021	15	0.0529
16	0.1615	21	0.0774	15	0.1762	23	0.0485	16	0.0051
17	0.0374	22	0.1659	16	0.1667	24	0.0147		
18	0.0073	23	0.0184	17	0.1035				
19	0.0044	24	0.0051	18	0.0242				
				19	0.0022				

编号：SJR-Q07-2017-PT　　实施日期：2018-1-2　　第13页 共 14 页

【点评】

编号为 20BC0235 的鉴定机构是众多获得满意评价结果的代表之一。从反馈的技术记录完整性和有效性看,该鉴定机构均最大限度地反映出了整个鉴定活动中的"人、机、料、法、环、测"等要素,准确地描述了检验材料的状态、数量以及依附的载体,基因组 DNA 提取采用的方法,STR 基因座复合扩增的试剂以及遗传分析检测的设备等关键信息。对全部样品进行了唯一性编号并设置了内部流转记录,包括阳性对照和阴性对照在内的全部样品检测记录完整,客观呈现了鉴定过程。对于出现的不符合孟德尔遗传规律的情形,也进行了客观的分析并按照正确的方法计算了不符合孟德尔遗传规律情形下的 PI 值。在鉴定文书方面,该鉴定机构的鉴定文书在格式上均涵盖了标题、编号、基本情况、鉴定目的、检验过程、检材处理和检验方法、检验结果、分析说明和鉴定意见等《司法鉴定文书规范》中要求的全部要素,在内容上也准确反映出了相关信息。值得指出的是,鉴定文书在分析说明部分首先用非父排除率评价了系统效能;其次基于检测结果,围绕孟德尔遗传定律和似然率展开论述,对于出现的不符合孟德尔遗传规律的情形,也进行了客观的分析,说明了检测结果表明的证据价值,自然过渡到最后的鉴定意见部分。这一分析说明的模式是值得推荐的。

总之,以 20BC0235 为代表的鉴定机构在本次能力验证活动中 DNA 分型结果正确,PI 值计算正确,检验过程完整、分析说明抓住了重点且报告书的格式用语规范,证明了其对于亲权鉴定能力的良好把握。

三、典型错误展示与点评

参加编号:20BC0007

XXXX 司法鉴定所

三联体亲权鉴定意见书

统一社会信用代码:XXXXXXXXXXXXXXXX

声 明

1、本鉴定文书的鉴定意见仅对受理的检材和样本有效。
2、如对本鉴定文书的鉴定意见有异议或者疑问,请与本鉴定机构联系。
3、未经本鉴定机构的书面同意,任何单位或者个人不得部分复印本鉴定书(全部复印除外)。

地址:XXXXXXXXX(邮政编码:XXXXXX)
联系电话:XXXX-XXXXXXXX

XX 司法鉴定所鉴定意见书

xx[2020]物鉴字第 SF-CNAS 007 号

参加编号：20BC0007

一、基本情况

委托单位： 司法鉴定科学研究院

委托鉴定事项： 被检父与孩子之间有无亲生血缘关系

委托日期： 2020 年 6 月 8 日

受理日期： 2020 年 6 月 9 日

鉴定材料：

检材名称	检材编号
孩子生母 I 的血斑样品（FTA 卡）	SF-CNAS 007 I
孩子 II 的血斑样品（FTA 卡）	SF-CNAS 007 II
被检父 III 的血斑样品（FTA 卡）	SF-CNAS 007 III

鉴定地点： XX 司法鉴定所

二、案情摘要

某男（被检父）怀疑自己的孩子为妻子（孩子的生母）与另一男性所生，提出亲权鉴定的要求，以明确自己是否为孩子的生父。

三、检验过程

按照 GB/T 37223-2018《亲权鉴定技术规范》和 GA/T 383-2014《法庭科学 DNA 实验室检验规范》进行检测，三份检材均采用 Chelex 法提取 DNA，采用 21Plex 荧光检测试剂（江苏苏博公司）进行 PCR 复合扩增，用 3130XL 型遗传分析仪（美国 AB 公司）进行毛细管电泳和基因型分析。

四、检验结果

STR 基因座	孩子生母（I）	孩子（II）	被检父（III）	亲权指数（PI 值）
D2S1338	24,26	24,24	24,24	5.8207
D3S1358	15,17	15,16	15,16	1.5258
D5S818	11,11	11,11	11,11	3.1037
D6S1043	11,18	11,18	11,18	3.5549
D7S820	10,10	10,10	10,10	6.1162
D8S1179	11,15	10,11	10,13	4.7438
D12S391	19,19	19,23	20,22	0.0175
D13S317	8,11	11,12	11,12	1.1407
D16S539	12,13	12,13	11,12	1.6271
D18S51	16,22	14,16	14,18	2.3148
D19S433	13,14.2	13,13	13,15.2	2.1617
D21S11	29,30	29,29	29,33.2	1.9448
CSF1PO	12,12	12,12	12,12	2.7130
FGA	20,23	23,25	20,24	0.0052
TH01	9,9	9,9	9,9	1.9175
TPOX	8,11	9,11	8,9	3.8462
Penta D	10,10	10,11	11,12	4.0584
Penta E	17,18	15,17	15,16	6.6489
vWA	14,18	17,18	17,17	4.2355
D1S1656	13,16	13,15	15,15	3.5562
AMEL	X,X	X,X	X,Y	

五、分析说明

（1）本次鉴定选择的 D2S1338、D3S1358、D5S818、D6S1043、D7S820、D8S1179、D12S391、D13S317、D16S539、D18S51、D19S433、D21S11、CSF1PO、FGA、TH01、TPOX、Penta D、Penta E、vWA、D1S1656 等 20 个 STR 基因座均为人类的遗传学标记，遵循孟德尔遗传定律，联合应用可进行亲权鉴定，其累积非父排除概率大于 0.9999。

（2）上述检验结果表明，除 D12S391、FGA 基因座外，被检父（III）均能提供给孩子（II）必需的等位基因。在 D12S391 基因座，孩子生母（I）的基因型为"19,19"，孩子（II）的基因型为"19,23"，被检父（III）的基因型为"20,22"，被检父（III）不能提供给孩子（II）必需的等位基因 19 或 23，不符合遗传规律。在 FGA 基因座，孩子生母（I）的基因型为"20,23"，孩子（II）的基因型为"23,25"，被检父（III）的基因型为"20,24"，被检父（III）不能提供给孩子（II）必需的等位基因 23 或 25，不符合遗传规律。按照 GA/T 965-2011《法庭科学 DNA 亲子鉴定规定》和 GB/T 37223-2018《亲权鉴定技术规范》中不符合遗传规律情形时亲权指数的计算方法，D12S391 基因座的亲权指数为 0.0175，FGA 基因座的亲权指数为 0.0052，综上 20 个 STR 基因座的累积亲权指数为 1.0463×10^5（注：大于 10000）。

六、鉴定意见

依据现有资料和 DNA 分析结果，支持被检父（III）为孩子（II）的生物学父亲。

鉴定人：主任法医师 XXX

《司法鉴定人执业证》证号：XXXXXXXX

主检法医师 XXX

《司法鉴定人执业证》证号：XXXXXXXX

授权签字人：主任法医师 XXX

《司法鉴定人执业证》证号：XXXXXXXX

二〇二〇年六月二十五日

注：1. 本检验结果仅对送检样本负责。
　　2. 被鉴定人相关证件电子照片见附件。

---

xx[2020]物鉴字第 SF-CNAS 007 号

附件

孩子生母（I）、孩子（II）、被检父（III）的送检血样照片

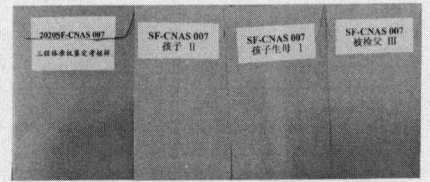

【点评】

编号为 20BC0007 的机构鉴定意见书分析说明部分对于被检孩子生父提供基因的描述错误。

例

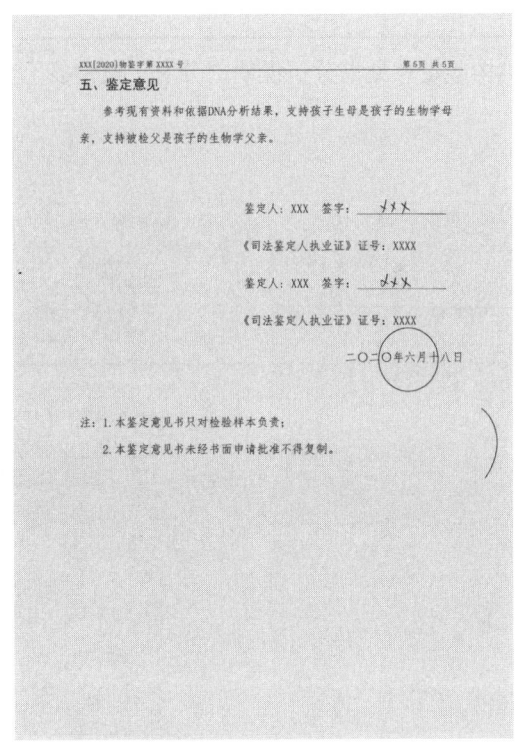

【点评】

编号为 20BC0015 的机构鉴定意见书分析说明部分对于被检孩子生父提供基因的描述不正确。

例 4

XXXXX医院法医物证司法鉴定所
法医物证鉴定意见书

XXXXX医院法医物证鉴定所[2020]物鉴字第380号

一、基本情况

委托人：司法鉴定科学研究院

委托事项：被检父是否为小孩的生物学父亲。

委托日期：2020年6月17日

受理日期：2020年6月17日

鉴定材料：孩子生母（2020SF-CNAS007 Ⅰ）、孩子（2020SF-CNAS007 Ⅱ）、被检父（2020SF-CNAS007 Ⅲ）的检材FTA血卡。

鉴定案情摘要：某男（被检父）怀疑自己的孩子为妻子（孩子生母）与另一男性所生，提出亲权鉴定的要求，以明确自己是否为孩子的生父。

二、被鉴定人概况：

被鉴定人	称谓	出生日期	身份证件号码	检材编号
孩子生母（Ⅰ）	母亲	/	/	H2020380M
孩子（Ⅱ）	孩子	/	/	H2020380B
被检父（Ⅲ）	父亲	/	/	H2020380F

三、检验过程

1、检材处理和检验方法

采用Microreader™ 21 ID System人类荧光标记STR复合扩增检测试剂（阅微公司）进行PCR扩增多个STR基因座，用ABI 3500Dx型号遗传分析仪（ABI公司）进行毛细管电泳和基因型分析，得到常染色体的基因分型，常染色体分型结果按GB/T37223-2018《亲权鉴定技术规范》中方法计算亲权指数。

2、检验结果

（本次鉴定阳性对照分型正常、男性对照无扩增）

STR基因座	被检父（Ⅲ）		孩子（Ⅱ）		孩子生母（Ⅰ）	
D19S433	13	15.2	13	13	13	14.2
D5S818	11	11	11	11	11	11
D21S11	29	33.2	29	29	29	30
D18S51	14	18	14	16	16	22
D6S1043	11	18	11	18	11	18
D3S1358	15	16	15	16	15	17
D13S317	11	12	11	12	11	11
D7S820	10	10	10	10	10	11
D16S539	11	12	11	12	11	12
CSF1PO	12	12	12	12	12	12
PentaD	12	12	10	11	10	11
vWA	17	17	17	18	14	18
D8S1179	10	13	10	13	13	14
TPOX	8	9	9	11	8	11
PentaE	11	16	15	17	17	18
TH01	9	9	9	9	9	9
D12S391	20	22	19.0	23	19.0	19.0
D2S1338	24	24	24	24	24	26
FGA	20	24	23	25	20	23
D2S441	11	11	11	11	11	11
AMEL	X	Y	X	Y	X	X

四、分析说明

D19S433、D5S818、D21S11、D18S51、D6S1043、D3S1358、D13S317、D7S820 D16S539、CSF1PO、PentaD、D2S441、vWA、D8S1179、TPOX、PentaE、TH01、D12S391、D2S1338、FGA、AMEL等21个基因座均是人类遗传标记，遵循孟德尔遗传规律，联合应用可进行亲缘关系鉴定，（除因未提供D2S441基因座的非父排除率外）其累积非父排除概率大于0.9999。

综上检验结果分析，孩子（Ⅱ）血样留有者除D12S391、FGA两个基因座外其余的每个基因座中的等位基因其中一个可在生母（Ⅰ）血样留有者的基因型中找到来源，另一个等位基因均在被检父（Ⅲ）血样留有者的基因型中找到来源，符合遗传规律。在D12S391基因座生母（Ⅰ）血样留有者的分型为"19,19"；孩子（Ⅱ）血样留有者的分型为"19,23"；被检父（Ⅲ）血样留有者的分型为"20,22"；被检父（Ⅲ）血样留有者不能提供孩子（Ⅱ）血样留有者等位基因"23"，不符合遗传规律，按照不符合遗传规律计算亲权指数为0.0175。在FGA基因座生母（Ⅰ）血样留有者的分型为"20,23"；孩子（Ⅱ）血样留有者的分型为"23,25"；被检父（Ⅲ）血样留有者的分型为"20,24"；被检父（Ⅲ）血样留有者不能提供孩子（Ⅱ）血样留有者等位基因25，不符合遗传规律，按照不符合遗传规律计算父权指数为0.0052。

根据上述STR分型结果，按本次能力验证所提供的STR基因座的等位基因分布频率数据计算，被检父（Ⅲ）血样留有者为孩子（Ⅱ）血样留有者的父权指数为85981.5162（注：大于10000）。

五、鉴定意见

依据现有资料和DNA分析结果，在排除外源干扰的前提下，支持被检父（Ⅲ）血样留有者为孩子（Ⅱ）血样留有者的生物学父亲。

鉴定人：初级检验技师
《司法鉴定人执业证》证号：44XXXXX

鉴定人：临床医学检验技术副主任技师
《司法鉴定人执业证》证号：44XXXXX

授权签字人：临床医学检验技术主任技师
《司法鉴定人执业证》证号：44XXXXX

2020年6月27日

六、附件照片

附件1：被鉴定人电子照片
附件2：鉴定机构及鉴定人电子证件
附件3：被鉴定人身份信息证件
附件4：血卡照片

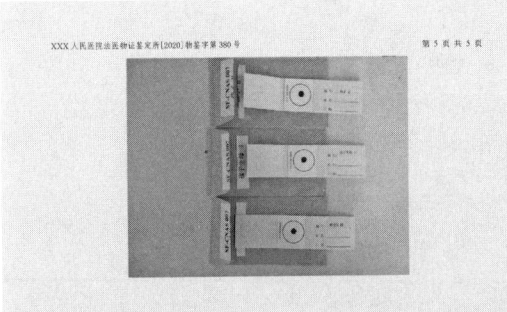

1、380F 分型图谱

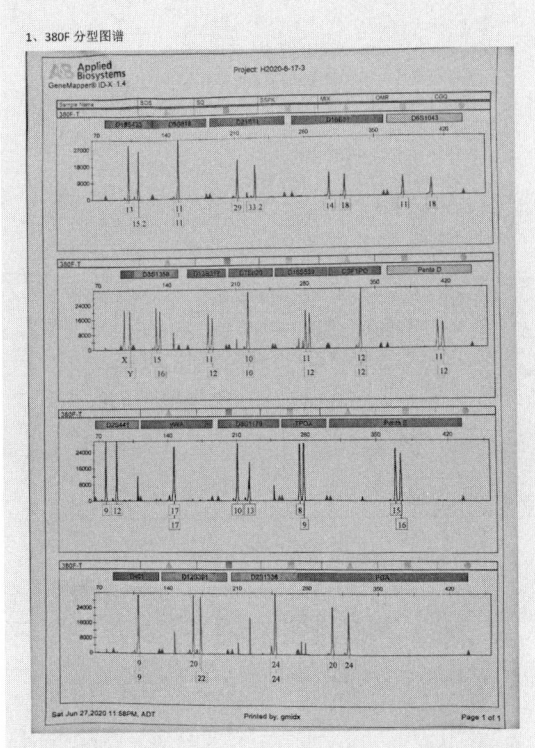

2、380M 分型图谱

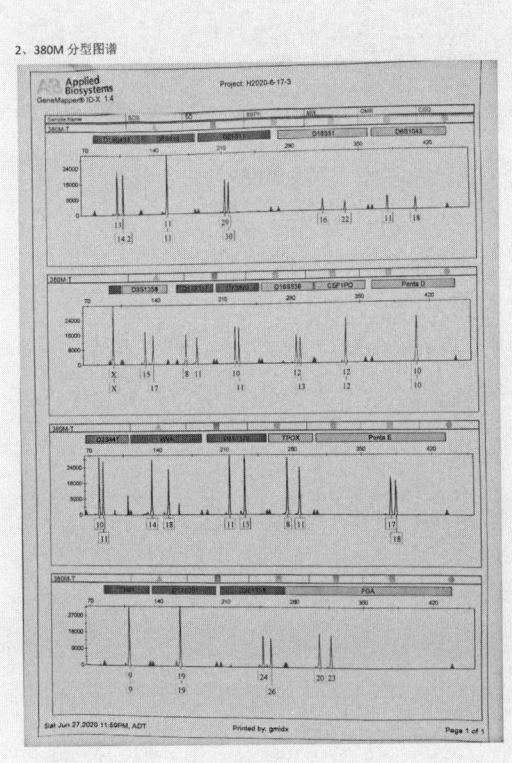

3、380B 分型图谱

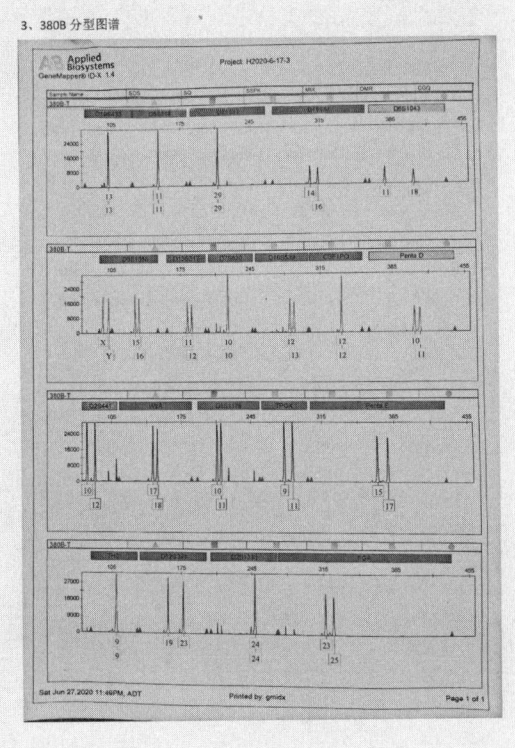

4、阳性对照图谱

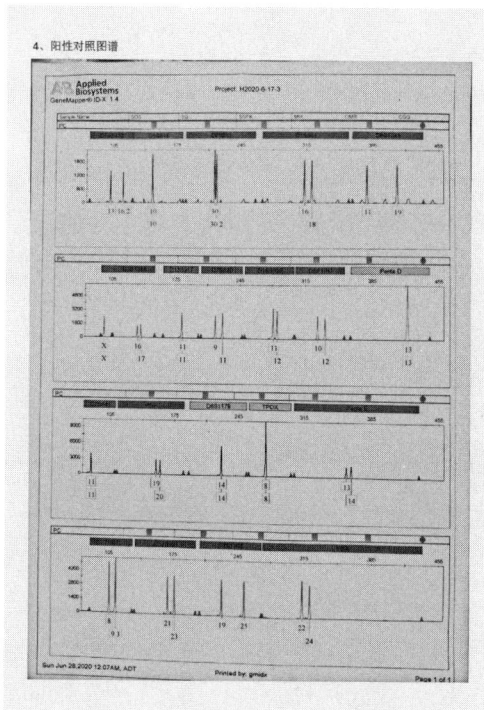

5、阴性对照图谱

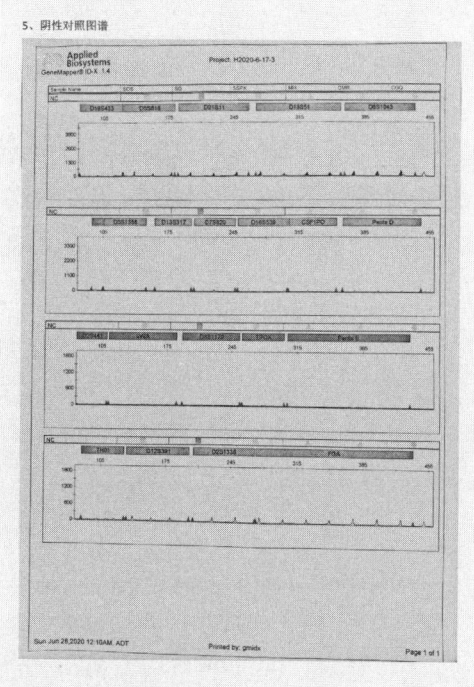

【点评】

编号为 20BC0086 的机构样品 III（被检父）在 D2S441 基因座的分型结果错误。

例 5

参加编号：20BC0122

一、基本情况

委 托 人：司法部司法鉴定科学研究院

委托鉴定事项：对孩子与被检父之间是否存在亲权关系进行鉴定

受理日期：2020 年 6 月 18 日

鉴定日期：2020 年 6 月 18 日——2020 年 6 月 28 日

鉴定材料：

被检验人	样品编号	检材类型
孩子生母	CNAS 007 I	血样（FTA 卡上）
孩子	CNAS 007 II	血样（FTA 卡上）
被检父	CNAS 007 III	血样（FTA 卡上）

鉴定地点：XXXX XXXX

二、检案摘要

某男（被检父）怀疑自己的孩子为妻子（孩子生母）与另一男性所生，提出亲权鉴定的要求，以明确自己是否为孩子的生父。

三、鉴定依据

按照 GA/T 383-2014《法庭科学 DNA 实验室检验规范》和 SF/Z JD0105001-2016《亲权鉴定技术规范》进行鉴定。

四、检验过程

1. 接收司法部司法鉴定科学研究院提供的血样。
2. Chelex-100 法提取上述检材的 DNA。
3. 用 Promega 荧光标记 STR 复合扩增试剂盒进行扩增。
4. 扩增产物用 ABI3500 型基因分析仪进行检测。

五、检验结果

STR 基因座	I（孩子生母）	II（孩子）	III（被检父）	亲权指数
D2S1338	24、26	24、24	24、24	5.8207
D3S1358	15、17	15、16	15、16	1.5258
D5S818	11、11	11、11	11、11	3.1037
D7S820	10、11	10、10	10、10	6.1162
D8S1179	11、15	11、15	11、15	4.7438
D12S391	19、19	19、23	20、22	0.01748
D13S317	8、11	11、12	11、12	3.1407
D16S539	11、12	11、12	11、12	1.6271
D18S51	16、22	14、16	14、18	2.3148
D19S433	13、14.2	13、13	13、15.2	2.1617
D21S11	29、30	29、29	29、33.2	1.9448
CSF1PO	12、12	12、12	12、12	2.7130
FGA	20、23	23、25	20、24	0.005155
TH01	9、9	9、9	9、9	1.9175
TPOX	8、11	11、11	8、9	3.8462
Penta D	10、10	10、11	10、11	4.0584
Penta E	17、18	15、17	15、15	6.6489
vWA	14、18	17、18	17、17	4.2355
D1S1656	13、16	13、15	13、15	3.5562
D2S441	10、12	10、12	9.1、12	2.9223
D10S1248	13、14	13、14	14、18	0.8492
D22S1045	11、14	11、16	15、14	—
累计亲权指数				3879.38

六、分析说明

【点评】

编号为 20BC0122 的机构引用了作废标准 SF/Z JD0105001-2016 且鉴定意见书根据 CPI 为 3879.38 得出支持的鉴定意见无依据。

例 6

被检父（III）的基因型为"20,24"，被检父（III）不能提供给孩子必须的等位基因25，不符合遗传规律。按照 GA/T965-2011《法庭科学DNA亲子鉴定规范》和 SF/Z JD0105001-2015《亲权鉴定技术规范》中不符合遗传规律情形时亲权指数的计算方法，D12S391基因座的亲权指数为0.0175，FGA基因座的亲权指数为0.0052。综上20个STR基因座的累积亲权指数为85979.2352。（大于10000）

五、鉴定意见

依据现有资料和DNA分析结果，支持被检父（III）为孩子（II）的生物学父亲。

鉴定人：主任法医师　　XXX
《司法鉴定人执业证》证号：XXXXXX
主检法医师　　XXX
《司法鉴定人执业证》证号：XXXXXX
授权签字人：主任法医师　　XXX
《司法鉴定人执业证》证号：XXXXXX

2020年X月X日

注：被鉴定人及相关证件电子照片见附件。

附件

被鉴定人孩子生母（I）、孩子（II）与被检父（III）及其证件电子照片

【点评】

编号为20BC0149的机构错误引用了不存在的标准 SF/Z JD0105001-2015。

例 7

×××××× 司法鉴定中心

司法鉴定意见书

2020SF-CNAS 007
参加编号：20BC0193
项目名称：三联体亲权鉴定（血斑）

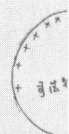

司法鉴定许可证号 ××××××××

声　明

1. 司法鉴定机构和司法鉴定人根据法律、法规和规章的规定，按照鉴定的科学规律和技术操作规范，依法独立、客观、公正进行鉴定并出具鉴定意见，不受任何个人或者组织的非法干预。

2. 司法鉴定意见书是否做为定案或者认定事实的根据，取决于办案机构的审查判断，司法鉴定机构和司法鉴定人无权干涉。

3. 使用司法鉴定意见书，应当保持其完整性和严肃性。

4. 鉴定意见属于鉴定人的专业意见。当事人对鉴定意见有异议，可通过庭审质证或者申请重新鉴定、补充鉴定等方式解决。

地　址：××××××××××（邮政编码×××××）
联系电话：××××××××××

第十章 法医物证鉴定能力验证典型错误解析

×××××× 司法鉴定中心
司法鉴定意见书

编号：××××司鉴[2020]法物鉴字第 SF200009 号

一、基本情况

委托单位（人）：司法鉴定科学研究院

委托事项：对孩子生母、孩子、被检父之间有无亲生血缘关系的鉴定

受理日期：2020年6月16日

鉴定材料：孩子生母（Ⅰ）、孩子（Ⅱ）、被检父（Ⅲ）血样

鉴定日期：2020年6月19日—2020年06月22日

鉴定地点：××××××司法鉴定中心法医物证实验室

在场人员：××、×××、××

被鉴定人：孩子生母、孩子、被检父

被鉴定人	性别	称谓	出生日期	身份证件号码	样本编号
孩子生母（Ⅰ）	/	母	/	/	2020SF-CNAS007（1）
孩子（Ⅱ）	/	子	/	/	2020SF-CNAS007（2）
被检父（Ⅲ）	/	父	/	/	2020SF-CNAS007（3）

二、基本案情

某男（被检父）怀疑自家的孩子为妻子（孩子生母）与另一男性所生，提出亲权鉴定的要求，以明确自己是否为孩子的生父。

三、资料摘要

××××××司法鉴定中心申请亲权鉴定能力验证计划，收到司法鉴定科学研究院分发的亲权鉴定样品，要求对样本进行STR分型，明确可疑男子是否为孩子的生父。

四、鉴定过程

1. 检材处理和检验方法

2020年06月19日—2020年06月22日司法鉴定人××、×××按照中华人民共和国公共安全行业标准行业标准 GA/T383-2014《法庭科学DNA实验室检验规范》附录A中Chelex法提取DNA，根据中华人民共和国公共安全行业标准 GA/T 1163-2014《人类DNA荧光标记STR分型结果的分析及应用》、中华人民共和国国家标准 GB/T 37223-2018《亲权鉴定技术规范》的要求，取上述检材DNA提取液适量，用GSTAR™25试剂盒（北京金马晟和科技有限公司）进行复合PCR扩增，扩增产物用ABI3130XL遗传分析仪（美国AB公司）进行毛细管电泳与荧光扫描分析，对STR位点和性别基因进行检测，得到上述检材的基因分型。

2. 检验结果

STR基因座	Ⅰ（孩子生母）	Ⅱ（孩子）	Ⅲ（被检父）	三联体亲权指数（PI）
D2S1338	24,26	24,24	24,24	5.8207
D3S1358	15,17	15,16	15,16	1.5258
D5S818	11,11	11,11	11,11	3.1037
D6S1043	11,18	11,18	11,18	3.5549
D7S820	10,11	10,10	10,10	6.1162
D8S1179	11,15	10,11	10,13	4.7438
D12S391	19,19	19,23	20,22	0.0175
D13S317	8,11	11,12	11,12	3.1407
D16S539	12,13	12,13	11,12	1.6271
D18S51	16,22	14,16	14,18	2.3148
D19S433	13,14.2	13,13	13,15.2	2.1684
D21S11	29,30	29,29	29,33.2	1.9418
CSF1PO	12,12	12,12	12,12	2.7130
FGA	20,23	23,25	20,24	0.0052
TH01	9,9	9,9	9,9	1.9175
TPOX	8,11	9,11	8,9	3.8462
Penta D	10,10	10,11	11,12	4.0584
Penta E	17,18	15,17	15,16	6.6489
vWA	14,18	17,18	17,17	4.2355
D1S1656	13,16	13,15	15,15	3.5562
D2S441	10,11	10,12	9.1,12	2.9223
D10S1248	13,14	13,14	14,18	0.8490
D22S1045	11,14	11,18	15,16	2.0559

五、分析说明

D19S433、D5S818、D21S11、D18S51、D6S1043、D3S1358、D13S317、D7S820、D16S539、CSF1PO、PentaD、D2S441、vWA、D8S1179、TPOX、PentaE、TH01、D12S391、D2S1338、FGA 等23个STR基因座均为人类的遗传标记，遵循孟德尔遗传定律，联合应用可进行亲权鉴定，累积非父排除概率大于0.9999。

综上检验结果分析，除D12S391、FGA基因座外，被检父均能提供给孩子必需的等位基因。在D12S391基因座，孩子生母的基因型为"19,19"，孩子的基因型为"19,23"，被检父的基因型为"20,22"，被检父不能提供给孩子必需的等位基因23，不符合遗传规律。FGA孩子生母的基因型为"20,23"，孩子的基因型为"23,25"，被检父的基因型为"20,24"，被检父不能提供给孩子必需的等位基因25，不符合遗传规律。按照 GA/T965-2011《法庭科学DNA亲子鉴定规范》和 SF/Z JD0105001—2016《亲权鉴定技术规范》中不符合遗传规律情形时亲权指数的计算方法，D12S391基因座的亲权指数为0.0175；FGA基因座的亲权指数为0.0052。综上23个STR基因座的累积亲权指数为 5.3370×10^8（注：大于10000）。

六、鉴定意见

依据现有资料和DNA遗传标记分型结果，在排除同卵多胞胎、近亲及外源性干扰的前提下，支持被检父为孩子生物学父亲。

七、附件

附件1、样本照片

《司法鉴定人》×××
《司法鉴定人执业证》证号：××××××
司法鉴定人：×××
《司法鉴定人执业证》证号：××××××
授权签字人：×××
《司法鉴定人执业证》证号：××××××

××××司法鉴定中心
2020年06月23日

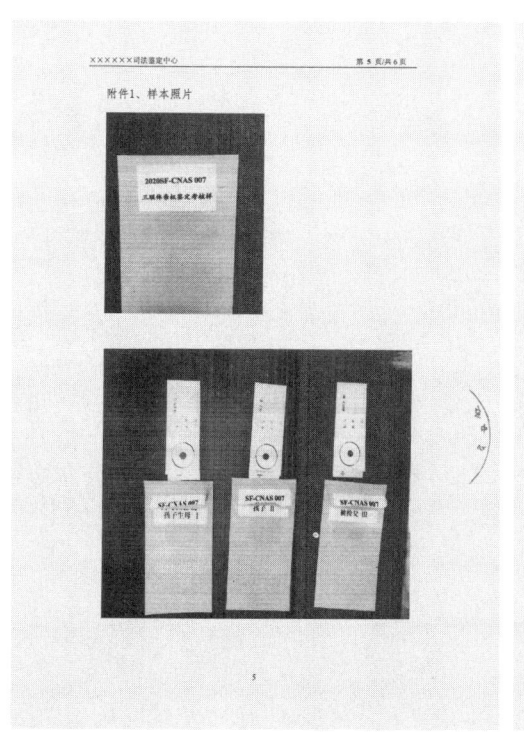
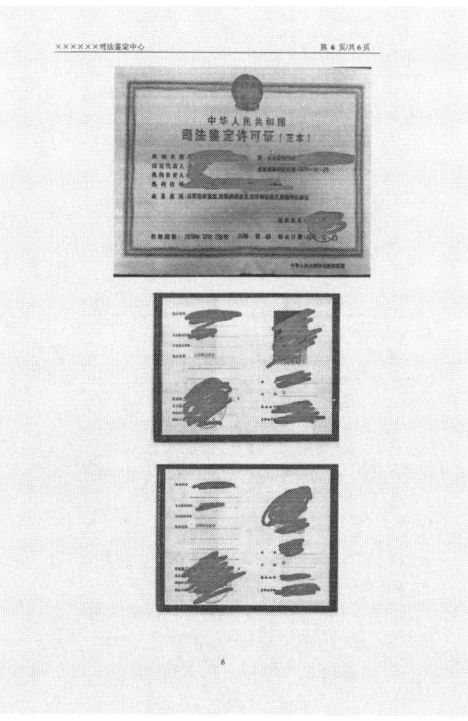

【点评】

编号为 20BC0193 的机构鉴定意见书中错误引用了作废标准 SF/Z JD0105001-2016。

例 8

XX 司法鉴定意见书

XX 司鉴中心 [2020] 法物鉴字第 XX 号

一、基本情况

委 托 人：XX

被鉴定人：

样本 I　身份证号码：XXXXXXXXXXXXXX
样本 II　身份证号码：XXXXXXXXXXXXXX
样本 III　身份证号码：XXXXXXXXXXXXXX

受理日期：2020 年 06 月 16 日

委托事项：被检父 III 和被检孩子 II 是否存在亲子关系。

送检材料：检材 1 为血样，包装上标为 "SF-CNAS 007 孩子生母 I"；检材 2 为血样，包装上标为 "SF-CNAS 007 孩子 II"；检材 3 为血样，包装上标为 "SF-CNAS 007 被检父 III"。要求鉴定检材 3 和检材 2 是否存在亲子关系。

鉴定日期：2020 年 06 月 17 日

鉴定地点：XXXX 司法鉴定中心

二、检材处理和检验方法

2020 年 6 月 17 日，采用被检父 III 血样和被检孩子 II 血样，按照 GB/T 37223-2018《亲权鉴定技术规范》进行。

我中心采用 7500 PCR 扩增系统，采用 Microreader™ 21 Direct ID System 试剂盒和 Microreader™ 23sp Direct ID System 试剂盒直接扩增 DNA 样品，在 3130 测序仪对 STR 基因座和性别基因 Amelogenin 进行检测，通过 Genemapper 软件进行分型，实验结果经过双人复核，确保结果真实可靠。

三、检验结果

STR 基因座和性别基因 Amelogenin 基因分型结果：

检测系统	I（孩子生母）	II（孩子）	III（被检父）
D2S1338	24/26	24/24	24/24
D3S1358	15/17	15/16	15/16
D5S818	11/11	11/11	11/11
D6S1043	11/18	11/18	11/18
D7S820	10/11	10/10	10/10
D8S1179	11/15	10/11	10/13
D12S391	19/19	19/23	20/22
D13S317	8/11	11/12	11/12
D16S539	11/13	11/12	11/12
D18S51	16/22	14/16	14/18
D19S433	13/14.2	13/13	13/15.2
D21S11	29/30	29/29	29/33.2
CSF1PO	12/12	12/12	12/12
FGA	20/23	23/25	20/24
TH01	9/9	9/9	9/9
TPOX	8/11	9/11	8/9
Penta D	10/10	9/10	11/12
Penta E	17/18	15/18	15/16
vWA	14/18	17/18	17/17
D2S441	10/11	10/12	9.1/12
D6S477	15/16	14/16	14/15
D18S535	9/14	9/11	11/11
D19S253	11/12	12/14	7/14
D15S659	11/13	11/15	15/15
D11S2368	19/20	20/21	20/21
D20S470	14/14	14/14	14/16
D1S1656	13/16	13/15	15/15
D22-GATA198B05	19/20	20/22	21/22
D7S3048	19/21	19/21	19/22

第 3 页 共 4 页

检测系统	I（孩子生母）	II（孩子）	III（被检父）
D8S1132	20/20	20/21	18/21
D4S2366	11/13	11/14	9/14
D21S1270	12.3/13	12.3/13	10/12.3
D13S325	19/21	19/22	20/22
D9S925	14/15	14/14	14/16
D3S3045	9/15	11/15	9/11
D14S608	8/11	6/11	6/10
D10S1435	10/13	12/13	12/13
D17S1290	16/16	15/16	15/15
D5S2500	15/15	14/15	11/14

四、分析说明

基因分型结果显示被检父和孩子在 D3S1358、vWA、D16S539、CSF1PO、D6S1043、D8S1179、D21S11、D18S51、D5S818、D2S441、D19S433、D10S1248、D22S1045、D1S1656、D13S317、D7S820、Penta E、Penta D、TH01、D2S1338、TPOX、D6S477、D18S535、D19S253、D15S659、D11S2368、D20S470、D1S1656、D22-GATA198B05、D7S3048、D8S1132、D4S2366、D21S1270、D13S325、D9S925、D3S3045、D14S608、D10S1435、D17S1290、D5S2500 基因座上符合孟德尔遗传规律，计算他们间的亲权鉴定指数达到 10000 以上。

在排除双胞胎和近亲的前提下，支持被检父 III 是被检孩子 II 的生物学父亲。

五、鉴定意见

依据 DNA 分析结果，支持样本 III 是样本 II 的生物学父亲。

附件：照片。

第 4 页 共 4 页

司法鉴定人：XX

司法鉴定人执业证号：XXXXXXX

司法鉴定人：XXX

司法鉴定人执业证号：XXXXXX

二〇二〇年六月二十日

【点评】

编号为 20BC0197 的机构鉴定意见书分析说明部分未对 D12S391 基因座和 FGA 基因座不

符合遗传规律的情况进行描述、无支撑检验过程的原始记录且 vWA 基因座和 D8S1132 基因座 PI 值计算错误。

例 9

【点评】

编号为 20BC0200 的机构鉴定意见书分析说明部分未对 D12S391 和 FGA 基因座不符合遗传规律的情况进行描述;样本采集和 STR 检验错误引用了作废标准 GA/T 815－2009。

例 10

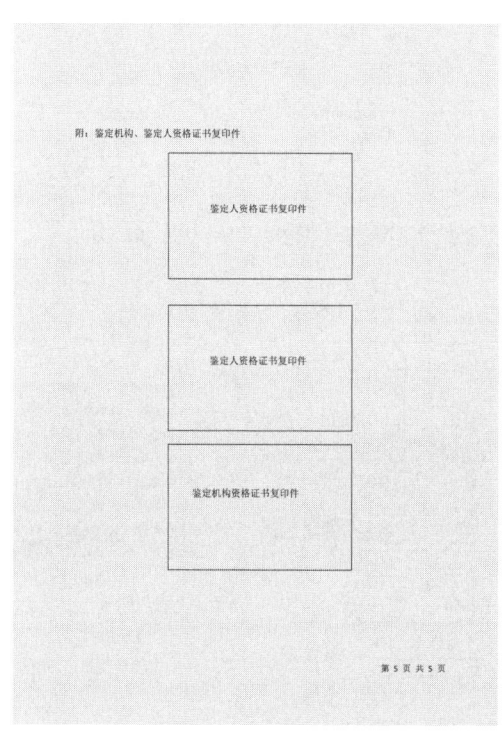

【点评】

编号为 20BC0213 机构鉴定意见书分析说明对不符合遗传规律的现象描述不准确,未指出不符合遗传规律 STR 基因座的等位基因传递情况。

 11

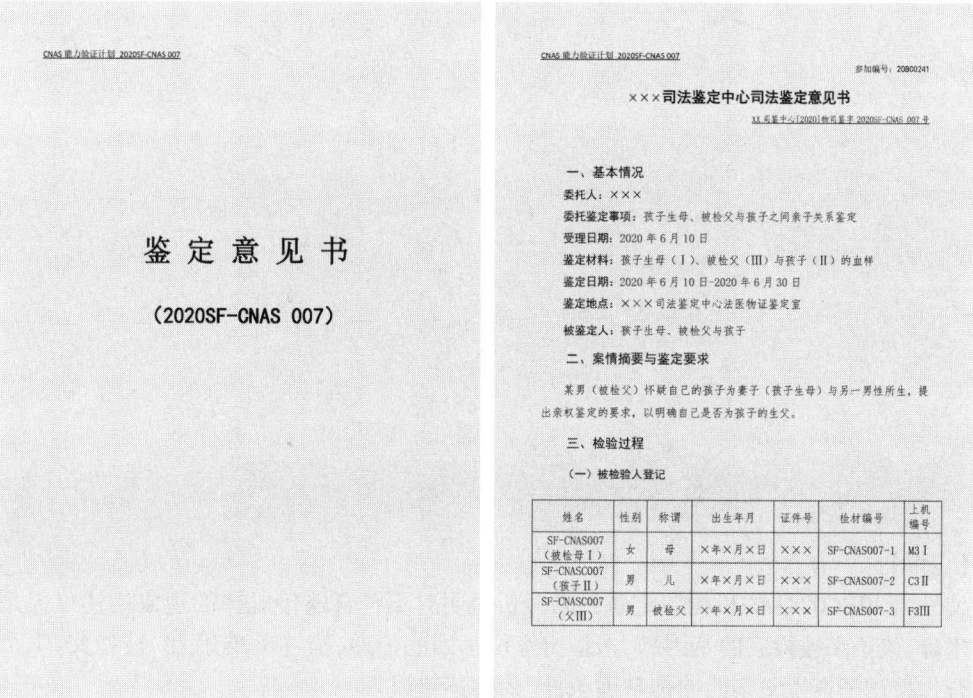

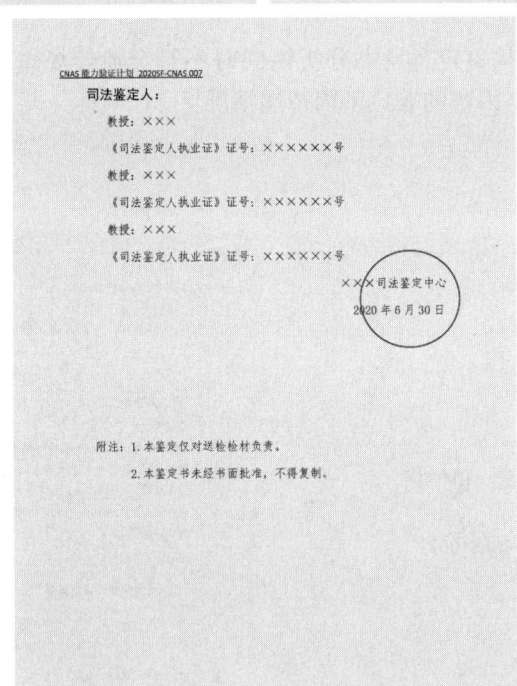

【点评】

编号为20BC0241的机构鉴定意见书分析说明对不符合遗传规律的现象描述仅仅是罗列孩子生母、孩子和被检父的基因型,未指出等位基因的传递,描述不准确且"被检父21个位点均符合作为孩子亲生父亲的遗传基因条件"的描述错误。

例 12

鉴 定 文 书

20BC0276

本鉴定机构声明：
1、本鉴定文书的鉴定意见仅对受理的检材和样本有效。
2、如对本鉴定文书的鉴定意见有异议或者疑问，请与本鉴定机构联系。
3、未经本鉴定机构的书面同意，任何单位或者个人不得部分复印本鉴定文书（全部复印除外）。

20BC0276

鉴 定 意 见 书

编号:XX 司鉴所（DNA）字[2020]007 号

一、绪论

（一）委托单位：××××××
（二）送检人：×××，×××
（三）受理日期：2020 年 6 月 13 日
（四）案（事）件情况摘要：某男（被检父）怀疑自己的孩子为妻子（孩子生母）与另一男性所生，提出亲权鉴定的要求，以明确自己是否为孩子的生父。
（五）送检物证及人员样本：

1、标记为"SF-CNAS 007 孩子生母Ⅰ"的物证袋一个，内装 FTA 血卡一张，剪取适量，编号为 007-1 号。

2、标记为"SF-CNAS 007 孩子Ⅱ"的物证袋一个，内装 FTA 血卡一张，剪取适量，编号为 007-2 号。

3、标记为"SF-CNAS 007 被检父Ⅲ"的物证袋一个，内装 FTA 血卡一张，剪取适量，编号为 007-3。

（六）鉴定要求：进行亲缘认定
（七）检验开始日期：2020 年 6 月 17 日
（八）检验地点：20BC0276 DNA 室

二、检验

（一）检验过程

20BC0276

按照行标 GA/T383-2014 进行检验分析。

1、DNA 提取：采用聚苯乙烯二乙烯基苯树脂法提取 007-1～3 号检材 DNA。

2、常染色体 STR 多态性检验：取 007-1～3 号检材 DNA 适量，使用 Verifiler™ Plus 试剂盒进行 PCR 扩增，扩增产物应用 3500XL 型全自动荧光分析仪进行检测，按照行标 GA/T1163-2014 分析上述检材的基因分型。

（二）检验结果

常染色体 STR 多态性检验结果：

检材编号	D3S1358	vWA	D16S539	CSF1PO	D6S1043	D8S1179	D21S11	D18S51
007-1 号	15/17	14/18	12/13	12	11/18	11/15	29/30	16/22
007-2 号	15/16	17/18	12/13	12	11/18	10/11	29	14/16
007-3 号	15/16	17	11/12	12	11/18	10/13	29/33.2	14/18

检材编号	D5S818	D2S441	D19S433	FGA	D10S1248	D22S1045	D1S1656	D12S317
007-1 号	11	19/11	13/14.2	20/23	13/14	13/16	13/16	8/11
007-2 号	11	10/12	13	23/25	13/14	11/16	13/15	11/12
007-3 号	11	9.1/12	13/15.2	20/24	14/18	15/16	15	11/12

检材编号	D7S820	Penta E	Penta D	TH01	D12S391	D2S1338	TPOX	Amel
007-1 号	10/11	17/18	9	19	24/26	8/11	X
007-2 号	10	15/17	10/11	9	19/23	24	9/11	X/Y
007-3 号	10	15/16	11/12	9	20/22	24	8/9	X/Y

三、论证

本次鉴定选择的 D3S1358、vWA、D16S539、CSF1PO、D6S1043、D8S1179、D21S11、D18S51、D5S818、D2S441、D19S433、FGA、

20BC0276

D10S1248、D22S1045、D1S1656、D13S317、D7S820、Penta E、Penta D、TH01、D12S391、D2S1338、TPOX 等 STR 基因座均是独立且按照孟德尔规律遗传的遗传标记，其累计非父排除率（三联体）为 $1-3.3564\times10^{-10}$（0.99999999966），联合应用可以进行亲权鉴定。

亲权鉴定一般依据亲权指数（PI）来判定。大于 1 支持嫌疑父是孩子生父的假设，小于 1 则支持随即男子是孩子生父的假设。在排除双胞胎和近亲等前提下，PI 值越大，表示亲权关系成立的可能性越大。

本案中，除 D12S391 和 FGA 基因座外，007-2 号检材的其中一个等位基因可从 007-1 号检材的相应基因型中找到来源，另一个等位基因均可从 007-3 号检材的相应基因型中找到来源，符合孟德尔遗传定律；在 D12S391 基因座，007-1 号检材（孩子生母）的基因型为"19"，007-2 号检材（孩子）的基因型为"19,23"，007-3 号检材（被检父）的基因分型为"20,22"，不符合孟德尔遗传定律，按不符合遗传规律计算父权指数为 0.0175；在 FGA 基因座，007-1 号检材（孩子生母）的基因型为"20,23"，007-2 号检材（孩子）的基因型为"23,25"，007-3 号检材（被检父）的基因分型为"20,24"，不符合孟德尔遗传定律，按不符合遗传规律计算父权指数为 0.0052。采用采用本次能力验证提供的基因座的等位基因分布频率进行统计学计算，累计亲权指数为

第3页 共4页

20BC0276

5.3603×10^5（>10000），即 007-3、007-1 号检材所属个体为 007-2 号检材所属个体生物学父、母亲的可能性是无关个体为 007-2 号检材生物学父、母亲可能性的 5.3603×10^5 倍。

四、鉴定意见

被检父Ⅲ是孩子Ⅱ的生物学父亲，亲权指数为 5.3603×10^5。

鉴定人：副主任法医师　×××　×××

《司法鉴定人执业证》证号：×××

鉴定人：法医师　×××　×××

《司法鉴定人执业证》证号：×××

授权签字人：主检法医师　×××　×××

《司法鉴定人执业证》证号：×××

2020 年 6 月 20 日

第4页 共4页

【点评】

编号为 20BC0276 的机构鉴定意见书分析说明对不符合遗传规律的现象描述不准确，未指出等位基因的传递情况且分析说明最后一句的表述反映出未能正确理解三联体亲子鉴定和二联体亲子鉴定的区别。

例 13

XXXX司法鉴定中心
司法鉴定意见书

参加编号：20BC0377

XX司鉴中心[2020]能鉴字第31号

一、基本情况
委托人：司法鉴定科学研究院质量管理处
委托鉴定事项：Ⅲ是否为Ⅰ之子Ⅱ的生物学父亲
委托日期：2020年6月9日
受理日期：2020年6月9日
鉴定材料：Ⅰ、Ⅱ与Ⅲ的血样

二、被鉴定人概况

被鉴定人	性别	称谓	出生日期	身份证号码/出生证编号	检材编号
Ⅲ	男	被检父	—	—	NL-2020-31A
Ⅱ	男	孩子	—	—	NL-2020-31B
Ⅰ	女	孩子生母	—	—	NL-2020-31C

三、鉴定过程

1. 检材处理和检验方法

参照《法庭科学DNA实验室检验规范》（GA/T 383-2014）、《法庭科学DNA亲子鉴定规范》（GA/T 965-2011）、《亲权鉴定技术规范》（GB/T 37223-2018）中相关规范进行检验。

采用荧光标记STR复合扩增试剂盒GSTAR™25、GSTAR™22 PLUS（北京金马晨和技术有限公司）进行复合PCR扩增，并设立阴性和阳性对照，用ABI3130XL DNA遗传分析仪进行毛细管电泳和基因分型。

2. 检验结果

阴性、阳性对照及Ladder分型准确。各基因座分型结果如下：

STR基因座	被检父Ⅲ NL-2020-31A	孩子Ⅱ NL-2020-31B	孩子生母Ⅰ NL-2020-31C	生父基因
D6S1043	11 , 18	11 , 18	11 , 18	11/18

TH01	9 , 9	9 , 9	9 , 9	9
D21S11	29 , 33.2	29 , 29	29 , 30	29
D7S820	10 , 10	10 , 10	10 , 11	10
CSF1PO	12 , 12	12 , 12	12 , 12	12
FGA	20 , 24	23 , 25	20 , 23	25
D19S433	13 , 15.2	13 , 13	13 , 14.2	13
vWA	17 , 17	17 , 18	14 , 18	17
D8S1179	10 , 13	10 , 11	11 , 15	10
D16S539	11 , 12	12 , 13	12 , 13	12/13
Penta E	15 , 15	15 , 18	11 , 18	15
D22S1045	15 , 16	11 , 16	11 , 14	16
D1S1656	14 , 16	14 , 15	14 , 15	15
D12S391	20 , 22	19 , 23	19 , 19	19
D18S51	14 , 18	14 , 14	14 , 14	14
D13S317	11 , 12	12 , 12	8 , 11	12
D2S1338	24 , 24	24 , 24	24 , 26	24
D2S441	9,1 , 11	11 , 11	11 , 11	11
D3S1358	15 , 16	16 , 16	15 , 17	16
D5S818	11 , 11	11 , 11	11 , 11	11
D10S1248	14 , 18	14 , 14	13 , 14	13/14
Penta D	10 , 12	10 , 11	10 , 11	10
TPOX	8 , 9	11 , 11	8 , 11	9
D6S477	14 , 15	14 , 15	15 , 15	15
D18S535	11 , 11	11 , 11	9 , 11	11
D19S253	7 , 14	14 , 15	11 , 12	14
D15S659	15 , 14	14 , 14	12 , 13	14
D1S2368	21 , 22	22 , 22	20 , 21	22
D20S470	15 , 21	20 , 21	20 , 21	21
D22-GATA198B05	21 , 22	20 , 22	19 , 20	22
D7S3048	19 , 22	19 , 21	21 , 21	19/21
D8S1132	18 , 21	21 , 21	20 , 21	21
D4S2366	13 , 14	14 , 14	13 , 14	14
D21S1270	10 , 12.3	12.3 , 12.3	12.3 , 13	12.3/13
D13S325	20 , 22	22 , 22	19 , 21	22
D9S925	14 , 16	14 , 14	14 , 16	14
D3S3045	9 , 11	11 , 15	9 , 15	11
D14S608	6 , 10	6 , 13	10 , 13	13
D10S1435	12 , 13	13 , 15	10 , 13	12
D3S1744	14 , 17	14 , 14	14 , 17	14/17
D7S1517	19 , 24	19 , 19	16 , 19	19
D17S1290	15 , 15	15 , 16	16 , 16	15
D5S2500	11 , 14	15 , 15	15 , 15	14

四、分析说明

D6S1043等43个STR基因座均为人类的多态性遗传学标记，遵循孟德尔遗传定律，联合应用可进行亲权鉴定，其累积非父排除概率大于0.9999，综上检验结果分析，上述43个STR基因座检测结果显示，除FGA、D12S391基因座外，Ⅲ均能提供给Ⅱ必需的等位基因。在FGA基因座上，Ⅰ的基因型为"20, 23"，Ⅱ的基因型为"23, 25"，Ⅲ的基因型为"20, 24"，Ⅲ不能提供给孩子必需的等位基因25，不符合遗传规律。参照GA/T 965-2011《法庭科学DNA亲子鉴定规范》、GB/T 37223-2018《亲权鉴定技术规范》中不符合遗传规律情形时亲权指数的计算方法，FGA基因座亲权指数为0.0052；在D12S391基因座上，Ⅰ的基因型为"19, 19"，Ⅱ的基因型为"19, 23"，Ⅲ的基因型为"20, 22"，Ⅲ不能提供给孩子必需的等位基因23，不符合遗传规律，参照GA/T 965-2011《法庭科学DNA亲子鉴定规范》、GB/T 37223-2018《亲权鉴定技术规范》中不符合遗传规律情形时亲权指数的计算方法，D12S391基因座亲权指数为0.0175；综上43个STR基因座的累积亲权指数为 5.5733×10^{19}（注：大于10000）。

五、鉴定意见

依据现有资料和DNA分型结果，在考虑FGA、D12S391基因座发生突变的前提下，支持Ⅲ是Ⅰ之子Ⅱ的生物学父亲。

鉴定人：XXX
《司法鉴定人执业证》证号：XXXXXXXXXX
鉴定人：XXX XXX
《司法鉴定人执业证》证号：XXXXXXXXXX
授权签字人：XXX XXX
《司法鉴定人执业证》证号：XXXXXXXXXX

二〇二〇年六月二十九日

注：检材照片见附件

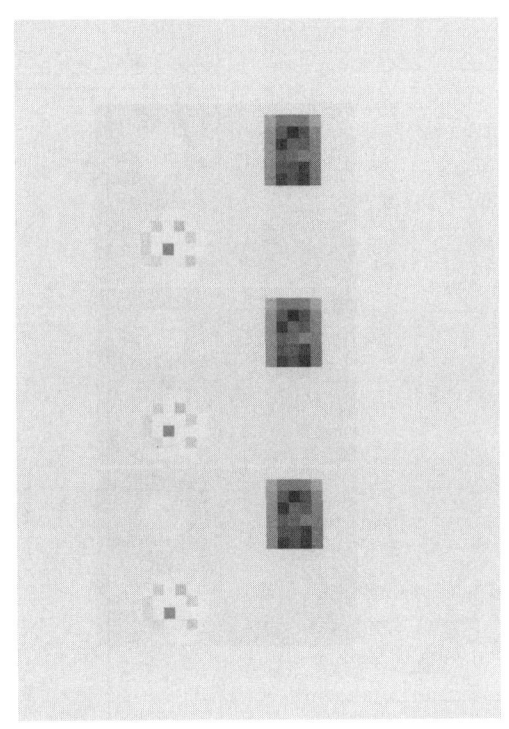

【点评】

编号为 20BC0377 的机构鉴定意见书中样本在 D11S2368 基因座上的分型结果报告错误。

四、总结

本次能力验证项目中,报名参加单位共 428 家,来自 29 个省、自治区和直辖市,其中返回结果 424 家,未返回结果者 4 家。424 家参与评价机构中,满意 328 家,占 77.3%;通过 50 家,占 11.8%;不通过 46 家,占 10.9%。从采用的检测手段来看,所有返回结果的实验室均采用了荧光检测的方法,未见采用银染方法的实验室。从所使用的关键设备遗传分析仪来看,424 家实验室中有 410 家使用着目前国际上通用的至少具备分辨五色荧光技术的机型,其中有 105 家使用了最新的具备六色荧光标记技术的 3500 型遗传分析仪;有 305 家使用了 3100/3130 型遗传分析仪,有 14 家使用着已经停产的 310 型遗传分析仪。从所使用的关键试剂 STR 分型试剂盒来看,有 160 家实验室使用一种试剂盒,其余为两种以上试剂盒。从检测的 STR 基因座数来看,有 192 家实验室最多检测 15 个 STR 基因座,约占参加实验室的 45.3%,显示出实验室的检测能力还有待加强。

在本次检测过程的原始记录中,有 168 家实验室(40%)不够理想,主要存在如下问题:将原始记录与实验室的作业指导书等同;阳性与阴性对照的 DNA 分型结果无记录;样品交接、DNA 提取、扩增体系配制、关键设备使用和关键试剂批号等方面的记录不完整或者完全没有记录;检验过程无复核记录。关于原始技术记录支撑鉴定意见,存在以下典型错误:

1. 鉴定意见书描述的 STR 试剂盒与分型图谱不一致;
2. 鉴定意见书中样品的分型数据与分型图谱不对应;
3. 缺乏必要的原始技术记录或者原始记录极其简单;
4. 阳性对照或样品分型图谱的特异性、均衡性不足以支撑报告书中的分型结果。

本次能力验证计划的模拟案例中,除 D12S391 和 FGA 基因座外,孩子的生父基因均可在被检父中找到来源。在 D12S391 基因座,孩子生母分型结果为"19",推定基因型为"19,19",孩子基因型为"19,23",被检父的基因型为"20,22",被检父不能提供给孩子必需的等位基因"23",不符合孟德尔遗传定律;在 FGA 基因座,孩子生母的基因型为"20,23",孩子的基因型为"23,25",被检父的基因型为"20,24",被检父不能提供给孩子必需的等位基因"25",不符合孟德尔遗传定律。按照 GB/T 37223-2018《亲权鉴定技术规范》中不符合遗传规律情形时亲权指数的计算方法,基于 STR 逐步突变模型,计算 D12S391 基因座和 FGA 基因座的亲权指数分别为 0.017 5 和 0.005 2。

关于不符合遗传规律的描述,有以下几种典型错误方式:
1) 对基因座不符合遗传规律的现象视而不见;
2) 对基因座不符合遗传规律的现象前后矛盾;
3) 对基因座不符合遗传规律的现象表达随意;
4) 对被检孩子的生父基因描述错误。

关于标准引用,存在以下几种典型错误:一是引用了作废标准,GA/T383-2002、SF/Z JD0105001-2010 和 SF/Z JD0105001-2016 三个标准分别于 2014 年、2016 年和 2019 年作废,但是还是有相当多的机构引用,反映出没有及时跟踪方法的变化;二是引用不存在标准,引用的标准 GA/T383-2018、GA/T383-2016 并不存在,应该是 GA/T383-2014,类似的现象还有 SF/Z JD0105001-2015、SF/Z JD0105001-2017;三是鉴定书中出现同一标准的两个版本,报告书中引用的亲权鉴定技术规范版本号前后不一致,如 SF/Z JD0105001-2010、SF/Z JD0105001-2016;四是引用标准的名称不对;五是标准的颁布单位描述错误。

关于亲权指数计算,本次能力验证计划中,应该按照 GB/T37223-2018《亲权鉴定技术规范》中不符合遗传规律情形时亲权指数的计算方法计算 D12S391 和 FGA 基因座的亲权指数以及累积亲权指数。

关于 PI 值计算的典型错误有如下几种方式:一是三联体当作二联体鉴定;二是 PI 值计算公式错误;三是未按照作业指南给定的频率计算 PI 值。

此外,还有一些机构虽然总体评价尚可,但在鉴定意见书专业术语的表述上还有待进一步规范,如"综合亲权指数""亲子关系指数""被检父累计亲权指数"、"外援干扰"等应该避免出现。

第二节 二联体亲子鉴定能力验证

一、总体情况

二联体亲子鉴定能力验证目的就是旨在对各实验室的二联体亲子鉴定能力进行科学、客观的考察和评价。

本节选取了 2020 年度二联体亲子鉴定能力验证的部分素材。2020 年二联体亲子鉴定能力验证来源于法医物证鉴定的常见案件,特别之处在于 D13S317 基因座上出现了不符合遗传规律的情形以及个别 STR 基因座上出现了稀有等位基因的情形,是亲权鉴定实践中常见现象之一,也是本次亲权鉴定能力验证的考点之一。此外,本次能力验证也考察参加者对二联体亲子鉴定概念的掌握、常用 STR 基因座的检测能力、检测过程(程序与报告)以及鉴定文书和鉴定意见表述的规范程度。

本次能力验证计划提供的样品为二份制备在 FTA 卡上的血斑材料,要求参加者采用日常检测方法对待检样品进行检验并提交"检测结果报告表"、"亲权指数值报告表"、完整的鉴定文书及相关原始记录。

二、典型错误展示与点评

例 1

【点评】

编号为 20BD0040 的机构未对 D13S317 基因座不符合遗传规律的情形进行描述。

例 2

××××××××××司法鉴定所
司法鉴定意见书

司法鉴定机构许可证号：×××××××××

声 明

1. 司法鉴定机构和司法鉴定人根据法律、法规和规章的规定，按照鉴定的科学规律和技术操作规范，依法独立、客观、公正进行鉴定并出具鉴定意见，不受任何个人或者组织的非法干预。

2. 司法鉴定意见书是否作为定案或者认定事实的根据，取决于办案机关的审查判断，司法鉴定机构和司法鉴定人无权干涉。

3. 使用司法鉴定意见书，应当保持其完整性和严肃性。

4. 鉴定意见属于鉴定人的专业意见。当事人对鉴定意见有异议，应当通过庭审质证或者申请重新鉴定、补充鉴定等方式解决。

地　　址：×××××××××××（邮政编码：××××××）
联系电话：××××××

××××××××××司法鉴定所
法医物证鉴定意见书

参加编号：20BD0062
编　号：×××[2020]物鉴第 SF008 号

一、基本情况

委 托 人：李锦明

委托鉴定事项：亲权鉴定

受理日期：2020 年 6 月 10 日

鉴定材料：

1. 被检母（FTA 卡）：血样一份，编号：2020SF-CNAS 008-I。
2. 孩子（FTA 卡）：血样一份，编号：2020SF-CNAS 008-II。

鉴定要求：被检母是否为孩子的生物学母亲。

鉴定日期：2020 年 6 月 10 日—2020 年 6 月 29 日

鉴定地点：××××××××××司法鉴定所

二、基本案情

某女（被检母）因出国公证需要，提出亲权鉴定的要求，以明确自己是否为孩子的生母。

三、资料摘要

被鉴定人：被检母、孩子

被检母血样（FTA 卡）：暗红色圆形斑迹，直径约 5mm，质稍硬，附在标有"SF-CNAS 008 被检母 I"字样的物证袋内 FTA 卡上，包装袋封口完好，将其编号为"2020SF-CNAS 008-I"。

孩子血样（FTA 卡）：暗红色圆形斑迹，直径约 5mm，质稍硬，附在标有"SF-CNAS 008 孩子 II"字样的物证袋内 FTA 卡上，包装袋封口完好，将其编号为"2020SF-CNAS 008-II"。

四、鉴定过程

本次鉴定过程自 2020 年 6 月 10 日开始。

按《法庭科学 DNA 实验室检验规范》GA/T383-2014 标准方法中 Chelex 法提取 2020SF-CNAS 008-I、2020SF-CNAS 008-II 2 个样本的 DNA，应用 SiFaSTR 23 plex DNA 身份鉴定试剂盒和 Microreader™ 23sp ID System，经 PCR 复合扩增 STR 基因座，ABI-3130XL DNA 序列分析仪电泳分离扩增产物和激光扫描分析，检测得到上述检材的 STR 基因座的基因型，分型结果按《法庭科学 DNA 亲子鉴定规范》GA/T 965-2011、《亲权鉴定技术规范》GB/T 37223-2018 标准中方法计算。

【点评】

编号为 20BD0062 的机构错误引用了三联体亲子鉴定标准 GA/T 965-2011。

例 3

20BD0068
司法鉴定意见书

司法鉴定许可证号：xxxxxxx

声 明

1. 委托人应当向鉴定机构提供真实、完整、充分的鉴定材料，并对鉴定材料的真实性、合法性负责。
2. 司法鉴定按照法律、法规和规章规定的方式、方法和步骤，遵守和采用相关技术标准和技术规范进行鉴定。
3. 司法鉴定实行鉴定人负责制度。司法鉴定人依法独立、客观、公正地进行鉴定，不受任何个人和组织的非法干预。
4. 使用本鉴定文书应当保持其完整性和严肃性。

地址：xx 市 xx 路 xx 号
联系电话：xxxxxxxxxxx

20BD0068 司法鉴定所司法鉴定意见书

20BD0068 司鉴所[2020]法物鉴字第 SF-CNAS 008 号

一、基本情况

委 托 方：司法鉴定科学研究院
委托事项：对被检母与孩子之间有无亲缘关系的检验
委托日期：2020 年 6 月 12 日
受理日期：2020 年 6 月 12 日
鉴定材料：孩子生母的血样、孩子的血样与被检父的血样
鉴定日期：2020 年 6 月 12 日-2020 年 6 月 22 日
鉴定地点：XXXX 司法鉴定所

被鉴定人概况

序号	检材编号	自诉称谓	检材类型	检材数量
1	SF-CNAS 008 I	被检母	FTA 卡	一张
2	SF-CNAS 008 II	孩子	FTA 卡	一张

二、基本案情

某女（被检母）因出国公证需要，提出亲权鉴定的要求，以明确自己是否为孩子的生母。

三、资料摘要

孩子的样本编号为 SF-CNAS 008 I，被检父的样本编号为 SF-CNAS 008 II，2020 年 6 月 12 日送至实验室。

四、检验过程

（一）检材处理和检验方法

1. 参照 GA/T 383-2014《法庭科学 DNA 实验室检验规范》，直接取直径 1.2mm 血斑纸片各 1 张（根据试剂盒说明书要求）。
2. 用 21Plex 荧光标记 STR 复合扩增试剂盒（江苏苏博生物医学科技南京有限公司）进行复合 PCR 扩增（操作步骤按试剂盒说明），并设立阴性及阳性对照。
3. 扩增产物用 ABI 3130xl 遗传分析仪（AppliedBiosystems）进行毛细管电泳、分离并采用 GeneMapper®ID 软件进行基因型分析。

（二）检验结果

STR 基因座分型结果表

基因座	SF-CNAS 008 I 被检母		SF-CNAS 008 II 孩子		亲权指数
D19S433	13	15.2	13	15.2	2.5905
D5S818	10	13	11	13	1.7593
D21S11	31	31.2	29	31	2.5126
D18S51	14	23	14	15	1.1574
D6S1043	18	19	17	19	1.6545
D3S1358	15	16	15	17	0.7240
D13S317	12	12	11	11	0.0042
D7S820	11	13	13	13	14.2450
D16S539	9	10	9	11	0.8803
CSF1PO	12	12	9	12	1.3565
Penta D	12	12	12	13	7.5301
vWA	16	18	14	16	1.5207
D8S1179	12	14	12	15	1.9425

【点评】

编号为20BD0068的机构鉴定意见书"基本情况""资料摘要"部分对鉴定材料的描述错误;"分析说明"的末尾将被检验人描述错误。

例 4

D12S391	17	20	17	19	2.8249
D2S1338	20	21	21	22	39.6825
vWA	16	18	14	16	1.5207
Penta E	11	17	15	17	4.3029
TH01	6	7	6	9	2.5176
D18S51	14	23	14	15	1.1574
CSF1PO	12	12	12	12	1.3565
FGA	21	22	22	22	2.6795
CPI			1.3131E+06		

五、分析说明

D3S1358 等 21 个 STR 基因座均为人类的遗传学标记，遵循孟德尔遗传定律，联合应用可进行亲权鉴定，其累积排除概率(CPE)大于 0.9999。

综上检验结果分析，被检母（样本编号：2020-CNAS008-1）在除 D13S317 外的 20 个基因座基因型均能提供给孩子（样本编号：2020-CNAS008-2）必需的等位基因，检测结果符合孟德尔遗传定律。在 D13S317 基因座中，被检母的基因型为 "12, 12"，孩子的基因型为 "11, 11"，被检母不能提供给孩子必需的等位基因 12，检测结果不符合孟德尔遗传定律。按照《亲权鉴定技术规范》（GB/T 37223-2018）中不符合遗传定律情形时亲权指数的计算方法，D13S317 基因座的亲权指数为 0.0042。

参照《二联体亲权鉴定（血斑）能力验证计划作业指南 (2020SF-CNAS008)》提供的等位基因频率，计算 21 个 STR 基因座的累积亲权指数为 1.3131E+06（注：大于 10000）。

六、鉴定意见

依据现有资料与 DNA 分析结果，在排除同卵多胞胎、近亲及外源性干扰的前提下支持被检母（SF-CNAS 008 被检母 I）是孩子（SF-CNAS 008 孩子 II）的生物学母亲。

七、附件

相关照片

司法鉴定人： XXX
《司法鉴定人执业证》证号： XXXXXX
司法鉴定人： XXX
《司法鉴定人执业证》证号： XXXXXX

二〇二〇年 XX 月 XX 日

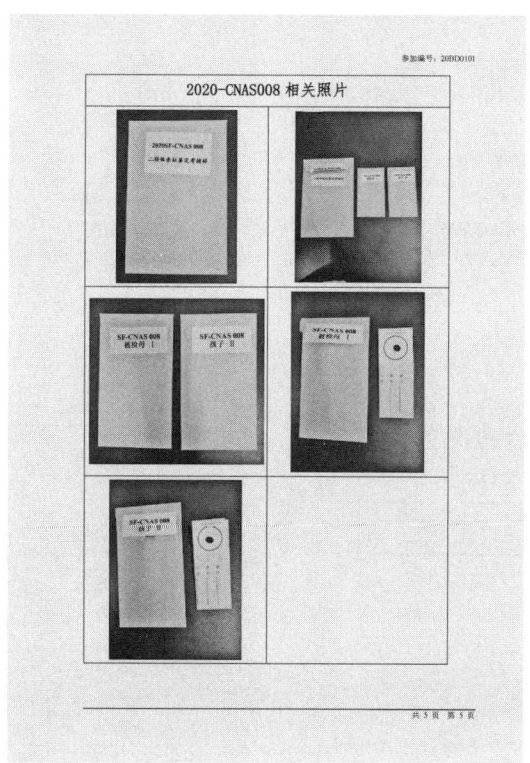

【点评】

编号为 20BD0101 的机构鉴定意见书分析说明对于 D13S317 基因座不符合遗传规律现象的描述错误。

例 5

XXXX 司法鉴定中心/所
司法鉴定意见书

参加编号：20BD0110

司法鉴定许可证号：XXXXXXXXX

声 明

1. 委托人应当向鉴定机构提供真实、完整、充分的鉴定材料，并对鉴定材料的真实性、合法性负责。
2. 司法鉴定人按照法律、法规和规章规定的方式、方法和步骤，遵守和采用相关技术标准和技术规范进行鉴定。
3. 司法鉴定实行鉴定人负责制度。司法鉴定人依法独立、客观、公正地进行鉴定，不受任何个人和组织的非法干预。
4. 使用本鉴定文书应当保持其完整性和严肃性。
5. 当事方对本次检测结论有异议，可在收到报告书后15日内向原委托单位申请复检。

地　址：xxxxxxxxxxx
　　　　（xxxxxxxxxxxxxx）
邮政编码：xxxxxx
联系电话：xxxx-xxxxxxx

---

xxxx 司法鉴定中心
法医物证司法鉴定意见书

xxx[2020]法物鉴字第 20BD0110 号

一、基本情况

委托单位：司法鉴定科学研究院
委托事项：亲权鉴定
受理日期：2020 年 6 月 15 日
鉴定材料：孩子、被检母血样各一份。

二、基本案情
某女（被检母）因出国公证需要，提出亲权鉴定的要求，以明确自己是否为孩子的生母。

三、资料摘要

被检验人	样品编号	样品类型
被检母	008-I	血样
孩子	008-II	血样

四、鉴定过程

鉴定人员：xxx、xxx
鉴定日期：2020 年 6 月 18 日
鉴定地点：本中心法医物证室
鉴定方法：

检材 DNA 采用打孔直扩的方法进行扩增（根据试剂盒说明书要求），基因分型按照 GB/T 37223-2018《亲权鉴定技术规范》进行。

采用 21Plex 荧光标记 STR 复合扩增试剂盒（江苏苏博生物医学科技南京有限公司）同步复合扩增检测 D2S1338 等 20 个常染色体 STR 基因座（操作步骤按试剂盒说明），并设立阴性及阳性对照。

扩增产物在 ABI3100 型 DNA 测序仪上进行毛细管电泳、分离，基因分型按照 GB/T 37223-2018《亲权鉴定技术规范》进行，由 GeneMapper®ID-X1.3 软件自动分析，得到被检测样品各基因座的分型结果。

检验结果报告表

参加编号：20BD0110

检测系统	I （被检母）		II （孩子）	
D2S1338	20	/ 21	21	/ 22
D3S1358	15	/ 16	15	/ 17
D5S818	10	/ 13	11	/ 13
D6S1043	18	/ 19	17	/ 19
D7S820	11	/ 13	13	/ 13
D8S1179	12	/ 14	12	/ 15
D12S391	17	/ 20	17	/ 19
D13S317	12	/ 12	11	/ 11
D16S539	9	/ 10	9	/ 11
D18S51	14	/ 23	14	/ 15
D19S433	13	/ 15.2	13	/ 15.2
D21S11	31	/ 31.2	29	/ 31
CSF1PO	12	/ 12	9	/ 12
FGA	21	/ 22	22	/ 22

TH01	6	/	7	6	/	9
TPOX	11	/	11	11	/	11
Penta D	12	/	12	12	/	12
Penta E	11	/	17	15	/	17
vWA	16	/	18	14	/	16
D1S1656	13	/	15	13	/	15
Amel	X	/	X	X	/	X

亲权指数值报告表

参加编号：20BD0110

基因座	亲权指数（PI 值）
D2S1338	39.6825
D3S1358	0.7240
D5S818	1.7593
D6S1043	1.6545
D7S820	14.2450
D8S1179	1.9425
D12S391	2.8249
D13S317	1.0557×10^{-3}
D16S539	0.8803
D18S51	1.1574
D19S433	2.5905
D21S11	2.5126
CSF1PO	1.3565
FGA	2.6795
TH01	2.5176
TPOX	3.3478
Penta D	7.5301
Penta E	4.3029
vWA	1.2840
D1S1656	3.2700
AMEL	

上述基因座累积亲权指数（CPI 值） 1.9073×10^{5}

五、分析说明

D2S1338 等 20 个常染色体 STR 基因座均为人类的遗传学标记，遵循孟德尔遗传规律，具有人类种属特异性和组织同一性，联合应用可进行个体识别。根据《二联体亲权鉴定（血斑）能力验证计划作业指南》提供的各个 STR 基因座的非父排除率，计算本检测系统的累积非父排除率大于 0.9999，联合应用可进行亲权鉴定。

上述检验结果表明，孩子的各基因座等位基因除 D13S317 外均能从被检母的基因型中找到来源，D13S317 发现基因突变，按照《亲权鉴定技术规范》（GB/T 37223-2018）中不符合遗传规律的二联体亲权指数计算方法，该基因座的 PI 值 $= \mu_a / 2p_i$，（μ_a 取 0.0005），计算结果为 1.0557×10^{-3}。按照《二联体亲权鉴定（血斑）能力验证计划作业指南》所提供的 D2S1338 等 20 个常染色体 STR 基因座的等位基因频率，计算上述基因座的累积亲权指数，结果为 1.9073×10^{5}，亲权概率大于 99.99%，表明被检母为孩子的生物学母亲的可能性是随机女子为孩子的生物学母亲可能性的 1.9073×10^{5} 倍。

六、鉴定意见

依据现有资料和 DNA 分析结果，在 D13S317 基因座发生基因突变的前提下，支持被检母为孩子的生物学母亲。

七、附件

检材照片

机构、鉴定人资质及相关证件复印件

司法鉴定人：xxxx
执业证号：xxxxxx
xxxx
执业证号：xxxxxx
复核鉴定人：xxxsx
执业证号：xxxxxx

二〇二〇年六月二十二日

附件一：检材照片（1 页）

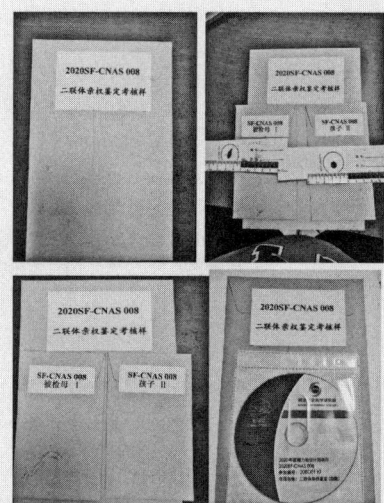

检材照片

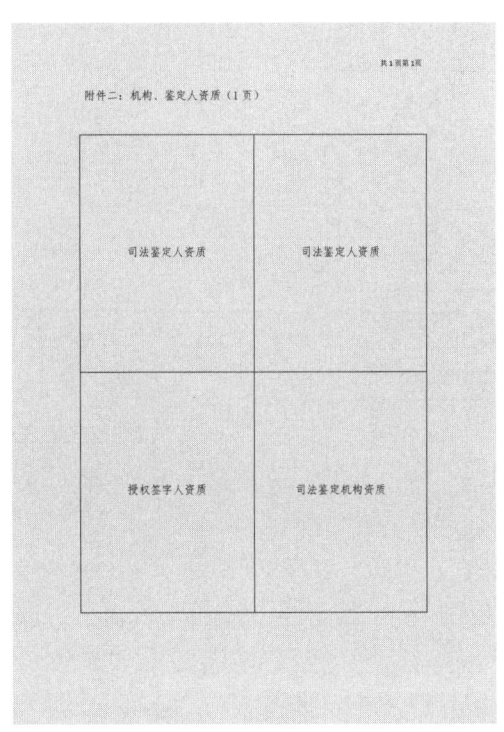

【点评】

编号为 20BD0110 的机构在 D13S317、vWA 基因座的 PI 值计算错误且意见书分析说明第一段"联合应用可进行个体识别"的表述有较大错误,本案是二联体亲子鉴定。

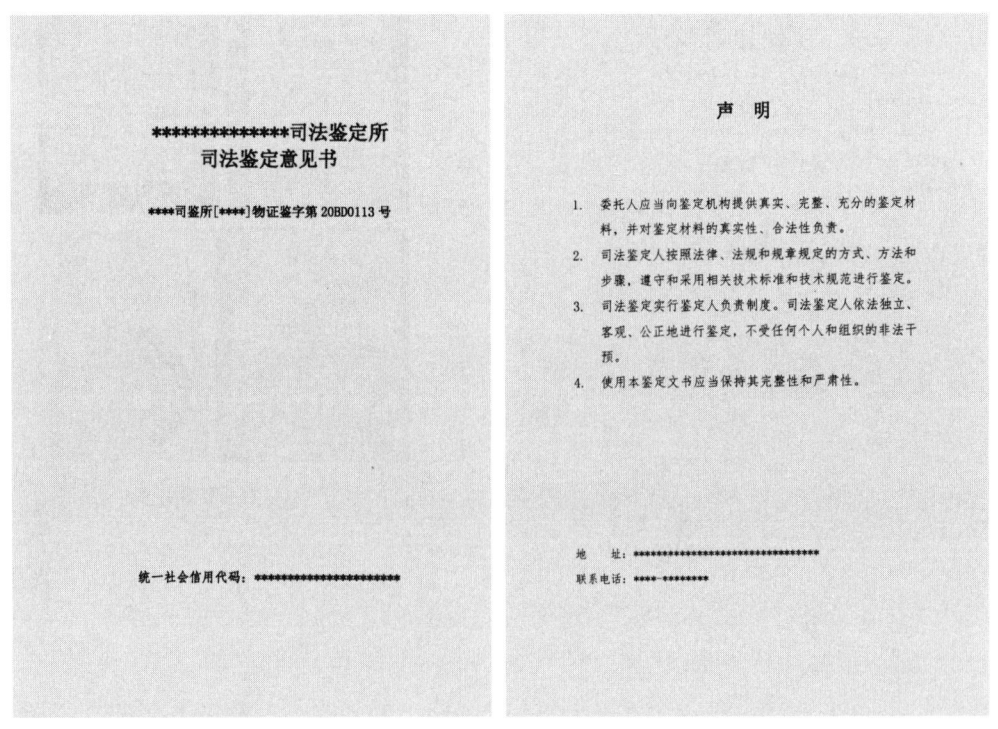

************************司法鉴定所

司法鉴定意见书

***司鉴所[****]物证鉴字第20BD0113号

一、基本情况

1、委托人：司法鉴定科学研究院
2、委托事项：对被检母I是否与孩子II之间存在亲生血缘关系进行鉴定
3、受理日期：2020年6月9日
4、鉴定检材：被检母（I）和孩子（II）的血样
5、被鉴定人概况：

被鉴定人	性别	编号	证件类型	证件号
I	女	20BD0113 I	******	****************
II	**	20BD0113 II	******	****************

二、检案摘要：

据委托材料介绍：某女（被检母）因出国公证需要，提出亲权鉴定的要求，以明确自己是否为孩子的生母。

三、鉴定过程

1、鉴定日期：2020年6月10日
2、鉴定地点：******************鉴定所法医物证实验室
3、检验依据：按照中华人民共和国司法部颁布的《亲权鉴定技术规范》（GB/T 37223-2018）对委托方司法鉴定科学研究院提供的检材进行检验。
4、STR扩增：取I、II号检材的适量血斑，按照中华人民共和国司法部颁布的《亲权鉴定技术规范》（GB/T 37223-2018）要求，选用宁波海尔施基因科技有限公司STRtyper-21G plus身份鉴定系统试剂盒复合扩增STR基因座，扩增体系设立阳性和阴性对照。

3、扩增产物电泳和分型：应用ABI3130型遗传分析仪进行电泳分离，应用GeneMapper分析软件进行分析，得到STR分型结果。

四、检验结果

1. STRtyper-21G plus身份鉴定系统检测结果

基因座	STRtyper-21G plus检测结果	
	被检母（I）	孩子（II）
D2S1338	20, 21	21, 22
D3S1358	15, 16	15, 17
D5S818	10, 13	11, 13
D6S1043	18, 19	17, 19
D7S820	11, 13	13, 13
D8S1179	12, 14	12, 15
D12S391	17, 20	17, 19
D13S317*	12, 12	11, 11
D16S539	9, 10	9, 11
D18S51	14, 23	14, 15
D19S433	13, 15.2	13, 15.2
D21S11	31, 31.2	29, 31
CSF1PO	12, 12	9, 12
FGA	21, 22	22, 22
TH01	6, 7	6, 9
TPOX	11, 11	11, 11
Penta D	12, 12	12, 12
Penta E	11, 17	15, 17
vWA	16, 18	14, 16
D1S1656	13, 15	13, 15
AMEL	X, X	X, X

2、亲权指数值报告表

基因座	亲权指数值
	假设母与孩子亲权指数（PI值）
D2S1338	39.6825
D3S1358	0.7240
D5S818	1.7593
D6S1043	1.6545
D7S820	14.2450
D8S1179	1.9425
D12S391	2.8249
D13S317	0.0042
D16S539	0.8803
D18S51	1.1574
D19S433	2.5906
D21S11	2.5126
CSF1PO	1.3565
FGA	2.6795
TH01	2.5176
TPOX	3.3478
Penta D	7.5301
Penta E	4.3029
vWA	1.5207
D1S1656	3.2700
累积亲权指数（CPI值）	898718.1626

五、分析说明

1. 根据中华人民共和国司法部颁布的《亲权鉴定技术规范》（GB/T 37223-2018）所描述的方法计算本检测系统的累计非父排除概率（CPE）为0.9999以上。检测常染色体基因座包括D2S1338、D3S1358、D5S818、D6S1043、D7S820、D8S1179、D12S391、D13S317、D16S539、D18S51、D19S433、D21S11、CSF1PO、FGA、TH01、TPOX、Penta D、Penta E、vWA、D1S1656）。

2. 在上述结果中，孩子（II）血样留有者除D13S317基因座外其余每个基因座中的两个等位基因其中一个在生母（I）血样留有者的基因型中找到来源。在基因座D13S317生母（I）血样留有者的基因型为（12,12），孩子（II）血样留有者的基因型为（11,11），被检父不能提供给孩子等位基因11，不符合遗传规律，按不符合遗传规律计算亲权指数为0.0042。

3. 依据检验结果分析，假设母（I）与孩子（II）之间的基因遗传不违反孟德尔遗传规律。根据中华人民共和国司法部颁布的《亲权鉴定技术规范》（GB/T 37223-2018）中提供的各STR基因座等位基因分布频率，进行亲权指数（PI值）和累积亲权指数（CPI值）计算，得到假设母与孩子之间累积亲权指数为898718.1626（CPI≥10000），表示假设母是孩子生物学父亲的可能性为随机女子是孩子生物学母亲的可能性的898718.1626倍，在排除双胞胎和近亲的前提下，支持I与II之间存在亲生血缘关系。

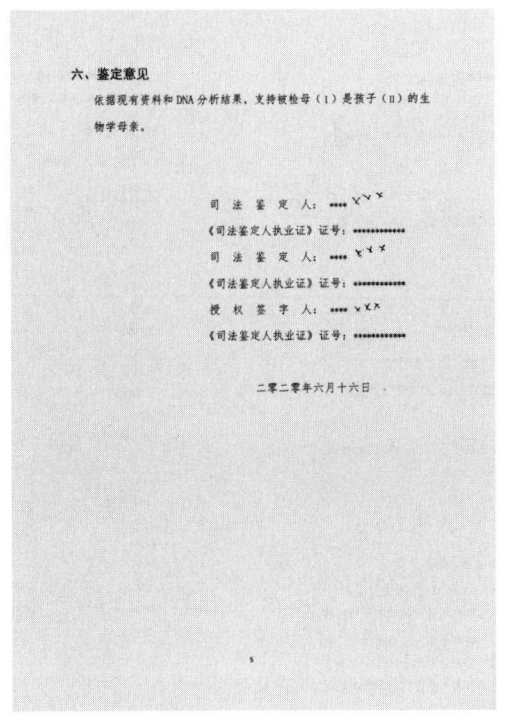

【点评】

编号为20BD0113的机构鉴定意见书中,分析说明部分的内容前后矛盾;"被检父"与"被检母"、"生物学父亲"等词语混为一谈。

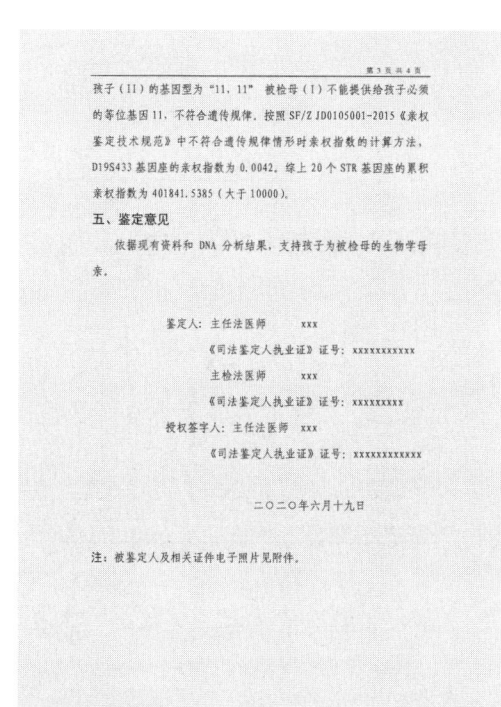
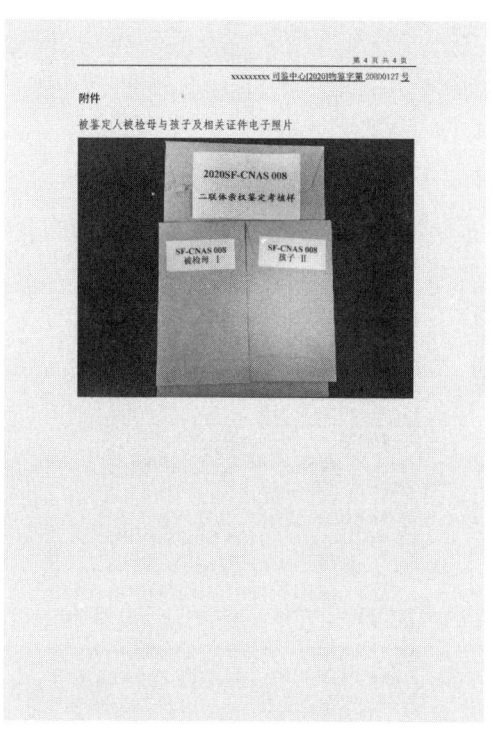

【点评】

编号为 20BD0127 的机构 D6S1043 基因座 PI 值计算错误，且鉴定意见"支持孩子为被检母的生物学母亲"表述错误。

例 8

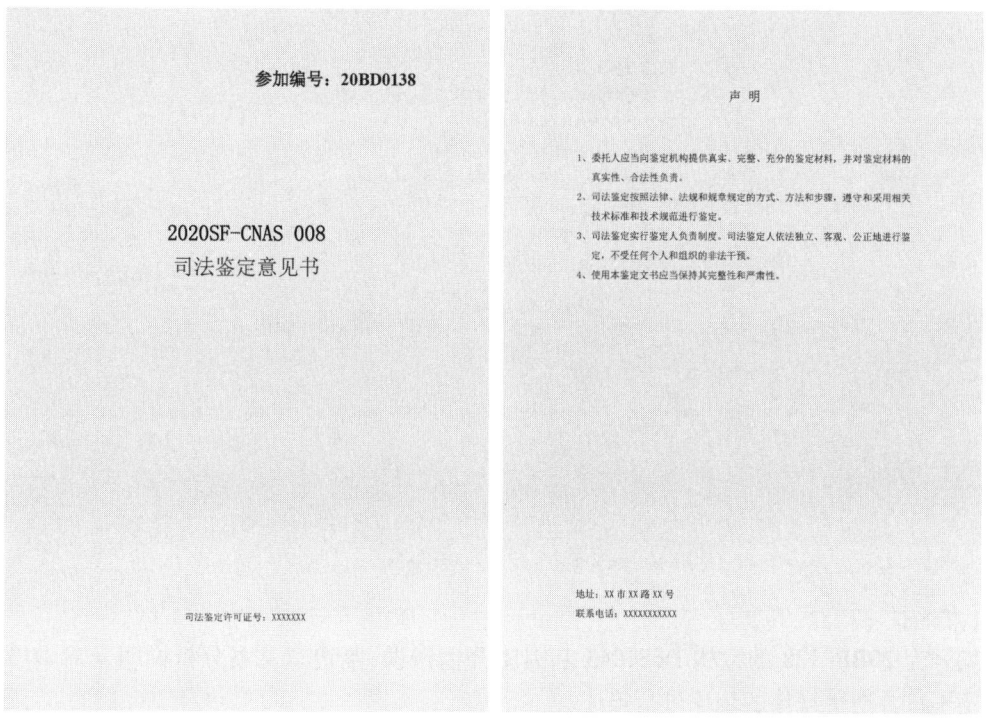

2020SF-CNAS 008 司法鉴定所
司法鉴定意见书

2020SF-CNAS（2020）物鉴字第 008 号

一、基本情况

委托方：××××××

委托时间：2020 年 6 月 13 日

委托事项：亲权鉴定

检验时间：2020 年 6 月 13 日至 2020 年 6 月 18 日

检验地点：本鉴定所法医物证鉴定室

检验材料：

被检验人	样品编号	样品类型	被检验人
被检母	008 I	血样	被检母
孩子	008 II	血样	孩子

二、基本案情

某女（被检母）因出国公证需要，提出亲权鉴定的要求，以明确自己是否为孩子的生母。

三、检验过程

1. 根据 GA/T 383-2014《法庭科学 DNA 实验室检验规范》，直接取直径 1.2mm 血痕纸片各 1 张（根据试剂盒说明书要求）。

2. 用 PowerPlex21 荧光检测试剂盒（美国 ABI 有限公司）进行复合 PCR 扩增。

3. 扩增产物用 ABI3130XL 遗传分析仪（AppliedBiosystems）进行毛细管电泳、分离并采用 GeneMapper®ID 软件进行基因型分析。

四、检验结果

STR 基因座分型结果表（PowerPlex21）

STR 基因座	008 I （被检母）		008 II （孩子）	
D3S1358	15	16	15	17
D1S1656	13	15	13	15
D6 S1043	18	19	17	19
D13S317*	12	12	11	11
Penta E	11	17	15	17
D16S539	9	10	9	11
D18S51	14	23	14	15
D2S1338	20	21	21	22
CSF1PO	12	12	9	12
Penta D	12	12	12	12
TH01	6	7	6	9
vWA	16	18	14	16
D21S11	31	31.2	29	31
D7S820	11	13	13	13
D5S818	10	13	11	13
TPOX	11	11	11	11
D8S1179	12	14	12	15
D12S391	17	20	17	19
D19S433	13	15.2	13	15.2
FGA	21	22	22	22
Amel	X	X	X	X

五、分析说明

1. D3S1358 等 20 个常染色体 STR 基因座均为人类遗传标记，遵循孟德尔遗传规律，联合应用可进行亲权鉴定。根据《二联体亲权鉴定（血斑）能力验证计划作业指南》所提供的各个 STR 基因座的非父排除率，计算本检测系统的累积非父排除率（CPE）为 0.999992235。

2. 根据上述 STR 分型结果，孩子的等位基因可以从被检母的基因型中找到来源。按《二联体亲权鉴定（血斑）能力验证计划作业指南》所提供的各个 STR 基因座的等位基因频率，计算亲权指数为 590973296.6324，表示被检母是孩子生母的可能性是随机女子是孩子生母的可能性的 590973296.6324 倍（注：大于 10000）。

六、鉴定意见

根据检验结果，在排除同卵多胞胎、近亲及外源干扰的前提下，支持被检母是孩子的生物学母亲。

司法鉴定人：×××

《司法鉴定人执业证》证号：××××××

司法鉴定人：×××

《司法鉴定人执业证》证号：××××××

授权签字人：×××

《司法鉴定人执业证》证号：××××××

二〇二〇年六月十八日

【点评】

编号为 20BD0138 的机构 D6S1043 基因座分型错误；鉴定意见书分析说明未对 D13S317 基因座不符合遗传规律的现象进行描述。

例 9

参加编号：20BD0152
XXX 司法鉴定所法医物证鉴定意见书

司法鉴定许可证号：XXXXXXX

声 明

1、委托人应当向鉴定机构提供真实、完整、充分的鉴定材料，并对鉴定材料的真实性、合法性负责。
2、司法鉴定按照法律、法规和规章规定的方式、方法和步骤，遵守和采用相关技术标准和技术规范进行鉴定。
3、司法鉴定实行鉴定人负责制度，司法鉴定人依法独立、客观、公正地进行鉴定，不受任何个人和组织的非法干预。
4、使用本鉴定文书应当保持其完整性和严肃性。

地址：XX 市 XX 路 XX 号
联系电话：XXXXXXXXXXX

XXX 司法鉴定所法医物证鉴定意见书

XXX 司法鉴定所[2020]法物鉴字第 2020SF-CNAS 008 号

一、基本情况

委 托 方：司法鉴定科学研究院
委托鉴定事项：对孩子与被检母之间有无亲缘关系进行鉴定
受理日期：2020 年 6 月 10 日
委托日期：2020 年 6 月 10 日
鉴定日期：2020 年 6 月 10 日至 2020 年 6 月 18 日
鉴定地点：本所法医物证实验室
鉴定材料：孩子与被检母血样
被鉴定人概况：

被检验人	样品编号	样品类型
被检母	SF-CNAS 008 I	血样
孩子	SF-CNAS 008 II	血样

二、检案摘要

某女（被检母）因出国公证需要，提出亲权鉴定的要求，以明确自己是否为孩子的生母。

三、检验过程

1. 根据《法庭科学 DNA 实验室检验规范》(GA/T 383-2014)，直接取直径 1.0mm 血斑纸片各 1 张。
2. 采用 Microreader™ 21 ID System 荧光检测试剂盒（苏州阅微基因技术有限公司）、Microreader™ 23Sp ID System 荧光检测试剂盒（苏州阅微基因技术有限公司）并按照试剂盒说明书进行 STR 复合扩增。
3. 扩增产物用 ABI3130XL 遗传分析仪进行毛细管电泳，并采用 GeneMapper®ID-X 软件进行基因型分析。

四、检验结果

MR21 分型结果

STR 基因座	被检母 I	孩子 II
D2S1338	20,21	21,22
D3S1358	15,16	15,17
D5S818	10,13	11,13
D6S1043	18,19	17,19
D7S820	11,13	13,13
D8S1179	12,14	12,15
D12S391	17,20	17,19
D13S317	12,12	11,11
D16S539	9,10	9,11
D18S51	14,23	14,15
D19S433	13,15.2	13,15.2
D21S11	31,31.2	29,31
CSF1PO	12,12	12,12
FGA	21,22	22,22
TH01	6,7	6,9
TPOX	11,11	11,11
Penta D	12,12	12,12
Penta E	11,17	15,17
vWA	16,18	14,16
D2S441	12,14	11,12
AMEL	X,X	X,X

MR23 分型结果

STR 基因座	孩子生母 I	孩子 II
D6S477	15,15	15,15
D18S535	11,13	11,13
D19S253	7,13	7,13
D15S659	12,15	12,12
D11S2368	17,21	21,21
D20S470	13,16	13,16
D1S1656	13,15	13,15
D22-GATA198B05	21,22	22,23
D7S3048	25,26	23,25
D8S1132	19,21	20,21
D4S2366	13,14	13,14

【点评】

编号为 20BD0152 的机构 D13S317 基因座的 PI 值计算错误且鉴定意见书分析说明关于孩子必需的等位基因表述错误，出现了"被检父"等错误信息，鉴定意见中"支持被检母是孩子的生物学父亲"表述错误。

例 10

XXXXX司法鉴定中心
司法鉴定意见书

编号：20BD0209

一、基本情况
委 托 人：司法鉴定科学研究院。
委托事项：对被检母和孩子之间进行有无亲缘关系鉴定。
受理日期：2020年6月11日。
鉴定材料：被检母与孩子血样。

二、基本案情
某女（被检母Ⅰ）因出国公证需要，提出亲权鉴定的要求，以明确自己是否为孩子（孩子Ⅱ）的生母。

三、资料摘要
1. 被检母血样，编号为：SF-CNAS 008-Ⅰ（被检母Ⅰ），血斑大小约为0.7cm*0.7cm；
2. 孩子血样，编号为：SF-CNAS 008-Ⅱ（孩子Ⅱ），血斑大小约为0.7cm*0.6cm。

四、鉴定过程
2020年6月11日至6月24日，鉴定人XXX和XXX在鉴定中心DNA检验室，按照GA/T 383-2014《法庭科学DNA实验室检验规范》中方法进行DNA检测。

（一）DNA检验与检测方法
用DNA Chelex-100法提取上述两份血班DNA；使用AB公司9700型PCR扩增仪（设备编号：XXXX）、采用MicroreaderTM 21 Direct ID System人类荧光标记STR复合扩增检测试剂（苏州阅微基因有限公司）进行复合PCR扩增，扩增产物采用AB公司3130 XL遗传分析仪（设备编号：XXXX）进行毛细管电泳和GeneMapper ID v3.2软件进行基因型分析；分型结果按照GB/T 37223-2018《亲权鉴定技术规范》中方法计算亲权指数；根据SF/Z JD0105004-2015《亲子鉴定文书规范》撰写鉴定意见书。

（二）检验结果

STR基因座	孩子		被检母		亲权指数
D2S1338	21	22	20	21	39.6825
D3S1358	15	17	15	16	0.7240
D5S818	11	13	10	13	1.7593
D6S1043	17	19	18	19	1.6645
D7S820	11	13	11	13	14.2450
D8S1179	12	15	12	14	1.9425
D12S391	17	19	17	20	2.8249
D13S317	11	11	12	12	0.0042
D16S539	9	11	9	10	0.8803
D18S51	14	15	14	14	1.1574
D19S433	13	15.2	13	15.2	2.5905
D21S11	31	31.2	31	31.2	2.5126
CSF1PO	9	12	12	12	1.3565
FGA	22	22	21	22	2.6795
TH01	9	9	6	7	2.5176
TPOX	11	11	11	11	3.3478
Penta D	12	12	12	12	7.5301
Penta E	15	17	11	17	4.3029
vWA	14	16	16	18	1.5207
D2S441	11	12	12	14	1.4611

五、分析说明
D19S433等20个STR基因座均为人类的遗传学标记，遵循孟德尔遗传定律，联合应用可进行亲权鉴定，其累积非父排除概率大于0.9999。综上检验结果分析，除D13S317基因座外，被检母均能提供给孩子必需的等位基因。在D13S317基因座，被检母的基因型为"12, 12"，孩子的基因型为"11, 11"，被检母不能提供给孩子必需的等位基因"11,11"，不符合遗传规律。按照GB/T 37223-2018《亲权鉴定技术规范》中不符合遗传规律情形时亲权指数的计算方法，D13S317基因座的亲权指数为0.0042，根据STR分型结果，综上20个基因座的累积亲权指数为4.0156×10^8（注：大于10000）。

六、鉴定意见
依据现有资料和DNA分型结果，在排除外源干扰的前提下，支持被检母（Ⅰ）为孩子（Ⅱ）的生物学母亲。

附：1. 送检检材照片（共2页）
2. STR基因座检测分型图谱（共4页）
3. 鉴定人执业证及机构许可证（共2页）

司法鉴定人：XXX 执业证号：XXXX
司法鉴定人：XXX 执业证号：XXXX

二〇二〇年六月二十四日

送检2020SF-CNAS008照片

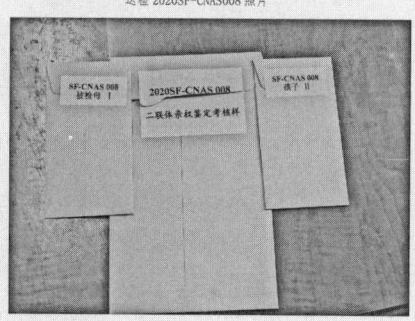

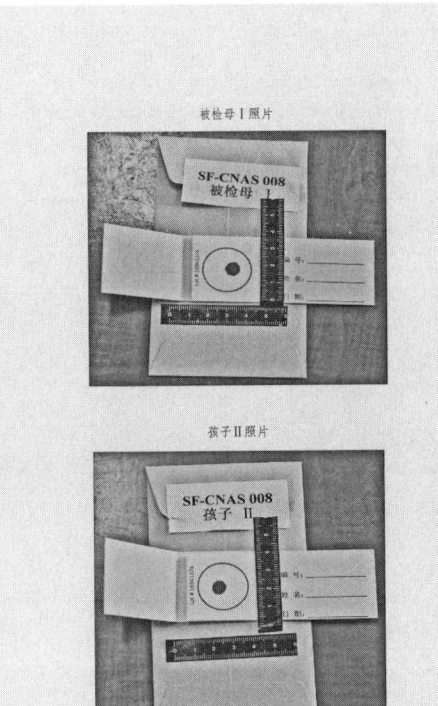

被检母 I 照片

孩子 II 照片

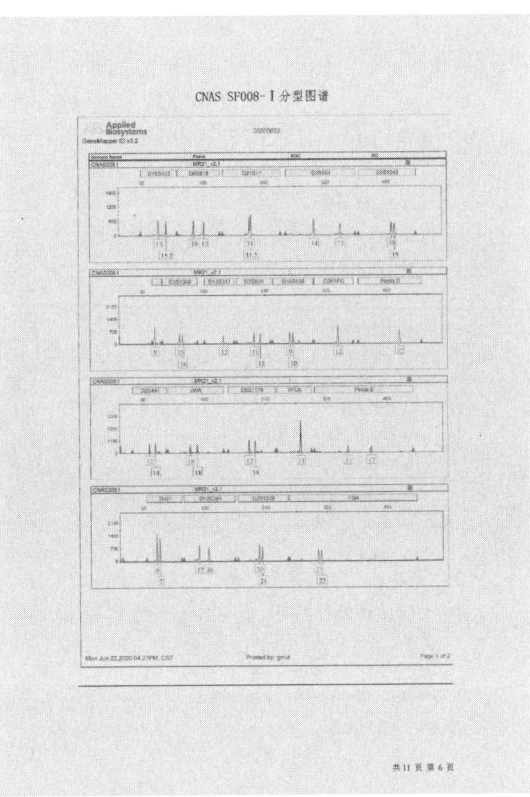

CNAS SF008-I 分型图谱

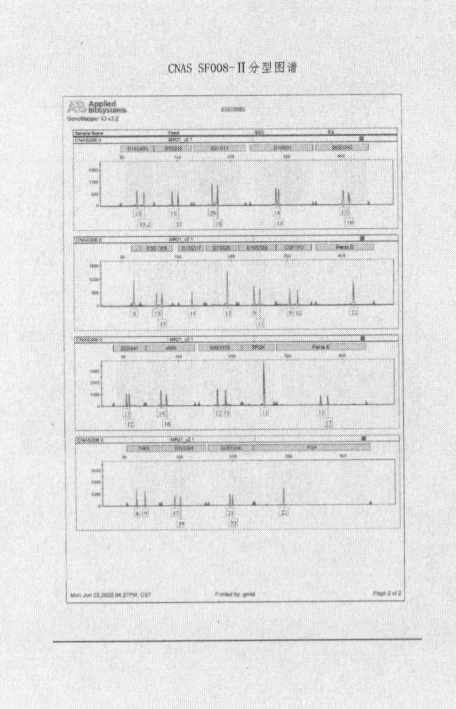

CNAS SF008-II 分型图谱

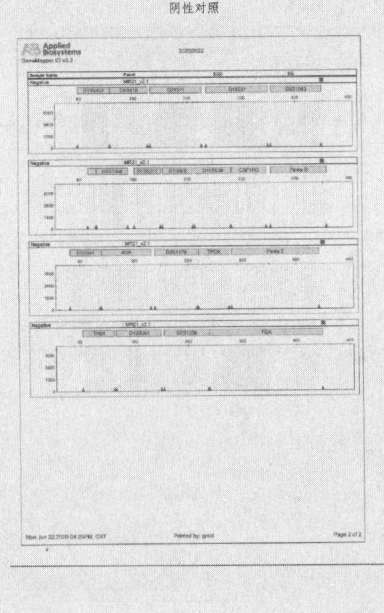

阴性对照

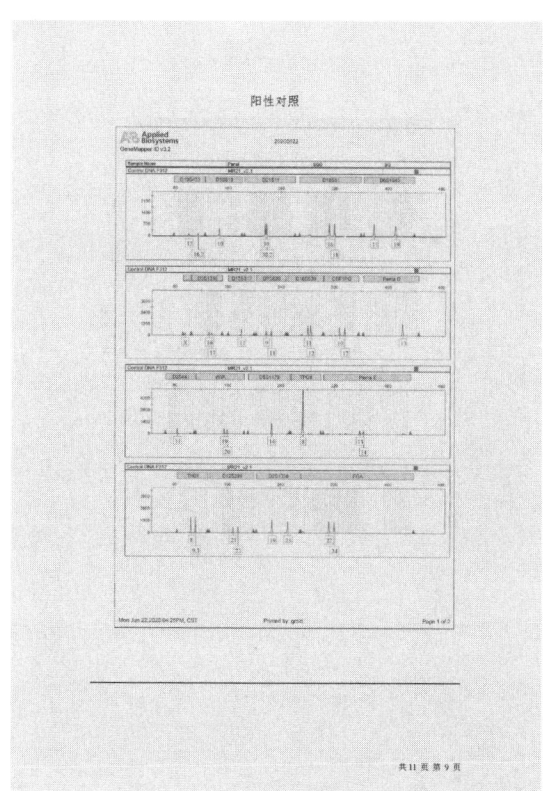

阳性对照

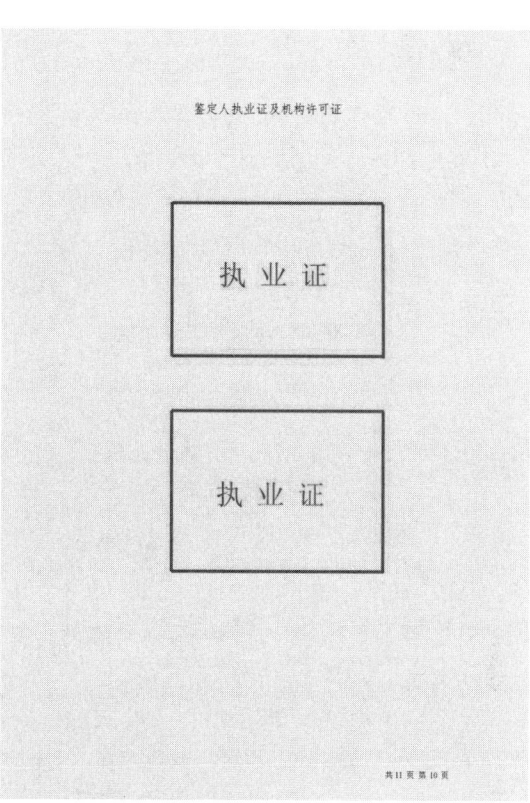

鉴定人执业证及机构许可证

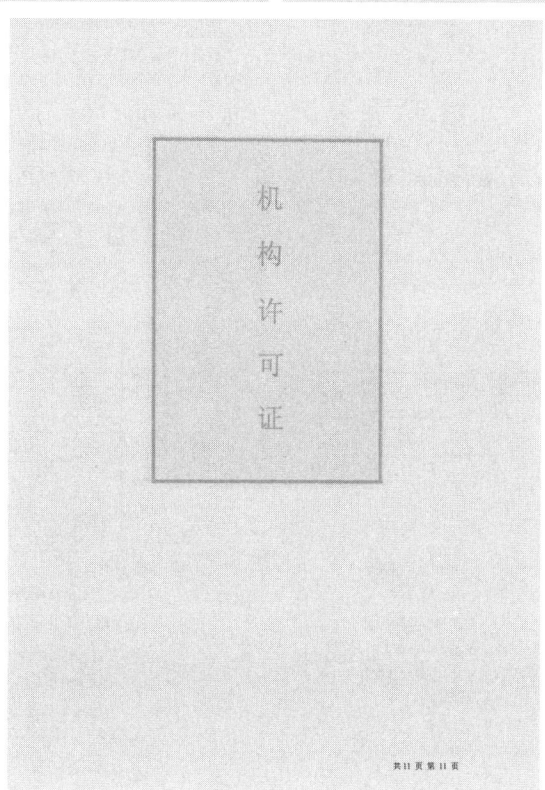

【点评】
编号为 20BD0209 的机构鉴定意见书中样品 I（被检母）D21S11 基因座分型结果错误。

例 11

XXXXXXXX 司法鉴定中心
司法鉴定意见书

司法鉴定机构许可证号：XXXXXXXXX

地址：　　　邮编：　　　联系电话：

声　明

1. 司法鉴定机构和司法鉴定人根据法律、法规和规章的规定，按照鉴定的科学规律和技术操作规范，依法独立、客观、公正进行鉴定并出具鉴定意见，不受任何个人或者组织的非法干预。
2. 司法鉴定意见书是否作为定案或者认定事实的根据，取决于办案机关的审查判断，司法鉴定机构和司法鉴定人无权干涉。
3. 使用司法鉴定意见书，应当保持其完整性和严肃性。
4. 鉴定意见属于鉴定人的专业意见，当事人对鉴定意见有异议，应当通过审核质证或者申请重新鉴定、补充鉴定等方式解决。
5. 委托人应当向鉴定机构提供真实、完整、充分的鉴定材料，并对鉴定材料的真实性、合法性负责。

地址：　　　邮编：　　　联系电话：

共 3 页 第 1 页

XXXXXXXX 司法鉴定中心司法鉴定意见书

XXXXXXXX 司法鉴定中心[2020]法物鉴 SF008 号

一、基本情况

委 托 人：被检母 I

委托事项：对被检母 I 与孩子 II 之间有无亲生血缘关系的鉴定

委托日期：2020 年 XX 月 XX 日

受理日期：2020 年 XX 月 XX 日

鉴定材料

被鉴定人	性别	称谓	出生日期	身份证件号码	样本类型	样本编号
被检母 I	女	母	xxxx.xx.xx	xxxxxxxxxxxxxxxxx	血斑	2020CNAS SF008- I
孩子 II	女	女儿	xxxx.xx.xx	xxxxxxxxxxxxxxxxx	血斑	2020CNAS SF008- II

二、资料摘要

某女（被检母）因出国公证需要，提出亲权鉴定的要求，被检母 I 需要明确被检母 I 是否为孩子 II 的生母。

三、鉴定过程

1、检材处理和检验方法

按照中华人民共和国公共安全行业标准 《法庭科学 DNA 实验室检验规范》（GA/T383-2014）、《法庭科学 DNA 亲子鉴定规范》（GA/T965-2011）和《亲权鉴定技术规范》（GB/T37223-2018）中 chelex 法提取上述检材的 DNA，采用 PowerPlex 21 系统（普洛麦格）进行复合 PCR 扩增，用 ABI3500DX 型号遗传分析仪（美国 AB 公司）进行毛细管电泳和基因型分析。

共 3 页 第 2 页

2、检验结果

STR 基因座分型结果表

STR 基因座	孩子 II		被检母 I	
AMEL	X	X	X	X
D3S1358	15	17	15	16
D1S1656	13	15	13	15
D6S1043	17	19	18	19
D13S317	11	11	12	12
Penta E	15	17	11	17
D16S539	9	11	9	10
D18S51	14	15	14	23
D2S1338	21	22	20	21
CSF1PO	9	12	9	12
Penta D	12	12	11	12
TH01	6	9	6	7
vWA	14	16	16	18
D21S11	29	31	31	31.2
D7S820	13	13	11	13
D5S818	13	13	11	13
TPOX	11	11	11	11
D8S1179	12	15	12	14
D12S391	17	19	17	20
D19S433	13	15.2	13	15.2
FGA	22	22	21	22

四、分析说明

TH01 等所检测 STR 基因座均为人类的多态性遗传学标记，遵循孟德尔遗传定律，联合应用可进行亲权鉴定，其累积非父排除概率大于 0.9999。上述检验结果表明，除 D13S317 基因座外，被检母 I 均能提供给孩子 II 必需的等位基因。在 D13S317 基因座，孩子 II 的基因型为"11, 11"，被检母 I 的基因型为"12, 12"，被检母 I 不能提供给孩子 II 必需的等位基因"12"，不符合遗传规律。按照 GB/T37223-2018《亲权鉴定技术规范》中不符合遗传规律情形时亲权指数的计算方法，D13S317 基因座的亲权指数为 0.0042。综上检验结果分析，

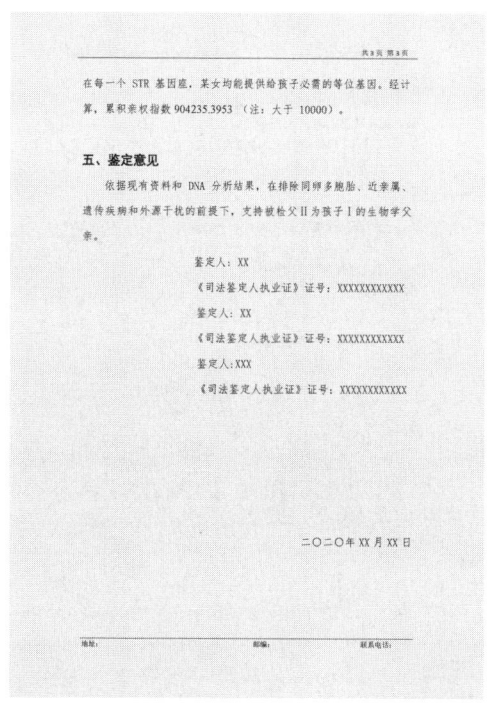

【点评】

编号为 20BD0234 的机构鉴定意见书分析说明 D13S317 基因座不符合遗传规律现象描述错误;鉴定意见中"支持被检父Ⅱ为孩子Ⅰ的生物学父亲"表述错误;错误使用了三联体标准 GA/T965-2011 进行二联体鉴定且 D6S1043 基因座 PI 值计算错误。

例 12

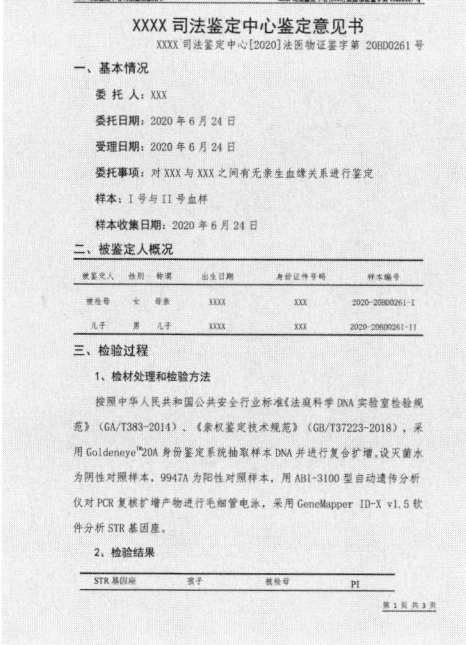

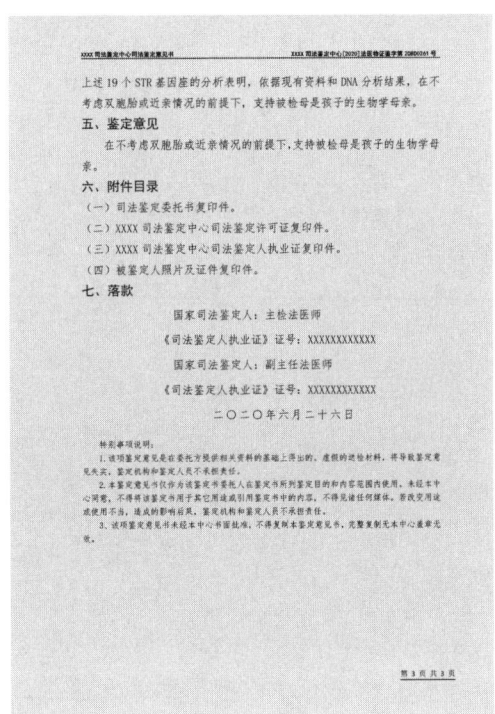

【点评】

编号为 20BD0261 的机构 D13S317 基因座 PI 值计算有误,且鉴定意见书中对孩子性别描述有误。

例 13

表二：Microreader™ 23SP Direct ID System 分型结果

基因座	孩子生母 I	孩子 II	亲权指数
D6S477	15	15	3.3058
D18S535	11/13	11/13	14.8388
D19S253	7/13	7/13	2.6818
D15S659	12/15	12	2.3010
D11S2368	17/21	21	2.3889
D20S470	13/16	13/16	3.5696
D1S1656	13/15	13/15	3.2700
D22-GATA198B05	21/22	22/23	1.5069
D16S539	9/10	9/11	0.8803
D7S3048	25/26	23/25	2.8377
D8S1132	19/21	20/21	1.7556
D4S2366	13/14	13/14	6.6638
D21S1270	12/14	12.3/14	1.1206
D13S325	19/20	19	1.9623
D9S925	15/16	14/16	0.8303
D3S3045	12/15	14/15	4.7259
D14S608	7/10	10	2.0886
D10S1435	8/12	12	1.3196
D12S391	17/20	17/19	2.8249
D2S1338	20/21	21/22	39.6825
D17S1290	18/20	11/18	2.1422
D5S2500	15/16	12/16	2.9172
AMEL	XX	XX	

四、分析说明

D19S433 等 39 个 STR 基因座均为人类的 DNA 长度多态性遗传学标记，遵循孟德尔遗传定律，联合应用可进行亲权鉴定，其累计非父排除概率大于 0.9999。

述检验结果表明，除 D13S317 基因座外，被检母均能提供给孩子必需的等位基因。在 D13S317 基因座，孩子生母的基因型为"12"，孩子的基因型为"11"，被检母不能提供给孩子必需的等位基因 11，不符合遗传规律。按照 GB/T37223-2018《亲权鉴定技术规范》中不符合遗传规律情形时亲权指数的计算方法，D13S317 基因座的亲权指数为 0.0042。综上 39 个 STR 基因座的累积亲权指数为 2.5338E+13（大于 10000）。

五、鉴定意见

依据现有资料和 DNA 分析结果，支持被检母是孩子的生物学母亲。

鉴定人：XX
《司法鉴定人执业证》证号：XX
鉴定人：XX
《司法鉴定人执业证》证号：XX
复核人：XX
《司法鉴定人执业证》证号：XX

二〇二〇年六月二十八日（盖章）

注：相关电子照片见附件。

附件：孩子 II、被检母 I 的血样照片

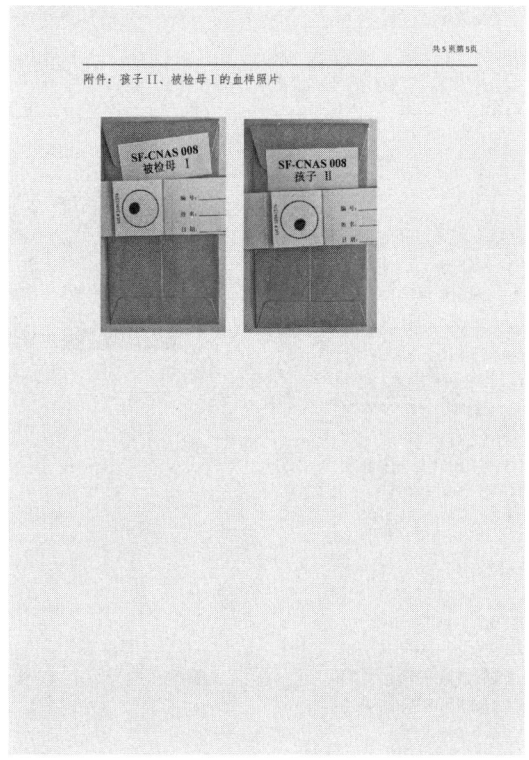

【点评】

编号为 20BD0278 的机构 D6S1043 基因座 PI 值计算有误，且鉴定意见书分析说明中孩子生母与被检母混淆。

例 14

参加编号：20BD0385

第 1 页 共 4 页

XXXX 司法鉴定中心
司法鉴定意见书

XX 司鉴中心[2020]物鉴字第 xxxx 号

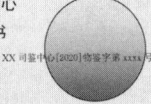

一、基本情况

委托单位：司法鉴定科学研究院。

委托鉴定事项：亲子鉴定。

受理日期：2020 年 6 月 11 日

鉴定材料：样品Ⅰ：被检母血样；样品Ⅱ：孩子血样。

鉴定日期：2020 年 6 月 12 日至 2020 年 6 月 20 日

鉴定地点：本中心法医物证鉴定室

二、被鉴定人概况

被鉴定人	样品编号	性别	称谓	出生年月日	身份证件号码
被检母	1	女	母亲	—	—
孩子	2	—	孩子	—	—

三、基本案情

2020 年 6 月 11 日，受司法鉴定科学研究院委托，要求本中心对被检母与孩子之间有无亲子关系进行鉴定。

四、鉴定过程

1、检材处理和检验方法

依据《法庭科学 DNA 实验室检验规范》（GA/T383-2014）、《亲权鉴定技术规范》（GB/T 37223-2020）用磁珠法抽取 DNA，用 AGCU Expressmarker 20 人类荧光标记 STR 复合扩增检测试剂进行复合 PCR 扩增，用 3130 XL 遗传分析仪（美国 AB 公司）进行毛细管电泳，用 GeneMapper ID-X 1.4 软件

第 2 页 共 4 页

进行基因型分析。

检验结果

基因座	母基因	子基因	父权指数(Pi)
D3S1358	15/16	15/17	0.72400810889082
D13S317	12	11	0.0042229729729
D7S820	11/13	13	14.2450142450142
D16S539	9/10	9/11	0.880281690140845
Penta E	11/17	15/17	4.30292598967298
TPOX	11	11	3.3478406427854
TH01	6/7	6/9	2.51762336354481
D2S1338	20/21	21/22	39.6825396825397
CSF1PO	12	9/12	1.35648399348888
Penta D	12	12	7.53012048192771
D19S433	13/15.2	13/15.2	2.59050922009812
vWA	16/18	14/16	1.52068126520681
D21S11	31/31.2	29/31	2.51256281407035
D18S51	14/23	14/15	1.15740740740741
D6S1043	18/19	17/19	16.5453342157512
D8S1179	12/14	12/15	1.94250194250194
D5S818	10/13	11/13	1.75932441942294
D12S391	17/20	17/19	2.82485875706215
FGA	22/21	22	2.67952840300107

第 3 页 共 4 页

AMEL	X,X	X,X

五、分析说明

D3S1358 等十九个 STR 基因座均为人类的遗传学标记，根据《CNAS 亲权鉴定（血斑）能力验证计划作业指南》提供的各个 STR 基因座的非父排除率，计算本检测系统的累积非父排除率为 0.999992235

根据孟德尔遗传定律，孩子的全部遗传基因分别来源于其亲生父母双方，如果被检父母能提供所有必需的遗传基因给孩子，则不排除他们之间存在亲子关系。十九个常染色体 STR 基因座的检验结果分析表明，除基因座 D13S317 外，被检母均能提供所有必需的遗传基因给孩子。在基因座 D13S317 中，母方不能提供必需的等位基因 11 给孩子，考虑该基因座发生母源突变可能。根据《CNAS 亲权鉴定（血斑）能力验证计划作业指南》提供的 39 个 STR 基因座的等位基因分布频率，按照《亲权鉴定技术规范》（GB/T 37223-2020）的方法计算 PI 值，计算累积亲权指数(CPI)为 2.76341×10^6。

六、鉴定意见

依据现有资料和 DNA 分析结果，在不考虑多胞胎、近亲及外缘干扰的前提下，支持被检母为孩子的生物学母亲。

司法鉴定人：xxx

《司法鉴定人执业证》证号：xxxxxxxxxx

司法鉴定人：xxx

《司法鉴定人执业证》证号：xxxxxxxxxx

授权签字人：xxx

《司法鉴定人执业证》证号：xxxxxxxxxx

二〇二〇年六月二十日

附件：样品相关照片

第 4 页 共 4 页

附件：样品相关照片

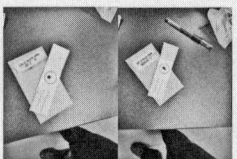

【点评】

编号为 20BD0385 的机构 DNA 分型结果正确,但 D6S1043 基因座 PI 值计算错误,且报告文书中标准引用有误(《亲权鉴定技术规范》应该为 GB/T 37223-2018)。

三、总结

本次能力验证项目中,报名参加单位共 388 家,来自 28 个省、自治区和直辖市,其中返回结果 377 家,未返回结果者 10 家。377 家参与评价机构中,满意 248 家,占 65.8%;通过 87 家,占 23.1%;不通过 42 家,占 11.1%。从采用的检测手段来看,所有返回结果的实验室均采用了荧光检测的方法,未见采用银染方法的实验室。从所使用的关键设备遗传分析仪来看,377 家实验室中有 330 家使用着目前国际上通用的至少具备分辨五色荧光技术的机型,其中有 88 家使用了最新的具备六色荧光标记技术的 3500 型遗传分析仪;有 220 家使用了 3100/3130 型遗传分析仪,有 22 家使用着已经停产的 310 型遗传分析仪。从所使用的关键试剂 STR 分型试剂盒来看,有 180 家实验室使用一种试剂盒,其余为两种以上试剂盒。从检测的 STR 基因座数来看,有 162 家实验室最多检测 15 个 STR 基因座,约占参加实验室的 43.0%,显示出实验室的检测能力还有待加强。

不符合遗传规律的描述、标准引用、亲权指数计算、数据转移以及原始技术记录等方面的典型错误方式同第一节所列三联体亲子鉴定能力验证,本节不再重复。

第三节 个体识别能力验证(血斑和唾液斑)

一、总体情况

在法医物证学鉴定中,个体识别也是法医物证鉴定人必备的基本能力之一。个体识别是应用生命科学理论知识和技术,通过检测分析人类的遗传学标记,判断现场检材的来源个体。近年来,随着我国司法体制改革的推进和发展,一大批机构/实验室开始从事法医物证学鉴定工作,社会上对个体识别鉴定委托的数量也逐年递增。个体识别鉴定能力验证的目的就是旨在对各实验室的个体识别鉴定能力进行科学、客观的考察和评价。

本节选取了 2020 年度个体识别能力验证的部分素材。2020 年度个体识别能力验证(血斑和唾液斑)模拟了一例个体识别鉴定案例。本次能力验证的考点有三个方面,首先是考察参加者有没有法医血清学检验的概念,是否对可疑血斑先进行预实验和确证实验;其次考察参加者对唾液斑检材的 DNA 提取能力;最后是考察参加者对常用 STR 基因座上 off-ladder 等位基因的判读能力以及检测过程(程序与报告)、鉴定文书和鉴定意见表述的规范程度。

本次能力验证计划提供的样品为两份,分别是现场发现的可疑血斑(A)和嫌疑人的唾液斑(B),要求先检验现场发现的可疑血斑是否为人血斑,若为人血斑,进一步对 A、B 两份检材进行 STR 分型和比对,明确该斑迹是否为嫌疑人所留。要求参加者采用日常检测方法对待检样品进行检验并提交"检测结果报告表"、"似然率值报告表"、完整的鉴定文书及相关原始记录。

二、典型错误展示与点评

例 1

【点评】
编号为 20BA0123 的机构缺少反映检验过程的原始技术记录,不能有效支撑鉴定意见。

例 2

XX 市 XX 鉴定所

检测系统	A 检材（现场发现的可疑血斑）	B 检材（嫌疑人唾液斑）
D8S1179	13/14	13/14
TPOX	8/11	8/11
FGA	22/24	22/24
D19S433	13.2/14.2	13.2/14.2
D12S391	18/19	18/19
D6S1043	12/18	12/18
D2S1338	19/24	19/24
D1S1656	16/17	16/17
Amelogenin	X	X

3、依据 SF/Z JD0105012-2018《个体识别技术规范》计算似然率。似然率计算结果（常染色体 STR 分型系统）：

STR 基因座	基因型随机匹配概率
D3S1358	0.1424
TH01	0.0710
D21S11	0.0430
D18S51	0.0074
Penta E	0.0087
D5S818	0.1038
D13S317	0.0624
D7S820	0.1135
D16S539	0.0525
CSF1PO	0.1794
Penta D	0.0899
vWA	1.0000
D8S1179	0.0640
TPOX	0.0619
FGA	0.3068
D19S433	0.0707
D12S391	0.0114
D6S1043	0.0871

XX 市 XX 鉴定所

STR 基因座	基因型随机匹配概率
D2S1338	0.0483
D1S1656	0.0677
累积 PM	1.96413E-25
似然率（LR）	5.0913×10^{24}

三、分析说明

经人血斑种属试验，可疑血斑呈阳性反应，提示该血斑含有人血红蛋白成分。

本检验所用的 Amelogenin 基因座是人类遗传标记，具有性别特异性，可以用作性别鉴定。根据检验结果分析，现场发现的可疑血斑（A 检材）和嫌疑人唾液斑（B 检材）均来自女性个体。

本检验所使用的 20 个常染色体 STR 基因座为人类的遗传标记，联合应用可进行个体识别。根据《2020SF-CNAS 005 个体识别（血斑与唾液斑）能力验证计划作业指南》所提供的常染色体 STR 基因座的个体识别能力和本鉴定所作业指导书提供的 D1S1656 基因座的个体识别能力，计算本检测系统中 20 个常染色体 STR 基因座的累积个体识别能力（TDP）为 $(1 - 2.2878 \times 10^{-24})$。

经对上述常染色体 STR 基因座进行检测，唾液斑的分型与血斑一致，似然率（LR）为 5.0913×10^{24}。

四、鉴定意见

1、可疑血斑为人血斑。

2、依据 DNA 检验结果，送检血斑为女性个体所留；该血斑是嫌疑人所留。

XX 市 XX 鉴定所

鉴 定 人：司法鉴定人　XX
《司法鉴定人执业证》证号：XXXXXXX

司法鉴定人　XX
《司法鉴定人执业证》证号：XXXXXXX

授权签字人：司法鉴定人　XX
《司法鉴定人执业证》证号：XXXXXXX

XX 年 XX 月 XX 日

【点评】

编号为 20BA0155 的机构样品在 D2S1338、D6S1043、D8S1179 等多个基因座的随机匹配概率计算错误。

例 3

（参加编号：20BA0241）

XXXXXX 司法鉴定中心司法鉴定意见书

司法鉴定许可证号：XXXXXXX

声 明

1. 委托人应当向鉴定机构提供真实、完整、充分的鉴定材料，并对鉴定材料的真实性、合法性负责。
2. 司法鉴定人按照法律、法规和规章规定的方式、方法和步骤，遵守和采用相关技术标准和技术规范进行鉴定。
3. 司法鉴定实行鉴定人负责制度。司法鉴定人依法独立、客观、公正地进行鉴定，不受任何个人和组织的非法干预。
4. 使用本鉴定文书应当保持其完整性和严肃性。

地　址：XXXXXXXXXXX（邮政编码：XXXXXX）
联系电话：XXX-XXXXXXXX　　XXXXXXXX

（参加编号：20BA0201）

XXXX 司法鉴定中心鉴定意见书

XXX[2020]法物鉴字第 xxx 号

一、基本情况

委托方：司法鉴定科学研究院
送检人：李明明
委托日期：2020 年 X 月 XX 日
受理时间：2020 年 X 月 XX 日
委托鉴定要求：个体识别
检验地点：XXXX 司法鉴定中心（XXX 市 XX 区 XX 路 XX 号）。
鉴定材料：
1. 现场发现的可疑血斑（FTA 卡），检材编号：CNAS005-A
2. 嫌疑人的唾液斑（FTA 卡），检材编号：CNAS005-B

二、基本案情

某地发生一起杀人案。在侦查过程中，警方在受害人现场发现一处可疑血斑。为了明确该血斑是否为人血斑，以及是否为嫌疑人所留，警方要求法医物证实验室进行检验。

三、鉴定过程

依据行标 GA765-2008 人血红蛋白检测金标试剂条法、《法庭科学 DNA 实验室检验规范》GA/T 383-2014 标准、《个体识别技术规范》SF/Z JD0105012-2018 标准进行检验，采用 Microreader™ 21 Direct ID System，取适量检材 DNA 用荧光标记 STR 复合扩增试剂盒进行 PCR 复合扩增，扩增产物应用 3130XL 型 DNA 序列分析仪电泳分离和基因分型。

四、鉴定结果

1. 人血红蛋白检测金标试剂条法试验结果：本实验中阴性对照和

（参加编号：20BA0201）

阳性对照结果均正确，CNAS005-A 呈阳性。

2. STR 分型结果（本实验中阴性对照和阳性对照结果均正确）：

检测系统	A（现场发现的可疑血斑）	B（嫌疑人唾液斑）
D19S433	13.2，14.2	13.2，14.2
D6S818	11，11	11，11
D21S11	30，31.2	30，31.2
D18S51	19，21	19，21
D6S1043	12，18	12，18
AMEL	X，X	X，X
D3S1358	15，17	15，17
D13S317	9，11	9，11
D7S820	10，11	10，11
D16S539	11，13	11，13
CSF1PO	10，12	10，12
Penta D	9，12	9，12
D2S441	10，11	10，11
vWA	16，18	16，18
D8S1179	13，14	13，14
TPOX	8，11	8，11
Penta E	15，17	15，17
TH01	7，7	7，7
D12S391	18，19	18，19
D2S1338	19，24	19，24
FGA	22，24	22，24

五、分析说明

根据人血红蛋白检测金标试剂条法试验结果分析，CNAS005-A 呈阳性，提示为人血。

D19S433 等 STR 基因座是人类的遗传标记，具有人类种属特异性和

【点评】

编号为 20BA0241 鉴定意见书分析说明中"CNAS005－A 与 CNAS005－B 的分型结果不同"的表述出现了重大结论性文字差错。

例 4

鉴 定 文 书

20BA0256

本鉴定机构声明:
1、本鉴定文书的鉴定意见仅对受理的检材和样本有效。
2、如对本鉴定文书的鉴定意见有异议或者疑问,请与本鉴定机构联系。
3、未经本鉴定机构的书面同意,任何单位或者个人不得部分复印本鉴定书(全部复印除外)。

参加编号 20BA0256

20BA0256 法医物证鉴定意见书
[2020]物鉴字第****号

一、基本情况
委托方:司法部司法鉴定科学技术研究所
送检人:李锦明
委托鉴定事项:个体识别(种属实验和STR分型)
受理日期:2020年6月11日
检验日期:2020年6月11日—2020年6月28日
检验地点:***司法鉴定所
鉴定材料:

序号	检材名称	检材编号	检材描述
1	1号检材	01-005-R0001	嫌疑人的唾液斑(FTA卡)一张
2	2号检材	02-005-W0001	现场发现的可疑血斑(FTA卡)一张

二、案情摘要
某地发生一起杀人案。在侦察过程中,警方在受害人现场发现一处可疑血样。为了查明该血样是否为人血痕、以及是否为嫌疑人所留,警方要求法医物证实验室进行检验。

三、检验过程
1. 根据 GA 765-2008 标准,取1号检材适量,按照《人血红蛋白金标检验试剂条检测人血痕作业指导书》进行人血痕确认试验。
2. 根据 GA/T 383-2014 标准,按照《聚苯乙烯二乙烯苯树脂法提取DNA作业指导书》提取1、2号检材的DNA。
3. 根据 GA/T 383-2014 标准,取检材1-2号DNA适量,应用华夏白金

系统,经PCR复合扩增STR基因座;扩增产物经ABI-3500型DNA序列分析仪电泳分离和激光扫描分析,得到上述检材的STR分型结果。

四、检验结果
1. 人血痕确认试验(人血红蛋白金标试剂条检验)
1号检材呈阳性反应。
2. DNA分型:

基因座\编号	D3S1358	vWA	D10S539	CSF1PO	TPOX	D8S1179	D21S11	D18S51
01-005-R0001	15,17	16,16	11,13	10,12	8,11	13,14	30,31.2	19,21
02-005-W0001	15,17	16,16	11,13	10,12	8,11	13,14	30,31.2	19,21

基因座\编号	Penta E	D2S441	D19S433	TH01	FGA	D22S1045	D5S818	D13S317
01-005-R0001	15,17	10,11	13.2,15	7	22,24	11,17	11	9,11
02-005-W0001	15,17	10,11	13.2,15	7	22,24	11,17	11	9,11

基因座\编号	D7S820	D6S1043	D10S1248	D1S1656	D12S391	D2S1338	Penta D	—
01-005-R0001	10,11	12,19	14,15	16,17	18,19	19,24	9,11	
02-005-W0001	10,11	12,19	14,15	16,17	18,19	19,24	9,11	

五、分析说明
1. 根据人血红蛋白金标试剂条检验结果分析,现场可疑血斑(一号检材)呈阳性反应,提示为人血痕。
2. 本检验所用D19S433等23个常染色体STR基因座均是人类遗传标记,具有人类种属特异性和组织同一性,联合应用可以进行个体识别。根据《CNASZ0181个体识别(血斑与唾液斑)能力验证计划作业要求》所提供的常染色体STR基因座的个体识别能力和本鉴定室作业指导书提供的D22S1045基因座的个体识别能力,计算本检测系统中23个常染色体STR基因座的累计个体识别能力(TDP)为(1-5.5937×10^{-25})。

3. 上述1、2号检材在D3S1358、FGA等23个基因座检测结果相同，采用本次能力验证提供的STR群体数据资料计算似然比为$3.6540×10^{20}$。

六、鉴定意见

根据检验结果，现场可疑血迹系人血痕；现场可疑血痕与犯罪嫌疑人唾液斑中检出的分型相同，似然比为$3.6540×10^{20}$。

鉴 定 人：司法鉴定人***
　　　　　　　司法鉴定人执业证号：****
　　　　　　司法鉴定人***
　　　　　　　司法鉴定人执业证号：****
授权签字人：司法鉴定人***
　　　　　　　司法鉴定人执业证号：****

二〇二〇年六月二十八日

附注：1、本鉴定仅对送检检材负责。
　　　2、本鉴定书未经书面批准，不得复制。

附件1：

****鉴定机构资格证书

附件2：

***鉴定人资格证书　　***鉴定人资格证书

***鉴定人资格证书

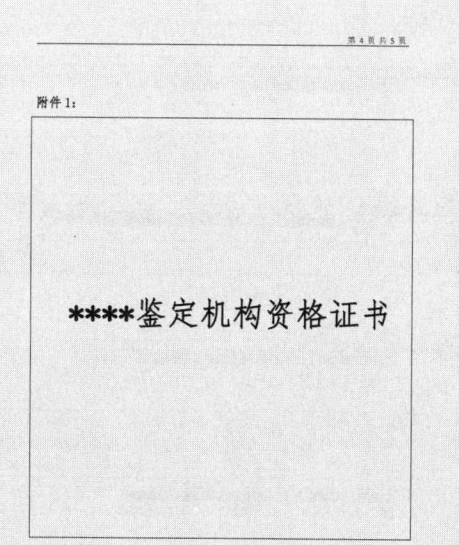

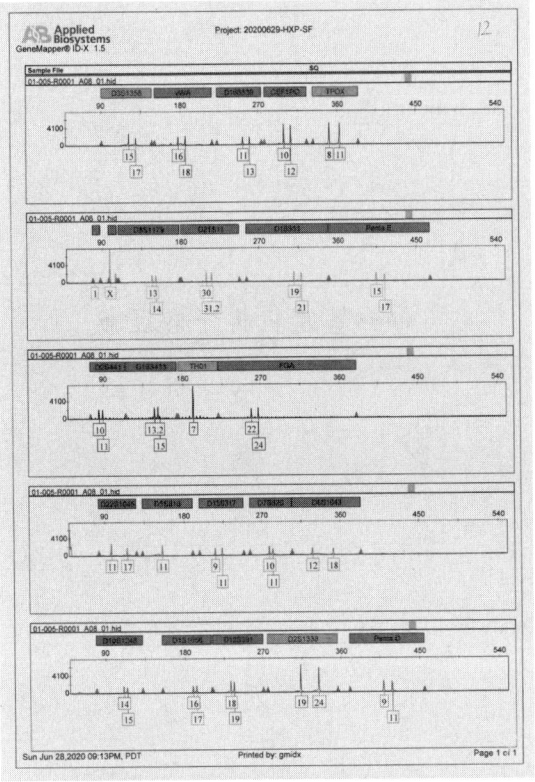
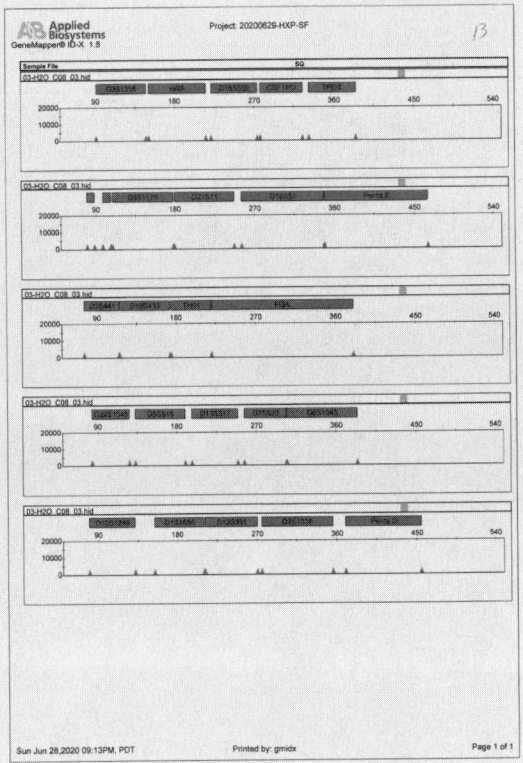
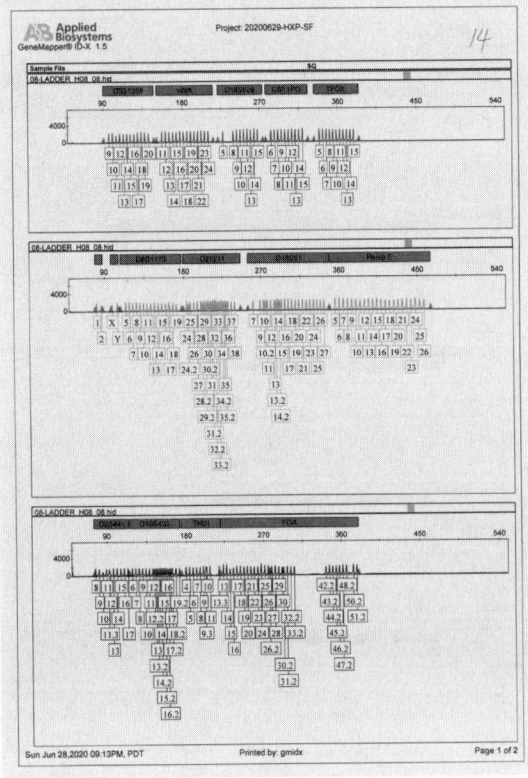
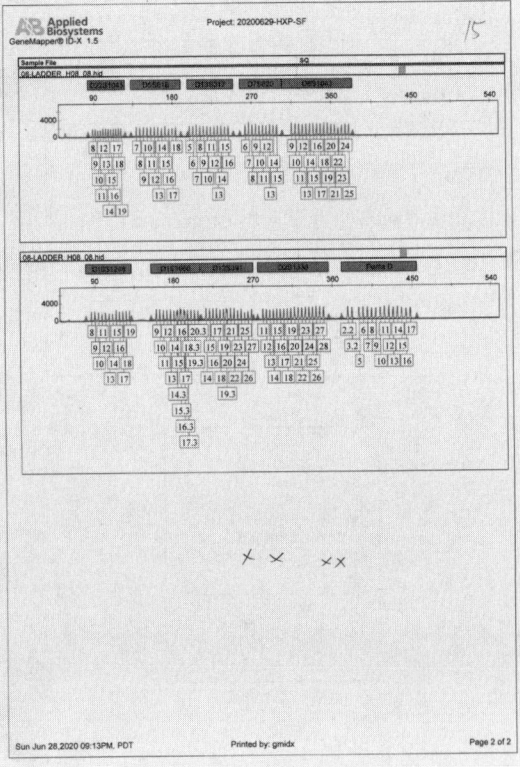

【点评】

编号为 20BA0256 的机构样品 A 和 B 在 D19S433 基因座上分型结果错误。

三、总结

本次能力验证项目中,报名参加单位共 263 家,来自 26 个省、自治区和直辖市,其中返回结果 260 家,未返回结果者 3 家。260 家参与评价机构中,满意 235 家,占 90%;通过 18 家,占 7%;不通过 7 家。从采用的检测手段来看,所有返回结果的实验室均采用了荧光检测的方法。从所使用的关键设备遗传分析仪来看,260 家实验室中有 232 家使用着目前国际上通用的至少具备分辨五色荧光技术的机型,其中有 64 家使用了最新的具备六色荧光标记技术的 3500 型遗传分析仪;有 198 家使用了 3100/3130 型遗传分析仪,有 28 家使用着已经停产的 310 型遗传分析仪。从所使用的关键试剂 STR 分型试剂盒来看,有 195 家实验室使用一种试剂盒,其余为两种以上试剂盒。从检测的 STR 基因座数来看,有 138 家实验室最多检测 15 个 STR 基因座,约占参加实验室的 53%,显示出实验室的检测能力还有待加强。

参与本次能力验证计划评价的 260 家机构中,259 家机构得出了正确的 DNA 分型结果,1 家出现了基因座分型错误。此外,本次能力验证还在其他方面反映出了一些普遍存在的问题,本次考核样中包含一个可疑血斑。260 家实验室中,240 家(92%)进行了确证试验,但有 20 家(8%)没有意识到血清学试验的必要性和重要性。在提交反映检测过程的原始记录方面,有 136 家参加机构(52%)不够理想,主要存在如下问题:将原始记录与实验室的作业指导书等同;血清学检验无记录;阳性与阴性对照的结果无记录;样品交接、DNA 提取、扩增体系配制、仪器使用和试剂批号等方面的记录不完整或者完全没有记录;检验过程无复核记录。

第四节　个体识别能力验证(血斑和精斑)

一、总体情况

个体识别能力验证(血斑和精斑)旨在对各实验室就精斑检材的鉴定能力进行科学、客观的考察和评价。

本节选取了 2020 年度个体识别能力验证(血斑和精斑)的部分素材。2020 年度个体识别能力验证(血斑和精斑)重点考察各实验室对精斑检材的血清学检验意识、对精斑检材的 DNA 提取能力、常用 STR 基因座上 off-ladder 等位基因的判读能力、鉴定文书和鉴定意见表述的规范程度,从而达到规范鉴定活动、提高鉴定能力的效果。

本次能力验证计划提供的样品为两份,分别是嫌疑人血样(A)和现场床单上的可疑精斑(B),要求先检验现场发现的可疑精斑是否为精斑,若为精斑,进一步对 A、B 两份检材进行 STR 分型和比对,明确该斑迹是否为嫌疑人所留。要求参加者采用日常检测方法对待检样品进行检验并提交"检测结果报告表"、"似然率值报告表"、完整的鉴定文书及相关原始记录。

二、典型错误展示与点评

例 1

第 1 页 共 4 页

XXXXXXXXX 司法鉴定中心鉴定意见书

XXXXXXXXX 司鉴中心[2020]物鉴字第 20BB0070 号

一、基本情况

委托单位：司法鉴定科学研究所
委托事项：个体识别能力验证（血斑与精斑）
委托日期：2020 年 6 月 15 日
检材和样本：

检材名称	检材编号
嫌疑人的血斑样品（FTA 卡）	2020SF-CNAS 006A
现场床单上的可疑精斑样品	2020SF-CNAS 006B

二、基本案情

某地发生一起强奸杀人案，女性受害人死亡，在侦察过程中，警方在受害人现场床单上发现可疑精斑，为了明确该斑迹是否为人精斑、是否为嫌疑人所留，警方要求法医物证实验室进行检验。

三、检验过程

1、检材处理和检验方法

按照《人精斑 PSA 检测金标检验试剂条法》(GA 766-2008) 的标准方法对可疑斑痕 B(检材编号 2020SF-CNAS 006B)进行检验。按照中华人民共和国公安行业标准 GA/T383-2014 附录 A 的 FTA 卡法和 Chelex 法抽提 DNA，采用 MicroreaderTM 21 ID System 进行复合 PCR 扩增，用 3500 遗传分析仪（美国 AB 公司）进行毛细

第 2 页 共 4 页

管电泳和基因型分析。

2、检验结果

表 1. 人精液 PSA 检测金标试剂条试验结果

阴性对照	阳性对照	现场床单上的可疑精斑 2020SF-CNAS 006B
结果	阴性	阳性	阳性

表 2. 基因分型结果

STR 基因座	嫌疑人血样 2020SF-CNAS 006A	现场床单上的可疑精斑样品 2020SF-CNAS 006B
D19S433	14.2，14.2	14.2，14.2
D5S818	10，12	10，12
D21S11	30，31.2	30，31.2
D18S51	13，15	13，15
D6S1043	13，19	13，19
D3S1358	15，17	15，17
D13S317	8，11	8，11
D7S820	8，12	8，12
D16S539	11，12	11，12
CSF1PO	13，14	13，14
Penta D	9，12	9，12
vWA	14，17	14，17
D8S1179	11，13	11，13
TPOX	8，11	8，11
Penta E	12，15	12，15
TH01	7，8	7，8
D12S391	19，19	19，19
D2S1338	19，23	19，23
FGA	19，21	19，21
D2S441	10，12	10，12

四、分析说明

1、人精斑 PSA 检测金标试剂条法是对人精斑的确证检验方法。在阳性对照和阴性对照结果均正确时，若检材结果为阳性，可疑判断该检材为人精斑。根据上述检验结果，2020SF-CNAS 006B 检材结果阳性，可以判断检材为人精斑。

2、D19S433 等 20 个 STR 基因座均为人类的遗传学标记，累计个体识别能力大于 09999（根据《个体识别（血斑与精斑）能力验证计划作业指南 2020SF-CNAS 006》所提供的个体识别能力的等位基因频

第 3 页 共 4 页

率数据，计算 20 个 STR 基因座的累计个体识别能力为（9.1196×10^{-26}）。

3、个体识别通过比较两份检材的基因型是否匹配，从而判断两份检材是否来自同一个体，若两份检材在每个基因座上的基因型一致，称之基因分配匹配。否则，称之为不匹配，如果两份检材的基因型不匹配，则两份检材不是来源于同一个体。若基因分配匹配，可通过计算似然率（LR）来判定同一认定的强度。似然比率越大，越支持两份检材来源于同一个体。

4、上述检验结果表明，2020SF-CNAS 006A 号检材和 2020SF-CNAS 006B 号检材在 20 个 STR 基因座上的基因型一致，两份检材基因分型匹配。按照能力验证作业指南给出的等位基因频率，计算 20 个 STR 基因座似然率（LR）为 1.0965×10^{19}，支持两份检材来自同一个体。

五、鉴定意见

根据 DNA 分析结果，支持现场床单上的可疑斑痕是人精斑，支持该精斑来源于嫌疑人。

鉴定人：主检法医师 XXX
《司法鉴定人执业证》证号：XXX
主检法医师 XXX
《司法鉴定人执业证》证号：XXX
授权签字人：主检法医师 XXX
《司法鉴定人执业证》证号：XXX
2020 年 X 月 X 日

注：被检材及相关证件电子照片见附件。

第 4 页 共 4 页

XXXXXXXXX 司鉴中心[2020]物鉴字第 20BB0070 号

附：被检材及相关证件电子照片

嫌疑人的血斑样品（FTA 卡）和现场床单上的可疑精斑样品

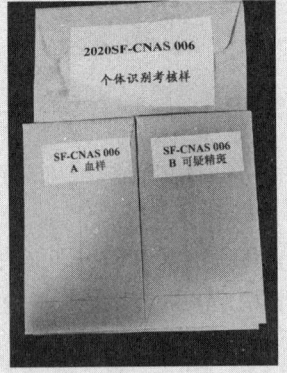

【点评】
编号为 20BB0070 的机构鉴定意见书和分型结果报告表中样品 A 和 B 在 D2S1338 基因座上的分型结果报告错误。

例 2

XX 司法鉴定意见书

XX 司鉴中心[2020]法物鉴字第 XX 号

一、基本情况
委 托 人：XX
被鉴定人：样本A　样本B
受理日期：2020 年 06 月 16 日
委托事项：明确该斑迹是否为人精斑、是否为嫌疑人所留。
送检材料：检材 A 为血斑，包装上标为"SF-CNAS006A 血样"；
　　　　　检材 B 为精斑，包装上标为"SF-CNAS006B 可疑精斑"；
鉴定日期：2020 年 06 月 17 日
鉴定地点：XXXX 司法鉴定中心

二、检材处理和检验方法
2020 年 6 月 17 日，采用被样本 A 血样和样本 B 可疑精斑，按照 SF/Z JD0105012——2018《个体识别技术规范》进行。

我中心采用 7500 PCR 扩增系统，采用人类精斑 SPA 试纸验证此可疑精斑为人类精斑；采用 Chelex100 提取 DNA；采用 Microreader™ 21 Direct ID System 试剂盒扩增 DNA 样品，在 3130 测序仪对 STR 基因座和性别基因 Amelogenin 进行检测，通过 Genemapper 软件进行分型。实验结果经过双人复核，确保结果真实可靠。

三、检验结果
STR 基因座和性别基因 Amelogenin 基因分型结果：

检测系统	A（血斑）	B（可疑精斑）
D2S1338	23/24	23/24
D3S1358	15/15	15/15
D5S818	10/11	10/11
D6S1043	18/19	18/19
D7S820	8/10	8/10
D8S1179	15/16	15/16
D12S391	18/20	18/20
D13S317	11/11	11/11
D16S539	9/13	9/13
D18S51	13/15	13/15
D19S433	13/14.2	13/14.2
D21S11	31/32.2	31/32.2
CSF1PO	10/13	10/13
FGA	22/24	22/24
TH01	7/7	7/7
TPOX	8/11	8/11
Penta D	11/15	11/15
Penta E	20/22	20/22
vWA	15/18	15/18
D2S441	11/12	11/12

四、分析说明
基因分型结果显示样本 A 和样本 B 在 D3S1358、vWA、D16S539、CSF1PO、D6S1043、D8S1179、D21S11、D18S51、D5S818、D2S441、D19S433、FGA、D10S1248、D22S1045、D1S1656、D13S317、D7S820、Penta E、Penta D、TH01、D12S391、D2S1338、TPOX 基因座上分型完全相同，累积似然率 LR=2.8021×10^{27}。

在排除双胞胎和近亲的前提下，支持嫌疑人血斑和现场床单上的可疑精斑为同一人的认定。

五、鉴定意见
依据 DNA 分析结果，支持嫌疑人血斑和现场床单上的可疑精斑为同一人的认定。

附件：照片。

司法鉴定人：XX
司法鉴定人执业证号：XXXXXXX

司法鉴定人：XXX
司法鉴定人执业证号：XXXXXXX

二〇二〇年六月二十日

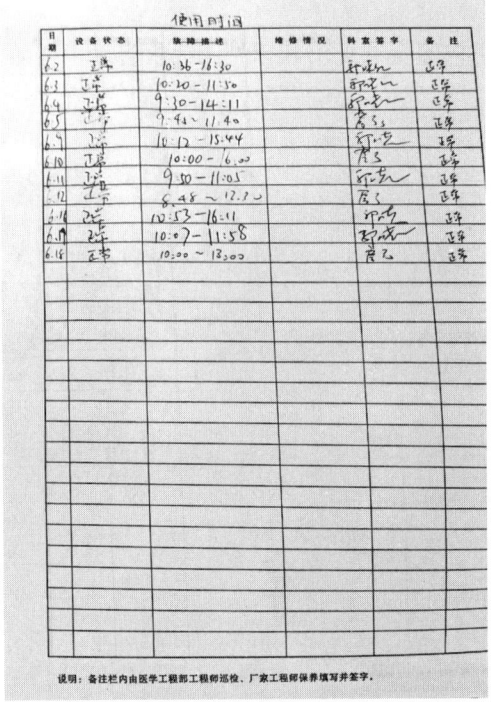

【点评】

编号为 20BB0100 缺乏足够的原始技术记录不能有效支撑鉴定意见;鉴定意见书分析说明未论述系统效能,检验过程未设置阴阳性对照。

例 3

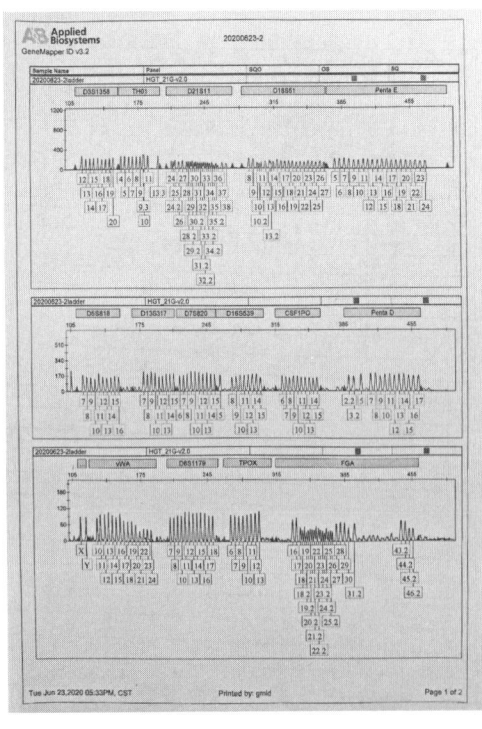
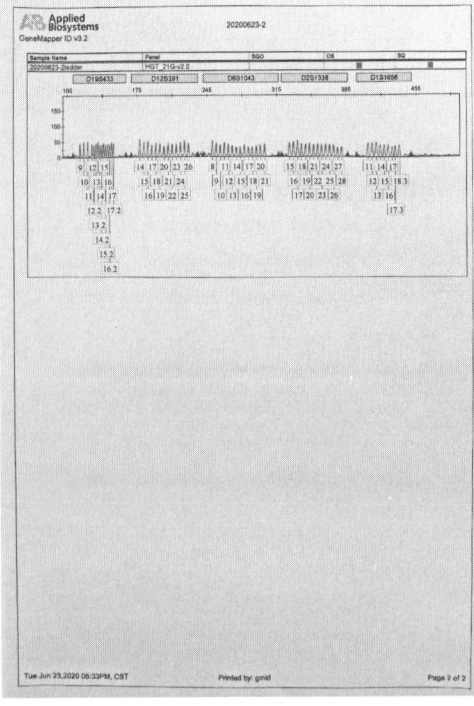

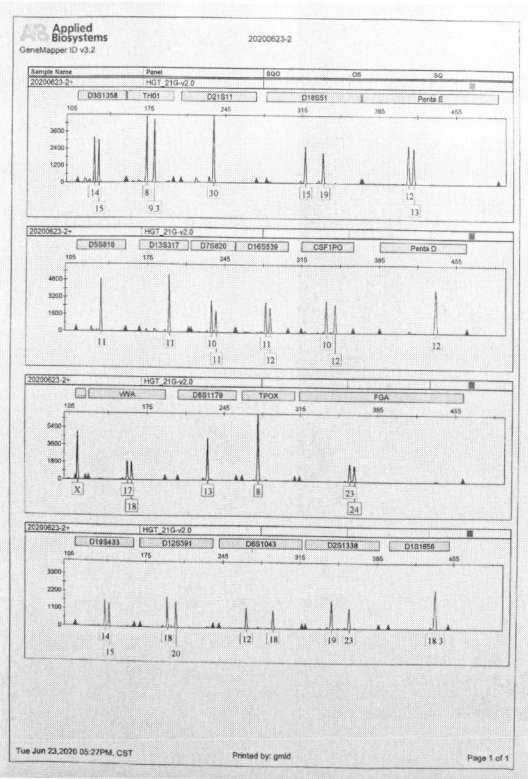
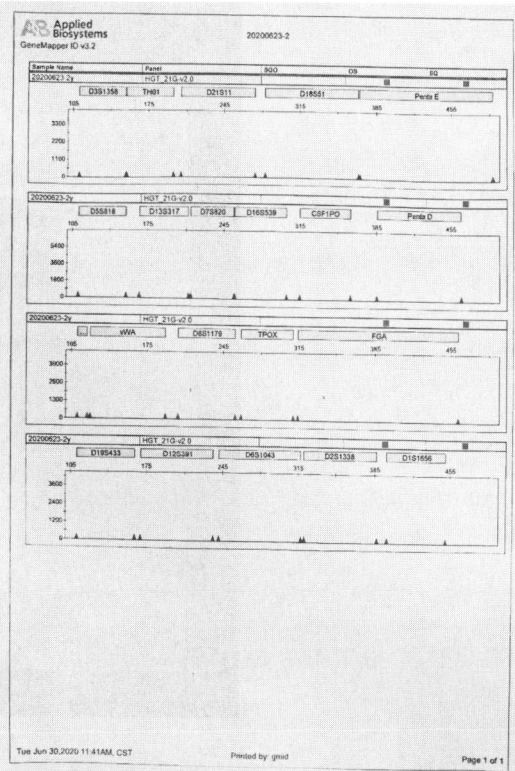
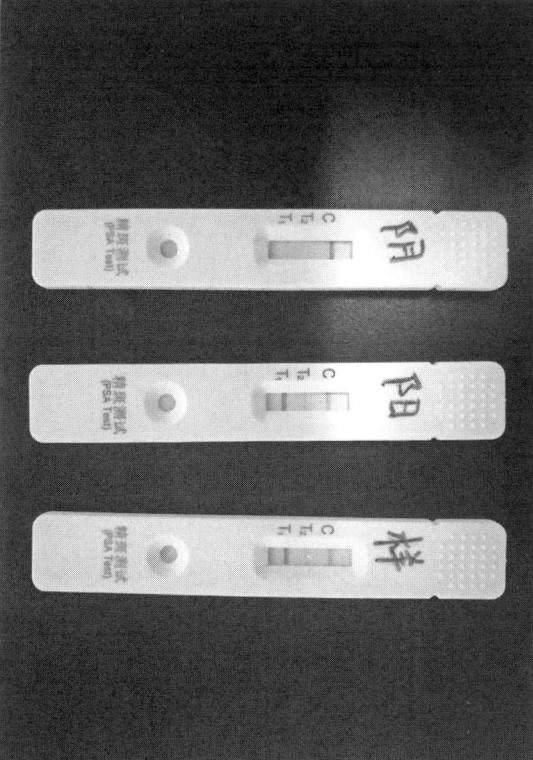
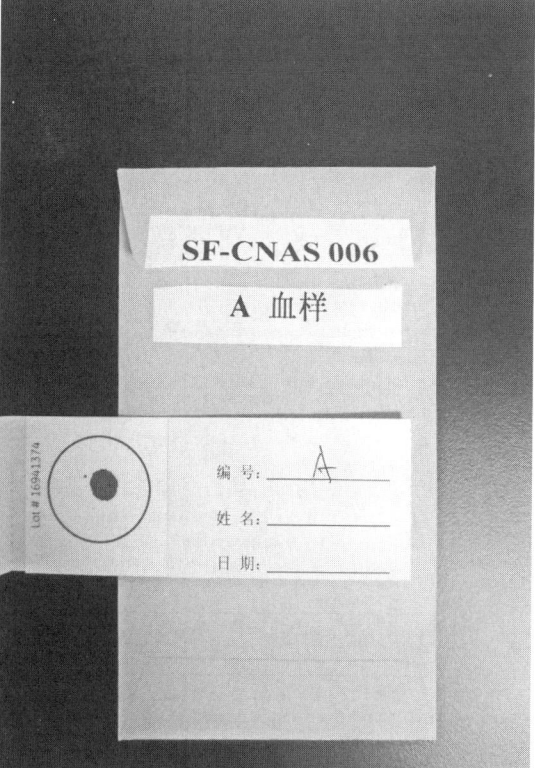

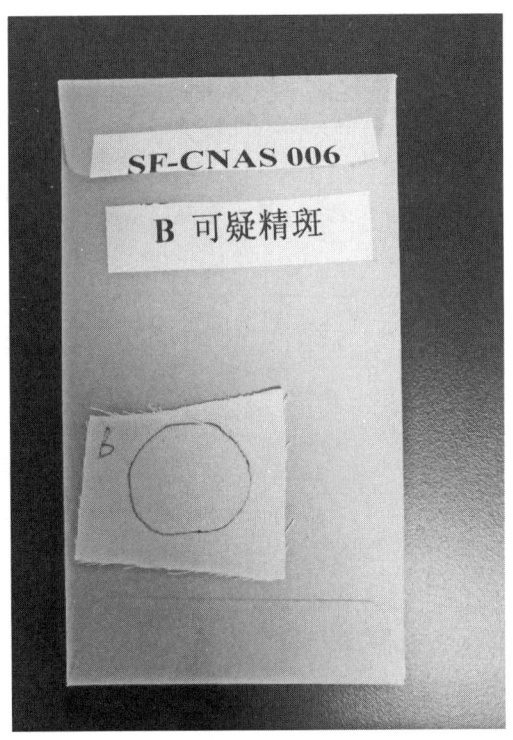

【点评】

编号为 20BB0131 的机构,除图谱外未提供其他原始技术记录,不能有效支撑鉴定意见。

例 4

$1 \sim 5.5937 \times 10^{-23}$。

同一认定实验结果一般以似然率（LR）来判定。似然率基于两个基因型组合来自同一个体的假设衡量证据强度，似然率是随机匹配概率的倒数，随机匹配概率是所检测的各个基因型频率的乘积。似然率越大，留下现场物证的人和嫌疑人是同一个人的可能性越大。如果似然率大大超过人类个体总数，即从概率上估计在全世界人群中不可能找到具有相同基因型组合的另一个人，一般认为达到同一认定水平。

本案中，现场发现的 B 可疑精斑经精斑试验确定为人精斑，根据上述结果，该嫌疑人 A 血样与现场 B 精斑的 STR 基因座分型均一致，似然率为 1.5063×10^{23}，即支持现场 B 可疑精斑为嫌疑人所留。

五、鉴定意见

依据现有资料和 DNA 检验分析结果，在上述检测系统中，现场可疑精斑为人精斑，支持现场 B 可疑精斑为嫌疑人所留。

司法鉴定人：XXX
《司法鉴定人执业证》证号：XXXXXX
司法鉴定人：XXX
《司法鉴定人执业证》证号：XXXXXX
授权签字人：XXX
《司法鉴定人执业证》证号：XXXXXX

二〇二〇年六月十七日

注：被鉴定检材照片见附件

附件：血样、可疑精斑检材照片

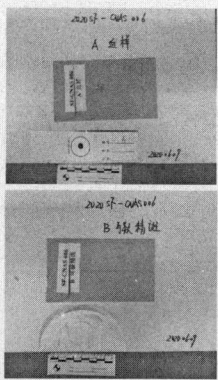

附注：本次实验采用的 STR 分型试剂盒中共有 D3S1358 等 20 个基因座，根据要求在检验结果表中列出了试剂盒所涵盖的全部基因座的结果。分析说明中的累积个人识别系统效能根据本次能力验证计划作业指导书给出的 19 个常用 STR 基因座的个体识别能力计算而得，不包括 D1S1656 基因座。

特此说明！

【点评】
编号为 20BB0138 的机构可疑精斑检验的标准引用错误。

例 5

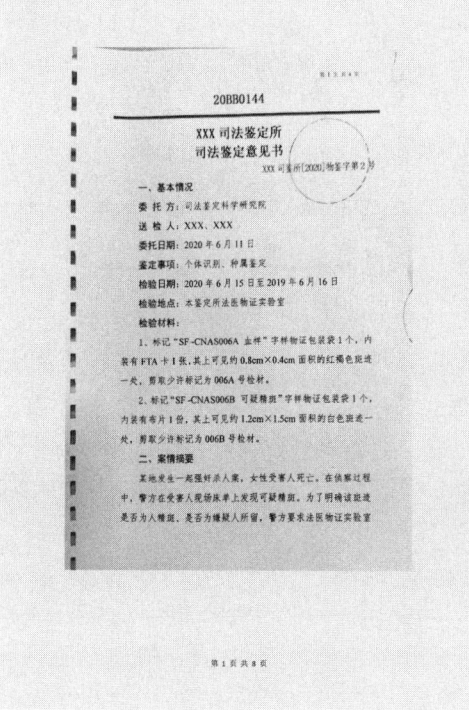

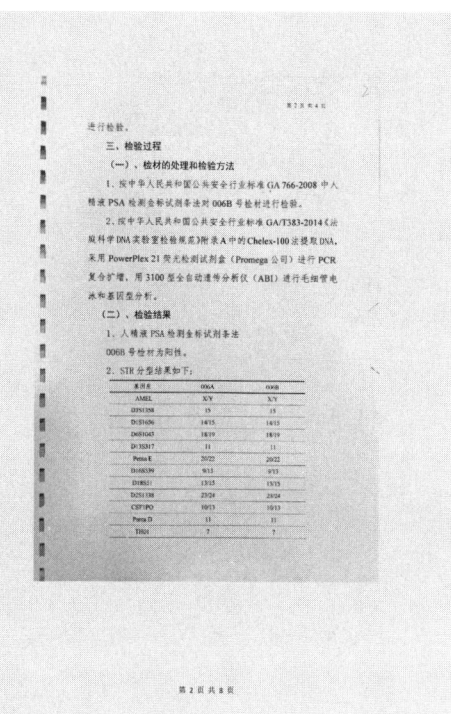

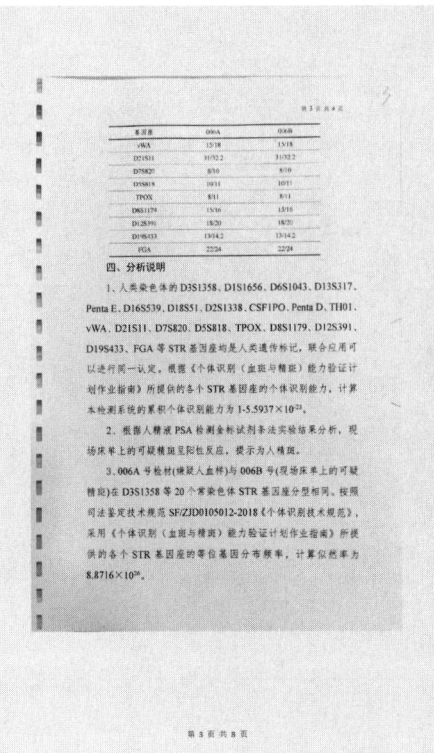

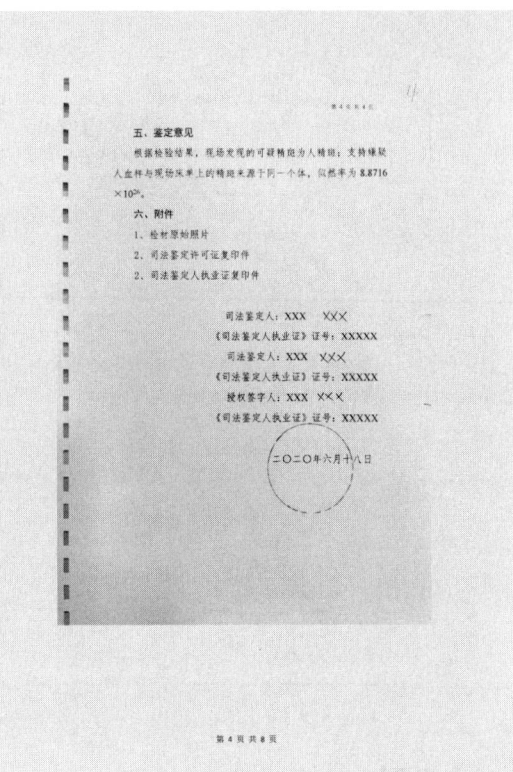

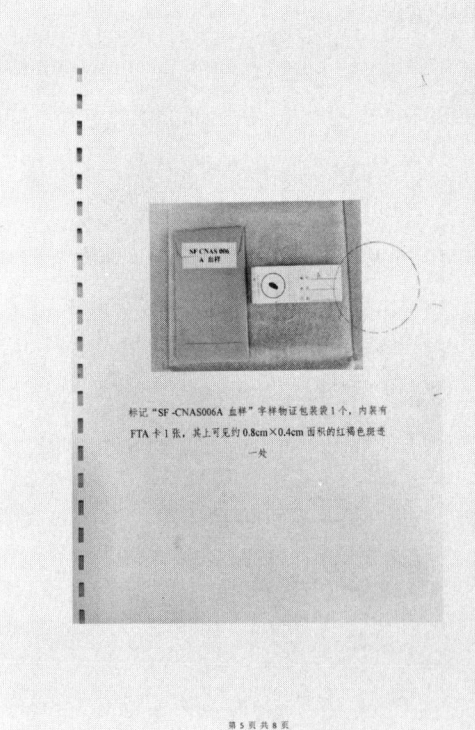

标记"SF-CNAS006A 血样"字样物证包装袋1个，内装有FTA卡1张，其上可见约0.8cm×0.4cm面积的红褐色擦迹一处

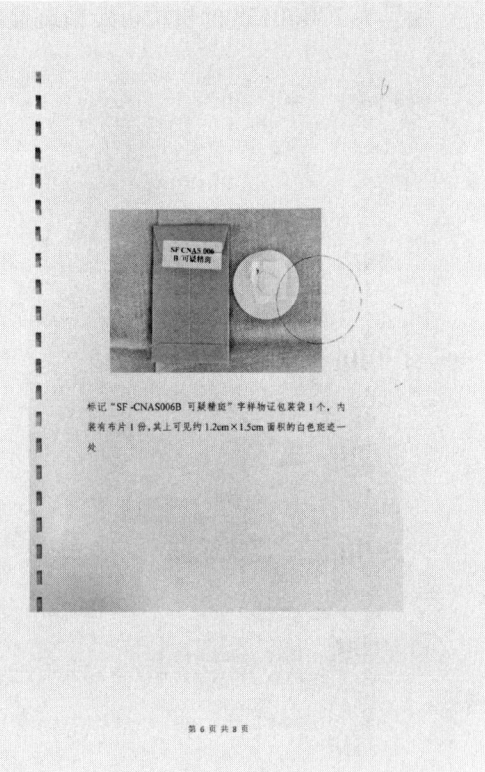

标记"SF-CNAS006B 可疑精斑"字样物证包装袋1个，内装有布片1份，其上可见约1.2cm×1.5cm面积的白色痕迹一处

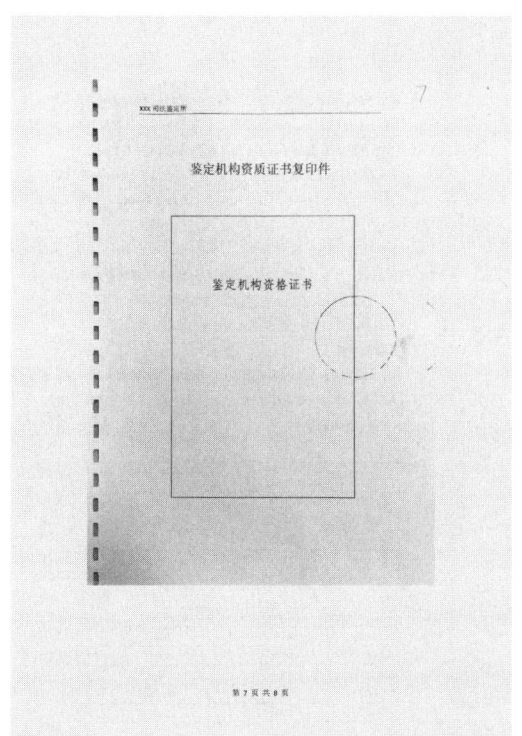

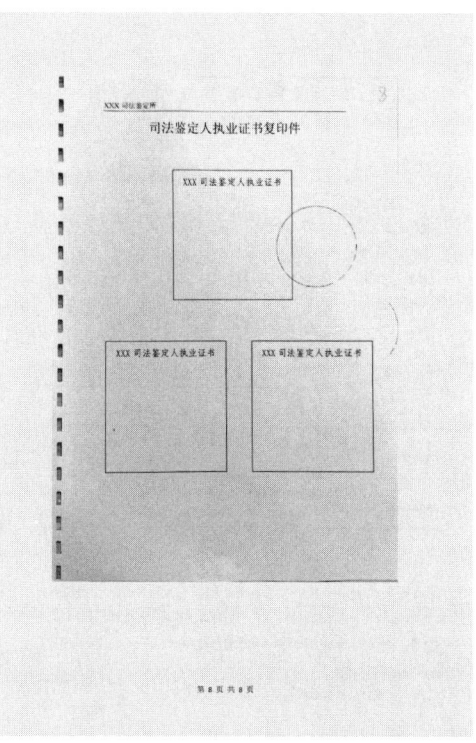

【点评】

编号为 20BB0144 的机构鉴定意见书和检验结果报告表中 Penta D 基因座报告错误。

例 6

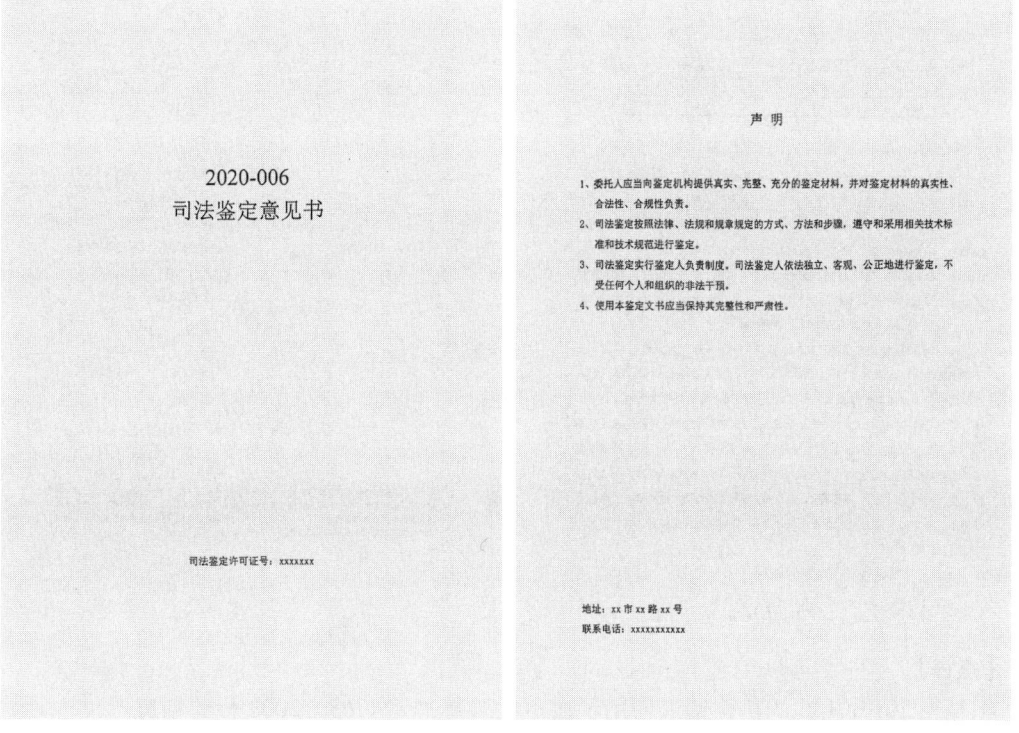

XXXX司法鉴定中心
司法鉴定意见书

XXXX[2020]法物鉴字第 006 号

一、基本情况
委托方：司法鉴定科学研究院
送检人：李锦明
委托鉴定事项：个体识别（DNA检测）
受理日期：2020年06月09日
鉴定日期：2020年06月09日—2020年6月15日
鉴定地点：XXXX司法鉴定中心
鉴定材料：

检材编号	检材名称	检材描述
2020-006-1	嫌疑人血斑 (SF-CNAS 006A)	FTA卡一张，上有0.7cm×1.1cm的褐色斑迹一处
2020-006-2	现场床单上的可疑精斑 (SF-CNAS 006B)	床单剪片一张，上有1.4cm×1.7cm的淡黄色斑迹一处

二、检案摘要
某地发生一起强奸杀人案，女性受害人死亡。在侦察过程中，警方在受害人现场床单上发现可疑精斑。为了明确该斑迹是否为人精液、是否为嫌疑人所留，警方要求法医物证实验室进行检验。

三、检验过程
（一）检材处理和检验

第 1 页 共 4 页

1、确证检验：按照《人精液PSA检测金标试剂条法》(GA 765-2008)，取2020-006-2号检材适量，采用人精液PSA检测金标试剂条法检验，并设立阴性及阳性对照。取2020-006-2号检材适量，采用精子检出法检验。
2、DNA提取：按照《法庭科学DNA实验室检验规范》(GA/T383-2014)中聚苯乙烯二乙烯基苯树脂法（Chelex-100法）提取2020-006-1、2020-006-2号检材DNA。
3、STR多态性检验：取2020-006-1、2020-006-2号检材DNA适量，使用21Plex荧光检测试剂盒（江苏苏博生物医学科技南京有限公司）进行PCR复合扩增，并设立阴性及阳性对照。扩增产物应用ABI3100型DNA序列分析仪电泳分离和激光扫描分析，得到上述检材的基因分型。

（二）检验结果
1、确证检验结果：2020-006-2号检材的人精液PSA检测金标试剂条法检验结果为阳性，2020-006-2号检材的精子检出法检验结果为镜下可见精子。
2、STR多态性检验结果：

基因座	2020-006-1 (嫌疑人血斑)	2020-006-2 (现场床单上的可疑精斑)
D3S1358	14/15	14/15
vWA	14/17	14/17
D7S820	11/12	11/12
CSF1PO	10/12	10/12
Penta E	16/17	16/17
D8S1179	16	16
D21S11	30/32.2	30/32.2
D16S539	10/12	10/12
D2S1338	22/24	22/24
Penta D	10	10
D19S433	15.2/16	15.2/16
TH01	6/10	6/10

第 2 页 共 4 页

基因座	2020-006-1 (嫌疑人血斑)	2020-006-2 (现场床单上的可疑精斑)
D13S317	8/13	8/13
TPOX	11	11
D18S51	13/17	13/17
D6S1043	14	14
D1S1656	13/15	13/15
D5S818	12	12
D12S391	18/20	18/20
FGA	22/23	22/23
AMEL	X/Y	X/Y

四、分析说明
1、根据人精液PSA检测金标试剂条法检验结果分析，现场床单上的可疑精斑（2020-006-2号检材）呈阳性反应，提示为人精斑。
2、本次鉴定选择的D3S1358、vWA、D7S820、CSF1PO、Penta E、D8S1179、D21S11、D16S539、D2S1338、Penta D、D19S433、TH01、D13S317、TPOX、D18S51、D6S1043、D1S1656、D5S818、D12S391、FGA等STR基因座均是独立且按孟德尔规律遗传的遗传标记，其累积个人识别能力（TDP）为 $1-2.2878 \times 10^{-24}$，联合应用可以进行个体识别。
3、个体识别的证据强度一般以似然率（LR）来判定。似然率LR大于1支持现场物证来源于嫌疑人的假设，小于1则支持现场物证来源于无关个体的假设。似然率数值越大，越支持现场物证来源于嫌疑人的假设。
4、2020-006-1、2020-006-2号检材在D3S1358等20个基因座基因型相同，采用《2020SF-CNAS 006个体识别（血斑与精斑）能力验证计划作业指南》提供数据资料，依照《个体识别技术规范》(SF/Z JD0105012——2018) 计算似然率为 5.6630×10^{29}，即2020-006-2号检材来源于2020-006-1号检材所属个体所留的可能性是来源于无关个体所留可能性的 5.6630×10^{29} 倍。

第 3 页 共 4 页

五、鉴定意见
根据检验结果，送检的现场床单上的可疑精斑是人精斑，支持该精斑来源于嫌疑人。

注：检材照片及相关证件电子照片见附件。

鉴定人：XXX　XXX
执业证号：XXXXXXXX

鉴定人：XXX　XXX
执业证号：XXXXXXXX

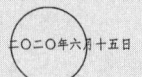

二〇二〇年六月十五日

声明：1.不同的送检材料会得出不同的鉴定意见。此鉴定意见仅适对本次由委托方提供的相关材料负责。2.使用本鉴定文书应当保持完整性和严肃性，未经本中心团体授权许可，不允许对本鉴定文书进行摘裁或部分复制。对本鉴定文书的内容进行任何未获书面授权的变更或修改行为均属非法，对此行为我们将依法追究其法律责任。

第 4 页 共 4 页

【点评】
编号为20BB0146的机构错误使用了血斑检验标准GA765-2008检验精斑。

例 7

×××司法鉴定中心

司法鉴定意见书

司法鉴定机构许可证号：_____

声 明

1. 司法鉴定机构和司法鉴定人根据法律、法规和规章的规定，按照鉴定的科学规律和技术操作规范，依法独立、客观、公正进行鉴定并出具鉴定意见，不受任何个人或者组织的非法干预。
2. 司法鉴定意见书是否作为定案或者认定事实的根据，取决于办案机关的审查判断，司法鉴定机构和司法鉴定人无权干涉。
3. 使用司法鉴定意见书，应当保持其完整性和严肃性。
4. 鉴定意见属于鉴定人的专业意见。当事人对鉴定意见有异议，应当通过申请质证或者申请重新鉴定、补充鉴定等方式解决。

地　址：××省××市××路××号（邮政编码：000000）
联系电话：000-00000000

参加机构代码 20BB0169　　能力验证计划　　2020SF-CNAS 006

XXXXXX 司法鉴定中心

司法鉴定意见书

XXXXXX 司法鉴定中心[2020]物证鉴字第 2020SF-CNAS 006 号

一、基本情况

委托人方：司法鉴定科学研究院

送检人：李锡明

委托鉴定事项：个体识别

受理日期：2020 年 06 月 10 日

鉴定材料：

检材编号	检材描述	载体
2020SF-CNAS 006 A	嫌疑人血斑	FTA 卡一张
2020SF-CNAS 006 B	现场床单上的可疑精斑	现场床单碎片一块

上述两份检材均由司法鉴定科学研究院于 2020 年 06 月 10 日邮寄至我司法鉴定中心。送检检材包装完好，标有"2020SF-CNAS 006 个体识别考核样"字样（检材情况请详见附件）。

二、基本案情

某地发生一起强奸杀人案，女性受害人死亡。在侦察过程中，警方在受害人现场床单上发现可疑斑迹。为了明确该斑迹是否为人精斑、是否为嫌疑人所留，警方要求法医物证实验室进行检验。

2020 年 06 月 10 日，受司法鉴定科学研究院的委托，我中心对上述现场床单上发现的可疑精斑是否为人精斑进行鉴定；如果是人精斑，则进一步确定该人精斑是否为嫌疑人所留。

参加机构代码 20BB0169　　能力验证计划　　2020SF-CNAS 006

三、鉴定过程

鉴定日期：2020 年 06 月 10 日---2020 年 06 月 22 日

在场人员：XXX、XXX、XXX

鉴定地点：XXXXXX 司法鉴定中心法医物证鉴定室

技术方法及设备：

1. 依据 GA/T 766-2020《人精液 PSA 检测金标试剂条法》行业标准，取适量 2020SF-CNAS 006 B 号检材，用金标抗人精（PSA）检测试剂条（四川瑞生科技有限公司）对现场床单上发现的可疑精斑进行人精种属试验，同时设立灭菌蒸馏水为阴性对照，已知人精斑检材为阳性对照。

2. 按照酸性品红亚甲蓝染色法对 2020SF-CNAS 006 B 号检材染色，显微镜镜下观察。

3. 依据 GA/T 383-2014《法庭科学 DNA 实验室检验规范》，Chelex-100 法提取 2020SF-CNAS 006 A 号检材的 DNA；差异提取法提取 2020SF-CNAS 006 B 号检材的精子 DNA。

4. 2020SF-CNAS 006 A 号、2020SF-CNAS 006 B 号检材用 PowerPlex® 21 试剂盒（Promega 公司）对 D3S1358、D1S1656、D6S1043、D13S317、Penta E、D16S539、D18S51、D2S1338、CSF1PO、Penta D、TH01、vWA、D21S11、D7S820、D5S818、TPOX、D8S1179、D12S391、D19S433、FGA 和 Amelogenin 共二十一个基因座进行 PCR 复合扩增，同时设立灭菌纯水为阴性对照样本，2800M 为阳性对照样本。用 ABI 3130XL 自动遗传分析仪对 PCR 复合扩增产物进行电泳分离，用 ABI GeneMapper®ID-X1.5 软件对电泳分离的各 DNA 片段进行基因分析。

检测结果：

1. 人精种属试验结果：阳性对照结果为 PSA（+），阴性对照结果为 PSA（-），2020SF-CNAS 006 A 号检材结果为 PSA（+）。
2. 镜检结果：能观察到精细胞。
3. 2020SF-CNAS 006 A 和 2020SF-CNAS 006 B 号用 PowerPlex®21 试剂盒进行 PCR 复合扩增时，阴性对照未检出特异性扩增产物，阳性对照基因分型正确，2 份检材均得到特异性扩增产物，基因分型结果如下：

检验结果报告表

检测系统	2020SF-CNAS 006 A（嫌疑人血斑）	2020SF-CNAS 006 B（现场床单上的精斑）	随机匹配概率（PM）
D3S1358	15	15	0.1192
D1S1656	14,15	14,15	0.0442
D6S1043	18,19	18,19	0.0519
D13S317	11	11	0.0561
Penta E	20,22	20,22	0.0016
D16S539	9,13	9,13	0.0577
D18S51	13,15	13,15	0.0652
D2S1338	23,24	23,24	0.0698
CSF1PO	10,13	10,13	0.0350
Penta D	11,15	11,15	0.0018
TH01	7	7	0.0710
vWA	15,18	15,18	0.0118
D21S11	31,32.2	31,32.2	0.0248
D7S820	8,10	8,10	0.0452
D5S818	10,11	10,11	0.1234
TPOX	8,11	8,11	0.3068
D8S1179	15,16	15,16	0.0252
D12S391	18,20	18,20	0.0733
D19S433	13,14.2	13,14.2	0.0708
FGA	22,24	22,24	0.0707
Amelogenin	X,Y	X,Y	-

累积随机匹配概率（CPM）= 1.3348×10^{-28}

似然率（LR）= 7.4916×10^{27}

四、分析说明

1. 根据人精种属试验结果，2020SF-CNAS 006 B 号检材试验呈阳性反应，提示其为人精斑，且镜检下能观察到精细胞。

2. 本案检测系统采用 PowerPlex® 21 试剂盒，该试剂盒中 D3S1358 等二十个常染色体 STR 基因座均为人类遗传标记，具有人类种属特异性和组织同一性，联合应用可以进行 DNA 同一认定。根据《个体识别（血斑与精斑）能力验证计划作业指南》所提供的各个 STR 基因座的个体识别能力，计算本检测系统的累积个体识别能力（TDP）为 $(1-2.7689 \times 10^{-28})$。

3. 分析上述 D3S1358 等二十个常染色体 STR 基因座，现场床单上发现的人精斑（2020SF-CNAS 006 B 号检材）与嫌疑人的血斑（2020SF-CNAS 006 A 号检材）的基因分型完全一致。依据 SF/Z JD0105012-2018《个体识别技术规范》，在排除同卵双生的前提下，计算 2 份检材在上述 20 个常染色体 STR 基因座的累积随机匹配概率（CPM）为 1.3348×10^{-28}，来源同一个体的似然率（LR）为 7.4916×10^{27}，其值大于全世界人口总数，支持上述 2 份检材来源于同一个体。

五、鉴定意见

根据我中心现有的技术和条件，对检测结果的分析表明：

1. 现场床单上发现的可疑精斑为人精斑；
2. 对 DNA 检测结果的分析表明：在不考虑同卵多胞胎和近亲的前提下，支持现场床单上发现的人精斑来源于嫌疑人，似然率（LR）为 7.4916×10^{27}。

六、附件

1. 2020SF-CNAS 006 号案件检材基本情况。

司法鉴定人签名　XXX　××× 　高级实验师
《司法鉴定人执业证》证号：XXXXXXXXXXXX

司法鉴定人签名　XXX　××× 　讲　师
《司法鉴定人执业证》证号：XXXXXXXXXXXX

司法鉴定人签名　XXX　××× 　副教授
《司法鉴定人执业证》证号：XXXXXXXXXXXX

司法鉴定人签名　XXX　××× 　副教授
《司法鉴定人执业证》证号：XXXXXXXXXXXX

授权签字人签名　XXX　××× 　教　授
《司法鉴定人执业证》证号：XXXXXXXXXXXX

二〇二〇年六月二十二日

备注：1. 此报告仅对此次所检样本负责；
2. 剩余检材本中心保管时限为 3 个月；
3. 本鉴定书复制无效。

附件 1：2020SF-CNAS 006 号案件检材基本情况

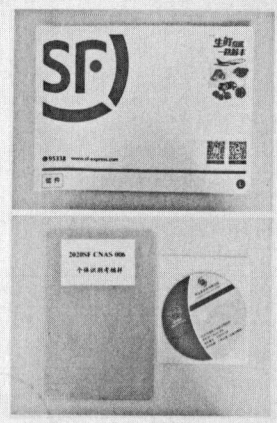

1. 顺丰快递信封，内有一套牛皮纸信封包装的样本和一张光盘。

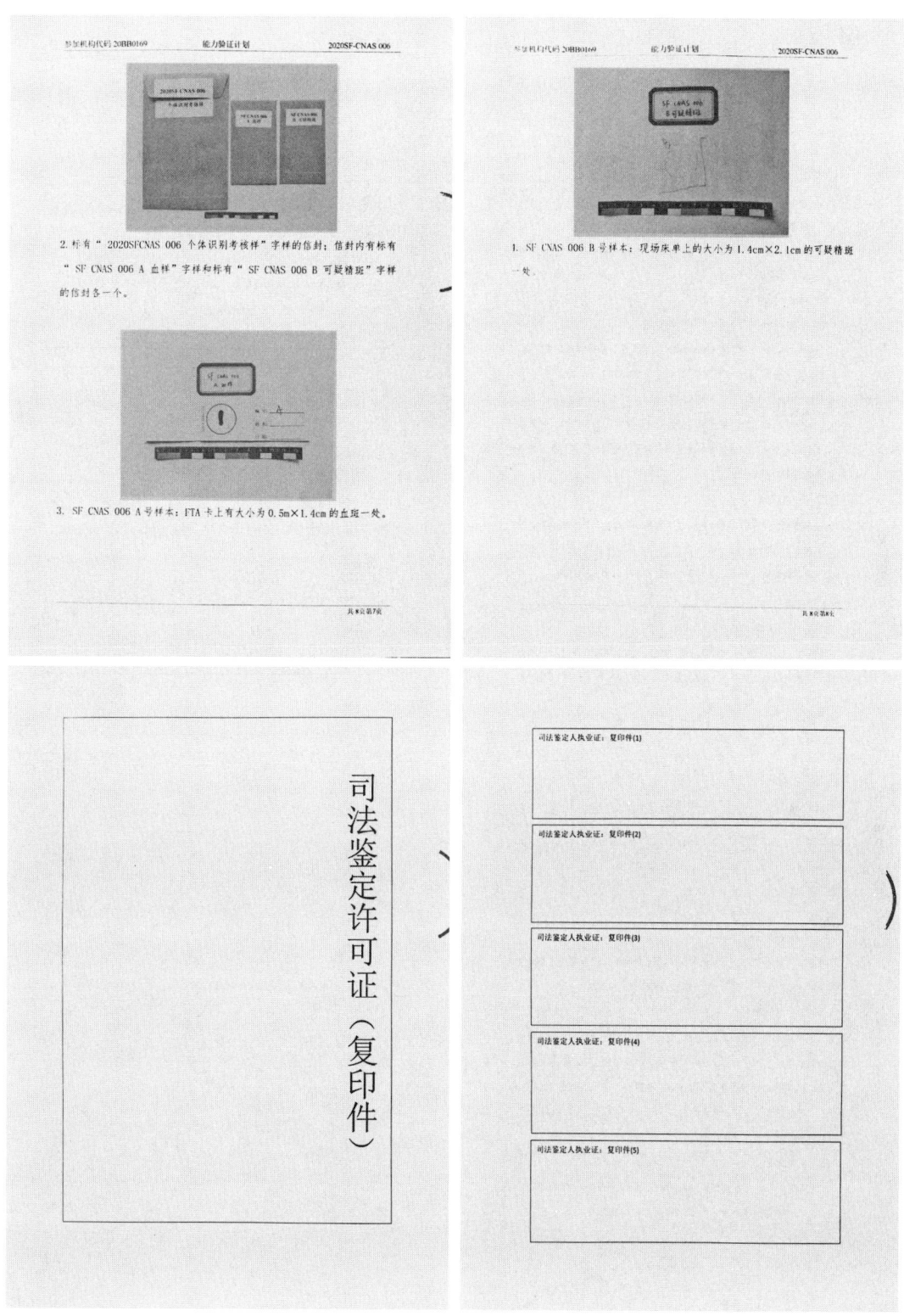

【点评】

编号为 20BB0169 的机构检验结果正确,但鉴定意见书检验结果 1 中对血斑检材(A)进行了精斑检验。

例 8

XXXX司法鉴定中心司法鉴定意见书

XX司鉴中心[2020]物鉴字20BB0182号

一、基本情况

委托人：XXXXX

委托鉴定事项：个体识别

受理日期：XXXX 年 XX 月 XX 日

鉴定材料：

1、送检标记为"2020SF-CNAS 006 A 血样"字样的检材包装袋1份，包装袋封口完好。该检材包装袋内有带血痕的FTA卡1张，编号为2020SF-CNAS006A；

2、送检标记为"2020SF-CNAS 006 B 可疑精斑"字样的检材包装袋1份，包装袋封口完好。该检材包装袋内有带可疑斑的布片1张，编号为2020SF-CNAS006B。

二、基本案情

某地发生一起强奸杀人案，女性受害人死亡。在侦察过程中，警方在受害人现场床单上发现可疑精斑。为了明确该斑迹是否为人精斑、是否为嫌疑人所留，警方要求法医物证实验室进行检验。

二、鉴定过程

（一）检验鉴定依据、方法及仪器

按照GA 766-2008标准，取少量2020SF-CNAS 006 B号检材，进行抗人精检测（PSA试纸条）试验。按照GA/T 383-2014标准，取少量2020SF-CNAS 006 A号和2020SF-CNAS 006 B号检材，进行DNA的抽提，采用EX22人类荧光标记STR复合扩增检测试剂(中德美联公司)进行复合PCR扩增，用 3500号遗传分析仪(ABI公司)进行毛细管电泳和基因型分析。

（二）检验结果

1、抗人精检测（PSA试纸条）试验：

2020SF-CNAS 006 B号检材结果为阳性。

2、DNA分型结果

检测系统	2020SF-CNAS006A	2020SF-CNAS006B
D3S1358	14/15	14/15
vWA	14/17	14/17
D16S539	10/12	10/12
CSF1PO	10/12	10/12
TPOX	11	11
D8S1179	16	16
D21S11	30/32.2	30/32.2
D18S51	13/17	13/17
D2S441	12	12
D19S433	15.2/16	15.2/16
TH01	6/10	6/10
FGA	22/23	22/23
D22S1045	17	17
D5S818	12	12
D13S317	8/13	8/13
D7S820	11/12	11/12
SE33	14/31.2	14/31.2
D10S1248	13/15	13/15
D1S1656	13/15	13/15
D12S391	18/20	18/20
D2S1338	22/24	22/24
DYS391	9	9
Yinde	2	2
AM	X/Y	X/Y

三、分析说明

根据抗人精检测（PSA试纸条）试验检测结果分析，现场可疑精斑（2020SF-CNAS 006 B号检材）为阳性，提示为人精斑。

本检验所用的D3S1358等21个常染色体STR基因座是人类遗传标记，具有人类种属特异性和组织同一性，联合应用可以进行同一认定。根据STR检测结果，2020SF-CNAS 006 A号和2020SF-CNAS 006 B号检材在D3S1358等21个基因座上基因型均相同，根据SF/Z JD0105012-2018《个体识别技术规范》中提供的计算方法，计算似然率（LR）为 4.8418×10^{24}，支持这两个检材来源于同一个体。

四、鉴定意见

根据案情，依据现有资料和DNA分析结果，现场可疑精斑为人精斑；支持送检血斑与精斑来自同一个体，LR值为 4.8418×10^{24}。

五、附件

相关物证电子照片见附件（共1张）

鉴 定 人：司法鉴定人：XXX （手写签名）

《司法鉴定执业证》证号：XXXXXXXX

司法鉴定人：XXX （手写签名）

《司法鉴定执业证》证号：XXXXXXXX

XXXX 年 XX 月 XX 日

附件：

图1

DNA 提取记录表（血斑）

案件编号：2020-20BB0182号

样本编号	检材种类	提取: 纯化方法及体系			使用仪器		检验人	复核人	检验时间
		IQ法	EZ1	QIA-micro	其他				
		磁珠法	酚氯仿抽提	PKX(10mg)	温度时间	离心机	恒温震荡仪		
2020SF-CNAS 006A	血斑			√	56℃72hr	5424		XXX	XXX	2020.6.11 8:30-11:00
备注										

PCR 扩增记录表

案件编号：2020-20BB0182号

样本编号	试剂名称	扩增体系(μl)	H₂O(μl)	Master mix(μl)	Primer set(μl)	模板DNA(μl)	备扩次数	扩增仪器	检验人	复核人	检验时间
2020SF-CNAS006A	GlobalFiler Panel v1	25	14	7.5	2.5	1	29	9700	XX	XX	2020.6.11 12:00-14:00
2020SF-CNAS006B		25	14	7.5	2.5	1	29	9700	XX	XX	2020.6.11 12:00-14:00
阳性对照		25	14	7.5	2.5	1	29	9700	XX	XX	2020.6.11 12:00-14:00
阴性对照		25	15	7.5	2.5	0	29	9700	XX	XX	2020.6.11 12:00-14:00
Ladder-G		25	14	7.5	2.5	1	29	9700	XX	XX	2020.6.11 12:00-14:00
备注											

电泳检测记录表

案件编号：2020-20BB0182号

样本编号	Plate name	内标	基因分析仪	检验结果	检验人	复核人	检验时间
2020SF-CNAS 006A	006A	CC5ILS500	3500XL	+	XX	XX	2020.6.11 15:00-16:00
2020SF-CNAS 006B	006B	CC5ILS500	3500XL	+	XX	XX	2020.6.11 15:00-16:00
阴性对照	-	CC5ILS500	3500XL	+	XX	XX	2020.6.11 15:00-16:00
阳性对照	+	CC5ILS500	3500XL	+	XX	XX	2020.6.11 15:00-16:00
Ladder-g	Ladder-g	CC5ILS500	3500XL	+	XX	XX	2020.6.11 15:00-16:00
备注	检验结果中以"+"表示结果好。						

检材编号	鉴定项目	收案人/日期	检验领样人/日期	检毕样品处置情况			委托单位领样人/日期	保存期限
				消耗	暂保存	退回		
006A	DNA	XX/X	XX/X	XX	√		XX/X	X
006B	DNA	XX/X	XX/X	XX	√		XX/X	X

DNA 实验室检材/样本流转登记表
案件编号：20BB0182 号

【点评】
编号为 20BB0182 的机构在 D6S1043、Penta D、Penta E 基因座随机匹配概率计算错误，且缺乏足够的原始技术记录，不能有效支撑鉴定意见。

三、总结

本次能力验证项目中，报名参加单位共 195 家，来自 23 个省、自治区和直辖市，其中返回结果 191 家，未返回结果者 4 家。191 家参与评价机构中，满意 166 家，占 86.9%；通过 15 家，占 7.9%；不通过 10 家，占 5.2%。从采用的检测手段来看，所有返回结果的实验室均采用了荧光检测的方法，未见采用银染方法的实验室。从所使用的关键设备遗传分析仪来看，191 家实验室中有 155 家使用着目前国际上通用的至少具备分辨五色荧光技术的机型，其中有 32 家使用了最新的具备六色荧光标记技术的 3500 型遗传分析仪；有 164 家使用了 3100/3130 型遗传分析仪，有 14 家使用着已经停产的 310 型遗传分析仪。从所使用的关键试剂 STR 分型试剂盒来看，有 138 家实验室使用一种试剂盒，其余为两种以上试剂盒。从检测的 STR 基因座数来看，有 120 家实验室最多检测 15 个 STR 基因座，约占参加实验室的 62.8%，显示出实验室的检测能力还有待加强。

参与本次能力验证计划评价的 191 家机构中，全部得出了正确的 DNA 分型结果。但也存在一些普遍问题，如仍存在往年出现过的等位基因与基因型概念混淆、非父排除率与个体识别能力概念混淆的现象。特别强调的是，在个体识别中，系统效能是累计个体识别能力，在亲权鉴定中则是累计非父排除率。本次能力验证考核样中包含一个可疑精斑，191 家实验室中，166 家（87%）进行了确认试验，但有 25 家（13%）没有意识到血清学试验的必要性和重要性。在提交反映检测过程的原始记录方面,有 118 家参加机构(62%)不够理想,存在的问题同个体识别(血斑和唾液斑)。

第五节　亲缘鉴定能力验证(全同胞)

一、总体情况

全同胞鉴定是法医物证学领域亲缘鉴定的常见类型,全同胞鉴定的行业标准《生物学全同胞关系鉴定实施规范》(SF/Z JD0105002－2014)首次颁布于 2014 年,2021 年进行过一次修订,编号为 SF/T 0117－2021。

亲缘鉴定能力验证(全同胞)的目的旨在对各实验室进行全同胞鉴定能力进行科学、客观的考察和评价。

本节选取了 2021 年度亲缘鉴定能力验证(全同胞)的部分素材。采用了一例全同胞鉴定案例的材料制作考核样品,重点考察参加者对全同胞鉴定标准的理解、使用以及鉴定文书和鉴定意见表述的规范程度。本次能力验证计划提供的样品为二份制备在 FTA 卡上的血斑材料,要求参加者采用日常检测方法对待检样品进行检验并提交"检测结果报告表"、"亲权指数值报告表"、完整的鉴定文书及相关原始记录。

二、典型错误展示与点评

2021SF CNAS 011 司法鉴定所
司法鉴定意见书

2021SF（CNAS（2021）物鉴字第 011 号

一、基本情况

委托方：司法鉴定科学研究院
送检人：李锦明
受理日期：2021 年 5 月 19 日
鉴定事项：生物学全同胞关系鉴定
鉴定日期：2020 年 5 月 19 日至 2021 年 6 月 17 日
鉴定地点：本所法医物证鉴定室
鉴定材料：

被鉴定人	样本类型	情况描述	检材编号
个体 1	血样	血痕（FTA 卡一张）	2021SF-CNAS011I
个体 2	血样	血痕（FTA 卡一张）	2021SF-CNAS011II

二、案情摘要

个体 1 与个体 2 怀疑为失散多年的全同胞，且双亲均已故。两人之间不存在其他亲缘关系（如半同胞、堂表亲等）。现提出亲缘鉴定的要求，以明确他们是否为全同胞。

三、检验过程

1. 检材处理和检验方法

按照 GA/T 383-2014《法庭科学 DNA 实验室检验规范》及 SF/Z JD0105002-2014《生物学全同胞关系鉴定实施规范》之规定进行检验，二份检材均采用 promega PP21 试剂盒（美国普洛麦格公司）、人类 DNA 分型盒（补充位点）（深圳华大法医科技有限公司）进行 PCR 复合扩增，用 3130x1 遗传分析仪（美国 AB 公司）进行毛细管电泳和基因型分析。

2. 检验结果

STR 基因座	个体 1 2021SF-CNAS011I		个体 2 2021SF-CNAS011II		ibs
	X	Y	X	Y	
AMEL	X	Y	X	Y	/
D3S1358	18	18	15	15	0
D1S1656	13	14	13	14	2
D6S1043	11	13	14	18	0
D13S317	8	8	8	8	2
Penta E	20	20	18	20	1
D16S539	12	13	10	12	0
D18S51	13	13	14	18	0
D2S1338	19	24	19	24	2
CSF1PO	9	11	9	11	2
Penta D	9	11	9	11	2
TH01	6	9	7	9	1
vWA	17	17	14	14	0
D21S11	29	31	30	32.2	0
D7S820	11	11	11	12	1
D5S818	10	11	11	13	1
TPOX	8	11	8	11	2
D8S1179	10	13	10	14	1
D12S391	18	19	18	19	2
D19S433	16	16.2	16	16.2	2
FGA	22	22	22	22	2
D20S482	14	14	14	14	2
D3S1744	16	16	16	16	2
D10S1435	8	12	8	12	2
D12ATA63	17	17	17	18	1
D11S2368	11	18	11	18	2
D18S659	11	18	17	18	1
D9S925	14	14	14	18	1
D18S535	9	14	11	13	0
D6S477	13	16	14	16	1
D22-GATA198B05	16	21	16	22	1
D2S1776	11	12	9	12	1
D6S1122	10	13	12	13	1
D7S3048	21	24	19	22	0
D4S2366	11	14	11	14	2
D3S3045	9	15	9	15	2
D10S1248	12	17	12	16	1
D8S1132	20	20	18	19	0
D21S2055	27	35.3	27	27	1

（附注：阳性、阴性对照结果正常）

五、分析说明

全同胞关系鉴定主要依据常染色体 STR 基因座分型结果，通过计算两名被鉴定人间的累计状态一致性评分（IBS），结合 IBS 在无关个体对人群和全同胞对人群的概率分布规律，对被鉴定人之间是否存在生物学全同胞关系做出判断。

人类常染色体 D19S433、D5S818、D21S11、D18S51、D6S1043、D3S1358、D13S317、D7S820、D16S539、CSF1PO、Penta D、D2S441、vWA、D8S1179、TPOX、Penta E、TH01、D12S391、D2S1338、FGA、D6S477 等基因座均为人类遗传标记，上述遗传标记遵循孟德尔遗传定律，联合应用可进行生物学全同胞关系鉴定。依据上述 38 个常染色体 STR 基因座的分型结果按照 SF/Z JD0105002-2014《生物学全同胞关系鉴定实施规范》进行全同胞关系鉴定时，其检测系统效能约为 0.8500，得出的倾向性鉴定意见的准确性不低于 85.00%。

依据上述 39 个常染色体 STR 基因座的分型结果进行累计状态一致性评分（IBS）计算，个体 1 和个体 2 的 STR 基因座累计状态一致性评分为 41。

六、鉴定意见

根据上述检验结果和 SF/Z JD0105002-2014《生物学全同胞关系鉴定实施规范》判定：在排除存在其他亲缘关系的前提下，倾向于认为个体 1 和个体 2 为全同胞，即为具有相同的生物学父亲和生物学母亲的子代个体。

七、附件

1. 被鉴定个体 1、个体 2 的鉴定检材照片（3 张）。
2. 鉴定人执业资格证书照片（3 张）。

司法鉴定人：×××
《司法鉴定人执业证》证号：×××××××
司法鉴定人：×××
《司法鉴定人执业证》证号：×××××××
授权签字人：×××
《司法鉴定人执业证》证号：×××××××

二〇二〇年六月十七日

注：本鉴定意见书未经书面批准，不得复制（全文复制除外）。

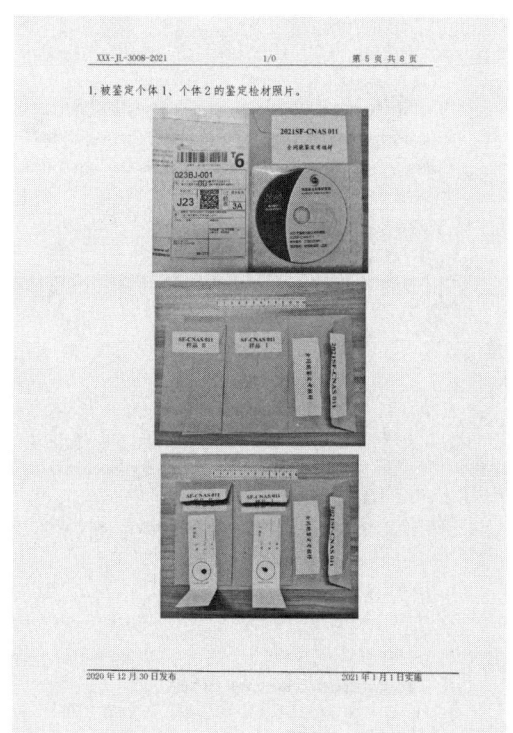

【点评】

编号为 21BG0089 的机构鉴定意见书中样品 II 在 Penta D 基因座分型结果错误。

例 2

STR 基因座	样品 I		样品 II		状态一致性评分（ibs）
D19S433	15	16.2	15	16.2	2
D5S818	10	11	11	13	1
D21S11	29	31	30	32.2	0
D18S51	13	13	14	18	0
D6S1043	11	13	14	18	0
Amelogenin	X	Y	X	Y	
D3S1358	18	18	15	15	0
D13S317	8	8	8	8	2
D7S820	11	11	11	12	1
D16S539	12	13	10	12	1
CSF1PO	9	11	9	11	2
Penta D	9	11	9	11	2
D2S441	10	10	10	11	1
vWA	17	17	14	14	0
D8S1179	10	13	10	14	1
TPOX	10	11	11	11	1
Penta E	20	20	18	20	1
TH01	6	9.3	7	9	0
D12S391	18	19	18	19	2

XXXX 司法鉴定所鉴定意见书

XXXX 司鉴所[2021]物鉴字第 CNAS 011 号

一、基本情况
委托人：司法鉴定科学研究院
委托事项：对个体 1 与个体 2 间有无生物学全同胞关系进行鉴定
委托日期：2021 年 5 月 19 日
受理日期：2017 年 5 月 24 日
鉴定材料：样品 I 与样品 II 血样

二、被鉴定人概况

被鉴定人	性别	出生日期	身份证号码	样本编号
样品 I	/	/	/	SF-CNAS 011 样品 I
样品 II	/	/	/	SF-CNAS 011 样品 II

三、检验过程

1、检材处理和检验方法

按照《生物学全同胞关系鉴定实施规范》（SF/Z JD0105002-2014），采用 MiCroreader 21 ID System 和 MiCroreader 23 sp ID System（阅微基因）进行复合 PCR 扩增，用 3130XL 型号遗传分析仪（ABI 公司）进行毛细管电泳和基因型分析。

2、检验结果

基因座	样品I		样品II		IBS
D2S1338	19	24	19	24	2
FGA	22	22	22	22	2
D6S477	13	16	14	16	1
D18S535	9	14	14	14	1
D19S253	11	11	11	12	1
D15S659	10	17	16	17	1
D11S2368	21	21	19	22	0
D20S470	10	17	12	17	1
D1S1656	13	14	13	14	2
D22-GATA198B05	16	21	16	22	1
D7S3048	21	24	19	22	0
D8S1132	20	20	18	19	0
D4S2366	11	14	11	14	2
D21S1270	10	11	11	12.3	1
D13S325	19	20	19	20	2
D9S925	14	14	14	18	1
D3S3045	9	15	9	15	2
D14S608	7	11	7	12	1
D10S1435	8	12	8	12	2
D17S1290	18	21	16	19	0
D5S2500	12	17	12	17	2

四、分析说明

D19S433 等 40 个 STR 基因座均为人类的遗传标记，遵循孟德尔遗传定律，联合应用可进行生物学全同胞鉴定，检测系统的效能约为 0.9500，倾向性鉴定意见的准确性不低于 99.90%。综上检验结果分析，经计算样品 I 与样品 II 的累计状态一致性评分（IBS）为 42（注：≥42）。

五、鉴定意见

依据现有资料和 DNA 分析结果，倾向于认为样品 I 与样品 II 为生物学全同胞。

司法鉴定人：XXX
《司法鉴定人执业证》证号：XXXXXXXXX
XXX
《司法鉴定人执业证》证号：XXXXXXXXX
授权签字人：XXX
《司法鉴定人执业证》证号：XXXXXXXXX

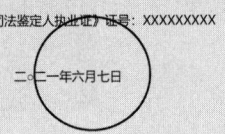

二〇二一年六月七日

注：被鉴定人及相关证件电子照片见附件（共 3 页）。

附件共 3 页第 1 页

XXXX 司鉴所[2021]物鉴字第 CNAS 011 号

附件

被鉴定人证件电子照片

（以下空白）

附件共 3 页第 2 页

XXXX 司鉴所[2021]物鉴字第 CNAS 011 号

司法鉴定许可证书

【点评】

未能正确使用全同胞鉴定标准,依据标准应根据 19 个、29 个、39 个 STR 基因座的 IBS 值进行判断。(注:2021 年度能力验证仍然按照 2014 年标准进行鉴定)。

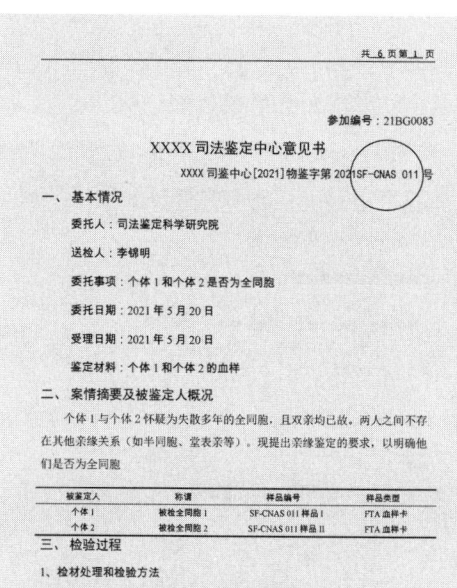

2、检验结果

STR基因座	样品Ⅰ	样品Ⅱ	19个必检基因座 ibsi
Amel	X Y	X Y	/
CSF1PO	9 11	9 11	2
D10S1248	12 17	12 16	/
D12S391	18 19	18 19	2
D13S317	8	8	2
D16S539	12 13	10 12	1
D18S51	13	14 18	0
D19S433	15 16.2	15 16.2	2
D1S1656	13 14	13 14	/
D21S11	29 31	30 32.2	0
D2S1338	19 24	19 24	2
D3S1358	18	15	0
D5S818	10 11	11 13	1
D6S1043	11 13	14 18	0
D7S820	11	11 12	1
D8S1179	10 13	10 14	1
FGA	22	22	2
Indel	1	1	/
Penta D	9 11	9 11	2
Penta E	20	18 20	1
TH01	6 9.3	7 9	0
TPOX	10 11	11	1
vWA	17	17	2
		19个必检基因座 IBS	20

Y染色体STR基因座	样品Ⅰ	样品Ⅱ
DYS19	16	16
DYS385	14 18	14 18
DYS389 I	12	12
DYS389 II	27	27
DYS390	25	25
DYS391	10	10
DYS392	13	13
DYS393	12	12
DYS437	14	14
DYS438	10	10
DYS439	13	13
DYS448	18	18
DYS456	14	14
DYS458	19	19
DYS481	23	23
DYS533	11	11
DYS549	12	12
DYS570	18	18
DYS576	17	17
DYS635	23	23
DYS643	10	10
YGATAH4	13	13

四、分析说明

（一）按照《生物学全同胞关系鉴定实施规范》（SF/Z JD0105002-2014）对必检的19个常染色体STR基因座 D18S51, FGA, D8S1179, D21S11, D5S818, D3S1358, TH01, TPOX, CSF1PO, D7S820, Penta D, Penta E, D16S539, D13S317, vWA, D2S1338, D12S391, D6S1043, D19S433 进行了基因定型和累计状态一致性评分IBS计算。结果表明，19个必检基因座的IBS为20。按照《生物学全同胞关系鉴定实施规范》，当22 > IBS > 13时，我们无法给出倾向性意见。

（二）Y染色体的基因座成功检出，证实了样品Ⅰ和样品Ⅱ均来源于男性。DYS576, DYS389I, DYS448, DYS389II, DYS19, DYS391, DYS481, DYS549, DYS533, DYS438, DYS437, DYS570, DYS635, DYS390, DYS439, DYS392, DYS643, DYS393, DYS458, DYS385a/b, DYS456 and Y-GATA-H4 共同组成了一个单体型。由于本鉴定所检测的23个等位基因都位于男性Y染色体的非重组区域（NRY），它们在父系血缘亲戚间完整地、不间断地代代相传。

（三）样品Ⅰ和样品Ⅱ的23个Y染色体基因座具有完全相同的基因型。搜索现在世界上最大的Y染色体单体型参考数据库 - YHRD 表明：在该数据库93998个Y23单体型中，没有和被检测样品相同的单体型。按保守估计，95%置信区间的上界是 3/N = 3/93998 = 1/31333。

（四）根据2021全同胞鉴定能力验证的预设条件"两人之间不存在其他亲缘关系（如半同胞、堂表亲等）"，被检个体1和个体2之间仅存在"全同胞"和"没有关系"两种可能性。两种可能性的保守估值比（LR, likelihood ratio, 全同胞/没有关系）等于 31333 > 10000。

鉴定意见

在排除外源干扰的前提下，综合分析上述常染色体和男性Y染色体基因座的分型结果，支持个体1和个体2是全同胞兄弟。

鉴定人：研究员 XX

司法鉴定人执业证书号：XXXXXXXX

鉴定人：教授 XXX

司法鉴定人执业证书号：XXXXXXXX

授权签字人：研究员 XX

司法鉴定人执业证书号：XXXXXXXX

二○二一年五月二十八日

注：被鉴定人及相关证件电子照片见附件。

1. 本鉴定仅对送检检材负责。

2. 本鉴定书未经书面批准，不得复制。

单位：XXXX

地址：XXXX

电话：XXXX

【点评】

DNA分型结果正确，IBS值计算正确，但鉴定意见的依据不足。

例 4

XXXXXX 司法鉴定所 鉴定意见书

统一社会信用代码：XXXXXXXXXXXXXXXXXX

声 明

1. 委托人应当向鉴定机构提供真实、完整、充分的鉴定材料，并对鉴定材料的真实性、合法性负责。
2. 司法鉴定人按照法律、法规和规章规定的方式、方法和步骤，遵守和采用相关技术标准和技术规范进行鉴定。
3. 司法鉴定实行鉴定人负责制度，司法鉴定人依法独立、客观、公正地进行鉴定，不受任何个人和组织的非法干预。
4. 使用本鉴定文书应当保持其完整性和严肃性。
5. 有关检测数据未经允许，委托单位不得擅自向社会发布信息。
6. 本鉴定文书复制件未加盖本所鉴定专用章无效。
7. XXXXXXXX 授权 XXXXXX 司法鉴定所对外开展司法鉴定业务，并承担相应法律责任。

地址：XXXXXXXXXXXXXXXXXXXXXXXXXXXXXX　　邮编：XXXXXXX
电话（Tel）：XXXXXXXXXXXX　　传真（Fax）：XXXXXXXXXXXX

报告编号：XXXX 所[2021]亲鉴字第 67 号　　第 1 页共 4 页

XXXX 司法鉴定所鉴定意见书

XXXX 所[2021]亲鉴字第 67 号

一、基本情况
委 托 人：司法鉴定科学研究院质量管理处
委托鉴定事项：全同胞鉴定
受理日期：2021 年 05 月 26 日
鉴定材料：个体 1（SF-CNAS 011 样品 I）与个体 2（SF-CNAS 011 样品 II）血样存于 FTA 卡。（检材编号见被鉴定人概况表）
鉴定日期：2021 年 05 月 26 日 - 05 月 27 日
鉴定地点：XXXX 司法鉴定所
被鉴定人：个体 1 与个体 2

二、案件摘要

个体 1 与个体 2 怀疑为失散多年的全同胞，且双亲均已故。两人之间不存在其他亲缘关系（如半同胞、堂表亲等）。现提出亲缘鉴定的要求，以明确他们是否为全同胞。

三、检验过程

（一）被鉴定人概况

检材编号	被鉴定人	性别	称谓	检材类型	检材数量
20211504	个体 1	男	兄	血痕 FTA 卡	一张
20211505	个体 2	男	弟	血痕 FTA 卡	一张

（二）检材处理和检验方法

报告编号：XXXX 所[2021]亲鉴字第 67 号　　第 2 页共 4 页

依据中华人民共和国司法部 2014 年颁布的《司法鉴定技术规范-生物学全同胞关系鉴定实施规范》（SF/Z JD0105002-2014）进行鉴定。用 Chelex 法提取 DNA，采用华夏白金人类荧光标记 STR 复合扩增检测试剂（北京普洛麦格生物科技有限公司）进行复合 PCR 扩增，用 3500 型遗传分析仪（美国 ABI 公司）进行毛细管电泳和基因型分析。

（三）检验结果（规范推荐 19 个必检基因座）

STR 基因座	个体 1	个体 2	Ibs
D3S1358	18	15	0
vWA	17	14	0
D16S539	12/13	10/12	1
CSF1PO	9/11	9/11	2
TPOX	10/11	11	1
D8S1179	10/13	10/14	1
D21S11	29/31	30/32.2	0
D18S51	13	14/18	0
Penta E	20	18/20	1
D19S433	15/16.2	15/16.2	2
TH01	6/9.3	7/9	0
FGA	22	22	2
D5S818	10/11	11/13	1
D13S317	8	8	2
D7S820	11	11/12	1
D6S1043	11/13	14/18	0
D12S391	18/19	18/19	2
D2S1338	19/24	19/24	2
Penta D	9/11	9/11	2
基因座累计状态一致性得分（IBS）：			20

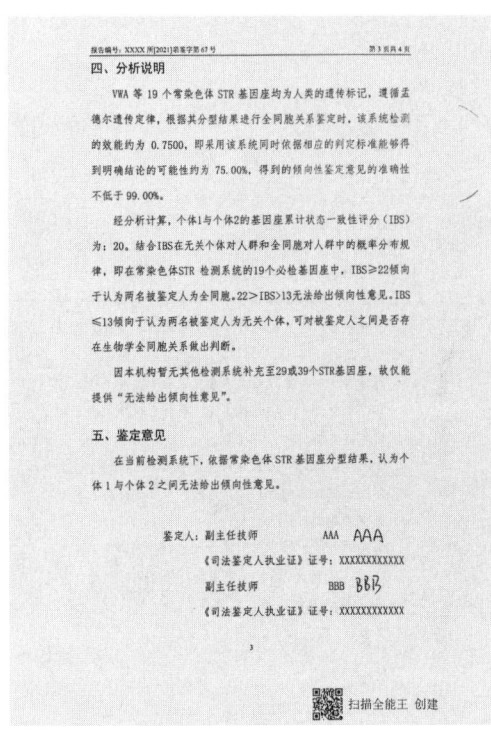
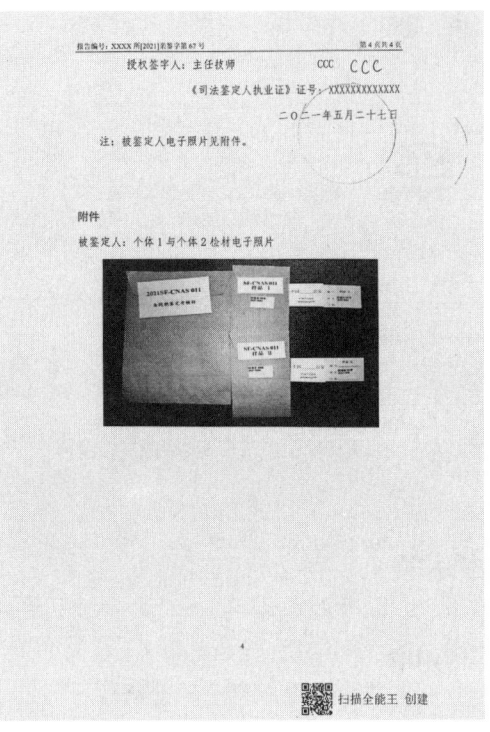

【点评】

DNA 分型结果正确,但未按作业指南要求给出倾向性意见。

例 5

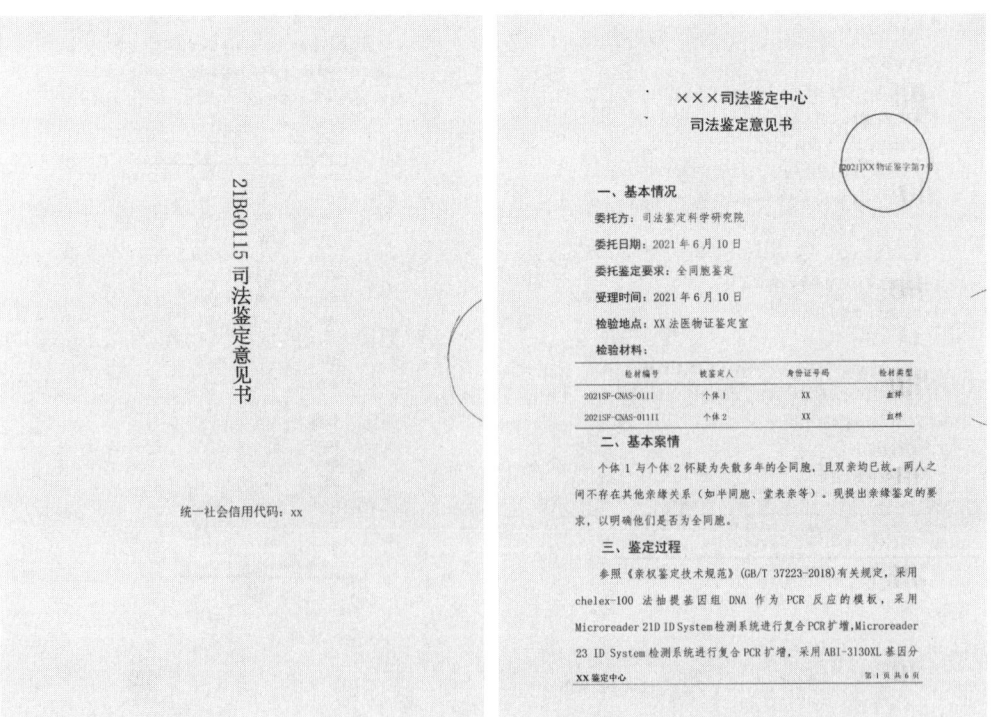

析仪（美国 Applied Biosystems 公司）进行毛细管电泳和 STR 基因型分析。

四、鉴定结果

常染色体 STR 基因座分型结果：

本实验中阴性对照和阳性对照结果均正确。

检测系统	2021SF-CNAS-011I（个体1）	2021SF-CNAS-011II（个体2）
D19S433	15 , 16.2	15 , 16.2
D6S818	11 , 13	10 , 11
D21S11	30 , 32.2	29 , 31
D18S51	14 , 18	13 , 13
D6S1043	14 , 18	11 , 13
D3S1358	15 , 15	18 , 18
D13S317	8 , 8	8 , 8
D7S820	11 , 12	11 , 11
D16S539	10 , 12	12 , 13
CSF1PO	9 , 11	9 , 11
PentaD	9 , 11	9 , 11
D2S441	10 , 11	10 , 10
vWA	14 , 14	17 , 17
D8S1179	10 , 14	10 , 13
TPOX	11 , 11	11 , 11
PentaE	18 , 20	20 , 20
TH01	7 , 9	6 , 9.3
D12S391	18 , 19	18 , 19
D2S1338	19 , 24	19 , 24
FGA	22 , 22	22 , 22
D6S477	14 , 16	13 , 16
D18S535	14 , 14	9 , 14
D19S253	11 , 12	11 , 11
D1S1656	17 , 18	11 , 18
D11S2368	19 , 22	21 , 21
D20S470	12 , 17	10 , 17
D1S1656	13 , 14	13 , 14
D22-GATA1 98B05	16 , 22	16 , 21
D7S3048	19 , 22	21 , 24
D8S1132	18 , 19	20 , 20
D4S2366	11 , 14	11 , 14
D21S1270	11 , 12.3	10 , 11
D13S325	19 , 20	19 , 20
D9S925	14 , 18	14 , 14
D3S3045	9 , 15	9 , 15
D14S608	7 , 12	7 , 11
D10S1435	8 , 12	8 , 12
D17S1290	16 , 19	18 , 21
D5S2500	12 , 17	11 , 17
AMEL	X , Y	X , Y

五、分析说明

依据生物学全同胞关系鉴定实施规范（SF/Z JD0105002—2014），通过计算两名被鉴定人间的累积状态一致性评分（IBS），对是否存在生物学全同胞关系做出判断，39 个常染色体系统效能达到 0.9500。

对个体 1 与个体 2 血样进行 39 个常染色体 STR 基因座的分型检验，使用对每个基因座的结果进行状态一致性评分，经计算，个体 1 与个体 2 的累计状态一致性评分结果为 42，倾向于认为个体 1 与个体 2 为全同胞。

六、鉴定意见

依据现有资料和 DNA 分析结果，支持个体 1 与个体 2 是全同胞兄弟关系。

七、附件

附件一：送检检材照片
附件二：鉴定人执业证复印件
附件三：资质

鉴定人：XX
《司法鉴定人执业证》证号：XXXXXX

鉴定人：XX
《司法鉴定人执业证》证号：XXXXXX

二〇二一年六月十五日

附件一：送检检材照片

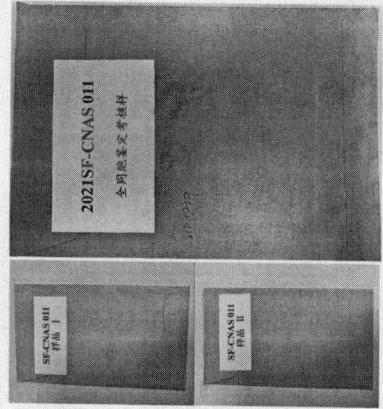

2021SF-CNAS 011 全同胞鉴定考核样中标有 SF-CNAS 011 样品 I、SF-CNAS 011 样品 II 的纸袋

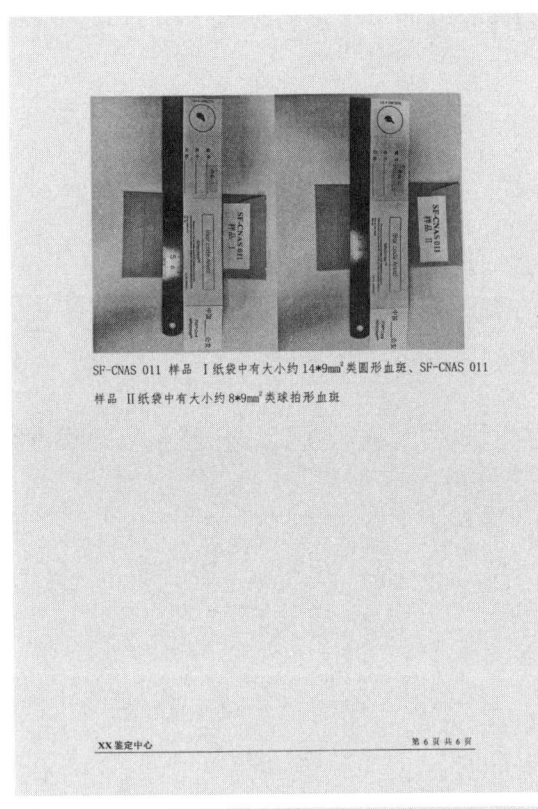

SF-CNAS 011 样品Ⅰ纸袋中有大小约14*9mm²类圆形血斑、SF-CNAS 011 样品Ⅱ纸袋中有大小约8*9mm²类球拍形血斑

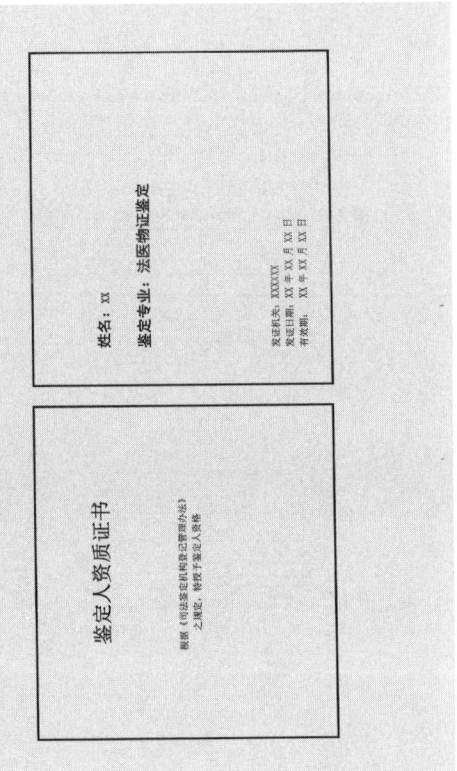

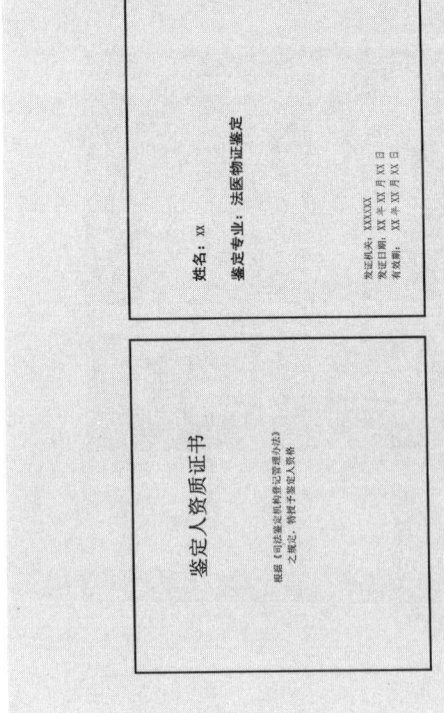

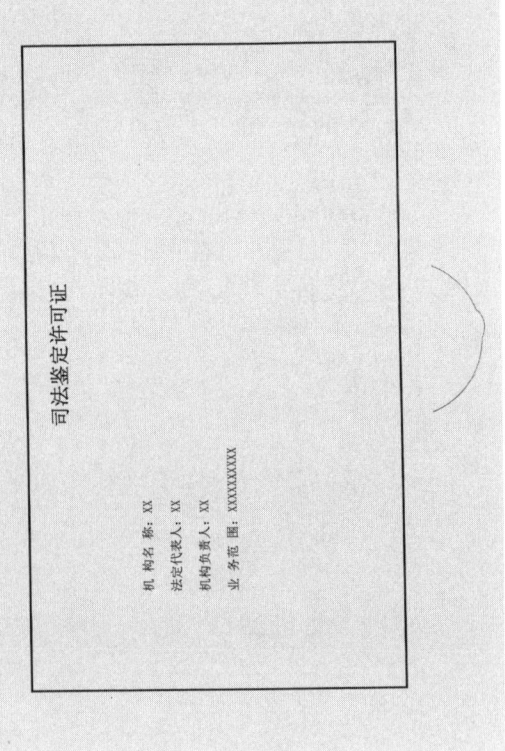

第五节 亲缘鉴定能力验证(全同胞)

检验记录

检验步骤	人血红细胞自确证试验、人解冻脱体异性蛋白确证试验、X-STR分型检测、Y-STR分型检测、常染色体STR分型检测	检验依据	《洁血案见技术规范》GB/T 37223-2018、《个体识别技术规范》SF/Z JD0106002-2018、《人类学DNA实验室复检检验规范》GA/T 383-2014、《人血痕液PSA检测标准试剂盒法》GA/T 765-2020、《人血液检鉴检测标准试剂盒法》GA/T 766-2020、《法医物证鉴定常染色体STR检验规范》SF/Z JD0105006-2018、《法医物证鉴定复检Y-STR检验规范》SF/Z JD0105007-2018
仪器设备	GE-1000扩增仪、3130XL型DNA遗传分析仪		
检验条件	温度 26℃ 湿度 35%		

一、人血红细胞自确证试验

检验依据：2021SF-CNAS-006A《人血红细胞自确证试验》

试剂(盒)名：人血红细胞自确证试剂盒法 GAZ05-2008			
检材用量：约0.9mm²	洗液液：500μ1 纯水		
实验条件：室温30min	类否已摄光线检试剂盒法		

检测结果		原始线	检测线
阴性对照(毛囊纯化水)			+
阳性对照(人血痕)		+	+
2021SF-CNAS-006A			

二、人解冻脱体异性蛋白确证试验

检验依据：2021SF-CNAS-006B《人解冻脱体PSA检测试剂盒法》

试剂(盒)名：人解冻脱体异性蛋白试剂盒法 GATF6-2008			
检材用量：约0.9mm²	洗液液：500μ1 纯水		
实验条件：室温30min	类否已摄光线检试剂盒法		

检测结果		原始线	检测线
阴性对照(毛囊纯化水)			+
阳性对照(人精液)		+	+
2021SF-CNAS-006B			

三、DNA提取

仪器：离心机(√)   恒温混合仪(√)
50℃水浴箱(√) 100℃金属浴(√)

编号	2021SF-CNAS-009A	2021SF-CNAS-010A	2021SF-CNAS-007I11	2021SF-CNAS-008I1
提取方法	Chelex-100	Chelex-100	FTA卡法	FTA卡法

操作人：XXX
检测时间：自 2021/06/10, 08时 09分 至 2021/06/10, 09时 35分

试剂盒名称：2021SF-CNAS-009A 19X ID System						
25μ1	编号	样品编号	位置	模板DNA	样品编号	模板DNA
1A	2021SF-CNAS-009A	F312	3E	1.0μ1	2021SF-CNAS-007I11	1.0μ1
1B	2021SF-CNAS-009B	H2O	3F	1.2Mᵨ	2021SF-CNAS-008I	1.2Mᵨ
1C	2021SF-CNAS-009A		3G	1.0μ1	2021SF-CNAS-009I11	1.2Mᵨ

四、PCR扩增

操作人：XXX
检测时间：自 2021/06/10, 12时 00分 至 2021/06/10, 13时 20分
试剂盒名称：Microreader™ 38Y ID System

扩增体系	27μ1					
编号	样品编号	位置	模板DNA	样品编号	位置	模板DNA
3A	2021SF-CNAS-006A	F312	4B	1.2Mᵨ	2021SF-CNAS-007I11	1.0μ1
3B	2021SF-CNAS-006B	H2O	4C	1.2Mᵨ	2021SF-CNAS-008I	1.2Mᵨ
3C	2021SF-CNAS-006A		4E	1.2Mᵨ	2021SF-CNAS-008I1	1.2Mᵨ
3D	2021SF-CNAS-006B		4F	1.2Mᵨ	2021SF-CNAS-009I11	1.2Mᵨ

操作人：XXX
检测时间：自 2021/06/11, 12时 00分 至 2021/06/11, 13时 40分
试剂盒名称：Microreader™ 23sp Direct ID System
扩增体系 25μ1

编号	样品编号	位置	模板DNA	样品编号	位置	模板DNA
5A	2021SF-CNAS-007I	F312	5E	1.2Mᵨ	2021SF-CNAS-008I11	1.0μ1
5B	2021SF-CNAS-007I11	H2O	5F	1.2Mᵨ		
5C	2021SF-CNAS-008I11		5G	1.2Mᵨ		
5D	2021SF-CNAS-008I		5H			

五、分型检测

操作人：XXX
检测时间：自 2021/06/11, 16时 00分 至 2021/06/11, 19时 25分

	27水		XXX	
位置	样品编号	完成	位置	样品编号	完成
1A	F312	√	4A	2021SF-CNAS-007I11	√
1B	H2O	√	4B	2021SF-CNAS-008I	√
1C	2021SF-CNAS-009A	√	4C	2021SF-CNAS-009I1	√
1D	2021SF-CNAS-010A	√	4D	LADDER	√
2B	H2O	√	4E	2021SF-CNAS-007I11	√
2C	MD08	√	4F	2021SF-CNAS-008I	√
2D	2021SF-CNAS-010A	√	4G	2021SF-CNAS-009I11	√
3B	H2O	√	5A	2021SF-CNAS-0111	√
3C	2021SF-CNAS-006A	√	5B	LADDER	√
3D	2021SF-CNAS-006B	√	5C	H2O	√
3E	2021SF-CNAS-005B	√	5D	2021SF-CNAS-005B	√
			5E	2021SF-CNAS-006A	√
			5F	2021SF-CNAS-006B	√
			5G	2021SF-CNAS-0111	√
			5H	F312	√

位置	编号	完成
3G	2021SF-CNAS-007I	√
3H	LADDER	√
	5H	√
	6A	√
	6B	√

六、检验

(采用GeneMapper ID-X 1.4软件自动示数据分析)
2021SF-CNAS-005A, 2021SF-CNAS-005B, 2021SF-CNAS-006A, 2021SF-CNAS-006B, 2021SF-CNAS-007I, 2021SF-CNAS-007I11, 2021SF-CNAS-008I, 2021SF-CNAS-008I11, 2021SF-CNAS-0111, 2021SF-CNAS-01111

LR=/	
LR*=1.3282×10⁸	
CPI=2.3036×10⁵	
CPI=6.8553×10⁵	
IBS=42	
判定：XXXX/XXX	

检验见成，可书其文书。

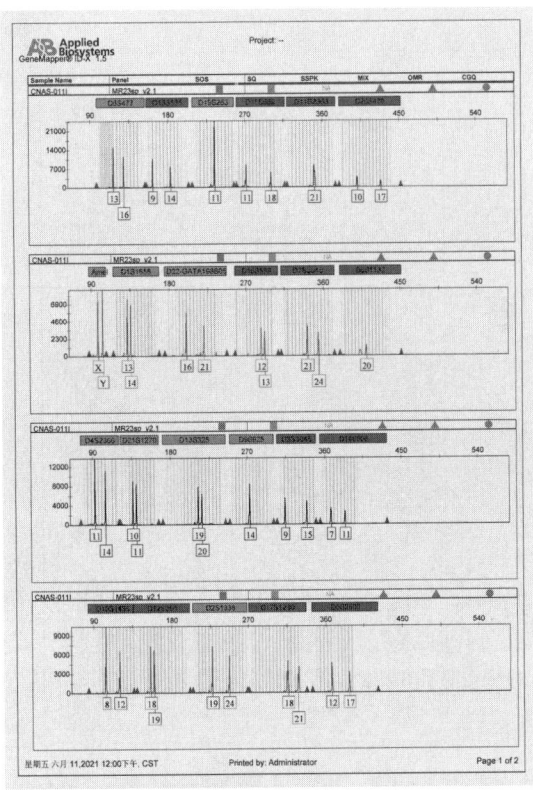
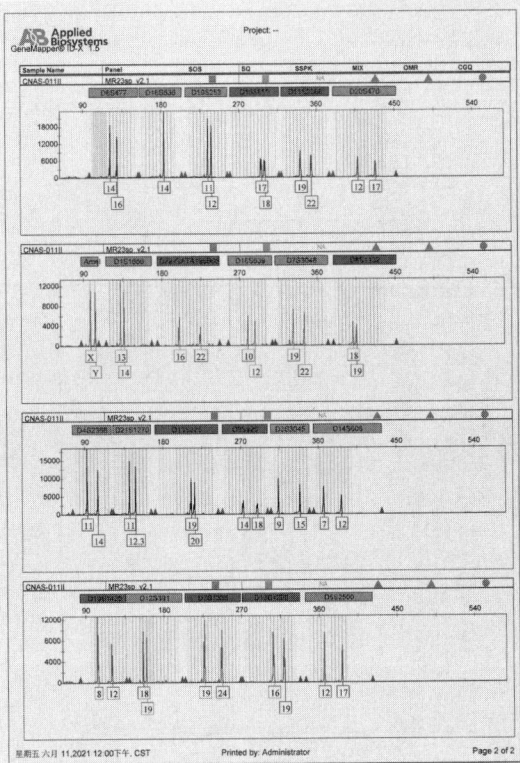
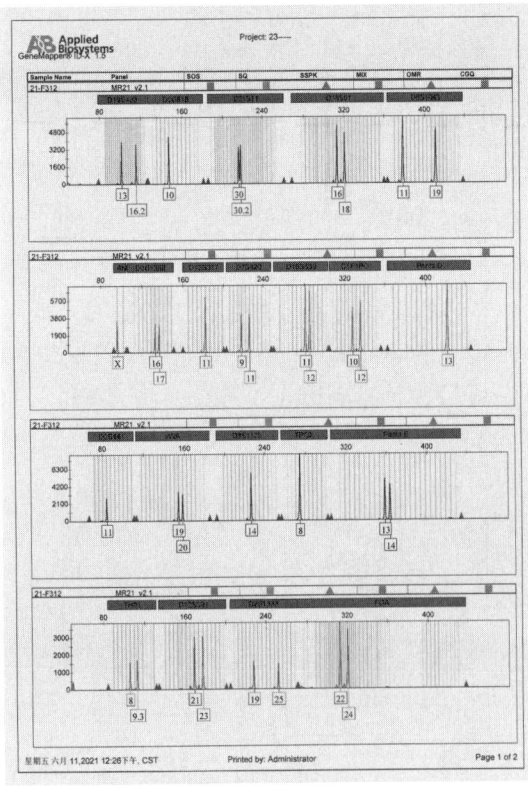
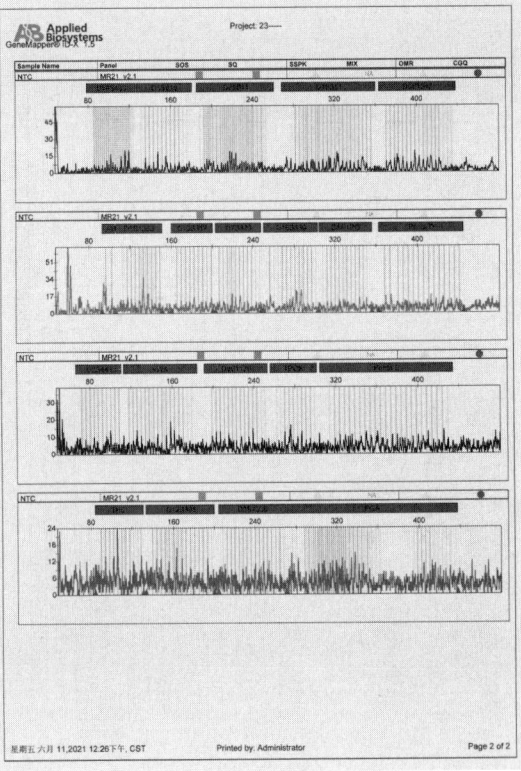

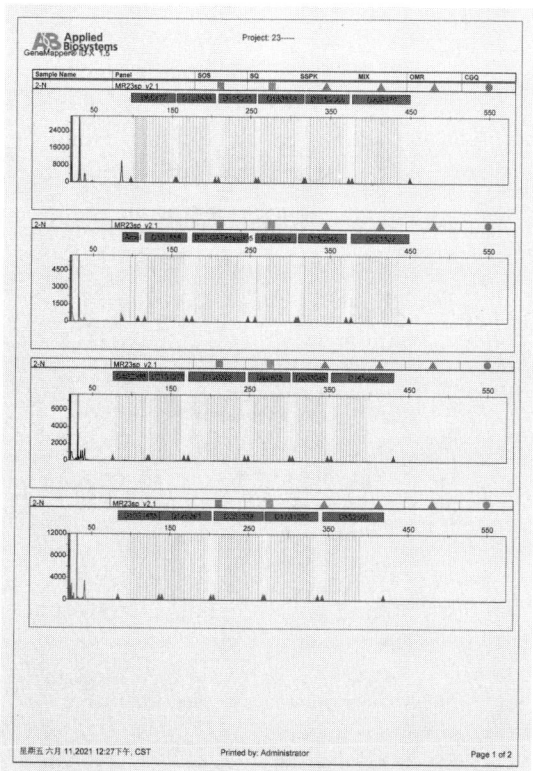
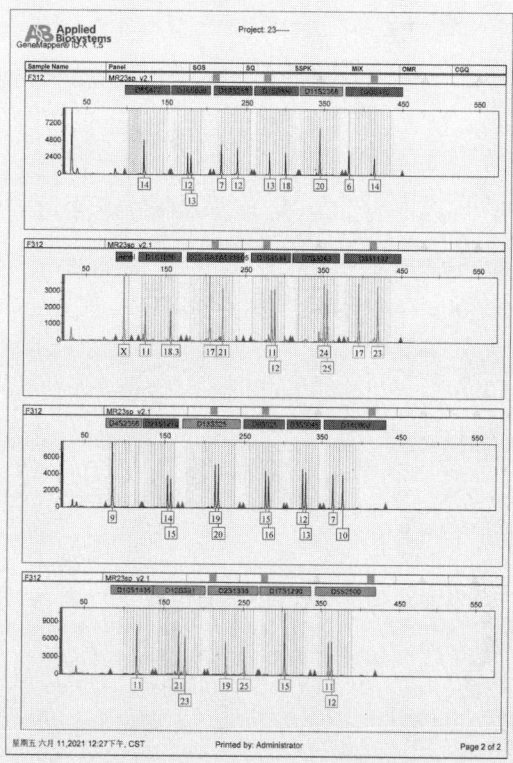
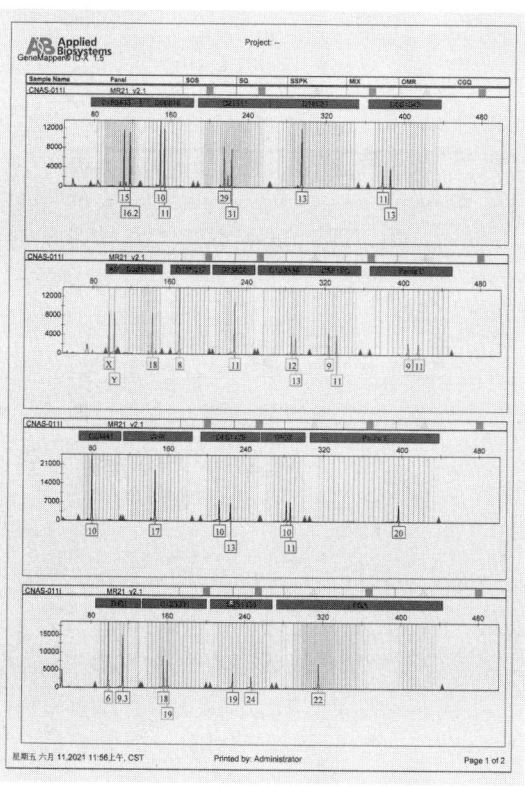
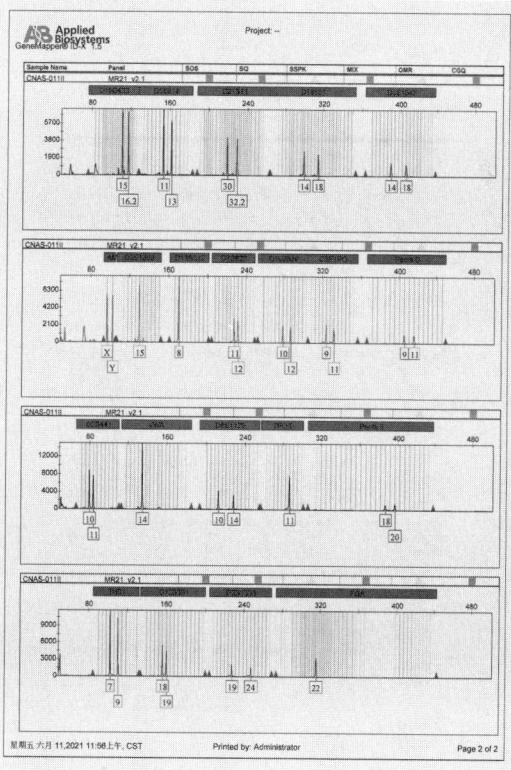

【点评】

鉴定意见书和检验结果报告表中样本 Ⅰ 和样本 Ⅱ 的多个基因座的分型结果颠倒。

例 6

司法鉴定意见书

XXX 司法鉴定中心

XXXX 司法鉴定中心
司法鉴定意见书

编号：21BG0152 号

一、基本情况

1、委托人：XXX、XXX
2、受理日期：2021 年 5 月 29 日
3、检验日期：2021 年 5 月 29 日
4、基本案情：个体 1 与个体 2 怀疑为失散多年的全同胞，且双亲均已故，两人之间不存在其他亲缘关系（如半同胞、堂表亲等），现提出亲缘鉴定的要求，以明确他们是否为全同胞。
5、鉴定材料：
①个体 1 血样检材编号为 21BG0152-1 号；
②个体 2 血样检材编号为 21BG0152-2 号。
6、鉴定事项：全同胞鉴定。
7、鉴定地点：XXX 司法鉴定中心法医物证实验室

二、检验

（一）检验过程

1、DNA 提取：按照 GA/T 383-2014 标准中磁珠法分别提取 21BG0152-1 号和 21BG0152-2 号 DNA 检材。
2、常染色体 STR 多态性检验

分别取 21BG0152-1 号和 21BG0152-2 号检材 DNA 适量，使用 PowerPlex 21 System 试剂盒进行 PCR 扩增，扩增产物应用 3130XL 型全自动荧光分析仪进行检测，按照 SF/Z JD0105002-2014 标准分析上述检材的基因分型。

3、Y 染色体 STR 多态性检验

取 21BG0152-1 号和 21BG0152-2 号检材 DNA 适量，使用 Y-filer Platinum PCR 试剂盒进行 PCR 扩增，扩增产物应用 3130XL 型全自动荧光分析仪进行检测，按照 SF/Z JD0105002-2014 标准分析上述检材的基因分型。

（二）检验结果

1、常染色体 STR 多态性检验结果：

	AMEL	D3S1358	D1S1656	D6S1043	D13S317	Penta E	D16S539
21BG0152-1	X/Y	18	13/14	11/13	8	20	12/13
21BG0152-2	X/Y	15	13/14	14/18	8	18/20	10/12

	D18S51	D2S1338	CSF1PO	Penta D	TH01	vWA	D21S11
21BG0152-1	13	19/24	9/11	9/11	6/9.3	17	29/31
21BG0152-2	14/18	19/24	9/11	7/9	14		30/32.2

	D7S820	D5S818	TPOX	D8S1179	D12S391	D19S433	FGA
21BG0152-1	11	10/11	10/11	10/13	12		15/16.2	22
21BG0152-2	11	11/13	11	10/14	18/19	15/16.2	22

2、Y 染色体 STR 多态性检验结果：

	DYS391	DYS635	DYS389II	DYS627	DYS549
21BG0152-1	12	23	27	23	12
21BG0152-2	12	23	27	23	12

	DYS576	DYS593	DYS645	DYS460	DYS458
21BG0152-1	17	16	8	10	19
21BG0152-2	17	16	8	10	19

	DYS19	YGATAH4	DYS448	DYS391	DYS557
21BG0152-1	16	13	18	10	18
21BG0152-2	16	13	18	10	18

	DYS522	DYS456	DYS390	DYS438	DYS392
21BG0152-1	12	14	25	10	13
21BG0152-2	12	14	25	10	13

	DYS518	DYS444	DYS533	rs771783753	rs759551978
21BG0152-1	39	12	11	2	2
21BG0152-2	39	12	11	2	2

	rs199815934	DYS570	DYS437	DYS385	DYS449
21BG0152-1	1	18	14	14/18	32
21BG0152-2	1	18	14	14/18	32

	DYS643	DYS596	DYS393	DYS439	DYS481
21BG0152-1	10	15	12	13	23
21BG0152-2	10	15	12	13	23

	DYF387S1	DYS527	DYS447
21BG0152-1	36	22/24	24
21BG0152-2	36	22/24	24

三、分析说明：

全同胞关系鉴定主要依据常染色体 STR 基因座分型结果，通过计算两名被鉴定人之间的累计状态一致性评分（IBS），结合 IBS 在无关个体对人群和全同胞对人群中的概率分布规律，对被鉴定人之间是否存在生物学全同胞关系做出判断。

在进行生物学全同胞关系鉴定时，目前亲缘关系鉴定常用 D3S1358、vWA、FGA、D21S11、D18S51、D5S818、D13S317、D7S820、D16S539、D8S1179、TH01、TPOX、CSF1PO、Penta E、Penta D、D2S1338、D19S433、D12S391、D6S1043、D1S1656 等基因座作为人类的遗传标记，系统检测效能约为 0.7500。

当两名被鉴定人均为男性时,可以补充检验 Y-STR 基因座。
21BG0152-1 号检材血样在 DYS389I 等 38 个基因座与 21BG0152-2 号检材血样符合遗传规律,二者的累计状态一致性评分(IBS)为 22。

四、鉴定意见:

依据上述资料和 DNA 分析结果,倾向认定个体 1 号血样和个体 2 号血样为全同胞。

五、司法鉴定人:

主任法医师　　司法鉴定人:XXX
《司法鉴定人执业证》证号:XXXXXX

主任法医师　　司法鉴定人:XXX
《司法鉴定人执业证》证号:XXXXXX

2021 年 6 月 10 日

附件:1.STR 多态性检验图谱、Y 染色体检验图谱
2.司法鉴定许可证复印件和司法鉴定人执业证复印件
3.检材照片

附件:1.STR 多态性检验图谱

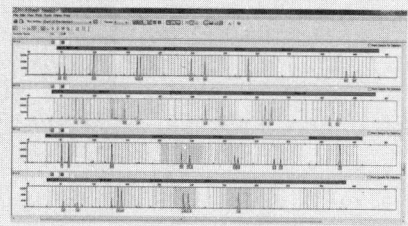

21BG0152-1 号检验图谱

21BG0152-2 号检验图谱

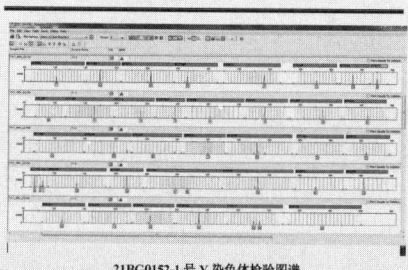

21BG0152-1 号 Y 染色体检验图谱

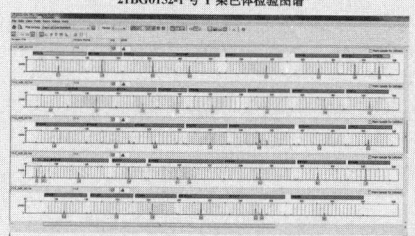

21BG0152-2 号 Y 染色体检验图谱

附件:2.司法鉴定许可证复印件和司法鉴定人执业证复印件

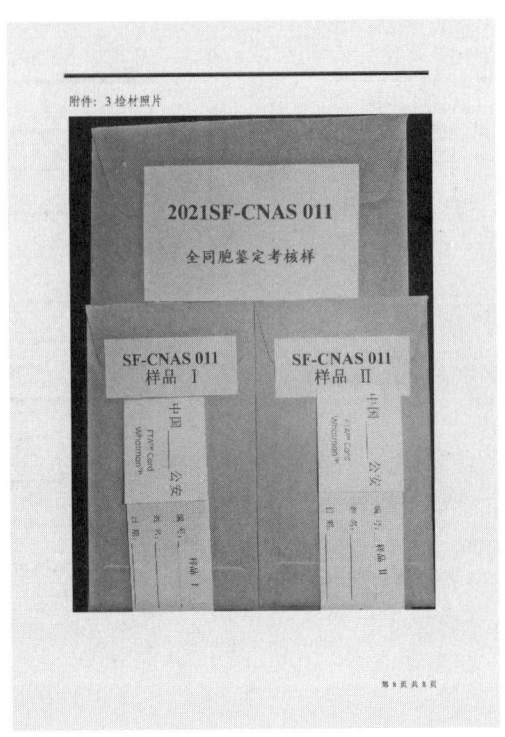

【点评】

鉴定意见书分析说明未按照全同胞鉴定标准依据 19 个 STR 基因座的 IBS 值进行判断。

 7

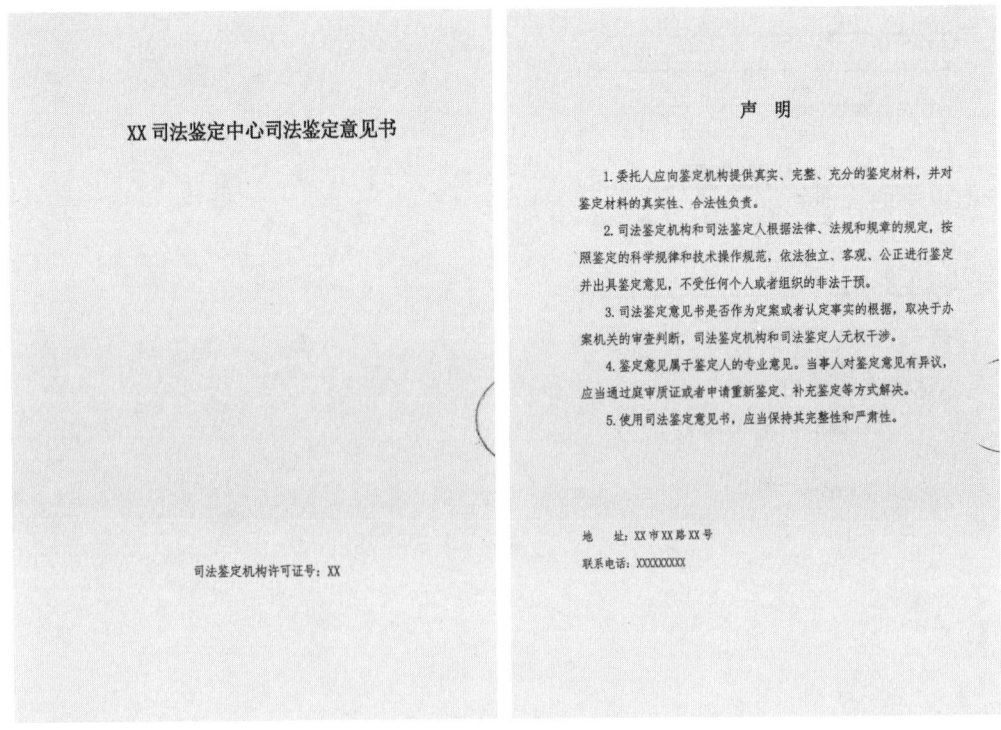

XX 司法鉴定中心司法鉴定意见书

XX 司鉴中心[2021]物鉴字第 21BG0215 号

一、基本情况
委 托 人：I 与 II
委托事项：对 I 与 II 之间是否全同胞关系的鉴定
委托日期：2021 年 05 月 20 日
受理日期：2021 年 05 月 20 日
鉴定材料：I 与 II 的血样
鉴定日期：2021 年 05 月 20 日至 2020 年 6 月 13 日
鉴定地点：XXXX 司法鉴定中心

二、简案摘要
个体1(I)与个体2(II)怀疑为失散多年的全同胞，且双亲均已故。两人之间不存在其他亲缘关系（如半同胞、堂表亲等）。现提出亲缘鉴定的要求，以明确他们是否为全同胞。检测过程中当采用某一检测系统无法给出倾向性意见时，要求补充检测 STR 基因座，以得到明确的倾向性意见。

三、被鉴定人概况

被鉴定人	性别	出生日期	身份证件号码	样本编号
个体1(I)	男	XXXX-XX-XX	XXXXXXXXXXXXXXXXXX	2021-物鉴-21BG0215-I
个体2(II)	男	XXXX-XX-XX	XXXXXXXXXXXXXXXXXX	2021-物鉴-21BG0215-II

四、检验过程
1、检材处理和检验方法

参照《法庭科学 DNA 实验室检验规范》（GA/T383-2014）、《生物学全同胞关系鉴定实施规范》（SF/Z JD0105002-2014）有关规定，采用 Microreader™ 21

四、分析说明
全同胞关系鉴定主要依据常染色体 STR 基因座分型结果，通过计算两名被鉴定人间的累计状态一致性评分（IBS），结合 IBS 在无关个体对人群和全同胞对人群中的概率分布规律，对被鉴定人之间是否存在生物学全同胞关系做出的判读。
综上检验结果，个体1与个体2的 IBS 评分为 42（≥42），倾向于认为个体1(I)与个体2(II)之间存在生物学全同胞关系。

五、鉴定意见
依据现有资料和 DNA 分析结果，倾向于认为个体1(I)与个体2(II)之间存在生物学全同胞关系。

鉴定人：主任法医师　　　　XX X X
《司法鉴定人执业证》证号：XX

鉴定人：主检法医师　　　　XX X X
《司法鉴定人执业证》证号：XX

授权签字人：主任法医师　　XX X X
《司法鉴定人执业证》证号：XX

XX 司法鉴定中心
二〇二一年六月十日

注：被鉴定人及相关证件电子照片见附件

XX 司鉴中心[2021]物鉴字第 21BG0215 号

附件1、被鉴定人及相关证件电子照片

特此说明：因能力验证标本未提供，此处省略。

【点评】
鉴定意见书缺少检验结果。

三、总结

本次能力验证项目中,报名参加单位共217家,来自24个省、自治区和直辖市,其中返回结果214家,未返回结果者3家。214家参与评价机构中,满意181家,占84.6%;通过9家,占4.2%;不通过24家,占11.2%。

从采用的检测手段来看,所有返回结果的实验室均采用了荧光检测的方法,未见采用银染方法的实验室。从所使用的关键设备遗传分析仪来看,214家实验室中全部使用了目前国际上通用的至少具备分辨五色荧光技术的机型,其中有64家使用了最新的具备六色荧光标记技术的3500型遗传分析仪。从所使用的关键试剂STR分型试剂盒来看,有5家实验室使用一种试剂盒,其余为两种以上试剂盒。从检测的STR基因座数来看,有5家实验室最多检测19个STR基因座,显示出实验室的检测能力还有待加强。

参与本次能力验证计划评价的214家机构中,有22家(10%)的报告文书不符合《司法鉴定程序通则》中关于司法鉴定文书规范的要求。有些实验室未能了解鉴定意见书的要求,所提交的报告文书类似于医院的化验单。关于检测过程的原始记录,有58家参加机构(27%)不够理想,主要存在的问题同前几节。

第六节 亲缘鉴定能力验证(祖孙)

一、总体情况

祖孙鉴定是法医物证学领域亲缘鉴定的又一常见类型,祖孙鉴定的行业标准《生物学祖孙关系鉴定规范》(SFZ JD0105005-2015)首次颁布于2015年。亲缘鉴定能力验证(祖孙)的目的旨在对各实验室进行祖孙鉴定能力进行科学、客观的考察和评价。

本节选取了2022年度亲缘鉴定能力验证祖孙的部分素材。采用了一例祖孙鉴定案例的材料制作考核样品,重点考察参加者对祖孙鉴定标准的理解、使用以及鉴定文书和鉴定意见表述的规范程度。

本次能力验证计划提供的样品为四份制备在FTA卡上的血斑材料,要求参加者采用日常检测方法对待检样品进行检验并提交"检测结果报告表"、"祖孙指数值报告表"、完整的鉴定意见书及相关原始记录。

二、典型错误展示与点评

例 1

联合应用可进行亲缘关系鉴定，其平均非父母排除率不低于0.999999964。

（一）常染色体

1. 在上述常染色体基因座中，被检孩子 B 血样留有者每个基因座的基因型中两个等位基因其中一个可在孩子生母 A 血样留有者的分型中找到来源，根据上述 50 个 STR 分型结果，按本次能力验证所提供的群体调查数据与北京人群调查数据统计分析得到信息，累计母权指数为 1.8133×10^{13}。

2. 本鉴定在缺乏父亲样本的前提下，在上述基因座中，被检孩子 B 血样留有者的每个基因座中的两个等位基因其中一个可在孩子生母 A 血样留有者的基因型中找到来源，另一个等位基因均可在祖父 C 血样留有者或祖母 D 血样留有者的基因型中找到来源。根据上述 STR 分型结果，按《生物学祖孙关系鉴定规范》中方法计算祖父 C 血样留有者、祖母 D 血样留有者与被检孩子 B 血样留有者有祖孙关系的祖孙指数为 4.1833×10^{10}，大于规范中认定祖孙关系的祖孙指数 10000，即祖父 C 血样留有者、祖母 D 血样留有者与被检孩子 B 血样留有者应有祖孙关系。

（二）Y 染色体

DYS393 等基因座均为人类 Y 染色体遗传标记，呈父系遗传，同一父系不同男性个体的 Y-STR 分型结果相同。

祖父 C 血样留有者与被检孩子 B 血样留有者的 29 个 Y-STR 系统的单倍型一致，符合同一父系遗传规律，不排除他们均来自同一父系。

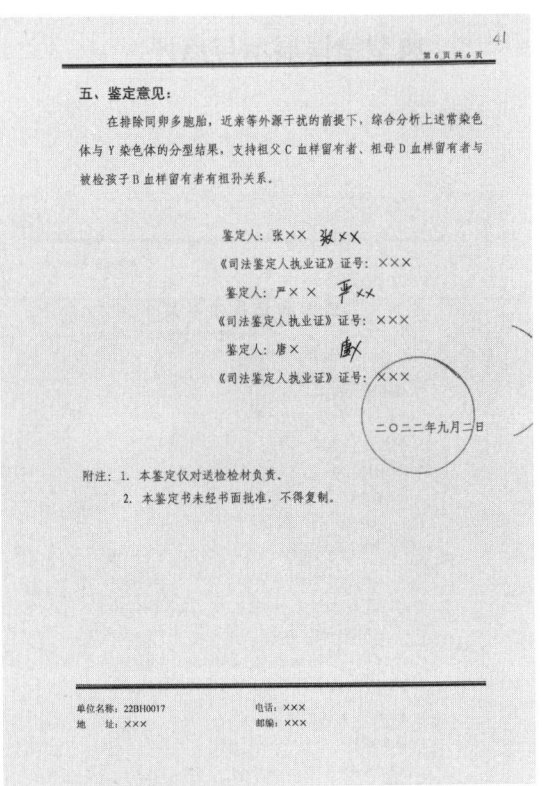

五、鉴定意见：

在排除同卵多胞胎、近亲等外源干扰的前提下，综合分析上述染色体与 Y 染色体的分型结果，支持祖父 C 血样留有者、祖母 D 血样留有者与被检孩子 B 血样留有者有祖孙关系。

鉴定人：张××
《司法鉴定人执业证》证号：×××

鉴定人：严××
《司法鉴定人执业证》证号：×××

鉴定人：唐×
《司法鉴定人执业证》证号：×××

二〇二二年九月二日

附注：1. 本鉴定仅对送检检材负责。
2. 本鉴定书未经书面批准，不得复制。

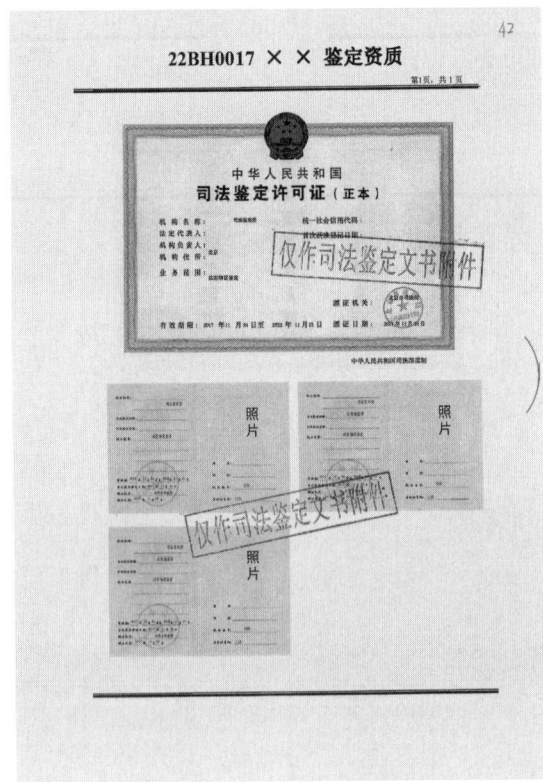

【点评】

编号为 22BH0017 的机构 DNA 分型结果正确，但 D15S659 基因座 GI 值计算错误。

例 2

XXXX法医物证司法鉴定所

参加编号：22BH008
正文 第1页 共4页

司法鉴定意见书

XX司鉴所 [2022] 物鉴字第 22BH0018 号

一、基本情况

委 托 方：司法鉴定科学研究院
经 手 人：刘红红、刘宇辰
委托事项：对个体1与个体2是否为全同胞进行DNA鉴定。
委托日期：2022年08月25日。
受理日期：2022年08月25日。
检材接收日期：2022年08月25日。
鉴定地点：XXXX法医物证司法鉴定所。

二、鉴定材料及概况

姓名	性别	既定关系	样品类型	身份证件号码	检材编号
孩子生母	女	孩子生母	血样		2022SFJD004-A
孩子	—	孩子	血样		2022SFJD004-B
祖父	男	祖父	血样		2022SFJD004-C
祖母	女	祖母	血样		2022SFJD004-D

三、基本案情

孩子生母与一男子未婚同居，且生下一名孩子。孩子生父因意外身亡，现因遗传纠纷及孩子抚养权等相关问题，要求对孩子与祖父母之间进行祖孙关系鉴定。

四、鉴定过程

（一）检材处理和检验方法

依据《法庭科学DNA实验室检验规范》(GA/T383-2014)、《生物学祖孙关系鉴定规范》(SF/Z JD0105005--2015)，用Chelex法提取DNA。

使用美国ABI公司 Huaxia Platinum 身份鉴定试剂盒，同时设阴性对照样本和阳性对照样本，用ABI-3130XL遗传分析仪进行毛细管电泳，用 GeneMapper® ID-X 软件进行基因分型分析，得到40个STR位点的基因分型结果（见表1）。

（二）检验结果

表1. 检材常规STR位点的基因分型结果

STR位点	2022SFJD004-A	2022SFJD004-B	2022SFJD004-C	2022SFJD004-D	GI值
D2S1338	19, 19	18, 19	18, 24	19, 25	1.7385
D3S1358	16, 16	16, 17	16, 17	16, 17	2.4248
D5S818	11, 12	12, 12	12, 13	10, 10	1.0391
D6S1043	18, 19	11, 19	13, 13	11, 18	2.2852
D7S820	11, 12	7, 12	7, 11	11, 12	125.0000
D8S1179	12, 13	13, 16	15, 16	15, 15	3.3921
D12S391	17, 19	17, 22	19, 20	19, 22	2.4606
D13S317	8, 9	8, 9	8, 9	8, 9	2.3855
D16S539	9, 11	9, 9	11, 12	9, 11	0.8803
D18S51	11, 14	14, 16	14, 16	15, 20	1.9055
D19S433	14, 16.2	12, 16.2	12, 15.2	12, 15.2	15.9744
D21S11	30, 31.2	30, 32.2	32.2, 32.2	31, 32.2	6.0193
CSF1PO	11, 11	10, 11	10, 12	9, 13	1.0275
FGA	22, 26	18, 22	18, 25	22, 23	13.8122
TH01	7, 9	7, 9	6, 7	7, 9	0.9519
TPOX	9, 9	8, 9	11, 11	8, 8	0.9735
Penta D	9, 11	9, 9	7, 12	9, 10	0.5124
Penta E	15, 18	15, 16	12, 16	12, 15	3.6075
vWA	14, 16	15, 16	14, 17	14, 19	1.1874
D1S1656	13, 15	13, 15	15, 16	16, 17	1.2947
D2S441	12, 14	11, 12	10, 10	10, 11	0.7323
D10S1248	13, 14	13, 14	15, 15	13, 16	0.4245
Amelogenin	X, X	X, Y	X, Y	X, X	
D22S1045	15, 17	15, 17	16, 17	11, 15	1.0595

五、分析说明

D3S1358等23个基因座均是人类的遗传标记，遵循孟德尔遗传定律，联合应用可进行亲缘（祖孙）关系鉴定。四份检材在23个基因座均得到特异性扩增产物，阴性对照未检出特异性扩增产物，阳性对照基因分型正确。

上述STR分型结果表明，孩子的基因均可在祖父母找到来源，符合孟德尔遗传定律。依据《生物学祖孙关系鉴定规范》JD0105005-2015 对其23个基因座进行祖孙关系计算，计算23个STR基因座的累积祖孙关系指数为 4.9461×10^7。

六、鉴定意见

依据现有资料和DNA分析结果，在不考虑多胞胎、近亲及外缘干扰的前提下，支持祖父母与被检孩子间存在生物学祖孙关系。

七、司法鉴定人

司法鉴定人 (XXX)：　　XXX
《司法鉴定人执业证》证号：XXXXXXXXXXXX

司法鉴定人 (XXX)：　　XXX
《司法鉴定人执业证》证号：XXXXXXXXXXXX

二〇二二年九月二十日

注：1. 被鉴定物材相关照片见附件。
2. 本鉴定仅对送检样品负责。

附件 第1页 共1页

附件：被鉴定检材照片及参加编号凭证

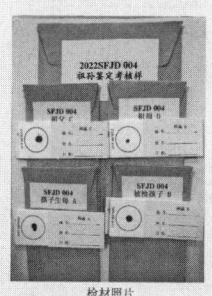

检材照片　　　　参加编号凭证

【点评】

编号为 22BH0018 的机构鉴定意见书委托事项为两个体间的全同胞鉴定。

例 3

××××××司法鉴定中心

司法鉴定意见书

2022SFJD004

参加编号：22BH0019

亲缘鉴定（祖孙鉴定/血斑）

司法鉴定许可证号 ×××××××××××

声 明

1. 司法鉴定结构和司法鉴定人根据法律、法规和规章的规定，按照鉴定的科学规律和技术操作规范，依法独立、客观、公正进行鉴定并出具鉴定意见，不受任何个人或者组织的非法干预。

2. 司法鉴定意见书是否做为定案或者认定事实的根据，取决于办案机构的审查判断，司法鉴定结构和司法鉴定人无权干涉。

3. 使用司法鉴定意见书，应当保持其完整性和严肃性。

4. 鉴定意见属于鉴定人的专业意见。当事人对鉴定意见有异议，应当通过庭审质证或者申请重新鉴定、补充鉴定等方式解决。

地　　址：×××××××××××（邮政编码××××××）

联系电话：×××××××××××

××××××司法鉴定中心

司法鉴定意见书

编号：××××司鉴[2022]法物鉴字第148号

一、基本情况

委托单位（人）： 司法鉴定科学研究院

委托事项： 对祖父、祖母与被检孩子之间有无祖孙关系的鉴定

受理日期： 2022年08月27日

鉴定材料： 祖父、祖母、孩子生母、被检孩子血样

鉴定日期： 2022年08月28日—2022年09月03日

鉴定地点： ××××××司法鉴定中心法医物证实验室

在场人员： ××、×××、××

被鉴定人： 祖父、祖母、孩子生母、被检孩

被鉴定人	性别	称谓	出生日期	身份证件号码	样本编号
孩子生母(A)	/	/	/		SFJD004A
被检孩子(B)	/	/	/		SFJD004B
祖父(C)	/	/	/		SFJD004C
祖母(D)	/	/	/		SFJD004D

二、基本案情

孩子生母与一男子未婚同居，且生下一名孩子。孩子生父因意外身亡，现因遗传纠纷及孩子抚养权等相关问题，要求对孩子与祖父母之间进行祖孙关系鉴定。

三、资料摘要

××××司法鉴定中心申请参加祖孙关系能力验证计划，收到司法鉴定科学研究院分发的祖孙亲缘鉴定样品，要求对样本进行STR分型，确定祖孙亲缘关系。

四、鉴定过程

1. 检材处理和检验方法

2022年08月28日—2022年09月03日司法鉴定人××、×××按照中华人民共和国公共安全行业标准行业标准GA/T383-2014《法庭科学DNA实验室检验规范》附录A中Chelex法提取DNA，根据中华人民共和国公共安全行业标准GA/T 1163-2014《人类DNA荧光标记STR分型结果的分析及应用》、司法鉴定技术规范SF/Z JD0105005-2015《生物学祖孙关系鉴定规范》的要求，取上述检材DNA提取液适量，用GSTAR™25试剂盒（北京金马晨科技有限公司）进行复合PCR扩增，扩增产物用ABI3130XL遗传分析仪（美国AB公司）进行毛细管电泳与激光扫描分析，对STR位点和性别基因进行检测，得到上述检材的基因分型。

2. 检验结果：

遗传标记	样品A (孩子生母)	样品B (被检孩子)	样品C (祖父)	样品D (祖母)	孩子生父基因	祖孙关系指数(GI)
D2S1338	19	18, 19	19, 25	18		1.7385
D3S1358	16	16, 17	16, 17	16, 17	17	2.4248
D5S818	11, 12	12	12, 13	10	12	0.0391
D6S1043	18, 19	11, 19	13	11, 18	18	1.4543
D7S820	11, 12	7, 12	7, 11	11, 12	7	250

基因座						
D8S1179	12, 13	13, 16	15, 16	15	16	3.3921
D12S391	17, 19	17, 22	19, 20	19, 22	22	2.4606
D13S317	8, 9	8, 9	8, 9	9	8 或 9	2.3855
D16S539	9, 11	9	11, 12	9, 11	11	1.9342
D18S51	13, 14	14, 16	14, 16	15, 20	14	1.9055
D19S433	14, 16.2	12, 16.2	12, 15.2	12, 15.2	12	15.9744
D21S11	30, 31.2	30, 32.2	32.2	31, 32.2	32.2	6.0192 6
CSF1PO	11	10, 11	10, 12	9, 13	10	1.0275
FGA	22, 26	18, 22	18, 25	22, 23	18	13.8121
TH01	7, 9	7, 9	6, 7	7, 9	7 或 9	0.9519
TPOX	9	8, 9	11	8	8	0.9735
Penta D	9, 11	9, 11	7, 12	9, 10	9 或 11	0.6428
Penta E	15, 18	15, 16	12, 16	12, 15	16	3.6075
vWA	14, 16	14, 16	14, 17	14, 19	14 或 16	1.18737
D1S1656	13, 15	13, 15	13, 15	16, 17	13 或 15	1.2947
D2S441	12, 14	11, 12	10	10, 11	11	0.7323
D10S1248	13, 14	13, 14	15	13, 16	13 或 14	0.4245
D22S1045	15, 17	15, 17	16, 17	11, 15	15 或 17	1.1710
Amelogenin	X, X	X, Y	X, Y	X, X	18	1.7385
Yindel		1	1		17	2.4248

五、分析说明

D19S433、D5S818、D21S11、D18S51 等 23 个 STR 基因座均为人类的遗传标记，遵循孟德尔遗传定律，联合应用可进行亲权鉴定，其累积非父排除概率大于 0.9999。

在进行生物学祖孙关系鉴定时，常用的 19 个常染色体 STR 基因座 (D19S433、D5S818、D21S11、D18S51、D6S1043、D3S1358、D13S317、D7S820、D16S539、CSF1PO、PentaD、vWA、D8S1179、TPOX、PentaE、TH01、D12S391、D2S1338、FGA) 为 SF/Z JD0105005-2015 规范推荐的基因座；鼓励在上述 19 个 STR 基因座基础上增加更多的、经过验证的、与上述 19 个 STR 基因座不存在连锁和连锁不平衡的其他常染色体 STR 基因座，以提高检测系统效能。本实验使用 GSTAR™25 试剂盒（北京金

马晟和科技有限公司），除含有上述 19 个基因座，还有 D1S1656、D2S441、D10S1248、D22S1045 四个经过验证的、与上述 19 个 STR 基因座不存在连锁和连锁不平衡的常染色体 STR 基因座，使用可以提高检测系统效能。

按照司法鉴定技术规范 SF/Z JD0105005-2015《生物学祖孙关系鉴定规范》的要求，在计算某一 STR 基因座上的祖孙关系指数时，首先应依据遗传学原理，参照被检孩子及其生母的基因型，推断出被检孩子在该基因座上的生父基因。当被检孩子与生母基因型相同（此时无法确定孩子生父基因）时，则被检孩子的两种基因均有生父基因的可能；当生母与被检孩子间不吻合遗传规律的基因座个数超过 1 个时，则先确认生母与被检孩子间的生物学母子关系。

确定生父基因后，如被检孩子的生父基因与被检祖父、祖母同吻合遗传规律，不考虑突变的可能，按照《SF/Z JD0105005-2015 生物学祖孙关系鉴定规范》4.2.1 计算出每一个基因座的祖孙关系指数，再计算累积祖孙关系指数。

综上检验结果分析，在每一个 STR 基因座，母亲均能提供给孩子必需的等位基因；依据遗传学原理，参照被检孩子及其生母的基因型，推断出被检孩子在该基因座上的生父基因，祖父和祖母均能提供给孩子生父必需的等位基因。经计算，累积祖孙关系指数为 191787432.0226 (注：大于 10000)。

六、鉴定意见

依据现有资料和DNA遗传标记分型结果，在排除同卵多胞胎、近亲及外源性干扰的前提下，支持祖父、祖母为被检孩子的生物学祖父母。

七、附件

附件1、样本照片

司法鉴定人：×××
《司法鉴定人执业证》证号：××××××
司法鉴定人：×××
《司法鉴定人执业证》证号：××××××
授权签字人：×××
《司法鉴定人执业证》证号：××××××

2022年09月03日

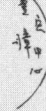

附件1、样本照片

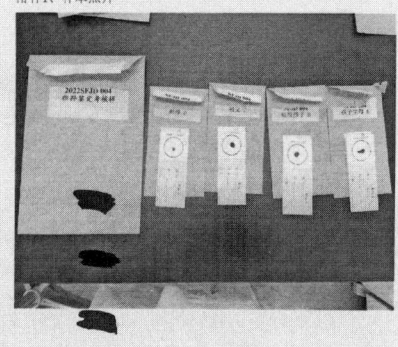

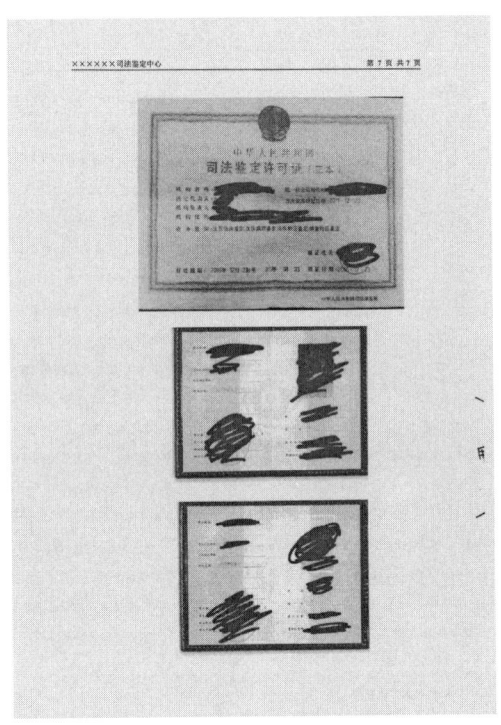

【点评】

编号为 22BH0019 的机构计算结果报告表及鉴定意见书中 D6S1043、D7S820、D16S539、Penta D、vWA 基因座 GI 值计算错误,鉴定意见书分型结果表中 Amel 和 Y-indel 错误地计算了 GI。

例 4

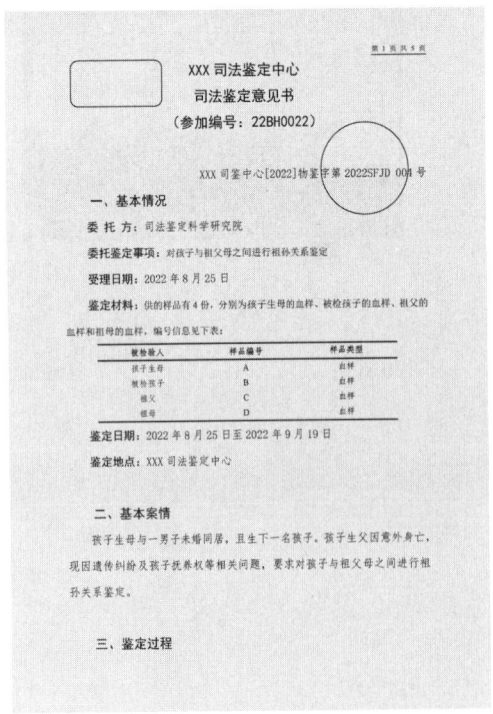

【点评】

编号为 22BH0022 的机构样品 C 在 vWA 基因座分型错误，D2S1338、D3S1358 和 D6S1043 等 23 个基因座 GI 值计算错误。

例 5

XX 司法鉴定所 司法鉴定意见书

XX 司鉴【2022】物鉴字第 JD004 号

一、基本情况
（一）委托方：司法鉴定科学研究院
（二）委托鉴定事项：亲缘鉴定(祖孙鉴定)，为了明确被检孩子与祖父母之间是否为祖孙关系。
（三）委托日期：2022 年 8 月 25 日
（四）鉴定材料：孩子生母的血样、被检孩子的血样、祖父的血样、祖母的血样
（五）鉴定日期：2022 年 8 月 25 日-2022 年 9 月 19 日
（六）鉴定地点：XX 司法鉴定所法医物证鉴定室

二、检案摘要
孩子生母与一男子未婚同居，且生下一名孩子。孩子生父因意外身亡，现因遗传纠纷及孩子抚养权等相关问题，要求对孩子与祖父母之间进行祖孙关系鉴定。

三、被鉴定人概况

样品	情况描述	材料编号
A	孩子生母(血样)	JD004 A
B	被检孩子(血样)	JD004 B
C	祖父(血样)	JD004 C
D	祖母(血样)	JD004 D

四、鉴定过程
（一）鉴定依据：
本案检验鉴定事项依据 GA/T 383-2014《法庭科学 DNA 实验室检验规范》和 SF/Z JD010505-2018《生物学祖孙关系鉴定规范》进行检验鉴定。采用人类 STRtyper-21G 扩增荧光检测试剂盒进行复合扩增，用 3500xL 遗传分析仪进行毛细管电泳，并用 GeneMapper v5.0 分析软件（Thermo Fisher）进行分析。

（二）使用仪器：
生物安全柜（济南鑫贝西生物技术有限公司）、超净工作台（苏州安泰空气技术有限公司）、移液器（Eppendorf）、2720 基因扩增仪（Thermo Fisher）、3500xL 遗传分析（Thermo Fisher）、枪头（麦斯诺）等。

（三）使用试剂：
人类 STRtyper-21G 扩增荧光检测试剂盒（宁波海尔施基因科技有限公司）等。

五、检测结果
1. DNA 分型
（1）在实验中，阴性及阳性对照结果均正确。
（2）JD004 A、JD004 B、JD004 C 与 JD004 D 的 STR 基因分型。

STR 基因座	JD004 A	JD004 B	JD004 C	JD004 D
D3S1358	16,16	16,17	16,17	16,17
TH01	7,9	7,9	6,7	7,9
D21S11	30,31.2	30,32.2	32.2,32.2	31,32.2
D18S51	13,14	14,16	14,16	15,20
Penta E	15,18	15,16	12,16	12,15
D5S818	11,12	12,12	12,13	10,10
D13S317	8,9	8,9	8,9	9,9
D7S820	11,12	7,12	7,11	11,12
D16S539	9,11	9,9	11,12	9,11
CSF1PO	11,11	10,11	10,12	9,13
Penta D	9,11	9,11	7,12	9,10
AMEL	X,X	X,Y	X,Y	X,X
vWA	14,16	14,16	14,17	14,19
D8S1179	12,13	13,16	15,16	15,15
TPOX	9,9	8,9	11,11	8,8
FGA	22,26	18,22	18,25	22,23
D19S433	14,16.2	12,16.2	12,15.2	12,15.2
D12S391	17,19	17,22	19,20	19,22
D6S1043	18,19	11,19	13,13	11,18
D2S1338	19,19	18,19	18,24	19,25
D1S1656	13,15	13,15	13,15	16,17

六、分析说明
D3S1358 等 20 个常染色体 STR 基因座均为人类的遗传学标记，遵循孟德尔遗传定律，联合应用可进行亲缘鉴定。根据《亲缘鉴定(祖孙鉴定/血缘)能力验证计划作业指南》所提供的群体数据资料，计算本系统中 20 个常染色体 STR 基因座的累积祖孙关系指数为 7.5086×10^3。（注：大于 10000）

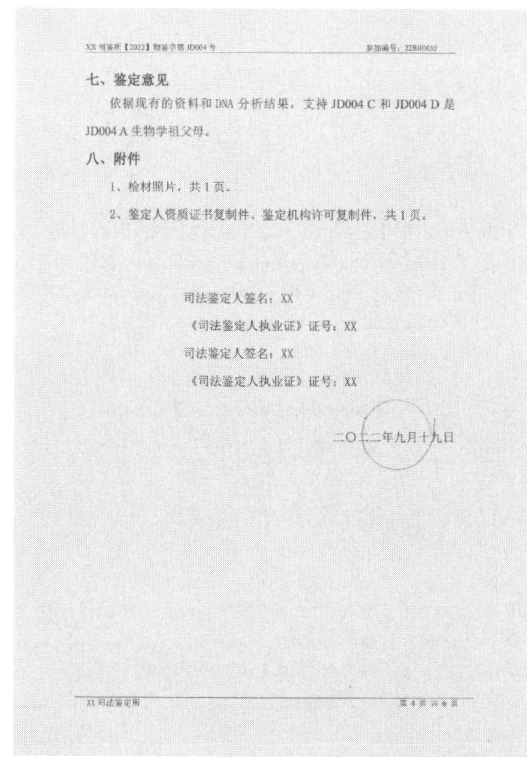

【点评】

编号 22BH0030 的机构孩子生母在 Penta E 基因座分型错误,vWA 基因座的 GI 值计算有误,且 SF/Z JD0105005－2015 误写为 SF/Z JD0105005－2018。

例 6

XXXX司法鉴定中心
司法鉴定意见书
（2022SFJD 004）

司法鉴定许可证号：XXXXXXX

声 明

1. 司法鉴定机构和司法鉴定人根据法律、法规和规章的规定，按照鉴定的科学规律和技术操作规范，依法独立、客观、公正进行鉴定并出具鉴定意见，不受任何个人或者组织的非法干预。
2. 司法鉴定意见书是否作为定案或者认定事实的根据，取决于办案机关的审查判断，司法鉴定机构和司法鉴定人无权干涉。
3. 使用司法鉴定意见书，应当保持其完整性和严肃性。
4. 鉴定意见属于鉴定人的专业意见。当事人对鉴定意见有异议，应当通过庭审质证或者申请重新鉴定、补充鉴定等方式解决。

地　址：XX省XX市XX路XX号（邮政编码：XXXXXX）
联系电话：XXXX-XXXXXXXX

XXXX司法鉴定中心[2022]物鉴字第SFJD004号　　第1页 共5页
参加编号：22BH0051

XXXX司法鉴定中心
司法鉴定意见书

一、基本情况

委 托 人：司法鉴定科学研究院
委托事项：对孩子与祖父母之间进行祖孙关系鉴定
受理日期：2022年8月25日
鉴定材料：孩子生母的血样（编号：2022SFJD004-A）
　　　　　被检孩子的血样（编号：2022SFJD004-B）
　　　　　祖父血样（编号：2022SFJD004-C）
　　　　　祖母血样（编号：2022SFJD004-D）

二、被鉴定人概况

被鉴定人	性别	称谓	出生日期	身份证件号码	样本编号
孩子生母	女	母	xxxx年xx月xx日	xxxxxxxxxxxxxxxxxx	2022SFJD004-A
被检孩子	/	孩子	xxxx年xx月xx日	xxxxxxxxxxxxxxxxxx	2022SFJD004-B
祖父	男	祖父	xxxx年xx月xx日	xxxxxxxxxxxxxxxxxx	2022SFJD004-C
祖母	女	祖母	xxxx年xx月xx日	xxxxxxxxxxxxxxxxxx	2022SFJD004-D

三、基本案情

孩子生母与一男子未婚同居，且生下一名孩子。孩子生父因意外身亡，现因遗产纠纷及孩子抚养权等相关问题，要求对孩子与祖父母之间进行祖孙关系鉴定。

四、鉴定过程

鉴定人员：XXX，XXX
鉴定日期：2022年8月25日至2022年9月10日

XXXX司法鉴定中心[2022]物鉴字第SFJD004号　　第2页 共5页
参加编号：22BH0051

鉴定地点：XXX司法鉴定中心法医物证鉴定室

鉴定内容：

1. 参照《法庭科学DNA实验室检验规范》（GA/T383-2014），使用ReadyAmp™基因组DNA纯化系统（Promega公司）磁珠法提取一号至四号检材的DNA。
2. 参照《法庭科学DNA实验室检验规范》（GA/T383-2014），取一号至四号检材DNA定量，用SiFaSTR™ 23 plex检测试剂盒（司法部司法鉴定科学技术研究所）进行复合PCR扩增（操作步骤按试剂盒说明书），并设立阴性及阳性对照。
3. 扩增产物用ABI 3130XL遗传分析仪（AppliedBiosystems）进行毛细管电泳、分离并采用GeneMapper ID v3.2 软件进行基因型分析。

鉴定仪器：ABI 3130XL遗传分析仪（AppliedBiosystems）
　　　　　ABI 9700 PCR仪

鉴定标准：《法庭科学DNA实验室检验规范》（GA/T 383-2014）
　　　　　《生物学祖孙关系鉴定规范》（SF/Z JD0105005-2015）

检测结果：

基因座	2022SFJD004-A（孩子生母）	2022SFJD004-B（孩子）	2022SFJD004-C（祖父）	2022SFJD004-D（祖母）	祖孙亲权指数（GI）
D3S1358	16	16,17	16,17	16,17	2.4248
D5S818	11,12	12	12,13	10	1.0391
D2S1338	19	18,19	18,24	19,25	1.7385
TPOX	9	8,9	11	8	0.9735
CSF1PO	11	10,11	10,12	9,13	1.0275

基因座	2022SFJD004-A (孩子生母)	2022SFJD004-B (孩子)	2022SFJD004-C (祖父)	2022SFJD004-D (祖母)	祖孙亲缘指数 (GI)
Penta D	9, 11	9, 11	7, 12	9, 10	0.5124
TH01	7, 9	7, 9	6, 7	7, 9	0.9519
vWA	14, 16	14, 16	14, 17	14, 19	1.1874
D7S820	11, 12	7, 12	7, 11	11, 12	125
D21S11	30, 31.2	30, 32.2	32.2	31, 32.2	6.0193
Penta E	15, 18	15, 16	12, 16	12, 15	3.6075
D10S1248	13, 14	13, 14	15	13, 16	0.4245
D8S1179	12, 13	13, 16	15, 16	15	3.3921
D1S1656	13, 15	13, 15	13, 15	16, 17	1.2947
D18S51	13, 14	14, 16	14, 16	15, 20	1.9055
D12S391	17, 19	17, 22	19, 20	19, 22	2.4606
D6S1043	18, 19	11, 19	13	11, 18	2.2852
D19S433	14, 16.2	12, 16.2	12, 15.2	12, 15.2	15.9744
D16S539	9, 11	9, 11	9, 12	9, 11	0.8803
D13S317	8, 9	8, 9	8, 9	9	2.3855
FGA	22, 26	18, 22	18, 25	22, 23	13.8122
Y indel	/	1	1	/	/
Amel	X	X, Y	X, Y	X	

五、分析说明

根据孟德尔遗传定律，孩子的全部遗传基因必须分别来源于其亲生父母双方。因此，孩子在每个基因座必定有一个等位基因源自其祖父母。综上检验结果分析，祖父、祖母的基因型符合作为被检孩子亲生祖父母的遗传基因条件，依据SF/Z JD0105005-2015《生物学祖孙关系鉴定规范》，参照《2022SFJD 004 亲缘鉴定（祖孙鉴定 血斑）能力验证计划作业指南》频率来源，经计算，累积祖孙亲权指数为 6.3751×10^7（注：大于10000）。

六、鉴定意见

依据现有资料和DNA分析结果，支持祖父、祖母与被检孩子之间存在祖孙亲缘关系。

司法鉴定人：XXX（主检法医师）
《司法鉴定人执业证》证号：XXXXXXXXXXXX
司法鉴定人：XXX（主检法医师）
《司法鉴定人执业证》证号：XXXXXXXXXXXX
授权签字人：XXX（副主任法医师）
《司法鉴定人执业证》证号：XXXXXXXXXXXX

二〇二二年九月十日

注：鉴定报告未经鉴定室负责人书面批准部分复制无效。全部复制需加盖鉴定专用章方有效。

【点评】

编号为 22BH0051 的机构 DNA 分型结果正确，但祖母样本在 D18S51 基因座的分型结果在检验结果报告表和鉴定意见书中不一致。

三、总结

本次能力验证项目中，报名参加单位共 131 家，来自 19 个省、自治区和直辖市，其中返回结果 122 家，未返回结果者 9 家。122 家参与评价机构中，满意 111 家，占 90.9%；通过 5 家，占 4.1%；不通过 6 家，占 5.0%。

从采用的检测手段来看，所有返回结果的实验室均采用了荧光检测的方法，未见采用银染方法的实验室。从所使用的关键设备遗传分析仪来看，110 家实验室中全部使用了目前国际上通用的至少具备分辨五色荧光技术的机型，其中有 98 家使用了最新的具备六色荧光标记技术的 3500 型遗传分析仪。从所使用的关键试剂 STR 分型试剂盒来看，有 12 家实验室使用一种试剂盒，其余为两种以上试剂盒。从检测的 STR 基因座数来看，有 10 家实验室最多检测 19 个 STR 基因座，显示出实验室的检测能力还有待加强。

本次 6 家评价为"不通过"的机构中，原因主要可分为以下几类：① 基因座 STR 分型结果错误；② 鉴定意见书委托事项错误；③ 多个 STR 基因座的 GI 值计算错误。

本次 5 家评价为"通过"的机构中，未获满意的原因主要分为以下几类：① 鉴定意见书中 STR 基因座的 GI 值出现计算错误；② 出现数据转移错误。

参与本次能力验证计划评价的 122 家机构中，有 8 家（6%）的鉴定意见书不符合《司法鉴定程序通则》中关于司法鉴定文书规范的要求。有些实验室未能了解鉴定意见书的要求，所提交的报告文书类似于医院的化验单。

第十一章 法医物证鉴定质量控制

第一节 法医物证实验室管理

法医物证实验室的管理涉及方方面面,本节总结了法医物证鉴定实验室管理的基本要求以及人员管理、样本管理、设备管理、质量管理、记录管理、方法管理、文书管理、安全管理和环境管理等要求。

一、基本要求

实验室管理的基本要求包括:

1. 实验室应能公正、独立地实施法医物证鉴定活动;
2. 实验室的鉴定活动应符合司法行政主管部门颁布的《司法鉴定程序通则》的要求以及相关法律法规要求;
3. 实验室应具备实施鉴定活动所必需的人员、设备和设施等支撑性资源;
4. 实验室应定期参加与执业类别及所批准鉴定项目相符的能力验证活动并考核合格;
5. 实验室应对法医物证鉴定的全过程进行质量控制并保留记录;
6. 实验室应对鉴定活动中获得或产生的所有信息进行管理,并根据法律法规和其他相关规定尽到保密义务。

二、人员管理

实验室人员管理要求包括:

1. 实验室人员的数量、专业背景和资质资格等条件应满足相关法律法规的要求;
2. 实验室应对所有影响鉴定结果的人员岗位以文件形式明确规定相应的能力和职责要求,也包括教育、资质、培训、专业知识和技能等并保留相关记录;
3. 实验室应对鉴定人员(包括鉴定人及助理)及辅助人员制定有针对性的培训计划、考核计划并保留相关记录;
4. 实验室应对关键岗位和操作关键设备的人员进行授权;
5. 实验室应通过有效的方式对人员的能力进行监控,确保其能够持续胜任。

三、样本管理

实验室样本管理要求包括:

1. 实验室应以文件形式明确规定样本的受理要求、采集要求、编号规则、保存要求以及流转程序等;
2. 实验室建立的样本标识系统应确保样本在整个鉴定期间时刻能够溯源和识别;

3. 实验室应建立样本保管链制度,确保样本在运输、接收、处置、保护、存储、保留、清理或返还等全部过程中信息的完整性和可追溯性;

4. 实验室应及时记录样本的使用和流转信息,包括使用量、余样量、保存条件、存储位置以及中间产物的使用量等;

5. 实验室应指定专门的人员进行样本管理;

6. 实验室应有足够的空间,能够在适宜的条件下存储样本。

四、设备管理

实验室设备管理要求包括:

1. 实验室应对所有影响鉴定结果的设备制定监控措施,以保证设备在鉴定过程中的正常运行;

2. 实验室应通过功能核查、校准和检定等方式来检验设备的功能是否满足鉴定需求;

3. 实验室应对所有影响鉴定结果的设备进行记录及保存,记录的内容包括但不限于:

(1) 设备的唯一性标识;

(2) 制造商名称;

(3) 型号;

(4) 软件版本;

(5) 设备符合规定要求的验证证据;

(6) 当前的位置;

(7) 校准日期与结果(如有);

(8) 检定日期与结果(如有);

(9) 功能核查日期与结果(如有);

(10) 维修记录。

4. 实验室应授权专门的人员进行设备管理。

五、质量管理

1. 质量控制

实验室质量控制要求包括:

(1) 实验室应建立质量管理体系文件并遵照实施;

(2) 实验室建立的质量管理体系文件应覆盖法医物证鉴定的整个过程;

(3) 实验室应结合执业类别、鉴定项目的技术风险、人员能力等因素确定适宜的质量控制方式和实施频次,制定质量控制计划,开展质量控制活动。质量控制计划包括但不限于:

1) 使用标准物质或质量控制样本;

2) 使用相同或不同方法进行重复检验;

3) 对存留样本进行再次检验;

4) 参加能力验证或实验室间比对。

(4) 实验室应以文件形式明确规定预防、识别以及处置污染的措施,执行并记录;

(5) 实验室应在法医物证鉴定的各个环节(如血清学实验、DNA 检查等)设置阴阳性对照样本;

(6) 实验室应对法医物证鉴定的标准品 DNA 进行有效管理;

（7）实验室应对进出人员进行管理控制；

（8）实验室应建立相关人员遗传信息的排查数据库（如 STR、mtDNA 等）。

2. 试剂管理

实验室试剂管理质量要求包括：

（1）实验室应对影响鉴定结果质量的重要试剂和耗材等供应品进行质量确认后再用于鉴定工作；

（2）实验室应优先选择已经获得产品认证和/或质量管理体系认证的生产商/供应商提供的产品；

（3）实验室应配备至少两个不同厂家生产的 STR 试剂盒，以便在必要时进行结果验证。

3. 反馈与投诉

实验室反馈与投诉质量管理要求包括：

（1）实验室应定期向客户征求反馈意见，并使用和分析这些意见以改进管理体系、鉴定活动以及客户服务；

（2）实验室应及时处理收到的投诉，无论投诉是否有效，均需认真对待，分析原因，寻求改进。

4. 信息化管理

实验室信息化管理质量要求包括：

（1）实验室使用信息管理系统时，应确保该系统满足所有相关要求，包括审核流程、数据安全和完整性等；

（2）实验室应对 LIMS 与相关要求的符合性和适宜性进行完整的确认，并保留确认记录；

（3）对 LIMS 的改进和维护应确保可以获得先前产生的记录；

（4）影响实验结果、分析和解释的软件在升级、改变关键参数之后要进行功能确认，以确保不会产生错误结果。

六、记录管理

实验室记录管理要求包括：

1. 实验室应及时记录鉴定过程中所获得的数据或结果，记录应清晰明了；

2. 实验室的记录应包含充分、完整的信息，以便必要时能够重复、溯源；

3. 实验室应确保记录修改后可以追溯到前一个版本或原始观察结果，并同时保存原始的以及修改后的数据和文件；

4. 实验室应建立和保存针对每例鉴定的文件档案。存档的内容包括但不限于：

（1）与客户沟通的所有记录；

（2）委托受理协议；

（3）样本的状态描述和保管链记录；

（4）鉴定过程记录（可以是批次记录，但应能关联到个案并溯源）；

（5）鉴定结果/数据；

（6）分型图谱；

（7）鉴定过程中所利用的外部信息或资料；

（8）委托方提供的相关资料；

（9）鉴定文书记录（文书草稿、文书正副本、文书审核记录等）。

5. 实验室应保存包括任何重大变化在内的委托受理评审记录;

6. 实验室对于鉴定文书的审核记录应能表明鉴定活动中每个关键的发现、支持鉴定意见的结果/数据、分析判断和说明、鉴定意见的审核过程等;

7. 实验室应以文件形式明确规定电子记录的管理措施,防止未经授权的访问或修改。使用电子签名时,应制定措施来确保并能证实电子签名只能被本人使用。

七、方法管理

实验室方法管理要求包括:

1. 实验室应对鉴定过程中使用的方法实施有效的控制与管理;

2. 当客户未指定方法时,实验室应使用最适合的方法,并依下列顺序遵守和采用专业技术标准、技术规范和技术方法:

(1) 国家标准;

(2) 行业标准和技术规范;

(3) 该专业领域多数专家认可的技术方法。

3. 实验室应定期跟踪标准的制修订情况,确保采用现行有效的版本;

4. 在首次引入鉴定标准前,或采用的标准改版后,实验室应对能否正确运用这些标准进行验证,验证的内容包括但不限于相应的人员、设施和环境、设备以及试验结果,必要时应进行实验室间比对;

5. 实验室应对非标准方法、实验室制定的方法、超出其预定范围使用的标准方法、扩充和修改过的标准方法进行确认,以证明该方法的科学性、准确性和可靠性。

八、文书管理

实验室文书管理要求包括:

1. 实验室在检验完成后,应针对委托鉴定事项,根据现有材料和检验结果撰写鉴定文书,出具适当的鉴定意见;

2. 实验室应对发布前的鉴定文书进行技术性审核,审核的内容包括但不限于:

(1) 使用方法的适宜性;

(2) 鉴定过程的符合性;

(3) 记录、数据、结果的可靠性和完整性;

(4) 解释、说明的完备性;

(5) 鉴定意见表述的准确性和适宜性。

3. 实验室应以文件形式明确规定鉴定文书的唯一性标识、修改、存档以及意见和解释等内容;

4. 实验室出具的鉴定文书,其格式和要素应满足司法行政主管部门的管理要求,其内容和表述应符合本专业对委托鉴定事项检验、分析与判断的技术要求。

九、安全管理

实验室安全管理要求包括:

1. 实验室应有措施保障人员、样本、客户信息、检测结果等方面的安全;

2. 实验室应有措施确保样本在整个鉴定过程中以及规定保管期限内的安全;

3. 实验室应以文件形式明确规定实验室安全保护和人员健康保护的措施并实施；

4. 实验室应配备充分的安全防护设施，包括但不限于：

（1）紧急喷淋装置；

（2）洗眼装置；

（3）生物安全柜；

（4）消防设施；

（5）实验室应以文件形式明确规定处置有毒有害物质和废弃物的措施；

（6）实验室在鉴定过程中使用实验室信息管理系统（LIMS）时，应通过设置密码、设置权限和定期备份等措施来确保信息安全。

十、环境管理

实验室环境管理要求包括：

1. 实验室应根据法医物证鉴定的特点和流程，按照有效预防潜在污染和对人员的危害等原则，对实验室的工作区域进行功能分区并有效隔离。所有区域的环境条件（如温度、湿度、洁净度等）和面积应满足相关规定，便于开展工作。实验室的分区包括但不限于：

（1）办公区；

（2）试剂储存/准备/配制区；

（3）样本保存区；

（4）DNA 提取区；

（5）PCR 扩增区；

（6）DNA 检测区；

（7）数据分析区。

2. 实验室应依据所用检测设备和实验过程的要求，制定环境温、湿度控制要求并记录；

3. 实验室应在不同的实验区域配置消毒设备或试剂，定期消毒并记录；

4. 实验室应在不同的实验区域配备相应的清洁用具以防止交叉污染；

5. 实验室应在实验工作结束后立即对实验区域进行清洁，必要时进行消毒及去污染处理。

第二节　法医物证实验室污染防控

本节总结了法医物证实验室在污染防控方面对于人员、设备及耗材、试剂、样本、方法和环境的要求以及污染的防控、检测与处理方法。

一、人员方面的要求

1. 规范个人行为，在实验室工作区域内不应从事与实验无关的事项；工作前，应接受系统培训，掌握实验室标准的操作规程。实验过程中工作人员应穿着实验服，佩戴手套、口罩和实验帽。在工作中发生污染时，应更换后才能继续工作。穿戴要求如下：

（1）实验服：各实验区域的实验服宜进行区分；实验服应至少每周清洗 1 次；

（2）手套：实验过程中应始终佩戴一次性手套，手套腕部套住实验服袖口，并在离开该区

域时取下手套;当污染、破损或佩戴一定时间后,应更换手套,以防污染;在进入其他实验区域时,应及时进行更换;

(3) 口罩应遮住口鼻,并避免用戴手套的手触摸口罩,如果需要调整口罩,应同时更换手套;

(4) 实验过程中应戴上一次性实验帽或类似的发套,完全盖住头发。

2. 实验室应建立个人 DNA 数据库,包括但不限于鉴定人、鉴定助理、仪器维护工程师和实验室清洁人员;

3. 未经指导和许可,清洁人员不应清洁实验台和实验台上相关设备、试剂等。清洁工作应在非实验活动阶段进行。

二、设备及耗材方面的要求

1. 实验区域应按照功能要求配备相应的仪器设备(包括移液器)以及实验耗材。仪器设备、实验耗材、实验记录本和实验服等应有明显标记,避免与其他区域内的相关物品发生混用;

2. 实验区域的仪器设备管理应按照 SF/T 0069—2020 中第 6 章的规定执行;

3. 备用的离心管、吸头和棉签拭子等应封装严密,使用前启封;为防止移液器头部的 DNA 污染,可使用防气溶胶吸头。

三、试剂配制方面的要求

1. 除另有规定外,实验中使用的试剂等级应为分析纯或生化试剂,试剂的选购、验收和存储应符合 GB/T 27025 的规定;

2. 实验用水应符合相关技术规范要求,去离子水的电阻率应达到 18.2 $M\Omega \cdot cm$;

3. 实验室配制的试剂应在盛放容器上标明试剂名称、浓度、配制时间、配制人、存储条件和失效时间。标签上的字应清晰、不易擦除,便于辨识,不发生混用。

四、样本方面的要求

1. 待测样本应包装完好并有明确的标识;

2. 对于骨骼、牙齿等样本进行前期预处理时,应在样本制备区域完成,避免交叉污染。

五、实验方法方面的要求

1. 在样本转移和混合过程中,如移液和离心等步骤应严格遵守实验规程,避免产生气溶胶;

2. 应在生物安全柜或相当的安全隔离装置中进行所有可能产生气溶胶或飞溅物的操作;

3. 处理微量样本时,批量处理的样本数量宜尽可能减少,且同批样本之间应物理隔离或空间距离尽量大,如使用单独的样本管或微孔板的分散性反应孔;

4. 核酸或蛋白提取过程中应设置不加样本的空白管,排除环境污染。提取空白对照宜用缓冲液或者水替代样本。提取空白对照的试管应置于每个提取批次的最后一个;

5. PCR 过程中应同时对阳性对照标准品和阴性对照标准品进行扩增,分别用于排除样本污染和(或)环境污染。其中,阳性对照标准品的有效性检验和使用应按照 SF/Z JD0105009—2018 中第 4 章的规定执行,阳性对照标准品的管理应按照 SF/Z JD0105009—2018 中第 5 章的规定执行;

6. 实验活动应及时、准确地完成记录,以备排查污染源及确定污染范围时进行核查,确保可追溯性。对原始记录的任何更改均不应影响识别被修改的内容,修改人应签字和注明日期。所有记录应易于阅读,便于检索。

六、环境方面的要求

法医物证实验室的基本要求如下:
1. 实验室的设计和建设宜符合 GB/T 37140 的规定;
2. 实验区域的设计与功能要点如下:

(1) 根据实验室场所面积和空间格局,宜聘请专业的实验室净化工程师进行缓冲间、风淋间及排风系统的设计与安装;

注:缓冲间为设置在被污染概率不同的实验区域间的密闭空间。

(2) 实验室门口处应设存衣或挂衣装置,可将个人服装与实验室工作服分开放置;

(3) 实验室不同功能的工作区域应是分隔独立的房间,并有明显的标志。各区域之间如果紧密相连,应安装物品传递窗;

(4) 实验室活动应在规定的房间进行,待检样品的流动应遵循法医物证检测流程的顺序,严格按照单一方向进行;

(5) 每个房间的顶部应安装紫外灯,宜为 20 m^2 安装 1 支 30~40 W 的紫外灯;

(6) 实验室宜选用浅色工作台面,便于清洁及识别清洁程度;台面应选用实验室级别,耐强酸、碱和溶剂等化学品,可承受频繁的清洗;

(7) 实验室工作台应有足够的操作区域,工作台抽屉单元应有足够的储存空间,工作台边角应圆滑;

(8) 实验室座椅边角应圆滑,表面应为无孔材料,可承受频繁的清洗;

(9) 实验室的墙壁、天花板和地面应易清洁、不渗水、耐化学品和消毒灭菌剂的腐蚀。地面应平整、防滑,不应铺设地毯。

3. 实验室内温度、湿度和洁净度等环境参数应符合工作要求;
4. 实验室应有防止蚊虫、蚂蚁、苍蝇、蜗牛、鼠类等节肢、软体和啮齿类动物进入的措施。

工作区域设置的基本要求如下:

通用区域若操作有毒和刺激性等挥发物质,应在风险评估的基础上,配备负压排风柜。通用区域应包括以下区域。

1. 试剂储存/准备/配制区:主要用于纯水和(或)去离子水的制备、制冰、试剂的配制和分装、原装试剂和配制试剂的存储等;

2. 样本制备区域:主要用于检测样本的前期准备,如骨骼、牙齿等。粉碎样本时的器皿应单独使用;在使用前应彻底清洗并高压消毒,防止交叉污染;称取的待测样本应加盖后转移到核酸/蛋白提取区域。

司法鉴定执业项目覆盖 0401~0404 的法医物证实验室工作区域应包括但不限于以下功能区域。

1. DNA 提取区:主要用于 DNA 的提取与纯化;
2. PCR 扩增区:主要用于 PCR 扩增反应体系的配制和模板的加入;产物扩增。加样应在超净工作台(或生物安全柜)内进行,超净工作台的气流方向宜选择垂流式;
3. DNA 检测区:主要用于扩增产物的检测与分析。

司法鉴定执业项目覆盖0405~0409的法医物证实验室工作区域应按照相关法律法规和技术规范的规定执行。

实验室内务要求包括但不限于：

1. 不应在实验室内接触、食用和存储个人的食品或饮料。实验室内使用的冰箱、冰柜和微波炉等不可用于生活活动；

2. 在完成各阶段实验室活动后应立即进行整理，主要包括将试剂、仪器和未使用的耗材等放回原位以及实验台面的清洁，确保实验台面、试剂架、超净工作台（或生物安全柜）以及通风柜等保持干净与整洁；

3. 应根据实验室使用情况、实验区域的环境布局等选择合理的方式，定期进行紫外照射，紫外照射的频次、照射方式及时间应能满足紫外消杀的基本要求；

4. 各类实验室废物应放置于专门的容器或者垃圾桶内进行暂时收集和存放，并尽快从工作区域转移走。对不同区域的专门容器或垃圾桶应进行标识，不应混用，防止污染。对于有毒有害的废物，不应直接排放到环境中，应按照实验室规章制度进行处理；

5. 应定期清洁易积尘的部位，不常用的物品宜存放在抽屉或箱柜内；

6. 应定期清洁墙面，如果墙面有可见污物时，及时进行清洁和消毒灭菌。不宜无目的或强力清洗，避免破坏墙面；

7. 每个实验室功能区域应明确责任人并贴签公示。

七、污染防控措施

1. 应根据实验室功能区域的面积大小和使用频率，制定相应的清洁计划，并记录清洁日志，以便发生污染时进行排查。包括但不限于每日对台面进行清洁；每周对实验区域地板、门窗和抽屉内部等进行清洁；每月对实验区域进行深度清洁，如灯、通风管、墙壁和离心机内外等；

2. 实验区域应制定适宜的环境采样检测计划，定期采用擦拭实验进行监测，确保实验环境的清洁度；

3. 不同实验区域的清洁用品应固定，不应交叉使用；

4. 实验室活动结束后应立即对实验区域进行清洁和去污染。主要的工作要点要求如下：

（1）实验区域清洁应按照检测工作流程的方向进行。以现场骨骼的DNA提取和STR检测分型实验为例，依次从试剂存储和准备区域至样本制备区域、DNA提取区、DNA定量区、PCR扩增区以及扩增产物分析区；

（2）实验台面和超净工作台台面宜使用3%双氧水或者10%次氯酸钠溶液（含有效氯1 g/L）等进行擦拭清洁。擦拭清洁后宜再进行紫外照射，照射时长应不短于30 min。

八、污染的检测与处理

1. 实验区域发生以下情况时，应进行污染检测：

（1）污染事故；

（2）实验室功能变更；

（3）进行过维护活动或者教学活动。

2. 排查污染源及确定污染范围的要求如下：

（1）应对同一批次样本进行交叉比对；

（2）与实验室人员库 DNA 数据进行比对；
（3）核查阳性对照标准品和阴性对照标准品的检测结果；
（4）与近期处理的其他批次样本进行交叉比对，最长可追溯到最近一次内部评审；
（5）应使用适当湿润的棉签拭子对实验区域内的物品进行抽样检测，拭子应无人源 DNA 污染。抽样样本的 DNA 检测结果与实验室样本 DNA 数据及人员 DNA 数据应进行交叉比对。
注：采样的物品包括工作台面、橱柜及抽屉、椅子、门把手、冰箱、数码相机、条形码扫描仪、热封仪、紫外灯、离心机、震荡仪、涡旋仪、电话和文具等。

3. 确定发生污染的原因：
（1）污染的发生点宜通过实验流程的反向操作顺序来确定：重新电泳、重新扩增和重新提取；
（2）污染的发生原因可主要从人员、设备、耗材、试剂、样本、方法和环境等方面进行分析。

4. 纠正措施
确定发生污染事件后，纠正措施要求如下：
（1）若检验环节发生污染，对已做的检验结果产生怀疑，应立即停止检验工作，直至消除污染源为止；
（2）受影响的案件应在已排除污染的实验室重新进行检测。已发放的案件报告应与委托人进行沟通，并收回原报告作废，重新出具正确的报告；
（3）如果污染的范围较大，影响较严重，应通知相关人员或单位，包括委托人、监管机构/监管部门等；
（4）实验室管理层应将纠正措施所致的管理体系的改变文件化并实施；
（5）实验室管理层应负责监督和检查所采取纠正措施的效果，以确保这些措施已有效解决了识别出的问题。

5. 预防措施
应根据以下污染事件发生的原因制定可行的预防措施：
（1）人员能力：确定为人为原因造成的污染，应对工作人员进行额外的能力培训。在通过能力重新评估之前，不应继续进行实验活动；
（2）实验区域：实验区域内仪器、试剂或环境等发生污染，应立即停止该区域实验活动，直至排除污染，且经过环境检测证明该区域净化程度满足实验需求；
（3）实验方法：实验方法中存在容易造成污染的流程，应立即修改。修改后流程应证明可有效预防污染，能满足工作需求。
预防措施程序应包括对预防措施的评价，以确保其有效性。

6. 记录
污染检测报告应包括但不限于以下内容：
（1）抽样区域信息；
（2）抽样日期；
（3）抽样数量；
（4）检测结果；
（5）比对结果；
（6）存在污染的物品和（或）区域；
（7）对以往工作的影响；
（8）纠正措施、预防措施。

第三节　法医物证实验室标准品 DNA 使用与管理

法医物证专业的标准品指试剂盒配套提供的,有已知分型的 DNA 片段。法医物证鉴定标准品 DNA 包括等位基因分型标准品、阳性对照标准品、分子量标准品。

一、标准品 DNA 的有效性检验和使用

1. 标准品 DNA 常以独立包装包含于各遗传标记检测体系试剂盒内。对试剂盒进行有效性检验时,宜采用试剂盒提供的标准品 DNA 进行分型,并与试剂盒生产商提供的标准品分型图谱进行比对。当分型结果满足 GA/T 1163－2014 中 4.1 要求时,可认为试剂盒及标准品满足法医物证检验要求;

2. 在每批次 PCR 环节,要求同时扩增阳性对照标准品;在每批次毛细管电泳环节,要求同时检测等位基因分型标准品、阳性对照标准品 PCR 产物、分子量标准品;

3. 新购试剂盒内含有的标准品 DNA 或者单独购买的标准品 DNA 经有效性检验合格后统一存放。

二、标准品 DNA 的管理

1. 标准品 DNA 应由标准品管理员统一编号及管理;

2. DNA 实验室应建立标准品 DNA 的入库登记表,一物一表,列出标准品 DNA 的名称、编号、入库日期、入库量、有效期限等信息;标准品 DNA 的使用应及时登记领用日期、领用量及领用人等。标准品 DNA 入库登记表和领用登记表参见表 11-1 和表 11-2;

3. 同一批次新购标准品 DNA 在第一次开封后至少抽取一份进行有效性检验;

4. 原则上必须在有效期限内使用标准品 DNA。若标准品 DNA 已超过有效期限,实验室应进行标准品 DNA 有效性检验并记录;

5. 对于有效性检验不合格的标准品 DNA 应立即停止使用并进行作废处理。

表 11-1　标准品 DNA 入库登记表

标准品 DNA 名称	编　号	入 库 量	入库日期	有效期限

表 11-2　标准品 DNA 领用登记表

编　号	领用日期	领用量	剩余量	领用人	用　途	备　注

• 思考题 •

1. 如果你是一名管理者,应该从哪些方面进行法医物证实验室的管理?
2. 实验室的样本管理有哪些具体的要求?
3. 简述下实验室污染检测和处理有哪些具体的措施?
4. 法医物证实验用到的标准品有哪些?
5. 简述法医物证实验室标准品的管理措施有哪些?

第十二章　法医物证鉴定标准化

第一节　基本理论

　　DNA证据自20世纪80年代在英国首次登上诉讼证据的舞台以来，以其高度准确的个体同一认定价值，逐渐取代了传统的"指纹证据"，成为法庭上的"证据之王"，被誉为"法庭科学有史以来最大的进步"。但任何证据都有其"阿喀琉斯之踵"，都有技术上的难点、盲点和人为操作的痛点，也都有发生错误的可能。在DNA鉴定过程中，规范的鉴定程序、严格的样本前处理、有效的实验室质量控制、统一的结果解释对于保障DNA鉴定结果至关重要。这是DNA鉴定标准化的意义所在。

一、标准与标准化

　　标准是对重复性事物和概念所做的统一规定，它以科学技术和实践经验的结合成果为基础，经利益相关方协商一致，由主管机构批准，以特定形式发布作为共同遵守的准则和依据。标准化是指在经济、技术、科学和管理等社会实践中，对重复性的事物和概念，通过制订、发布和实施标准达到统一，以获得最佳秩序和社会效益的活动。

　　标准具有规则性和知识性。规则性体现为标准是组织的共识和愿望，是组织协商一致、自愿遵守的技术约定。因此，标准一般采用祈使语气，并在一定的组织范围内推行和遵守。知识性体现为标准是对重复使用和共同使用的方法、程序等进行提炼优化，并被证明为有效的成果。

　　标准化是活动过程，包括标准的制修订、宣贯、实施及监督管理等不断循环、持续改进和不断发展的活动。因此，标准化的核心是围绕标准的制修订和实施，并通过标准实践体现标准化的效果。标准化的目的是在一定范围内获得最佳秩序，需要树立系统思维的理念实现"效益最大化"。标准化的主要方法包括简化、统一化和通用化等。

　　标准在标准化活动的生命周期中产生，是标准化活动的核心。标准对于经济活动和社会发展具有重要的技术支撑作用，是国家基础性制度的关键组成部分。标准化在推进国家治理体系和治理能力现代化的过程中发挥着基础性和引领性作用。

二、法医物证标准的范畴

　　基于司法鉴定意见的证据属性，法医物证标准是以技术为目标再形成标准过程的，属于传统的标准产生模式。法医物证鉴定活动是从鉴定的委托受理到受检样本的提取、检验、数据分析、报告撰写，再到出具鉴定意见的过程，涉及鉴定人员、鉴定方法、鉴定材料、鉴定环境以及鉴定设备等技术要素和管理要素。因此，法医物证标准可分为以下几类：

　　（1）鉴定方法和技术标准：包括各种物证的提取、保存、运输、检验和分析方法，以及相关的技术设备和仪器的标准。

　　（2）鉴定程序和流程标准：包括鉴定的申请、受理、审查、实施、报告和复核等各个环节的操作规程和要求。

（3）鉴定结果评价和认定标准：包括对鉴定结果的准确性、可靠性、有效性和合法性等方面的评价和认定标准。

（4）鉴定人员和机构的资质及能力标准：包括对从事法医物证鉴定工作的人员和机构的专业素质、技术水平、工作经验和设备条件等方面的要求和评价标准。

此外，与法医物证鉴定相关的法律法规、政策文件和技术规范等方面的要求和指导也属于广义的法医物证标准体系的范畴。

上述不同标准类型之间不是严格的届分关系，具体到某一个技术标准而言，内容上往往既包含技术流程、技术要求、管理要求也包含结果评价等。

总之，法医物证标准是确保法医学领域物证鉴定工作科学、公正、准确和有效的重要保障，对于维护司法公正和社会公平具有重要意义。

三、法医物证标准的作用

法医物证标准为使用者提供了经过验证的技术和方法。通过对于技术方法、流程和结果判断的规范，实现法医物证实验室不同操作人员、不同操作活动之间的一致性，有助于控制实验室的技术活动，提升实验室结果的一致性。

法医物证标准是鉴定活动准入的门槛。标准是鉴定活动的依据之一，要进行法医物证鉴定，鉴定人应具有法医物证鉴定执业资格，这意味着他们需要熟悉并掌握法医物证鉴定的方法和原理，并能正确评价结果。此外，鉴定活动不仅仅是一个简单的分析过程，它包括了检验（如采样、DNA 提取和纯化、DNA 定量分析、PCR 扩增与 PCR 产物分型）、系统评估、似然率计算、鉴定意见判断和鉴定文书撰写等多个环节。同时，法医物证实验室的仪器配置、样品前处理操作等对于鉴定结果也会产生影响。因此，法医物证标准也包含对于实验室配置、鉴定受理和样品检验的规范和要求。法医物证鉴定标准不仅为鉴定活动提供了明确的技术框架，还确保了鉴定的准确性和可靠性，为法律程序提供了有力的科学证据。

法医物证标准是解决诉讼活动争议的权威依据。DNA 是人体遗传信息的载体，具有个体特异性和终身不变性。通过科学的方法和严谨的程序，法医物证鉴定可以准确地确定个体的亲缘关系，例如父子关系、兄弟关系等。此外，法医 DNA 鉴定还可以提供可靠的证据，用于解决诸如犯罪嫌疑人的身份确认、失踪人员的身份识别等问题。在实际操作过程中，法医物证鉴定涉及多个步骤，包括样本采集、DNA 提取、PCR 扩增、STR 分型等。每个步骤都有严格的操作规程和技术要求，并以标准的形式进行规范，以确保鉴定结果的准确性和可靠性。当然，需要注意的是，法医 DNA 鉴定并非万能的。在某些特殊情况下，如样本污染、降解或技术限制等，可能会导致鉴定结果出现偏差。因此，在使用法医 DNA 鉴定结果作为解决诉讼争议依据时，还需要结合其他证据和事实进行全面分析和判断。

第二节 法医物证鉴定标准综述

一、国外标准化文件

国外法医物证鉴定标准化文件的发布机构有三类。一是国际三大标准化技术组织，包括国际标准化组织（International Organization for Standardization，简称 ISO）、国际电工委员会（International Electrotechnical Commission，简称 IEC）、国际电信联盟（International Telecommunication Union，简称 ITU）。三大国际标准化组织发布的均是国际标准，如《用于收集、储存和分析法庭科学生物材料产品中人类 DNA 污染的风险降至最低——要求》（ISO 18385：2016）；二是区域性技术组织，如欧洲司法鉴定机构联盟（ENFSI）。ENFSI 发布的标准文件包括最佳实践手册、指南和文件；三是各国的法庭科学专门性机构，如英国司法鉴定管理委员会（Forensic Science Regulator，FSR）、美国联邦调查局（FBI）、澳大利亚国家标准协会（AS）等发布的政府专用标准、自愿性标准和指南等。国外标准化文件的主要形式是标准、指南以及指导性文件。

在法医物证众多的国际技术组织中，最早成立的是 1988 年由 FBI 发起成立的 DNA 分析方法技术工作组。随后，国际法医遗传学会（ISFG）、欧盟 DNA 分析工作组（ENFSI DNA WG）、英国司法鉴定管理委员会等组织相继成立。各个组织根据自己的工作要求都制定了 DNA 鉴定相关的标准和指南。如 DNA 分析方法科学工作组（SWGDAM）发布的"Y 染色体 STR 检测指南"、"STR 解释指南"，ISFG 发布的"低拷贝 DNA 的证据解释"等。美国国家标准化与技术研究院（NIST）在 2015 年曾对全球范围内所有的司法鉴定相关标准、指南和规范性文件进行了系统的梳理和筛选，从其网站上可以检索到 DNA 相关的标准和指南。指南和标准的区别在于指南提供推荐性指导，告知使用者如何做的建议；而标准提供的是要求，并指定可量化的测量。

目前，国际法医遗传学会（ISFG）和 DNA 分析方法科学工作组（SWGDAM）是国际法医物证的权威学术组织，已发布的标准文件与全球 DNA 科技发展以及鉴定实践同步。第一方面，国际标准和指南中涵盖了线粒体、Y-STR、X-STR、二代测序等多种 DNA 鉴定手段；第二方面，国际标准和指南聚焦 DNA 鉴定疑难问题，涵盖了 DVI 鉴定、混合斑鉴定等鉴定领域；第三方面，国际标准和指南关注质量体系建设，如《关于在法医分析中 Y-STR 结果解释的建议》等多项标准对结果分析和解释进行了规范。已发布的标准性文件共 36 项，见表 12-1。

表 12-1　两大国际法医物证技术组织发布的标准性文件

国际法医遗传学会（ISFG）发布的标准性文件		
编号	名　　称	时间
1	Editorial: Recommendations of the Society for Forensic Haemogenetics concerning DNA polymorphisms 社论：法医血液遗传学协会关于 DNA 多态性的建议	1989
2	Editorial: Recommendations of the DNA Commission of the International Society for Forensic Haemogenetics relating to the use of PCR-based polymorphisms 社论：国际法医血液遗传学协会关于 DNA 多态性的建议	1992
3	Editorial: 1991 Report concerning recommendations of the DNA Commission of the International Society for Forensic Haemogenetics relating to the use of DNA polymorphisms 社论：1991 年关于国际法医血液遗传学协会 DNA 委员会关于 DNA 多态性使用建议的报告	1992
4	Editorial: Statement by DNA Commission of the International Society for Forensic Haemogenetics concerning the National Academy of Sciences report on DNA Technology in Forensic Science in the USA 社论：国际法医血液遗传学协会 DNA 委员会关于美国国家科学院有关法庭科学中 DNA 技术报告的声明	1993
5	DNA recommendations. Further report of the DNA Commission of the ISFG regarding the use of short tandem repeat systems DNA 建议：ISFG DNA 委员会关于短串联重复序列系统使用的进一步报告	1997

续 表

编号	名　　称	时间
6	DNA Commission of the International Society for Forensic Genetics: guidelines for mitochondrial DNA typing ISFG DNA 委员会：线粒体 DNA 分型指南	2000
7	DNA Commission of the International Society of Forensic Genetics: Recommendations on forensic analysis using Y-chromosome STRs ISFG DNA 委员会：关于使用 Y 染色体短串联重复序列(STRs)进行法医学分析的建议	2001
8	DNA Commission of the International Society of Forensic Genetics: Recommendations on the interpretation of mixtures ISFG DNA 委员会：关于混合物解释的建议	2006
9	DNA Commission of the International Society of Forensic Genetics. DNA Commission of the International Society of Forensic Genetics (ISFG): an update of the recommendations on the use of Y-STRs in forensic analysis ISFG DNA 委员会：关于在法庭分析中使用 Y-STRs 的建议更新	2006
10	DNA Commission of the International Society for Forensic Genetics (ISFG): Recommendations regarding the role of forensic genetics for disaster victim identification (DVI) ISFG DNA 委员会：关于法医遗传学在灾难受害者身份识别(DVI)中的作用的建议	2007
11	ISFG: Recommendations regarding the use of non-human (animal) DNA in forensic genetic investigations ISFG：关于在法医遗传学调查中使用非人类(动物)DNA 的建议	2011
12	DNA Commission of the International Society of Forensic Genetics: Recommendations on the evaluation of STR typing results that may include drop-out and/or drop-in using probabilistic methods ISFG DNA 委员会：关于使用概率方法评估可能包含缺失和/或增加的 STR 分型结果的建议	2012
13	DNA Commission of the International Society for Forensic Genetics: Revised and extended guidelines for mitochondrial DNA typing ISFG DNA 委员会：修订和扩展的线粒体 DNA 分型指南	2014
14	DNA Commission of the International Society for Forensic Genetics: Recommendations on the validation of software programs performing biostatistical calculations for forensic genetics applications ISFG DNA 委员会：关于对进行法医遗传学应用的生物统计计算的软件程序进行验证的建议	2016
15	Recommendations of the DNA Commission of the International Society for Forensic Genetics (ISFG) on quality control of autosomal Short Tandem Repeat allele frequency databasing (STRidER) ISFG DNA 委员会关于核型短串联重复等位基因频率数据库(STRidER)的质量控制建议	2016
16	Massively parallel sequencing of forensic STRs: Considerations of the DNA commission of the International Society for Forensic Genetics (ISFG) on minimal nomenclature requirements ISFG DNA 委员会关于最小命名要求的考虑：法医 STR 的大规模并行测序	2016
17	DNA Commission of the International Society for Forensic Genetics (ISFG): Guidelines on the use of X-STRs in kinship analysis ISFG DNA 委员会：在亲缘分析中使用 X-STR 的指南	2017
18	DNA Commission of the ISFG: Assessing the value of forensic biological evidence - Guidelines highlighting the importance of propositions: Part I: evaluation of DNA profiling comparisons given (sub-) source propositions ISFG DNA 委员会：评估法医生物证据价值-强调提案重要性的指南：第 I 部分：在给定(次级)源命题下评估 DNA 分型比较	2018

续表

编号	名 称	时间
19	DNA Commission of the International Society for Forensic Genetics: Assessing the value of forensic biological evidence - Guidelines highlighting the importance of propositions. Part Ⅱ: Evaluation of biological traces considering activity level propositions ISFG DNA 委员会：评估法医生物证据价值-强调提案重要性的指南。第二部分：考虑活动水平假设评估生物痕迹	2020
20	DNA Commission of the International Society of Forensic Genetics (ISFG): Recommendations on the interpretation of Y-STR results in forensic analysis ISFG DNA 委员会：关于在法医分析中 Y-STR 结果解释的建议	2020
21	Paternity Testing Commission of the International Society of Forensic Genetics: recommendations on genetic investigations in paternity cases ISFG 亲子鉴定委员会：关于亲子案件遗传调查的建议	2002
22	ISFG: Recommendations on biostatistics in paternity testing ISFG：亲子鉴定中生物统计学的建议	2007

DNA 分析方法科学工作组（SWGDAM）发布的标准性文件

编号	标 准 名 称	时间
1	SWGDAM Guidelines for Missing Persons Casework SWGDAM 对失踪人员案件工作指南	2014
2	Mitochondrial DNA Nomenclature Examples Document 线粒体 DNA 命名示例文件	2014
3	SWGDAM Guidelines for STR Enhanced Detection Methods SWGDAM 对 STR 增强检测方法的指南	2014
4	SWGDAM Guidelines for the Collection and Serological Examination of Biological Evidence SWGDAM 收集和血清学检查生物证据的指南	2015
5	SWGDAM Guidelines for the Validation of Probabilistic Genotyping Systems SWGDAM 概率基因分型系统验证指南	2015
6	SWGDAM Validation Guidelines for DNA Analysis Methods SWGDAM DNA 分析方法验证指南	2016
7	Recommendations for the Efficient DNA Processing of Sexual Assault Evidence Kits 关于性侵犯证据包的有效 DNA 处理的建议	2016
8	SWGDAM Interpretation Guidelines for Interpretation Guidelines for Autosomal STR Typing by Forensic DNA Testing Laboratories SWGDAM 法医 DNA 鉴定实验室解释指南：常染色体 STR 分型的解释指南	2017
9	SWGDAM Contamination Prevention and Detection Guidelines for Forensic DNA Laboratories SWGDAM 法医 DNA 实验室防污染与检测指南	2017
10	Addendum to "SWGDAM Interpretation Guidelines for Autosomal STR Typing by Forensic DNA Testing Laboratories" to Address Next Generation Sequencing 《SWGDAM 法医 DNA 鉴定实验室常染色体 STR 分型解释指南》的附录，旨在解决二代测序技术的问题	2019
11	SWGDAM Interpretation Guidelines for Mitochondrial DNA Analysis by Forensic DNA Testing Laboratories SWGDAM 法医 DNA 鉴定实验室线粒体 DNA 分析解释指南	2019

续 表

编号	标 准 名 称	时间
12	SWGDAM Training Guidelines SWGDAM 培训指南	2020
13	SWGDAM Interpretation Guidelines for Y-Chromosome STR Testing SWGDAM 法医 DNA 鉴定实验室 Y 染色体 STR 测试解释指南	2022
14	Supplemental Information for the SWGDAM Interpretation Guidelines for Y Chromosome STR Typing by Forensic DNA Laboratories SWGDAM 法医 DNA 实验室 Y 染色体 STR 分型解释指南的补充信息	2022

国外标准化的主管部门相对集中、统一,由政府授权或由政府主导,团体或协会发挥着"准政府"的管理职能。同时,技术联盟在统筹管理标准化工作方面发挥了重要的作用,体现了"政府+团体"两结合的管理模式,其中"政府授权"充分发挥了市场主体和学术机构在标准化中的作用。其次,国外的标准没有严格的层级分类,标准化文件有标准和指南两类,分别由政府和团体制定,从两者的制标数量分析,技术指导性文件和自愿一致性标准居于主导地位。

二、国家标准

《司法鉴定程序通则》第二十三条规定:司法鉴定人进行鉴定,应当依下列顺序遵守和采用该专业领域的技术标准、技术规范和技术方法:国家标准;行业标准和技术规范;该专业领域多数专家认可的技术方法。

国内法医物证鉴定标准主要包括由国家标准化管理委员会批准发布的国家标准(GB)、全国刑事技术标准化技术委员会批准发布的行业标准(GA)以及司法部批准发布的行业标准(SF)和技术规范(SF/Z JD)等。截至 2024 年 11 月,已发布的法医物证国家标准 7 项,见表 12-2。

表 12-2 法医物证鉴定国家标准

编号	标准编号	标 准 名 称
1	GB/T 21679-2008	法庭科学 DNA 数据库建设规范
2	GB/T 41009-2021	法庭科学 DNA 数据库选用的基因座及其数据结构
3	GB/T 41615-2022	法庭科学 DNA 数据库中生物检材和被采样人信息项及其数据结构
4	GB/T 37226-2018	法庭科学人类荧光标记 STR 复合扩增检测试剂质量基本要求
5	GB/T 41844-2022	DNA 检验用产品人源性污染防控规范
6	GB/T 41021-2021	法庭科学 DNA 鉴定文书内容及格式
7	GB/T 37223-2018	亲权鉴定技术规范
8	GB/T 43641-2024	生物学全同胞关系鉴定技术规范
9	GB/T 43642-2024	法医学个体识别技术规范
10	GB/T 43635-2024	法庭科学 DNA 实验室检验规范
11	GB/T 43633-2024	法庭科学 DNA 实验室建设规范

续 表

编号	标准编号	标准名称
12	GB/T 44322-2024	法庭科学二代测序试剂质量基本要求
13	GB/T 43636-2024	法庭科学DNA二代测序检验规范

三、行业标准和技术规范

全国刑事技术标准化技术委员会(以下简称"刑标委")归口管理的法医物证行业标准35项,见表12-3;司法部归口管理的法医物证行业标准和技术规范22项,见表12-4。

表12-3 刑标委归口管理的法医物证鉴定行业标准

编号	标准编号	标准名称
		数据库
1	GA/T 418-2003	法庭科学DNA数据库建设规范
2	GA 469-2004	法庭科学DNA数据库选用的基因座及其数据结构
3	GA 470-2004	法庭科学DNA数据库现场生物样品和被采集人信息项及其数据结构
4	GA/T 1380-2018	法庭科学DNA数据库人员样本采集规范
		质量体系(总流程)
5	GA/T 382-2014	法庭科学DNA实验室建设规范
6	GA/T 383-2014	法庭科学DNA实验室检验规范
7	GA/T 1704-2019	法庭科学DNA实验室质量控制规范
8	GA/T 1162-2014	法医生物检材的提取、保存、送检规范
9	GA/T 1163-2014	人类DNA荧光标记STR分型结果的分析及应用
10	GA/T 1161-2014	法庭科学DNA检验鉴定文书内容及格式
		质量体系(人员)
11	GA/T 2090-2023	法庭科学DNA技术人员培训规范
		质量体系(设备)
12	GA/T 1706-2019	法庭科学生物样本自动分拣设备通用技术要求
		质量体系(试剂)
13	GA 476-2004	人血红蛋白金标检验试剂条
14	GA/T 765-2020	人血红蛋白检测 金标试剂条法
15	GA/T 766-2020	人精液PSA检测 金标试剂条法
16	GA/T 815-2009	法庭科学人类荧光标记STR复合扩增检测试剂质量基本要求
17	GA/T 1378-2018	法庭科学STR已知分型参照物质技术要求
18	GA/T 1379-2018	法庭科学DNA磁珠纯化试剂质量基本要求
19	GA/T 2091.1-2023	法庭科学毛细管电泳试剂耗材第1部分:分离胶
20	GA/T 2091.2-2023	法庭科学毛细管电泳试剂耗材第2部分:去离子甲酰胺
21	GA/T 2091.3-2023	法庭科学毛细管电泳试剂耗材第3部分:缓冲液

续表

编号	标准编号	标准名称
		技术规范
22	GA/T 965-2011	法庭科学 DNA 亲子鉴定规范
23	GA/T 1160-2014	常见毒品原植物的 DNA 提取二氧化硅法
24	GA/T 1705-2019	法庭科学生物样本自动分拣方法
25	GA/T 1978-2022	法庭科学 X-STR 检验技术方法
26	GA/T 1377-2018	法庭科学复合 SNPs 检验族群推断方法
27	GA/T 1693-2020	法庭科学 DNA 二代测序检验规范
28	GA/T 1694-2020	序列多态 STR 等位基因命名规则
29	GA/T 1979-2022	法庭科学线粒体 DNA 二代测序技术规范
30	GA/T 1972-2021	法医物证检验术语
		非人源 DNA
31	GA/T 1703-2019	法庭科学 犬 DNA 实验室检验规范
32	GA/T 1962-2021	法庭科学 大麻性别基因特异片段检测 毛细管电泳荧光检测法
33	GA/T 1963-2021	法庭科学 罂粟种属 SSR 标记检测 毛细管电泳荧光检测法
34	GA/T 1964-2021	法庭科学 家猪 STR 复合扩增检验 毛细管电泳荧光检测法
35	GA/T 1965-2021	法庭科学 硅藻 rbcL 基因特异片段检测 毛细管电泳荧光检测法

表 12-4　司法部归口管理的法医物证鉴定行业标准

编号	标准编号	标准名称
		亲缘关系
1	SF/T 0117-2021	生物学全同胞关系鉴定技术规范
2	SF/Z JD0105005-2015	生物学祖孙关系鉴定规范
3	SF/T 0131-2023	生物学半同胞关系鉴定技术规范
4	SF/T 0130-2023	同卵双生子个体识别技术规范
5	SF/T 0069-2020	法医物证鉴定实验室管理规范
6	SF/Z JD0105009-2018	法医物证鉴定标准品 DNA 使用与管理规范
7	SF/Z JD0105010-2018	常染色体 STR 基因座的法医学参数计算规范
8	SF/Z JD0105011-2018	法医学 STR 基因座命名规范
9	SF/Z JD0105004-2015	亲子鉴定文书规范
10	SF/T 0134-2023	法医学生物检材核酸提取技术规范
11	SF/T 0129-2023	法医物证实验室污染防控技术规范
		遗传标记
12	SF/Z JD0105003-2015	法医 SNP 分型与应用规范
13	SF/T 0132-2023	法医 InDel 分型与应用技术规范
14	SF/T 0135-2023	法医微单倍型遗传标记分型与应用规范

续表

编号	标准编号	标准名称
		非人源 DNA
15	SF/T 0098-2021	大麻的法医学 STR 遗传标记分型检验要求
16	SF/T 0133-2023	HRM 用于致幻蘑菇古巴光盖伞种属鉴定技术规范
17	SF/T 0136-2023	法医学非人源生物检材种属鉴定技术规范
		技术规范
18	SF/Z JD0105012-2018	个体识别技术规范
19	SF/Z JD0105006-2018	法医物证鉴定 X-STR 检验规范
20	SF/Z JD0105007-2018	法医物证鉴定 Y-STR 检验规范
21	SF/Z JD0105008-2018	法医物证鉴定线粒体 DNA 检验规范
22	SF/T 0070-2020	染色体遗传标记高通量测序与法医学应用规范

表 12-3 和表 12-4 反映了 GA 和 SF 标准的联系和区别。基于不同的工作任务、职能定位,双方发布的标准各有侧重,在实践中也产生了良好的互相借鉴、互相促进,共同提升的效应。

按照《中华人民共和国标准化法》的规定,除了国家标准和行业标准,还有地方标准、团体标准和企业标准。法医物证鉴定技术标准主要以国标、行标和技术规范为主。

第三节 法医物证鉴定标准管理和使用

一、标准的查新

查新是对在用标准现行有效性的确认,目的是保证法医物证鉴定机构使用最新的标准文件开展鉴定活动。查新由鉴定机构的标准化管理员启动,可委托所在省市的标准化研究机构实施。

标准化管理员应及时将查新结果反馈给各研究室的鉴定人员,以便采取后续的采标措施。标准查新的频次一般为每年一次。特殊情况下,可视需要增加频次。

二、标准的选择、确认和验证

当某个鉴定事项存在多个标准,且委托方未指定鉴定标准时,鉴定机构应选择适宜的标准,将选定的标准告知委托方,并在委托书中予以明确。

标准在引入鉴定活动前,鉴定机构需要验证标准的性能要求以确保其能够满足特定的使用目的。标准修订后,鉴定标准需要重新进行验证。

使用标准时,国外标准不能直接使用,应进行采标转换。根据《采用国际标准管理办法》,采用国际标准是指将国际标准的内容,经过分析研究和试验验证,等同或修改转化为我国标准(包括国家标准、行业标准、地方标准等),并按我国标准审批发布程序审批发布。发布后的我国标准才可以用于鉴定活动。采标转化有三种方式:等同采用(IDT)、修改采用(MOD)和非等效采用(NEQ)。

三、人员要求

法医物证鉴定机构应配置专门的标准化管理人员,负责机构标准化方法的管理,收集与业务相关的标准、法规或规范,定期组织对在用标准或方法进行查新。

法医物证鉴定机构的专业技术负责人负责鉴定标准的选择、确认和验证事宜,并定期组织对鉴定人开展标准化专门培训,确保鉴定人能够掌握最新的标准资讯和鉴定方法。

法医物证鉴定人应掌握最新的标准信息,能够熟练操作最新的鉴定方法和技术流程,保障鉴定意见的科学性。

第四节　法医物证鉴定标准展望

一、法医物证鉴定标准体系

法医 DNA 鉴定标准体系的构建以国家标准化体系建设发展规划(2016—2020年)的总体要求为指引,按照 GB/T 13016《标准体系表编制原则和要求》、GB/T 15497《企业标准体系技术标准体系》、GB/T 15498《企业标准体系管理标准和工作标准体系》等要求,全面成套、划分明确、层次适当,在层次上划分为基础标准、技术标准和管理标准三个方面,为具有内在联系的标准组成的科学有机整体。

1. 基础标准

为专业普遍使用并为制定其他标准的基础,具有广泛指导意义。主要包括专业名词及术语,缩写、代号及符号等。

2. 技术标准

为专业标准体系的主体内容。按照科学合理、简明适用的原则,将专业技术标准分为法医物证鉴定遗传物质提取标准、法医物证鉴定检验标准和法医物证鉴定判断标准。其中法医物证鉴定遗传物质提取标准是开展法医物证鉴定的首要环节,规范了生物检材中 DNA、RNA 和蛋白质的提取和定量标准;法医物证鉴定检验标准的分类主要基于两点:① 遗传标记的种类,主要是 STR 和 SNP,其中 STR 又根据所在的染色体不同,分为常染色体 STR、X 染色体 STR、Y 染色体 STR,SNP 除了常染色外,还包括线粒体;② 技术手段的种类,主要是基于毛细管电泳技术和基于新一代测序技术。该部分标准随着生命科学技术的进步发展有望进一步扩充。法医物证鉴定判断标准下设三类标准:① 通用性判断方法,如个体识别和亲权鉴定技术标准;② 特定检材的判断标准,如混合斑、体液斑的鉴定标准;③ 复杂亲缘关系的判断标准,如同卵双生子、祖孙关系、同胞关系的判断标准。该部分标准也会随法医物证鉴定技术的发展有进一步的扩充。

3. 管理标准

为行业通用要求下具有法医物证鉴定专业特点的管理规范。专业管理标准依据影响鉴定质量的人、机、料、法、环以及结果报告等要素制定。主要包括实验室建设标准及管理规范、人员管理规范、仪器设备配置与管理规范、检验材料管理规范、对照品管理规范、鉴定方法管理规范、质量控制管理规范、鉴定文书规范、环境与安全管理规范以及法医物证鉴定信息化管理规范等。

法医物证鉴定专业标准体系框架图如下。

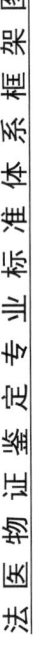

法医物证鉴定专业标准体系框架图

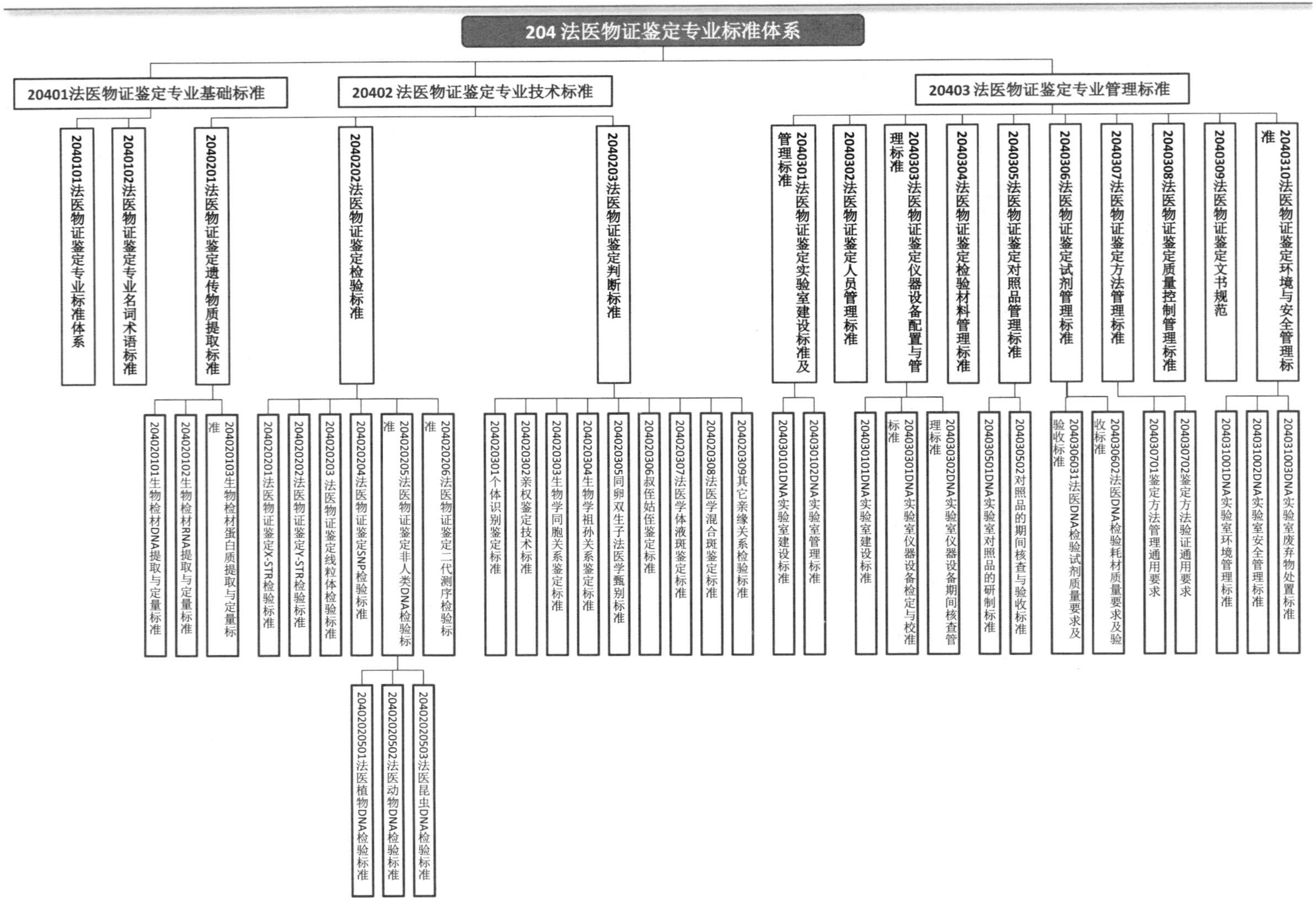

204 法医物证鉴定专业标准体系

20403 法医物证鉴定专业管理标准

- 2040310 法医物证鉴定环境与安全管理标准
  - 204031003 DNA实验室废弃物处置标准
  - 204031002 DNA实验室安全管理标准
  - 204031001 DNA实验室环境管理标准
- 2040309 法医物证鉴定文书规范
- 2040308 法医物证鉴定质量控制管理标准
- 2040307 法医物证鉴定方法管理标准
  - 204030702 鉴定方法验证通用要求
  - 204030701 鉴定方法管理通用要求
- 2040306 法医物证鉴定试剂管理标准
  - 204030602 法医DNA检验耗材质量要求及验收标准
  - 2040306031 法医DNA检验试剂质量要求及验收标准
- 2040305 法医物证鉴定对照品管理标准
  - 204030502 对照品的期间核查与验收标准
  - 204030501 DNA实验室对照品的研制标准
- 2040304 法医物证鉴定检验材料管理标准
- 2040303 法医物证鉴定仪器设备配置与管理标准
  - 204030302 DNA实验室仪器设备期间核查管理标准
  - 204030301 DNA实验室仪器设备检定与校准标准
  - 204030101 DNA实验室建设标准
- 2040302 法医物证鉴定人员管理标准
- 2040301 法医物证鉴定实验室建设标准及管理标准
  - 204030102 DNA实验室管理标准
  - 204030101 DNA实验室建设标准

20402 法医物证鉴定专业技术标准

- 2040203 法医物证鉴定判断标准
  - 204020309 其它亲缘关系检验标准
  - 204020308 法医学混合斑鉴定标准
  - 204020307 法医学体液斑鉴定标准
  - 204020306 职任站任鉴定标准
  - 204020305 同卵双生子法医学甄别标准
  - 204020304 生物学祖孙关系鉴定标准
  - 204020303 生物学同胞关系鉴定标准
  - 204020302 亲权鉴定技术标准
  - 204020301 个体识别鉴定标准
- 2040202 法医物证鉴定检验标准
  - 204020206 法医物证鉴定二代测序检验标准
  - 204020205 法医物证鉴定非人类DNA检验标准
    - 20402020503 法医昆虫DNA检验标准
    - 20402020502 法医动物DNA检验标准
    - 20402020501 法医植物DNA检验标准
  - 204020204 法医物证鉴定SNP检验标准
  - 204020203 法医物证鉴定线粒体检验标准
  - 204020202 法医物证鉴定Y-STR检验标准
  - 204020201 法医物证鉴定X-STR检验标准

20401 法医物证鉴定专业基础标准

- 2040201 法医物证鉴定遗传物质提取标准
  - 204020103 生物检材蛋白质提取与定量标准
  - 204020102 生物检材RNA提取与定量标准
  - 204020101 生物检材DNA提取与定量标准
- 2040102 法医物证鉴定专业名词术语标准
- 2040101 法医物证鉴定专业标准体系

二、法医物证鉴定技术迭代和标准演进

随着科技的不断进步和标准的演进,法医物证鉴定技术也在不断迭代和发展,经历了从一代测序向二代测序到三代测序技术的演进。

第一代测序技术是 Sanger 测序,它使用荧光标记的 dNTPs 来标记 DNA 链上的碱基,然后通过化学反应将标记的 dNTPs 与模板链上的互补碱基结合,形成新的链。这种方法虽然准确度高,但速度慢且成本昂贵。第二代测序技术是高通量测序(high-throughput sequencing, HTS),也称为下一代测序(next-generation sequencing, NGS)。它采用大规模平行测序的方法,可以同时对多个样品进行测序,大大提高了测序速度和效率。目前常用的高通量测序平台包括 Illumina、Ion torrent 等。第三代测序技术是单分子测序(single molecule sequencing, SMS),也称为实时测序(real-time sequencing)。它利用单个分子在反应体系中逐个读取序列信息,避免了传统测序方法中的扩增步骤,从而减少了误差和污染的风险。目前常用的单分子测序平台包括 Pacific Biosciences、Oxford Nanopore 等。

法医物证鉴定标准是以技术为目标再形成标准的过程,属于传统的标准产生模式。因此,随着技术的不断发展和完善,法医物证 DNA 鉴定测序技术的标准也在不断演进。如前所述,国际上已经建立了一套完整的法医 DNA 鉴定标准体系,包括样本采集、保存、提取、扩增、测序等多个环节的操作规范和技术要求。此外,还有一些专门的机构和组织负责制定和更新相关的标准和指南,以确保法医 DNA 鉴定的准确性和可靠性。可以预见,第三代测序标准即将出现。

此外,混合斑的检测也是目前法医物证鉴定的难点。目前的技术难点主要在于数据的拆分和证据解释。国际上 ISFG DNA 委员会尽管在 2006 年已经发布了《关于混合物解释的建议》,但是上述问题依然没有得到解决,因此,混合斑检测标准也是未来法医物证鉴定标准化的重点。

三、结语

当 DNA 技术在 20 世纪 80 年代末出现在法庭时,引起了科学界的普遍和广泛关注,被认为是法庭科学的范式转移。因为,与之前的大多数法庭科学学科不同,它源于基础科学学科。最初,这项令人印象深刻的技术受到了热烈的欢迎。但是,在《人民诉卡斯特罗案》中,人们对实验室 DNA 科学如何被"翻译"用于法庭的担忧日益突出。在卡斯特罗案和随后的几起案件之后,美国国家科学院国家研究委员会召集了一个蓝丝带委员会来检查 DNA 证据,随后又进行了一系列额外的科学活动。遗传学家、统计学家、进化生物学家、心理学家等在著名的科学期刊上就这项新技术的各个方面进行了大辩论。

国家研究委员会相隔四年最终撰写了两份关于 DNA 证据的报告《NRC I》《NRC II》。报告集中于两个方面,一是解决法庭科学内部的问题,强调检查人员是否可以遵循特定技术的规程,以及不同的检查人员和不同的实验室是否在相同的样本上获得相同(或几乎相同)的结果。二是更多地关注法庭科学分析日常工作之外的问题,例如帮助事实调查者对 DNA 证据分配适宜的证明力。

法医物证鉴定标准只能规范法庭科学内部的问题,提升实验室操作的一致性、可比性,以及结果的可靠性。因此,在证据审查环节,标准有自身的局限性。但正是其局限性和法庭科学的不确定性促使我们不断地反思技术的可靠性、方法的规范性,推动法医物证鉴定标准的发展。

思考题

1. 法医物证鉴定标准有哪些类型?
2. 标准对于鉴定意见是否具有实质性影响?
3. 对于同一鉴定事项有多个标准,该如何选用?
4. 对于没有标准的鉴定委托事项如何处理?
5. 如何确保标准的现行有效?
6. 如何看待标准的形式和内容之间的关系?
7. 国际标准如何使用?

参考文献

[1] 麦绿波.标准学-标准的科学理论.北京:科学出版社,2019.

[2] 何晓丹,李成涛.法医物证标准体系建设.中国司法鉴定杂志,2018,101(6):27-31.

[3] National Institute of Standards and Technology(NIST). https://www.nist.gov/topics/forensic-science/osacstandards-and-guidelines.

[4] 何晓丹,沈敏.司法鉴定标准化管理的路径探讨.中国司法鉴定,2018(1):19-22.

[5] 国家市场监督管理总局.关于印发《"十四五"推动高质量发展的国家标准体系建设规划》的通知.https://gkml.samr.gov.cn/nsjg/bzjss/202112/t20211214_338077.html.

[6] The Organization of Scientific Area Committees for Forensic Science(OSAC). OSAC registry approved standards. https://www.nist.gov/osac/osac-registry.

[7] He Xiaodan, Li Chengtao. Development of forensic standards in China: a review. Forensic Science Research, DOI: 10.1080/20961790.2021.1912877.

[8] International Organization for Standardization(ISO). Participations of ISO/TC 272. https://www.iso.org/committee/4395817.html?view=participation.

[9] 徐克介.欧盟标准化体制评介.中国标准化,2001(5):56-60.

[10] 张彦,刘春青.澳大利亚标准化管理体制机制研究.标准科学,2018(4):24-29.

[11] Daubert v. Merrell Dow Pharmaceuticals, 509 U.S. 579 (1993).

[12] Saks M J, Koehler J J. The coming paradigm shift in forensic identification science. Science, 2005, 309(5736):892-895.